JN421795

# 한국의 불평등, 같은 하늘 다른 길

기회 균등을 넘어
생활의 평등으로

# 한국의 불평등, 같은 하늘 다른 길

## 기회 균등을 넘어 생활의 평등으로

장상수 지음

성균관대학교 출판부

사랑스러운 우리 아이 유안,

그리고 그와 함께 같은 시대를 헤쳐 나갈 아이들이

지금보다 더 나은 세상에서 살아가길 바라면서

이 책을 그 아이들에게 바친다.

# 머리말

운 좋게도 책 읽고 글 쓰는 일을 직업으로 삼았으나, 책을 많이 읽지는 못했다. 청년 시절에는 전공으로 삼은 작은 주제를 붙들고 씨름하느라 다른 분야의 문헌을 읽을 시간이 없었다. 머리로는 편협한 지식을 경계해야 한다고 굳게 믿었지만, 실제로는 잔 지식을 쌓거나 다듬는 일에 매달렸다. 지금 생각하면 어리석고 아둔한 짓이었다. 그러나 그때는 어쩔 수 없는 일이기도 했다. 그렇다고 전공 관련 도서를 많이 읽었던 것 같지도 않다. 작고 좁은 주제이니만큼 이를 파고드는 일에 나름대로 애를 써보았으나, 무슨 까닭인지, 아무리 읽어도 성에 차지 않았다. 사정이 그러했으니 언제부턴가 나는 이 분야에서 성공하기 어렵겠다는 생각이 슬그머니 밀려들었다. 어찌어찌 출세한들 그게 무슨 의미가 있겠냐는 허무감도 허공으로 흩어지는 연기처럼 모락모락 피어올랐다. 이런저런 생각이나 감정이 들고 날 즈음에야 비로소, 늦었지만 다행스럽게도, 다른 분야의 책이 눈에 들어왔다. 철학이나 종교, 자연과학 책이 가장 먼저 눈에 띄었다. 흥미를 끄는 주제는 이것저것 가리지 않고 읽었다. 청년 시절부터 일찌감치 멀리 밀쳐두었던, 물리학과 생물학 책은 뜻밖에도 몹시 흥미로웠다. 아득히 먼 훗날이긴 하지만, 온 우주의 별빛이 다 꺼지는 날이 올 것인데, 그날이 오면 마침내 시간도 멈출 것이라는, 한 물리학자의 예측을 마주하고는 왠지 마음이 평온해졌다. 삶의 의미는 인문학이 아니라 자연과학에서 찾아야 할지도 모르겠다는 생각도 들었다. 우연히 만난 불교 경전도 참으로 매력적이었다. 큰 지혜를 갈고 닦아서, 우리의 몸과 마음이 고정불변의 실체가 아니라 끝없이 바뀌는 존재라는 사실을 비추어 보면, 우리가 이 세상에서 맞닥뜨리는 괴로움을 모두 건널 수 있다는 설법은 어둡고 답답한 삶을 환하게 밝혔다.

전공 지식에 집착하지 않자 흥미로운 책이 이렇게 많이 눈에 띄었을 뿐 아니라 숨어 있던 다른 열망도 삐져나왔다. 전공으로 삼은 사회이동 연구는 늘 통계분석과 나란히 움직였는데, 통계분석을 주업으로 삼게 되면서, 언제부턴가 컴퓨터 프로그래밍을 배워야겠다는 열망이 마음 한편에 자리 잡았다. 예컨대 상관계수나 회귀계수를 기성 패키지로 구하는 것이 아니라 내가 만든 프로그램으로 직접 연산하고 싶었다. 그렇게 해야 무언가 새롭고 창조적인 작업을 할 수 있을 것 같았다(이제 와서 보니, 창의적 작업을 하려면 프로그래밍보다 더 많은 것을 준비해야 했다). 그러나 실제로는 프로그래밍 공부에 투자할 시간을 낼 수 없었거니와 그럴만한 기회도 잡지 못했다. 이렇게 세상사에 쫓기면서 이리저리 헤매다가, 운이 따랐던지, 경제협력개발기구(OECD)가 생산한 국제학생평가(PISA) 자료를 다루면서 마침내 프로그래밍에 빠져들었다. OECD는 정교한 표집 방법으로 PISA 자료를 수집했는데, 그 때문에 이 자료를 분석하려면 제법 번잡한 절차를 거쳐야 했다. 예컨대 부모의 사회경제적 지위가 자녀의 문해력(文解力)에 미치는 영향(회귀계수)과 그것의 표준오차를 계산하려면 405번이나 810번의 회귀분석을 해야 했고 그 분석 결과를 다시 일정 방식으로 가공하고 조립해야 했다. 그처럼 번거로운 과정을 뜯어보다가 어느 날 문득 그 절차를 하나의 프로그램으로 엮어내는 데에 성공했다. 지금 생각하면 별것도 아닌 일이었지만, 그때에는 이루 말할 수 없이 기뻤다. 아마도 법열(法悅)이 이런 것이 아닐까 하는 생각이 들 지경이었다. 아무튼 그렇게 프로그래밍의 길로 접어들자, 새 작업은 일사천리였다. 2010년에는

『Stata 프로그래밍』을 썼고, 2023년에는 그 책의 개정판을 냈다. 2019년에는 『수치분석과 시뮬레이션-R 프로그래밍』을 저술했고, 2024년에는 『수치해석과 시뮬레이션-Stata 프로그래밍』을 출간했다.

그렇다고 그 기간 동안에 프로그래밍에만 관심을 두었던 것은 아니다. 언젠가는 내가 꼭 해보리라 다짐했던 다른 작업에도 손을 댔다. 결코 짧지 않은 세월 동안 사회학 입문을 거의 매 학기 줄기차게 강의했지만, 그때마다 내 맘에 드는 적절한 교재를 찾지 못했다. 기든스(A. Giddens)와 콜린스(R. Collins), 플러머(K. Plummer) 등의 외국 학자가 쓴 책은 말할 것도 없거니와 권태환과 석현호 등과 같은 국내 학자들이 저술한 입문서도 하나같이 내 수업과 겉돌았다. 이 책들은 내가 다루는 주제를 다루지 않기도 했거니와 설령 그 주제를 다루었다고 해도 관심의 방향이 내 강의와 조금씩 달랐다. 한참을 망설이다, 아무래도 교재를 직접 만드는 것이 낫겠다 싶어, 2020년에 『사회학 입문』을 썼고 2024년에는 그 책의 개정판을 냈다.

이렇게 몇 권의 책을 펴냈는데도 어딘가 한구석이 텅 빈 것 같은 허전함은 여전했다. 그런 느낌의 뿌리를 찾기는 그다지 어렵지 않았다. 가슴 한편이 휑했던 것은 내 오랜 소망을 아직 실현하지 못했기 때문이었다. 사회 불평등을 공부하기 시작한 이래, 불평등을 개관하는 책을 쓰고 싶다는 바람을 놓아버린 적이 없었지만, 그렇다고 책 쓰는 일에 선뜻 나설 수가 없었다. 대상이 너무 불투명해서, 아니 대상에 대한 지식이 너무 부족해, 무엇을 어떻게 써야 할지 갈피를 잡을 수 없었다. 그 일은 너무 커서 얕고 서툰 내가 섣불리 덤벼들어서는 안 될 것 같기도 했다. 세월이 속절없이 흐르고 내 삶도 닳고 닳아 세상사를 두루뭉술하게 맞이할 수 있게 되었을 때, 그제야 비로소 책을 내야겠다는 용기를 낼 수 있었다. 마음가짐뿐만 아니라 현실의 사정도 책 쓰기를 서늘었다. 우여곡절 끝에 쓰게 된 『사회학 입문』의 한 장에서 불평등을 길게 서술하였는데,

이것을 시험대로 삼아 새로 쓸 책의 윤곽을 대략적으로 그려낼 수 있었다. 새 책에서는 불평등의 형태와 구조, 불평등의 기원과 재생산, 불평등과 노동시장, 불평등과 성, 불평등의 결과 등을 서술하면 좋겠다는 판단을 내렸다. 이렇게 큰 틀을 잡으면 만사가 술술 풀릴 것 같았지만, 꼭 그런 것만도 아니었다. 구석구석에서 장애물을 만났는데, 이미 목차를 정해 놓은 터라 이를 피해 돌아갈 수가 없었다. 높고 낮은 장벽 하나하나와 정면으로 마주쳐야 했다. 그렇게 장애물을 넘는 시간은 결코 짧지 않아, 책의 윤곽을 마련한 지 서너 해가 지나서야 비로소 글 쓰는 일에 나설 수 있었다.

책을 쓰게 된 배경이야 그렇다 치고, 이 책으로 나는 무엇을 이루고자 했는가? 이 책의 저술 목적은 둘이었다. 첫째 목적은 내가 거쳐온 여정을 되돌아보고 이를 정리하는 것이었다. 짧지 않은 시간 동안 먼 길을 걸어 나는 어디에 이르렀는가? 그 길의 끝자락에서 나는 무엇을 보았는가? 내가 여태 관심을 쏟았던 연구 분야는 사회이동이었다. 사회이동은 한마디로, 개인의 타고난 속성(부모의 사회경제적 지위나 성, 인종, 출신지역 등)이 그 사람의 사회경제적 성취(학업성적, 학력, 직업, 소득 등)에 미치는 영향을 알아보는 연구 분야다. 부모의 사회경제적 지위가 자녀 세대로 전승되는 정도를 잰다는 뜻에서 사람들은 이 연구를 불평등의 재생산에 대한 연구라고 말하기도 했고, 같은 말의 다른 표현으로, 자녀가 부모와 무관하게 자신의 사회경제적 지위를 성취하는 정도를 측정한다는 의미에서 기회 균등에 관한 연구라고 말하기도 했다. 나는 이 책의 4장에서 학업성적과 학력, 직업, 계급, 소득, 결혼 등과 같은 다양한 차원의 기회 균등을 다루었다. 이 4장은 다른 장보다 유난히 길고 장황한데, 이는 기회 균등이 다른 주제보다 더 중요했기 때문이 아니라, 배운 게 도둑질이라고, 내가 잘 아는 유일한 분야였기 때문이다. 이곳에서 나는 선진산업사회와 한국의 기회 균등이 역사적으로 어떻게 바뀌었으며, 이것이 나라마다 서로 얼마나 다른지를 자세히 논의했다. 그러나 언제부턴가, 그 시기는 확실하지 않지만, 나는 불평등을 기회 균등이라는 시선으로 바라보는 것이 과연 온당한 것인지, 그것을 의심하기 시작했다. 시간이 지나면서, 나는 점차, 기회 균등이라는 개념이나 그를 다룬 연구는 우리 눈과 귀를 가리는 신화이기도 하려니와 현존하는 불평등을 승인하거나 정당화하는 이데올로기라고 믿게 되었다. 정작 우리가 관심을 기울여야 하는 것은 기회 균등이 아니라 생활조건의 평등임을, 나는 뒤늦게 알아차렸다. 생활조건의 불평등을 줄이면 기회는 저절로 균등해질 것인데, 그런 평등은 애써 외면한 채 기회 균등을 따로 알아보거나 그것을 유난히 강조하는 것은 우리가 어리석다는 사실을 보여주는 한 징표이기도 하거니와, 더 적극적으로는, 세상을 속이는 기만의 일종이라고 나는 판단했다. 평생에 걸친 공부가 이렇게 허깨비를 뒤좇는 일이었다니, 그리고 그 사실을 이제 와서 깨닫다니, 나는 얼마나 불행한가, 지난 몇 년 동안 나는 이렇게 탄식했다. 그러나 이 책을 쓰면서 불현듯 나는 생각을 바꾸었다. 이제라도 세상 한 귀퉁이의 진면목을 보게 되었으니 나는 얼마나 행복한 사람인가?

이 책의 둘째 목적은 첫째 목적과 관련한다. 나는 그간 내가 관심을 쏟았던 사회이동 연구가 불평등 연구에서 차지하는 위치를 개략적이라도 보이고 싶었다. 그 위치를 알려면 불평등의 여러 측면과 차원을 두루 살펴야 했다. 불평등을 개관해야 했다. 앞에서도 말했지만, 나는 오래전부터 불평등을 고루 살피는 책을 써보겠다는 막연한 희망을 품고 있었는데, 아마도 그런 희망은 내가 붙든 작은 주제를 큰 틀에서 바라보고 싶다는 욕망과 무관하지 않았을 듯하다. 불평등을 멀리서 조망하는 이런 책을 만들면서, 나는 논의가 너무 추상적이지 않기를 바랐다. 논의를 구체화하기 위해 나는 이 책의 시술 내용을 두 차원으로 나누었다. 한 차원은 불평등 '이론'을 정리하는 것이었다. 이론과 무관한 사실은 생경하다. 이 책은 불평등을 설명하는 다양한 이론을 제시하여 불평등의 원인이나 과정을 이해하려고 노력했다. 말하자면, 이 책은 불평등의 보편성이나 일반성을 다루었다. 그러나 사실과 동떨어진 이론은 공허하다. 이 책이 유의했던 다른 한 차원은 '한국'이라는 특수성이었다. 이 책은 다른 무엇보다 한국의 불평등을 구체적으로 다루었다. 이 책의 이름이 그냥 '불평등'인 것이 아니라 '한국의 불평등'인 이유다. 이 책은 각 장의 전반부에서 불평등 이론을 먼저 살펴본 연후에, 후반부에서는 한국의 경험적 현실을 이들 이론과 대비했다.

나는 이 책의 저술 의도를 성공적으로 달성했는가? 글쎄, 잘 모르겠다. 짐작건대, 내가 하는 일이 늘 그랬던 것처럼, 그런 의도는 아마도 이곳저곳에서 실패했을 것이다. 또 의도의 실패와 무관하게, 내 능력의 한계와 자질 부족으로 이 책은 여기저기에 크고 작은 결함을 담고 있을 것이다. 이런저런 문제나 결함은, 지금 바라기로는, 나중에라도 고쳐볼 참이다. 독자 여러분의 세심한 지적과 비평을 기다린다. 이와 조금 다른 차원의 희망도 덧붙여보자. 이런 부류의 책은 혼자 쓰기 힘들다. 대상 영역이 지나치게 넓기 때문이다. 당연한 말이지만, 관심 영역이 넓을수록 논의의 수준이나 깊이는 얕다. 그래서 하는 말이다. 나는 이 책의 일부 내용을 고치거나 이 책에 새 내용을 보태고픈 각 분야 연구자를 이 책 개정판의 공저자로 초대하고 싶다. 그리하여 머지않은 앞날에 이보다 더 나은 책을 세상에 내놓고 싶다.

2025년 겨울

장상수

# 목 차

제 1 장

# 불평등의 요소와 형태, 유형

호모 사피엔스가 이 땅에 출현한 이래 불평등은 언제 어디서나 존재했다. 인류 역사에 나타난 거의 모든 형태의 사회에서 일부의 사람은 다른 사람보다 더 많은 부와 권력, 명예를 차지했다. 특히 산업사회의 불평등은 매우 극심했다. 이런 사정은 선진산업사회에서도 바뀌지 않았다. 선진산업사회에서 정부는 사회경제적 불평등을 줄이려고 다양한 정책을 펼쳤지만, 빈곤과 불평등은 결코 사라지지 않았다. 사라지거나 줄어들기는커녕 중요하고도 핵심적인 불평등, 예컨대 소득이나 자산의 불평등은 과거보다 도리어 더 확대했다(Piketty, 2014). 그런데도 불평등에 대한 관심은 항상 뒷전이었다. 사람들은 불평등보다 성장에 더 많은 관심을 두었다. 지배 계층이나 정책 담당자이든 그냥 평범한 시민이든, 사람들은 경제성장을 가장 중요한 관심사로 꼽았고, 이 성장이 낳은 불평등은 나중에 치유해도 된다고 생각했다.

> 성장에 대한 집착은 자명한 일로 보일 수도 있지만, 그것은 어디까지나 우리가 현대세계에 살고 있기 때문이다. (…) 오늘날 경제성장은 세계 모든 곳에서 종교적 지위를 획득했다. (…) 실제로 경제성장에 대한 우리의 믿음을 종교라 불러도 틀리지 않은 것은, 경제성장은 우리가 당면한 윤리적 딜레마의 많은 부분을 해결해주는 것처럼 보이기 때문이다. 이른바 성장 교의는, 경제성장은 모든 좋은 것의 원천이므로, 윤리적 의견 불일치는 잊고, 그게 무엇이든 장기적 성장을 최대화하는 행동 방침을 따르라고 설파한다.

'더 많이'를 내세우는 신조는 개인과 기업, 정부에게 경제성장에 방해가 되면 그것이 무엇이든(사회 평등이든 경제 화합이든 부모 공경이든) 무시하라고 몰아친다. (…) 요즘 사람들은 자유 시장 자본주의의 특정 형태가 장기적 성장을 확보하는 훨씬 더 효율적인 방법으로 널리 인정한다. 그리하여 사람들은 탐욕스러운 재벌, 부농, 표현의 자유는 보호하는 반면, 자유 시장 자본주의를 방해하는 것으로 보이는 생태환경, 사회구조, 전통가치 등은 해체하고 파괴한다(Harari, 2017: 288-289. 쪽수는 한국어 번역본의 것임).

이처럼 사람들은 파이를 키우는 일이 파이를 나누는 일보다 더 중요하다고 생각했다. 그런데 과연 파이를 키우면 모든 일이 순조로울까? 미리 대답하지만, 그렇지 않다. 오늘날 빈곤과 불평등에 관심을 둔 학자나 정책 입안자, 정치인 등은 한 합의에 도달했다. 합의 내용은 빈곤과 불평등을 다루기 쉬운 '연성(soft)' 사회문제로 취급해서는 안 된다는 것이었다. 빈곤과 불평등을 왜 무시해서는 안 되는가? 우리는 지금, 왜 빈곤과 불평등에 관심을 기울여야 하는가? 사람들은 다음과 같은 여러 가지 서로 다른 이유나 원인 때문이라고 '설명'했다(Grusky and Szelenyi, 2014).[1]

첫째, 산업국가에서 경제적 불평등을 비롯한 여러 형태의 불평등이 급격하게 상승했기 때문이다(불평등의 증가 설명–불평등이 증가했기 때문에 이에 관심을 기울이게 되었다는 논리). 둘째, 여러 나라에서 수십 년 동안 평등주의적 개혁을 적극적으로 시행했는데도 경제적이거나 비경제적 형태의 불평등은 사라지거나 줄어들지 않고 지속했기 때문이다(지속성 설명–불평등이 줄지 않고 지속했기 때문에 이에 관심을 두게 되었다는 논리). 셋째, 빈곤과 불평등은 테러

1 이 책에서는 설명이란 단어를 특별한 방식으로 사용했다. 일반적으로 설명이란 상대방이 이해할 수 있도록 특성한 대상을 상세하고 명쾌하게 말하는 것을 지칭한다. 그러나 여기서 설명은 현상의 이유나 원인을 밝힌다는 의미로 사용했다.

리즘, 경제성장, 인종갈등 등과 같은 거시적 현상에 부정적 영향을 미쳤기 때문이다. 빈곤과 불평등으로 테러리즘은 널리 퍼졌고, 경제성장은 더디었으며, 인종갈등은 깊어졌다(거시적 외부성 설명—거시적인 외부효과 때문에 불평등에 관심을 기울이게 되었다는 논리).[2] 넷째, 빈곤은 사람들의 건강과 정치참여, 삶의 여러 조건 등과 같은 미시적 현상에 부정적 영향을 미쳤는데, 이 시대를 사는 사람들은 예전 사람들보다 이런 영향을 더 많이 인지하게 되었기 때문이다(미시적 외부성 설명—미시적인 외부효과 때문에 불평등을 살피게 되었다는 논리). 다섯째, 세계화로 말미암아 지구촌이 등장하면서 생활수준의 지역 격차(국가 격차)는 눈에 더 많이 띄게 되었고, 이런 불평등은 점점 더 무시하기 어렵게 되었기 때문이다(가시성 설명—예전에는 불평등이 잘 보이지 않아 이를 무시하였으나 지금은 잘 보이기 때문에 관심을 기울이지 않을 수 없게 되었다는 논리). 여섯째, 예전에는 당연시해 별달리 논의하지 않고 잘 보지도 못했던 새로운 형태의 불평등(예컨대 성적 지향이나 장애, 시민권 등과 관련한 차별과 불평등)이 밖으로 드러났고, 이런 불평등은 정당하지 않다고 판단하는 경향이 떠올랐기 때문이다(새로운 불평등의 부상 설명—새로운 형태의 불평등이 밖으로 드러나면서 불평등에 대한 관심이 증대하게 되었다는 설명). 일곱째, 자연재해나 경기침체와 같은 사고가 일어나는 것을 지켜보거나 무능한 기업 임원이 높은 연

2 외부효과(external effect) 또는 외부성(externality)은 시장 참여자의 경제적 행위가 아무런 대가를 주고받지도 않으면서 사람들에게 의도치 않은 편익을 초래하거나 손해를 끼치는 현상을 말한다. 아무런 대가를 주고받지 않는다는 것은 가격(시장)이 완벽히 작동하지 않는다는 사실을 의미한다. 이때 참여자의 경제행위가 타인에게 편익을 초래하면 긍정적 외부성(외부경제)이 발생했다고 하며, 손해를 끼치면 부정적 외부성(외부불경제)이 일어났다고 한다. 우리 집에서 밝힌 외등이 어두운 골목길을 비추면 사람들은 비용을 지불하지 않고도 안전하게 밤길을 오갈 수 있다. 소음과 악취를 뿜어내는 화학공장이 있다면 공장 주변에 사는 사람들은 아무런 대가도 받지 못하고 많은 피해를 보게 된다. 전자의 경우에는 특정한 경제적 행위가 의도치 않은 편익(외부경제)을 초래했고, 후자의 경우 피해(외부불경제)를 유발한 것으로 볼 수 있다. 이 글에서는 빈곤과 불평등은 경제적 과정의 결과이지만 아무런 대가를 지불하지 않고 사회나 개인에게 좋지 않은 피해를 끼치는 것을 외부성이라고 표현했다.

봉을 받는 사건 등을 바라보면서 사람들은 빈곤과 불평등을 피부로 느끼게 되었기 때문이다(특별한 개별 사례 설명–개별 사례를 많이 접촉하게 되면서 불평등을 중시하게 되었다는 설명). 여덟째, 인간이 누려야 할 마땅한 자격이나 권리에 대한 자각이 증가했기 때문이다. 예컨대 든든하고 안정적인 직업을 얻어 극심한 가난을 벗어날 권리 등에 대한 믿음이 사람들 사이에서 점차 증대했기 때문이다(사회적 포용 설명–사회적 포용이 증가해서 불평등에 대한 관심이 증가했다는 설명).

이처럼 오늘날 사람들은 빈곤과 불평등이 경제성장에 못지않은 중대 문제임을 인식하기 시작했다. 이들은 환경 전문가들이 주로 사용하는 용어와 수사까지 동원해, 예컨대 지속가능성(sustainability)이라는 말까지 동원해, 빈곤과 불평등 문제를 강조했다. 극단적 불평등은 경제성장을 더디게 하거나, 경제의 지속가능성을 낮추며, 사회적 리스크를 높여 사회의 지속가능성마저 위협하므로, 이를 가장 먼저 해결해야 한다고 그들은 주장했다. 동일한 맥락에서 일부의 연구자는 불평등이 부차적 관심사로 그쳐서는 안 된다고 강조했다(Fischer et al., 1996; Grusky and Ku, 2008; Stiglitz, 2012; Grusky and Szelenyi, 2014).

오늘날 계층 연구의 핵심 연구 분야는 불평등의 기능과 역기능, 불평등의 비교, 불평등의 구조, 지배계급과 하층계급, 빈곤, 기회의 불평등, 인종과 불평등, 성 불평등, 불평등의 결과, 불평등의 미래 등으로 요약할 수 있다(Grusky, 2001; Grusky and Ku, 2008; Grusky and Weisshaar, 2014). 그러나 어떤 저자나 어떤 책도 이 주제를 모두 다룰 수는 없다. 적절한 책을 만들려면 다루는 주제를 줄여야 한다. 이 책에서는 불평등의 구조, 불평등의 원인, 불평등의 재생산, 불평등과 노동시장, 불평등과 귀속 요인(성과 인종), 불평등의 결과 등에 관심을 집중하기로 한다. 이 분야에서 사람들이 흔히 제기하는 중심 질문은 다음과 같다.

### 불평등의 구조

현대의 계급 구조를 가르는 단층선(斷層線, fault lines)이나 사회적 균열(social cleavages)은 무엇인가? 고전 이론가는 이 균열을 어떻게 파악했고, 현대 이론가는 이를 어떻게 파악했는가? 근대사회에서 탈근대사회로 이동하면서 이 균열은 강해졌는가, 약해졌는가?

### 불평등의 원인

불평등은 개인의 능력(재능이나 노력) 차이 때문에 발생한 것인가? 아니면 사회가 만들어낸 것인가? 불평등은 인간 생활에서 불가피한 것인가? 불평등을 야기하는 근본 동력은 무엇인가?

### 불평등의 재생산

부모의 사회경제적 지위가 자녀의 사회경제적 성취(학업성적, 각 급 학교 졸업이나 상급학교 진학, 직업, 소득 등)에 미치는 영향은 얼마나 큰가? 시간이 지나면서 이 영향은 더 커졌는가? 개개인의 교육은 그의 직업이나 소득에 얼마나 큰 영향을 미치는가? 시간이 지나면서 그 영향은 점점 더 커졌는가, 작아졌는가?

### 불평등과 노동시장

노동시장은 단일인가? 노동시장이 분단되어 있다면, 몇 개로 나뉘어 있는가? 사람과 일자리의 짝짓기 과정도 고용관계마다 서로 다른가? 지난 수십 년 동안 불안정한 노동은 증가했는가? 지난 시기 동안 노동조합은 점차 쇠퇴했는데, 이것은 고용관계에 어떤 영향을 미쳤는가?

### 불평등과 귀속 과정

귀속 요인(사람들이 생래적으로 타고난 속성, 예컨대 부모의 사회경제적 지위, 성, 인종, 출신 지역, 민족, 국적 등과 같은 속성)은 노동시장에 영향을 미치는데, 특정 사회에서 귀속 요인이 사회경제적 성취에 미치는 영향(이른바 성 차별, 민족 차별, 인종 차별 등)은 어떠한가? 산업화가 진행되면서 이런 차별은 줄었는가, 늘었는가?

불평등의 결과

불평등은 개인의 생활양식, 태도, 행동에 어떤 영향을 미치는가? 또 불평등은 경제와 사회에 어떤 영향을 미치는가?

이런 질문은 대체로 불평등을 비판적으로 바라보는 시선을 포함한다. 불평등을 좋지 않거나 바람직하지 않게 보는 이런 시선은 근대 이후에 생겨난 태도다. 근대 이전에는 계층을 바라보는 태도가 오늘날과 사뭇 달랐다. 근대 이전에는 이런 주제에 대한 논의는 대부분 불평등을 옹호하거나 정당화하는 것이었다. 종교적 교의나 철학적 언설은 불평등을 자연스런 현상으로 판단했다. 불평등은 정당하고 마땅한 것이었다. 그러나 계몽주의의 출현과 함께 불평등을 비판하는 '평등의 수사(rhetoric of equality)'가 나타났다. 사람은 모두 평등하다는 논리, 그리고 이 평등한 개인을 똑같이 존중해야 한다는 논리는 마르크스에 이르러 정점에 이르렀다. 오늘날 불평등을 다루는 여러 이론은 마르크스의 이론을 찬성하기도 하고 반대하기도 하지만, 계몽주의적 태도와 평등의 수사는 마르크스의 그것과 그렇게 많이 다르지 않다(Grusky and Ku, 2008; Grusky and Szelenyi, 2014).

앞에서 나열한 불평등 연구의 주제나 이와 관련한 중심 질문은 지금부터 하나씩 살펴볼 것이다. 그러나 그것을 하나하나 따지기 전에, 이 장에서는 먼저 무엇이 불평등한지를 알아보고, 그 불평등은 어떤 형태를 띠고 있는지를 알아보기로 하자.

## 1. 불평등의 요소

도대체 사람들은 이 세상을 살면서 어떤 자원(resources)을 얻으려고 하는가? 어떤 자산(assets)을 얻기 바라는가? 우리는 어떤 형태의 보상(reward)

을 귀중하다고 생각하는가? 〈표 1-1〉의 앞쪽 패널에는 우리가 귀중하다고 판단하는 자산이나 자원, 보상의 종류와 유형을 열거했다. 이 표의 뒤쪽 패널에는 한편으로 이 자산이나 자원, 보상을 소유한 사람이거나 수혜를 받은 사람을 예시했고, 다른 한편에는 소유하지 못한 사람이거나 혜택을 받지 못한 사람의 예를 제시했다.

〈표 1-1〉 자산(보상)의 유형

| 자산이나 자원, 보상 | | 사례 | |
|---|---|---|---|
| 자산 | 유형 | 수혜자 | 비수혜자 |
| 경제 | 부<br>소득<br>소유 | 백만장자<br>전문직 종사자<br>자본가 | 파산한 근로자<br>노동자<br>임금 근로자 |
| 권력 | 정치권력<br>작업장의 권위<br>가정의 권위 | 대통령이나 수상<br>관리직 종사자<br>세대주나 부모 | 선거권 피박탈자<br>부하 직원<br>자녀 |
| 문화 | 지식<br>정보 관련 문화<br>좋은 태도나 행동(매너) | 지식인<br>컴퓨터 관련 종사자<br>귀족 | 무학력자<br>컴퓨터 문맹자<br>평민 |
| 사회 | 사회적 모임<br>작업장 결사<br>비공식 연결망 | 골프 클럽 회원<br>노동조합원<br>마당발, 유력인 | 비회원<br>비조합원<br>무명인사 |
| 명예 | 직업<br>종교<br>능력 | 판사<br>성자<br>노벨상 수상자 | 환경미화원<br>파문당한 사람<br>비수상자 |
| 시민 | 일할 권리<br>정당한 법 절차<br>참정권 | 시민<br>시민<br>시민 | 불법 이민자<br>테러리스트 피의자<br>선거권 피박탈자 |
| 인간 | 직무 교육<br>일반 학교 교육<br>직업 훈련 | 경력 노동자<br>대학 졸업자<br>로스쿨 졸업자 | 신입 노동자<br>고등학교 중퇴자<br>미숙련 노동자 |
| 신체 | 수명<br>신체 질병<br>정신 건강 | 오래 사는 사람<br>건강한 사람<br>건강한 사람 | 일찍 죽은 사람<br>질병 감염자<br>우울증 환자 |

**출처**: Grusky(2001)

〈표 1-1〉에 열거한 자산이나 자원은 불평등(계층) 체계의 원재료를 이룬다. 계층 연구는 이 원재료의 분포상태를 기술하고, 사람들이 이 원자재를 어떤 원리로 배분하는지를 규명한다. 이 표에서 보인 자산에 대해 간단히 기술해보자. 먼저 경제적 자산은 부와 소득 등 경제적 차원의 자원이다. 지금 우리가 사는 이 세상이 불평등하다면, 아마도 이 자산의 소유가 불평등할 것이다. 말하자면 오늘날 불평등 문제의 핵심은 이 경제적 자산의 불평등이다. 오늘날 사람들은 누구랄 것도 없이 돈을 많이 벌고 싶어 하지 않는가? 오늘날 사람들이 만족스럽지 않다면 아마도 경제적 궁핍 때문이 아니겠는가? 이 자산의 소유자나 수혜자는 백만장자나 전문직 종사자, 자본가 등과 같은 부자이고, 거꾸로 돈을 많이 벌지 못한 비소유자나 비수혜자는 노동자, 임금 근로자 등과 같이 가난한 사람들이다.

다음은 권력 자산이다. 이 자산은 때로 경제적 자산과 겹치기도 하지만 개념적으로 명백히 다른 자산이다. 이 자산은 공공 영역이나 작업장, 가정 등에서 타인을 지배하는 힘을 말한다. 이 자원을 확보해 권력을 행사하는 사람은 공공 영역에서는 정치인이나 관료 등이고, 작업장에서는 관리직 종사자 등일 것이다. 가정에서는 상황에 따라 다르겠지만 아마도 대체로 남성 세대주일 것이다. 이와 대비해 권력에 복종하는 사람은 공공 영역과 작업장, 가정에서 각각 차례대로 일반 국민이나 선거권 피박탈자, 생산직 종사자나 부하 직원, 여성과 아이 등일 것이다.

문화 자원은 사람들이 추구할 만하다고 믿는 물질 자산이나 상징 자산을 말한다. 더 구체적으로 말하면, 문화 자원은 미술품 등과 같은 심미적 물질 자산을 지칭하거나 교육이나 지성, 말하고 옷 입는 방식 등과 같은 개인의 자산을 말한다. 부르디외는 이와 같은 문화 자원을 경제 영역의 물질 사본과 대비해 '문화자본(cultural capital)'이라고 불렀다(Bourdieu and Passeron, 1990; Bourdieu, 1986). 이 책의 제2장 2절에서 상세히 보겠지만, 문화자본은 경제적 자본을 정당화한다.

사회적 자원은 그 의미가 다소 모호하지만, 대체로 특정인이 맺는 사회관계 그 자체를 말하거나 그 사람이 다른 사람과 공유하는 가치와 규범 등을 뜻한다. 다른 말로 표현하자면, 사회적 자원은 특정인이 맺는 사회적 연결망의 크기를 말하거나 그 연결망을 유지하는 사람들 사이에 존재하는 신뢰와 연대를 의미한다. 일군의 학자는 이런 사회적 자원을 '사회자본(social capital)'이라고 이름 붙였다(Bourdieu, 1986; Coleman, 1988). 자본이라는 이름으로 알 수 있듯, 사회자본은 자원 증식에 기여한다. 예컨대 대인관계가 원활한 사람은 그렇지 않은 사람보다 직업을 더 쉽게 얻거나 더 좋은 직업을 얻는다(Granovetter, 1974). 부모와 자녀의 유대가 강하거나 부모가 자녀에게 더 많은 관심을 가질수록 자녀의 학업성적은 더 높다(Coleman, 1988). 개인적 차원을 넘어선 사회자본도 생각할 수 있다. 한 사회의 성원이 서로 신뢰하는 정도가 높을수록 사회자본은 크고, 사회자본이 클수록 해당 사회가 경제적 번영을 누릴 가능성도 높다(Fukuyama, 1992).

명예는 경제 자산이나 권력에 버금가는 자산이다. 명예 자산은 직업이나 종교, 능력 등과 관련한다. 사람들은 특정 직업, 예컨대 여러 사람이 모두 선망하는 직업에 종사하는 사람(의사, 변호사 등)을 존중한다. 사람들은 종교에 적극 헌신하는 사람(추기경, 신부, 승려 등)도 존경한다. 그리하여 의사나 변호사, 종교인은 다른 사람보다 더 많은 권위를 누린다. 특정 분야에서 뛰어난 능력을 발휘하는 사람(노벨상 수상자, 석학, 세계적인 바이올린 연주자)도 남보다 높은 위세를 향유한다.

시민 자산이란 시민이 보유하는 여러 권리다. 시민 자산이란 흔히 '시민권(citizenship)'을 의미한다(Marshall and Bottomore, 1992). 시민권은 사람들이 정치나 직업, 교육, 복지 등에서 누리는 갖가지 권리를 말한다. 예컨대 한 사회의 성원은 정치에 참여할 권리나 일할 권리, 교육을 받을 권리, 정당한 재판을 받을 권리, 인간다운 삶을 누릴 권리 등을 향유하는데, 이 권리가 시민적 자산이다. 이런 자산은 당연한 것 같지만, 자산을 갖지 못한 상태를 생각하면 이 자산이 그렇게 당연하지 않다는 사실을 알 수 있다. 외국인이나 범죄자는 출마하거나 투표할 수 없고, 일하고 싶어도 마음대로 일할 수 없으며(관청의 허가를 얻어야 한다), 국가가 제공하는 다양한 복지혜택도 누리지 못한다. 가난한 사람은 양질의 교육을 받지 못하고, 법적 분쟁이 발생했을 때 변호사를 선임할 수 없어 제대로 된 재판을 받지 못한다. 시민적 자산이 없거나 부족한 것이다. 시민 자산을 개인 차원으로만 바라볼 수 있는 것도 아니다. 시민 자산을 사회 전체의 차원에서 평가할 수도 있다. 한 사회의 성원이 모두 사회적 위험의 전 범위에 걸쳐서 국가가 제공하는 복지혜택을 누린다면 해당 사회의 시민 자산은 많다고 말할 수 있고, 사회적 위험의 일부 영역에서 성원의 일부만 국가의 복지혜택을 받는다면 그 사회의 시민 자산 수준은 낮다고 말할 수 있다.

인간 자산은 타고난 천성이나 퍼스낼리티를 말하거나 개인이 자신의 신체에 체현한 지식이나 기술을 말한다. 천성이나 퍼스낼리티 등은 선천적으로 얻는 것이지만, 지식이나 기술은 학교 교육이나 직업 훈련 등으로 습득한다. 베커(Becker, 1964)는 노동자가 몸에 지닌 이 능력, 선천적으로 타고났거나 후천적으로 학습한 이 능력을 '인간자본(human capital)'이라고 불렀다.[3] 사람들은 이 자산을 활용해 경제적 가치를 창출한다. 경제학은 임금이나 소득의 불평등을 설명할 때 이 인간자본 개념을 활용한다. 인

3 사람들은 학교 교육을 받아 지식과 기술을 쌓을 뿐만 아니라 이 지식과 기술을 응용하고 분석하며 판단할 수 있는 능력을 키우기도 한다. 사람들은 교육을 받아 새 정보를 수집하고 해독해 그 정보에 적절히 대응하고, 기술이나 경제의 변화에 유연하게 적응하며, 스스로 기술을 혁신할 수 있는 능력을 쌓는다. 또한 한 직업이 아니라 다양한 직업에 상응하는 태도와 규율을 체득한다(荒井一博, 1995). 이런 능력과 태도도 생산성을 높이는 인간자본이다.

간자본이 많을수록 생산성이 높아 임금(소득)이 높다고 판단한다.

신체(몸과 정신)도 개인이 활용하는 매우 중요한 자산이다. 건강한 몸과 정신은 여러모로 활용할 수 있는 유익한 자산이다. 신체 건강을 잃으면 우리는 삶에서 가장 중요한 자산을 잃는 것이다. 그런데 신체 자산이 의미하는 것은 그뿐인가? 그렇지 않다. 남보다 키가 큰 것도 큰 자산이고, 남보다 힘이 더 세거나 더 빨리 달리는 것도 중요한 자산이다. 남보다 매력적인 외모(얼굴이나 몸매)를 갖춘 것도 중요 자산이다. 남녀를 불문하고 성적 매력이 클수록 좋은 직업을 얻을 가능성이 더 높고, 높은 소득을 창출할 가능성도 더 높다. 매력적이거나 풍요로운 배우자를 얻을 가능성이 더 높은 것은 말할 것도 없다. 이처럼 성적 매력도 물질적이거나 사회적 이익을 증식하는 자본이다. 이른바 '매력자본(erotic capital)'이다(Hakim, 2011).

지금까지 여러 자산을 서로 구별했다. 이런저런 자산을 구별하는 것도 필요하지만, 〈표 1-1〉로 알 수 있는 두어 가지 중요한 사실이 있다. 첫째, 불평등은 소득이나 부, 재산 등과 같은 경제적 불평등에 그치지 않는다. 때때로 사람들은 경제적 이익을 가장 중요한 것으로 생각해 특정 자산의 취득을 모두 경제적 이익을 확보하려는 투자라고 생각한다. 예를 들어 더 좋거나 많은 교육을 추구하는 것은 높은 소득을 얻기 위한 투자라고 생각하고, 사회적 연결망을 확장하거나 유지하는 것도 좋은 직업이나 높은 소득을 확보하기 위한 투자라고 생각한다. 그러나 교육이나 사회적 연결망과 같은 자원이 항상 수단적 가치를 지니는 투자에 그치는 것은 아니다. 사람들은 개별 자원이나 자산을 그 자체로 추구할 만한 가치를 지닌 자산이라고 생각할 수도 있다. 즉 소비재로 간주할 수도 있다. 만일 특정 자산이 이처럼 소비재의 성격을 띠고 있다면, 불평등은 경제적인 것으로 환원되지 않는다. 불평등은 여러 차원의 자산 불평등이 서로 얽혀 있는 다면적 실재(multi - dimensional reality)다.

둘째, 사람들은 이 모든 자산을 개개인이 의도적으로 투자해 힘들게 얻은 결과로 생각하지만, 이런 자산이 모두 의도적 투자의 결과물인 것은 아니다. 어떤 자산은 태어날 때 거저 얻은 것일 수 있고 어떤 자산은 어린 시절 사회화로 손쉽게 얻은 것일 수도 있다. 예컨대 '좋은 매너'나 '좋은 건강,' '좋은 외모'는 미래 수익과 비용을 계산하는 까다로운 절차 없이 그냥 저절로 얻은 것이다. 인간자본이라는 것도 일부러 투자해 의도적으로 확보한 것일 수도 있지만, 좋은 부모 만나 거저 얻은 것일 수도 있다. 불평등의 의미를 생각할 때, 불평등이 모두 경제적인 것으로 환원되지 않는다는 것과 사람들이 이런저런 자원을 얻기 위해 힘들게 투자하지 않을 수도 있다는 것은 꼭 기억해 둘 만한 사실이다.

## 2. 불평등의 역사적 형태

지금까지 우리는 불평등을 구성하는 요소를 살폈다. 앞에서 본 것처럼, 불평등은 그 요소 수만큼 다양한 차원으로 나눌 수 있다. 다른 한편, 이 요소는 역사적 시대마다 다르게 분포하는데, 지금부터는 그 요소의 시대별 불균등 분포 형태, 즉 불평등의 역사적 형태를 살펴보자. 불평등은 역사적 시대마다 그 모습이 달랐다. 〈표 1-2〉는 불평등 체계의 형태를 8개의 '이념형(ideal type)'으로 정리한 것이다(이념형은 〈참고 1-1〉을 참고하라). 이 표에는 불평등 체계의 특징을 규정하는 네 개의 기준(parameter)이 있다. 수준과 경직성, 결정성과 정당화 논리가 바로 그것들이다. 불평등의 수준(水準, degree)은 사회가 불평등한 정도를 말한다. 불평등 수준이 높으면 불평등한 정도가 크다. 오늘날 미국이나 영국의 소득 불평등 수준은 스웨덴이나 노르웨이보다 더 크다(지니 계수가 더 높다).

〈표 1-2〉 8개의 불평등 체계

| 체제 | 주요 자산 | 주요 계층(계급) | 수준 | 경직성 | 결정성 | 정당화 논리 |
|---|---|---|---|---|---|---|
| **가. 수렵채집사회** | | | | | | |
| 부족사회 | 인간 (사냥과 주술) | 부족장, 샤먼 /부족민 | L | L | L | 능력주의 선발 |
| **나. 원예농업사회** | | | | | | |
| 아시아적 생산양식 | 정치(국가장치의 점유) | 정부관료/ 농민 | H | M | H | 전통, 종교 교의 |
| 봉건제 | 경제(토지와 노동력) | 귀족, 승려/ 평민 | H | M-H | H | 전통, 종교 교의 |
| 노예제 | 경제(인간) | 소유주/ 노예, 자유민 | H | M-H | H | 인종주의 |
| 카스트 사회 | 명예, 문화 (종족, 생활양식) | 카스트 | H | H | H | 전통, 종교 교의 |
| **다. 산업사회** | | | | | | |
| 산업사회 | 경제 (생산수단) | 자본가/ 노동자 | M-H | M | H | 고전적 자유주의 |
| 국가 사회주의 | 정치(정당, 직장에서의 권위) | 관리자/ 피관리자 | L-M | L-M | H | 마르크스-레닌주의 |
| 선진 산업사회 | 인간(교육과 전문지식) | 숙련/비숙련 노동자 | M-H | L-M | M | 고전적 자유주의 |

**출처**: Grusky(2001); Grusky and Weisshaar(2014)

**주**: 여기서 L, M, H는 low, medium, high를 나타낸다. 한편, M-H는 처음에는 medium이었다가 나중에는 high로 옮겨갔다는 의미다.

경직성(硬直性, rigidity)은 불평등 체계에서 한 사회적 위치가 다른 사회적 위치와 뒤바뀌는 정도를 나타낸다. 사회성원의 위치가 자주 바뀌거나 쉽게 바뀌면 그 사회의 경직성은 낮고, 위치가 바뀌지 않으면 경직성이 높다고 말할 수 있다. 예컨대 가난한 사람이 쉽게 부자가 될 수 있는 사회는 경직성이 낮고, 가난한 집 자녀의 자수성가가 매우 어려운 사회는 경직성이 높다. 경직성은 개방성이나 유동성의 반대다. 경직성이 높으면 개방성이나 유연성이 낮다.

결정성(結晶性, crystallization)은 지위 결정성을 뜻한다. 지위 결정성이란 여러 자산이 서로 상관관계를 맺는 정도를 말한다. 정치권력을 장악한 사람이 부자이기도 하고 명예가 많기도 하다면 우리는 그 사회의 지위 결정성이 높다고 말할 수 있다. 반면 특정 사회에서 부와 권력, 명예가 서로 다른 원리로 결정되고 이들이 서로 중첩하지 않는다면, 우리는 그 사회의 지위 결정성이 낮다고 평가할 수 있다. 결정성은 수준과 다른 차원의 개념이지만, 결정성이 높으면 아무래도 불평등의 수준이 높을 가능성이 크다.

마지막 기준은 정당화 논리(logic of legitimation)다. 이 논리는 불평등을 정당화하는 관념 체계를 일컫는다. 말할 것도 없지만 사회마다 시기마다 불평등을 정당화하는 논리는 서로 달랐다. 왕조시대에 불평등을 정당화하는 논리는 신이나 하늘의 뜻, 자연의 섭리를 내세우는 것이었지만, 오늘날 우리 사회의 가장 크고 강력한 정당화 논리는 아무래도 능력주의(meritocracy)다. 부자가 부자인 까닭은 그들의 능력(재능과 노력)이 뛰어나기 때문이라는 논리다. 이 책의 제3장 3절에서 이런 논리가 얼마나 과장된 것인지를 볼 것이지만, 우리 시대를 사는 사람은 상당수가 이런 논리를 정당하다고 인정한다.

아무튼 이런 기준으로 인류사에서 발견할 수 있는 8개의 전형적 불평등 체계를 구분하고 이를 개략적으로 살펴보기로 하자(〈표 1-2〉 참조). 인류사에서 가장 먼저 등장했던 사회는 '부족사회(tribal society)'였다. 마르크스주의자는 이를 때때로 원시공산주의 사회라고 부르기도 했다. 이 사회에서는 사회 성원이 생산한 생산물의 양도 많지 않고, 직접생산자가 다 쓰지 못하고 남기는 잉여생산물의 크기도 작았다. 그 결과 당연히 불평등의 수준도 낮았다. 다만, 사냥 기술이 뛰어나거나 주술 능력이 월등한 사람은 남보다 더 많거나 더 좋은 생산물을 차지했다. 이들은 지위를 세습하지 않았으므로, 이른바 능력주의 원리로 더 많거나 좋은 생산물을 차지했다고 말할 수 있다. 흔히 사람들은 능력주의가 자본주의 시대에 처음 출현한 것으로 오해하지만 그 원시적 형태는 이처럼 아주 오래전에 등장했다.

**참고 1-1** **이념형**

존재를 그대로 재현(再現, representation)하는 예술은 없다. 예를 들어 3차원 공간에 놓인 사과를 2차원 평면에 완벽한 형태로 그려낸 그림이나 사진은 없다. 과학도 마찬가지다. 어떤 과학도 구체적 현실을 그대로 파악할 수 없고, 어떤 개념도 현상의 다양성을 완전히 포착할 수 없다. 그러므로 과학은 불가피하게 추상(抽象, abstraction)을 하게 된다. 특정 측면은 부각하고 특정 측면은 버린다. 그런데 추상 수준이 지나치게 높으면 현상의 특수한 부분을 파악할 수 없고, 반대로 추상 수준이 너무 낮으면 현상의 일반적 특징을 놓치기 십상이다. 예를 들어, 기독교의 한 부류로 보이는 특정 종파(예컨대, 장로교나 침례교)가 있다고 하자. 이 종파를 이해할 때 추상 수준을 높여 기독교 일반의 관점으로 파악하면 그 종파의 특수성을 알아내기 힘들다. 반대로 추상 수준을 낮추어 개별 교회라는 관점에서 파악하면 그 교회의 특수성은 잘 알 수 있지만 종파의 특징을 드러내기 어렵다. 베버(M. Weber)는 이런 곤란함을 극복하는 한 방안으로 이념형 구성을 제안했다.

이념형(理念型, ideal type)은 연구자가 현상의 전형적 특징을 추출해 조합한 것이다. 이념형은 연구자가 분석적으로 고안한 구성물(analytically devised construct)이다. 그러므로 현실 속에서 이념형과 일치하는 존재는 찾기 힘들다. 예컨대 기독교의 이념형은 현실에 존재하는 기독교 여러 종파에서 기독교의 전형적 특징이라 보이는 요소를 추출해 이를 논리적으로 꿰어 맞춘 개념이다. 그러므로 현실에서는 이념형에 정확하게 부합하는 기독교 종파는 존재하지 않는다. 이념형이라는 이름은 다소 혼란스럽다. 이 이름 때문에 사람들은 어떤 현상의 '완벽한 형태'라고 해석할 수 있다. 그러나 이념형이란 우리가 이념이나 관념(ideas)의 세계에서 의도적으로 만들어낸 도구라는 의미로 만들어낸 말이지, 그 도구의 완벽성을 나타내려고 만든 말이 아니다. 이념형은 통계적 평균도 아니고 도덕적 판단과도 아무 연관이 없다. 그러므로 기독교나 자본주의의 이념형을 만들 수 있지만, 매춘이나 마약 중독의 이념형도 만들 수 있다. 우리가 이런저런 이념형을 만드는 이유는 현상과 현상의 인과 고리를 맺기 위한 것이다. 예컨대 10대 여성이 놓인 상황의 전형성으로 10대 여성의 이념형을 만들고, 다른 한편으로 가출의 이념형을 만들면 이 둘 사이에 인과 고리를 맺을 수 있다. 10대 여성이 왜 가출을 많이 하는지, 그 인과관계를 짐작할 수 있다.

이념형은 여러 형태로 구성할 수 있다. 근대 자본주의, 중세 도시, 봉건제 등과 같은 역사적 (존재의) 이념형을 만들 수 있는가 하면, 혼인제도나 관료제 등과 같은 인류학적 이념형(비교의 편의를 위한 만든 이념형)을 만들 수 있다. 그리고 대상이나 현상을 여러 부류로 나누기 위한 분류적 이념형을 만들 수도 있다. 예컨대, 사회적 행위(social action)는 다음과 같은 여러 유형으로 나눌 수 있다.

1) **목적 합리적(도구 합리적) 행위** ; 특정 목적을 달성할 때 가장 효과적 수단을 사용하는 행위. 이 행위는 최소 비용으로 최대 수익을 올린다. 투자 행위, 자녀의 교육 행위 등을 예로 들 수 있다.
2) **가치 합리적 행위** ; 가치에 충실한 행위이자 행위 자체가 목적인 행위. 기부나 봉사, 금주, 금연, 치열교정 등과 같은 행위다.

3) **전통적 행위** ; 관습이나 습관을 따르는 행위. 제사(祭祀)를 지내는 등과 같은 행위다.

4) **정감적(정서적) 행위** ; 감정이 주도하는 행위. 사랑이나 폭력 등과 같은 행위다.

베버는 사회적 행위의 (주관적) 의미를 분석하려고 행위의 이념형을 만들었다. 이런 이념형을 동원하면 행위의 주관적 의미를 비교적 쉽게 파악할 수 있다. 예컨대, 어떤 이가 전 재산을 한 사찰에 기부했다고 하자. 이 행위의 의미는 무엇인가? 기부 행위가 위 분류에서 어떤 유형에 해당하는지를 확인하면 행위의 의미를 짐작할 수 있다. 기부 행위자가 사찰에서 무엇을 얻으려는 행위였는가? 아니면 평소의 신념을 따른 행위였는가? 전통적 관습을 따르는 행위였는가? 갑작스런 충동(감정)에 좌우된 행위였는가?

둘째, '아시아적 생산양식(Asiatic mode of production)'는 흔히 부족사회가 농업사회로 이행하는 단계에서 등장한 중간 형태의 사회였다. 이런 유형의 사회는 주로 동아시아에서 나타났다. 마르크스에 의하면, 이 사회의 특징은 다음과 같다. 자급자족적 농촌에 농민이 거주하지만, 농민은 이 토지를 소유하지 못했다. 토지는 국가가 소유했다. 국가 관료는 농민에게서 지대나 조세 형태로 잉여생산물을 빼내서 국방이나 사치품 구입, 공공사업 등에 사용했다. 이 사회의 엘리트는 왕조 교체나 전쟁으로 바뀌었다. 이 사회는 사유재산이 존재하지 않는 곳에서도 국가의 지배가 가능하다는 사실을 보여주는 한 사례라고 볼 수 있다.

셋째, '봉건제 사회(feudal society)'는 사적 소유가 널리 퍼진 사회였다. 귀족은 토지나 장원(莊園, manor)을 소유했을 뿐 아니라 그곳에서 일하는 농노(農奴, serf)도 소유했다. 농노는 노예와 다를 바 없었지만 한 가지 중요한 지점에서 노예와 달랐다. 농노는 노예와 달리 잉여농산물을 처분할 수 있는 권리를 보유했다. 이런 측면에서 봉건제 사회는 노예제 사회와 완연히 달랐다. 그러나 봉건제 사회의 특징이 농노의 성격에 있었던 것은 아니다. 봉건제 사회의 기본 특징은 사적 소유에 있었다. 이 사회는 아시아적 생산양식의 사회와 뚜렷하게 대비되는데, 아시아에서는 국가가 잉여생산물을 수탈했지만, 봉건제 사회에서 국가는 부차적이었다. 귀족은 토지 등과 같은 생산수단을 소유해 국가와 무관하게 농노를 통제했다.

넷째, '노예제 사회(slavery society)'는 노예가 잉여생산물을 생산하는 사회였다. 노예제라고 하면 귀족이 노예를 소유하고 그 노예가 대토지 농장(라티푼디움)에서 일하는 고대 사회를 쉬이 연상하지만, 노예제가 고대에 한정되었던 것은 아니다. 19세기 북미 대륙에서도 노예제가 존재했다. 고대 노예제에서 신분 세습은 그렇게 경직되어 있지 않았다. 제한된 범위 안에서 그러했지만, 노예는 지위를 바꿀 수 있었다. 유능한 노예는 평민으로 신분 상승할 수 있었다. 지위의 경직성은 도리어 19세기 북미 대륙에서 더 전형적으로 나타났다. 신분이 인종과 결합되었던 북미 대륙에서 신분 세습은 강력했고 지위 이동은 불가능했다. 이 사회에서는 신분 변화가 불가능했고 지위 결정성이 극도로 컸다.

다섯째, 노예제와 가장 흡사한 계층체계는 아마도 '카스트 제도(caste system)'일 것이다. 카스트는 노예제와 마찬가지로 세습적 폐쇄(hereditary closure)로 특징지을 수 있다. 카스트는 세습 신분으로 다른 신분의 사람이 자원에 접근하는 경로를 닫거나 막았다. 그러나 카스트의 가장 중요한 특징은 잘 발달된 세습적 폐쇄에 있지 않고, 사회적 위계에 내재한 명예의 차이에 있었다. 인도의 상층 카스트는 하층 카스트의 행동을 불명예스럽거나 더러운 것으로 간주했다. 하층 카스트가 정치경제적으로 성공한다 하더라도 상층 카스트의 행동을 흉내 내지 못하면 상층 사람으로 인정받지 못했다.

여섯째, '산업사회(industrial society)'는 자본주의 사회다. 이 사회에서는

자본주의 시스템의 피라미드 (1911)

평등주의 사상이 등장했고, 그로 말미암아 사람들은 극단적 형태의 불평등을 정당하지 않다고 여기게 되었다. 18-19세기의 유럽과 북미 대륙에서 일어난 부르주아 혁명(시민혁명)은 계몽주의의 평등을 앞세워 귀족의 특권과 싸웠다. 이 혁명은 마침내 귀족의 특권을 없앴지만, 새로운 형태의 불평등을 만들어냈다. 봉건시대의 신분은 사라졌지만, 뚜렷이 구별되는 서로 다른 수준의 경제적 집단(계급이나 계층)이 생겨났다. 신분을 앞세운 폐쇄가 사라지자 공식적으로는 능력주의가 앞자리를 차지했다. 지배계급은 법적 존재도 아니었고 폐쇄된 지위집단(status group)도 아니었다. 그러므로 사람들은 계급에 근거한 불평등을 '서로 다른 재능이나 욕구, 자질을 갖춘 개인이 펼친 경쟁의 자연스런 결과'라는 사상, 다시 말해 고전적 자유주의(classical liberalism)로 정당화했다.[4] 사람들은 능력주의 담론으로 불평등을 정당화했다. 어떤 방식으로 정당화했든, 초기 산업사회의 계급구조는 〈표 1-2〉의 경제적 자원에 기초를 두었다. 이 책의 제2장에서 보겠지만, 마르크스는 생산수단의 소유라는 경제적 기준을 앞세워 세상 사람을 부르주아지와 프롤레타리아, 중간계급이라는 세 계급으로 구분했다.

일곱째, '사회주의 사회(socialist society)'도 산업사회가 그랬던 것처럼 계몽주의의 평등주의를 계승했다. 사회주의의 평등 수사는 귀족의 신분과 특권을 겨냥한 것이 아니라 부르주아지(자본가)의 경제 권력을 겨누었다. 부르주아지가 쌓은 부의 원천을 밝혀 부르주아지와 프롤레타리아 사이의 불평등을 비판했고, 그들 사이의 평등을 추구했다. 그러나 사회주의 사회는 이런 평등주의적 이상은 부분적으로만 실현했다. 사회주의 혁명은 기업과 농장을 국유화해 사람들의 소득을 평준화하려고 노력했지만

4 고전적 자유주의는 결과의 불평등을 용인한다는 점에서 이 책의 제6장 1절에서 언급하는 이른바 '자유주의적 평등주의(liberal egalitarianism)'와 흡사하다.

별다른 성과를 거두지 못했다. 이 혁명은 도리어 권력과 권위의 불평등을 새로 만들어냈다. 생산시설을 국유화하면서 당 관리(官吏)와 공장 경영자의 권력이 커져 프롤레타리아(노동자)를 지배하고 통제했다. 관리나 경영자는 사회주의 사회의 '새 계급'을 이루어 생산시설을 관리했을 뿐 아니라 더 많은 잉여를 차지했다.

사회주의 혁명을 겪지 않은 서구에서는 계속하는 산업화 과정에서 부르주아지가 여전히 살아남았다. 그러나 산업화와 함께 진행된 경제구조 변동 과정에서 이들의 권력은 크게 줄어들었다. 서비스 경제가 확대했고, 정보화 사회가 도래했으며, 새 형태의 자산(기술적 숙련이나 학력자격, 훈련 자격증)이 나타난 '선진산업사회(advanced industrial society)'에서 경제적 자본은 더 이상 불평등(계급이나 계층)을 결정하는 유일한 동력이 아니었다. 이 사회에서는 인간자본이나 문화자본이 불평등을 좌우하는 요인으로 새로 등장했다.

지금까지 불평등의 역사적 형태를 8개의 이념형으로 나누어 개략적으로 살펴보았다. 우리는 이런 형태의 분류에 관심을 둘 수도 있고, 이런 형태가 발전해온 역사적 과정을 살피는 데에 눈길을 돌릴 수도 있다. 그러나 오늘날 우리 사회의 불평등을 이해하는 데에는 역사적 비교도 중요하지만 횡단면 비교도 중요하다. 선진산업사회에서 여러 나라의 불평등이 서로 다른 모습을 하고 있는데, 이 차이를 확인하는 것도 중요하다는 말이다. 선진산업사회에서 불평등의 형태를 규정하는 것은 아무래도 자본주의 유형과 사회복지제도 유형이다. 각국의 자본주의의 형태가 나라마다 다른 것은 말할 것도 없고 사회복지제도도 나라마다 서로 다른데, 이 차이들이 각국의 빈곤과 불평등의 형태를 결정한다. 다음 절에서는 자본주의와 복지제도의 유형을 살펴서 각국의 불평등이 어떻게 다른지를 알아보자.

# 3. 자본주의 유형과 복지체제 유형

선진산업사회의 불평등 수준과 성격은 나라마다 다르다. 〈그림 1-1〉의 (a)는 2020년 무렵 OECD 37개국의 빈곤율을 보인 것이다. 여기서 빈곤율(poverty rate)이란 특정 인구 집단에서 빈곤층이 차지하는 비율이다. 빈곤층(the poor)은 소득이 빈곤선(the poverty line) 아래에 놓여 있는 사람들을 말하는데, 이 빈곤선은 해당 사회의 가구소득 중위 값(median)의 절반

〈그림 1-1〉 OECD 국가의 빈곤율 (2019년과 그 이후)

(a) 전체 인구의 빈곤율

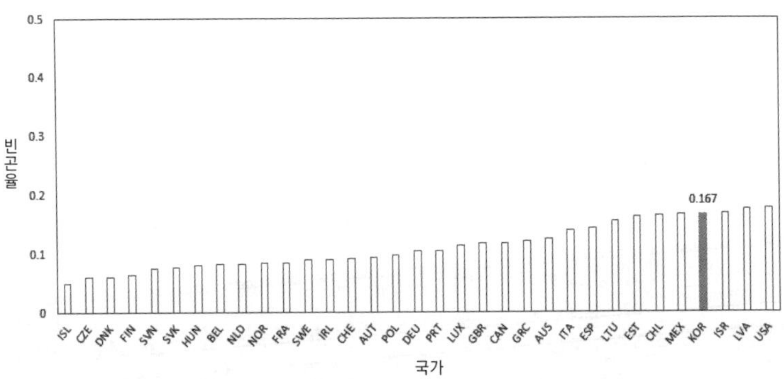


(b) 66세 이상 노인층의 빈곤율

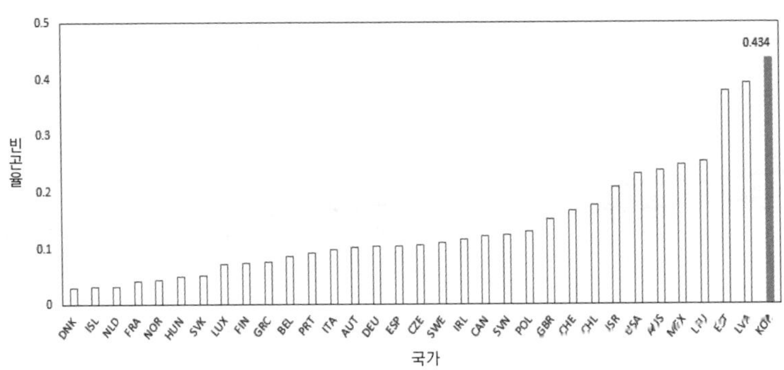


출처: http://data.oecd.org, doi: 10.1787/459aa7f1-en (Accessed on 27 March 2021)

이다. 2019년 한국의 연평균 가구소득의 중위 값은 약 2,740만 원이었다. 그러므로 그해의 빈곤선은 1,370만 원이었다고 말할 수 있다(http://index.go.kr). 〈그림 1-1〉의 (a) 패널을 보면, 2019년 한국의 빈곤율은 16.7퍼센트였다. 일 년에 1,370만 원을 벌지 못하는 사람들이 전체 인구의 약 16.7퍼센트였다는 말이다. 다른 나라와 비교해, 이 빈곤율은 얼마나 높은가? 이 그림에서 한국은 미국, 라트비아, 이스라엘 다음이었다. 제법 높은 편에 속한다.

대상을 보는 각도를 조금 바꾸어보자. 〈그림 1-1〉의 (b) 패널은 66세 이상 노인층의 빈곤율을 살펴본 것이다. 노인 빈곤율의 나라별 분포는 전체 인구의 빈곤율 분포와 조금 다르다. 노인 빈곤율은 한국, 라트비아, 에스토니아, 리투아니아 등에서 가장 높았고 덴마크, 아이슬란드, 네덜란드 등에서 가장 낮았다. 그러나 나라 순위가 조금 다를 뿐, 노인 빈곤율도 대체로 전체 인구의 빈곤율이 높은 국가에서 높았다. 한국의 노인 빈곤율은 43.4퍼센트로 OECD 국가에서 가장 높았다(한국의 노인 자살률도 OECD 최고다. 빈곤과 자살, 빈곤과 일탈의 연관성을 쉽게 짐작할 수 있는 대목이다).

OECD 국가의 불평등을 빈곤율이 아니라 소득 불평등이라는 지표로 살펴보자. 소득 불평등은 흔히 지니 계수(Gini coefficient)로 측정한다. 잘 알려져 있다시피, 지니 계수는 인구의 누적 비율을 소득의 누적 비율과 비교한 값이다. 이 계수가 높을수록 불평등의 수준은 높다. 0은 완전한 평등, 1은 완전한 불평등이다. 〈그림 1-2〉는 2016-2018년 OECD의 나라별 지니 계수를 보인다. 이 그림을 보면 지니 계수는 칠레, 멕시코, 미국, 영국, 리투아니아 등의 나라에서 가장 높고 슬로바키아, 체코, 슬로베니아, 아이슬란드, 벨기에 등에서 가장 낮다. 한국의 지니 계수는 0.345로 영미권 국가(미국과 영국, 칠레와 멕시코 등)와 함께 비교적 높은 쪽에 속한다.

〈그림 1-2〉 OECD 국가의 지니 계수(2016-2018)

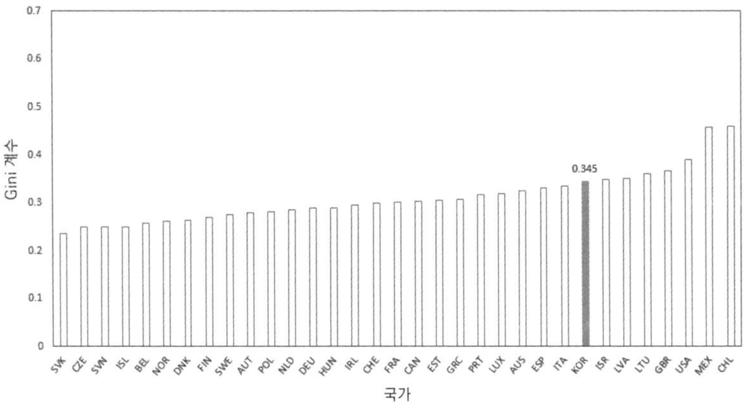


**출처**: http://data.oecd.org, doi: 10.1787/459aa7f1-en (Accessed on 27 March 2021)
**주**: 여기서 소득은 개인의 가처분소득이다. 가처분 소득은 소득세와 가구부담 사회보장부담금을 공제한 임금, 자영업의 소득, 자본소득, 공적 현금 이전 등이다.

## 다양한 자본주의

이처럼 불평등의 나라별 차이는 극명하다. 그런데 불평등은 어떤 유형이나 성격의 나라에서 더 높을까? 거꾸로 어떤 특성을 보이는 나라에서 가장 낮을까? 꼭 불평등을 알기 위해서 그랬던 것은 아니지만, 일군의 학자들은 선진산업사회를 여러 유형의 자본주의로 나누고, 이 유형별로 사회를 비교하려고 노력했다. 홀과 소스키스(Hall and Soskice, 2001)는 산업관계나 직업훈련, 기업의 지배구조 등과 같은 몇 가지 영역의 특징을 기준으로 자본주의 사회를 두 유형의 시장경제로 나누었다. 하나는 미국과 영국, 캐나다, 오스트레일리아, 뉴질랜드, 아일랜드를 전형적 예로 하는, 자유 시장경제(liberal market economies; LMEs)였고, 다른 하나는 독일, 오스트리아, 일본, 스웨덴을 전형적 사례로 삼는, 조정 시장경제(coordinated market economies; CMEs)였다. 이 두 유형은 한 기업이 다른 행위자(다른 기업, 또는 노동조합 등과 같은 행위자)의 행위를 조정하는 방식으로 구별한다. 자유

시장경제에서 기업은 위계질서와 시장 메커니즘으로 다른 행위자의 행동을 조율한다. 이와 달리, 조정 시장경제에서 기업은 비시장 형태의 상호작용으로 다른 행위자를 조정한다. 이런 구분을 좀 더 구체적으로 알아보자. 홀과 소스키스는 다섯 영역에서 기업이 다른 행위자와 관계를 맺는 방식을 살펴보고, 자유 시장경제와 조정 시장경제의 차이를 보였다.

첫째 영역은 산업관계다. 기업은 임금과 생산성을 두고 노동자와 노동조합, 다른 사업자 등과 관계를 맺는데, 이 관계는 시장경제의 유형별로 다르다. 자유 시장경제에서는 노동자나 다른 사업자가 조직화되어 있지 않아 임금 협상이나 고용은 기업 단위에서 이루어진다. 조정 시장경제에서는 사용자와 노동자의 조직 수준이 높아 임금 협상 등은 산업 단위로 이루어지거나 전국 단위로 이루어진다.

둘째 영역은 직업훈련과 교육이다. 자유 시장경제에서 노동자는 이 직장 저 직장을 가리지 않고 아무 곳에서나 쓸 수 있는 일반 숙련(general skills)를 보유하는 경향을 보이지만, 조정 시장경제에서 노동자는 특정 기업이나 특정 산업과 관련한 특수 숙련(specific skills)을 갖추는 경향을 보인다. 기업 차원에서 노동자의 숙련이 이렇게 다르므로 학교 차원의 교육이나 훈련도 상이할 것이다. 자유 시장경제에서 학교는 일반적 숙련을 교수하고 조정시장경제에서 학교는 특정 기업이나 산업에 적합한 특수 숙련을 교육한다.

셋째 영역은 기업의 지배구조(corporate governance)다. 자유 시장경제에서 기업은 단기 투자수익을 추구하지만, 조정 시장경제에서 기업은 장기 투자수익을 바라본다.

넷째 영역은 기업 관계다. 자유 시장경제에서 기업은 다른 기업과 독립적이고 경쟁적인 관계를 맺지만, 조정 시장경제에서 기업은 다른 기업과 상호의존적이고 협력적인 관계를 맺는다.

다섯째 영역은 기업과 노동자의 관계다. 자유 시장경제에서는 주로 경영진이 의사를 결정하고 경영진과 피고용인의 관계는 적대적인 경향이 강하다. 그러나 조정 시장경제에서는 경영진과 피고용인이 서로 협력해서 기업 관련 의사를 결정한다.

홀과 소스키스는 이 두 시장경제가 스펙트럼의 양극단에 놓여 있고 그 중간에는 지중해 연안의 자본주의처럼 다양한 형태의 혼합형(hybrid) 자본주의가 존재한다고 보았다. 혼합형 자본주의는 여러 유형으로 분류할 수 있을 것이다. 그러나 여기서는 논의를 단순하게 하기 위해, 혼합형 자본주의를 따로 언급하지 않기로 한다. 그런데 두 유형의 시장경제에서 어떤 유형의 경제에서 불평등의 정도가 더 높을까? 홀과 소스키스는 시장 메커니즘을 중시하고 국가의 역할을 무시하거나 경시하는 자유 시장경제에서 불평등의 수준이 더 높을 것이라 예측했다(〈표 1-3〉 참조).

〈표 1-3〉 자유 시장경제와 조정 시장경제

| | 자유 시장경제 | 조정 시장경제 |
|---|---|---|
| 조절 메커니즘 | 경쟁 시장 | 시장 바깥의 관계 |
| 균형 | 수요-공급과 위계 | 행위자의 전략적 상호작용 |
| 기업과 기업의 관계 | 경쟁 | 협력 |
| 생산 방식 | 직접적인 생산물 경쟁 | 분화된 적소(適所) 생산 |
| 법체계 | 구체적이고 공식적인 계약 | 추상적이고 비공식적인 계약 |
| 제도의 기능 | 경쟁, 생산요소의 자유 이동 | 감시, 배신자의 제재 |
| 임금 협상 | 기업 수준의 협상 | 산업 수준의 협상 |
| 훈련과 교육 | 공식 교육 | 특수 기술을 전수하는 도제제도 |
| 노동조합 조직률 | 낮음 | 높음 |
| **소득 분포** | **불평등(높은 지니 계수)** | **평등(낮은 지니 계수)** |
| 혁신 | 혁명적 | 점진적 |
| 비교 우위 | 하이테크 산업과 서비스산업 | 제조업 |
| 정책 | 탈규제, 반독점, 세금감면 | 정보공유와 기업 협력 |

**출처**: Hall and Soskice(2001)

아마블(Amable, 2003)은 자본주의를 다른 방식으로 유형화했다. 그는 ① 상품시장에서 이루어지는 경쟁, ② 임노동관계와 노동시장제도, ③ 금융시장과 기업지배구조의 특징, ④ 사회적 보호와 복지국가, ⑤ 교육 부문(직업훈련 및 숙련형성 부문)의 특성을 평가기준으로 삼아 자본주의를 몇 가지 유형으로 나누었다. 그는 OECD 21개국을 대상으로 다섯 영역의 지수를 경험적으로 분석해 다섯 유형의 자본주의로 구별했다. 시장기반형, 사회민주주의형, 아시아형, 유럽대륙형(이는 다시 A, B형으로 나누었다), 남부유럽(지중해)형 등과 같은 유형이 바로 그것들이다. 〈표 1-4〉에서는 이들 유형의 특징을 요약했고, 〈그림 1-3〉은 〈표 1-4〉를 그림으로 나타내었다. 여기서 〈그림 1-3〉을 잠깐 해설해보자. 가로축은 두 가지를 나타낸다. 금융시장의 발달 정도와 노동시장의 유연성 정도를 나타낸다. 시장기반형 자본주의는 금융시장이 발달하고 노동시장이 유연한 사회이고, 지중해형 자본주의는 거꾸로 금융시장의 발달이 더디고 노동시장이 경직된 사회다. 이 그림의 세로축은 복지 수준을 나타낸다. 아시아형 자본주의는 복지 수준이 현저히 낮고, 사회민주주의형 자본주의는 복지 혜택의 범위나 정도가 넓거나 커서 복지국가의 면모를 보인다.

〈표 1-4〉 다양한 자본주의

| 유형 / 제도 | 시장기반형 자본주의 | 아시아형 자본주의 | 유럽대륙형 자본주의 | 사회민주주의형 자본주의 | 지중해형 자본주의 |
|---|---|---|---|---|---|
| 상품시장 | 탈규제된 상품시장 | 관리되는 상품시장경쟁 | 온건하게 규제되는 상품시장 | 규제된 상품시장 | 규제된 상품시장 |
| 노동시장 | 노동시장 유연성 | 규제된 노동시장 | 조정된 노동시장 | 규제된 노동시장 | 규제된 노동시장 |
| 금융 | 시장기반 금융체계 | 은행기반 금융체계 | 금융기관 기반 금융체제 | 은행기반 체계 | 은행기반 체계 |
| 복지 | 자유주의형 복지국가 | 낮은 수준의 사회보호 | 조합주의 모형 | 보편주의 모형 | 제한적 복지국가 |

| 유형 / 제도 | 시장기반형 자본주의 | 아시아형 자본주의 | 유럽대륙형 자본주의 | 사회민주주의형 자본주의 | 지중해형 자본주의 |
|---|---|---|---|---|---|
| 교육 | 경쟁적 교육체계 | 사립 고등교육체계 | 공공 교육체계 | 공공 교육체계 | 취약한 교육체계 |

**출처**: Amable(2003: 174-175), Lim(2018)에서 재인용

〈그림 1-3〉 다양한 자본주의와 몇 가지 유형

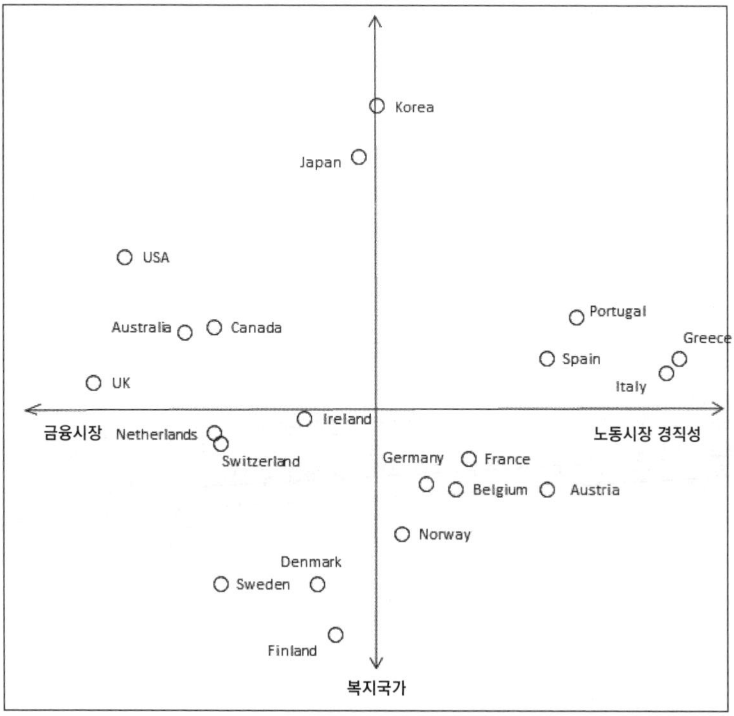


**출처**: Amable(2003: 176-178)

이들 자본주의 유형을 하나씩 살펴볼 필요는 없다. 여기서는 가장 대표적인 유형 둘의 특징만 간략히 대비해보자. 한 유형은 시장 기반형 자본주의다(〈그림 1-3〉의 2사분면). 이 유형의 자본주의를 홀과 소스키스의 용어로 바꾸면 아마도 자유 시장경제일 것이다. 이 유형의 자본주의는

뉴욕증권거래소 중개인 플로어 (1963)

상품시장의 경쟁을 규제하지 않는다. 이런 유형의 사회에서는 상품시장 진입 장벽이 낮고 상품시장에 대한 국가의 통제는 적다. 그러므로 이 사회에서 시장이 아닌 다른 메커니즘이 상품생산에 개입할 가능성은 낮다. 이런 사회에서는 금융도 시장에 기반을 둔다. 개인과 법인은 회사를 분할 소유하고, 상장기업의 수는 많으며, 자본을 조달하는 주식이나 채권 시장도 발달한다. 이런 사회의 노동시장은 유연성이 크다. 노동자를 보호하는 시스템이 미약하고 사용자는 노동자를 쉽게 해고할 수 있다. 임금협상을 조정하는 제도도 없어 임금 유연성이 크다. 이런 사회에서 사람들은 사회적 보호도 시장에서 구입한다. 사회복지는 꼭 필요한 사람이 꼭 필요한 위험에 대응해 시장에서 구매한다. 교육도 개인이 시장에서 구입한다. 고등교육 시장은 경쟁적이다. 중등교육 이수자가 고등교육기관으로 진학하는 비율도 높다.

시장 기반형 자본주의와 대비를 이루는 모형은 유럽 대륙형 자본주의다(〈그림 1-3〉의 3사분면과 4사분면의 중간 국가들이다. 이 유형의 자본주의는 홀과 소스키스의 조정 시장경제에 해당한다고 말할 수 있겠다). 이 유형의 사회는 상품시장의 경쟁을 온건하게 규제한다. 사용자 조직과 노동조합, 정부는 서로 협의해 노동관계를 조정한다. 기업은 주로 은행 등에서 자금을 융통한다. 정부와 기업은 노동자와 협의해 사회적 보호를 제공한다. 교육과 숙련 형성도 정부가 주도하고 운영한다(Amable, 2003: 174-175).

이 두 유형의 자본주의에서 사회적 불평등의 수준과 유형이 서로 다를 것이지만, 아마도 나머지 세 자본주의 유형에서도 사회적 불평등의 수준과 모습이 서로 다를 것이다. 그런데 어떤 유형의 자본주의에서 불평등이 가장 크고 어떤 유형의 자본주의에서 불평등이 가장 낮을까? 우리가 짐작하기로는 사회의 모든 요소가 시장을 중심으로 운영되는 시장 기반형 사회(미국, 영국, 호주, 캐나다 등)에서 불평등이 가장 높고 시장의 영향을 최소화하는 사회민주주의형 사회(스웨덴, 덴마크, 핀란드 등)에서 불평등이 가장 낮을 것이다. 나머지 유형은 이 양극단의 중간에 놓여 있을 것으로 짐작할 수 있다.

### 복지체제의 유형

길게 말할 필요도 없이, 불평등은 자본주의 유형과 불가분의 관계를 맺고 있을 것이라 짐작할 수 있다. 해당 사회의 자본주의 성격이 불평등의 수준과 형태를 결정할 것이다. 시장과 경쟁을 중시하는 자본주의에서 불평등은 가장 클 것이고, 사회와 협력을 강조하는 자본주의에서 불평등은 가장 적을 것이라고 예측할 수 있다. 불평등은 이렇게 자본주의의 성격과 연관하기도 하지만 사회복지와 관련을 맺기도 한다. 사회복지가 불평등을 야기하는 시스템은 아니라 할지라도, 자원을 재분배해 불평등을 완화하거나 조절하는 메커니즘이기 때문이다. 어떤 유형의 사회복지제도(재분배체계)가 불평등을 줄일 것인가? 어떤 복지제도가 불평등을 줄이는 데에 실패할 것인가? 우리는 이 절에서 사회복지제도의 유형을 살펴보고 개별 유형의 특징을 개관하기로 한다.

선진산업사회의 사회복지제도를 유형화한 논의는 많지만, 가장 널리 알려진 대표적 분류 방법은 덴마크의 사회학자 에스핑-앤더슨의 것이다. 에스핑-앤더슨이 분류한 것은 복지국가나 이 국가의 개별 정책이 아니라 이른바 복지체제였다(Esping-Andersen, 1990; 1999; Esping-Andersen and Myles, 2007). 여기서 복지체제(welfare regime)란 '국가와 시장, 가족이 복지를 생산하고 소비하는 맥락'을 말한다. 특정 개인이 사회적 위험에 처했을 때, 예컨대 실업 등과 같은 사태에 직면했을 때, 누가 경제적인 도움이나 뒷받침을 제공하는가? 개인이 시장에서 미리 구매한 복지상품을 활용해 당장의 실패를 극복하는가, 국가가 나서서 그 개인을 구제하는가? 이도 저도 아니면, 가족이 도움을 주고 혜택을 제공하는가? 아마도 나라마다 복지를 제공하는 주체가 서로 다르고, 그 주체를 결정하는 원리가 서로 다를 것인데, 이 주체와 원리를 지정하는 것이 복지체제다. 복지체제는 몇 개의 유형으로 나눌 수 있는데, 에스핑-앤더슨은 복지체제 유형 구분의 핵심 기준으로 탈상품화와 계층화를 들었다.[5]

탈상품화(脫商品化, decommodification)란 복지 수급의 상품화 수준과 정도를 말한다. 더 구체적으로 말하면, 탈상품화란 복지를 시장에서 구매하지 않는 정도를 지칭한다. 개개인은 노동시장에 참여하지 않더라도 일정

---

5 에스핑-앤더슨의 분류법을 보완하려는 움직임도 없지 않았다. 에스핑-앤더슨은 자신의 분류 모형에서 여성의 무급 돌봄 노동을 감안하지 않았는데, 일부 논자들은 이를 감안한 분류법을 제시했다(Siaroff, 1994; Leitner, 2003). 그 외에도 다른 기준을 동원해 복지체제나 복지국가를 분류하는 시도는 많았다. 예컨대 김도균(2018)은 상품화와 가족책임주의를 기준으로 복지국가를 분류했다.

한 생활기준, 즉 사회적으로 용인되는 생활수준을 유지하는 서비스를 받을 수 있는데, 탈상품화는 이런 서비스를 받는 수준을 말한다. 탈상품화의 수준이 낮으면 개인은 어떻게 해서라도 노동시장에 참여해서 현재와 미래의 생계를 꾸려야 하고, 탈상품화의 수준이 높으면 개인은 지금 당장 노동시장에 참여하지 않더라도 복지국가가 일정 수준의 생활수준을 보장한다.

여기서 말하는 계층화(階層化, stratification)란 지위 분절(地位 分節, status segmentation)을 뜻한다. 지위 분절은 복지 서비스가 지위(신분이나 직업, 직장 등)와 연계되어 있는 정도를 의미한다. 일부 사회에서는 특별한 지위를 차지한 사람은 특별한 복지 서비스를 받고, 그런 지위에 놓여 있지 않은 사람은 서비스를 받지 못한다. 이런 사회는 계층화의 수준이나 정도가 높은 사회라고 말할 수 있다. 거꾸로 사람들이 자신의 지위와 관계없이 복지 서비스를 받을 수 있는 사회는 계층화의 수준이나 정도가 낮은 사회다. 계층화는 사람과 사람의 연대(連帶, solidarity)라고 표현할 수도 있다. 계층화는 사람과 사람이 연대하는 방식과 연대하는 장소가 다르다는 사실을 보여준다(〈표 1-5〉 참조). 계층화의 수준이 높으면 사람들은 가족주의나 조합주의를 중심으로 연대하고 기업이나 조직 단위로 연대한다. 거꾸로 계층화의 수준이 낮으면 보편적 원리를 중심으로 연대하고 국가 단위로 연대한다.

에스핑-앤더슨은 이 두 기준으로 세 가지 복지체제를 상정했다. 자유주의 복지체제와 사회민주주의 복지체제, 그리고 보수주의 복지체제가 바로 그것들이다. '자유주의 복지체제(liberal welfare regime)'는 시장의 효율성과 우월성을 무한히 신뢰한다. 이 체제는 국가를 최소화하고, 위험을 개인화하며, 시장을 숭배한다. 이 체제는 복지를 시장에서 해결하는 방법을 장려한다. 자유주의 체제는 사회주의나 민주주의 운동이 취약했거나 사실상 존재하지 않았던 앵글로색슨 계열의 나라(미국, 영국, 캐나다, 오스트레일리아, 뉴질랜드 등)에서 우세하다. 자유주의 체제의 핵심 특징은 네 가지다. 첫째, 이 유형의 복지체제에서 사회보호는 전형적으로 잔여적(殘餘的, residual)이다. 사회 보장이 모든 위험에 적용되는 것이 아니라 '나쁜 위험'에만 한정된다는 점에서 잔여적이다. 그리고 이 체제에서 수급자격의 범위는 협소하다. 사람들은 시민의 권리로 수급자격을 얻는 것이 아니라 정부나 기타 기관의 자산평가나 소득조사의 결과로 그 자격을 얻는다. 그리하여 이 체제에서 복지는 사회부조(社會扶助)에 상당한 비중을 둔다. 이 체제에 해당하는 나라에서는 사회 보호를 위한 지출 비용에서 사회부조가 차지하는 비중이 크다. 둘째, 이 체제는 사회적 '위험'의 범위를 협소하게 규정한다는 의미에서도 잔여적이다. 미국에는 국민건강보험이 없다. 상병수당, 출산수당, 가족수당, 육아휴직제도 등도 없다. 이런 영역에서 발생하는 위험, 시장실패에 기인한 위험 가운데에서도 '나쁜 위험'만 표적으로 삼아 도움을 제공한다. 예컨대 모든 사람에게 의료보험을 제공하는 것이 아니라 빈민이나 노인, 아동에게만 혜택을 제공한다. 셋째, 자유주의 체제는 시장을 장려한다. 일반적인 위험은 사적 보험이나 사적 연금 등으로 시장에서 자조(自助)의 대상이 될 수 있게 하고, 시장에서 보호할 수 없는 위험 가운데에서도 나쁜 위험을 대상으로 복지를 제공한다. 넷째, 자유주의 사회정책은 고용관리에 소극적이다. 자유주의는 규제 없는 노동시장을 지향하기 때문이다. 그러므로 우리는 자유주의 복지체제를 (시민적 권리가 거의 없는) 잔여주의와 (탈상품화 수준이 낮은) 시장 중심성, 소극적 고용관리라는 세 특징으로 정의할 수 있다.

'사회민주주의 복지체제(social democratic welfare regime)'는 북유럽의 여러 나라(스웨덴, 덴마크, 노르웨이, 핀란드)의 복지체제를 지칭한다. 이 체제는 1920년대와 30년대에 사회민주주의가 출현하고 정착하는 과정에서 비로소 등장한 체제로 다른 어느 것보다 뒤늦게 나타난 복지체제다. 이

체제의 특징은 다음과 같다. 첫째, 보편주의다. 이 체제에서 사람들은 모두 복지를 누릴 권리를 갖는다. 일정 연령 이상의 사람이면 모두 노령 부조를 받고, 일정 연령 이하의 아동은 아동수당을 받는다(물론 부모가 받는다). 이른바 평등주의의 실현이라고 말할 수 있다. 그러나 보편주의나 평등주의가 이 체제의 핵심 요소는 아니다. 그보다는 개인의 권리를 개인의 욕구나 고용관계에서 찾지 않고 시민권(citizenship)에서 찾는다는 점이 훨씬 더 중요하다. 북유럽의 복지체제가 다른 체제와 구별되는 점은 사회부조의 역할을 낮추기 위해 국가가 의도적으로 노력한다는 데에 있다. 둘째, 사회민주주의 복지체제는 복지를 탈상품화하려고 노력한다. 이 체제는 개인이 복지를 얻으려고 시장에 의존해야 하는 상황을 최소화하거나 무력화하기 위해 적극적이고 공개적으로 노력한다. 셋째, 사회복지를 탈상품화해 사적 복지를 봉쇄하려면 복지 급여가 충분해야 한다. 사회민주주의 체제는 위험을 포괄적으로 보장하고, 복지 급여를 충분하게 높은 수준으로 유지하며, 평등주의에 특별하게 헌신한다. 넷째, 이 체제는 시민의 생산 잠재력을 극대화하는 생산주의를 추구한다. 생산주의(productivism)는 국가가 사회복지에 적극적으로 나서야 한다는 논리와 원칙을 말한다. 국가는 모든 사람이 노동을 하는 데에 필요한 자원과 동기를 가질 수 있도록 애써야 하고, 모든 사람이 일자리를 보유할 수 있도록 힘써야 한다는 논리이자 원칙이 생산주의다. 요약하면 사회민주주의 체제는 시민권과 탈상품화, 생산주의를 주요 특징으로 삼는다. 이 체제는 자유주의 체제의 대립물이다.

나머지 하나의 유형은 이른바 '보수주의 복지체제(conservative welfare regime)'다. 보수주의 체제는 군주제적 국가주의나 전통적인 조합주의의 영향으로 만들어진 체제다. 유럽 국가는 대부분 비스마르크(O. Bismarck)의 사회보험 개혁을 보방했다. 비스마르크의 독일이 그랬던 것처럼, 이들 나라가 추구한 목표도 평등주의와 동떨어진 것이었다. 사회개혁은 도리어 권위주의적 목표를 달성하는 데 필요한 여러 보완 조치의 하나였을 뿐이다. 노동자를 채찍질하면서도 당근을 주는 것과 흡사했다. 이런 개혁의 산물로 나타난 보수주의 체제의 특징은 다음과 같다. 첫째, 집단과 집단의 합의를 중시하는 조합주의(corporatism)의 성격을 짙게 띤다.[6] 독일, 오스트리아, 프랑스, 이탈리아 등에서 공무원 집단은 특권적으로 독자적인 복지제도를 유지한다. 그 외에도 산업이나 직업별로 연금이나 보험제도가 다르다. 그리하여 건강, 교육, 기타 복지 서비스가 지위나 산업, 직업별로 분화한 채 여러 계층으로 나뉘어 있다. 둘째, 강제적 사회보험을 중시하지만 정상적 고용관계에 놓여 있지 않은 계층에 대해서는 사후대응적인 잔여적 복지제도로 보완한다. 이런 방식의 복지체제는 사적인 시장복지와 다르기도 하고, 공적인 사회복지와 구별되기도 한다. 셋째, 이 체제에서 주목해야 할 또 하나의 중요한 특징은 가족책임주의(familialism)다. 가족책임주의, 다른 말로 가족주의는, 국가나 사회가 남성 주생계원을 보호하고 그 남성은 가족구성원의 복지에 최종 책임을 지는 가족중심성을 말한다. 가족책임주의가 지배하는 체제에서 부모는 자녀가 곤궁한 처지에 빠지면 도울 의무를 진다. 거꾸로 부모가 어려운 상황을 맞으면 자녀는 부모를 도와야 한다. 이런 사회에서는 부모가 경제적 능력을 보유하면, 자녀가 비록 성인일지라도 자녀에게 사회부조를 제공하지 않는다. 거꾸로 자녀가 경제적 능력을 갖추면 부모에게 사회부조를 제공하지 않는다. 이렇게 복지국가가 가족책임주의를 지향하면 국가가

6 조합주의는 농민, 노동자, 군대, 과학자, 숙련공 등과 같은 집단이 공통이익을 중심으로 사회를 조직하는 이념이자 방식이다. 이 용어는 라틴어의 corpus(신체)에서 파생했다. 조합주의 이론의 중심에는, 마치 신체의 각 기관이 적절하게 기여하면 신체의 전반적 기능이 상승하듯, 사회의 각 부분이 자신의 구실을 효율적으로 수행하면 사회가 조화롭게 기능할 것이라는 가정이 놓여 있다. 오늘날 조합주의는 사용자 조직과 노동조합, 정부가 협상해 경제정책을 수립하는 경제적 삼자주의(tripartism)를 지칭하기도 한다.

가구원에게 지급하는 급여는 점점 더 인색하게 된다. 이런 사회에서 가구원에게 이전하는 소득은 흔히 불필요한 것으로 간주된다. 이에 덧붙여 표준적인 남성 주생계원 가족이 아닌 비전형적 가정(예컨대 편모 가정이나 동거 가족)에 지급하는 급여도 잔여적인 것이 되고 만다. 이런 잔여성은 자유주의 체제의 그것과 같다. 잔여적인 만큼 이들 두 체제는 시민적 권리보다는 사회부조를 선호한다. 다만 자유주의 체제의 잔여성은 보수주의 체제의 잔여성과 약간 다르다. 자유주의 체제는 시장실패로 인한 위험을 보호하려 한다면, 보수주의 체제는 가족실패에 대한 대응의 성격을 띤다. 넷째, 보수주의 사회정책은 자유주의처럼 고용관리에 소극적이다. 자유주의는 규제가 없는 노동시장을 지향하므로 고용에 신경 쓰지 않지만, 보수주의는 일자리 보호에 나름대로 신경을 쓴다. 다만 보수주의는 성인 남성 가장의 일자리 보호에 앞장 설 뿐 여성이나 청년의 고용이나 훈련에는 별다른 신경을 쓰지 않는다. 바로 이 점에서 보수주의 복지체제는 자유주의와 사회민주주의 복지체제와 다르다. 이처럼 보수주의 복지체제의 본질은 지위 분절과 가족책임주의, 소극적 고용관리로 요약할 수 있다.

지금까지 논의한 내용을 간략한 모습으로 다시 정리해보자. 〈표 1-5〉를 보면, 세 가지 복지체제의 주요 속성은 다음과 같다. 개별 복지체제에서 가족, 시장, 국가의 구실이 서로 다른데, 자유주의 체제에서는 시장의 구실이 가장 중요하다. 사회민주주의 체제에서는 국가의 구실이 더 중요하고, 보수주의 체제에서는 가족이 중요한 구실을 수행한다. 계층화(연대)의 방식이나 소재(所在)도 서로 다르다. 자유주의 체제에서 사람들은 다른 사람과 연대하지 않고 개인이 제 자신을 보호하고, 사회민주주의에서는 주로 국가가 연대의 주역으로 등장한다. 보수주의에서 사람들은 혈연이나 조합주의, 국가주의 등으로 계층화하고 연대한다. 그러므로 자유주의 체제에서 연대가 일어나는 주요 장소는 시장이고, 사회민주주의와 보수주의에서는 그런 장소가 각각 국가와 가족이다. 마지막으로 탈상품화의 정도는 자유주의에서 가장 낮고, 사회민주주의에서 가장 높다.

〈표 1-5〉 개별 복지체제의 개괄적 요약

| | 자유주의 | 사회민주주의 | 보수주의 |
|---|---|---|---|
| **구실 비중** | | | |
| 가족 | 주변적 | 주변적 | 중심적 |
| 시장 | 중심적 | 주변적 | 주변적 |
| 국가 | 주변적 | 중심적 | 보충적 |
| **복지국가** | | | |
| 지배적 연대의 방식 | 개인적 | 보편적 | 혈연, 조합주의, 국가주의 |
| 지배적 연대의 소재 | 시장 | 국가 | 가족 |
| 탈상품화의 정도 | 최소 | 최대 | 높음(주생계원의 경우) |
| **대표 국가** | 미국 | 스웨덴 | 독일, 이탈리아 |

**출처**: Esping-Andersen(1999: 176-쪽수는 한글 번역본)

그런데 복지체제를 이처럼 세 유형으로 나누는 일은 적절한가? 많은 학자는 에스핑-앤더슨의 이 유형화를 문제 삼았다. 그들의 문제 제기는 주로, 세 유형과 확연히 다른 제4의 유형이 있을 수 있다는 것이었다. 오세아니아 지역(오스트레일리아와 뉴질랜드)과 동아시아 지역(일본과 한국, 대만 등), 그리고 지중해 연안(이탈리아, 그리스, 스페인 등)의 국가의 복지체제는 세 유형의 어느 하나와도 깔끔하게 맞아떨어지지 않는다. 그리하여 사람들은 세 체제에 더해 이른바 넷째, 다섯째, 여섯째 체제를 추가해야 한다고 주장했다. 이렇게 추가적인 체제나 세계를 설정하면 아마도 더 큰 엄밀성과 더 풍부한 뉘앙스, 그리고 더 높은 정확성을 얻을 수 있을 것이다. 그러나 유형이 많아질수록 분석의 간결성은 낮아질 것이고, 유형론이라는 분석도구도 그 유용성이 낮아질 가능성이 높다(Esping-Andersen, 1999).

## 한국의 복지체제

앞에서 말한 세 체제는 이념형이므로 어떤 나라의 복지체제도 이들 체제와 꼭 맞아떨어질 가능성은 거의 없다. 한국의 복지체제도 이 세 체제의 어느 하나와 일치하지 않을 것이다. 그렇다면 한국의 복지체제는 어떤 유형과 더 가까운가? 한국의 복지체제의 특징은 무엇인가?

한국의 복지는 박정희와 전두환의 권위주의 정권이 처음으로 도입했지만, 1997년 경제위기 발생과 그 직후에 출범한 김대중 정부가 본격적으로 확대했다. 그러나 이때 만들어진 복지체제가 어떤 성격의 것인지는 분명치 않다. 2000년대 초반에 한국 복지체제의 성격을 둘러싸고 국내 학자들이 치열한 논쟁을 펼쳤으나 분명한 합의에 이르지 못했다(김연명, 2002; 정무권, 2009). 일군의 학자는 한국은 보수주의 복지체제에 근접한다고 주장했다(남찬섭, 2002; Park and Jung, 2007). 이런 주장의 근거로 그들은 다음과 같은 사실을 내세웠다. 첫째, 한국의 사회보장제도는 사회보험을 중심으로 구성되었고, 이 보험에서는 수익자가 재원을 분담했다. 둘째, 사회보장의 계층화 수준이나 정도가 높거나 컸다. 공무원과 군인, 사립학교 교원을 위한 특수직 연금이 존재했지만 노동자와 자영업자 등을 위한 사회보험은 존재하지 않았다. 셋째, 국민기초생활보호의 수급 자격을 결정하는 중요 기준으로 가족의 부양 책임을 제도화했다. 부모가 경제적 능력을 보유하면 자녀는 수급 자격을 얻을 수 없었고, 자녀가 능력을 보유하면 부모는 자격을 얻을 수 없었다.

그러나 다른 학자는 한국의 복지체제가 보수주의보다 자유주의와 더 가깝다고 주장했다(조영훈·양재진, 2007; 손호철, 2005). 그 근거는 다음과 같았다. 첫째, 1997년 경제위기 뒤에 이루어진 복지 확대는 국가 책임이 아니라 민간 역할을 강화한 결과였다. 둘째, 이 시기의 정부는 직접 복지가 아니라 노동연계복지(workfare)를 확대했다. 셋째, 정부가 복지를 확대했는데도 빈곤과 불평등은 감소하지 않았다. 넷째, 사회보험이 늘어났지만 국가 재정은 증가하지 않았다. 다섯째, 공적 사회보험 대신 민간보험이 발달했다. 여섯째, 근로와 연계된 공공부조 등과 같은 잔여적 형태로 복지가 확대했다. 일곱째, 역대 정부는 노동시장의 유연성을 높였을 뿐 아니라 국민연금의 소득대체율을 낮추고, 공무원연금제도의 지급율을 낮추었다. 이에 더해 정부는 영리민간병원의 도입을 시도했고, 노인요양서비스를 민간시설 중심으로 확대했다.

그러나 이런저런 주장은 어디까지나 일면적인 것이었다. 이들 주장은 한쪽 측면만을 과도하게 강조한 탓에 한편으로는 타당하지만 다른 한편으로는 부적절했다(윤홍식, 2019). 그리하여 많은 학자들은 한국 복지체제를 두 개 이상의 복지체제가 혼합된 것으로 파악했다(cf. 김연명, 2002; 정무권, 2009). 한국의 복지체제는 보수주의와 자유주의 사이에 있을지도 모르고, 두 체제를 섞어 놓은 것일지도 모른다. 매우 드물기는 하지만, 일부 학자는 한국의 복지체제가 사회민주주의의 특성도 보유한다고 주장했다(Kuhnle, 2004). 보편적인 학교급식과 아동보육료, 가정양육수당, 건강보험 단일체제 등과 같은 특징은 사회민주주의와 가깝다는 것이다. 이처럼 한국의 복지체제는 카멜레온처럼 다양한 모습을 보였다(Powell and Kim, 2014).[7] 그러나 한국의 복지체제를 보수주의라고 하든 자유주의라고 하든, 아니면 제3의 혼합형이라 하든 사회민주주의적이라 하든, 이런저런 규정은 현재의 모습에 한정된 서술이자 규정이다. 미래의 복지체제는 어떠할까? 미리 짐작할 수 없다. 미래의 모습은 현재의 상태에 제약을 받겠지만, 이 모습은 원리적으로 어느 방향으로나 열려 있다. 한국 복지국가

7 다른 한편, 에스핑-앤더슨의 분류법과 무관하게 한국의 복지체제를 '유교주의 복지체제'라고 명명한 학자가 있었는가 하면(Jones, 1993), 개발국가(development state)가 주도한 '생산주의 복지체제'라고 규정한 학자도 있었다(Holliday, 2000).

의 장점은 복지체제가 아직 공고하게 자리 잡지 않았고 확고하게 제도화 하지도 않았다는 데에 있을지도 모른다(Esping-Andersen, 2006).

〈그림 1-4〉 복지체제와 복지수준

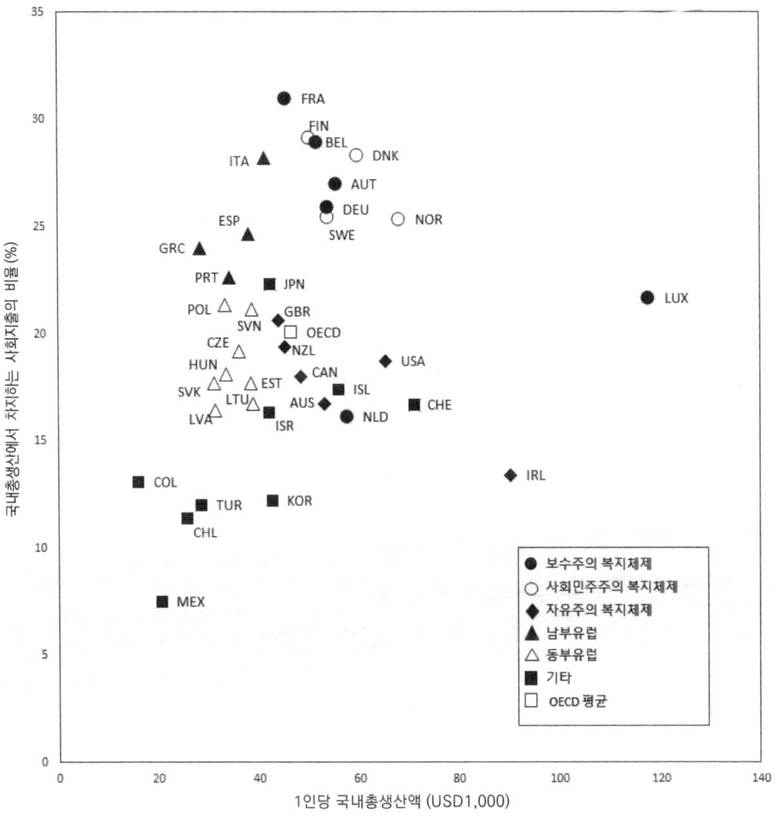


**출처** : https://data.oecd.org/socialexp/social-spending.htm
https://data.oecd.org/gdp/gross-domestic-product-gdp.htm

지금까지 한국의 복지체제가 어떤 유형의 것인지를 살펴보았다. 그리하여 한국의 사회복지의 현 상태를 짐작했고, 한국의 사회적 불평등의 상태가 어떤 것일지를 미리 예측했다. 그러나 한국의 사회복지 수준을 직접적으로 알아보지는 않았다. 지금부터 이 수준을 개괄적으로 알아보기로 하자.

〈그림 1-4〉의 가로축은 OECD 국가의 일인당 국내총생산을 나타내고, 세로축은 이들 국가의 국내총생산에서 사회적 지출이 차지하는 비율을 보인 것이다. 그리고 이 축에 개별 국가의 복지체제를 배치했다. 이 그림을 보면, 각 체제의 특성이 확연히 드러난다. 첫째, 사회민주주의 체제와 (룩셈부르크를 제외한) 보수주의 체제의 사회 지출 비율은 비교적 높은 편이고, 자유주의 체제의 지출 비율은 낮은 편이다. 사회민주주의와 보수주의의 사회 지출이 비슷한 것은 해명해야 할 일이겠지만, 이 두 체제가 자유주의 체제보다 사회 지출이 높다는 것은 별다른 설명을 할 필요가 없다.

둘째, 이 그림에는 이 세 체제 말고도 남부유럽과 동유럽 국가들이 포함되어 있는데, (이탈리아를 제외하면) 남유럽의 국가의 지출은 대체로 보수주의 체제의 국가보다 낮은 편이고, 동유럽국가의 지출은 남유럽 국가보다 낮은 편이다.

셋째, 콜롬비아, 멕시코, 터키, 칠레, 한국과 같은 기타 국가의 지출 비율은 다른 나라와 비교해 매우 낮다. 이들 나라, 특히 한국의 사회 지출 비율은 유럽이나 일본보다 낮은 것은 말할 것도 없고 자유주의 체제의 국가(미국, 영국, 캐나다)보다 훨씬 낮다. 그리하여 사회 지출로 달성할 수 있는 소득 재분배 효과는 다른 선진산업사회와 비교가 안 될 정도로 낮다(이정우, 2010; 이태수, 2015). 우리가 한국의 사회 불평등을 심각하게 생각해야 할 이유다.

제 2 장

# 불평등의 구조

근대가 열리기 전에는 불평등을 파악하는 것은 그렇게 어렵지 않았다. 자본주의 시대 이전에는 사람들이 얻고 싶어 하는 자원의 불평등, 다시 말해 〈표 1-1〉에서 열거한 자원의 불평등은 주로 신분(身分, status)과 관련했다. 영주와 귀족은 고귀했지만, 농노와 평민은 비천했다. 영주나 귀족은 교육을 받았지만, 농노와 평민은 문맹이었다. 영주나 귀족은 부자였지만, 농노와 평민은 가난했다. 그러므로 신분 체계를 파악하면 권력과 명예의 불평등은 말할 것도 없고, 경제적 불평등 구조도 쉽게 알 수 있었다. 그러나 근대에 들어 불평등은 교묘해졌다. 부르주아지 혁명, 특히 프랑스 혁명은 신분제를 혁파했다. 귀족은 사라졌고, 모든 사람은 법 앞에 평등했다. 이렇게 신분제가 없어졌는데도 불평등은 사라지지 않았다. 자본가와 노동자 사이의 경제적 불평등은 귀족과 평민 사이의 불평등과 비슷했거나 그보다 더 컸다. 이런 경제적 불평등을 어떤 개념으로 파악할 것인가? 많은 연구자가 이런 문제를 고민했다. 그중에서 경제학의 한 분파, 중농주의는 당시에 융성했던 생물학의 생물분류기준을 차용해 '계급(階級, class)'이라는 개념으로 경제적 불평등을 파악하기 시작했다.[1] 마르크스는 중농주의의 계급 개념을 자신의 이론 체계에 도입했다.

1 class라는 영어 단어를 사전에서 찾으면 다음과 같은 몇 가지 의미를 띤다.

1) 수업, 학급, 반
2) 중세 대학의 우등 학급

좌우 이데올로기 대립은 지금도 심하지만 예전 상황은 더 심각했다. 마르크스나 마르크스주의자가 불평등을 계급이라는 개념으로 파악하자 마르크스와 사회주의에 반대하는 학자들은 이 개념을 사용하려 들지 않았다. 그 사람들은 사회적 불평등을 분석할 때, 당시에 발흥했던 지질학에서 다른 개념을 빌려왔다. 그들은 퇴적토의 한 겹 한 겹을 가리키는 지층(stratum)이라는 말을 가공해 계층(階層, stratification)이라는 개념을 만들었거니와 차곡차곡 쌓인 계층을 가리켜 성층(成層)이라고 불렀다. 부나 권력이 퇴적토의 지층처럼 위에서 아래로 켜켜이 쌓여 있다는 비유적 이미지를 빌렸다.

20세기 말까지 동서 냉전이 한창일 때에는 양 진영의 학자는 계급과 계층이 서로 다른 대상을 지칭하는 것처럼 생각했다. 예컨대 사회주의 지향의 학자는 계급과 계층은 서로 다른 범주라고 생각했거니와, 계급이

---

3) (생물학) 강(綱)
4) (사회학) 계급
5) 고대 로마의 전투 선단

이런 의미의 공통점은 대상을 일정 기준으로 몇 개 집단으로 나눈다는 것이다. 근대 생물학은 생물을 다음과 같은 몇 가지 분류 기준(계문강목과속종)으로 분류했다. 강(綱, class)은 그 분류 기준의 한 수준이었다. 중농주의 학파와 마르크스는 사회적 불평등을 분류할 때 생물학의 이 개념을 차용했다.

| 기준 \ 생물 | 사람 | 사과 | 문어 | 사자 |
|---|---|---|---|---|
| 계(界) kingdom | 동물 | 식물 | 동물 | 동물 |
| 문(門) phylum | 척추동물 | (미분류) | 연체동물 | 척삭동물 |
| 강(綱) class | 포유 | (미분류) | 두족 | 포유 |
| 목(目) order | 영장 | 장미 | 문어 | 식육 |
| 과(科) family | 사람 | 장미 | 문어 | 고양이 |
| 속(屬) genus | 사람 | 사과 | 문어 | 표범 |
| 종(種) species | 사람 | 사과 | 문어 | 사자 |

계층보다 더 큰 범주라고 생각했다. 계급이 기본 개념이고 계층은 보조 개념이라고 판단했다. 예컨대 그들은 노동자계급 안에 화이트칼라 계층이 있다고 보았다. 반사회주의 성향의 학자는 거꾸로 계층이 계급보다 더 상위에 놓여 있는 범주라고 판단했다(홍두승·구해근, 2008). 예컨대 중산층은 중간계급뿐만 아니라 노동자계급 일부도 포함한다고 상정했다. 누가 더 나은 개념을 사용하고 있는지 판단할 수는 없지만, 양 진영의 학자는 서로 다른 개념을 선호했다. 그러나 1989년 소련과 동유럽의 사회주의가 붕괴한 뒤, 사람들은 더 이상 이 두 개념을 구분해서 사용하지 않았다. 서구 자본주의 진영의 사람들은 너그러워지고 여유로워졌다. 그들은 계급이라는 개념에도 거부감을 나타내지 않았다. 그러므로 우리도 이 두 개념이 동일 대상을 지칭하는 것으로 간주해, 이 두 개념을 혼용하기로 한다.

계급 개념은 마르크스보다 중농주의(重農主義, physiocracy) 학파가 먼저 사용했다. 중농주의는 중상주의(重商主義)에 반대하는 사상이었다. 중상주의는 무역이 부를 창출할 것이라고 믿었지만, 중농주의는 무역이 아니라 노동이 부(富)의 원천이라고 생각했다. 노동이 가치의 원천이라고 생각하는, 이른바 노동가치설의 시초라고 생각할 만한 이론이다. 18세기 프랑스의 경제학자 케네(F. Quesnay)는 노동 가운데에서도 농업 노동이야말로 부의 진정한 원천이라고 생각했다. 그는 경제적 행위자를 셋으로 나누었는데, 소유계급과 생산계급, 불임계급이 바로 그것들이었다. 소유계급(proprietary class)은 농지의 소유자를 지목했고, 생산계급(productive class)은 자영농민이나 농업노동자를 가리켰다. 케네는 농업을 제외한 산업(제조업과 상업)은 부를 창출하지 않는다고 믿었다. 그리하여 수공업자나 상인을 불임계급(sterile class)으로 치부했다. 오늘날의 기준으로 판단하면 기이한 분류법이지만, 농업생산물이 물질적 부의 거의 전부를 차지했던 당시의 시대적 상황을 고려하면 제법 그럴싸한 분류법이었다. 더군다나

'토지의 소유 여부'를 기준으로 경제적 행위자를 나누었다는 것은 나름대로 상당히 선구적인 시도였다고 판단할 수 있다(조금 뒤에 보겠지만, 마르크스는 케네와 흡사하게, 그러나 케네와는 약간 다르게, '생산수단의 소유 여부'를 기준으로 계급을 분류했다).

그러나 이렇게 중농주의 학파가 계급 개념을 먼저 사용했다고 하더라도 오늘날 흔히 쓰는 계급의 의미는 마르크스에서 시작했다. 마르크스는 계급이라는 단어에 새 생명을 불어넣었다. 다음 절에서는 마르크스의 계급 이론을 알아보자.

## 1. 고전 이론

### 1) 마르크스

#### 관념론과 유물론

마르크스의 계급 개념과 계급 모형은 '역사유물론(historical materialism)'에서 비롯했다. 그러므로 우리가 마르크스의 계급 이론을 이해하려면 그의 역사철학부터 살펴야 한다. 역사유물론이란 무엇인가? 역사유물론은 유물론을 인간 역사에 적용한 이론이다. 그럼 유물론은 무엇인가? 마르크스주의 철학은 흔히 관념과 물질의 관계를 묻는다. 그 철학은 이 둘 중에서 무엇이 먼저 존재하는지를 묻고, 이 질문을 철학의 근본 문제라고 지칭했다. 아마도 이 질문에 대한 대답이 세상을 바라보는 방식이나 관점의 시발점이라고 생각했던 듯하다.

아무튼 이들은 관념이 물질보다 먼저 존재한다고 주장하는 이론이나 철학을 관념론(觀念論, idealism)이라 했고, 물질이 관념보다 먼저 존재한다고 판단하는 이론이나 철학을 유물론(唯物論, materialism)이라 불렀다. 관념론의 대표 주자는 종교다. "태초에 말씀이 계시니라. 이 말씀이 곧 하나님과 함께 계셨으니 이 말씀은 곧 하나님이시니라. 그가 태초에 하나님과 함께 계셨고, 만물이 그로 말미암아 지은 바 되었으니 하나도 그가 없이는 된 것이 없느니라. 그 안에 생명이 있었으니 이 생명은 사람들의 빛이라. 빛이 어둠에 비치되 어둠이 깨닫지 못하더라(요한복음 1장: 1-5)." 신의 말씀이 세상만물을, 그리고 생명을 만들어냈다는 이야기다. 정신적 존재가 물질을 만들어냈다. 관념론이다. 종교만 관념론인 것은 아니다. 플라톤은 이데아(Idea)가, 헤겔은 절대정신(the Absolute Idea)이 세계와 존재를 만들어낸 궁극 원인이라고 주장했다. 그러므로 이들이 펼치고 내세운 이론이나 철학도 관념론이라고 말할 수 있다. 고대와 근대 철학에만 관념론이 존재하는 것은 아니다. 현대 철학에도 관념론은 존재한다. 현상학(phenomenology)을 신봉하는 사람들은 우리 생각이 객관적 실재를 능동적으로 구성한다고 주장한다. 예컨대, 현상학은 우리가 머릿속에서 상상해 미리 설계한 구상이나 계획을 외부의 사물(책상, 의자, 가구 등)로 실현한다고 믿는다. 우리의 생각이나 감정이 사회관계(연인이나 가족 등)나 사회현상(범죄 등)을 구성(構成, constitution)한다고 사유한다. 이런 부류의 철학적 사유도 일종의 관념론이다. 관념이 먼저 있고, 물질은 나중에 생기지 않는가? 관념이 물질이나 현실을 결정하지 않는가?

이런 사유방식과 달리, 유물론은 물질이 관념보다 먼저 존재하고, 물질이 관념을 만들어낸다고 주장한다. 이 세상을 구성하는 근본 물질은 물이고 흙이라고 주장하는 철학도 유물론이고, 만물은 원자로 구성되어 있다는 생각도 유물론이다. 근대의 경험론은 우리 지식이 오직 경험으로 만들어진다고 주장하는데, 이런 주장의 한 부분은 관념론이지만 다른 부분은 유물론이다. 주관적 경험이 지식의 근거라는 주장은 관념론이지만, 물질이 먼저 존재하고 경험이 나중에 일어난다는 가정은 유물론이다. 오늘날 자연과학은 우리 정신이나 의식은 물질(뇌세포)의 작용이고, 자아(自我, self)란 뇌가 저장한 기억에 불과하다고 판단하는데, 이런 생각이나 이론도 역시 유물론이다.

### 역사유물론

마르크스는 유물론을 인간과 사회를 해석하고 설명하는 데에 적용했는데, 이런 종류의 유물론을 역사유물론이라고 명명했다. 유물론은 물질적인 것이 관념적인 것보다 선행하고, 전자가 후자를 결정한다고 보는 이론이다. 그런데 사회에서 물질적인 것은 경제이고, 관념적인 것은 문화다. 그러므로 물질이 관념을 결정한다는 유물론적 명제를 사회에 적용하면, 경제가 문화를 결정한다는 명제로 바꿀 수 있다. 경제가 문화를 결정한다는 이론을 역사유물론이라 한다. 마르크스는 이 역사유물론을 건축물의 이미지로 나타냈는데, 경제를 하부구조나 토대(base)라 불렀고 문화를 상부구조(superstructure)라고 표현했다. 그러므로 경제가 문화를 결정한다는 명제는 '경제적 토대'가 '문화적 상부구조'를 결정한다는 명제로 바꿀 수 있다. 그런데 이런 용어나 명제는 구체적으로 어떤 의미를 띨까? 먼저 경제적 토대라는 용어의 의미부터 차근차근 살펴보자.

마르크스의 이론에서 경제적 토대란 생산력과 생산관계의 총합이다. 여기서 '생산력(生産力, production force)'이란 문자 그대로 '생산하는 힘'이고, 풀어서 말하면 '자연을 변형하는 능력'이다. 인간은 자연의 모습을 바꾸어 삶을 유지한다. 땅을 파서 감자를 심어 생계를 꾸리고, 동물을 사냥하거나 가축을 길러 단백질을 보충한다. 이렇게 자연의 형태를 바꾸는 능력을 생산력이라 한다. 자연의 형태를 바꿀 때, 맨손보다는 아무래도 도구나 기계를 사용하면 더욱 효과적이다. 도구를 사용하면 자연을 변형하는 능력이 높아질 것이기 때문이다. 그러므로 생산도구의 수준이

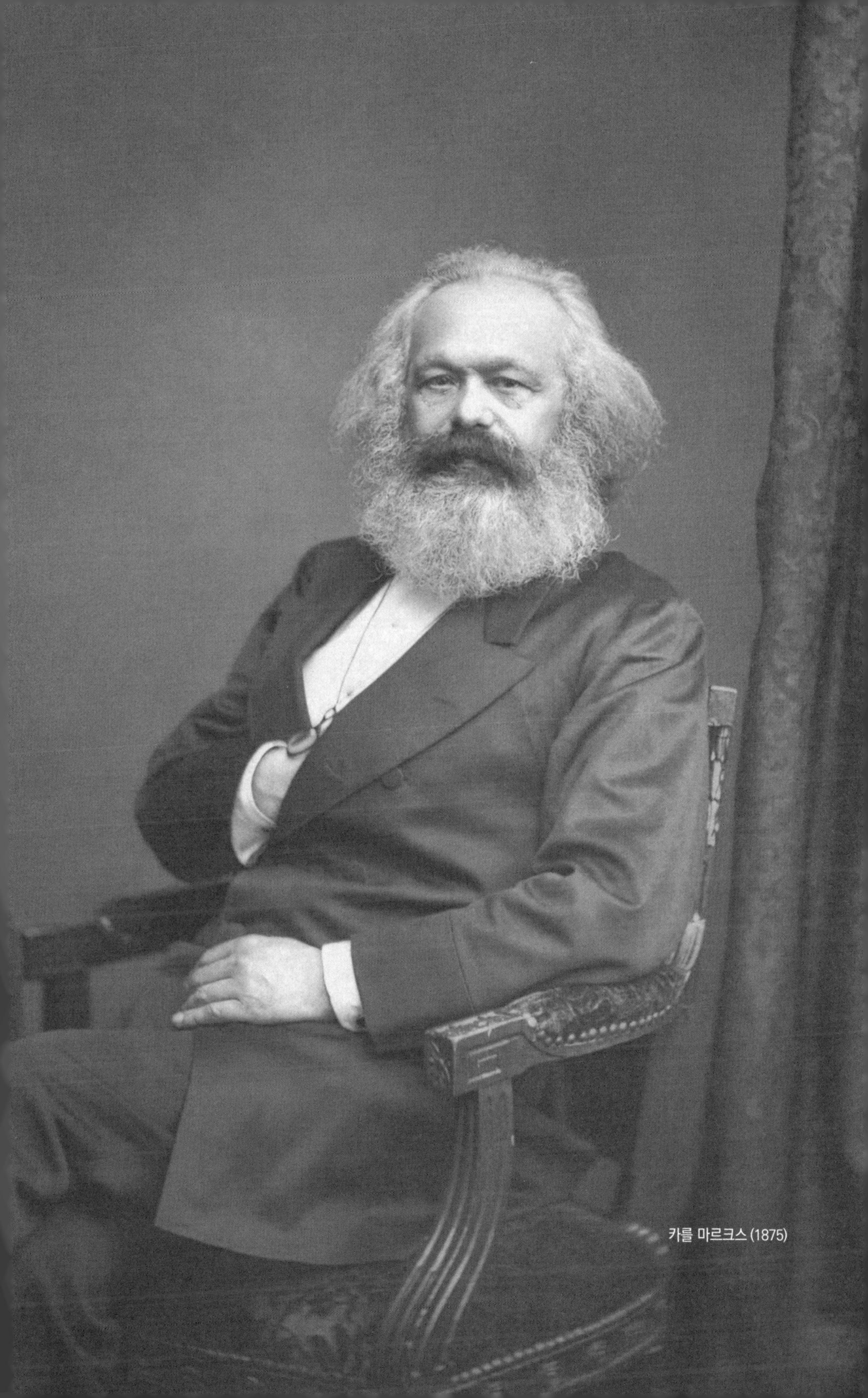

카를 마르크스 (1875)

높을수록 생산력은 크다고 말할 수 있다. 맨손이나 돌도끼보다는 호미가, 호미보다는 소가 끄는 써레가, 써레보다는 트랙터가 자연을 더 쉽고 더 효율적으로 변형한다. 그러므로 더 고급한 생산도구가 더 높은 생산력을 상징한다.

'생산관계(production relations)'는 자연을 변형하는 경제활동을 하면서 사람들이 서로 맺는 관계를 말한다. 이처럼 생산관계란 경제적 사회관계를 말하는데, 이를 경제관계라고 하지 않고 왜 하필이면 생산관계라고 지칭했는가? 경제활동은 생산, 교환, 분배, 소비 등과 같은 여러 활동으로 파악할 수 있지만, 마르크스는 이와 같은 경제활동에서 생산을 가장 중요한 경제 활동이라고 보았고, 생산을 둘러싼 사회관계가 다른 어떤 경제관계보다 더 중요한 관계라고 생각했기 때문이다. 그리하여 자연을 변형하면서 사람들이 맺는 관계를 특별히 생산관계라고 명명했다. 이 생산관계도 여러 층위의 관계로 분해할 수 있다. 예컨대 두 사람 이상이 서로 협업하거나 분업하면서 맺는 관계를 생산관계라고 일컬을 수 있다. 그러나 마르크스는 분석수준을 한 단계 더 끌어올려, 생산활동을 하면서 사람들이 맺는 가장 중요한 사회관계는 생산수단의 소유자와 비소유자가 맺는 관계라고 보았다(여기서 생산수단이란 생산활동에 투입하는 물질적 요소-공장, 기계, 토지, 원자재, 화폐 등을 말한다). 마르크스는 이 관계를 '생산수단의 소유관계'라고 표현했는데, 이 소유관계야말로 생산관계의 핵심이라고 주장했다. 이 소유관계가 여타의 다른 생산관계, 예컨대 분업과 협업의 형태를 규정하기 때문이다. 예컨대 공장이나 기계를 소유한 사람은 직접적으로 생산활동에 종사하지 않고 기획이나 관리, 감독활동을 수행할 가능성이 높다.

경제적 토대는 생산력과 생산관계의 총합인데, 생산력과 생산관계는 서로 대응(對應)하거나 조응(照應)한다. 서로 대응한다는 말은 특정 생산력 단계에서는 특정 생산관계가 나타난다는 뜻이다. 생산력 수준이 미약한 수렵채취사회에서는 생산수단의 공유가 일반적이다. 이런 사회에서 사람들은 토지나 생산도구 등을 공유한다. 그러나 이런 사회에서도 더디지만 생산력은 지속적으로 발전한다. 생산력 발전이 일정 단계에 도달하면, 예전의 생산관계는 생산력 발전에 장애가 된다. 예를 들어보자. 원시적이지만 새 농기구를 발명하고, 적지만 몇 종류의 가축을 기르게 되면서(생산력이 발전하면서) 낡고 뒤떨어진 생산관계(생산수단의 공유)로는 더 많은 생산물을 얻을 수 없게 된다. 그리하여 사람들은 낡은 생산관계를 폐기하고 생산력 발전에 기여하는 새 생산관계(아마도 농기구나 가축은 말할 것도 없고 노예도 사적으로 소유하는 관계)를 만들어낸다. 그리하여 한층 높아진 새 생산력은 그에 걸맞은 새 생산관계와 짝을 이룬다. 이렇게 서로 대응하는 생산력과 생산관계의 한 쌍을 마르크스는 '생산양식(生産樣式, mode of production)'이라고 불렀다. 인류 역사에서 등장했던 가장 대표적인 생산양식은 원시공산제, 노예제, 봉건제, 자본주의였다.

역사 발전은 생산력의 발전에서 시작한다. 생산력은 부단히 향상한다. 도구나 기계의 발명, 지식의 발달로 자연을 변형하는 능력은 계속 발전할 수밖에 없기 때문이다. 생산력이 증가하면 생산관계(생산수단의 소유관계)가 바뀐다. 노예제 사회에서 생산력이 지속적으로 커지면 노예제 생산관계(귀족이 노예를 소유하는 관계)는 생산력 발전을 저해하는 장애물로 바뀐다. 그런 생산관계로는 더 많은 생산물을 얻을 수 없다. 이처럼 생산관계가 생산력 발전을 막거나 저지하는 족쇄가 될 때 생산관계를 바꾸려는 힘이 생긴다. 노예를 해방해 이들을 소농민으로 바꾸려는 힘이 생긴다. 그리하여 영주와 농노가 결합한 봉건제적 생산관계가 새로 등장한다. 봉건제 생산양식에서도 생산력은 계속 발전한다. 그리하여 마침내 봉건제적 생산관계가 생산력 발전에 장애가 되면, 봉건적 생산관계를 해체해 자본주의적 생산관계(자본가와 임노동자의 관계)를 만들려는 동력이 생긴다. 생산력의 발전은 순탄하지만, 생산관계의 변화는 순탄하지 않다.

생산관계의 변화는 곧 혁명이다. 영주와 농노로 이루어진 봉건제적 생산관계가 해체된다는 말은 곧 지배계급인 영주의 퇴장을 의미한다. 영주가 부와 특권을 내려놓고 순조롭게 퇴장할 이유가 없다. 이들의 퇴장은 항상 강제적이다. 이들의 퇴장을 강제하는 것은 혁명일 수밖에 없다. 부르주아지 혁명은 피지배계급이었던 부르주아지가 지배계급인 영주와 귀족을 퇴출하고 새로운 신분질서와 새로운 계급관계를 만든 혁명이었다.

이처럼 생산력 발전은 생산관계를 바꾼다. 이렇게 생산관계가 바뀌면, 그에 상응하여 문화적 상부구조도 바뀐다. 문화적 상부구조는 정치, 법, 도덕, 학술과 예술, 이데올로기 등 비경제적인 것 일반을 말하는바,[2] 생산관계가 바뀌면 비경제적 문화 일반도 바뀐다. 앞에서 보았듯, 경제적인 것이 문화적인 것보다 선행하고 전자가 후자를 규정하기 때문이다. 특정 생산관계가 생산력 발전에 족쇄가 되면 낡은 생산관계를 거부하거나 비난하는 문화가 등장하고, 새로운 생산관계를 두둔하고 지지하는 문화가 나타난다. 예컨대 봉건제적 생산관계가 낡아서 생산력 발전을 저해하면, 봉건제를 옹호하는 관념이나 사상은 점차 힘을 잃고, 봉건제를 부정하거나 자본주의적 생산관계를 두둔하는 관념이나 사상이 차츰 득세한다. 구체적으로 말하면, 왕정체제를 부인하고 의회민주주의를 지지하는 방향으로 정치나 법 체제를 정비하려는 노력이 나타난다. 왕과 귀족의 신분을 보장하는 왕권신수설 같은 이데올로기가 힘을 잃고, 사람과 사람 사이의 평등한 관계를 강조하는 사회계약설이 등장한다. 부르주아지를 지지하는 예술이 그 모습을 나타낸다. 신분제적 배분 방식을 비난하고, 능력주

2 이데올로기(Ideologie)는 아르바이트(Arbeit) 등과 같은 말과 함께, 우리나라에서 얼마 남아 있지 않은 독일어 외래어다. 이데올로기는 객관적인 척 하면서 지배계급의 이익을 은폐하거나 두둔하는 관념과 사상을 말한다. 예컨대 부자에게 감세를 해주어서 부자가 더 부유하게 되어야 가난한 사람도 더 풍요롭게 살 수 있다는 낙수효과(落水效果) 이론은 일종의 이데올로기다. 부자의 이익을 숨기거나 두둔하는 사상이다.

의적 배분 방식을 찬양하는 관념이 나타난다. 역사유물론의 이런 논리, 즉 생산관계의 변동이 문화적 상부구조를 바꾼다는 논리를 마르크스는 다음과 같은 문장으로 간명하게 정리했다.

> 인간은 생산과정에서 꼭 필요하지만, 자신의 의지와는 무관한 사회관계를 맺는다. 이 생산관계는 물질적 생산력의 발달 단계에 조응한다. 이 생산관계의 총체는 사회의 경세구조를 이루며, 이것은 법적·정치적 상부구조와 여러 사회의식의 실질적 기반이 된다. (생산력과 생산관계로 이루어지는—인용자) 물질적 생산양식이 사회적·정치적·정신적 생활과정의 일반 성격을 규정한다. **인간의 의식이 존재를 규정하는 것이 아니라, 거꾸로 인간의 사회적 존재가 의식을 결정한다**(Marx, 1859/1977; 강조는 인용자).

'인간의 사회적 존재가 의식을 결정한다'는 명제에서 의식을, 개인의 의식과 사회의 문화라는 두 차원으로 분리해서 살펴보자. 한 개인의 경제적 처지는 개인의 의식을 어떻게 결정하는가? 한 사회의 경제적 조건은 문화적 현상을 어떻게 결정하는가? 먼저, 경제적 처지가 개인의 의식을 결정하는 몇 가지 사례를 들어보자. 강남의 건물주는 종합부동산세금(종부세) 폐지를 주장하는 정당을 좋아하지만, 노동자는 종부세나 누진세를 추진하는 정당에 투표한다. 자본가는 노동조합을 불온하다고 생각하지만, 노동자는 노동조합에 호감을 느낀다. 부자들은 의료민영화를 더 좋아하지만, 보통 사람은 공적 건강보험을 더 좋아한다. 의사나 판검사 집단은 선거 때마다 자신의 이익을 지켜줄 보수 정당이나 우파 정당 후보를 선호하지만, 노동조합원은 진보 정당에 투표한다. 중산층은 특수목적고등학교의 설립과 운영에 찬성하지만, 서민은 보통의 평범한 교육기관을 선호한다.

이렇게 개인 차원에서 사회적 존재양식(경제적 처지)이 의식을 결정하듯, 사회적 차원에서도 경제적 조건은 문화적 현상을 결정한다. 경제는 정치, 법, 도덕, 학술과 예술, 이데올로기를 결정한다. 몇 가지 예를 들어 보자. 먼저 경제적 요인이 정치 현상을 결정하는 모습을 보자. 박근혜 정권에서 치른 2016년 20대 총선에서 민주당은 근소한 의석 차이로 제1당이 되었다. 민주당이 1당이 되는 것은 처음 일은 아니었지만, 매우 드문 일이었다. 문재인 정권에서 치른 2020년 4월 총선거에서도 더불어민주당은 압승을 거두었다. 300석 의석 중에서 174석을 확보했다. 사람들은 문재인 정부가 코로나19 팬데믹에 성공적으로 대처한 덕분이라고 평가했다. 그러나 1년 뒤 2021년 4월에 치른 지방자치단체장과 지방의회의원 보궐선거에서 민주당은 엄청난 차이로 패배했다. 특히 서울 25개 구(區), 부산 16개 구에서 모두 큰 표 차이로 졌다. 민심이 전반적으로 이반했다. 일 년 후, 우리 모두 알다시피, 제20대 대통령 선거에서 간발의 차이로 더불어민주당은 패배했다. 윤석열 정부가 탄생했다. 그러나 2024년 4월 총선에서 더불어민주당은 또다시 압승했다. 300석 의석에서 170석을 얻었다. 도대체 그 몇 년 사이에 무슨 일이 있었기에 민심이 한쪽 끝에서 다른 쪽 끝으로 격렬하게 출렁거렸던 것일까? 정부의 정책이 실패해서 그러했을까, 아니면 개별 정당이 좋은 정책을 제시해서 그러했을까? 이도저도 아니라면 개별 정당의 도덕성이 문제가 되어서 그러했을까? 그럴 수도 있겠다. 그러나 이렇게 요동치는 정치의 바탕에는 경제 요인이 자리하고 있을 가능성이 높다. 2020년 문재인 정부의 부동산 정책이 실패해서 집값이 올랐는데, 이것이 정부와 민주당에 대한 심판 분위기를 자아내지 않았을까? 2021년 민주당의 패배는 이런 경제 정책 실패 탓이 아니었을까? 2022년에 출발한 윤석열 정부는 미국과 일본 편향의 외교정책을 채택해 중국과 러시아의 반발을 불러일으켰다. 그리하여 중국과 러시아로 향하는 수출이 급격히 감소했고, 이로 말미암아 기업의 실적이 떨어진 것은 말할 것도 없거니와 자영업자를 비롯한 서민의 형편도 극적으로 악화했다. 이런 사정 때문에 국민의힘(옛 민주자유당의 후신 정당)에 대한 지지 철회가 광범위하게 확산하지 않았을까?[3] 어쨌든 정치를 움직인 것은 다른 무엇보다 경제였을 가능성이 높다.

다음 예는 법이다. 2023년과 2024년에 윤석열 대통령은 정의당이 발의하고 국회가 입법한 이른바 노란봉투법(공식 명칭은 노동조합 및 노동관계조정법 일부 개정 법률안) 공포를 거부했다. 현행법 체계에서 노동자가 파업해서 기업이 손해를 입었을 때, 기업은 노동자에게 손해배상을 청구할 수 있는데, 국회를 새로 통과한 이 법은 기업이 노동자에게 민사상 손해배상을 청구하지 못하게 규정했다. 그런데 정부는 이 법을 왜 거부했을까? 윤석열 대통령은 그 법이 위헌적 소지를 포함하고 있어 공포를 거부한다고 말했다. 과연 그럴까? 혹시 노동자의 파업을 방해하려는 의도는 없었을까? 그리하여 기업이나 기업가의 경제적 이익을 옹호하고 싶은 의도는 없었을까?

이제 도덕 문제다. 매스컴과 보수정당은 거의 항상 가족 윤리를 강조한다. 부모는 자녀를 양육해야 하고, 자녀는 부모를 봉양해야 한다고 지속적으로 강조한다. 가족 윤리를 신성한 의무인 것처럼 말한다. 그들은 우리가 앞에서 사회복지제도를 논의할 때 언급한 가족책임주의를 항상 강조한다. 그런데 매스컴은 왜 그런 윤리를 강조하는가? 그것이 윤리적이어서? 그럴지도 모르지만, 그게 아닐 수도 있다. 대기업의 이익을 대변하는 족벌언론과 보수정당은 혹시 자녀 양육과 부모 봉양에 세금을 쓰는 것을 반대하는 것은 아닌가? 유아나 노인 등의 사회적 약자를 국가가

---

3 1990년 노태우 대통령은 여소야대 상황을 타개하려고 정계개편을 단행했다. 여당인 민주정의당, 김영삼의 통일민주당, 김종필의 신민주공화당은 합당했다(3당 합당). 그렇게 탄생한 민주자유당은 300석 중 200석을 훌쩍 뛰어넘는 거대 여당이었다. 이 정당은 이후 신한국당–한나라당–새누리당–자유한국당–미래통합당–국민의힘으로 이름을 바꾸었다.

맡아서 부조하지 않고 부양책임을 가족에게 떠넘기려는 술수가 아닌가? 그리하여 부자들이 세금을 내지 않거나 적게 내는 환경을 조성하려는 것은 아닌가? 그럴 가능성도 적지 않아 보인다.

이번에는 학술과 예술을 보자. 일부 학자는 낙수효과(trickling-down effect)가 현실과 더 부합한다고 주장하고, 다른 학자는 분수효과(fountain effect)가 현실과 더 근접한다고 말한다. 낙수효과 이론은 부자가 잘 살아야 가난한 사람들도 잘살게 되는 것이 세상 이치이자 가장 그럴싸한 경제원리라고 보고,[4] 분수효과 이론은 가난한 사람들이 잘 살아야 부자도 더 많은 돈을 번다는 것을 세상 이치라고 믿는다. 그런데 이들은 순전히 객관적 증거만으로 특정 논리를 두둔하는 것일까?

그런 것 같지 않다. 혹시 이들은 특정 경제 주체를 편들고 있는 것은 아닐까? 그럴 가능성이 매우 높다. 낙수효과가 진리라고 주장하는 학자는 기실 대기업의 자본가 편을 들고 있고, 분수효과가 진리와 가깝다고 주장하는 학자는 노동자 편을 들고 있을 가능성이 높다. 낙수효과 이론이나 분수효과 이론 중 어느 하나를 채택하는 기준은 이론의 현실적합성 문제가 아니라 이론가의 당파적 입장일 가능성이 높다는 말이다. 학술은 그렇다고 치고 예술은 어떤가? 2018년 봉준호 감독이 영화 〈기생충〉으로 오스카상을 받았을 때, 한국의 여러 정당은 일제히 환영과 축하 메시지를 건넸던 것으로 기억한다. 그러나 자유한국당(옛 민주자유당 계열 정당)은 별다른 논평을 내지 않았다.[5] 왜 자유한국당은 수상을 기꺼이 축하하지

4 과연 낙수효과는 경제성장을 이끄는가? 부자 감세하면 경제는 성장할까? 크루그먼(Krugman, 2020)은 그런 주장을 뒷받침하는 객관적 근거가 없다고 말했다. 그런데도 부자의 세금을 줄여야 하고 낙수효과가 유일한 진리라는 주장은 지금도 여기저기에서 횡행하는데, 그는 이런 생각이나 주장을 '좀비 사상(zombie ideas)'이라고 이름 붙였다. 이미 죽었는데 죽지 않은 것처럼 비틀비틀 걸어 다닌다는 것이다.

5 2018년 코레에다 히로카즈(是枝裕和) 감독의 영화, 〈어느 가족(万引き家族)〉이 칸 영화제에서 황금종려상을 수상했다. 당시 일본의 아베(安部) 총리는 아무런 메시지도 내

않고 어정쩡한 태도를 취했을까? 우리 사회의 불평등을 들추어낸 영화가 맘에 들지 않았을까? 그런 영화는 좌파의 이익에 기여하므로 자신에게는 유리하지 않다고 판단했을까? 그럴지도 모르겠다. 자본가와 자본가를 옹호하는 세력은 좌파 취향의 예술에 호감을 느끼지 못한다.

마지막으로 이데올로기다. 윤석열 대통령과 국민의힘(옛 민주자유당 계열 정당)은 왜 민주주의라고 말하지 않고, 꼭 자유민주주의라고 말할까? 자유라는 수식어를 빼면 그들은 왜 그렇게 신경질적 반응을 보일까? 아마도 그들은 인민민주주의와 대립하는 용어로 자유민주주의를 말하기 때문인 것 같다. 그런데 그들이 말하는 자유민주주의의 자유는 누구의 자유일까? 자본가의 자유일 가능성이 높다. 자본가가 기업할 수 있는 자유, 돈을 벌 수 있는 자유, 세금을 내지 않을 자유, 노동자를 통제할 수 있는 자유 등을 말한다. 이렇게 말하면, 이들은 모든 종류의 자유를 지지하고 옹호하는 것 같다. 그렇지 않다. 이들은 모든 이의 자유를 옹호하지 않는다. 그들은 노동자가 파업할 자유를 거부하거나 부정한다. 농민이 시위할 자유도 반기지 않는다. 우파 정치집단은 부유층의 자유와 권리를 뒷받침하는 이데올로기에 경도된다.[6]

지금까지 경제적 토대(생산관계)가 정치, 법, 도덕, 학술과 예술, 이데올로기 등과 같은 문화적 상부구조를 결정한다는 사실을 보았다. 그리하여 경제적 토대와 문화적 상부구조는 서로 대응하는 실체를 이룬다는 사실을 살펴보았다. 마르크스는 토대와 그에 상응하는 상부구조가 서로 결합한 실체를 '사회구성체(social formation)'라고 불렀는데, 이 구성체는 역사적으로 여러 형태를 띠었다. 역사 속에서 사회구성체는 노예제 사회구성

지 않았다. 일본 매스컴도 이 영화가 일본의 치부를 드러냈다고 불편해 했다.

6 결국 자유민주주의는 그다지 좋지 않은 용어다. '민주주의' 앞에 수식어를 붙이면 민주주의가 아닐 가능성이 크다. 박정희의 '한국적 민주주의'가 민주주의가 아니듯, 자유민주주의나 인민민주주의도 진정한 민주주의가 아닐 수 있다.

체, 봉건제 사회구성체, 자본주의 사회구성체 등의 형태로 나타났다. 여하튼 생산력에서 시작해 사회구성체로 끝나는 역사유물론의 논리를 도식으로 표현하면 〈그림 2-1〉과 같다. 이 그림에서 화살표는 인과관계를 나타낸다.

〈그림 2-1〉 역사유물론

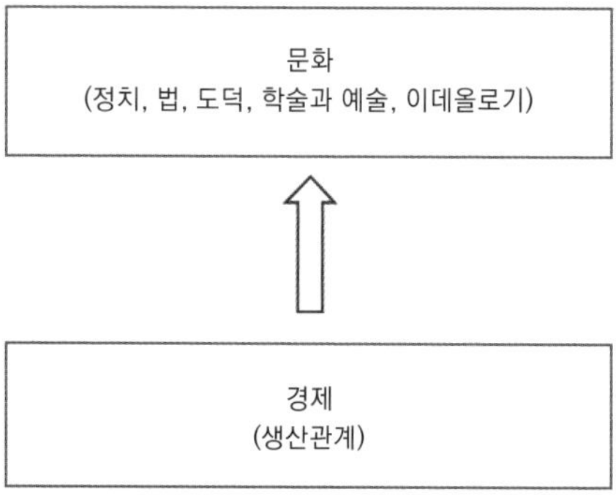


역사유물론의 핵심 개념은 생산관계다. 역사유물론은 자신이 만들어 낸 논리적 구성물에서 생산수단의 소유관계를 가장 중시했다. 역사유물론이 다른 무엇보다 생산관계를 중시했던 까닭은 이 관계가 문화적 상부구조를 결정하기 때문이었다. 생산관계는 역사 발전 단계마다 다른데, 마르크스는 이 발전 단계를 넷으로 나누었다. 원시 공산제, 고대 노예제, 중세 봉건제, 근대 자본주의가 바로 그것들이다. 생산력의 발달 수준이 낮아 아직 사적 소유가 발생하지 않았던 원시 공산제를 제외하면, 개별 역사 발전 단계에서 생산수단의 소유자는 각각 귀족, 영주, 부르주아지였고, 생산수단을 소유하지 못해 노동을 할 수밖에 없었던 직접생산자(direct producer)는 각각 노예, 농노, 프롤레타리아였다(〈표 2-1〉 참조). 마르크스는 이와 같은 생산관계를 근거로 삼아 사회의 기본계급을 설정했다. 고대 노예제 사회에서는 귀족과 노예가 기본계급이고, 중세에는 영주와 농노가 기본계급이었다. 근대 자본주의 사회에서는 부르주아지(자본가계급)와

프롤레타리아(노동자계급)가 기본계급이었다(부르주아지와 프롤레타리아라는 이름의 유래와 의미는 〈참고 2-1〉 참조하라). 각 시대의 기본계급은 항상 적대적이었다. 그럴 수밖에 없었다. 조금 뒤에 보겠지만, 생산수단의 소유자가 더 많은 생산물을 가져가면 직접생산자의 몫이 적어지고, 직접생산자가 생산물을 더 많이 차지하면 생산수단 소유자의 몫이 줄어들기 때문이었다. 그러므로 기본계급의 양 당사자는 서로 대립하고 갈등했다.

〈표 2-1〉 생산관계

| | 원시 공산제 | 고대 노예제 | 중세 봉건제 | 근대 자본주의 |
|---|---|---|---|---|
| 생산수단의 소유자 | 부족 | 귀족 | 영주 | 부르주아지 |
| 비소유자(직접생산자) | 부족 | 노예 | 농노 | 프롤레타리아 |

개별 역사 발전 단계에서 사람들은 생산물을 어떻게 분배했는가? 앞의 제1장에서 이미 보았듯, 원시공산제 사회에서 분배는 능력주의 원칙을 따랐다. 생산에 더 많이 기여한 사람에게 더 많은 생산물을 분배했다. 노예제와 봉건제에서 귀족과 영주는 경제외적 강제(extra-economic coercion)를 동원해서 잉여생산물을 착취(exploitation)했다.[7] 다시 말해 귀족과 영주는 적나라한 폭력을 써서, 잉여생산물을 탈취했다. 그러므로 계급 대립은 눈에 띄게 확연한 것이었다. 계급 갈등도 노골적이었다. 이와 달리 자본주의 사회에서 부르주아지는 잉여생산물을 경제외적 강제가 아니라 경제적 메커니즘으로 전유(appropriation)했다(자본주의적 잉여가치 전유는 조금 뒤에 서술하는 잉여가치설을 참조하라). 그리하여 잉여생산물을 추출하거나 착취하는 방식은 쉬이 눈에 띄지 않았다.

7 직접생산자가 자신의 생존에 필요한 생산물 이상으로 생산한 생산물을 잉여생산물이라고 한다.

**참고 2-1 부르주아지와 프롤레타리아**

부르주아지(bourgeoisie)는 프랑스 말이다. 앞 음절 bourg는 성(城)을 뜻한다. 오늘날 유럽에는 –burg, –bourg, –borg, –burgh, –borough 등의 음절로 끝나는 도시나 지역 이름이 많다. Hamburg, Brandenburg(독일), Salzburg(오스트리아), Göteborg(스웨덴), Petersburg(러시아), Strasbourg, Cherbourg(프랑스), Edinburgh, Scarborough(영국) 등이 바로 그런 도시다. 이들 도시의 공통점은 중세시대부터 이어온 오래된 성곽(城郭) 도시라는 것이다.

부르주아지라는 말은 본디 '성(城) 안에 사는 사람들'이라는 의미를 띠었다. 그런데 중세 시대에 성 안에 거주하던 사람은 누구였을까? 중세 시대에 성 안에 사는 사람은 영주와 가신을 제외하면 주로 수공업자와 상인이었다. 그러므로 부르주아지라는 말은 수공업자와 상인을 지칭했다. 나중에 자본주의 시대를 열었던 주역은 바로 이들이었다. 그러므로 부르주아지라는 말은 결국 자본가계급을 지칭하기에 이르렀다.

근대에 들어 서양 말을 동아시아 언어로 번역한 일본 학자들은 이 부르주아지를 처음에는 성중인(城中人)이라고 직역했다. 성 안에 거주하는 사람들이라는 말이다. 그러나 뒷날에는 부르주아지가 성 안의 시장(市場, fair)과 관련한 사람들이라는 점에 착안해 시민(市民)으로 번역했다. 오늘날 사람들은 시민이라는 말을 여러 가지 의미로 사용하지만, 예컨대 (농촌이 아니라) 도시에 거주하는 사람이나 참정권을 가진 사람(citizen)을 지칭하기도 하고, 능동적으로 움직이는 정치적 행위자 등을 지목하기도 하지만, 동아시아에서 이 말이 처음 생길 때에는 부르주아지를 뜻했다. 우리는 17-18 세기의 영국의 명예혁명이나 프랑스 혁명, 미국의 독립 혁명 등을 통칭해 시민 혁명이라 부르는데 이 혁명의 원래 이름은 부르주아지가 주도한 혁명, 즉 부르주아 혁명(bourgeois revolution)이었다.

프롤레타리아(proletariat)도 프랑스 말이다. 라틴어에 기원을 둔 이 말은 원래 두 단어, 즉 proles와 letariat의 합성어다. proles는 자식이나 자손을 말하고, letariat는 '그것밖에 없다'는 뜻을 갖는 접미사다. 그러므로 원래 프롤레타리아는 '자식 밖에 없는 사람'을 뜻했다. 이 단어는 동물적 번식 이외에는 아무런 지성이나 능력이 없는 사람이라는 경멸적 뜻을 포함했다. 마르크스는 이 단어에 새로운 생명을 불어넣어 노동자계급이라는 의미를 부여했다(Calvert, 1982). 프롤레타리아를 영어식으로 발음하면 프롤레타리아트다.

마르크스의 주요 관심은 고대 노예제와 중세 봉건제가 아니라 근대의 자본주의 사회였다. 앞에서 말했듯, 자본주의 사회의 기본계급은 부르주아지와 프롤레타리아다. 그렇다면 자본주의 사회에는 이 두 계급만 존재했을까? 그렇지 않다. 자본주의 사회에는 기본계급 이외에 '제3의 사람들(the third persons)'이 존재했다. 제3의 사람들이란 프티부르주아지(소규모 수공업자와 소규모 상인), 사무직 노동자, 룸펜 프롤레타리아 등이었다.[8] 마르크스는 이들을 부르주아지와 프롤레타리아의 중간 지점에 위치한 사람들이라고 해, '중간계급(middle class)'이라고 통칭했다(〈그림 2-2〉 참조).

8 마르크스는 작은 상점 주인이나 수공업자를 '프티부르주아지(petite bourgeoisie)'라고 이름 붙였다. 이에 덧붙여 그는 자본가에 고용되어 상품과 용역의 생산과 교환, 분배를 '관리'하는 노동자 등도 프티부르주아지라고 불렀다(Marx, 1848). 그는 사무직 노동자도 프티부르주아지라고 분류했던 셈이다. 이런 분류법은 자영업자를 프티부르주아지라고 간주하는 오늘날의 용법과 조금 다르다. 어쨌든 마르크스주의자는 이 프티부르주아지를 제대로 된 고급 부르주아지, 오뜨 부르주아지(haute bourgeoisie)와 대비했다. '프티'는 작다는 뜻이므로, 일본 학자는 애초에 프티부르주아지를 소시민(小市民)이라고 번역했다. 시민은 시민이되 작은 시민이라는 뜻일 게다. 오늘날 우리 사회에서는 소시민이라는 말을 그저 서민, 보통 사람 등의 의미로 쓴다. 이런 일상용어의 뜻은 애초의 의미와 완전히 달라졌다는 점에 유의하라. 다른 한편, 룸펜 프롤레타리아트에서 룸펜(Lumpen)은 독일어로 육체적 쾌락(lust)을 의미한다. 룸펜 프롤레타리아는 쾌락 산업에 종사하는 매춘부, 부랑아, 폭력배 등을 일컫는다.

〈그림 2-2〉 자본주의 사회의 계급

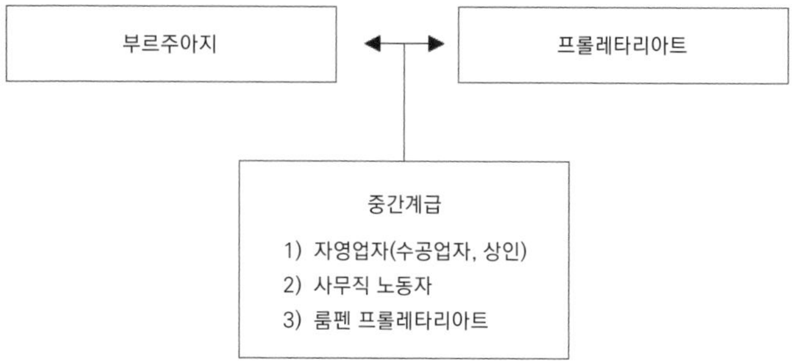


중간계급의 크기는 작지 않지만, 마르크스에게는 그다지 중요하지 않은 존재였다. 자본주의가 발전하면서 이들은 '양극화(polarization)'할 것이라고 그는 예측했다. 자본이 축적을 반복하여 자본-임노동 관계가 점차 확대하면서 중간계급 가운데에서 소수는 운 좋게도 부르주아지로 상승할 것이지만, 대다수는 프롤레타리아로 전락할 것이라고 예측했다. 그리하여 사회는 점점 부르주아지와 프롤레타리아라는 두 계급으로 구성될 것이라고 바라보았다. 마르크스의 이런 예측은 정확했는가? 우리가 마주한 현실에서 보다시피, 이런 예측은 빗나갔다. 오늘날 자영업자는 선진산업사회에서도 그렇게 많이 줄어들지 않았다. 한국, 일본, 이탈리아 등의 나라에서 더욱더 그러했다. 다른 한편, 거의 모든 나라에서 사무직 노동자(화이트칼라)는 줄지 않고 도리어 급격히 팽창했다. 이런 현상은 마르크스의 이론을 수정해야 할 필요성을 드러냈는데, 이런 수정은 조금 뒤에 마르크스를 추종하는 학자들의 논의에서 살펴볼 것이다.

## 노동가치설

지금까지 우리는 역사유물론으로 자본주의 사회의 기본계급을 설정했다. 마르크스는 이 두 계급이 반드시 서로 적대적으로 갈등한다고 말했다.

그 원인은 무엇인가? 자본주의 사회에서 부르주아지와 프롤레타리아는 왜 서로 적대(敵對)하는가? 이른바 '노동가치설(the labor theory of value)'이 그 이유를 설명한다. 노동가치설은 노동이 생산물의 가치를 결정한다는 이론이다. 좀 더 구체적으로 말하면, 생산물의 가치는 생산자가 그 생산물을 만들 때 투하하는 '사회적으로 필요한 노동(socially necessary labor)'의 양이 결정한다고 이 이론은 주장한다(Marx, 1867/1976). 예컨대 평균적 성인이 8시간 일해 연필 하나를 생산한다면, 이 노동의 총량이 이 연필의 가치를 결정한다. 평균적 성인이 4시간을 일해 지우개 하나를 생산한다면, 이 노동의 총량이 지우개의 가치를 결정한다. 생산물을 시장에 내다 팔면 생산물은 상품(商品, commodity)으로 바뀌고 가치는 가격으로 바뀌는데, 이 상품의 가격도 그 상품을 생산할 때 투하한 노동의 양이 결정한다. 연필 한 자루의 가격이 2000원이라면, 지우개 한 개 가격은 아마도 1000원일 것이다.

상품생산사회(시장경제)에서 사람들은 상품을 등가교환(等價交換)한다. 연필 한 자루를 생산하는 데에 투하한 노동의 양과 공책 한 권을 제작하는 데에 투하한 노동의 양이 같다면 서로 맞바꿀 수 있다. 두 상품의 가치가 같지 않으면 상품 소유자는 서로 교환하지 않는다. 연필 한 자루와 지우개 하나는 서로 교환하지 않는다. 연필을 소유한 사람이 손해를 보기 때문이다.

마르크스의 노동가치설은 고전경제학의 노동가치설과 흡사하다. 일찍이 스미드(A. Smith)나 리카도(D. Ricardo) 등과 같은 고전경제학자도 노동이 상품의 가치를 결정한다고 주장했다. 그러나 마르크스의 노동가치설은 고전경제학자의 학설과 조금 다른데, 마르크스는 고전경제학의 노동가치설을 끝까지 밀고 나가, 임금노동자의 노동력마저 사고파는 상품으로 간주했기 때문이다. 자본주의 사회에서 노동자는 무엇인가를 팔아 생계를 유지해야 한다. 노동자가 시장에 내다팔 수 있는 상품이란 자신의 노동력(일할 수 있는 능력)밖에 없다. 그래서 노동자는 이 노동력(labor power)을 팔아서 생계를 유지한다. 이 노동력 상품에 대한 대가가 바로 임금이다. 모든 상품은 등가 교환되니, 노동력이라는 상품의 가치(가격)는 임금이라고 말할 수 있다. 그런데 노동력의 가치(임금)는 어떻게 결정되는가? 다른 상품의 가치가 그러한 것처럼 노동력을 만들어내는 데 투하하는 노동의 양으로 결정된다. 그렇다면 노동력은 어떻게 만드는가? 노동자는 여러 재화를 소비함으로써 일할 수 있는 능력을 생산하고 재생산한다. 그러므로 임금은 이 노동력을 재생산할 수 있는 만큼의 재화의 양으로 결정된다. 노동자가 오늘 하루 종일 일하면 지쳐서 일할 능력을 소진한다. 이 상태로는 더 이상 일을 할 수 없다. 노동 능력을 회복해 내일 다시 일하려면 일정 수량의 재화가 필요하다. 어느 정도의 식량이 필요하고, 최소한의 주거 공간이 필요하다. 옷과 광열(光熱) 등과 같은 상품도 필요하다. 노동자가 생계를 꾸리는 데 필요한 이런 식량, 주거 시설, 광열의 값은 얼마나 되는가? 그게 얼마이든, 자본가는 노동력을 재생산하는 데에 필요한 물품의 가격만큼 임금을 지불하면 된다. 그러면 자본가와 노동자는 노동력이라는 상품을 두고 등가교환하는 셈이 된다.

다른 상품과 달리, 노동력이라는 상품은 특별한 성질을 띤다. 노동력 상품은 노동력의 가치(임금)보다 더 많은 가치를 생산한다. 그 과정을 예를 들어서 알아보자. 노동력 상품을 구입한 자본가가 공장에 노동력을 배치하면 이 노동자는 자본가가 지정한 상품을 생산한다. 의류 제조 공장에서 노동자가 하루 10시간 일해 10벌의 옷을 생산한다고 가정해보자. 옷 하나당 100원이라면 노동자는 하루 천 원어치의 가치(제품)를 생산한다(가치는 곧 가격이라고 가정하자). 노동력의 가치(임금)는 400원이라고 가정해 보자. 노동자가 첫 네 시간 동안 옷 네 벌을 생산하면 자신의 임금에 해당하는 상품을 생산한 셈이다. 그런데 노동자는 나머지 여섯 시간 동안 600원어치의 옷을 추가로 생산한다. 이 여섯 벌의 옷을 팔아 번 돈은 누가 가져가는가? 노동력을 구매한 자본가가 가져간다. 당연한 이치다. 어떤 사람이 트럭을 구입해 화물 운송 사업을 벌여 얼마간의 돈을 벌었다고 가정해보자. 이 돈은 누구 것인가? 자동차 것인가? 자동차 주인의 것인가? 자동차 주인이 자동차를 구입해 돈을 벌었으니 그 자동차를 이용해 번 돈은 주인 돈이다. 마찬가지로 자본가는 노동자를 구입해 돈을 벌었으니 그 노동자를 사용해 번 돈은 자본가의 것이다.

전체노동시간 가운데 노동자가 자신의 노동력을 재생산하는 데에 쓰는 노동시간을 필요노동시간이라 하고, 자본가에게 이윤으로 돌아갈 상품을 생산하는 데에 쓰는 노동시간을 잉여노동시간이라 한다. 노동자가 각각의 노동시간에 지출하는 노동을 필요노동과 잉여노동이라 한다. 그리고 노동자가 필요노동시간에 생산한 가치를 재생산가치(reproduction value)라 하고, 잉여노동시간에 생산한 상품의 가치를 잉여가치(surplus value; s)라고 한다. 재생산가치와 잉여가치를 화폐로 전환한 것이 각각 임금과 이윤이다(〈그림 2-3〉 참조).

〈그림 2-3〉 노동시간과 잉여가치

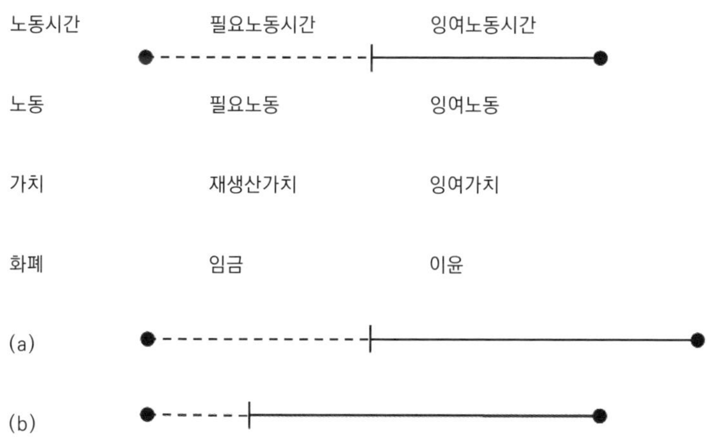

노동자는 임금에 관심을 기울이겠지만, 자본가는 당연히 자신의 몫인 이윤에 관심을 둔다. 이윤을 늘리려면 자본가는 어떻게 해야 하는가? 개략적으로 보아 해법은 두 가지다. 첫째, 전체노동시간을 늘려 잉여노동시간을 늘린다(〈그림 2-3〉의 (a)). 둘째, 기계 등을 도입하거나 새로운 기술을 적용해 필요노동시간을 줄인다. 필요노동시간이 줄면 전체노동시간을 늘리지 않아도 저절로 잉여노동시간이 늘고 잉여가치가 커진다(〈그림 2-3〉의 (b)). 그러나 두 해법 중에서 어떤 것을 사용하든지 자본가와 노동자는 적대적으로 대립할 수밖에 없다. 전체노동시간을 늘리면 노동자는 늘어난 노동시간에 저항할 것이고, 필요노동시간을 줄이면 노동자는 더 세진 노동 강도에 반항할 것이다.

자본주의가 발전하면서(자본의 규모가 커져 자본－임노동 관계가 확대하면서) 자본은 점차 절대적 잉여가치보다 상대적 잉여가치를 추구하게 된다. 절대적 잉여가치를 추출하는 방법은 분명한 한계를 보이기 때문이다. 노동시간을 아무리 늘려도 하루 16시간 이상으로 늘리지는 못하지 않겠는가? 노동자가 16시간보다 더 많이 일하면 수면시간이 줄어 노동자는 천천히 죽는다. 이래서야 노동자가 자신의 노동력을 재생산할 수 없다. 그리하여 자본은 결국 기계 등을 도입함으로써 상대적 잉여가치를 늘리는 방법을 사용할 수밖에 없다. 요컨대 자본가가 더 많은 이윤을 거두어 자신의 몸집을 불리려면(자본가가 자본을 더 많이 축적(蓄積)하려면), 노동자 일인당 생산설비를 더 많이 사용할 수밖에 없다. 이 말은 자본가가 생산활동을 조직하면서 점차 노동자의 임금보다 생산설비 구입과 운용에 더 많은 돈을 투자할 수밖에 없다는 사실을 뜻한다. 이 사실은 무엇을 의미하는가?

자본가가 노동력 구입에 쓰는 돈을 가변자본(variable capital; $v$)이라 하고 생산설비 매입과 운용에 투자하는 돈을 불변자본(constant capital; $c$)이라고 하면, 생산설비에 투자하는 자금의 비율을 더 높인다는 말은 불변자본의 비율을 더 높인다는 말과 같다. 가변자본에 대비한 불변자본의 비율($c/v$)을 자본의 유기적 구성(the organic composition of capital)이라고 하는데, 이 구성을 높이면서 자본의 이윤율은 점차 줄어든다. 왜 그러한가? 다음 수식을 보자. 이윤율($r$)은 투하한 자본 총량($c+v$)에 대한 잉여가치($s$)의 비율이다.

$$r = \frac{s}{c+v}$$

여기에서 분자와 분모를 똑같이 $v$로 나누어서 정리하면 다음과 같다.

$$r = \frac{s/v}{c/v+1}$$

이 식에서 이윤율($r$)은 두 요인의 함수다. 이윤율은 잉여가치율($s/v$)의 함수이자 자본의 유기적 구성($c/v$)의 함수다. 잉여가치율이 크면 클수록 이윤율은 높아지고, 자본의 유기적 구성이 높으면 높을수록 이윤율은 낮아진다. 앞에서 자본주의가 발전하면서 자본의 유기적 구성은 점차 높아진다고 했다. 그러므로 (잉여가치율이 일정하다면) 이윤율은 장기적으로 낮아지는 경향을 보일 것이다(이윤율의 경향적 저하 법칙).

다른 한편, 자본의 유기적 구성이 높아지면서 자본의 노동 수요는 점차 줄어든다. 그리하여 자본은 공장 바깥에 언제든 활용할 수 있는 실업자를 생산한다. 마르크스는 이 실업자를 상대적 과잉인구나 산업예비군이라고 불렀다.[9] 산업예비군(the industrial reserve army)은 취업노동자의 임

9 마르크스는 상대적 과잉인구(the relative surplus population)를 네 형태로 나누었다. 유동적 과잉인구와 잠재적 과잉인구, 정체적 과잉인구와 피구휼빈민이 바로 그것들이다. 유동적 과잉인구는 근대 공업의 중심 부문에서 직장을 유출입하면서 반실업이나 완전 실업의 상태에 놓인 인구다. 잠재적 과잉인구는 농업 부문에서 공업 부문으로 이동하지 못한 인구, 농촌에 숨어 있는 반실업 상태의 인구를 지칭한다. 정체적 과잉인

금을 낮추는 조건이 되고, 노동조건 개선을 방해하는 압력으로 작용한다. 그리하여 자본주의가 발달할수록, 다시 말해 자본의 규모가 커질수록, 노동자는 예전보다 더 빈곤해진다. 이와 같이 자본은 자신을 축적하면서 한쪽 끝에는 부를 쌓고, 다른 한쪽 끝에는 궁핍과 고통, 예속과 무지, 야만성, 도덕적 타락을 쌓는다. 자본축적의 이런 결과를 마르크스는 '자본축적의 일반법칙(the general law of capitalist accumulation)'이라고 이름 붙였다.

> 자본주의 체제에서 사회적 노동생산성을 높이는 방법은 모두 개별 노동자를 희생하는 수단이 된다. 생산을 늘리는 방법은 모두 생산자를 억누르고 짜내는 수단으로 바뀐다. 이 수단은 노동자를 파편화해 기계의 부속물로 떨어뜨린다. 노동을 고통스럽게 해 노동의 내용을 무너뜨린다. (…) 노동생산성을 높이는 방법 때문에 노동자의 노동조건은 점점 나빠지고, 노동자는 노동과정에서 독재—그 비열함 때문에 더욱 혐오스러운 독재—에 굴복한다. 노동자의 전체 생활시간은 노동시간으로 바뀌며, 그의 처자(妻子)는 자본이라는 거대한 수레바퀴(juggernaut) 밑에 깔린다. (…) 끝으로 (자본은) 언제나 축적의 규모와 활력에 알맞도록 상대적 과잉인구나 산업예비군을 유지하는데, 이 법칙은 헤파이스토스가 프로메테우스를 바위에 결박했던 쐐기보다 더 단단하게, 노동자를 자본에 동여 묶는다. **이 법칙은 자본의 축적에 상응해 필연적으로 빈곤의**

---

구는 현역 노동자이지만 그 취업이 불안정하고 불규칙적인 인구를 말한다. 주로 가내노동에서 그 모습을 확인할 수 있다. 피구휼빈민은 상대적 과잉인구의 가장 밑바닥에 침전되어 있는 인구다. 호황기에만 흡수되는 노동자, 고아, 노동 무능력자 등이 바로 그들이다.

박종수(1988)는 이에 더해 오늘날의 불안정 취업노동자층을 '새로운 형태의' 상대적 과잉인구로 간주했다. 대기업에 파견되는 사외노동자나 파견노동자, 하청기업의 노동자, 파트타임 노동자(일용노동자, 임시직 노동자), 독립생산자의 형태를 띠고 있으나 사실상 임노동자인 명목적 자영업자(택배 기사 등을 떠올려 보라), 제3차 산업이나 영세기업의 저임금 노동자 등이 바로 그들이다.

**축적을 낳는다. 한쪽 끝에는 부가 쌓이고, 다른 쪽 끝(…)에는 궁핍과 고통, 예속과 무지, 야만성, 도덕적 타락이 쌓인다**(Marx, 1867: pp. 729-730; 강조는 인용자, 쪽수는 한국어 번역본의 것이다).

역사유물론에 근거한 마르크스의 계급 모형은 명쾌하다. 계급 갈등의 필연성을 설명하는 잉여가치설도 치밀하고 논리적이다. 그러나 사회주의를 반대하는 사람들은 사회 불평등을 이런 방식으로 설명하는 데에 동의하지 않았다. 마르크스의 계급 개념과 계급 모형을 거부했던 대표적 학자는 베버(M. Weber)였다. 베버는 마르크스와 달리, 경제적 불평등뿐만 아니라 명예와 권력의 불평등도 살폈다. 말하자면 불평등을 단일 차원이 아니라 다차원으로 바라보았다.

## 2) 베버

### 계급과 지위, 권력

베버(Weber, 1946)는 사회에 다양한 질서(order)가 공존한다고 보았다. 사회에는 경제적 질서가 있는가 하면, 명예의 질서나 법적 질서도 따로 있다고 보았다. 베버는 이들 여러 질서가 어느 정도 중복하거나 관련하지만 서로 다른 것이라고 주장했다. 다시 말해, 이 질서는 완전하게 중첩하는 것은 아니라고 판단했다. 그런데 이 질서들은 서로 어떻게 다른가? 먼저 경제 질서를 보자.

경제 질서는 '계급상황(class situation)'이 결정한다. 계급상황이란 다음과 같은 상황이다. 첫째, 다수의 사람이 특정 요소를 공유하는 상황이다. 둘째, 이 요소가 재화나 소득과 같은 경제적 이해관계를 규정하는 상황이다. 셋째, 이 요소가 상품시장이나 노동시장의 조건을 이루는 상황이다. 베버의 원어는 생소하고 추상적이어서 이해하기 쉽지 않다. 그러

막스 베버 (1918)

므로 이를 우리에게 익숙한 용어로 바꾸어보자. 계급상황이란 서로 연결된 다음과 같은 세 상황을 말한다. 첫째, 몇 가지 원인 요소(재산이나 숙련 등)를 공유하는 사람들이 여럿 존재하는 상황을 말한다(예컨대, 건물주 집단이 존재하고 임차인 집단이 따로 존재하는 상황을 지칭한다. 또 의사가 존재하고 간호사가 따로 존재하는 상황을 말한다). 둘째, 이 요소 때문에 경제적 이해관계가 서로 달라지는 상황을 말한다(예컨대, 건물주와 임차인은 건물 임대료를 두고 서로 대립하고 의사와 간호사는 임금을 두고 서로 갈등한다). 셋째, 이 요소를 활용해 시장에서 비슷한 삶의 기회를 맞는 상황을 말한다. 다시 말해, 원인 요소를 공유하는 사람들이 비슷한 정도의 재화를 소비하거나 비슷한 생활경험을 누리는 상황을 말한다. 예컨대, 시장경제에서 건물주처럼 큰 재산(property)을 소유한 사람들은 노동시장에서 일하지 않아도 되고 상품시장에서 풍요로운 생활을 누리게 될 가능성이 높다. 거꾸로 임차인은 노동시장에서 일할 가능성이 높고 상품시장에서 덜 풍요로운 생활을 할 가능성이 높다. 이렇게 원인 요소를 공유하는 사람들은 비슷한 삶의 기회를 누릴 것이므로 동일한 계급상황에 놓여 있다고 말할 수 있다.

계급상황을 규정하는 가장 중요한 요소는, 앞의 예에서 보인 것처럼, 다른 무엇보다 재산이다. 재산은 계급상황을 결정하는 기본 범주다. 그러나 재산만이 계급상황을 결정하는 것은 아니다. 사람들이 제각각 시장에 제공할 수 있는 서비스(service)나 숙련(skill)도 계급상황을 결정한다. 모든 사람이 바라는 서비스, 시장이 인정하는 서비스를 제공한 사람은 재산 소유자 못지않게 풍요로운 삶의 기회를 누린다. 예컨대 윈도우를 개발한 빌 게이츠나 구글을 창업한 래리 페이지 등은 세상 사람들이 원하는 서비스를 제공해 많은 돈을 벌었고 자신의 삶의 기회를 윤택하게 했다. 남다른 숙련을 갖춘 사람도 삶의 기회를 좋게 만들 수 있다. 예컨대 남들이 쉽게 손대지 못하는 수술을 성공적으로 제공하는 의사는 다른 의사보다 더 윤택하게 살 수 있고, 용접 기술이 뛰어난 기능공도 다른 기술자보다 더 많은 보상을 받을 수 있다. 이처럼 계급상황은 시장에서 누리는 삶의 기회를 결정하므로 베버는 이를 '시장상황(market situation)'이라고 명명하기도 했다. 베버는 이 계급상황(시장상황)이 비슷해 생활기회나 생활수준이 비슷한 사람들을 계급(class)이라고 이름 붙였다.

둘째 질서는 명예의 질서다. 명예는 '지위상황(status situation)'이 결정한다. 지위상황은 인간 생활에서 명예를 결정하는 전형적 요소를 공유하는 상황이다. 이 요소는 인종이나 출신 성분, 종교적 지위나 재산 등일 수 있고, 뛰어난 지식이나 고매한 인격일 수도 있다. 영국 출신의 백인 개신교도(White Anglo-Saxon Protestant; WASP)는 높은 명예와 지위를 누리고, 유색인종 가톨릭교도는 낮은 명예의 굴레를 쓴다. 학식이 뛰어나거나 인격이 고매한 사람들도 높은 명예를 누릴 수 있다. 학자나 종교인 등을 떠올려보라. 때때로 재산이 많은 사람도 높은 명예를 누린다. 돈 많은 노인은 남다른 대접을 받는다. 지위상황은 계급상황과 일치할 수도 있고, 일치하지 않을 수도 있다. 지위상황을 공유하는 사람들, 즉 비슷한 정도의 명예를 누리는 사람들을 '지위집단(status group)'이라고 하는데, 이 집단은 계급과 겹치기도 하지만 계급과 정확하게 일치하지는 않는다.

지위집단은 계급과 무엇이 다른가? 계급은 생활 공동체가 아니다. 계급 성원은 위치나 속성을 공유하지만 동일 장소나 공간에서 함께 생활하지 않는다. 이와 달리, 지위집단은 특수한 생활양식을 같은 장소나 공간에서 공유한다. 계급은 그렇지 않지만, 지위집단은 공동체(community)의 성격을 띤다. 이 공동체에서 교제나 결혼 등의 사회적 교류가 일어난다. 지위집단이 다르면 사람들은 서로 교류하거나 교제하기도 힘들고 결혼하기도 어렵다. 근대 독일의 한 소설('젊은 베르테르의 슬픔')에서 베르테르(Werther)는 평민이었고, 샤롯테(Charlotte)는 귀족이었다. 그러므로 그들은 애초부터 사랑할 수 없었고 결혼할 수 없었다. 평민은 귀족과 모든 것이 달랐다. 청년 베르테르의 굴욕과 슬픔, 고뇌는 바로 그 지점에서 생겨났다(Goethe, 1774).

그런데 사람들은 왜 지위집단을 만드는가? 지위집단을 만드는 가장 큰 동기는 아무래도 타인의 접근을 배제해 물질을 독점하는 데에 있다. 끼리끼리 혼인해 통혼을 제약하는 것은 재산의 분할을 미연에 방지하기 위함이고(이 책의 제4장 3절 참고), 특정 지위상황(예컨대 출신지역)을 이용해 끼리끼리 모이는 것은 관직이나 중요한 자리를 독점해 물질적 수혜를 얻거나 유지하기 위함이다(이 책의 제6장 2절 참고). 이렇게 명예는 물질과 연결된다. 그러나 지위집단은 여전히 계급과 다르다. 계급은 재화의 자유로운 교환 속에서 발생하지만 지위집단은 재화의 자유로운 교환을 막아 독점을 이용하는 데에서 생긴다. 계급은 재화의 생산이나 취득을 근거로 생성되지만, 지위집단은 재화의 소비와 관련해 성층화한다. 계급은 재산의 소유 정도로 구별하지만, 지위집단은 생활양식(소비유형)으로 구별한다. 요컨대, 계급은 돈을 버는 정도로 구별하지만, 지위집단은 돈을 쓰는 방식으로 구별한다. 명예가 엇비슷한 지위집단은 비싼 집이나 고급 자동차를 소유하거나 소비하는데, 그런 소비로 동일 부류나 집단의 사람이라는 것을 확인한다.

베버가 보기에, 이 세상에 계급과 명예만 불평등한 것은 아니다. 권력도 불평등하다. 정당(party)은 이 권력을 추구한다. 계급과 지위집단이 각각 경제와 명예와 관련한다면, 정당은 권력과 관련한다. 정당은 권력으로 공동체에 영향을 미치려고 노력한다. 권력(power)은 '타인이 저항하는데도 자신의 의사를 관철할 수 있는 힘'이다. 그런데 이 권력의 원천은 무엇인가? 권력은 무엇에서 기원하는가? 권력은 경제나 명예에서 비롯할 수 있다. 예컨대 재산이 많은 사람은 돈으로 가난한 사람을 자기 뜻대로 움직일 수 있고, 명예가 높은 사람(예컨대 신부나 목사)이나 인격이 고매한 사람(지식인이나 문인)은 명예가 낮은 사람(신도나 일반인)을 자신이 바라는 대로 행동하도록 설득할 수 있다. 그러나 권력은 별개의 원천에서 비롯할 수도 있다. 예컨대 총칼과 같은 적나라한 폭력으로 권력을 행사할 수도 있고, 사회적 영향력이나 연설, 제안, 속임수 등으로 권력을 획득할 수도 있다. 그러므로 권력의 불평등은 경제나 명예의 불평등과 구별된다.

이처럼 베버의 불평등 이론은 다차원적(multi-dimensional)이다. 마르크스가 불평등을 경제라는 단일 차원에서 바라보았다면, 베버는 계급과 명예, 권력이라는 세 차원으로 불평등을 파악했다. 불평등을 단일 차원으로 바라보는 논의의 장점은 논리가 명쾌하다는 것이다. 여러 가지 불평등을 동시에 생각할 필요가 없기 때문이다. 그러나 이런 논의는 아무래도 환원주의(reductionism)에 빠지기 쉽다. 아니나 다를까, 마르크스는 이 세상의 불평등을 모두 경제적 불평등으로 환원했다. 명예도 경제적 소유에서 나오고, 권력도 경제적 소유에서 나온다고 보았다.[10] 이와 달리, 불평등을 여러 차원으로 파악하면 논의는 한결 더 정교해진다. 세상의 불평등을 여러 차원으로 세분해서 바라보면 불평등을 훨씬 더 정교하게 묘사할 수 있다. 그러나 다차원적 논의의 단점은 논리가 명쾌하지 않다는 것이다. 서로 엉킨 여러 차원의 불평등을 동시에 바라보아야 하기 때문이다.

불평등을 다차원적으로 접근하려는 시도는 이런 단점을 극복하려고 대체로 종합화 전략을 선호한다. 종합화 전략이란 여러 차원의 불평등을 종합해 단일 차원의 잣대나 기준을 만들어내는 접근이다. 예를 들어보자. 재산과 명예, 권력이라는 세 가지 불평등을 순서대로 각각 소득과 직업, 조직 위치(조직 안에서 차지하는 사회적 위치)로 측정할 수 있다고 가정해 보자. 다시 말해, 개인의 재산은 소득으로 재고, 명예는 직업지위지수로 측정하며, 권력은 개인이 조직 안에서 부리는 부하 직원의 수로 계측한다

10 국가는 '단지 부르주아지의 공동 사무를 관리하는 집행위원회'라는 견해(Marx, 1848)는 환원주의를 예시하는 대표 사례다. 이런 견해는 권력을 경제로 환원한다.

고 가정해보자(〈그림 2-4〉 참조). 소득이나 직업 지위, 조직 위치가 모두 높은 사람(세모 표시)은 말할 것도 없이, 이런 사람들을 무엇이라고 이름 붙여도 좋겠지만, 상층계급에 속할 것이다. 예컨대 소득이나 명예, 사회적 위치가 모두 높거나 많은 대법원 판사나 대기업 임원 등은 상층계급이라고 말할 수 있다. 거꾸로 소득이나 직업 지위, 조직 위치가 모두 낮거나 적은 사람(오각형 표시)은 하층계급에 속할 것이다. 예컨대 단순노동자나 실업자 등은 하층계급이라고 구분해도 큰 탈이 없다.

그러나 이렇게 단순한 전략을 사용하기 쉽지 않은 사례도 적지 않다. 예를 들면 교사(네모 표시)는 소득은 낮지만 명예(직업지위)는 높고, 명예에 비하면 권력은 적다. 자영업자(동그라미 표시)는 소득은 높을 수 있지만, 직업 지위와 조직 위치가 낮다. 이처럼 세 차원의 불평등 수준이 서로 일치하지 않으면, 종합적으로 볼 때, 이들이 어떤 계급이나 계층에 속하는지 판단하기 쉽지 않다. 그럴 때에는 개별 차원의 점수를 조립해 종합 점수를 산출할 수도 있다. 예컨대 교사는 60점, 자영업자는 45점이라면, 교사는 중상층에 가깝고 자영업자는 중하층에 가깝다고 판난할 수 있다.

〈그림 2-4〉 다차원적 불평등

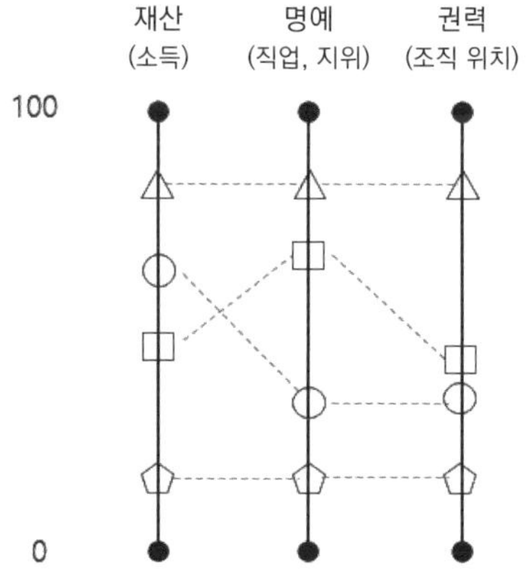

어떤 이의 세 차원의 위치가 서로 다르면, 우리가 그 사람의 계급이나 계층을 객관적으로 파악하는 것도 어렵지만, 이런 위치에 놓인 당사자도 주관적 혼란을 느낀다. '나는 중간층인가 하층인가, 나는 중산층인가 노동자인가?' 그런 사람들은 이른바 자기 확인 위기(identity crisis)를 겪는다.[11] 자기가 어떤 사람인지 잘 모르는 혼란을 겪는다. 이런 혼란을 렌스키는 지위불일치(status inconsistency)라고 불렀다(Lenski, 1954). 어쨌든 다차원적 접근은 이처럼 나름대로 문제를 지니고 있다.

### 폐쇄

지금까지 베버의 다차원적 불평등 이론을 살펴보았다. 그러나 베버의 이론에는 이와 구분할 수 있는, 따로 주목해야 할 논의도 있다. 폐쇄(閉鎖) 논의가 바로 그것이다(Weber, 1968). 폐쇄란 무엇인가? 만일 일단의 사람들이 '주관적 의미'나 '특정 결속 규칙'을 동원해, 다른 사람이 특정 사회관계에 참여하는 것을 배제하거나 제한하면 그 관계는 폐쇄되어 있다고 말할 수 있다. 예를 들면 이해가 훨씬 쉽다. 어떤 사람이 주변의 몇 사람에게 '우리는 친구'라는 주관적 의미를 부여하고 그들과만 회합하고(파티를 열거나 여행을 가고) 다른 사람은 이런 회합에 초청하지 않는다고 가정해보자. 그런 일이 발생하면, 우리는 그 사회관계(친구관계)는 폐쇄되어 있다고 말할 수 있다. 우리 주변에서 흔히 보는 일이다. 우리가 일상생활에서 보는 친구관계는 모두 폐쇄된 관계이기 때문이다. 이제

11 identity는 흔히 정체(正體)나 정체성(正體性)이라고 번역한다. 이런 번역은 어쩐지 일본어 번역풍으로 보이지만, 그것이 문제라기보다, 그 의미가 분명하지 않다는 게 더 큰 문제다. 여기서는 이를 상황에 맞추어 '자기 확인'이나 '자기 증명'이라고 번역하거나 일체감이나 동질감이라고 번역하기도 했다. 그러나 혼란을 피하기 위해 그대로 정체성이라고 놓아두기도 했다.

다른 차원의 폐쇄도 알아보자. 일부 사람이 학교 동창이라는 객관적 결속 규칙(binding rules)—사람을 이렇게 저렇게 나누거나 묶는 규칙—을 동원해 동창이 아닌 사람이 그 모임에 참석하는 것을 막으면, 우리는 그 사회관계(학교 동창관계)가 폐쇄되어 있다고 말할 수 있다. 이런 일도 매우 흔하다.

그런데 사람들은 왜 자기들끼리 모이고 다른 사람은 그 모임에 참석하지 못하도록 막을까? 왜 사회관계를 폐쇄할까? 베버는 사회관계를 폐쇄하는 사람들의 여러 동기를 들었다. 첫째, 사람들은 성원의 질적 수준을 유지하려고 사회관계를 폐쇄한다. 예컨대 수도사나 수녀를 받아들이는 기준을 느슨하게 풀면 수도사나 수녀의 자질이 낮아져서 집단 전체가 위신이나 명예를 잃을 수도 있다. 그러므로 수도원은 엄격한 심사로 수도사나 수녀의 수를 좀처럼 늘리지 않는다. 현대 사회의 의사들도 의과대학의 정원을 늘리려 하지 않는다. 과연 그러한지 매우 의심스럽지만, 의사들은 의과대학의 정원을 늘리면 의사의 질적 수준이 낮아질 것이라고 주장한다. 둘째, 사람들은 수혜를 제한하려고 사회관계를 폐쇄하기도 한다. 예컨대 자급자족 공동체는 자신이 만들어내는 고급스럽지만 적은 생산물을 많은 사람에게 나눠줄 수는 없다. 그러므로 자급자족 공동체는 수혜를 받을 사람이나 가구를 제한한다. 마찬가지로 우리는 보통 제한된 에너지와 관심을 주변의 모든 사람에게 분산할 수 없다. 가족이나 소수의 친구에게만 혜택(관심)을 준다. 셋째, 사람들은 기회의 희소성을 유지하려고 사회관계를 폐쇄한다. 의사가 너무 많으면 의사의 수익은 전반적으로 떨어진다. 그러므로 의사는 의과대학 정원을 늘리는 정책을 강력하게 반대한다. 그들은 의사 면허의 희소성을 유지하려고 노력한다. 마찬가지로 어촌계(漁村契) 회원의 숫자가 많아지면 회원(어민)의 수익이 낮아진다. 그러므로 어촌계는 회원 숫자를 늘리지 않으려 애를 쓴다. 이렇듯 폐쇄의 이면에는 다양한 동기가 놓여 있다.

동기야 어떻든, 사회관계의 폐쇄는 결과적으로 심리적이거나 물질적인 이익을 제공한다. 폐쇄는 관계를 폐쇄하는 당사자에게 명예가 되었든 돈이 되었든 독점적 이익을 보장한다. 사회관계를 폐쇄하는 당사자는 이 독점적 이익을 다양한 방식으로 배분한다. 먼저, 집단이 사회관계를 폐쇄해 다른 사람의 접근을 막은 다음에 개인은 그 집단 안에서 자유경쟁상태로 이익을 추구할 수 있다. 예를 들어, 의사 집단은 먼저 의사 면허 수를 제한한 다음에 면허를 획득한 의사는 서로 자유경쟁하는 방식으로 수익을 추구한다. 그러나 이런 방식으로 수익을 배분하지 않고, 집단은 개인이 얻는 이익의 양과 종류를 미리 배당할 수도 있다. 예컨대 어촌계는 개별 회원이 바지락 등의 패류를 일정 중량까지 채취할 수 있도록 허가를 내준다. 자원을 애초부터 평등하게 배분하는 것이다. 사회관계의 폐쇄로 얻은 독점적 수익을 어떤 방식으로 배분하든, 개인이나 집단이 차지하는 이런 혜택이나 수익은 개인이나 집단의 재산권이나 소유권을 형성한다. 결국 사회관계의 폐쇄는 물질적 혜택이나 소유를 낳는다고 볼 수 있다. 그러나 앞에서 언급했듯, 사회관계의 폐쇄는 심리적 혜택이나 소유를 낳을 수도 있다. 친구관계나 연인관계는 물질적 이익을 제공한다기보다 심리적 혜택을 준다고 볼 수 있다.

베버는 이런 폐쇄나 소유를 다음과 같은 이념형으로 구별했다. 이 유형은 〈참고 1-1〉에서 보였던 사회적 행위의 유형과 매우 흡사하다.

- **전통적 폐쇄**(소유) ; 관습이나 전통에 근거한 폐쇄 ; 가족, 공동체
- **감정적 폐쇄**(소유) ; 감정이 만들어낸 폐쇄 ; 남녀의 성적 관계, 사람 사이의 충성 관계, 친구관계
- **가치합리적 폐쇄**(소유) ; 가치에 충실한 폐쇄 ; 종교 집단
- **목적합리적 폐쇄**(소유) ; 특정 목적을 달성하려는 폐쇄 ; 기업, 결사체

### 3) 뒤르케임

지금까지 마르크스와 베버의 계급 이론을 보았다. 사회학에서 마르크스의 계급 이론을 비판할 때, 사람들은 주로 베버나 베버의 추종자의 개념과 이론에 의존했다. 그들은 뒤르케임(E. Durkheim)을 별달리 언급하지 않았다. 아마도 불평등이나 계급에 관한 한, 뒤르케임이 기여한 바가 별로 크지 않다고 생각했기 때문일 것이다. 그러나 불평등이나 계급을 다루는 고전이론의 반열에서 뒤르케임을 제외할 수는 없다. 아니, 다른 누구보다도 뒤르케임의 이론을 적극적으로 살펴볼 필요가 있다. 그 까닭은 다음과 같다. 첫째, 뒤르케임의 박사학위논문, 『사회분업』은 '사회학의 첫 고전'으로 알려져 있고(Lukes, 2014), 뒤르케임은 '사회학의 아버지'이며(Wright, 1995), 뒤르케임을 잇는 전통은 실상 사회학의 주류라고 볼 수 있기 때문이다(Collins, 1994). 우리는 정통 사회학이 불평등을 바라보는 방식을 알 필요가 있다.[12] 둘째, 다른 무엇보다 뒤르케임은 마르크스와 베버의 이론과 명백하게 구분되는 제3의 길(the third road)을 제시했기 때문이다. 뒤르케임은 불평등과 계급을 전혀 다르게 바라보는 시각을 개척했는 바, 이것을 명쾌하게 밝힐 필요가 있다.

마르크스나 베버와 달리, 뒤르케임은 불평등을 정면으로 다루지 않았다. 그리하여 이 대가(大家)의 불평등 이론은 명시적이지 않을 뿐 아니라 희미하기까지 하다. 그렇다고 그의 이론에서 불평등에 대한 논의를 아예 찾아볼 수 없는 것은 아니다. 분업에 대한 그의 논의에서 사회의 불평등을 바라보는 중요한 시선을 추출할 수 있다. 이 논의는 후대의 구조기능주의 등에 지대한 영향을 미쳤다. 이 절에서는 비록 간접적이고 희미하

12 콩트가 아니라 뒤르케임을 사회학의 아버지라고 부르는 이유는 장상수(2024: 1장)을 참고하라.

에밀 뒤르케임 (1917)

지만, 불평등에 대한 뒤르케임의 묵직한 시선을 뚜렷하고 분명하게 드러내고자 한다.

## 분업과 사회적 유대

뒤르케임의 불평등 이론은 분업 이론에서 출발한다. 뒤르케임의 분업 이론의 두드러진 특징은 생태학적 접근(ecological approach)이다. 그리하여 뒤르케임의 논리는 다윈(C. Darwin)의 진화론을 연상하게 한다. 뒤르케임의 생태학적 논리를 대략적으로 정리해보자.

사회의 부피가 커져서 사람과 사람 사이의 물리적 거리가 줄어들면, 사람과 사람의 접촉이 늘어나고 상호작용의 빈도가 더 많아지거나 강도가 더 세어진다. 이렇게 사람과 사람 사이의 접촉과 상호작용이 늘어나면 사람들은 서로 다른 일을 하게 된다. (사회적) 분업이 발생한다.[13] 이런 논리를 좀 더 형식적인 말로 바꾸어보자. 물리적 밀도가 높아지면 도덕적 밀도(moral density, 접촉과 상호작용의 빈도와 강도)도 높아지고, 도덕적 밀도가 높아지면 분업이 발생한다. 이 명제의 앞부분은 쉽게 이해할 수 있다. 물리적 밀도가 높아지면 도덕적 밀도가 높아지리라는 것은 어렵지 않게 받아들일 수 있다. 그러나 도덕적 밀도가 높아지면 왜 분업이 발생하는가? 뒤르케임의 해설을 직접 들어보자.

> 사회의 부피가 커지고 사람들이 한곳으로 모이면서 분업이 생기는 것은 (…) 생존경쟁이 더 치열해지기 때문이다.

13 분업(division of labor)은 두 가지로 구별할 수 있다. 하나는 사회적 분업이고 다른 하나는 기술적 분업(작업장 내 분업)이다. 사회적 분업은 한 사회 안에서 이루어지는 직업(occupation)의 분화를 지칭하고, 기술적 분업은 작업장 안에서 이루어지는 작업(work)의 분할을 말한다. 뒤르케임은 기술적 분업이 아니라 주로 사회적 분업을 언급했다.

> 다윈이 적절하게 언급했듯, 두 유기체가 비슷할수록 서로 더 치열하게 경쟁한다. 두 유기체는 같은 욕구를 느끼고 같은 목적을 추구하면서 어디서나 경쟁한다. 각자가 필요로 하는 자원이 충분하면 유기체는 나란히 살아갈 것이다. 그러나 개체 수가 늘어나 개체의 필요가 더 이상 충족되지 않으면 전쟁이 터진다. 자원의 부족이 현저할수록, 서로 경쟁하는 유기체가 많을수록, 이 전쟁은 더 폭력적이다. 그러나 공존하는 개체가 서로 다른 종(種)이라면 상황은 완전히 달라진다. 개체는 같은 자원을 구하지 않고 같은 방식으로 삶을 꾸리지 않기 때문에 서로 방해하지 않는다. 한 개체의 성장을 부추기는 요인은 다른 개체에게 별다른 가치가 없다. 이 개체들은 서로 만날 기회가 적으니 갈등이 생기는 상황도 줄어든다. 종이 멀수록 갈등은 더 많이 사라진다(Durkheim, 1893: 208-209, 쪽수는 영어판의 것이다).[14]

이처럼 도덕적 밀도가 증가하면 개체와 개체의 경쟁과 투쟁이 증대한다. 경쟁이 격화하면 적격자와 적응자는 하던 일을 그대로 유지하거나 동일 자원을 활용하는 생존경쟁을 지속하겠지만, 부적격자나 부적응자는 경쟁에서 밀려나 다른 일이나 자원을 찾게 된다. 분업이 발생한다. 상황이 이렇다면, 분업은 유기체가 생존하려고 투쟁한 결과라고 말할 수 있다.

> (…) 분업에 대한 우리 견해는 경제학자의 견해와 다르다. 경제학자에

---

14 뒤르케임은 이런 서술 뒤에 자신의 논리를 뒷받침하는 다윈의 주장을 덧붙였다 (Durkheim, 1893).

> 극도로 좁은 지역, 특히 (식물의) 이주가 개방된 지역에서는 개체와 개체의 경쟁은 매우 치열하다. 그런 곳에서 우리는 매우 다양한 식물을 볼 수 있다. 예컨대 나는 전체 면적의 3/4이 잔디인 땅에서 다음과 같은 사실을 발견했다. 이 지역은 아주 오랫동안 동일 생활조건을 유지했는데, 거기서는 20종(種, species)의 식물이 자라고 있었다. 이 식물들은 18개의 속(屬, genus)과 8개의 목(目, order)로 분류할 수 있는 것들이었다.

> 게 분업은 본질적으로 더 많은 것을 생산하기 위한 그 무엇이다. 그러나 우리(사회학자 – 인용자)에게 더 큰 생산성이라는 것은 현상의 필연적 결과이거나 부산물일 따름이다. 사람들이 전문화하는(분화하는 – 인용자) 원인은 더 많이 생산하는 데에 있지 않고, 그들에게 닥친 새로운 생존 조건에서 그들의 삶을 살아내려는 데에 있다(Durkheim, 1893: 215, 쪽수는 영어판의 것이다).

분업은 이렇게 개체를 분화하고, 분화한 개체는 서로 대립한다. 그러나 분업이 이렇게 차이와 대립만 낳는 것은 아니다. 분화한 개체는 서로 상대방에게 접근한다. 개체는 상대방에게 의존한다. 무엇 때문에 생겨났든, 분업이 생기고 분업이 발달하면 개체 사이에는 상호의존성이 생겨난다. 개체가 생존하려면 다른 개체가 필요하게 된다. 사람들이 이렇게 서로 의존하게 되면 사람들 사이에 연대가 발달한다. 뒤르케임은 이런 연대를 '유기적 연대(organic solidarity)'라고 이름 붙였다.

그러나 분업의 의미를 과장할 필요는 없다. 분업은 개체와 개체의 상호의존을 낳지만 분업 자체가 사회를 낳는 것은 아니다. 분업은 사회생활의 기초가 아니다. 도리어 역의 인과관계가 진실이다. 사회생활이 분업의 기반이다. 분업은 서로 독립적인 개인, 이미 분화한 개인 사이에서는 이루어지지 않는다. 분업은 사회생활을 전제로 한다. 신념과 감정의 공동체인 사회가 먼저 존재해야 분업이 존재할 수 있다. 협력이 사회를 낳는 것이 아니라 사회가 협력을 낳는다.

> 인간은 기계적 원인과 본능적 힘 때문에 서로 접근한다. 혈연관계, 지역에 대한 애착, 조상숭배, 공통된 관습 등이 사회를 만드는 힘이다. 사회집단이 이런 기반 위에 형성되었을 때만 서로 협력할 수 있다. 사회생활이 개개인의 계약에만 의존한다면, 그 관계는 너무 간헐적이고 너무 빈약하다. 사회생활이 이렇게 (분업 이외의 – 인용자) 다른 원천을 가

> 지고 있지 않으면 그 사회는 힘도 없고 지속하지도 못할 것이다. 이렇게 보면 분업에서 비롯한 복잡한 협력관계는 나중에 생긴 현상이다. (…) 공리주의자는 (…) 사회의 기원을 잘못 생각했다. 이들은 태초에 서로 고립되고 독립된 개인이 존재했다고 가정했으며 그 결과 개인은 서로 협력할 수밖에 없었다고 가정했다. (그러나–인용자) 사람들이 상상하는 독자적 개성, 즉 자율적인 개인성에서는 개인적인 것밖에 나올 것이 없다. 사회적 사실인 협력은 사회적 규칙을 따르는 것으로 (개인에게서는–인용자) 생겨날 수 없다.
>
> 집단생활은 개인생활에서 탄생한 것이 아니다. 오히려 개인생활이 집단생활에서 탄생한 것이다(Durkheim, 1893: 217-218, 쪽수는 영어판의 것이다).

그렇다면 사회는 어떻게 가능한가? 사회 성원이 공유하는 공통의 이념과 성향으로 사회가 가능하다. 사회 성원이 공유하는 신념과 관념, 도덕적 태도 등을 뒤르케임은 '집합의식(collective conscience)'이라고 불렀는데, 이 집합의식이 개인과 개인을 결합해 사회를 유지한다. 이런 방식으로 결속하는 사회적 분자(social molecules)는 마치 비유기체의 분자가 그런 것처럼, 제 자신만의 고유한 행동을 하지 않을 때에만, 함께 움직일 수 있다. 바로 이런 이유로 뒤르케임은 이와 같은 연대를 '기계적 연대(mechanical solidarity)'라고 이름 붙였다. 기계적 연대라는 단어를 썼다고 해서 사람들이 기계적이거나 인위적인 수단을 동원해 연대를 만들어낸다는 것은 아니다. 이 연대를 기계적이라고 부르는 것은 비유기체의 개별 요소를 통합하는 결속력에 비유한 것이다. 개인과 사회를 결합하는 연대는 사물을 사람에게 결합하는 연대와 흡사하다. 이런 관계는 마치 특정 물건이 소유자를 따라다니는 것과 같다. 기계적 연대의 사회에서 개인의식은 단순히 집단의식이다. 그러므로 이런 형태의 연대가 발달한 사회에서 개인은 집단에게서 자유롭지 못하다. 개인은 사회가 소유하는 물건일 뿐이다.

분업이 만들어내는 연대는 기계적 연대와 전혀 다르다. 분업은 개인과 개인 사이에 연대를 만들어낸다. 노동이 분화할수록 개인은 점점 더 사회에 의존하게 된다. 개인의 활동이 더 분화할수록 개인은 더 개인적으로 된다. 물론 그 활동은 아주 제한적이기 때문에 개인은 결코 완벽하게 독립적일 수는 없다. 개인은 적어도 자신이 속한 직업집단의 공통 관행은 준수해야 한다. 그러나 이 경우 우리가 감당해야 하는 사회적 구속은 사회 전체가 우리를 완벽하게 통제할 때보다 덜 부담스럽다. 그리고 이 연대는 개인의 창의성을 자유롭게 전개할 여지를 더 많이 남긴다. 이렇게 구성원의 개성이 늘어나면서 전체 사회의 개성도 늘어난다. 이런 형태의 연대는 고등 동물의 신체에서 볼 수 있는 연대, 즉 기관과 기관의 연대와 비슷하다. 고등 동물의 각 기관은 자신만의 고유한 모습과 자율성을 지닌다. 그러나 이렇게 각 부분의 개체화가 현저하게 진행할수록 유기체의 통일성은 더 커진다. 이런 비유로 표현하건대, 분업에 기인하는 연대를 유기적 연대라고 할 수 있다. 기계적 유대와 유기적 연대의 구체적 차이는 〈참고 2-2〉를 보라.

### 참고 2-2 분업과 사회적 유대

뒤르케임의 사상은 주로 사회 통합과 사회 연대(유대)의 토대를 밝히는 것을 중심으로 한다. 그는 단순하고 분화하지 않은 형태의 사회가 복잡하게 분화한 형태의 사회로 바뀌면서 연대가 바뀌는 모습에 관심을 기울였다.

사회 연대에 대한 관심은 세 가지 질문으로 이루어져 있다. 첫째, 개인은 어떻게 사회의 성원이라고 느끼는가? 둘째, 사회는 어떤 방법으로 개인의 욕구와 원망을 제약하는가? 셋째, 개인의 활동과 사회의 활동을 서로 조정하는 방법은 무엇인가? 이런 질문에 대답하기 위해 뒤르케임은 (사회적) 분업을 살펴보았다.

본문에서 이미 언급했듯, 뒤르케임의 분업 이론의 두드러진 특징은 생태학적 접근이다. 그의 논리는 다윈의 진화론과 흡사하다. 사람과 사람 사이에 물리적 밀도가 높으면 도덕적 밀도(접촉과 상호작용의 빈도)도 높다. 도덕적 밀도가 증가하면 개체 사이의 경쟁과 투쟁이 증대한다. 이렇게 경쟁이 격화하면 적격자와 적응자는 맡은 일에서 경쟁을 지속하겠지만, 부적격자나 부적응자는 경쟁에서 밀려나 하던 일을 버리고 다른 일을 하게 된다. 분업이 발생한다. 분업이 진행하면 개체 사이에 상호의존성이 생겨난다. 이렇게 사람들이 서로 의존하면 그들 사이에 연대가 발달한다. 결국 사람들 사이의 유대는 분업에서 비롯한다.

그러나 이미 충분히 분화한 사회에서는 특정 형태의 사회 유대가 발달한다고 하더라도, 아직 분화하지 않은 사회에서 성원의 사회 유대는 어떻게 발생하는가? 그는 이 문제에 답하려고 집합의식이라는 개념을 제시했다(이는 때때로 집단의식, 집합표상, 공통의식 등으로 번역한다). 집합의식은 '사회 성원이 공유하는 신념과 감정의 총체'다. 집합의식은 개개인에게 외재해 그들의 사고와 행동을 제약한다. 이런 집합의식으로 개인은 자신이 사회의 한 성원이라는 사실을 느끼게 되고, 개인의 욕구와 원망을 조절해 자신의 행동을 사회에 조정한다. 한국인은 한국인이 공통으로 갖는 의식을 바탕으로 한국 사람이라는 사실을 확인하고, 이런 의식을 공유하는 사람들 사이에 끈끈한 정서를 느낀다는 논리다.

이처럼 사회 통합과 사회 유대의 기초는 사회의 분화 정도에 맞추어 달라진다. 뒤르케임은 집합의식으로 사회 유대를 유지하는 사회를 기계적 유대의 사회라고 했고, 분업의 상호의존성으로 사회적 유대를 유지하는 사회를 유기적 유대의 사회라고 했다. 기계적 유대의 사회가 유기적 유대의 사회와 다른 점은 〈표 2-5〉와 같다.

〈표 2-5〉 사회 유대의 유형

| | 기계적 유대의 사회 | 유기적 유대의 사회 |
|---|---|---|
| 유대의 기초 | 집단의식 | 상호의존성 |
| 문화 체계 | 집단의식의 폭과 강도, 명확성, 종교성 정도가 높음 | 낮음 |
| 법률 | 억압적 | 배상적 |
| 제재 | 강압적, 폭력적, 잔인함 | 덜 강압적, 덜 폭력적, 덜 잔인함 |
| 개인 | 자유, 선택, 독립성의 정도가 낮음 | 개인성, 사적 존엄성을 강조함 |
| 범위 | 전근대 사회, 일차집단(가족, 친구) | 근대사회, 이차집단 |

유기적 유대의 사회에서는 집합의식이 줄어들면서 아노미 상태가 초래된다. 다시 말해서 개인은 집단에 소속감을 느끼지 못하게 되면서 무력감을 느끼게 된다. 이 무력감을 어떻게 해결할 것인가? 뒤르케임은 개인이 직장이나 직업집단에 소속감을 둠으로써 무력감을 극복할 수 있다고 보았다. 이에 대해서는 본문에서 이어지는 논의를 보라.

## 분업과 불평등

뒤르케임의 연대 이론이 분업과 관련하듯, 불평등 이론도 분업과 연관한다. 뒤르케임은 『사회분업』의 후반부에서 세 유형의 비정상적 분업을 제시했다. 아노미적 분업과 강제 분업, 불완전 분업이 바로 그것들이다.[15] 이들 가운데에서 불완전 분업은 기업이나 조직의 지도력 부재로 말미암아 생기는 비정상적 분업을 말하는데, 이 분업은 불평등과 별 관계가 없

15 순서대로 the anomic division of labor, the forced division of labor, the incomplete division of labor를 번역한 말이다.

다.[16] 그러므로 이를 제외하고 아노미적 분업과 강제 분업을 살펴보자. 이들 비정상적 분업의 특징을 이해하면 '정상적이고 이상적이며 언젠가는 생기고야 말' 분업이 무엇인지를 알 수 있고,[17] 불평등이 왜 발생하고 어떻게 지속하는 것인지도 알 수 있다.

아노미적 분업은 규범의 규제(normative regulation)가 없거나 부족한 채로 이루어지는 분업이다(아노미의 의미는 〈참고 2-3〉을 참고하라). 분업 체제 안에서 개인은 자신의 과업에만 열중해 자칫 자신의 활동 속에 고립될 가능성이 높다. 이렇게 되면 개인은 자기 옆에서 공동 작업을 하는 협력자조차도 의식하지 못하며, 자기가 하는 작업이 공동 작업의 일부라는 생각조차 하지 못한다. 어쨌거나 사회의 여러 부분이나 기관이 이렇게 규범으로 규제되지 않을 때 사회의 개별 부분이나 기관은 다른 부분이나 기관에 대한 기여나 의무를 잊고 아노미 상태에 빠진다. 이런 분업은 사람들 사이에 연대의식을 만들어내지 못한다. 이런 분업이 아노미적 분업이다.

아노미적 분업의 대표 사례는 자본가와 노동자의 분업이다. 자본가와 노동자는 상대방에 대한 책임과 의무를 잊은 상태에 놓일 수 있다. 아노미적 분업에 빠질 수 있다. 자본가와 노동자는 왜 이런 아노미적 분업에 빠지는가? 기업이나 산업의 규모가 크기 때문이다. 노동자는 하루 종일 자본가와 분리된 상태에서 일한다. 그리하여 노동자는 자신의 업무에 흥미를 느끼지 못하고 틀에 박힌 업무를 반복 수행하는 기계장치의 한 부품이 되고 만다. 산업생활의 이런 조건 때문에 사람들은 자연스럽게 새 조직을 추구한다. 그러나 세상은 아주 빠른 속도로 바뀌므로 조직은 쉽게 만들어지지 않고 이해관계는 균형을 잡지 못한다. 개개인은 고립한다.

---

16 불완전 분업의 예는 다음과 같다. 노동자가 불필요한 일을 하도록 하는 분업, 또 노동자의 개별 능력을 최대화하는 방향으로 조합하지 못하는 분업 등이 불완전 분업이다.

17 the division of labor which is normal, ideal, and about-to-happen.

**참고 2-3 아노미**

뒤르케임은 『사회분업(1893)』에서 처음으로 아노미(anomie)라는 용어를 사용했다. 그러나 아노미 개념은 『자살론(1897)』으로 널리 알려졌다. 아노미를 문자 그대로 해석하면 '규범(nomie)이 없다(a-)'는 뜻이다.[18] 그래서 동아시아 사람들은 때때로 이를 무규범상태라고 번역한다. 그러나 엄밀하게 말하면 아노미는 무규범상태가 아니다. 아노미란 사회에 규범은 존재하지만 이 규범이 몇 가지 이유로 개인에게 도덕적 지침을 줄 수 없는 상태를 말한다. 그러므로 아노미는 무규범상태(normlessness)라기보다 무규제상태(deregulation)나 혼란상태(derangement)라고 번역하는 것이 원래의 뜻에 더 근접한다.

그렇다면 아노미는 어떤 조건에서 발생하는가? 다시 말해, 규범은 어떤 조건에서 개인의 행동을 규제하지 못하는가? 첫째, 사회가 빠르게 바뀌어 서로 어긋나는 규범이 혼재할 때, 개인은 어떤 규범을 따라야 하는지 알 수 없게 된다. 예컨대 구한말에 정부가 단발령을 내렸을 때, 사람들은 상투를 유지해야 하는 옛 규범을 따라야 할 것인지 상투를 틀지 않는 신식 규범(단발령)을 따라야 하는지를 두고 혼란스러워했다. 둘째, 아노미는 사회가 지나치게 경직되어 개인의 재량을 제약할 때 발생한다. 특정 형태의 두발이나 복장을 강요하면 이에 대한 반발심 때문에 사람들은 규범을 준수하지 않을 수도 있다. 셋째, 사회의 가치와 규범이 개개인의 기회, 예컨대 돈을 벌 수 있는 기회를 제약할 때 규범을 따르지 않을 수 있다. 근검절약이라는 가치와 규범을 지켜봤자 큰돈을 마련할 수 없다는 사실을 알게

18 영어에서 a-라는 접두사는 '없다'거나 '아니다'라는 의미다. atom은 '쪼갤 수(tom) 없다(a)'는 말로 더 이상 쪼갤 수 없는 기본 요소, 즉 '원자'로 번역한다. 이외에도 atheist, amoral, atypical, ahistorical와 같은 단어는 a때문에 무신론자, 비도덕적, 비전형적, 몰역사적 등으로 번역한다.

되면 몇몇 사람들은 그런 가치관을 버리고 가게나 은행을 털러 갈 수 있다. 어떤 상태에서 비롯했든, 아노미는 믿음 체계의 갈등인 바, 이는 개인과 공동체의 사회적 유대를 파괴한다.

아노미를 이해하기 위해 자살을 예로 들어보자. 뒤르케임은 자살이 없는 사회는 없다고 말했다. 그는 자살을 심리적 요인으로 설명하는 것을 거부하고, 자살을 사회적 제약과 연결했다. 뒤르케임은 사람들이 심리 요인이나 유전 요인, 기후나 가난, 그리고 불행한 사랑이나 개인 사정 때문에 자살하는 것이 아니라 개인을 초월하는 사회적 요인 때문에 자살한다고 보았다. 뒤르케임은 자살은 사회통합의 결여, 즉 사회적 유대의 결여 때문에 일어난다고 판단했다. 그는 사회적 유대를 두 차원으로 나누었는데, 사회적 결속과 사회적 규제가 바로 그것들이다. 사회적 결속(social bond)은 집단과 개인이 서로 연결된 정도를 말하고, 사회적 규제(social regulation)는 집단의식이 개인을 통제하는 정도를 말한다(집단의식은 〈참고 2-2〉를 보라). 뒤르케임은 이 두 차원을 기준으로 자살을 네 유형으로 분류했다. 이기적 자살과 이타적 자살, 아노미적 자살과 숙명적 자살이 바로 그것들이다. 첫 두 유형의 자살은 사회적 결속과 관련하고, 나머지 두 유형은 사회적 규제와 관련한다. 이기적 자살(egoistic suicide)이란 사회적으로 고립된 사람들이 저지르는 자살이다. 인간의 본성은 이기적 특성을 갖는데, 다른 사람과 끈끈한 관계를 맺지 못하면 사람들은 이기적 목적 때문에 자살한다. 경제적 어려움을 겪거나 실연을 당한 사람이 모두 스스로 목숨을 끊는 것은 아니다. 자살을 막아줄 다른 사람이 있거나, 애착을 느끼는 다른 사람이 존재하면 아무리 괴로워도 자살하지 않는다. 이타적 자살(altruistic suicide)은 반대로 사회통합의 정도가 강렬해서 집단이 개인을 완전히 지배할 때에 일어나는 자살이다. 예컨대 자살특공대, 명예 자살(집단의 명예, 예컨대 가문의 명예를 지키려는 자살) 등이 바로 그것들이다.

아노미적 자살(anomic suicide)은 사회에 특정 규범이 아직 출현하지 않았거나 복수의 규범이 존재해 개개인이 어떤 규범에 순응해야 할지 모를 때 발생하는 자살이다. 집단의식이 부재하거나 약할 때, 그리하여 개개인의 입장에서는 어떻게 살아야 할지 모를 때 발생하는 자살이라고 볼 수 있다. 갑작스런 실직이나 급격한 인기 하락 등의 상황에서 발생하는 자살이 아노미적 자살이다. 아노미적 자살은 이기적 자살과 흡사하지만 결핍의 성질이 다르다. 이기적 자살은 사회적 결속이 결핍했을 때 일어나는 자살이고, 아노미적 자살은 사회적 규제가 부재할 때 일어나는 자살이다. 아노미적 자살의 반대는 숙명적 자살(fatalistic suicide)이다. 이 자살은 사회의 규제가 강렬할 때 발생한다. 지나친 규제로 미래가 냉혹하게 봉쇄되거나 억압적 규율로 말미암아 열정이 심하게 질식된 사람들이 저지르는 자살이다. 천민이나 노예의 자살, (전근대사회에서 보는) 불임 여성의 자살 등이 바로 이런 자살이다.

앞의 논의를 요약해보자. 사회통합과 자살의 관계는 곡선 형태를 보인다. 사람들은 사회통합의 정도가 낮아도 자살하지만 사회통합의 정도가 높아도 자살한다. 사회적 규제와 자살의 관계도 유사하다. 사회적 규제가 낮아도 자살하지만 사회규제가 강렬해도 자살한다. 사회통합과 자살의 이런 연관성, 그리고 사회규제와 자살의 이런 연관성은 인간 본성에 대한 다음과 같은 가정을 함축한다.

1) 인간에게는 서로 결속하는 것이 필요하다.
2) 그러나 지나친 결속은 자율성을 침해해 삶의 의미를 침해한다.
3) 인간의 이기심은 규제하고 견제해야 한다.
4) 그러나 지나친 규제는 삶의 의미를 침해한다.

이런 본성은 다소 모순적이다. 다시 말하면 인간은 사회에 소속해 있을 때에 삶의 의미를 느끼지만, 만일 그러한 소속이 지나치게 강하면 삶의 의미를 상실한다. 우리에게 삶의 의미를 부여하는 힘, 즉 사회적 결속과 집단의식은 자칫하면 그 의미를 박탈하는 힘이 되기도 한다.

아노미적 분업이 비정상적인 것이라면 정상적 분업은 어떤 상태의 것인가? 정상 분업은 노동자가 자신의 임무에 충실할 뿐 아니라 동료를 시야에서 놓치지 않고 동료의 반응을 받아들이는 분업이다. 이런 분업에서 노동자는 고용주의 관점이나 처지도 수용한다. 이렇게 말한다고 해서, 정상적 노동자의 사회적 지평이 넓다는 것은 아니다. 정상적 노동자는 자신의 작업이 분업을 넘어서서 특정 목표를 향해 나아간다는 것을 인지하게 되는데, 이 사실을 말하고자 할 뿐이다. 노동자가 분업에서 자신의 작업이 차지하는 위치를 인지하면, 이때부터 노동자의 활동은 아무리 특수하고 획일적인 노동이라고 할지라도 지적인 인간 활동이 된다. 왜냐하면 노동자는 자신의 행동에 특정 의미를 부여하기 때문이다. 어쨌든 마르크스와 달리, 뒤르케임은 정상적 분업은 매우 바람직하다는 사실을 인정했다. 마르크스는 분업 그 자체가 인간성을 파괴한다고 보았지만, 뒤르케임은 비정상적 분업만이 그와 유사한 문제를 야기한다고 판단했다. 고립된 개인이라는 부정적 결과는 분업 일반의 귀결이 아니라 병리적 분업(아노미적 분업)의 결말이다. 정상적 분업 안에서 사람들은 유대감을 얻고 삶의 의미를 느낀다. 정상적 분업은 삶을 움직이는 동력이다.

비정상적 분업의 두 번째 유형은 강제 분업이다. 아노미적 분업은 개인의 행동을 규율하거나 규제하는 가치와 규범이 부재하여 생기는 분업이지만, 강제 분업은 규범이 존재하되 그 규범 자체가 사람들의 도덕성(책임과 의무)을 불러내지 못함으로써 발생하는 분업이다. 아노미적 분업이 불충분한 도덕성, 즉 무도덕성(無道德性, amorality)에서 발생한 것이라면, 강제 분업은 불충분한 공정성, 즉 부도덕성(不道德性, immorality)에서 생긴다(Grabb, 1990). 강제 분업은 왜 발생하는가? 힘이나 전통, 돈 때문에 발생한다. 힘이나 전통 때문에 귀족과 노예가 생기고, 돈 때문에 자본가와 노동자가 생긴다. 다시 말해 힘이나 전통은 카스트를 만들고, 돈은 계급을 만든다. 이처럼 카스트나 계급을 제도화하는 것은 곧 분업을 조직하는 것인데 이런 제도로 말미암아 사람들은 서로 다투는 불화 상태에 빠진다. 계급제도는 사회 연대를 창출하기는커녕 갈등을 유발한다. 갈등이 발생하는 까닭은 계급제도가 사회적 기능을 배분할 때 개개인의 자연적 능력을 근거로 삼지 않고 외부의 강제를 이용하기 때문이다. 예컨대 사람들이 선망하는 사회적 기능이나 지위(예컨대 자본가나 경영자)를 개인의 타고난 능력으로 결정하는 것이 아니라 부나 권력의 상속으로 결정하기 때문이다.

외적 강제가 분업을 결정하지 않는다면(분업이 강제된 것이 아니라면), 분업을 결정하는 유일한 동력은 능력일 수밖에 없다. 외적 강제가 없는 상태에서 개개인은 자신의 자연적 능력에 부합하는 직업을 '자발적으로' 선택한다. 여기서 자발성이란 개개인이 자신의 능력에 맞는 자리를 선택하거나 차지할 때, 그것을 가로막는 고의적 폭력이나 그것을 방해하는 장애물이 없는 상태를 지칭한다. 짧게 말하면, 사회적 불평등이 자연의 불평등(natural inequalities)이나 내부 불평등(internal inequalities)을 정확하게 표현할 때에는 분업이 자발적으로 이루어진 것이라고 말할 수 있다(Giddens, 1978). 이렇게 자연의 불평등을 완전하게 실현하는 분업이 '정상적이고 이상적이며 언젠가는 생기고야 말' 분업이다.

그러나 외적 조건은 언제나 자연적 불평등의 실현을 방해하는데, 이런 상태의 분업은 비정상적이다. 그러므로 완전한 자발성에 근거를 둔 정상적 분업이란 외적 조건이 절대적으로 평등한 분업이다. 말할 것도 없지만 이런 방식의 완벽한 자발성은 지금까지 그 어디에서도 실현된 적이 없었거니와 외적 조건이 평등한 사회도 없었다. 도리어 부의 상속은 어떤 사회에서나 일반적이었는데, 외부 조건은 이 상속으로 말미암아 충분히 불평등했다. 강요된 분업이 더 일반적이었다. 그러나 현실의 상황이 이렇게 강요된 것이라 하더라도 미래 사회는 점차 평등을 향해 나아가고 계급 갈등은 점차 사라질 것이다. 그 원인은 다음과 같다. 첫째, 국가와 직업집단이 이해 갈등에 규범적 규제를 부과해 이 갈등을 조정할 것이기 때문이다. 국가와 직업집단은 부의 상속 등을 규율하는 외적 조건을 바꾸어서 갈등을 조정할 것이다. 둘째, 성과에 기반을 둔 사회이동은 앞으로 널리 퍼질 것인데, 이 이동은 능력제적 배분을 정당화할 것이기 때문이다. 사회이동이 원활하게 이루어져 능력제적 자원 배분이 일상화한다면 강제분업은 설 자리를 잃는다. 이처럼 규범적 규제와 능력제적 자원 배분이라는 두 메커니즘 때문에 특권계급은 차츰 사라지고, 강제분업도 사라질 것이며, 그로 말미암은 계급 갈등도 점차 쇠퇴할 것이다(Grusky, 2005; Grusky and Galescu, 2005a).

분업을 바라보는 뒤르케임의 이런 관점은 그가 생각했던 평등과 불평등의 정체를 선명하게 드러낸다. 뒤르케임이 생각한 평등은 결과의 평등이나 조건의 평등이 아니라 기회의 평등이었다.[19] 뒤르케임은 결과나 조건의 평등(부와 권력의 차등적 배분)을 중요하게 생각하지 않았고, 도리어 기회의 평등을 더 중요하게 생각했다. 개개인은 아무런 제약 없이 자신의 재능이나 능력을 충분히 발휘할 수 있어야 한다고 판단했다. 이렇게 기회의 평등이 보장된 상황에서는 결과가 제 아무리 불평등하더라도 이 불평등은 정당한 것이라고 생각했다. 한 걸음 더 나아가, 지금까지 기회의 평등을 충분히 보장한 사회는 거의 없었지만, 미래 세계의 사회는 기회 균등을 보장할 것이고, 그리하여 불평등으로 말미암아 우리가 겪는

19 여기서 말하는 결과의 평등(the inequality of outcomes)은 영어식 표현이다. 우리로서는 이 용어가 직관적이지 않다. 결과의 평등을 우리말로 어떻게 표현하면 좋을까? 한국의 헌법 전문에 좋은 표현이 있다. 생활의 균등이 바로 그것이다. 다른 말로 생활조건의 균등(the inequality of living conditions)이라고 표현할 수도 있을 것이다. 여하튼 이 글에서는 결과의 평등과 생활의 균등(또는 삶의 평등)을 동일한 의미로 사용할 것이다.

여러 문제는 점차 사라질 것으로 뒤르케임은 예측했다.

뒤르케임의 이런 낙관적 생각은 구조기능주의 계층이론으로 이어졌다. 이 책의 제3장에서 보겠지만, 데이비스와 무어(Davis and Moore, 1945)는 구조기능주의 계층이론을 전개할 때, 다음과 같은 몇 가지 가정을 전제했다. 첫째, 오늘날 사회는 기회의 평등을 이미 보장했거나 거의 모두 실현했다. 오늘날 기회의 평등을 저해하는 요인은 매우 미약하다. 둘째, 개개인은 자신의 자연적 능력을 완전하게 실현해 그 능력에 걸맞은 보상을 받는다. 이런 가정에서 볼 수 있는 것처럼 구조기능주의는 현실 사회가 능력제 사회라고 상정했다. 그러나 구조기능주의의 이런 가정은 뒤르케임의 생각보다 한 발 더 나아간 것이다. 뒤르케임은 자연적 능력을 실현하는 분업이 정상적 분업이라고 주장했지만, 자신이 살고 있는 사회가 그것을 이미 실현했다고 생각하지 않았다. 미래에 달성할 수 있거나 앞으로 이루어야 할 과제로 생각했을 뿐이다. 구조기능주의가 현실의 불평등을 자연스럽고 정당한 것이라고 단정했다면, 뒤르케임은 현실의 불평등이 때때로 부당할 수 있다는 것을 전제했다.

### 계급분석

지금까지 뒤르케임이 바라본 불평등을 살펴보았다. 그런데 그는 불평등의 특정 형태인 계급을 어떻게 생각했을까? 여기서 말하는 계급이란 사회 불평등 체계의 특정 위치를 말하기도 하려니와 그 위치에 놓인 사람들이 공유하는 일체감을 말하기도 한다. 다시 말해, 계급이란 비교적 강한 일체감을 느끼는 특정 집단을 의미한다. 아마도 이런 집단은 비슷하게 생각하고, 비슷하게 행동하며, 비슷한 생활양식을 보일 것이라고 예측할 수 있다. 뒤르케임은 이런 계급이 존재한다고 생각했을까? 존재한다면 어떤 형태를 띠고 있다고 보았을까?

뒤르케임의 『사회분업』을 두고, 사람들은 뒤르케임이 마르크스의 계급 모형을 비판하는 데에 급급했다고 논평했거니와, 뒤르케임의 '계급' 분석이 원시적이거나 미숙한 것이라고 치부했다. 요컨대 이들은 뒤르케임의 계급 분석이 종합적이고 독자적이지 않을 뿐더러 그런 단계로 발전할 수 없는 정도의 것이라고 판단했다. 그러나 뒤르케임의 논리를 따라가다 보면 우리는 마르크스나 베버와 구별되는 독특한 계급 모형과 계급 분석을 만날 수 있다.

뒤르케임의 계급 모형과 계급 분석을 알아보려면, 다시 분업으로 돌아가야 한다. 사회적 분업체계는 다수의 객관적 위치로 구성되는데, 이런 위치는 적절한 조건이 충족되면 문화적 존재로 바뀐다. 객관적 위치는 특정 조건 아래에서 독특한 문화를 갖춘 집단, 사회적으로 의미 있는 집단으로 바뀐다는 말이다. 그렇다면 이 위치는 무엇으로 파악할 것인가? 뒤르케임은 생산활동이 직업(occupation)이라는 기능적 자리(functional niche) 주변에서 구조화되고, 노동시장도 직업이라는 자리 둘레에서 조직된다고 생각했다. 말하자면, 우리가 생각하는 계급(객관적 위치와 주관적 일체감을 결합한 존재)은 마르크스나 베버가 생각하는 것보다, 또 우리가 흔히 생각하는 것보다, 훨씬 더 작고 구체적인 수준에서 나타날 수 있다고 뒤르케임은 판단했다. 그는 직업이 곧 계급이라고 판단했다. 이렇게 계급을 직업 단위로 잘게 분해하면 표준적 계급분석에서 사용하는 큰 명목범주(예컨대, 자본가계급이나 노동자계급과 같은 거대 범주)는 쓸모없게 된다. 큰 계급을 쪼개서 직업 단위의 작은 계급으로 나누면, 학자뿐만 아니라 보통 사람도 의미 있게 바라보는, 그리고 실제로 사회를 구성하는 공동체(community)를 만나게 된다.

이런 논리를 앞세운 뒤르케임은 두 측면에서 계급 분석에 기여했다. 첫째, 큰 계급은 더 이상 논의할 필요가 없다. 큰 계급과 큰 계급의 대립과 갈등은 더 이상 알아볼 필요가 없다. 갈등의 제도화와 같은 사회적 힘이 계급 대립을 완화하기 때문이다. 둘째, 생산 현장에서 출현하는 작은 계급에 대한 논의가 중요하다. 작은 계급, 즉 직업을 둘러싸고 형성된 집단은 개개인의 행동이나 삶의 기회, 생활양식(투표, 소비, 문화 등)을 결정한다. 그러므로 다른 무엇보다 직업을 중심으로 만들어진 결사체나 연합체, 즉 직업집단(occupational association)에 대한 논의가 중요하다.

이렇게 미시 수준의 논의가 중요하다고 말하면서도 뒤르케임은 사회체계의 목적에 봉사하는 직업집단이 언젠가 출현할 것이라고 가정했을 뿐, 직업집단이 출현하는 메커니즘을 밝히지 않았다. 이렇게 계급 형성의 인과관계를 구체적으로 설정하지 않았지만, 뒤르케임이 기술하는 계급(직업집단)의 최종 상태가 무엇인지는 말할 수 있다. 뒤르케임이 상정하는 '정상적이고 이상적이며 언젠가는 생기고야 말' 분업-이 분업은 사회적 분업이다-의 상태는 무엇인가? 생산 현장에서 나타나리라고 예상되는, 미시 수준에서 이루어지리라고 보이는 조직화의 세 형태를 하나씩 차례로 살펴보자.

① 직업집단의 등장

마르크스주의는 계급이나 다른 형태의 조직(예컨대 가족 등)이 국가와 개인 사이에 존재하는 주요 조직 형태라고 보았지만, 뒤르케임은 직업집단도 그런 조직의 하나가 될 것이라고 예측했다. 그는 직업집단이 사람들을 서로 결합할 것으로 판단했다. 직업집단은 무엇으로 사람들을 결합하는가? 그는 직업집단이 만들어내는 비공식적 연결과 유대가 결합을 매개할 것으로 보았다. 그러나 그가 비공식적 연결과 유대만 강조하고 다른 것을 모두 무시했던 것은 아니다. 그는 직업집단이 수행하는 여러 공식 기능, 예컨대 직업윤리를 수립하거나 관리하고, 구성원이나 집단 사이의 갈등을 해소하며, 정치 과정에 직능 대표를 파견하는 등의 기능도 직업 주위에 사람들을 결합할 것이라고 판단했다. 공식적이든 비공식적이든 직업집단은 이런 기능을 주로 지역 수준(local level)에서 수행하는데, 그 까닭은 지역 집단(local group)만이 여러 행동과 기능을 효과적으로 조절할 수 있기 때문이다.

이 직업집단은 중세의 동업조합(同業組合, guild)과 비슷하기도 하고 오늘날 존재하는 전문가 집단이나 숙련 집단과 흡사하기도 하다. 이런 집단은 이렇게 과거부터 현재까지 지속적으로 존재했는데, 이런 집단이 소멸하지 않고 죽 이어졌다는 사실은 이 집단이 "시간을 넘어선 진짜배기(timeless authenticity)"(Parkin, 1992)를 보유했기 때문이라고 말할 수 있다. 이 집단은 시간을 초월해 꼭 필요한 기능을 수행했기 때문에 지속적으로 존재했을 것이라고 짐작할 수 있다. 그렇다면 이 직업집단이 예전에도 수행했고 지금도 수행하는 기능은 무엇일까? 직업집단이 수행했던 여러 기능 가운데에서 뒤르케임은 보상 제어 기능을 가장 먼저 제시했다. 직업집단은 노동자의 과도한 야망과 열망을 제어해 그들이 적절한 보상을 받아들일 수 있게 했다. 이에 더해, 직업집단은 노동자로 하여금 새 형태의 권위에 복종하도록 함으로써 전통적 사회질서의 붕괴가 초래한 노동자의 이기주의를 제어했다고, 그는 주장했다. 이런 주장의 함의는 분명하다. 직업집단은 계급 갈등을 제도화하고 불평등을 정당화했다는 것이다. 달리 말하면, 직업집단은 노동자계급의 통일을 방해하고 노동자가 임금이나 보수의 직업별 차이를 수용하도록 했다는 것이다. 이처럼 뒤르케임은, 계급분석과 관련해, 직업집단 때문에 노동자는 불평등을 수용했고, 그리하여 한 사회의 불평등을 정당한 것으로 받아들였다는 역사이론을 제시했다. 이런 논리는, 계급과 계급은 서로 충돌할 것이고 그런 충돌로 말미암아 불평등이 사라진 새 사회가 도래할 것이라는, 앞에서 살펴본, 마르크스의 장대한 역사이론과 확연히 구분된다.

② 기계적 유대와 도덕적 다형성

직업집단은 질서 문제(the problem of order)를 푸는 뒤르케임의 잠정적 해법과 관련한다.[20] 분화와 전문화가 진행하고 전통적 형태의 조직이 사라지면서 사람들이 집단 목표를 믿고 따르는 일이 감소했다. 이와 함께 과도한 이기주의와 무제약적 개인 행동도 만연했다. 현대의 집합의식은 이처럼 개인의 존엄성을 중시하고 개인을 숭배(the cult of individual)하는 생각과 감정을 모두 포함했다. 말을 바꾸면, 현대의 집합의식은 결국 개인주의였다. 이에 더해, 현대의 이 집합의식은 개인이 자신의 가족배경과 무관하게 자유롭게 기회를 추구할 권리를 보유한다는 믿음, 즉 기회는 언제나 균등해야 한다는 신념도 포함했다. 내용상 이런 신념과 감정은 일종의 종교인데, 현대인은 모두 이렇게 개인주의라는 종교를 신봉했다.

그러나 이런 이야기, 현대 사회에서 개인주의가 득세했다는 이야기는 일면적이다. 개별 직업에 부착된 특유의 신념이 등장하고 이 신념이 이기주의를 억눌러 개별 노동자를 하나의 공동체로 묶어냈는데, 이를 논의하지 않고는, 그리하여 직업과 관련한 이 신념이 개인주의를 어떻게 제압했는지를 논의하지 않고는, 이런 이야기는 부분적이고 불완전하다. 뒤르케임은 직업이, 더 구체적으로는 직업적 도덕성이, 공동체를 만들어낼 것이라고 판단했다. 어떻게? 뒤르케임은 현대의 직업이 전통 사회의 도덕성을 활용하지 않을 것임을 충분히 이해했다. 그러나 그는 직업적 도

20 여기서 질서 문제, 또는 홉스의 문제(Hobbesian problem)란 다음과 같은 문제를 말한다. 개개인을 넘어 사회는 어떻게 가능한가? 사회질서는 어떻게 가능한가? 홉스는 자연상태에서 사람들은 만인에 대한 만인의 투쟁 상태에 놓여 있었다고 가정했는데, 이런 상태에서 사람들은 어떻게 서로 협력하는 사회를 만들었는가? 이 질문은 이후 사회학과 정치학의 근본 질문이 되었다. 여러 학자들은 나름의 방식으로 이 질문에 대답했다. 예컨대 뒤르케임은 집합의식이 사회질서를 만들고 유지한다고 응답했다.

덕성이 예나 지금이나 필수적이고 긴요하다는 사실도 알고 있었다. 말하자면 그는 개인의 생각과 행동을 규율하는 직업적 도덕성이 현재에도 존재한다고 믿었다. 뒤르케임은, 현대의 직업이 만들어내는 새 형태의 유대감은 개인을 큰 사회에 묶는다기보다, 예전과 달리, 지역 집단에 묶는다고 보았다. 그리하여 현대의 유대감은 불가피하게 도덕적 다형성(moral polymorphism)을 띨 것으로 판단했다.[21]

도덕적 다형성이란 무엇인가? 현대의 직업은 직업마다 '도덕적 삶의 중심(centers of moral life)'을 설정한다. 그러므로 현대 사회는 도덕적 삶의 중심이 여럿인 사회이고 이 여러 개의 중심이 공존하는 사회다. 간단하게 표현하면, 현대 사회는 직업별로 서로 다른 기계적 유대가 존재하는 사회다. 다양한 기계적 유대가 공존하는 사회다. 여러 형태의 기계적 유대가 동일 공간에 동시에 존재하는 사회다. 뒤르케임이 만들어낸 이런 이미지, 즉 도덕적 다형성 이미지는 프랑스 출신의 여러 사회학자의 논의에서 보이지만, 특히 부르디외(Bourdieu, 1984)의 작업에서 더 분명하게 나타난다. 부르디외는 개별 직업이 비록 불완전하기는 하지만, 직업 종사자의 존재 조건을 동질화하는데, 이 동질성이 직업별 아비투스(habitus)를 형성하고, 이 아비투스는 직업별로 독특한 삶의 양식을 결정한다고 판단했다. 직업마다 아비투스가 달라, 세상 사람들의 삶의 양식은 직업의 수만큼 매우 다채롭다고 주장했던 셈이다.

뒤르케임 논리의 핵심 내용은 세분화한 직업(detailed occupation)이 우리 삶의 양식을 결정한다는 것이다. 직업은 '특정한 생각과 관습, 사물을 바라보는 특정 방식의 관점'을 포함한 제 자신의 독특한 문화를 만들어내

21 도덕적 다형성은 생물학의 한 개념을 변형한 것이다. 생물학에서 다형성(多形性)은 한 종(種)의 생물이 다양한 형태나 형질을 내보이는 현상을 말한다. 예를 들면 임수에 따라 크기, 모습, 색깔 따위가 다른 현상을 지칭한다. 예컨대 수탉은 암탉보다 몸집도 크고 색채도 화려하다.

고, 사람들은 자연스럽고 불가피하게 그 문화에 참여한다. 직업이 문화를 형성하는 세 가지 메커니즘은 다음과 같다. ① 비슷한 취향이나 감성을 구비한 사람들이 특정 직업을 자발적으로 선택해 제 발로 몰려든다(자발적 선택). ② 동일 직업에 종사하는 사람들은 동료와 상호작용해 취향과 감정을 강화하거나 정교화한다(상호작용). ③ 이렇게 서로 교류하는 사람들은 집단 목표를 추구하면서 공통의 이해관계를 형성한다(공통의 이해관계). 이런저런 요인은 독특한 직업 문화를 만드는데, 사람들은 직업 활동에 참여하면서 공기를 마시듯 자연스럽게 문화를 체득한다. 이 문화는 지역화(localized)된 문화로 사람들의 미시 수준의 태도나 행동, 삶의 양식에 영향을 미친다. 뒤르케임은, 큰 계급 수준에서는 좀처럼 일어나지 않는, 계급(class)과 지위(status)의 통일, 즉 사회경제적 위치와 생활양식의 통일이 직업 수준에서는 가능하다고 보았다.

③ 유기적 유대와 갈등 해소

질서 문제에 대한 뒤르케임의 해법은 두 가지다. 하나는 기계적 유대를 낳는 개별 직업 특유의 감정과 관련한 것이고, 다른 하나는 유기적 유대를 낳는 직업 간 상호의존과 관련한 것이다. 지금까지는 직업집단의 출현을 낳는 첫째 메커니즘(기계적 유대의 형성 과정)을 다루었으므로 이제 직업 간 상호의존을 낳는 둘째 메커니즘(유기적 유대의 형성 과정)이 계급 분석에 대해 갖는 함의를 살펴보자.

분업을 다루는 학자들은 거의 모두, 특히 마르크스는, 전문화와 분화가 노동을 지루하게 해 소외를 낳을 것이라고 예측했다. 그러나 뒤르케임은 이와 다르게 생각했다. 노동자가 이웃하는 기능과 항상적 관계를 유지하면, 그리하여 자신이 분업체제 안에서 수행하는 구실을 알고, 자신의 행동이 분업을 뛰어넘는 목표로 이어진다는 사실을 확신하면, 그런 소외는 제어할 수 있을 것으로 보았다. 노동자가 집합 활동에 기여한다는 것을 인지한다면, 그 기여가 아무리 보잘것없고, 그 노동이 제아무리 세속적이고 반복적이라고 하더라도 꼭 소외를 낳는다고는 볼 수 없다는 것이다. 이런 논의는 지역 조직이 꼭 큰 계급으로 이어지지 않는다는 것을 의미한다. 노동자가 이웃하는 기능과 항상적으로 접촉하면, 예컨대 자본가와 항상 접촉하면, 다른 사람과 서로 의존한다는 사실을 깨닫게 되고, 자신의 노동을 더 큰 의미와 결합하게 된다는 것인데, 이런 상상은 계급갈등이나 계급투쟁이라는 개념과 일정한 거리를 유지한다. 뒤르케임의 이런 견해는, 노동을 착취와 소외로 해석하고 노동과 자본은 항상 대립한다고 보는, 마르크스주의와 확연히 구별된다.

뒤르케임은 도덕적 규제가 산업 갈등을 제도화하면서 유기적 유대가 발생할 것으로 판단했다. 그런데 이 규제는 누가 담당할 것인가? 국가도 도덕적 규제를 담당하는 주체가 될 수 있겠지만, 규범적 규제의 주요 동력이자 담지자는 아무래도 직업집단일 가능성이 높다고 뒤르케임은 생각했다. 왜냐하면 직업집단은 개별 직업의 '기능을 알고 욕구를 느끼며 (다른 직업과) 서로 다름을 이해하는' 활동과 충분히 가깝기 때문이다. 직업집단은 행동 규칙을 고안하고 분업의 조건을 결정한다. 초기의 산업사회에서 그런 규제는 부재했거나(아노미적 분업), 당사자의 동의 없이 노동자에게 강제로 부과되었지만(강제 분업), 그리하여 갈등은 제어되지 않았고 혁명적 이데올로기는 노동자에게 호소력을 발휘했지만, 분업이 진전하면서 상황은 달라질 것이라고 뒤르케임은 생각했다. 분업이 확대하면서 직업집단의 규범적 규제는 자생적으로 발전할 것이고, 공식적으로 법제화할 것이며, 그리하여 사회주의를 비롯한 여러 혁명적 프로그램은 점차 해체할 것이라고, 뒤르케임은 예측했다. 직업집단은 사람들이 거시 수준의 계급으로 발전하는 것을 저해하는 미시 수준의 조직 형태가 될 것으로 판단했다.

지금까지 불평등과 계급 분석에 대한 뒤르케임의 이론을 살펴보았다.

다소 산만하게 흩어진 논의를 간단히 정리해보자. 먼저 불평등 이론을 요약하자. 첫째, 뒤르케임은 결과의 불평등을 문제시하지 않았다. 그가 중요하다고 생각한 불평등은 결과의 불평등이 아니라 기회의 불평등이었다. 어떤 사회가 기회의 평등을 보장한다면, 그리하여 능력 있는 자가 더 많은 보상을 받는 능력제 사회가 실현된다면, 사람들은 결과의 불평등을 정당한 것으로 받아들일 것이라고 판단했다. 둘째, 장기적 관점에서 보면, 비록 지금은 그렇지 않을지라도, 기회의 평등은 언젠가 실현될 것이라고 뒤르케임은 예측했다. 기회의 평등이 실현된 그 세상에서 결과의 불평등은 대수롭지 않게 될 것이다.

이제 계급 분석을 바라보는 뒤르케임의 시각을 요약해보자. 첫째, 직업집단은 불평등을 정당화하는 구실을 수행한다. 그리하여 직업집단은 큰 계급 사이의 투쟁을 저지한다. 그러므로 큰 계급 사이의 투쟁을 다루는 계급분석은 더 이상 현대 노동시장의 제도적 현실과 맞지 않는다. 큰 계급 범주를 동원한 계급 분석은 비현실적이다. 둘째, 계급 분석은 여태껏 무시했던 지역 수준의 조직에서 시작해야 한다. 직업집단은 생산현장에서 출현하고 노동시장에서 제도화하는데, 계급분석은 지역 수준의 이 직업집단에 초점을 맞추어야 한다. 말하자면 뒤르케임에게 계급이란 결국 직업집단이다. 셋째, 이 직업집단은 미시 수준에서 새로운 형태의 유대감(기계적 유대)을 만들어냄으로써 직업 종사자의 삶의 양식을 결정한다. 미시 수준에서 직업집단은 계급과 지위의 통합을 유도한다. 거시 수준에서 바라보면, 직업집단은 노사 갈등을 규제하고 제도화한다. 직업집단은 서로 다른 직업 종사자 사이에 상호의존성(유기적 유대)을 만들어냄으로써, 사회학과 정치학이 오래 천착했던 질서 문제를 해결할 것이라고 뒤르케임은 판단했다.

지금까지 마르크스와 베버, 뒤르케임의 불평등 이론과 계급 분석을 살펴보았다. 불평등에 대한 일반 이론도 그러하지만, 이 세 사람의 계급

분석은 확연히 다르다. 무엇이 어떻게 다른가? 여기서는 마르크스나 베버와 구별되는 뒤르케임의 가장 큰 특징을 두 가지만 언급해보자. 첫째, 마르크스와 베버는 명목론(nominalism)에 의존했고, 뒤르케임은 실재론(realism)을 선호했다. 명목론을 따르면, 계급은 근본적인 사회과정이나 힘을 반영하는 범주다. 마르크스나 베버, 그리고 그들을 추종하는 사람들은 생산수단의 소유나 재산의 소유, 착취나 고용조건 등과 같은 사회과정이나 힘을 근거로 계급을 '분석적으로' 구분했다. 그들은 이 계급이 지금은 잠재(潛在)하지만 머지않은 장래에 그 모습을 드러낼 것으로 상상했다. 그에 반해 뒤르케임은 분석적인 범주를 거부했다. 그에게 계급이란 논리적인 범주가 아니라 생산현장에서 나타나 노동시장에서 제도화된 범주, 즉 실제로 존재하는 범주였다. 예컨대 직업은 오래전부터 실제로 존재했던 범주인데, 뒤르케임은 동일 직업에 종사하는 사람들(직업집단)을 계급으로 간주했다.

둘째, 마르크스와 베버는 계급을 큰 범주로 인식했지만, 뒤르케임은 잘게 세분화한 범주를 계급이라고 판단했다. 다시 말해, 마르크스와 베버는 큰 범주의 계급, 즉 거시계급(macro-class)을 동원해 계급정치를 분석하고 사람들의 생활양식을 설명했지만, 뒤르케임은, 사회에 이미 뿌리박아, 학자뿐만 아니라 보통 사람도 의미 있게 바라보는, 공동체적 미시계급(gemeinschaftlich micro-class)으로 계급분석을 수행해야 한다고 판단했다.

다음 절에서는 불평등 구조를 파악하는 현대 이론이나 현대의 논의를 알아보자. 당연한 일이지만, 현대 이론은 대부분 마르크스와 베버, 뒤르케임의 이론을 수정하거나 보완한 것들이다.

## 2. 현대 이론

현대 사회의 불평등이 복잡하다는 것을 감안하면, 계층체계를 파악할 때 베버처럼 다차원적 접근을 채택하는 것이 유리할 것으로 보인다. 다시 말해, 〈표 2-1〉에 제시한 여러 가지 자산(자원, 보상)을 모두 고려하는 다차원적 '불평등 공간(inequality space)'을 상정하는 것이 유리할 것처럼 보인다. 그러나 다차원적 접근이 항상 좋은 결과를 낳는 것은 아니다. 다차원적 접근을 시도하면 여러 불평등을 종합하려는 전략이 불가피하고, 이런 전략이 필요하면 불평등을 연속적인 것으로 파악하려고 시도하기 쉽다. 예컨대 소득, 명예, 교육 등을 종합적으로 감안하여 사회경제적 지위 지수 등을 만드는 방식으로 불평등을 파악하려 들기 쉽다. 실제로 많은 연구자가 이런 접근을 시도했다. 이들은 대체로 직업을 중심으로 불평등을 파악했다. 일군의 연구자는 개별 직업의 객관적 평판(명예)으로 위세 점수를 도출했지만(Treiman, 1977), 다른 연구자는 개별 직업의 평균 소득이나 명예, 평균 교육연수 등을 계산하고 가중치를 부여하여 그 직업의 사회경제적 지위 지수를 추출했다(Duncan, 1961; Ganzeboom et al., 1992; Hauser and Warren, 1997). 위세 점수든 사회경제적 지위 지수든, 이 지수는 대체로 0과 100사이의 정수 값을 갖는 것으로 조정했다. 예컨대 트레이먼(Treiman, 1977)은 의사라는 직업에 92, 교사는 64, 건설일용노동자라는 직업에는 16이라는 평판(명예나 위세) 점수를 부여했다. 이 지수로 판단하건대, 교사는 의사보다 사회적 평판 수준이 낮지만 일용노동자보다는 높다는 사실을 알 수 있다. 금방 알 수 있듯, 이런 방식은 불평등을 연속적이거나 단계적인 것으로 파악한다. 이런 위계적 접근 방식(the gradational approach)은 불평등을 사회적 분업과 무관하게 오직 소득으로 파악하는 경제학적 방식과 많이 다르지 않다. 어쨌든 불평등을 이처럼 연속적이거나 위계적인 방식으로 파악하려는 시도는 '계급 분석의 첫 번

68혁명 당시 시위 군중 (1968)

째 파도(the first wave of class analysis)'라고 부를 수 있다(Grusky and Galescu, 2005b).

그러나 미국의 '반란의 60년대'와 유럽의 68혁명 시대에 나타난 청년들의 거센 저항을 보면서 학자들은 불평등을 새로운 방식으로 바라보는 방식을 제시했다. 이 시기에 등장한 새 방식의 계급 분석은 '계급 분석의 두 번째 파도(the second wave of class analysis)'였다. 사회학은 경제학과 달리, 개개인이 생산현장이나 노동시장에서 차지하는 위치, 다시 말해 사회 분업에서 차지하는 위치를 중시했다. 이 위치를 파악하면 개개인이 동원하는 자원의 종류나 수준의 유사성을 파악하는 것은 말할 것도 없고, 구조적 여건의 변화가 미치는 영향력도 살펴볼 수 있으며, 잠재적 계급이해의 최소한의 동질성도 알 수 있다고 판단했다(Erikson and Goldthorpe, 1992: 29-32). 이들은 이런 유사성과 동질성을 묶어 몇 개의 집단이나 범주(계급)로 구분했다. 그리고 계급 구성원은 비교적 비슷한 수준이나 유형의 속성(자산이나 명예, 권력)을 보유할 것이라고 가정했다. 이런 생각이나 접근은 관계적 시각(the relational perspective)이나 계급구조적 접근(the class structural approach)이라고 말할 수 있다. 이 시대(1960~70년대)의 연구자들은 계급관계와 계급갈등이 사회변화를 추동할 것이라 믿었다. 다시 말해, 그들은 계급모형으로 집단행동이나 혁명, 기타 거시 수준의 사회변동을 설명할 수 있을 것이라 가정했다.

불평등을 계급 형태로 파악하는 사회학의 방법은 매우 독특했다. 이 방법은 불평등의 여러 차원을 하나하나 따로 살펴보는 방법과 다를 뿐만 아니라 불평등을 연속적인 것으로 파악하는 위계적 접근과도 달랐다. 계급 형태로 불평등을 파악하는 방법은 계급 범주(예컨대, 자본가계급이나 노동자계급, 자영업자 등과 같은 범주)가 노동시장에서 제도로 정착한다는 사실에 착안했다. 계급 범주를 설정한다는 사실은 계급이 유명무실한 존재나 통계적 가공물에 그치는 것이 아니라는 의미를 띠었다. 이에 더하여, 계급 범주를 인정한다는 것은, 노동시장에서 소득은 매끄러운 연속선처럼 분포하지 않고 덩어리로 분포한다는 가정을 포함했다. 〈표 2-1〉의 여러 자산도 연속선처럼 매끄럽게 분포하지 않고 덩어리로 흩어져 있을 것이라고 가정했다. 계급을 분석하는 학자들은 한 걸음 더 나아가서 소득이나 여러 자산이 서로 관련한다고 판단했다. 덩어리로 분포하는 소득과 그와 관련한 여러 자산을 한 묶음으로 조합해놓은 것을 그들은 계급이라고 불렀다. 이런 접근은 암묵적으로, 소득을 기반으로 불평등에 접근하는 방법(경제학의 방법)을 비판했다. 사회적 불평등을 소득으로 파악하는 경제학의 접근은 다차원적 불평등을 다루지 못할 뿐 아니라 제도화한 구조를 직시하지 못하고 사회를 과도하게 추상적이고 분석적이며 통계적인 렌즈로 바라본다고, 그들은 비판했다. 계급적 접근은 불평등을 제도적 구조로 바라봄으로써 이런 단점을 극복하려 했다. 이런 접근은 자본주의 사회의 불평등을 몇 개로 계급 범주로 나누었다. 예컨대 이 접근은 이 세상 사람을 특권 계급(privileged class)과 비특권계급, 하층계급으로 나누거나, 조금 더 세부적으로 자본가계급과 노동자계급, 사무직 노동자, 자영업자, 농민 등으로 나누었다. 몇 개의 범주를 사용하든 이런 범주형 계급 모형은 불평등을 단일 차원으로 측정하려는 시도(예컨대 소득 패러다임)에 반대했다.

1960년대와 70년대의 격렬함이 가라앉자 범주형 계급 모형으로 혁명이나 집단행동과 같은 거시 수준의 사회변동을 설명하려는 시도는 시들해졌다. 이렇게 상황이 바뀌면서, 1980년대와 90년대의 사람들은 범주형 계급으로 거시 수준의 사회변동이 아니라 미시 수준의 개인행동(투표행동이나 소비관행, 태도 등)을 설명하고자 노력했다. 계급 모형으로 원대한 것을 설명할 수 없게 되자 작은 것이라도 설명하려는 노력으로 방향을 전환했던 셈이다. 이런 경향은 '계급 분석의 세 번째 파도(the third wave of class analysis)'이라고 표현할 수 있다.

그러나 1990년대 중반에 들어서면서, 사람들은 범주형 계급으로 미시 수준의 개인행동을 설명하는 온건한 계급 분석마저 미심쩍게 바라보았다. 포스트모더니즘 철학으로 무장한 연구자들은, 몇 가지 범주로 구성한 계급 모형이 거시적 현상은 말할 것도 없고 개인 수준의 행동도 만족스럽게 설명하지 못한다고 비판했다. 개인의 태도나 행동을 결정하는 것은 계급이 아니라 '복잡하게 짜인 다양한 취향의 하위문화'이고, '사회생활의 윤곽을 결정하는 기본 균열'을 만들어내는 것도 계급이 아니라 개개인의 취향이라고 주장했다(Pakulski and Waters, 1996). 이런 주장을 따르면, 계급 모형은 더 이상 필요 없다. 이런 주장, 즉 '계급 분석의 네 번째 파도(the fourth wave of class analysis)'가 밀려오면서 사람들은 이제 계급 분석의 필요성을 부인하기에 이르렀다.

그러나 최근 들어 계급 분석의 필요성을 인정하되, 다른 방식으로 계급 모형을 사용해야 한다고 주장하는 사람들이 등장했다. 뒤르케임의 전통을 잇는 학자들은 새로운 방식의 계급 구성을 제안했다. 이들이 제안한 계급 모형의 특징은 사회에서 이미 깊게 제도화한 범주를 계급으로 간주하는 것이었다. 이들은 작고 다양한 직업집단을 계급으로 상정했다. 이들은 앞 시대의 큰 계급 모형(big-class model)과 달리, 이른바 작은 계급 모형(micro-class model)을 제안했다. 한 연구는 사회적 불평등을 큰 계급으로 재려는 시도는 별달리 유용하지 않다고 주장했다(Weeden and Grusky, 2012). 사회 불평등을 파악하는 데에 작은 계급 모형이 더 유용하다는 말이겠다. 아마도 그럴지도 모르겠다. 충분히 검토해볼 가치가 있는 주장이다. 그러나 이 책에서는 큰 계급 모형(두 번째와 세 번째 파도의 계급모형)을 살피는 것으로 논의를 시작하기로 한다. 왜냐하면 이런 모형이 가장 고전적 논의이기 때문이다. 고전적 논의를 이해할 때에야 비로소 현대적 논의의 위상이나 장단점을 더 잘 파악할 수 있다.

### 1) 마르크스의 추종자

마르크스와 베버, 뒤르케임 이후 오늘날까지 등장한 몇 가지 계급 이론과 계급 모형을 차례로 살펴보자. 아래에서는 먼저 마르크스의 이론을 수정한 뢰머의 착취 이론과 라이트의 계급 모형을 보고, 그다음으로는 베버의 전통을 계승한 파킨과 다렌도르프의 불평등 이론, 그리고 골드소프의 계급 모형을 살펴보기로 한다. 마지막으로 뒤르케임의 전통을 이은 부르디외의 계급 논의, 그리고 그러스키를 비롯한 현대 학자의 계급 모형을 차례로 살펴보기로 하자.

앞에서 우리는 자본주의 발전사가 마르크스의 예측과 같지 않았음을 보았다. 마르크스는 자본주의가 발전하면서 중간계급이 양극으로 분해할 것이라고 보았지만, 이런 예측과 달리 오늘날 중간계급은 소멸하지 않았다. 구중간계급(자영업자)도 줄어들지 않았고 신중간계급(사무직 종사자)은 도리어 증가했다. 마르크스주의 이론가들은 마르크스 이론의 타당성이나 현실적합성을 주장하려면 먼저 이 문제를 해결해야 했다. 어떤 식으로든지 제3의 사람 문제(중간계급 문제)를 해명해야 했다. 왜 자영업자와 같은 오래된 중간계급은 줄지 않았는가? 이런 질문도 중요했다. 그러나 자영업자의 존속보다 더 시급하게 해결해야 할 문제는 사무직 노동자의 증가였다. 새롭게 등장했고 그 규모가 제법 늘어난 사무직 노동자는 노동자계급인가, 아니면 중간계급인가? 마르크스주의에서 이런 질문은 이론적 차원에서 해결해야 할 문제에 그치는 것은 아니었다. 사무직 노동자가 증가한 현실은 정치적 행동을 기획하는 데에도 큰 문제였다. 늘어난 화이트칼라 노동자가 더 이상 노동자계급이 아니라면, 그리하여 노동자계급의 비중이 점차 줄어든다면, 노동자계급이 정치적 행동을 도모할 때 이들과 어떤 관계를 설정해야 하는가? 이 질문에 대답하는 것이 마르크스 추종자의 주요 과제였다.

제3의 사람 문제를 이론적으로 해결하기 위해 여러 학자가 여러 해법을 제시했다. 브레이버만(Braverman, 1974)은 자본주의가 발전하면서 노동과정의 탈숙련화(脫熟練化, deskilling)가 진행되어, 화이트칼라 노동도 더 이상 숙련노동이 아니라 단순노동에 불과하다고 판단했다. 그러므로 새롭게 등장한 사무직 노동자는 중간계급이라기보다 사실상 노동자계급의 일부라고 주장했다. 이와 달리, 풀랑차(Poulantzas, 1979)는 화이트칼라를 전통적 노동자계급이라기보다 새로운 프티부르주아지(new petty bourgeoisie)라고 보는 편이 더 낫다고 주장했다. 일찍이 마르크스는 작은 공장이나 상점 주인뿐만 아니라 노동자의 일부도 프티부르주아지라고 보았다. 부르주아지가 소유한 상품이나 서비스를 생산, 교환, 분배하는 노동자도 프티부르주아지라고 규정했다(앞의 8번 각주 참조). 이런 용법은 오늘날 통용되는 개념과 다르지만, 어쨌든 풀랑차는, 새로 생긴 화이트칼라가 바로 이런 일을 담당했기 때문에 이들을 '새로운' 프티부르주아지라고 볼 수 있다고 판단했다. 이런 노동자, 즉 화이트칼라층 노동자는 경제적, 정치적, 이데올로기적 입장이 노동자계급과 다르고, 그들의 이해관계는 옛 프티부르주아지와 흡사하므로 노동자계급의 우군이 아니라고 그는 단정했다(홍두승·구해근, 2008). 이렇듯 학자마다 제3의 사람 문제를 달리 해결했다. 조금 뒤에 보겠지만, 라이트(Wright, 1985)도 이 문제에 독특한 방식으로 접근했다. 그는 모순적 계급위치라는 개념으로 중간계급을 묘사하고 설명했다. 중간계급을 부르주아지와 프롤레타리아 사이에서 동요하는 계급이라고 판단했다. 아래에서는 라이트가 이런 개념을 설정하게 된 과정을 추적하기로 하자. 그 전에 먼저 그가 의존했던 뢰머의 이론을 살펴보자.

### 뢰머

뢰머(Roemer, 1982)는 여러 행위자의 소득이 서로 인과관계를 맺는다고 가정했다. 부유한 자가 부유한 까닭은 가난한 자가 가난하기 때문이다. 다시 말해, 부유한 자가 부유한 까닭은 그가 가난한 자의 노력(노동)의 결실을 가져가기 때문이다. 가난한 자가 가난한 까닭은 부유한 자가 그의 노력의 결실을 빼앗아 가기 때문이다. 그는 이렇게 타자의 노력이나 노동의 결실을 가져가는 것을 착취(exploitation)라고 규정했다. 그렇다면 이 착취는 어떤 메커니즘으로 이루어지는가? 앞에서 이미 보았듯, 마르크스는 노동가치설(잉여가치설)로 이 착취의 메커니즘을 설명했다. 노동력 상품이 지닌 특수한 성질로 착취를 설명했다. 노동자는 재생산가치뿐만 아니라 잉여가치도 생산하는데, 자본가는 이 잉여가치를 전유함으로써 노동자를 착취한다고 말했다. 그러나 뢰머는 마르크스의 이론에 의존하지 않고 착취를 새로운 방식으로 설명했다.

그는 착취를 야기하는 두 가지 원인 요소를 언급했다. 첫째, 생산적 자산(productive assets)이다. 생산 자산의 불균등 분포는 착취를 낳는다. 소규모의 상품생산경제(단순상품생산 경제)에서 생산자의 보유 자산의 크기가 서로 다르면 착취가 일어난다. 동일한 가격의 생산물을 생산하는데, 생산적 자산이 많은 생산자는 자산이 적은 생산자보다 더 적은 노동만 투하해도 된다. 왜 그러한가? 예를 들어보자(〈표 2-3〉 참조). 자산이 많으면 적은 노동을 투하해도 많은 생산물을 거둘 수 있다. 거꾸로 자산이 적으면 노동을 많이 투하해도 생산물의 양은 적다. 자산 크기가 노동의 효율성을 제약하기 때문이다. 토지 크기가 1인 생산자(s)가 연간 20단위의 노동을 투하해서 20kg의 쌀을 수확한다고 가정해보자. 농지 크기가 2인 생산자(S)는 s가 생산해낸 수량(20kg)만큼 쌀을 생산하려면 얼마나 많은 노동을 해야 할까? 아마도 20단위만큼 노동하지 않아도 될 것이다(여기서는 10

단위의 노동만 투하하면 된다고 가정했다). 농지가 커서 슬렁슬렁 일해도 동일 수량의 생산물을 생산할 수 있기 때문이다. 이렇게 S가 노동을 덜 하면서도 s와 동일한 생산량(수입)을 얻는 까닭은 s가 더 많이 노동하기 때문이다. 이런 방식으로 S는 s를 착취한다.

〈표 2-3〉 소규모 상품경제에서 이루어지는 착취

| 자산 크기 | S | s |
|---|---|---|
| 투하 노동량 | 10 | 20 |
| 산출물 수량 | 20 | 20 |

단순 상품생산경제가 아니라 임노동을 사용하는 상품생산경제(자본주의)에서도 상황은 마찬가지다. 자본주의 사회에서는 생산 자산이 클수록 더 많은 착취가 가능하다. 이 사회에서는 자산이 클수록 더 많은 노동력을 사용할 수 있다. 〈표 2-4〉를 보면, 생산자산이 클수록 더 많은 노동자를 고용할 수 있다. 더 많은 노동자를 고용하면 자본가의 이윤 총량은 더 커진다. 특정 기간 동안 노동자 일인당 10대의 자전거를 생산한다고 가정해보자. 그리고 이 자전거의 가격은 1이고 노동자의 임금은 5라고 가정해보자. 생산 자산(아마도 공장)의 규모가 작은 소자본가(s)는 10명의 노동자를 고용하여 100대의 자전거를 생산한다. s는 50의 임금을 지불하고 나머지 50을 이윤으로 얻는다. 그러나 생산 자산(공장)의 규모가 커서 그보다 많은 수의 노동자를 고용하는 대자본가는 소자본가보다 더 많은 이윤을 얻는다. 20명의 노동자를 고용한 대자본가(S1)는 100의 이윤을 얻고, 40명을 고용한 대자본가(S2)는 200의 이윤을 얻는다. 결국 뢰머는 소규모 상품생산경제(단순상품생산 경제)에서든 임노동을 이용하는 상품생산경제(자본주의)에서든, 시장을 거쳐 이루어지는 착취는 생산 자산(생산수단)의 불평등에서 비롯한다고 보았다.

〈표 2-4〉 자본주의적 시장 경제에서 이루어지는 착취

| 자산 크기 | s | S1 | S2 |
|---|---|---|---|
| 노동자 수 | 10 | 20 | 40 |
| 산출물 수량 | 100 | 200 | 400 |
| 개별 노동자 임금 | 5 | 5 | 5 |
| 임금 총액 | 50 | 100 | 200 |
| 이윤 | 50 | 100 | 200 |

둘째, 조직 자산의 불균등 분포도 착취를 낳는다. 시장을 통한 착취(생산 자산을 소유함으로써 일어나는 착취)는 착취의 한 형태일 뿐이다. 다른 형태의 착취도 존재한다. 그 착취는 생산조직 안에서 발생한다. 생산자 S와 S′이 한 조직 안에서 서로 결합하여 생산활동을 한다고 가정해보자. 이 결합에서 S′이 생산활동에서 철수(withdraw)할 때 S의 형편이 현재보다 더 나빠지고, S′의 형편도 나빠지지만 S의 하락보다 덜 나빠진다면(S가 조직 안에서 누리는 조직 자산이 S′보다 더 많거나 더 크다면), S는 생산조직을 통해 S′을 착취한다고 이야기할 수 있다. 예를 들어보자. 자본가와 노동자가 서로 결합하여 상품을 생산할 때, 노동자가 생산에서 철수하면 당연하게도 노동자의 소득은 없어지거나 줄어들 것이다. 그러나 자본가의 소득은 노동자의 소득보다 더 많이 줄어들 수 있는데, 사정이 그렇다면 그동안 자본가는 생산조직을 통해 노동자를 착취했던 것이라고 말할 수 있다.[22]

22 이런 부류의 발상은 꽤 흥미롭다. 이런 종류의 착취는 생산 조직이 아닌 다른 차원의 조직에서도 발생할 수 있기 때문이다. 남자와 여자의 성적이고 정서적 결합(연인이나 부부)을 생각해보자. 두 사람이 헤어지면 둘의 행복도는 아마도 동시에 낮아질 것이다. 그러나 남자의 행복이 여자의 행복보다 더 많이 줄어든다면 그동안 남자는 여자를 착취했다고 말할 수 있다. 이런 논리는 다른 사회관계, 예컨대 친구관계에도 적용할 수 있지 않을까?

## 라이트

라이트는 계급관계를 지배관계가 아니라 착취관계로 보아야 한다고 주장했다. 왜 계급관계를 '지배(domination)'를 근거로 설정하면 안 되는가? 지배관계를 중심축으로 삼은 계급 개념은 다음과 같은 몇 가지 문제를 내보이기 때문이다. 첫째, 지배는 행위자의 적대적 이해관계를 포함하기도 하지만 포함하지 않을 수도 있다. 자본가의 노동자 지배는 자본가와 노동자의 적대적 이해관계를 내포하지만, 부모의 자녀 지배와 교사의 학생 지배에는 지배자와 피지배자 사이에 적대적 이해관계의 대립이 존재하지 않는다. 부모가 자녀를 지배할 때 부모는 자녀에게서 무엇인가를 탈취하지 않는다. 교사가 학생을 지배할 때 교사는 학생에게서 무엇인가를 빼앗지 않는다. 다시 말해, 지배가 모두 적대적 이해관계를 내포하지 않는다. 그러므로 지배를 중심으로 계급관계를 설정해서는 곤란하다. 둘째, 지배를 중심축으로 삼은 계급 개념은 '다중의 억압(multiple oppression)'이라는 개념을 내포한다. 지배는 억압과 피억압을 포함하고, 사회에는 여러 형태의 억압이 존재한다. 성적 억압도 있고, 인종적 억압이나 민족적 억압, 계급적 억압도 존재한다. 그런데 이런저런 억압 가운데에서 어떤 것이 가장 중심적이고 핵심적인 것인가? 논리적으로 따지자면 그 어떤 억압도 중심적이고 핵심적인 것이라고 간주할 수 없다. 모두 동일한 비중의 억압이다. 이렇게 되면 계급은 사회나 역사 분석에서 중심 위치를 차지할 수 없다. 계급적 억압을 중심적인 것으로 삼지 못하는 논리는 마르크스주의의 본령을 떠나는 것이다. 그러므로 마르크스주의를 유지하려면, 그리고 마르크스주의자로 자처하려면, 지배 개념으로 계급을 설정해서는 안 된다. 착취 개념으로 계급을 설정해야 한다.

라이트(Wright, 1985)는 뢰머의 착취 이론을 수정하고 확장했다. 그는 뢰머의 생산 자산(생산재)과 조직 자산(조직재)에 자신이 고안해낸 기술 자산(기술재)을 덧붙였다. 그는 이 세 자산, 생산재와 조직재, 기술재의 불균등 분포가 착취를 낳는다고 주장했다. 생산재와 조직재의 불균등 분포가 착취를 낳는 것은 뢰머의 논의에서 이미 보았다. 이에 더하여 라이트는 기술 자산(기술재)의 불균등 분포도 착취를 낳는다는 것을 보였다. 기술재는 곧 숙련을 말하는데, 숙련은 다음과 같은 과정을 거쳐 타자를 착취한다. 만일 숙련공이 얻는 소득이 훈련 기간에 쓴 비용과 같다면 착취라고 볼 수 없다. 그러나 숙련공의 임금이나 소득이 그가 쓴 비용을 초과한다면 이 초과분은 숙련이 빚은 착취라고 말할 수 있다.

예를 들어보자. 대학졸업자가 대학을 마치는 데에 쓴 비용이 3억이라고 가정해보자. 교육훈련에 든 직접비용(등록금과 교재비, 실습비 등과 같은 훈련 비용)의 합계가 1억이고, 교육기간에 교육을 받지 않고 취업했으면 벌 수 있었으나 교육 이수 때문에 포기해야 했던 기회비용이 2억이라고 가정해보자. 그리고 대학졸업자가 학교를 마친 이후 평생 벌 것으로 예상되는 항상소득(恒常所得, permanent income)이 고등학교 졸업자보다 3억만큼 더 많다고 가정해보자. 상황이 이렇다면 대학 졸업자가 고등학교 졸업자를 착취한다고 말할 수 없다. 대학 학력으로 얻은 추가 소득이 대학 학력 이수에 소요된 비용과 같기 때문이다. 그러나 항상소득이 3억보다 더 많다면 대학 졸업자는 고등학교 졸업자를 착취한 것이라 말할 수 있다. 추가 소득이 비용을 상회하기 때문이다. 그렇다면 숙련은 어떤 조건에서 착취를 낳는가? 다시 말해, 대학 졸업자의 항상소득은 어떤 경우에 비용보다 더 많아지는가? 숙련이 착취를 낳으려면, 숙련이 수요보다 희소해야 한다. 그런데 숙련은 특정 조건에서만 희소하다. 숙련의 희소성은 다음과 같은 두 가지 조건으로 확보할 수 있다. 첫째, 천부적 능력처럼 자연적 희소성이 존재할 때, 예컨대 음악적 재능을 타고난 사람이 매우 적을 때, 희소성을 확보할 수 있다. 둘째, 자격증이나 면허 등으로 숙련에 접근하는 사람들의 숫자를 의도적으로 줄일 수 있을 때, 예컨대 의과대학이나 약학대학 정원을 제한하여 의사나 약사의 공급을 줄이는 데에 성공할 때, 숙련의 희소성을 유지할 수 있다. 이런 조건에서 숙련은 희소성을 확보할 수 있고, 숙련이 희소한 조건에서 항상소득은 비용을 초과한다. 착취가 발생한다.

라이트는 위의 세 종류의 착취를 기준으로 모두 12개의 계급 범주를 설정했다. 그의 용어로 표현하면, 그는 모두 12개의 계급 위치(class locations)를 설정했다. 그는 먼저 이 세상의 경제적 위치를 생산재의 소유와 비소유로 나누었다.[23] 그런 다음에 조직재의 수준(상, 중, 하)을 기준으로 생산재 소유를 세 개의 위치로 나누었고, 조직재와 기술재의 수준(상, 중, 하)을 기준으로 생산재의 비소유를 아홉 개의 위치로 나누었다(〈그림 2-5〉 참조). 이 열두 개의 위치 가운데에서 가장 왼쪽 위의 위치, 즉 생산재를 소유한 위치 가운데에서 조직재의 규모가 가장 큰 위치를 부르주아지라고 할 수 있다. 그와 대비하여 가장 오른쪽 아래의 위치, 즉 생산재를 소유하지 못하면서도 생산조직 안에서 낮은 지위를 차지하고 숙련도도 낮은 위치는 프롤레타리아라고 부를 수 있다.

〈그림 2-5〉 라이트의 계급 모형

**생산재**

| 소유자 | 비소유자 | | | 조직재 |
|---|---|---|---|---|
| **부르주아지** | 전문 경영자 | 반(半)자격 경영자 | 비자격 경영자 | + |
| 소규모 고용주 | 전문 관리자 | 반(半)자격 관리자 | 비자격 관리자 | >0 |
| 자영업자 | 전문 비관리자 | 반(半)자격 노동자 | **프롤레타리아** | - |
| **기술재** | + | >0 | - | |

23 그는 '세상 사람들'을 자산의 소유자와 비소유자로 나눈 것이 아니라, '경제적 위치'를 이것과 저것으로 나누었다. 계급을 사람이 아니라 '위치'라고 생각했다는 점에 주의하라.

그런데 생산재를 소유하지 못하는 경제적 위치 중에 특이한 계급 위치가 존재한다. 전문경영자부터 반자격노동자나 비자격관리자에 이르는 계급위치, 프롤레타리아가 아닌 계급 위치가 바로 그것들이다. 이런 위치에 놓인 사람들은 자본가가 고용했다는 점에서 프롤레타리아에 가깝지만, 자본가의 기능을 대행하여 노동자를 관리, 감독한다는 점에서 부르주아지와 가깝다. 그러므로 이들의 이해관계는 자본가 계급과 일치하지도 않지만, 노동자계급과도 일치하지 않는다. 예컨대 전문경영자나 전문관리자는 거의 항상 자본가를 대신하여 노동자를 지휘한다. 그러므로 이들의 이해관계는 자본가와 일치하고 노동자와 대립한다. 그러나 자본가와 임금 협상을 시도할 때에는 자본가와 대립하고 노동자와 일치한다. 이와 같이 이해관계가 시시때때로 바뀌고 이 이해관계가 서로 충돌하는 계급 위치를 라이트는 '모순적 계급 위치(contradictory class locations)'라고 이름 붙였다. 이런 위치에 놓인 사람들을 모순적 계급이라고 부를 수 있겠고, 이 모순적 계급은 중간계급이라고 부를 수도 있겠다. 이 계급은 노동자 계급 그 자체라기보다 노동자 계급과 연합할 수 있는 세력이나 집단이라고 생각할 수 있다. 물론 이들은 때때로 자본가계급의 우군이 되어 노동자계급에 적대할 수도 있다.

지금까지 마르크스주의의 불평등 이론과 계급 모형을 살펴보았다. 지금부터는 베버의 추종자가 내세웠던 불평등 이론과 계급 모형을 알아보자.

### 2) 베버의 추종자

마르크스주의자가 베버와 베버의 추종자를 비판하는 가장 중요한 지점은 그들이 분석의 초점을 생산영역이 아니라 분배영역에 둔다는 점이었다. 마르크스주의자는 베버의 추종자들이 분배나 소비의 불평등을 조명할 뿐, 분배를 지배하는 생산체계를 무시한다고 비판했다. 아니나 다를까, 베버와 그의 추종자에게 계급이란 분배체계에서 삶의 기회를 공유하는 사람들의 집합이다. 마르크스주의가 잘 지적했듯, 베버와 그 추종자의 약점은 아마도 바로 그런 것일 가능성이 높다. 그렇다면 마르크스와 마르크스주의에는 어떤 문제가 있는가? 그 문제는 두어 가지로 압축할 수 있다. 논리적 부정합성과 과도한 환원주의가 바로 그것들이다.

마르크스주의자에게 계급이란 인간 집단이 아니라 사회적 위치다. 개인은 단지 그 위치를 점유하다 사라지는 존재일 뿐이다. 마르크스주의의 이런 견해는 나름대로 설득력을 발휘한다. 개인이 중요한 것이 아니라 그 개인이 사회에서 점유하는 위치, 특히 그 사람이 생산체계에서 차지하는 위치가 훨씬 더 중요하기 때문이다. 그러나 마르크스주의의 이런 주장에 문제가 없는 것은 아니다. 이런 입장은 개인이나 집단이 그 위치와 상반하는 행동을 할 때 이론적 문제점을 드러내게 된다. 만일 개별 노동자나 노동자 집단이 노동자계급이라는 위치에 맞지 않는 행동을 한다면, 이를 어떻게 설명할 것인가? 예컨대 노동자가 자본가의 이익을 대변하는 우파 정당에 투표하는 행동을 어떻게 설명할 것인가? 마르크스는 이를 '허위의식(false consciousness)' 때문이라고 설명했다. 잘못된 판단과 생각 때문에 잘못된 행동을 한다는 말이다. 언뜻 그럴듯하게 들리지만 이런 설명은 문제적이다. 만일 사람들이 잘못된 의식 때문에 잘못된 행동을 한다면, 오래지 않아 그 행동은 사라져야 한다. 허위의식은 곧 거짓이라고 밝혀질 것이기 때문이다. 그러나 불행하게도 비정상적 행위는 쉽게 사라지지 않는다. 이는 잘못된 행동이 허위의식에 의해 촉발된 것이 아니라는 사실을 알려준다.

그러나 마르크스와 마르크스주의의 가장 큰 문제는 이와 같은 논리적 부정합성이 아니라 과도한 환원주의라고 볼 수 있다. 일반적으로 여러 현상을 하나의 근본 속성으로 환원하려는 접근은 논리적으로 명쾌하기는 하지만 사회현상의 복잡성을 잘 설명하지 못한다. 모든 현상을 경제적 관계로 환원해서 설명하려는 마르크스주의적 접근은 현실의 불평등이 종교, 정치, 성의 분열로 뒤섞여 있다는 것을 보지 못한다. 현실에는 자본과 노동 사이의 균열(龜裂, cleavage) 이외에도 인종, 종교, 언어, 성 사이의 균열이 있다. 이 모든 균열을 생산관계에 근거를 둔 적대라는 것으로 환원해서 설명하려는 시도는 아무래도 무리하고 과도하다. 이 책의 제6장에서 볼 수 있다시피, 성과 인종은 경제와 긴밀하게 얽혀 있지만, 그렇다고 해서 성 불평등이나 인종적 갈등을 모두 경제적 이해관계로 설명할 수 있는 것은 아니기 때문이다.

이 절에서는 마르크스주의의 약점을 회피하거나 돌파하려는 베버 추종자들의 몇 가지 노력을 보자.

### 파킨

파킨(Parkin, 1979)은 자본주의 사회에 존재하는 복합 균열을 소유라는 개념으로 일반화했다. 소유란 무엇인가? 사람들은 흔히 소유를 사람과 사물의 관계라고 생각한다. 예컨대, '이 연필이 내 것'이라는 말은 나와 연필의 관계를 지칭하는 것으로, 사람들은 생각한다. 그러나 사람은 사물과 관계를 맺을 수 없다. 사람은 사람과 관계를 이룬다. 그러므로 소유는 사람과 사물의 관계를 지칭하는 것이 아니라 특정 사물을 둘러싸고 사람과 사람이 맺는 권리관계를 가리킨다. 이 연필이 내 것이라는 말은 연필을 둘러싸고 나와 타자가 맺는 권리관계를 지목한다. 좀 더 구체적으로 말해보자. 소유는 첫째, 사용권(使用權)을 말한다. 이 연필이 내 것이라는 말은, 이 연필은 오직 나만 사용할 수 있는 권리를 보유한다는 선언이다. 둘째, 금지권(禁止權)이다. 이 연필이 내 것이라는 말은, 나는 타자가 내 허락 없이 이 연필을 사용하지 못하게 할 권리를 갖는다는 선언도 포함한다.

셋째, 처벌권(處罰權)이다. 이 연필이 내 것이라는 말은, 만일 타자가 내 허락 없이 이 연필을 사용하면 나는 사적으로나 법적 방식으로 그를 처벌할 권리를 보유한다는 선언이기도 하다. 요컨대 소유란 사용권과 금지권, 처벌권의 종합이라고 말할 수 있다. 여기서 처벌이란 다분히 부수적인 것이므로 이를 빼고 말하자면, 소유란 결국 사용권과 금지권의 결합이라고 요약할 수 있다. 이를 사람들이 흔히 쓰는 말로 바꾸면, 소유란 배타적 사용권이다. 특정 사물이나 자원에 대한 특정인의 배타적 권리다.

이런 소유는 특정 사물이나 자원에 타자가 접근하지 못하게 하는 권리라는 의미에서 '사회적 닫기(social closure)'라고 표현할 수 있다. 베버의 폐쇄가 그러하듯, 이러한 사회적 닫기는 주로 경제적 이익을 노린다. 사람들은 경제적 이익을 노리고 사회관계를 닫는다는 말이다. 사회적 닫기의 동기는 그렇다 치고, 사회적 관계를 닫는 방법은 무엇인가? 자본주의 사회에서 사람들은 주로 재산과 자격증으로 사회적 닫기를 실행한다. 사람들은 다른 사람이 자신의 재산을 이용하지 못하게 저지함으로써 경제적 이익을 얻고, 다른 사람이 자격증을 쉽게 얻지 못하게 막음으로써 물질적 이익을 극대화한다. 그러므로 자본주의 사회에서 부의 분배는 이 재산이나 자격증을 따라 이루어지는 경향을 보인다. 예를 들어보자. 건물주는 다른 사람이 자신의 건물을 마음대로 이용하지 못하게 막고 자신이 허락하는 소수의 사람에게만 건물 사용권을 부여함으로써 지대(地代)를 확보한다. 지대는 부의 일종이다. 건물주는 건물(재산)을 둘러싼 사회관계를 닫아 부를 만들어낸다. 다른 한편, 변호사나 의사, 약사 등과 같은 전문직 종사자들은 로스쿨 학생 정원이나 의과대학, 약학대학 학생 정원을 늘리지 못하게 정부에 압력을 가함으로써, 다시 말해 변호사나 의사, 약사 자격증을 둘러싼 사회관계를 닫음으로써(자격증 숫자를 줄임으로써) 고소득을 창출한다.

자본주의 사회에서는 주로 재산과 자격증을 동원해 사회적 닫기를 실행하지만 그렇다고 이것들로만 사회적 닫기를 실현하는 것은 아니다. 인종, 언어, 지역, 종교 등과 같은 요인을 이용하여 사회관계를 닫을 수도 있다. 예를 들어, 한 레스토랑이 백인만 들이고 유색인종을 받지 않는 것도 사회적 닫기고, 제주도 학교에서 제주어 사용을 방기하고 한국어만 가르침으로써 제주도민의 정체성 형성을 저해하는 것도 일종의 사회적 닫기다(이는 식민지 시대의 학교가 조선어 사용을 금지하고 일본어 사용을 강요했던 사회적 닫기와 매우 흡사하다).[24] '서울에 거주하는 영남 출신 중상층계급 남성'이 끼리끼리 뭉쳐 정관계나 경제계에서 호남을 비롯한 여타 지역 출신 남성을 배제함으로써 채용이나 승진, 사업 등에서 경제적 이익을 얻는 것도 사회적 닫기다. 신생 종교인 신천지예수교 증거장막성전 교회를 기독교로 인정하지 않으려는 시도도 일종의 사회적 닫기다. 현실세계의 사회적 닫기는 이처럼 매우 다면적이다. 재산과 자격증을 이용한 닫기는 그 일부에 지나지 않는다.

사회적 닫기는 하나의 사회현상이지만 행위자의 전략이기도 하다. 이 전략에는 배제와 침탈이라는 두 가지 차원이 존재한다. '배제(exclusion)'란 다른 사람이 내가 가진 특정 자원에 접근하지 못하도록 막는 전략이고, '침탈(usurpation)'은 타인이 독점하는 자원을 뺏으려는 시도나 전략이다. 예컨대 검찰은 경찰에게 수사권을 넘기려 하지 않고(배제), 경찰은 검찰의

24 외국어와 사투리를 나누는 기준은 상대방의 말을 해독할 수 있는 가능성이다. 들어서 이해할 수 있는 말은 사투리고 들어서 이해가 되지 않는 말은 외국어다. 한국인에게 평안도 말은 사투리지만, 일본어는 외국어다. 평안도 말은 알아들을 수 있지만 일본어는 이해하지 못하기 때문이다. 이런 기준으로 보면, 제주어는 사투리가 아니라 외국어다. 한국인은 제주어를 알아듣지 못한다. 사정이 이렇다면, 한반도에는 두 개의 언어, 한국어와 제주어가 공존하는 셈이다(고종석, 1999). 그런데도 제주도 학교에서는 제주어를 가르치지 않는다. 아마도 특별한 이유가 있을 것이다. 그러나 어떤 이유 때문에 그러하든, 이런 교육정책은 제주어만 사용하는 사람이나 제주어를 평상어로 사용해야 한다고 주장하는 사람을 사회관계에서 배제한다. 이것도 사회적 닫기다.

수사권을 뺏으려 한다(침탈). 의사는 주사(注射)와 같은 간단한 의료행위조차 의사의 소관사항으로 두어 간호사의 의료행위 범위를 제한하려 하고(배제), 간호사는 의사의 의료행위 일부를 자신의 권리로 확정하려 한다(침탈). 파킨은 배제 전략과 침탈 전략을 동시에 구사하는 전략을 이른바 '이중 닫기' 또는 '두 겹 닫기(dual closure)'라고 했다. 약사는 의사가 약을 조제할 수 없도록 배제하는 동시에 한의사의 한약 조제권을 침탈하려고 노력한다.

## 다렌도르프

다렌도르프(Dahrendorf, 1959)는 마르크스 이후에 이루어졌던 자본주의(산업사회)의 발전사를 다음과 같이 요약했다. 첫째, 자본이 분산했다. 마르크스 사후, 소유와 경영을 분리하는 경영혁명(managerial revolution)이 일어났다. 그 결과 자본가는 소유자와 경영자로 나뉘었다. 둘째, 노동이 분산했다. 마르크스의 예측과 달리, 자본주의가 발달하면서 노동자는 같은 부류로 동질화하지 않고, 숙련 수준을 기준으로 서로 다른 부류로 이질화했다. 숙련노동자와 미숙련노동자로 분화했다. 노동자가 이질화하면서 노동자의 이해관계도 한군데로 모이지 않고 뿔뿔이 흩어졌다. 셋째, 신중간층(화이트칼라)이 성장했다. 숙련노동자와 미숙련노동자의 분화가 그랬던 것처럼 화이트칼라의 등장도 노동자의 동질성을 파괴했다. 노동자는 사무직과 생산직으로 분리되었다. 넷째, 사회이동이 증가했다. 사회이동이 활성화하면서 계급 사이의 장벽이 낮아지고, 그로 말미암아 사회적 갈등의 성격도 바뀌었다. 집단 간 갈등은 개인 간 갈등으로 바뀌었다. 다섯째, 시민권이 확장했다. 시민권이 증대하면서 정치·경제적 불균형의 극단성이 사라지거나 줄어들었다. 그로 말미암아 갈등의 빈도나 강도가 줄었다. 여섯째, 계급 갈등이 제도화했다. 계급 갈등이 합법화되고 갈등의 방법이나 수단이 정형화하면서, 계급 갈등은 정치 영역으로 비화하지 않고 산업 영역에서 멈추었다.

다렌도르프는, 이런 변화 때문에 불평등이나 계급을 생산수단의 소유로 분별하는 것은 불합리하다고 보았다. 오히려 불평등이나 계급은 권력과 권위의 소유를 기준으로 구분하는 편이 더 낫다고 주장했다. 오늘날 잘 발달한 자본주의 사회의 조직체, 예컨대 정부나 기업 등과 같은 조직체에서는 권위(authority)가 잘 조정되어 있다. 과장이나 부장은 무엇을 결정하고 임원은 무엇을 지휘하는지가 잘 정리되어 있다. 다렌도르프는 권력과 권위가 잘 조정된 이런 조직체를 '권위가 조절된 결사체(Imperatively Coordinated Association, ICA)'라고 불렀다. 사람들은 이 조직체에서 특정 위치를 차지하고, 그 위치에서 권력을 행사한다. 이 조직체에서 권력을 소유한 위치(사람이나 집단)는 권력을 소유하지 못한 위치(사람이나 집단)와 상이한 이해관계 때문에 서로 대립한다. 다렌도르프는 현대 자본주의에서 이와 같은 권력과 권위의 대립이 자본과 노동의 대립보다 더 중요하다고 보았다. 요컨대 다렌도르프는 마르크스와 다른 방식으로 계급을 구분했다. 그는 권위를 차지한 집단과 차지하지 못한 집단에 특별한 이름을 붙이지 않았지만, 이 집단을 상급자(superordinates)와 하급자(subordinates) 등과 같은 용어로 구분했다.

### 골드소프

파킨과 다렌도르프는 불평등이나 계급에 대한 독자적인 이론을 전개했지만, 그렇다고 별도의 계급 모형을 만들지는 않았다. 베버의 이론에 기반하여 마르크스주의와 구별되는 별도의 계급 모형을 만든 사람은 골드소프(J. H. Goldthorpe)였다. 계급을 분류할 때, 마르크스나 마르크스주의자는 생산수단의 소유 여부를 기준으로 삼았지만, 베버의 추종자는 대체로 직업을 주요 기준으로 삼았다. 직업이야말로 시장상황을 규정하는 가장 중요한 요인이라고 보았기 때문이다. 골드소프(Erikson et al., 1979; Erikson and Goldthorpe, 1992)가 계급을 획정(劃定)할 때 기댄 언덕도 역시 직업이었다.

그는 직업을 계급으로 바꿀 때 다음과 같은 기준을 동원했다. 첫째, 직업의 경제적 안정성과 경제적 성취 기회, 수입의 원천과 수준, 그 밖의 고용조건. 둘째 그 직업이나 직업 종사자가 권위와 통제 체계 안에서 차지하는 위치. 표현이 다분히 추상적이다. 이해하기 쉽게 더 구체적으로 말해보자. 골드소프는 직업을 계급으로 전환할 때 다음과 같은 기준을 활용했다. 첫째, 고용관계(노동시장에서 차지하는 위치)를 우선적으로 고려했다. 특정인이 달성한 직업이 고용주에 해당하는가, 피고용인에 해당하는가? 아니면 자영업으로 분류할 수 있는가? 둘째, 노동계약의 성격(계약기간)을 참조했다. 해당 직업 종사자는 고용주와 장기계약을 맺는가, 단기계약을 맺는가? 셋째, 산업분야나 생산조직 안에서 차지하는 위치, 그리고 숙련도 등도 계급 구분의 기준으로 활용했다. 산업분야나 생산조직의 상층부에 종사하는가, 하층부에 종사하는가? 화이트칼라층에 속하는가, 기술관리직에 속하는가? 아니면 육체노동 직업(생산직)에 속하는가? 골드소프는 직업을 계급으로 전환할 때, 이와 같은 복합적 기준을 활용했다.

〈그림 2-6〉 골드소프의 계급 모형

| 고용주 | | | 자영업자 | | 피고용인 | | | | | | | |
|---|---|---|---|---|---|---|---|---|---|---|---|---|
| 대 | 소 | | | | 서비스관계 | | 중간 | | | 단기노동계약 | | |
| | | | | | | | 화이트칼라 | | 기술 관리, 감독 | 육체노동 | | |
| | 산업 | 농업 | 산업 | 농업 | | | | | | 산업 | | 농업 |
| | | | | | 상 | 하 | 상 | 하 | | 숙련 | 비숙련 | |
| I | IVa | IVc | IVb | IVd | I | II | IIIa | IIIb | V | VI | VIIa | VIIb |

**출처**: Erikson and Goldthorpe(1992)

이렇게 말해서는 계급모형을 쉽게 이해할 수 없다. 몇 가지 예를 들어서 이 계급 모형의 특성을 알아보자. 〈그림 2-6〉에서 보다시피, 골드소프는 먼저 고용관계를 기준으로 직업을 세 집단(고용주, 자영업자, 피고용인)으로 분류했다(맨 윗 줄을 보라). 고용주(Ⅰ)나 자영업자(Ⅳ)는 소유 규모나 산업분야를 고려하여 별개의 계급으로 세분화했다. 고용주나 자영업자의 분류야 별로 복잡하지 않다. 문제는 피고용인의 분류다. 피고용인은 먼저 노동계약의 성격을 기준으로 서비스계급과 중간계급, 노동자계급으로 나누었다.[25] 그런 다음 산업 분야나 생산조직 안에서 차지하는 위치(상하), 숙련도(숙련노동자/비숙련노동자) 등을 감안하여 다시 이 계급을 차례로 세분했다. 예컨대 생산조직 안에서 차지하는 위치를 감안하여 서비스계급은 상하(Ⅰ, Ⅱ)로 나누었고, 중간계급은 화이트칼라 계급(Ⅲ)과 기술관리직 계급(Ⅴ)으로 분류했다. 노동자계급은 숙련노동자계급(Ⅵ)과 비숙련노동자계급(Ⅶa), 농업노동자계급(Ⅶb)으로 나누었다.

골드소프는 이런 방식으로 모두 11~12개의 계급 범주를 설정했지만, 경험 연구에서 이렇게 많은 계급을 사용한 경우는 드물었다. 골드소프와 그의 동료들은 보통 몇 개의 범주를 결합하여 7계급 모형이나 5계급 모형을 즐겨 사용했다.[26]

미리 짐작할 수 있다시피, 서구의 학자는 라이트의 계급 모형보다 골드소프의 계급 모형을 더 선호했다. 특히 사회이동 연구 분야에서는 많

---

25 여기서 서비스계급(service class)이란 화이트칼라 상층(Ⅰ+Ⅱ)을 말한다. 골드소프가 화이트칼라 상층을 서비스계급이라고 이름 붙인 까닭은 이 위치(사람이나 집단)가 자본가(고용주)에게 봉사하기 때문이다. 그리하여 사람들은 종종 서비스계급을 봉사계급이라고 번역하기도 한다.

26 사회이동 연구에서 흔히 쓰는 골드소프의 7계급 모형은 다음과 같다. 이런 모형은 농업노동자가 많은 선진 산업국가에 적용하는 모형이다. 농업노동자가 많지 않은 나라에서는 상황에 따라 이를 5계급이나 6계급 모형 등으로 변형하기도 한다.

은 연구자가 골드소프의 모형을 주로 사용했다. 우리도 조금 뒤에 이 계급 모형을 사용한 예를 살펴볼 것이다.

### 3) 뒤르케임의 추종자

널리 알려지지는 않았지만, 앞에서 이미 논의한 바와 같이, 뒤르케임도 불평등과 계급을 논의했다. 그러나 뒤르케임의 불평등과 계급 논의는 마르크스나 베버와 사뭇 달랐다. 첫째, 뒤르케임은 '평등의 수사학'을 받아들이지 않았다. 뒤르케임은 불평등을 정상적인 것이거나 정당한 것이라고 여겼다. 자연적 능력이 뛰어난 사람이 더 좋은 직업에 종사하고 더 많은 보상을 얻어야 한다고 생각했다. 이런 생각은 후대에 기능주의 이론(능력주의)으로 이어졌다. 기능주의적 시각은 제3장에서 상세하게 다룰 것이다. 둘째, 뒤르케임은 능력주의 말고도 계급분석과 관련하여 우리가 관심을 기울일 만한 논리를 제시했다. 그는, 개개인이 생산이나 분배체계 안에서 차지하는 위치가 계급을 결정하는 것이 아니고 개인이 사회적 분업 안에 차지하는 위치가 계급을 결정한다고 생각했다. 그러므로 불평등을 분석하거나 계급을 구분할 때 직업을 기본 단위나 중심 단위로 삼아야 한다고 주장했다(Grusky and Galescu, 2005a). 이런 논리는 프랑스의

| | |
|---|---|
| Ⅰ+Ⅱ | 서비스계급 |
| Ⅲab | 화이트칼라 하층 |
| Ⅳab | 자영업자 |
| Ⅳcd | 농민 |
| Ⅴ+Ⅵ | 숙련노동자 |
| Ⅶa | 반숙련/비숙련 산업 노동자 |
| Ⅶb | 반숙련/비숙련 농업 노동자 |

사회학자, 특히 부르디외의 이론으로 이어진다. 이 절에서는 부르디외와 그러스키가 뒤르케임 이론의 둘째 특징을 어느 지점에서 어떻게 공유하는지를 알아보기로 한다.

## 부르디외

부르디외는 『구별짓기(La Distinction)』 서문에서 칸트(I. Kant)의 미학(美學)을 비판했다. 칸트는 『판단력 비판』에서 미학의 특수성과 보편성을 설명했다. 우리는 사물을 바라볼 때 일차적으로 감각 판단에 의존한다. 그러므로 이 판단은 어디까지나 개인의 것이다. 특수한 것이다. 그런데 이렇게 특수한 개개인의 감각 판단은 어떻게 보편적 미학의 수준에 이르게 되는 것일까? 우리가 다른 사람의 미적 판단을 공유하게 되는 까닭은 무엇일까? 칸트는 그 원인을 '공통 감각'에서 찾았다. 개체의 감각이 보편 미학으로 이어지는 것은 사람들이 공통 감각을 지니기 때문이다. 사람은 모두 미적 쾌락을 느끼는 동일 기준을 내재한 채 태어나고, 이 기준으로 세상을 감각한다. 그러므로 이 세상 사람은 모두 비슷한 미적 판단을 내리게 된다. 한 사람이 아름답다고 판단한 대상은 다른 사람들도 아름답다고 느낀다. 칸트의 이런 선험적 판단론은 유전자의 유사성을 강조하는 생물학적 견해와 흡사하다. 인간의 의식과 행동은 유전자가 결정하고, 모든 개체에서 이 유전자는 비슷하다. 그러므로 인간의 의식과 행동은 서로 비슷하다(홍성민, 2012).

부르디외는 칸트의 생각에 반대했다. 이런 반대는 그의 책 이름에서 엿볼 수 있다. 『구별짓기』의 프랑스어판 부제는 '판단의 사회적 비판(critique sociale du jugement)'이었다. 영어판 부제는 더 구체적으로, '취향 판단의 사회적 비판(Social Critique of the Judgement of Taste)'이었다. 그가 '판단' 앞에 굳이 '사회적'이라는 수식어를 덧붙인 이유는 다음과 같다. 사람들이 외부 대상을 보면서 느끼는 감성은 획일적이지 않다. 사람들이 모두 동일 감성을 느끼지는 않는다는 말이다. 이 감성은 계급이나 집단마다 다르다. 이 감성이 집단마다 다르다는 사실은 미적 판단이 선천적 기준에 의존하는 것이 아니라 사회적으로 만들어지는 것임을 의미한다. 요컨대 미적 판단의 궁극적 기준은 인간의 본원적 심성이 아니라 특정한 사회관계에서 사람들이 차지하는 위치라는 이야기다. 예컨대 일단의 사람들이 체크무늬 디자인을 아름답게 생각한다고 가정해보자. 그들이 체크무늬 티셔츠를 아름답다고 느끼는 것은 모든 사람이 그렇게 느끼기 때문이 아니라 그들이 노동자계급이어서 그렇게 느낀다고 생각해볼 수 있다. 노동자계급은 때를 많이 타는 흰색이나 단색 옷보다 때를 덜 타는 체크무늬 옷이 아름답다고 생각하고 이를 선호한다. 말하자면 그들의 사회적 위치가 독특한 미학을 일깨웠다고 생각할 수 있다. 부르디외의 이런 생각, 즉 미적 판단은 선천적인 것이 아니라 사회적이라는 것이라는 생각은 뒤르케임이 내세웠던 이른바 사회학주의(sociologism)에 근거를 둔다(사회학주의는 〈참고 2-4〉와 장상수(2024: 1장)을 보라).

### 참고 2-4 사회학주의, 표준사회과학모형, 진화심리학

사회학이란 무엇인가? 사회학이란 어떤 학문인가? 우리 주변에서 사회학의 정체(正體)를 명쾌하게 드러낸 교과서는 찾기 힘들다. 아마도 그만큼 그 정체를 밝히기 쉽지 않기 때문일 것이다. 그런데 사회학의 정체는 왜 그렇게 알기 힘든가? 사회학이 다루는 대상을 특정하기 어렵기 때문이다. 개별 학문 분야는 거의 대부분 자신이 다루는 대상을 기준으로 자신의 정체를 드러냈지만, 사회학은 학문이 처음 출발할 때부터 자신이 다루는 대상을 명쾌하게 드러내지 않았다. 예컨대 경제학은 스스로 '경제'를 공부하는 학문이라고 말할 수 있었지만,

사회학은 자신이 무엇을 밝히려는 학문인지 분명하게 특정하지 못했다. 그 대신 사회학은 자신의 정체를 밝히는 한 방법으로 자신이 인간과 사회를 어떻게 바라보는지, 그 '시각(perspective)'을 드러냈다. 여기서 길게 논의할 수 없지만, 사회학의 시각이란 사회결정론이다. 사회결정론은 사회적 요인이 개인의 생각과 행동에 영향을 미치는 가장 중요한 요인이고, 사회현상의 원인은 다른 무엇보다 다른 사회현상에서 찾을 수 있다는 주장이다(장상수, 2024: 1장). 그런데 우리는 사회적 요인을 그렇게까지 중시해도 좋은 것일까? 사회결정론은 우리가 모두 수긍할 만큼 현실적합적인가? 모든 시각은 상대적으로 유용하니 사회학적 시각도 나름대로 쓸모 있다고 주장할 것인가? 사회학은 당연히 그렇다고 대답할 것이다. 그러나 최근 들어 사회학의 논리와 주장을 비판하고 거부하는 사람들이 늘어났다. 자연과학 영역에서 출발한 이런 비판과 거부는 이제 제법 큰 물길을 이루었다. 그 대표적 조류는 진화심리학(evolutionary psychology)이다. 진화심리학은 사회학과 사회결정론을 어떻게 비판하는가? 이를 진지하게 살펴볼 필요가 있다.

진화심리학의 연원은 그렇게 멀지 않다. 일찍이 다윈(Darwin, 1859)이 진화론이라는 학문 분야를 열었지만, 진화론은 자연 선택(natural selection)이 생물 개체 수준이 아니라 유전자(gene) 수준에서 일어난다고 생각하기 시작한 1960년대 이후에야 비로소 발달했다. 인간의 심리나 행동을 생물학적 원리로 이해하려는 사회생물학이나 진화심리학은 이보다 더 늦어 1970~80년대 이후에 비로소 발전했다(Buss, 2012). 진화심리학이 설정한 장기적 목표나 과제는 두 가지였다(Tooby and Cosmides, 2016). 첫째, 진화심리학은 다른 무엇보다 인간의 보편적 본성을 그려내고자 했다. 진화 과정에서 형성된 본성을 알아냄으로써 인간의 생각과 행동을 이해하려고 했다. 이런 시도는 인간에 대한 자연과학적 탐구라고 말할 수 있다. 둘째, 진화심리학은 자연과학에 기초한 인간 본성 모형에 근거하여 사회과학(그리고 인문학)을 포괄적으로 재구축하고자 했다. 진화심리학은 오늘날 우리 주변에 널리 퍼진 사회과학을 표준사회과학모형(the standard social science model; SSSM)이라고 불렀는데(Tooby and Cosmides, 1992; Pinker, 1997), 이 모형은 사회과학과 자연과학을 통합하려 하지 않았다. 사회과학자는 양적 측정과 통제된 관찰, 수학적 모형과 실험 등, 자연과학의 외양을 흉내 냈지만, 자연과학과 일정한 거리를 유지했다. 이런 고립(isolation)은 우연이 아니라, 사회과학의 출범 초기부터 학자들이 의식적으로 추진한 필연이었다. 이런 탓에 사회과학은 자연과학의 연구 성과를 제대로 수용하지 못했다. 진화심리학은 표준사회과학모형의 이런 결함을 극복하여 자연과학과 사회과학을 유기적으로 결합한 통합인과모형(integrated causal model; ICM)을 제시하고자 노력했다.

진화심리학자는 표준사회과학모형이 애초에 잘못된 가정 위에 논리를 구축했으므로 그 가정 위에 세운 상부구조는 마땅히 해체해야 한다고 주장했다. 그런데 표준사회과학모형의 가정은 어디가 잘못된 것일까? 그것을 보이려고 진화심리학자들은 표준사회과학모형의 중심 가정을 다음과 같은 10개의 명제로 정리했다(Tooby and Cosmides, 1992: 4-9).

1. 인류는 단일한 심리(unity of psychology)를 보유한다. 인간의 생각과 행동이 다양한 변이를 보이는 것은 유전적 요인 때문이 아니다. 환경 요인 때문이다.
2. 유아는 어디서나 비슷하지만, 성인의 생각과 행동은 시간과 장소마다 서로 다르다. 그러므로 고정된 인간 본성이 이런 차이의 원인일 수 없다.
3. 유아는 성인의 정신조직(유형화된 행동, 지식, 사회적으로 구성한 실재 등)을 갖추고 있지 않다. 그러므로 유아는 발달 과정에서 그것을 외부에서 '획득'해야 한다.
4. 외부는 사회세계에 공개된 형태로 존재한다. 사회세계는 성인의 정신조직을 만드는 원인이다.

5. 이 과정의 인과 방향은 분명하다. 사회문화적 요소는 개인에 앞서고, 개인의 외부에 있다. 사회세계는 개인을 창조한다. 사회는 개인을 강제한다.
6. 인간 생활을 실질적으로 꾸리고 빚어내는 것은 문화다. 문화는 우리 몸 밖에 존재하는 것으로 비유전적인 것이다.
7. 그러면 문화의 창조자는 무엇인가? 개인이 아니다. 인간 본성이나 진화 심리가 아니다. 사회다. "개인을 제거하면 사회가 남는다(Durkheim, 1895)."
8. 인간 생활을 복잡하게 만드는 것은 집단 수준에서 나타나는 떠오름 속성이다.[27] 문화는 개인과 구별되는 독자적 실재다. 모든 문화는 문화에서 나온다(Omnis cultura ex cultura). 사회문화적 수준의 현상은 그 수준의 다른 현상에서 비롯한다.
9. 그러므로 인간 본성은 사회생활을 조직하는 창조자라고 볼 수 없다.
10. 심리학은 결국 학습(사회화 과정)을 연구하는 학문이고, 개개인이 심리적 특성을 (외부에서) 획득하는 과정을 연구하는 학문이다.

표준모형의 첫 여섯 명제(1~6)는 미숙한 유아가 완전한 성인으로 바뀌는 인과과정을 기술한다. 표준모형을 따르면, 유아는 문화를 학습함으로써 성인으로 성장한다. 문화가 개인을 결정한다. 이른바 문

---

27 떠오름 성질이나 떠오름 속성(emergent property)이란 사물이나 현상의 여러 성질 가운데에서 구성 요소의 속성으로 환원할 수 없는 별도의 속성을 말한다. 물은 수소와 산소의 화합물이지만, 물의 속성은 수소나 산소의 성질과 다르다. 마찬가지로 가족은 남자와 여자의 결합이지만 남자나 여자의 속성과 무관한 속성을 보유한다. 사람들은 이런 성질, 즉 구성 요소의 성질과 구별되는 별개의 성질을 출현적 속성(出現的 屬性)이나 발현적 속성(發現的 屬性), 또는 창발성(創發性) 등으로 번역했다. 그러나 이 책에서는 최무영(2019)의 용법을 좇아 '떠오름 성질'이라 번역했다. 최무영(2019)은 자연과학 책이지만, 드물게도 물리학을 조잡한 번역투 문장이 아니라 유려한 우리 말투로 소개했다. 더 반갑게는 외국어 용어를 한문이나 일본어 발부가 아니라 우리말로 바꾸려고 노력했다.

화결정론이다. 나머지 명제(7~10)는 문화와 관련한 것이다. 만일 문화가 개인을 창조한다면, 무엇이 문화를 만드는가? 사회이거나 다른 문화다. 사회가 문화를 만들거나 다른 수준의 문화가 문화를 결정한다. 사회결정론이다.

진화심리학은 표준사회과학모형의 여러 가정 중에서 오직 1번 명제만 타당하다고 인정했다. 인간의 심리는 모두 같고 유전적 차이는 피상적이다. 인간 본성은 모든 인간에게 공통적으로 존재하고 이 본성은 사람마다 큰 차이를 보이지 않는다는 말이다. 진화심리학은 이 명제를 제외한 나머지 명제, 즉 2~10번 가정이나 명제는 잘못된 것이라고 판단했다. 무엇이 잘못되었는가? 첫째, 표준모형의 중심 논리는 낡은 발달이론에서 추출한 잘못된 개념에 근거한다. 예컨대 태어날 때 성인의 정신조직이 없다는 사실은 진화설계나 진화체계(evolutionary architecture)의 존재를 부인하는 증거가 되지 않는다. 유아의 이빨이나 여성의 가슴이 처음에는 없다가 발달과정의 특정 시점에서 나타나듯, 성인의 심리(예컨대 이성에게 끌리는 감정)도 처음에는 없다가 특정 발달단계에서 나타날 수 있다. 다시 말해, 진화심리기제나 모듈은 생애주기의 특정 시점에서 발달할 수 있다. 그러므로 오로지 문화만이 성인의 정신조직을 만들어낸다는 표준모형의 주장은 수용하기 힘들다. 둘째, 표준모형은 자연-양육 문제를 제대로 분석하지 못한다. 이런 잘못은 진화과정의 역할을 이해하지 못한 데에서 비롯한다. 표준모형의 잘못은 생물학적 요인의 중요성을 과소평가하는 데에 있지 않다. 표준모형의 잘못은 오히려 유전 요인과 환경 요인의 상호작용을 보지 못하고 이들을 상호배타적인 것으로 간주하는 데에 있다. 셋째, 이런저런 비판보다 더 근원적이고 더 핵심적인 비판은 아무래도 표준모형이, 옳지 않거나 가능하지 않은 심리학을 전제한다는 점이다. 다음 인용문을 보자.

현재의 사회과학은 서로 맞지 않은 주장을 버무린 섞어찌개와 같아서 이론적 통일성도 없고 분명한 방향성도 없다. 사회과학의 주요 구성요소는 너무나 일관성이 없어서, 디랙의 말로 표현하면, 틀렸다고 말할 수도 없을 만큼 엉망이다.[28] (…) 우리가 표준사회과학모형이라고 부르는 사회과학과 행동과학의 전통적 개념 틀은 인간의 심리와 발달 체계를 잘못 가정한다. 이 모형의 가장 중요한 가정은 인간의 심리 체계가 주로 **범용의 내용독립적이고 동일능력**의 학습과 추론 메커니즘으로 이루어져 있다는 것이다.[29] 이 모형의 가정을 따르면, 마음이란 빈 서판(blank slate) 같은 것이다. 우리 마음에는 자연선택이 설계한 특별 회로(specialized circuits)같은 것이란 없다. 그리하여 우리 마음은 개별 외부입력에 다르게 반응하지 않는다. 이런 가정에 근거한 심리학은 다음 주장을 정당화한다. 마치 빈 종이가 그 위에 새겨질 내용을 결정하는 데 아무런 역할을 하지 않듯, (…) 진화한 마음 조직은 인간의 사회적이고 정신적인 생활의 내용을 만들어내는 데 별다른 영향을 미치지 않는다. (…) 마음은 거의 전적으로 외부의 원천에서 그 내용을 흡수한다. 이 과정은 비디오카메라의 작동과 유사하다. 녹화물의 내용은 바깥 세계의 사물이 결정할 뿐, 녹화 메커니즘이 좌우하지 않는다. 토마스 아퀴나스는 외관상 자명한 이 관점을 다음과 같이 말했다. "애초에 감각에 존재하지 않았던 것은 마음에도 존재하지 않는다." 표준모형을 따르면, 그러므로, 사회과학이 탐구하는 사회현상과 문화현상은 자율적이다. 사회현상과 문화현상은 진화한 심리 메커니즘이 만들어내는 중요한 인과적 유형화(causal patterning)와는 확연히 다르다.[30] 인과는 사회세계의 과

28 디랙(P. Dirac, 1902~1984)은 영국의 물리학자다. 양자역학의 탄생에 기여한 학자다.

29 "The most consequential assumption is that the human psychological architecture consists predominantly of learning and reasoning mechanisms that are *general purpose, content independent, and equipotential.*"

정에서 마음 안으로 흐른다(우리는 이것을 뒤르케임의 인과 화살(causal arrow)이라고 부른다). 더 중요한 것은 다음과 같은 믿음이다. 사회과학자들은 개인의 진화한 마음 조직이 특정 내용을 밖으로 흘려 문화나 사회세계를 만들어내지 않는다고 믿는다. 그러나 사람들은 지금 (사회과학자의) 이런 믿음이 잘못된 것이라는 사실을 경험적으로 증명했다(Tooby and Cosmides, 2016: 4-5, 강조는 인용자).

한번 읽어서는 위 인용문을 제대로 이해하기 힘들다. 그러므로 표준사회과학모형의 가정을 약간 다른 방식으로 정리한 다음에(Barnett, 2019), 이를 다시 읽어보자.

1. 사회적 구성주의(social constructivism): 인간행위는 (계급이나 성과 같은) 외적 사회구조나 외부 문화의 영향을 받는다.
2. 개인적 동질성(individual homogeneity): 모든 인간은 동일 방식으로 행동한다. 인간은 행동을 결정할 때 똑같은 방식으로 계산한다. 예컨대 인간은 소비재를 선택할 때에도 그러하지만, 배우자를 찾을 때에도 합리적 선택이라는 방식을 사용한다.
3. 인지적 공동(認知的 空洞, cognitive void): 인간은 모두 소수의 일반 처리장치만 내장한 채, 빈 서판으로 태어난다. 사람들은 이 빈 서판으로 사회화와 학습을 진행한다.
4. 동일한 학습능력(learning equipotential): 인간은 강력한 일반적 인지능력(지성, 합리성, 학습, 도구적 추론)을 내장한 채 태어난다. 인간은 이 능력으로 이런저런 일을 다 할 수 있다. 예컨대, 사회적 교환에 성공한 인간은 동일한 인지능력으로 다른 일(짝 찾기, 부모 투자, 사회적 협력 등)도 처리한다.

30 개인의 심리가 사회나 문화를 만들어내지 않는다는 말이다. 사회와 문화는 개인의 심리와 구분되는 별개의 것이라는 말이기도 하다.

위의 말은 다음과 같이 풀어 쓸 수 있다. 인간은 타고난 일반적 능력으로 이런저런 일을 다 할 수 있다. 인간 능력은 다목적으로 사용된다(범용). 개인의 인식이나 심리는 맞닥뜨리거나 해결해야 할 문제의 내용이나 성격에 맞추어 그때그때 바뀌지 않고(내용독립성), 사람은 어떤 문화를 학습하거나 어떤 행동을 결성할 때에도 동일한 능력을 활용한다(동일 능력).

진화심리학은 표준사회과학모형의 이런 심리학이 현실적이지 않다고 보았다. 인류가 이 심리학이 가정하는 심리체계를 갖추고 있다면 인류가 해결해야 할 여러 적응 문제를 제대로 풀 수 없었을 것이라고 단언했다. 진화심리학은 표준사회과학모형과 완전히 다른 가정을 내놓았고, 자신의 가정이 표준모형의 가정보다 경험적 현실과 더 가깝고 훨씬 더 과학적이라고 주장했다.

1. 인간의 마음은 자연 선택과 성 선택 과정에서 진화한 인지 시스템(cognitive architecture)을 내장한다. '눈먼 프로그래머(blind programmer)'(자연선택)가 인간 본성에 기록한 프로그램은 인간의 모든 행동은 아니라 할지라도 그 행동의 상당 부분을 움직인다.
2. 이 인지 시스템은 진화과정에서 맞닥뜨린 진화적 장기 적응 문제를 해결하기 위해 특화한 것으로 문제 해결에 유용한 특수 표상, 절차, 단서 등을 포함한다(영역 특수성). 예컨대 짝 찾기 문제를 해결하는 과정에서 진화한 인지체계는 식량 구하기나 사회적 교환 문제를 해결하면서 진화한 인지체계와 전혀 다르다. 다시 말해, 짝을 찾을 때 사람들이 사용하는 감수성은 물건이나 관심을 교환할 때의 감수성과 완전히 다르다.
3. 진화 과정에서 인간의 마음은 수많은 심리 기제로 나누어 구성되었고, 개별 심리 기제는 특정 내용을 해결하는 데에 초점을 맞추고 특정 행동을 결정하는 데에 결정적 역할을 한다(내용 의존성).
4. 개별 인간은 서로 다르게 행동한다. 예컨대 짝 찾기에서 남자와

여자의 심리는 다르고, 그로 말미암아 남자와 여자는 서로 다르게 행동한다(개인적 이질성).

우리는 앞에서 뒤르케임의 인과도식을 사회학의 시각이라고 보았다. 우리가 뒤르케임의 인과 화살을 사회학의 본질이라고 판단한다면, 사회학은 표준사회과학모형과 정확하게 일치한다. 앞에서 보았듯, 진화심리학은 표준사회과학모형을 비판하고 거부했다. 그렇다면 진화심리학은 주류 사회학을 거부했다고 판단할 수 있다. 진화심리학의 이런 비판과 거부는 합리적인가? 사람마다 다르게 대답하겠지만, 어느 정도는 그렇다고 보인다. 표준모형의 시각이나 가정이 지나치게 단순하거나 무모하게 보이기 때문이다. 표준 심리학의 가정은 너무 단순하다. 행동주의 심리학은 자극-반응을 매개하는 개체의 기계적 조건화를 가정한다. 개체에 특정 자극을 가하면 개체는 기계적으로 특정 반응을 보일 것이라고 이 심리학은 생각한다(Barnett, 2019). 표준 심리학만 그런 것이 아니라 표준 경제학도 그러하다. 경제학은 모든 주체가 합리적(rational)일 것이라고 가정한다. 개체는 모두 효용의 극대화를 추구할 것이라고 가정한다(Cosmides and Tooby, 1994). 심리학과 경제학은 이처럼 진화심리학이 밝혀낸 인간 심리체계(영역 특수성, 내용 의존성, 개인적 이질성)와 명백히 다른 체계를 전제한다. 사회학은 더 말할 것도 없다. 사회학의 가정이나 방법론은 진화심리학과 심각하게 다르다. 앞에서 보았듯이, 사회학은 사회적인 것이 개인적인 것을 압도한다고 가정하고 사회적인 것은 사회적인 것이 만든다고 가정한다. 그러나 심리학과 경제학, 사회학의 가정이나 방법론은 논리적으로 그렇게 합리적이지 않다. 사회학에서 한 예를 들어보자. 뒤르케임은 집단유대감이 개인의 생각과 감정에 영향을 미친다고 주장했다. 그렇다면 이 집단유대감은 어떻게 생기는가? 그는 사회적 의례가 집단유대감이라는 비합리적 감정을 낳는다고 주장했다. 종교의례가 신앙심을 낳고, 통과의례가 가족 유대를 형성하며, 상호작용

의례가 일시적 유대감을 만들어낸다(이 책의 〈참고 7-1〉과 장상수, 2024: 7장 참조). 그러나 이런 주장이나 논리는 썩 과학적으로 보이지 않는다. 직관적으로는 그럴지 모른다는 생각이 들지만 논리적이거나 경험적인 근거가 그렇게 확실하지 않기 때문이다.

표준모형에 대한 비판이 옳다면, 즉 현재의 사회과학과 사회학이 잘못된 가정과 오해 위에 세워졌다면, 이 사회과학은 없어지거나 사라져야 할 것이다. 그런데 왜 아직 그런 기미가 보이지 않은가? 별다른 반성 없이 죽 이어 내려온 관성 때문인가, 자신을 둘러보지 못하는 무지 때문인가? 아마 그럴지도 모른다. 현재의 사회과학자들이 모두 사라지지 않는 한 표준사회과학은 언제까지라도 지속할지도 모른다. 그러나 표준사회과학모형이 잘못된 가정 위에 놓여 있다면, 이 학문들은 언젠가 반드시 사라질 것이다. "사회과학과 행동과학의 현존하는 상부구조는 (…) 결국 해체될 것이다(Tooby and Cosmides, 2016: 5)." 다만 가까운 시일 안에는 그런 일이 일어날 것 같지 않다. 다윈이 "먼 훗날, (…) 심리학은 새로운 토대 위에 서게 될 것"이라고 예측했듯(Darwin, 1859), 사회과학도 '먼 훗날'에야 비로소 낡은 논리체계를 헐어내고 새 집을 쌓을 가능성이 크다.

부르디외의 칸트 비판은 여기서 멈추지 않고 한 걸음 더 나아간다. 칸트는 윤리와 미학을 구분했다. 선악(善惡, 옳고 그름)을 판단하는 영역은 미추(美醜, 아름답거나 추함)를 판단하는 영역과 전혀 별개의 것이라고 생각했다. 그가 실천이성과 판단력을 구분한 이유다. 그는 사람들이 실천이성으로 선악을 판별하고 판단력으로 미추를 구별한다고 보았다. 그러나 칸트와 달리, 부르디외는 윤리와 미학을 분리하지 않았다. 미술이나 음악에 대한 미학적 취향은 도덕적이고 윤리적인 성향과 매우 밀접하게 관련한다고 생각했다. 사람들은 옳은 것을 아름답다고 판단하거나 거꾸로 아름다운 것을 옳다고 판단할 가능성이 높다고 생각했다. 또 부르디외는,

사람들이 상층 계급의 미학적 성향을 우수하고 탁월하며 옳은 것으로 간주하고 하층 계급의 미학적 성향을 열등하고 천박하며 그릇된 것으로 여길 것이라고 판단했다. 사람들이 오페라는 고급의 예술이라 평가하고 대중가요는 천박한 예능으로 치부할 것으로 그는 보았다. 부르디외의 이런 생각은 윤리와 미학의 혼합과 공존을 의미한다. 윤리와 미학의 동거를 뜻한다.

> 저급하고 조잡하고 천박하며 타산적이고 비굴한 기쁨, 한 마디로 자연스런 기쁨을 부인하거나 부정하는 것은 문화의 성역을 이룬다. 이를 부인하거나 부정하는 일은 다음과 같은 사실을 은연중에 확인한다. 이 세상에는 속된 사람이 영원히 접근할 수 없는 쾌락, 다시 말해 한 단계 높이 승화된 쾌락, 사리사욕이 없이 잘 다듬어진 쾌락, 대가를 바라지 않는 기품 있는 쾌락(이 있는데-인용자), 이런 쾌락을 누릴 수 있는 사람은 (속된 사람보다-인용자) 더 우월하다는 사실을 확인한다. 이런 확인을 바탕으로, 의식적이든 그렇지 않든, 의도적이든 그렇지 않든, 예술과 문화의 소비는 애초부터 사회적 차이를 정당화한다고 볼 수 있다 (Bourdieu, 1984: 7, 쪽수는 영문판).

이와 같은 미학적 판단은 왜 우리의 관심을 끄는가? 미학적 판단이 미학 영역에 그치지 않고 윤리 영역에 영향을 미치기 때문이다. 다시 말해, 미학이 사회의 불평등을 정당화하고 유지하며 재생산하기 때문이다. 부르디외는 『구별짓기』에서 취향(趣向, taste)을 논의했고, 이 미학적 취향이야말로 사회적 불평등을 유지하고 강화하는 주요 메커니즘이라고 판단했다.

부르디외는 타인에게 힘과 영향을 미치는 자원을 자본이라고 이름 붙였다. 일찍이 마르크스는 타인에게 힘과 영향을 미치는 여러 자원에서 경제적 자원이 가장 중요하고 가장 강력한 것이고, 다른 자원은 부차적인 것이라고 생각했다. 이와 달리, 베버는 명예나 권력이라는 자원도 경제적 자원 못지않게 중요한 것이라고 판단했다. 부르디외는 베버를 더 확장했다. 부르디외는 우리가 얻고사 하는 자원에는 경제자본 말고도 문화자본, 사회자본, 상징자본 등이 존재한다고 말했다. 여기서 경제자본은 돈, 기계, 공장, 토지 등과 같은 자원일 것이지만, 나머지 문화자본이나 사회자본, 상징자본은 도대체 무엇인가? 문화자본은 몸에 익힌 습관이나 취향(책 읽기나 음악 듣기)을 말하거나, 이 취향을 객체화한 대상(책이나 음반 등)을 말한다. 때때로 이 취향을 제도화한 자격(학위나 자격증 등)을 지칭하기도 한다. 사람들은 이 자본으로 타자를 압도하거나 지배할 수 있다. 예컨대 미술관을 방문하거나 클래식 음악 연주회에 참가함으로써 타자의 존경이나 관심을 유도할 수 있다. 희귀한 음반이나 회화를 소장함으로써 다른 사람의 기를 꺾을 수 있다. 외국의 학위나 자격증을 보유함으로써 자신의 지적이거나 예술적인 능력을 과시하고 다른 사람의 인정과 굴복을 받아낼 수 있다. 사회자본은 사람들이 맺는 인적 네트워크의 범위와 수준을 말한다. 인적 네트워크가 크거나 넓을수록 사람들은 더 많은 권력을 누린다. 이른바 마당발은 정치적 자산이나 경제적 자본, 사회적 신망을 더 쉽게 쌓을 수 있다.

상징자본은 독자적인 자본이 아니라 앞의 여러 자본(경제자본, 문화자본, 사회자본)을 전환(轉換, conversion)한 것이다. 부르디외는 상징자본을 '사람들이 정당하다고 인정한 자본 형태'라고 정의했다(Bourdieu, 1986). 사람들이 타자의 경제 자본을 정당하다고 인정하면 그 경제자본은 상징자본으로 전환된 것이라 볼 수 있고, 사람들이 타인의 문화자본을 정당하다고 인지하거나 인정하면(예컨대, 외국 학위의 권위를 인정해주면) 그 문화자본은 상징자본으로 전환된 것이라고 말할 수 있다. 마찬가지로 사람들이 다른 사람의 사회자본을 정당한 것으로 인정하면 그 사회자본도 상징자본이 되었다고 말할 수 있다. 상징자본은 왜 중요한가? 상징자본은 지배를 정당화하기 때문이다. 상징자본이 크거나 많을수록 지배는 쉽게 정당화될 수 있다.

경제자본, 문화자본, 사회자본은 상대적으로 자율적인 가치를 지닌다. 말하자면 서로 연결되어 있지만 서로 구별되는 자원이다. 부르디외는 이런 자본을 어떤 주체가 얼마나 많이 소유하고 있는가를 파악하려고 시도했다. 이때 부르디외는 이런 자본을 보유한 주체를 개인이 아니라 개별 직업으로 파악했다. 그리고 개별 직업이 차지한 개별 자본의 사회적 위치를 그려냈다.

〈그림 2-7〉 사회적 위치 공간

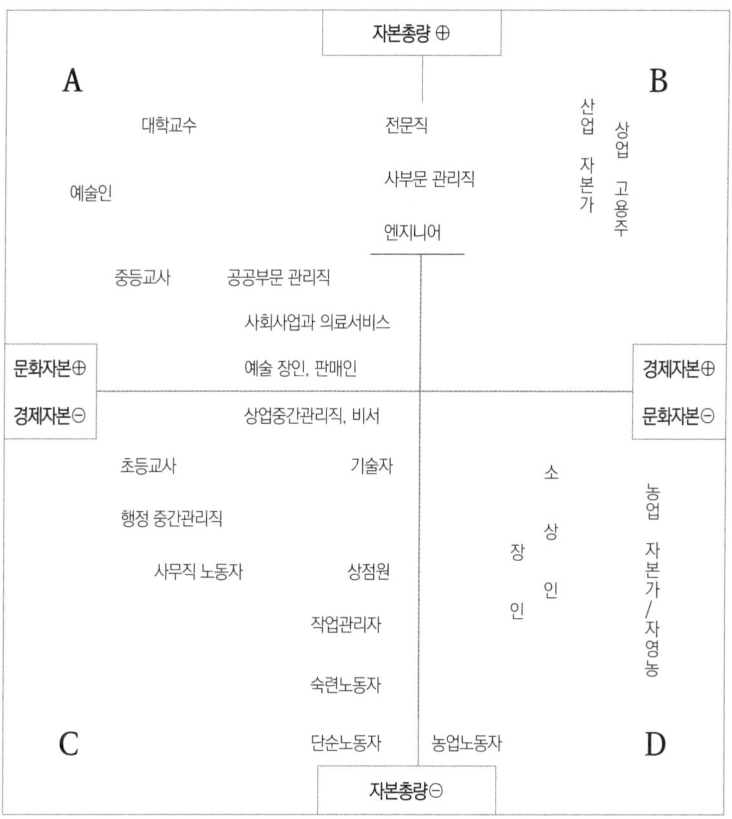


**출처** : Bourdieu(1984: 140-141).

〈그림 2-7〉에서 보듯, 부르디외는 자본 총량(capital volume)과 자본 구성(capital composition)을 기준으로, 개별 직업을 A, B, C, D의 사회적 공간에 배열했다. 다른 공간에 놓은 직업들은 당연히 서로 다른 특성을 보인다. A 공간에 있는 대학교수는 경제자본은 적고 문화자본은 많다. 자본의 총량은 상대적으로 높은 편이다. C 공간의 단순노동자는 경제자본도 적지만 문화자본도 그렇게 많지 않은 편이다. 단순노동자의 자본 총량은 매우 적다. 이렇게 다른 공간에 있는 직업들은 당연하게도 서로 다른 특성을 보이지만, 동일 공간 안에 있는 직업들도 조금씩 다른 특성을 보인다. 예컨대, A 공간에 놓여 있는 중등교사는 자본의 총량이 중간보다 조금 많고 문화자본은 비교적 많은 편이지만, 경제자본은 그다지 많지 않다. 같은 공간에 놓여 있는 예술인은 중등교사와 여러모로 비슷하지만 중등교사보다 문화자본이 더 많다. 반면에 D 공간에 놓인 소상인은 자본의 총량이 중간보다 조금 낮고 경제자본은 비교적 많은 편이지만 문화자본은 그다지 많지 않다. 같은 D 공간에 있는 장인은 소상인과 여러모로 흡사하지만 소상인보다 문화자본이 더 부족하다.

부르디외는 개별 직업을 사회적 공간에 그려 넣었을 뿐 아니라 〈그림 2-8〉에서 보듯, 그 직업에 종사하는 사람들이 영위하거나 누리는 생활양식이나 취미 활동도 함께 그려 넣었다. A, B, C, D 공간 직업군의 생활양식이나 취미 활동은 서로 확연히 다르다. B 공간의 부자 직업은 그림 수집이나 화랑(이나 미술관) 운영에 관심을 보인다면, A 공간의 직업군은 음악이나 미술에 관심을 보인다. C 공간의 사람들은 축구 등을 비롯한 스포츠에 열심인가 하면, D 공간의 직업군은 카드놀이나 연애소설 등에 집착한다(1960~70년대의 프랑스가 그러했다는 말이다. 한국은 어떨까? 비슷한 패턴을 보이지 않을까? 한국의 부자, 예컨대 홍라희나 김건희 등도 미술관을 운영하고, 그림 수집이나 전시 등에 관심을 보였다).

그런데 부르디외는 직업을 몇 개의 공간으로 분류하는 작업을 넘어

〈그림 2-8〉 생활양식 공간

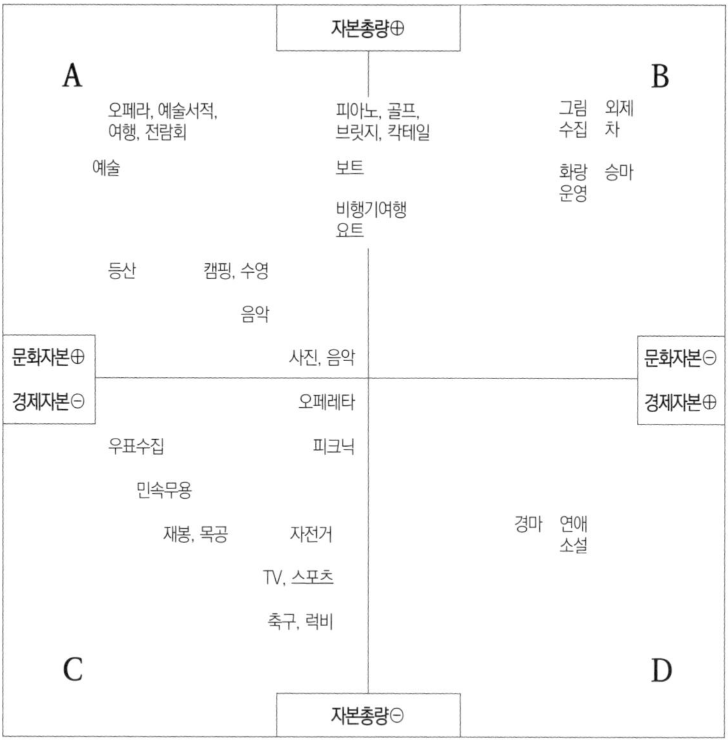


**출처**: Bourdieu(1984: 140-141).

왜 그 직업에 종사하는 사람들의 취미 활동까지 관찰했을까? 취미 활동이 무슨 의미를 띠는 것일까? 부르디외가 바라보는 사회는 자본 획득을 위해 사람들이 서로 경쟁하는 공간이다. 지배적 위치를 차지하는 사람은 자신의 자본을 유지하려고 할 것이고, 그렇지 못한 사람은 자본을 늘려 자신의 위치를 높이려고 할 것이다. 여기서 부르디외는 취미 활동을 상징자본의 관점에서 바라본다. 계급 차이가 존재하는 사회 공간에서 취미 활동은 단순히 만족을 추구하는 개인 활동이 아니다. 이 활동은 지배계급이 피지배계급에게 '나는 너와 다르다'는 사실을 알리고, 타인의 신뢰를 끌어들여 자신의 지배를 정당화하는 전략이다. 이렇게 볼 때,

지배란 그저 더 많은 자본을 보유하는 것이 아니다. 지배는 보유하는 자본의 차이를 드러내는 미묘한 차원까지 포함한다. 부르디외는 보유 자본의 차이를 드러내는 이런 전략이 의도적 계산이 아닌 것처럼 보일 때 가장 효과적이라고 했다. 가장 효과적인 전략은 가장 평범한 일상생활에서 실천해야 한다. 걷는 자세, 말하는 태도, 음식을 먹는 방식, 옷 입는 스타일 등, 우리가 별것 아니라고 착각하는 행위에 계급 지배의 논리와 전략이 숨어 있다.

부르디외는 취미 활동을 포함한 생활양식을 '아비투스(habitus)'라고 이름 붙였다. 사람들은 흔히 이 아비투스를 개인의 취향 체계라고 해석한다. 이런 생각이 틀린 것은 아니지만 이런 해석은 지나치게 단순하고 평면적이다. 아비투스는 개인이 몸에 익힌 것이기 때문에 개별적인 것이지만, 동시에 그 개인의 사회적 위상을 반영하는 것이기 때문에 사회적인 것이기도 하다.

> 아비투스는 일종의 버릇이다. 버릇은 실천을 낳는다. 그런데 그 버릇은 사회적이다. 사회적이라는 것은 집단적이라는 것이며 계급적이라는 것이다. 나는 이성적 주체가 아니며, 나의 행위도 합리적 선택이 아니다. 나라는 존재와 나의 행위는 오랜 역사 속에서 형성된 버릇에서 비롯한다. 이 사회적 버릇은 개인인 나와 내 계급을 (매개하고–인용자), 행위와 구조를 매개한다(김동일, 2016: 1).

아비투스는 불평등을 정당화하고 유지하며 재생산한다. 불평등한 사회질서는 본디 지배–피지배 질서여서 지배자는 질서를 유지할 수단을 필요로 한다. 질서를 거부하는 자에게 물리적 폭력을 행사하는 것은 질서를 유지하는 한 방편이고, 질서에 순응하는 자들에게 경제적 혜택을 부여하는 것도 질서를 유지하는 다른 방편이다. 물론 가시적 수단이 폭력 행사나 경제적 혜택 부여에 그치는 것은 아니다. 지배자는 진실을 숨기거나 지배를 두둔하는 이데올로기를 전파하여 질서를 유지하기도 한다. 폭력이나 경제적 혜택, 이데올로기와 같은 방편이나 수단은 쉽게 눈에 띄는 것으로, 피지배자는 이런 방편에 실린 지배자의 정치적 의도를 뚜렷하게 느낄 수 있다. 그러나 질서를 유지하거나 강화하는 수단에는 눈에 쉽게 띄지 않은 것도 있다. 아비투스가 그것이다. 아비투스는 이데올로기처럼 지배질서를 지키고 다지는 데에 기여하지만, 지배자의 정치적 의도를 싣고 있지 않다. 아비투스를 몸에 익힌 사람들은 자신의 무의식적 행동이 정치적인 기능과 무관한 것으로 느낀다. 자신의 행동을 평범하고 일상적인 것으로, 자연스럽고 당연한 것으로 '오인(誤認, misrecognition)'한다. 자신의 생각과 행동, 몸이 지배질서의 재생산에 기여하는데도 자신은 그것을 모르고 있거나 잘못 알고 있다.

사람들은 아비투스를 '구별짓기(distinction)'에 활용한다. 구별짓기는 '나'와 '너'를 구별하여 등급을 매기는 일이다. 우열을 판정하는 일이다. '나'는 '너'보다 더 낫다는 것을 확인하는 절차다. 사람들은 왜 이러한 구별짓기를 하는가? 앞에서 이미 언급했지만, 사람들은 지배를 정당화하려고 구별짓기를 한다. '내'가 '너'를 지배하는 것이 정당하다는 믿음을 만들어내기 위해서 구별짓기를 수행한다. 상층계급은 이 구별짓기에 아비투스를 활용한다. 상층계급은 자신의 아비투스가 하층계급과 다르다는 사실을 부각한다. 뿐만 아니라 상층계급은 자신의 아비투스가 하층계급의 그것보다 수준이 더 높고 질이 더 좋은 것이라고 여긴다. 상층계급은 자신이 즐기는 골프, 요트, 오페라, 갤러리, 외제차, 사교클럽 등의 아비투스를 정당한 문화(la culture légitime)이거나 문화적 표준(la norme culturelle)이라고 강변하고 다른 계급의 문화를 대수롭지 않은 것이거나 주변적인 것, 또는 특수한 것으로 깎아내린다. 이런 강변과 주장은 이른바 '상징폭력(symbolic violence)'을 내포한다. 상징폭력은 사회적으로 주입한 집단적 믿음을 토대로 타자의 복종을 강요하는 힘인바, 지배집단은 아비투스라는 상징폭력을 동원해 은연중에 피지배집단의 저항을 꺾는다. 상징폭력으로 현존의 지배질서를 평온하게 유지한다.

지금까지 우리는 부르디외의 불평등 이론을 살펴보았다. 그런데 왜 우리는 부르디외를 뒤르케임의 추종자라고 간주했는가? 그가 뒤르케임처럼 사회학주의를 내세웠기 때문도 아니고 그가 스스로 뒤르케임의 추종자라고 인정했기 때문만도 아니다(cf. Bourdieu, 2013). 그를 뒤르케임의 추종자로 판단했던 것은 그가 자신의 불평등 이론을 전개하면서 뒤르케임을 좇아 직업을 중시했기 때문이다. 직업이나 직업집단을 곧 계급이라고 간주했기 때문이다. 우리는 앞 절에서 뒤르케임의 계층 이론을 살펴보았는데, 그는 직업이나 직업집단이 곧 계급이라고 생각했다. 뒤르케임은, 사람들의 생활기회나 생활양식을 생성하는 주요 현장은 세분화한 직업(detailed occupation)이라고 생각했다. 직업은 '특정 사상, 특정 용어, 사물을 보는 특정 방식'을 포함하여 제 자신의 독특한 문화를 품는다. 이 직업에 참여한 사람들은 공기를 마시듯 자연스럽게 이 문화를 체득하는데, 뒤르케임은 이 문화를 공통으로 체득한 집단을 곧 계급으로 생각했다. 공동체가 이렇게 직업을 중심으로 지역화하면(localized) 미시 수준의 삶의 결과(태도, 행동, 삶의 양식)는 직업으로 가장 잘 설명할 수 있다고 보았다. 이처럼 뒤르케임은 직업을 계급이라고 여겼는데, 〈그림 2-7〉에서 보다시피, 부르디외도 직업을 계급으로 간주했다. 그는 직업(계급)마다 취향이 다르고 일체감(identity)도 다르다는 사실을 보였다. 사람들이 직업으로 자신의 정체를 확인한다면 연대감도 직업별로 형성할 것이다.

## 그러스키

뒤르케임의 불평등 이론을 잇는 학자는 부르디외 말고도 많다. 그러스키(D. B. Grusky)가 바로 그런 사람의 하나다. 그러스키는 불평등 공간을 파악하는 세 개의 이념형적 모형을 제시했다. 각자의 모형으로 바라본 세계는 불평등 체제라고 부를 수 있고 불평등 세계나 불평등 공간이라고 이름 붙일 수도 있다. 이 세 개의 모형(체제, 세계, 공간)은 '큰 계급 모형', '작은 계급 모형', '위계 모형'이다(Weeden and Grusky, 2012). 여기서 큰 계급 모형은 우리가 앞에서 본 라이트나 골드소프의 모형 같은 것들이고, 위계 모형은 직업위세 점수나 사회경제적 지위 지수와 같은 것들이다. 이들 모형은 그다지 특별하지도 않고 생소하지도 않다. 특별하고 생소한 것은 작은 계급 모형인데, 이 모형은 직업을 계급이라고 간주한 모형이다. 뒤르케임의 이론에 근거한 모형이다. 이 작은 계급 모형의 특징을 분명하게 드러내려면, 아무래도 큰 계급 모형과 위계 모형의 특징도 같이 살펴보는 편이 더 나을 것이다.

앞에서도 언급했지만, 큰 계급 모형(big-class model)은 생활조건의 불평등을 익숙한 몇 개의 범주로 나눈 모형이다. 가급적이면 범주 수는 적고, 이 범주가 포괄하는 사람이나 위치는 많으며, 범주를 구분하는 분명한 분석 기준을 갖추면 좋은 모형일 것이다. 예컨대, 골드소프처럼 이 세상의 모든 사람이나 위치를 서비스계급, 사무직노동자, 자영업자, 농민, 숙련노동자, 미숙련노동자, 농업노동자 등과 같은 몇 범주로 나눈 모형이 큰 계급 모형이다.

이 모형은 계급이 다음과 같은 조직화 과정을 거쳐 만들어진다고 가정한다. ①특정 계급의 성원이 되려면 특정 학력을 갖추어야 한다. 예컨대 변호사는 로스쿨 학력을 갖추어야 하고, 숙련노동자는 미리 정해진 직업교육을 받아야 한다(선발). ②이런 학력은 그 계급 사람이 이미 구비한 태도와 적성을 고착하고, 신참자에게는 계급 특유의 가치와 규칙을 주입한다. 공식 교육기관(학교)뿐만 아니라 노동조합이나 정당도 때로 그런 훈련을 실행하여 성원이 계급이익을 인식하도록 유도한다. 학교와 조합, 정당이 실행하는 이런 훈련은 성원의 문화적 동질성을 배양한다(훈련). ③ 사회적 연결망은 이런 동질성을 더 강화한다. 계급 성원은 동일 계급 성원과 교제하고 결혼한다. 교육이나 주거, 공동체와 직장의 계급별 격리도 이런 계급 유대를 촉진한다. 사람들은 연결망을 닫아, 계급 특유의 신념과 행동을 유지한다(상호작용 폐쇄). ④ 계급 환경도 계급별 태도나 행동, 이해관계를 동질화하는 또 하나의 요소다. 유사한 환경은 유사한 성향을 낳고, 비슷한 성향은 비슷한 행동을 낳는다. 계급 환경이 성향과 행동을 동질화하는 메커니즘은 두 가지다. 하나는 동일 계급상황으로 말미암아 사람들이 특정 이해관계를 공유하는 것이다(이해관계 형성). 예컨대 미숙련노동자는 최저 임금 상향 조정에 민감하다. 다른 하나는 사람들이 직업 활동에서 얻은 견해를 '번역'하여 직업 바깥의 현실에 적용하는 것이다(학습 일반화). 예컨대 전문직 종사자는 여러 여가 활동 가운데에서도 특히 지적 활동을 높게 평가한다. 이해관계 형성과 학습 일반화라는 두 종류의 '환경 효과'는 선발(자기선택), 훈련, 상호작용 폐쇄와 함께 삶의 조건을 조직한다.[31]

〈그림 2-9〉의 (a) 패널에는 큰 계급 모형을 나타내는 가상 모형을 제시했다. 이 그림에서 개별 표식은 직업을 나타내고, 동일 모양의 표식군은 계급을 나타낸다. 여러 개의 직업이 한 계급을 형성하는 것을 볼 수

31 개인이나 집단을 계급으로 조직하는 과정은 다양하게 묘사할 수 있다. 위든과 그러스키는 본문에서 보는 것처럼 그 과정을 선발, 훈련, 상호작용 폐쇄, 환경 효과 등으로 묘사했지만, 그 과정을 다른 용어로 정리한 논의도 있다(Grusky and Galescu, 2005a). 특정 집단이 계급으로 전화하려면 첫째, 집단성원이 정체감을 공유해야 한다. 예컨대 한 무리의 노동자 집단이 노동자계급이 되려면 노동자라는 자각이 존재해야 한다. 둘째, 특정 자격을 갖춘 사람만 계급 성원으로 인정하고, 이들은 특정 이해관계를 추구해야 한다. 셋째, 성원은 특정한 이해(利害)를 관철하거나 회피하려고 집단행동을 해야 한다. 넷째, 특정 집단이 계급이려면 근접 구조화(proximate structuration)가 이루어져야 한다. 계급은 모든 형태의 미시적 수준의 결과(태도, 투표, 생활양식 등)에 영향을 미쳐야 한다. 이처럼 계급을 조직화하는 메커니즘은 정체성과 이해관계, 집단행동과 근접 구조화 등이다. 이런 논의는 본문의 위든과 그러스키(Weeden and Grusky, 2012)의 조직화 과정과 별달리 다를 것이 없다. 용어만 조금 다를 뿐이다.

있다. 여기서 편의상, 수직축은 태도나 행동(예컨대 정치적 보수주의)을 보이고, 수평축은 직업과 관련한 연속척도(예컨대 소득)를 나타낸다고 가정하자. 그림에는 여섯 개 군집이 있는데, 개별 군집의 밀집성은 계급이 비슷한 소득과 비슷한 태도를 보인다는 사실을 나타낸다. 그림에서 보듯, 큰 계급 모형은 위계적 모습을 보이지 않는다. 풍요로운 계급이라고 해서 정치적으로 항상 보수적이지는 않고, 경제적 형편이 어려운 계급이라고 해도 정치적으로 항상 진보적이지는 않다.

〈그림 2-9〉 큰 계급 모형과 작은 계급 모형

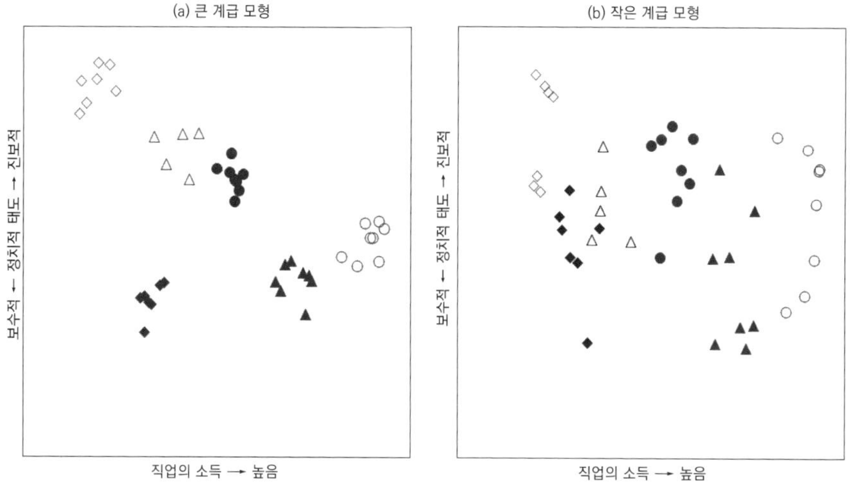


**출처**: Weeden and Grusky(2012)

작은 계급 모형(micro-class model)도 큰 계급 모형처럼 세상의 불평등을 계급으로 파악한다. 그러나 작은 계급 모형은 큰 계급 모형과 달리, 이 계급을 직업이라는 작은 범주로 포착한다(Jonsson et al., 2011). 그러므로 작은 계급 모형에서 계급 범주의 수는 큰 계급 모형보다 훨씬 더 많다. 일부 연구자는 126개나 되는 작은 계급을 상정했다(Weeden and Grusky, 2012).

큰 계급 모형에서 그러한 것처럼 작은 계급 모형에서도 선발, 훈련, 상호작용 폐쇄, 환경효과의 힘이 계급 동질성을 유도한다. 그러나 그런 힘들은 큰 계급 수준이 아니라 주로 제도화된 직업 수준에서 작동한다. 예컨대 교육과 훈련을 보자. 작은 계급 체제에서도 공식 교육이나 도제 훈련으로 특정 계급에 진입한다. 그러나 진입에 필요한 학위나 자격증은 직업별로 다르다. 의사는 의과대학을 나와야 하고 변호사는 법학전문대학원 과정을 이수해야 한다. 배관공은 배관 자격증을 따야 한다. 어쨌든 선발이나 훈련, 상호작용의 폐쇄, 이해관계 형성, 학습 일반화 등은 직업마다 달라 도덕적 다형성(moral polymorphism)을 형성한다. 작은 계급(직업)은 서로 구별되는 여러 개의 문화적 동질성을 창출한다. 이렇게 생긴 문화나 행동은 큰 계급과 연결될 수도 있지만 느슨하게 연결된다. 〈그림 2-9〉의 (b) 패널은 작은 계급 모형의 전형적 모습을 보인다. 이 모형에서 직업은 큰 계급 모형과 달리 몇 개의 군집(群集, cluster)으로 묶이지 않는다. 작은 계급(직업)의 소득은 큰 계급보다 더 넓게 확산하고 작은

**〈그림 2-10〉 위계모형**

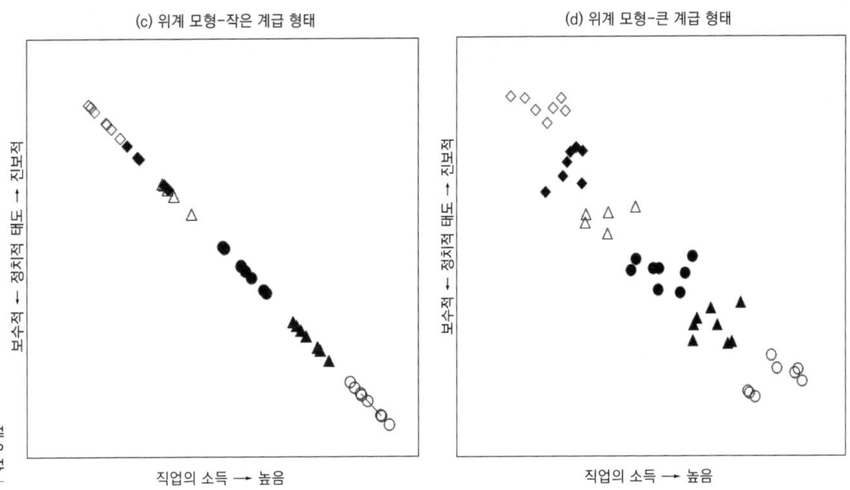


**출처**: Weeden and Grusky(2012)

계급(직업)의 정치적 태도도 큰 계급보다 훨씬 더 넓게 흩어진다. 요컨대 소득이나 정치적 태도는 큰 계급으로 나뉘는 것이 아니라 작은 계급(직업)별로 뚜렷이 구별된다.

이미 보았다시피, 위계 모형(gradational model)은 세계를 위계적으로 파악한다. 위계 모형이 가정하는 바는 두 가지다. 첫째, 불평등을 이루는 가장 중요한 요인(소득이나 위세)은 모두 위계(位階, hierarchy)를 이룬다. 그러므로 순서를 매길 수 있다. 둘째, 개개인은 이 위계 체제에서 특정 위치를 차지하는데, 이 위치는 그 사람의 삶의 기회, 정치, 생활양식을 결정한다. 위계 모형이 내포하는 둘째 가정-위치가 삶을 규정한다는 가정-은 큰 계급 모형이나 작은 계급 모형과 비슷하다. 그러나 위계 모형은 큰 계급과 작은 계급 모형과 달리, 사회분업에서 차지하는 위치가 아니라 소득이나 위세가 삶을 좌우하는 중요한 지렛대라고 가정한다. 예컨대 큰 계급 모형에서는 소득이나 위세뿐만 아니라 여타의 다른 요인도 주거 분리를 결정한다고 생각하지만, 위계 모형은 주로 소득이나 위세가 주거 분리를 결정한다고 가정한다. 위계적 세계에서는 소득이나 위세가 불평등 공간을 구조화하는 다른 요인도 좌우한다. 예컨대 권력도 소득이나 위세가 결정한다. 이 세계를 사는 사람들은 소득이나 위세와 같은 단일 차원의 요인으로 세상을 판단한다. 위계 모형의 이런 가정은 불평등을 소득으로 파악하는 경제학 모형과 별반 다를 바 없다. 위계 모형은 합리적 행위를 가정한다. 〈그림 2-10〉은 이 위계 모형을 형상화한 것이다. 다만 (a) 패널과 (b) 패널은 그 가정이 조금 다르다. (a) 패널은 모든 직업이 소득이나 위세를 따라 위계를 짓는다고 가정한 모형이고, (b) 패널은 몇 개의 직업군은 소득이나 위세를 따라 위계를 짓지만, 직업군 안에서 개별 직업은 다른 요인 때문에 위계 체제에서 조금씩 흩어진다고 가정한 모형이다.

지금까지 사회적 불평등을 바라보는 세 모형을 살펴보았다. 그런데 어떤 모형을 선택해야 현실을 더 적절하게 설명할 수 있는가? 그러스키는 세 모형이 여러 차원의 생활조건(life conditions)을 설명하는 정도를 측정했다. 특정 모형이 다른 모형보다 생활조건을 더 많이 설명하면 더 좋은 모형이라고 판단할 수 있기 때문이다(Weeden and Grusky, 2012). 여기서 말하는 생활조건이란

① 생활기회(소득, 교육, 근로조건, 자가 소유)
② 생활양식(소비관행, 제도적 참여)이나 생활태도(정치적 선호, 사회적 태도)
③ 인구학적 구성(인종, 민족)

등이었는데, 어떤 모형이 이들을 더 많이 설명하는가? 그러스키와 그의 동료들은 미국의 자료를 분석해 다음과 같은 사실을 발견했다. 첫째, 큰 계급 모형은 생활기회의 계급별 변이를 잘 설명했으나 생활양식이나 생활태도, 인구학적 구성 등의 계급별 차이는 잘 설명하지 못했다. 다시 말해 생활양식이나 생활태도, 인구학적 구성 등은 계급별로 서로 다르지 않았다. 큰 계급 모형의 설명력은 시간이 지나면서 점차 더 떨어졌다. 1970년대보다 1990년대에 더 떨어졌다. 어쨌든 이렇게 부정확한 모형으로 불평등을 설명하면 잘못된 결론으로 빠져들기 쉽다. 예컨대, 계급의 영향(가족배경의 효과)이 줄어들었다고 주장한다든지, 이동체제가 개방적으로 바뀌었다고 판단한다든지, 생활양식에 대한 개인의 선택이 점차 커졌다고 말한다든지, 잘못된 결론을 내리기 쉽다. 둘째, 작은 계급 모형은 큰 계급 모형보다 불평등을 더 많이 설명했을 뿐 아니라 시간이 흘러도 불평등을 설명하는 정도가 줄어들지 않았다. 이에 더해 작은 계급 모형은 경제적 관점으로는 해석할 수 없는 불평등, 예컨대 미시 수준(직업 수준)에서 등장하는 미묘하고 복잡한 도덕적 신봉(집단 일체감)도 잘 설명했다. 셋째, 위계 모형은 분업 구조를 제대로 포착하지 못해 불평등을 설명하는 데에 일정한 한계를 노정했다.

이런 발견들이 뜻하는 바는 단순하다. 다른 어떤 계급 모형보다 작은

계급 모형이 더 낫다. 그러므로 계급 분석을 시도할 때, 뒤르케임처럼 직업을 중심으로 도덕적 다형성을 파악하고 이 다형성의 결과를 알아내는 것이 좋다(Weeden and Grusky, 2012).

지금까지 마르크스주의자와 베버의 추종자, 뒤르케임 계승자의 계급 모형을 살펴보았다. 오늘날 계급 모형을 사용해 계급구조를 파악하거나 관련 주제를 연구하는 사람은 그렇게 많지 않다. 한국에서도 소수 연구자만 이런 주제를 탐구했다(서관모, 1987; 장상수, 2001; 신광영, 2004; 홍두승·구해근, 2008; 김하영, 2017). 그 원인은, 이미 밝힌 바와 같이, 아마도 세상의 변화에 있을 것이고, 이렇게 바뀐 세상을 계급 모형이 제대로 설명하지 못한 데에 있을 것이다. 오늘날 산업자본주의의 오랜 갈등에 뿌리를 둔 노동운동은 점차 덜 격렬하게 되었고, 사람들의 계급 기반 정체성은 차츰 그 뿌리를 잃었다. 그리하여 사람들은 일과 직장, 그리고 지위집단에 느끼는 소속감이나 정체성과 무관하게 별도의 생활양식이나 소비생활을 영위했다. 사람들은 불평등을 어디까지나 개인의 것으로 치부했으며, 불평등의 개인화(individualization of inequality)가 이루어졌다고 판단했다(cf. Pakulski and Waters, 1996). 사람들은 계급이 실제로 존재한다고 믿지 않게 되었거니와, 설령 계급이 실재한다고 믿어도 이 계급이 의식과 행동을 부추겨 의미 있는 사회변화를 추동할 것이라고 생각하지 않게 되었다.

그렇다고 이제 계급분석은 쓸모없다고 단정할 이유는 없다. 앞에서 보았던 것처럼, 계급을 적절하게 정의할 수 있다면, 세상의 불평등을 묘사하거나 설명하는 도구로 활용할 수 있다. 이 책에서도 계급이나 계층 개념을 이런 도구로 활용할 것이다. 예컨대 진학률이나 이혼률 등을 제시할 때 때때로 계급이라는 범주를 사용하고, 뒤에서 보겠지만 세대 간 이동을 논의할 때에도 계급 범주를 사용할 것이다(신광영, 1994; 장상수, 2001; Park, 2003).

### 4) 경제학의 불평등 이론

앞 절의 〈그림 2-9〉에서 보듯, 사회학은 불평등을 파악할 때 주로 계급이나 계층이라는 개념을 선호했다. 불평등을 여러 힘이 교차하는 제도로 파악했기 때문이다. 예컨대 특정 직업은 다른 직업보다 위세가 높을 뿐만 아니라 더 많은 소득을 얻는데, 이와 같이 명예의 불평등과 경제적 불평등은 서로 얽혀 있고, 이런 얽힘은 제도적으로 정착되어 있다고 판단했다.

그러나 경제학은 사회학보다 사태를 좀 더 단순하고 명쾌하게 파악했다. 경제학은 명예나 지위, 권력 등에 별다른 관심을 두지 않았다. 경제학은 특정인이나 특정 가구의 소득을 파악해 이를 다른 사람이나 가구의 소득과 비교했을 뿐이다. 이때 소득이란 주로 세금을 공제한 가처분소득(可處分所得, disposable income)을 말하는데, 어쨌든 경제학은 불평등을 소득 불평등이라고 간주했다. 당연한 일인지 모르겠지만, 경제학은 불평등을 논의할 때에 일종의 환원론을 선택했던 셈이다. 아래에서는 경제학의 이런 접근을 알아보기로 하자.

#### 소득 불평등

소득 불평등은 소득분포로 개관할 수 있다. 〈그림 2-11〉은 일본과 한국의 종합사회조사(JGSS, KGSS), 대만의 사회변동조사(TSCS)를 이용해 2000년대 첫 십년의 후반(2005~2011년)의 이 세 나라의 소득분포를 보인 것이다. 이 분포를 보면 대략 다음과 같은 사실을 알 수 있다. 첫째, 동아시아 3국에서 소득분포는 모두 왼쪽으로 치우쳤다. 다시 말하면, 소득이 낮은 사람이 소득이 높은 사람보다 더 많았다. 고소득자는 소수였다. 둘째, 가난한 사람이 밀집한 정도는 대만과 한국, 일본 순서대로 높았다. 이로

부유층과 빈곤층의 거주지 격차를 극명하게 보여주는 항공사진 (2017)

미루어보건대, 소득 불평등이 일본에서 가장 작고 대만에서 가장 컸을 것이다. 우리는 이와 같은 분포로 소득의 불평등을 직관할 수 있으며 나라별 차이도 대략 짐작할 수 있다. 그러나 이런 분포로는 불평등의 정도를 정교하게 잴 수는 없다.

〈그림 2-11〉 동아시아의 소득분포, 2005-2010

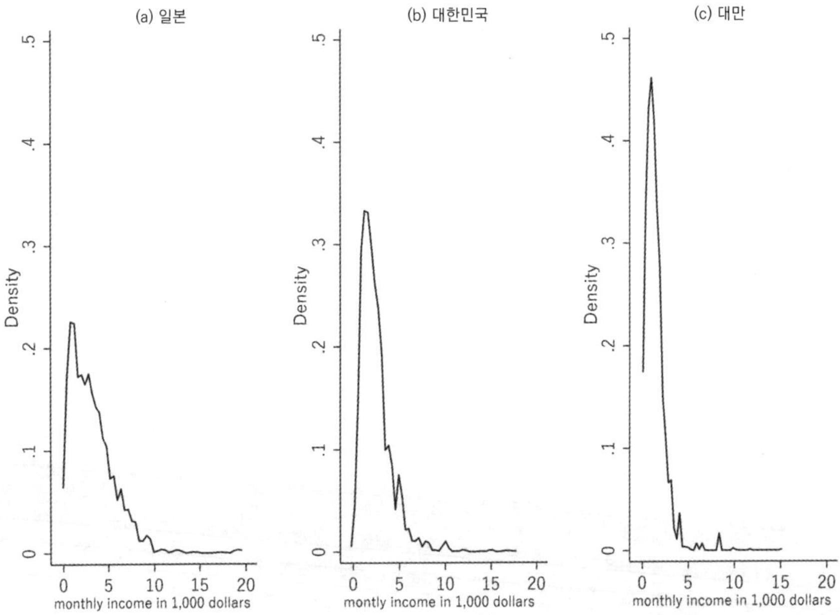


**출처**: JGSS(https://jgss.daishodai.ac.jp/), KGSS(http://kgss.skku.edu/), TSCS(https://www2.ios.sinica.edu.tw/sc/en/home2.php)

그렇다면 소득 불평등을 요약하는 방법은 무엇인가? 소득 불평등은 분위별 상대소득, 지니 계수, 빈곤율, 소득의 집중도 등으로 측정할 수 있다(OECD, 2019; 박종규, 2017). 하나씩 살펴보자. 첫째, 분위별 상대소득을 측정하는 방법이다. 다시 말해, 분위 소득을 서로 비교하는 방법이다. 분위별 상대소득은 소득 상위 10퍼센트(10분위 소득)의 하한 값(9분위 소득의 상한 값(P90))을 하위 10퍼센트(1분위 소득)의 상한 값(P10)으로 나눈 값(P90/P10)으로 측정하거나, 9분위 소득의 상한 값을 중위 소득으로 나눈 값(P90/P50)이나 중위 소득을 1분위 소득의 상한 값으로 나눈 값(P50/P10) 등으로 잴 수 있다. 분위별 상대소득은 때로 상위 20퍼센트의 평균소득과 하위 20퍼센트의 평균소득의 비(S80/S20)로 재거나 상위 10퍼센트의 소득 지분을 하위 40퍼센트의 지분으로 나눈 값(Palma 비율)으로 측정하기도 한다.

둘째, 지니 계수(Gini coefficient)로 소득의 불평등을 잴 수 있다. 지니 계수는 소득의 누적비율과 인구의 누적비율을 대비(對比)한다. 지니 계수는, 〈그림 2-12〉에서 보다시피, 소득 불평등 곡선인 로렌츠(Lorenz) 곡선과 평등선(대각선) 사이의 면적(A)이 평등선 아래의 면적(A+B)에서 차지하는 비율(=A/(A+B))로 나타낸다. 이 비율이 0이면 소득은 완전히 평등하고, 1이면 완전히 불평등하다고 볼 수 있다.

〈그림 2-12〉 로렌츠 곡선과 지니 계수

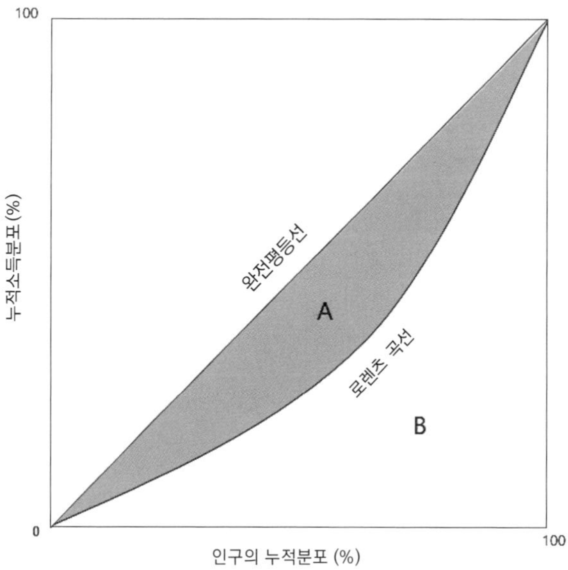

셋째, 소득 불평등은 빈곤율로 나타낼 수도 있다. 빈곤율은 (특정 연령 집단의 사람 중에서) 소득이 빈곤선 아래에 놓인 사람의 비율이다. 여기서 빈곤선이란 가구 소득의 중위 값의 절반을 말한다(한국의 빈곤율은 앞의 〈그림 1-1〉을 보라). 예컨대 2021년 한국의 가구중위소득(명목)은 3,174만 원인데, 그렇다면 빈곤선은 1,587만 원이다. 다시 말해, 연간 명목소득이 대략 1,600만 원보다 낮으면 빈곤한 가족이라고 판단할 수 있다. 여기서 빈곤율은 전체 인구 중에서 연간 소득이 1,600만 원 이하인 사람들이 차지하는 비율이다.

넷째, 소득의 집중도로 소득 불평등을 파악할 수 있다. 소득집중도를 알아보는 방법이란 상위 0.1퍼센트나 1퍼센트, 10퍼센트의 소득 지분이 전체 소득에서 차지하는 비율을 계산하는 방법이다. 상층의 소득 지분이 높을수록 그 사회는 더 불평등하리라는 것은 말할 것도 없다.

## 소득불평등 국제 비교

한국의 소득 불평등은 다른 나라보다 얼마나 더 크거나 작고, 지난 시기 동안 어떤 방향으로 바뀌었는가? 먼저 한국의 소득 불평등을 다른 나라와 비교해보자. 앞서 말한 이런저런 지수 가운데에서 우선 분위별 상대소득을 보자. 〈그림 2-13〉은 2010년대 후반에 OECD 국가의 9분위 상한 값과 1분위 상한 값의 비율(P90/P10)을 보인 것이다. 이 지수로 판단하면 한국의 소득 불평등은 다른 어떤 나라보다 컸다. 한국보다 더 불평등한 나라는 미국과 멕시코, 칠레밖에 없었다.

한국의 지니 계수는 어떠한가? OECD 국가의 지니 계수를 보인 맨 앞 장의 〈그림 1-2〉를 다시 보자. 이 그림에서 2016~2018년 한국의 지니 계수는 0.345로 다른 나라보다 더 높았다. 한국보다 지니 계수가 더 높은 나라는 이스라엘, 라트비아, 리투아니아, 영국, 미국, 칠레밖에 없었다.

〈그림 2-13〉 OECD 국가의 9분위 상한값과 1분위 상한값의 비율(P90/P10)

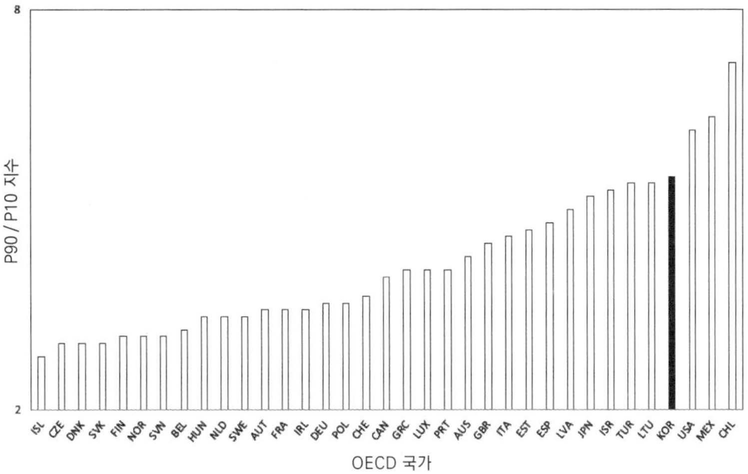


**출처**: OECD(2019)

한국의 불평등이 결코 작지 않았다는 이야기다.

한국의 빈곤율은 앞에서 이미 살펴보았다. 맨 앞 장의 〈그림 1-1〉에서 본 것처럼 한국의 빈곤율은 다른 어느 나라보다 높았다. 특히 노인 빈곤율은 다른 나라를 압도했다. 이는 한국의 불평등이 심했다는 사실을 말하기도 하고, 한국의 사회복지제도가 미비했다는 사실을 보여주기도 한다.

마지막으로 소득집중도는 어떠한가? 소득집중도는 상위 10퍼센트의 집중도를 보는 방법도 있고 상위 1퍼센트나 0.1퍼센트, 0.0001퍼센트의 소득집중도를 보는 방법도 있지만, 여기서는 상위 1퍼센트의 집중도를 보기로 하자. 〈그림 2-14〉는 2019년 OECD 국가의 상위 1퍼센트의 소득 집중도를 보인 것이다. 한국의 소득집중도는 13.2퍼센트로 다른 나라보다 비교적 높은 편이었다. 한국보다 소득집중도가 높은 나라는 멕시코, 칠레, 콜롬비아, 미국, 터키, 캐나다, 폴란드, 이스라엘, 에스토니아 등 아홉 개 나라뿐이었다.

〈그림 2-14〉 OECD 국가의 상위 1퍼센트의 소득집중도(2019)

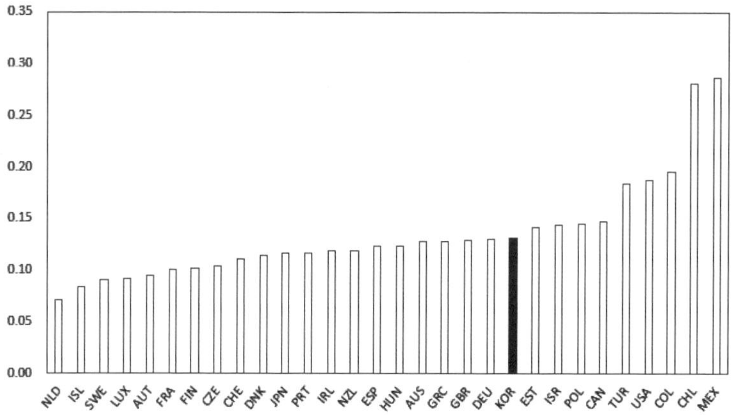


**출처**: The World Inequality Database (wid.world)

## 소득 불평등의 추세

소득 불평등의 나라별 차이는 그렇다 치고, 한국을 비롯한 여러 나라의 소득 불평등의 추세는 어떠했는가? 즉 지난 수십 년간 소득 불평등은 어떻게 바뀌었는가? 일찍이 쿠즈네츠(S. Kuznets)는 경제성장과 소득 불평등의 관계를 예측했다. 그는 가난한 나라에서 경제가 성장하면 소득의 빈부격차가 커지고, 부자 나라에서 경제가 성장하면 소득 격차가 줄어든다는 사실을 발견했다. 이를 근거로, 그는 특정한 나라가 경제성장을 경험하면 소득 불평등은 처음에는 증가하다가 나중에는 감소해, 이른바 뒤집어진 U자(역 U자) 모양을 띠게 될 것이라고 예측했다(〈그림 2-15〉 참조). 왜 그러한가? 소득 불평등은 왜 경제성장 초기에 늘어나다가 경제성장 후기에 감소하는가? 경제성장이 이루어지면 사람들의 경제활동영역은 농업 부문에서 산업 부문으로 이동한다. 농업사회에서는 소득의 차이가 별로 없지만 산업사회에서는 소득의 차이가 크다. 그리하여 산업화 초기에는 소득 불평등의 정도가 크다. 그러나 경제가 성장하면서 소득 격차를 줄이는 힘이 작동한다. 대중 교육이 도입되면서 불평등이 줄게 되고, 저소득자는 정치적 힘을 길러 정부 정책을 바꾸어 소득 불평등을 줄인다 (Chang, H., 2014: 314-317).

〈그림 2-15〉 쿠즈네츠 곡선

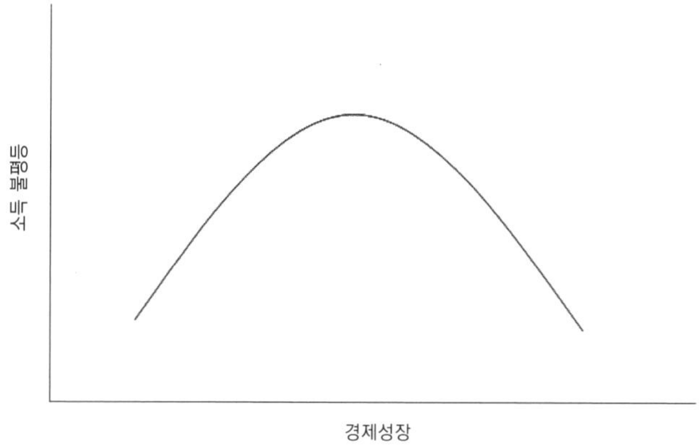


쿠즈네츠 가설은 20세기 중반까지의 경향을 잘 설명했다. 그러나 그 시기 이후를 연구 대상으로 포함한 최근 연구는 쿠즈네츠 가설을 부인했다. 피케티(T. Piketty)를 비롯한 연구자들은 실증 자료를 바탕으로 상위 10퍼센트나 상위 1퍼센트의 소득집중도 추세를 보였다. 그들은 여러 나라에서 이 추세가 쿠즈네츠의 가설과 달리 U자나 L자 모습을 띤다는 사실을 보였다. 그들이 발견했던 사실을 요약 정리하면 다음과 같다. 첫째, 거의 모든 나라에서 20세기 첫 반세기 동안 상위 1퍼센트의 소득은 급격하게 감소했다. 상층의 지분은 전쟁이나 공황 등과 같은 굵직한 사건을 계기로 감소했다. 상층의 소득이 감소했던 것은 그들의 부가 줄어들어, 자본 소득이 줄어들었기 때문이다. 전쟁의 영향을 받지 않았던 나라에서는 그 감소 추세가 완만했다. 둘째, 20세기의 두 번째 반세기 동안 상층의 소득 지분은 일정 수준을 유지하다 상승하는 모습을 보였다. 더 구체적으로 말하면, 상층의 소득 지분은 1970년대까지 점차 줄거나 낮은 상

태를 유지하다 1980년대부터 빠르게 증가하기 시작했다. 그리하여 소득 집중도 추세는 전체적으로 U자 형 모습을 보였다. 그러나 U자의 구체적 모습은 나라마다 달랐다. 영어권 나라(영국, 아일랜드, 미국, 캐나다, 오스트레일리아, 뉴질랜드)와 중국, 인도 등지에서 1980년대 이래 상위 1퍼센트의 소득 몫은 상당히 커졌다. 특히 미국은 시기를 선도했을 뿐 아니라 규모에서도 다른 나라를 앞섰다. 여하튼 이들 나라에서 U자 모습은 뚜렷했다(〈그림 2-16〉의 (a)와 (d) 참조). 중부 유럽의 프랑스와 독일 등의 나라와 아시아의 일본 등지에서는 상층부의 소득이 최근 들어서야 완만하게 늘어, U자 모습이라기보다 L자 모습을 띠었고(〈그림 2-16〉의 (b) 참조), 남부 유럽이나 북부 유럽의 여러 나라에서 상층부의 소득 지분은 천천히 완만하게 늘어나 늘어진 U자 모습을 띠었다(〈그림 2-16〉의 (c) 참조)). 셋째, 20세기 중반까지 이루어졌던 상층부의 소득 감소는 최상위 2-4퍼센트나 5-10퍼센트의 소득이 감소한 탓이 아니라 상위 1퍼센트의 소득이 감소한 탓이었다. 마찬가지로 20세기 후반에 일어났던 상층부의 소득 증가는 최상위 1퍼센트의 소득 증가 때문에 비롯했다. 거의 모든 나라에서 이 증가의 상당 부분은 최상위 1퍼센트의 노동소득, 특히 급여와 임금의 증가에서 비롯했다. 그 결과 오늘날 상위 1퍼센트의 소득에서 노동소득이 차지하는 비율은 20세기 전반의 비율보다 더 높게 되었다(Atkinson et al., 2011).

지금까지 소득의 집중도를 살펴보았는데, 그렇다면 부(富, wealth)의 집중도는 어떠했는가? 〈그림 2-17〉은 미국의 부 집중도를 보인 것이다. 이를 보면, 상층 10퍼센트와 상층 1퍼센트, 상층 0.1퍼센트의 부는 1980년대를 최저점으로 U자 모습을 보인다. 상층 0.00001퍼센트의 부도 1980년대 이후로 증가하는 추세를 보인다. 2020년 현재, 상층 10퍼센트는 대략적으로 부의 75퍼센트를 차지했고, 상층 1퍼센트는 37~38퍼센트를 차지했다. 상층 0.01퍼센트는 약 18~19퍼센트를 차지했고, 상층 0.00001퍼센트는 부의 1.2~1.3퍼센트를 자지했다.[32]

〈그림 2-16〉 상위 1퍼센트의 소득 집중도 추세

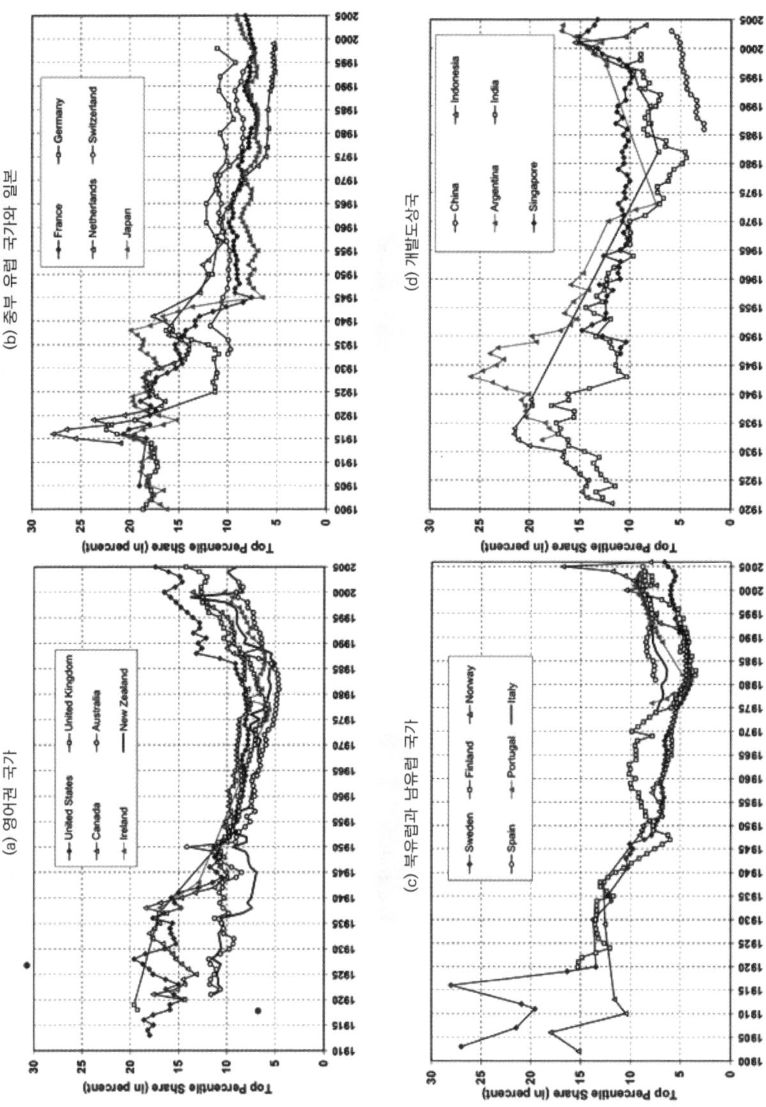


출처: Atkinson, Piketty, and Saez(2011)

---

32 상위 1퍼센트, 0.00001퍼센트라는 표현은 다소 추상적이다. 이를 더 구체적으로 말해 보자. 한국의 경제활동인구가 3,000만 명이라면, 상위 1퍼센트에 해당하는 인구는 30만 명이다. 상위 0.00001퍼센트는 3명이다.

〈그림 2-17〉 상층부 부의 집중도 추세

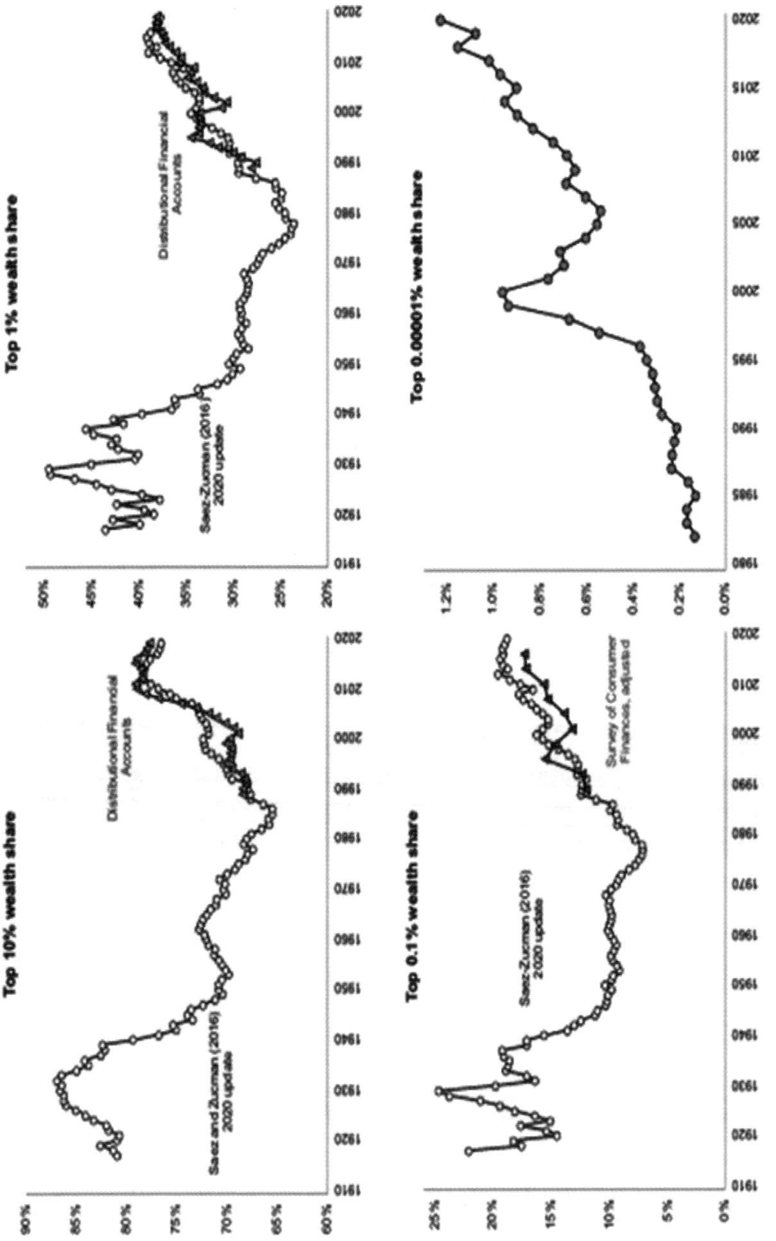


출처 : Saez and Zucman(2020)

비록 이 그림은 미국의 사례를 보여주는 것이지만, 다른 나라도 비슷한 유형을 보일 것이라고 짐작된다. 다시 말해, 부의 불평등 모습은 소득 불평등의 모습과 흡사할 것으로 예측할 수 있다. 어쨌든 〈그림 2-16〉과 〈그림 2-17〉을 종합해 표현하면, 1980년대 이래 진행된 소득의 집중화와 양극화의 바탕에는 부의 집중화와 양극화가 놓여 있었다고 말할 수 있다.

## 한국의 소득 불평등 추세

이제 관심의 초점을 한국의 불평등 추세로 바꾸어보자. 한국의 소득 불평등은 지난 수십 년 동안 어떤 추세를 보였는가? 〈그림 2-18〉은 한국의 지니 계수와 그 추세를 보인 것이다. 이를 보면, 한국의 지니 계수는 2009년 무렵까지 점점 커지다가 2010년부터 일정 수준을 유지하거나 점차 작아졌다.

〈그림 2-18〉 한국의 지니 계수 추세

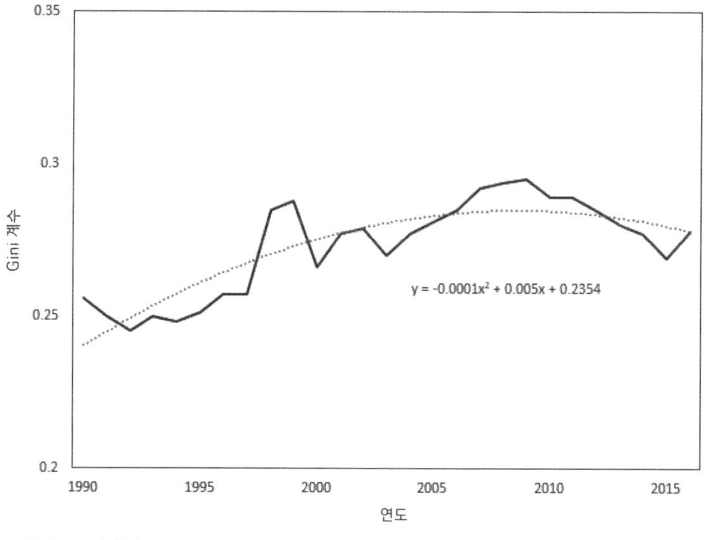


출처: e-나라지표(index.go.kr)

다른 한편, 〈그림 2-19〉는 상위 1퍼센트의 소득집중도를 보인 것이다. 위의 실선과 점선은 각자 한국의 전체소득의 집중도와 그 갱신 값(update)을 보이고, 아래 실선과 점선은 근로소득의 집중도와 그 갱신 값을 보인 것이다(갱신 이유는 김낙년(2018a)을 보라). 이를 보면 다음과 같은 사실을 알 수 있다. 첫째, 1998년까지 전체소득이나 근로소득의 불평등은 일정한 추세를 보이지 않았으나 1998년부터는 점차 증가하는 추세를 보였다. 둘째, 갱신 값이나 보정 값을 보면 2010년 이후 소득집중도는 일정한 수준을 유지하거나 약간 감소하는 경향을 보였다. 이는 앞의 지니 계수의 추세와 흡사하다.

〈그림 2-19〉 한국의 근로소득과 전체소득의 상위 1퍼센트 소득집중도

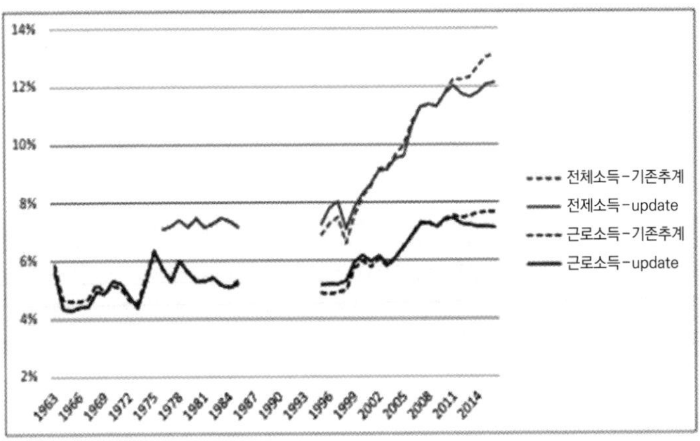


**주**: 1. 근로소득 집중도는 전체 근로자에서 상위 1퍼센트에 해당하는 사람들의 소득이 전체 근로소득에서 차지하는 비율을 말한다.

2. 점선은 기존추계를 연장한 것이고, 실선은 보정한 계열이다.

**출처**: 김낙년(2018b)

〈그림 2-20〉은 한국의 (전체)소득집중도 추세를 다른 몇 나라와 비교해놓은 것이다. 이를 보면 첫째, 한국의 상위 1퍼센트의 소득집중도는 영미권 나라와 흡사하게 U자 모습을 띤다. 최근 들어 소득집중도가 가파

르게 상승했다는 말이다. 둘째, 한국의 소득집중도는 1990년대까지 일정한 수준을 유지하다가 1998년을 기점으로 큰 폭으로 상승했다. 2000년대 초반에는 일본과 프랑스를 제쳤고, 2010년대에는 미국의 소득집중도에서 아직 멀리 떨어져 있지만 점차 그것에 근접했다. 그러므로 한국의 불평등은 1998년의 경제위기 이후로 빠르게 증가했다고 말할 수 있다.

〈그림 2-20〉 상위 1퍼센트의 소득집중도: 국가 비교

**출처**: 김낙년(2018b)

## 소득 불평등의 원인

지금까지 서구와 한국의 불평등 실태와 추세를 살펴보았다. 그리하여 한국을 비롯한 여러 나라의 불평등이 1970년대 중후반부터 지속적으로 심화했다는 사실을 보였다. 그런데 소득 불평등은 왜 심화했는가? 소득 불평등 심화의 주요 원인은 무엇인가? 이런 질문에 대한 답을 정리해보자. 소득 불평등을 심화한 주요 요인은 다음과 같다(OECD, 2011; 박종규, 2017).

① 세계화
② 기술 진보
③ 정책/규제/제도
④ 교육
⑤ 일의 유형과 배합
⑥ 가족 구조
⑦ 자본 소득과 자영 소득
⑧ 세금 체제나 급여체제
⑨ 비현금 이전

아래에서는 이런 요소들이 불평등과 맺는 관련을 개괄적으로 살펴보기로 하자. 먼저 세계화와 소득 불평등의 관련이다. 연구자들은 세계화(globalization)가 소득 불평등을 확대하는 주요 원인이라고 생각했다. 세계화란 경제적 측면에서 다음과 같은 차원을 포함한다.

㉮ 무역 통합(trade integration) : 상품과 서비스의 이동
㉯ 금융 통합(financial integration) : 자본 이동
㉰ 기술 이전(technology transfers) : 정보 이동
㉱ 생산 재배치(production relocation) : 기업 이동
㉲ 국제 이민(international migration) : 노동 이동

요컨대 세계화란 상품과 서비스는 말할 것도 없고, 자본과 정보, 기업과 노동이 국경을 넘어 이동하는 것을 말한다. 이런 차원의 세계화는 소득 불평등에 어떤 영향을 미치는가? 일단의 연구자는 세계가 통합되어 무역이 증대하면 부유한 나라의 소득 불평등이 더 늘어날 것이라고 생각했다. 부유한 나라의 고학력 숙련노동자의 상대 임금은 더 커지고 미숙련노동자는 별다른 혜택을 받지 못할 것이기 때문이다(Kremer and Maskin, 2006). 그런데 과연 이런 예측은 현실과 일치했을까? 세계화가 불평등에

미치는 영향을 탐구한 경험 연구는 이런 예측과 들어맞기도 하고 어긋나기도 했다. 일부 연구는 세계의 무역 통합이 부유한 나라와 가난한 나라를 가리지 않고 불평등을 확대했다는 사실을 발견했는가 하면, 다른 연구는 소득 불평등이 적어도 선진국에서는 줄었다는 사실을 발견하기도 했다(Dreher and Gaston, 2008; Freeman, 2009; IMF, 2007; Jaumotte et al., 2013). 요컨대 세계화와 소득 불평등의 관련은 선명하지도 않고 일관적이지도 않았다.

세계화 다음으로 소득 불평등 증가를 설명하는 요인은 기술 진보(technological progress)다. 기술 진보는 숙련 노동자에게는 유리하지만 미숙련 노동자에게는 불리하다. 예컨대 정보통신기술(ICT)을 갖춘 사람의 소득은 올라가고 갖추지 못한 사람의 소득은 멈추거나 내려간다. 이처럼 기술 진보는 숙련 편향적(skill-biased)이어서 소득 불평등을 심화한다. 일부 연구는 기술 진보가 세계화보다 더 많은 불평등을 유발했다고 주장했지만(IMF, 2007), 기술진보는 거의 항상 세계화와 함께 진행했다. "생산기지 이동은 정보화와 함께 다닌다."[33]

소득 불평등을 야기하는 셋째 요인은 정부 정책이나 규제, 사회제도 등이다. 이들 요소는 생산물시장에 대한 규제를 철폐함으로써 불평등에 영향을 미치거나 이전 소득이나 임금 설정 메커니즘, 노동자의 협상력 등을 바꿈으로써 불평등에 영향을 끼친다. 또 이들 요인은 세계화와 기술진보가 불평등에 미치는 영향을 좌우함으로써 간접적으로 소득 불평등에 영향을 미치기도 한다. 1980년대 이후 OECD 국가는 대부분 상품시장과 서비스시장의 경쟁을 강화하고 노동시장의 유연성을 높였다. 예컨대 이들 국가는 생산물시장에서 경쟁을 방해하는 규제를 풀고 임시계약직 노동자 고용보호법을 완화했다. 최저임금을 낮추고 실업급여율도

33 Offshoring and digitalization go together(Freeman, 2009).

줄였다. 이런저런 정책은 아마도 불평등 심화에 기여했을 것이다.

불평등에 영향을 미치는 넷째 요인은 교육이다. 평균 학력(숙련)의 증대는 임금 불평등을 줄이고 높은 고용률을 유지한다. 숙련노동자의 공급 확대는 기술진보와 규제개혁, 제도 변화가 낳은 임금 불평등을 상쇄한다. 상황이 이렇다면, 지난 수십 년 동안 일어났던 소득 불평등의 증대는 숙련에 대한 수요와 숙련의 공급 차이 때문에 발생했던 것이라 볼 수 있다. 숙련을 수요하는 기술진보는 불평등을 키웠을 것이고, 숙련을 공급하는 교육은 불평등을 줄였을 것이다. 이를 산뜻한 표현으로 요약하면, 소득 불평등은 '교육과 기술의 경주(a race between education and technology)'의 결과라고 볼 수 있다(Tinbergen, 1975; Goldin and Katz, 2008). 상황이 그렇다면, 지난 시절의 불평등 확대는 교육이 기술 진보를 따라잡지 못했기 때문에 발생했던 것이라 해석할 수 있다.

지금까지 논의한 이런저런 요인(세계화와 기술 진보, 정책과 제도, 교육)이 소득 불평등에 미치는 영향은 어떠했는가? 〈표 2-5〉는 1980년부터 2008년까지 OECD 22개국에서 수집한 352개 사례를 활용해 앞에서 살펴본 몇 개의 주요 변수가 임금 불평등과 고용률, 전반적 소득 불평등에 미치는 영향을 살펴본 것이다. 이 표에서 알 수 있는 바는 다음과 같다. 첫째, 세계화는 뜻밖에도 종속변수인 임금 불평등이나 고용률, 그리고 전반적 소득 불평등에 별다른 영향을 끼치지 않았다. 사람들은 세계화가 소득 불평등을 촉진한 가장 유력한 요인일 것이라고 짐작했지만, 세계화는 소득 불평등 상승의 주범이 아니었다. 둘째, 기술 진보, 그리고 시장을 규율하는 여러 정책과 제도는 대체로 종속변수(임금 불평등과 고용률, 전반적 소득 불평등)에 유의미한 영향을 끼쳤다. 기술 진보는 소득 불평등의 확대에 기여했으며, 상품시장이나 노동시장의 규제 완화도 소득 불평등 확대에 이바지했다. 셋째, 교육수준의 향상은 고용률을 높이고 소득 불평등을 완화했다. 이런저런 발견들로 미루어볼 때, 지난날 우리가 맞이했던 불평등은 결국 교육과 기술의 경주가 빚어낸 결과였다고 판단할 수 있다.

〈표 2-5〉 세계화와 기술 진보, 몇 가지 정책과 교육이 불평등과 고용률에 미치는 영향

| 종속변수 / 독립변수 | 임금 불평등 | 고용률 | '전반적 소득 불평등'의 변화에 대한 영향 |
|---|---|---|---|
| **세계화와 기술** | | | |
| 무역 통합 | 0 | 0 | 0 |
| 외국인 직접투자 규제 해제 | 0 | 0 | 0 |
| 기술 진보 | + (** ) | 0 | + |
| **정책과 제도** | | | |
| 노조협상 적용율 하락 | + (* ) | + (***) | 0 / - |
| 상품시장 규제 해제 | + (** ) | + (** ) | + / 0 / - |
| 고용보호법 약화 | + (***) | 0 | + |
| 조세 격차 감소 | + (***) | ++ (***) | 0 / - |
| 실업급여 대체율 감소 | + (***) | + (***) | + / 0 / - |
| **다른 통제변수** | | | |
| 숙련 향상(교육수준 상향) | - (***) | + (***) | -- |

**주**: 1. OECD 22개국, 1980년부터 2008년까지의 352개 사례를 대상으로 함.
2. "+", "-"는 표준화한 계수가 양(음)이고, 독립변수가 한 표준편차 변화하면 종속변수는 .33보다 작은 변화를 보인다는 것을 의미한다. "++"와 "--"는 표준화한 계수가 양이고, 독립변수가 한 표준편차 변화하면, 종속변수는 .33보다 많은 변화를 보인다는 것을 의미한다. 괄호안의 표식(***, **, *)은 추정 계수가 1%, 5%, 10% 수준에서 유의미하다는 것을 의미한다. 0은 10% 수준에서도 유의미하지 않은 계수를 나타낸다.

**출처**: OECD(2011: Table 3.3)

앞에서 말한 세계화와 기술 진보, 정책과 제도, 교육 등과 같은 요인 이외에도 이와 다른 몇 가지 요인이 소득 불평등에 영향을 미쳤다. 일의 종류나 배합도 소득 불평등에 영향을 미쳤다. 예컨대 노동시간의 변화

도 고소득 노동자와 저소득 노동자에게 각기 다른 영향을 미쳤는데, 지난 시기 동안 OECD 국가에서 파트타임 노동자나 저소득 노동자의 노동시간이 고소득 노동자의 노동시간보다 더 많이 줄어 소득 불평등이 증가했다. 가구 구조의 변화도 소득 불평등과 관련했다. 일인 가구(single family)는 부부 가구보다 자원을 더 적게 저축하고 생활비용을 더 많이 쓴다. 이런 이유 때문에 일인 가구는 빈곤 가구로 전락할 가능성이 높다. 지난 시기 동안 일인 가구의 비중이 높아지면서 소득 불평등이 확대했다. 다른 한편, 인구학적 변화도 불평등에 영향을 미쳤다. 지난 시기 OECD 국가에서 동류혼(同類婚, assortative mating)의 비중이 점차 높아졌는데, 이런 요인도 소득 불평등을 심화했다. 예컨대 대학 졸업자와 고등학교 졸업자의 소득 격차가 바뀌지 않았다고 하더라도 동류혼 증가로 말미암아 부부의 소득 격차는 예전보다 더 커졌다. 이에 덧붙여, 한 나라에서 자영업자의 비중이 높으면 소득 불평등이 확대할 가능성이 높았다. 그러나 세금이나 이전 소득을 잘 활용하면 이 불평등을 어느 정도 완화할 수 있었다(OECD, 2011).

지금까지 소득 불평등을 좌우하는 요소가 무엇인지를 확인했다. 그러나 개별 요소를 살피는 것보다 더 흥미로운 것은 이런저런 요소를 엮어서 만들어낸 이론이다. 일단의 연구자는 소득 불평등의 증가를 승자독식시장의 발달과 연결했다. 그들은 승자독식시장이 발달하면서 소득 불평등이 심화했다고 주장했다(Frank and Cook, 1995). 승자독식시장(the winner-take-all market)의 특징은 다음과 같다. 첫째, 승자독식시장에서는 보상이 절대적 능력 차가 아니라 상대적 능력 차로 결정된다. 생산직 노동자의 보상은 그가 생산한 상품의 절대 수량으로 결정되지만, 경영진(CEO)의 보상은 다른 경영자와 비교한 상대적 우월성으로 결정된다. 생산직 노동자의 노동시장은 승자독식시장이 아니지만 경영진의 노동시장은 승자독식시장이라는 이야기다. 어떤 CEO가 다른 CEO보다 조금 더 좋은 평가를 받는다면 그는 다른 CEO보다 조금 더 많은 보상을 받는 것이 아니라 훨씬 더 많은 보상을 받을 가능성이 높다. 둘째, 승자독식시장에서는 능력(재능이나 노력)의 미미한 차이가 소득의 엄청난 차이로 귀결한다. 승자가 차지하는 보상은 최고 실력자에게 집중한다. 예컨대 올림픽 육상 경기에서 1등을 한 선수와 2등을 한 선수의 능력 차이는 불과 0.01초 차이에 불과하지만 그들이 벌어들이는 소득 차이는 어마어마하다.

앞의 두 특징(상대평가로 보상하는 것과 소수에게 보상을 집중하는 것)을 갖춘 승자독식시장은 예전부터 존재했던 것이 아니다. 예전에는 여러 제약 때문에 승자가 모든 것을 독식할 수 없었다. 예컨대 세계 최고의 테너는 둘째 테너보다 훨씬 더 많은 돈을 벌 수 없었다. 교통수단의 미발달로 청중은 지리적으로 분산했고, 음반을 제작하고 복제하는 기술이 발달하지 않아 음반을 널리 배포할 수 없었다. 이런 조건에서 1등 테너의 청중 숫자나 2등 테너의 청중 숫자는 그다지 큰 차이가 나지 않았고, 그들이 벌어들이는 소득도 큰 차이를 보이지 않았다. 그러나 언제부턴가 1등 테너는 2등 테너보다 압도적으로 더 많은 청중을 확보하고, 훨씬 더 많은 음반을 팔며, 압도적으로 더 많은 돈을 벌게 되었다. 승자독식시장이 도래한 것이다. 그런데 무엇이 승자독식시장을 초래했는가? 승자독식시장의 발달 조건은 무엇인가?

첫째, 재화와 서비스의 운송비용 하락이 승자독식시장을 초래했다. 도로와 철도, 해운, 항공의 건설과 발달로 운송비가 낮아져 고객의 규모는 크게 증대했다. 예컨대, 지방에 거주하는 사람들도 서울의 연주회장에 쉽게 갈 수 있게 되었는데, 이로 말미암아 어떤 연주회든 고객은 많아졌고, 고객의 규모 증대는 상품과 서비스의 대량 생산과 대량 소비를 가능하게 했다. 이렇게 시장이 확장하면서, 소비자는 가장 우수한 생산자의 제품을 집중적으로 소비했다. 예컨대 과거에는 피아노 제작소가 한 나라에서도 수 백 개여서 이들이 지역 수요를 충족했다. 그러나 교통의 발달과 운송비 하락으로 시장의 범위는 넓어졌고, 소비자는 소수 공급자의 제품만 찾았다. 이들 소수 공급자는 한 나라나 세계의 피아노 시장을 석권했다. 나머지 공급자는 시장에서 퇴장했다. 승자독식시장이 출현했다.

둘째, 승자독식시장을 추동한 가장 주요한 요인은 아무래도 기술진보였다. 특히 정보통신기술(ICT)의 발달은 승자독식시장의 성장에 크게 기여했다. 원거리통신과 정보기술의 발달은 잠재적 판매자와 잠재적 구매자를 늘려 시장의 광역화를 강화했다. 예컨대, 도서 온라인 판매는 도서 시장을, 여행 상품의 온라인 판매는 여행 상품 시장을 세계화했다. 정보혁명은 이처럼 시장을 엄청난 규모로 확대했지만, 인지능력의 한계 때문에 사람들은 소수의 판매자에게 집중할 수밖에 없었다. 구매자의 관심을 끌려는 판매자 수가 몇이든 그것과는 상관없이 각 분야별로 소수의 판매자만 성공했다. 우리 주변에 여행 상품 취급 업체가 몇 개 되지 않는다는 사실에 주목하라.

셋째, 승자독식시장을 낳은 또 하나의 요인은 국제어의 등장이었다. 국제어(영어)는 시장의 광역화와 지구촌화를 초래한 것은 말할 것도 없고 사람들 사이에 다양한 네트워크를 강화했다. 시장의 규모 확대는 천문학적 수익으로 이어졌다.

넷째, 생산방식의 혁신이 승자독식시장을 초래했다. 아담 스미스의 발견대로 자본주의 초기에 분업은 생산성을 향상하고 시장을 확대했다. 그러나 산업혁명 이후에도 분업과 기술혁신은 시장을 더욱더 확대하고 강화했다. 분업과 기술혁신으로 기업의 관리자는 기업의 전반적 생산과정을 일목요연하게 파악할 수 있었고, 그로 말미암아 생산과정을 관리·감독하는 숙련노동자나 중간관리자의 역할이나 비중이 크게 약화했다. 이처럼 최고관리자와 상징적 분석가(symbolic analyst)의 영향력이 더 커져,[34] 이들의 보수는 하늘 높은 줄 모르고 높아졌다. 바로 이 사람들이

3차 산업혁명 시기의 승자였다.

다섯째, 경쟁을 억제하는 규범이 사라진 것도 승자독식시장의 성장에 기여했다. 뛰어난 경영자를 영입하는 데에 제약을 가하는 공식적·비공식적 규범이 사라지자 그를 초빙하려는 안팎의 경쟁이 치열해졌다. 경쟁이 치열한 만큼 보수도 높아졌다. 이 외에 독립계약의 증가도 승자독식시장을 확대하는 데에 기여했다. 독립계약자(free-lancer) 중에서 소수만 높은 보수를 받고 다수는 낮은 보수에 만족해야 했다. 드라마 작가를 보면 쉽게 알 수 있는 일이다.

여섯째, 정치와 거버넌스, 다시 말해 정부와 기업, 비정부기구의 협치도 승자독식시장을 강화했다. 현대의 정부를 비롯한 다양한 권력집단은 경제적 이익 때문에 시장에 개입했고, 여러 법령이나 정책으로 승자독식시장을 뒷받침했다. 예컨대 정치인과 정당은 상층부의 부자와 기업에게서 선거 자금을 지원 받고, 그 대가로 그들에게 낮은 소득세나 법인세를 부과했다. 기업 활동을 제약하는 여러 규제도 풀었다(Hacker and Pierson, 2010).

일곱째, 소득이 증가하면서 승자독식시장이 커졌다. 소득이 증가하면서 사람들은 이른바 지위재(positional goods)의 소비를 늘렸고, 지위재 소비가 늘어나면서 소수의 명품 제조업체만 돈을 벌었다.

이 책의 제3장에서 보겠지만, 소득 불평등을 설명하는 주류 이론은 생산요소이론이나 인간자본이론이다. 이런 이론들은 개인의 생산성을 좌우하는 여러 자질이나 속성(교육, 경험, 재능 등)의 차이가 불평등을 낳는다고 보았다. 그러나 이런 이론으로 소득 불평등의 확대 현상을 제대로

34 상징적 분석가란 변화하는 환경을 예측하고 이에 신속하게 대처하는 능력을 가진 사람들이나 '문제를 밝혀내고 해결하며 중재하는 사람들,' '비판적 사고나 문제해결, 연역적 추리에 가담하는 사람들'을 말한다(Frank and Cook, 1995; Liu and Grusky, 2013)

설명하기 힘들다. 재능이나 훈련이 그렇게 큰 차이를 보일 수는 없기 때문이다. 승자독식시장 이론은 이런 방식의 설명과 확연히 달랐다. 승자독식시장 이론은 소득 불평등의 확대가 시장의 구조 변화 때문에 일어난 것이라고 강조했다. 승자독식시장 이론은 기회 구조가 불평등의 확대를 낳는다고 보았고, 이 불평등은 앞으로도 상당한 정도로 확대할 수 있다고 보았다.

제 3 장

# 불평등의 기원

## 1. 구조기능주의

### 구조기능주의 계층이론

사회 불평등(계급이나 계층)은 비록 그 형태와 정도가 시기마다 달랐지만 인간 역사에 항상 존재했다. 어떤 이는 풍요롭고 어떤 이는 가난한 모습은 언제 어디서나 볼 수 있었다. 이와 같이 '보편적으로' 존재하는 불평등의 원인은 무엇인가? 불평등을 낳은 원인은 시기마다 사회마다 달랐다. 앞의 〈표 1-2〉에서 보았다시피, 아주 옛날에는 불평등이 사냥 기술과 같은 인간자본의 차이 때문에 비롯했다. 시대가 바뀌면서 어떤 사회에서는 토지나 노동력을 소유한 사람이 더 풍요롭게 살기도 했고, 초기 산업사회에서는 기계나 공장을 소유한 사람이 더 잘 살았다. 사회주의 사회에서는 정치적 멤버십을 갖춘 사람이 물질적 풍요를 누렸다. 그런데 오늘날 선진산업사회에서는 어떤 사람이 더 잘 사는가? 어떤 특성을 갖춘 사람들이 더 부유하게 살고 더 풍요롭게 사는가? 이런 질문에 대한 고전적 대답은 구조기능주의 이론에서 찾을 수 있다.

불평등을 '설명'하는, 다시 말해 불평등의 원인을 밝히는 구조기능주의 이론(structural functionalism)의 논리는 다음과 같다(Davis and Moore, 1945).[1]

1 구조기능주의, 간단하게 표현해서 기능주의는 사회학의 한 이론 분파다. 이 이론은

프랑스혁명 이전 구체제의 징표

이 세상에 존재하는 모든 사회적 위치와 그에 부착된 구실, 그리고 이 위치와 구실을 규율하는 갖가지 사회제도는 사회의 생존에 이바지한다. 위치와 구실, 제도는 사회를 유지하고 지속하는 데에 기여한다. 의사는 사회 구성원의 신체 건강을 유지하여 사회의 생존에 이바지하고, 노동자는 구성원이 필요로 하는 물품을 제조하여 사회 생존에 공헌한다. 심지어 우리가 보기에 사회에 위해를 끼치는 사람들, 예컨대 부랑자나 실업자, 범죄자(도둑이나 강도)도 사회의 생존에 기여한다. 사회는 범죄자를 처벌함으로써 나머지 성원에게 경각심을 일깨워 사회 질서를 유지한다(범죄자는 처벌받음으로써 사회 생존에 기여하는 셈이다). 그러나 개별 사회적 위치와 구실이 사회의 생존에 기여하는 정도는 제각각 다르다. 특정 위치와 구실은 사회의 생존에 매우 중요하고, 다른 위치와 구실은 사회 생존에 그렇게 중요하지 않다. 예컨대 엔지니어는 사회의 생존에 꼭 필요하지만, 막일을 하는 단순노동자는 별다른 기여를 하지 못한다. 이처럼 사회적 위치와 구실이 사회 생존에 기여하는 정도는 서로 다른데, 보상은 이 기여 정도에 비례한다. 사회 생존에 더 크고 중요한 기여를 하는 위치나 구실은 더 큰 보상을 받고, 별다른 기여를 하지 못하는 위치나 구실은 적은 보상을 받는다. 엔지니어는 막노동자보다 더 많은 보수를 받는다. 이처럼 사회적 기여도는 보상의 차이로 귀결하는데, 이 보상 차이가 곧 불평등이다.

불평등이 발생하는 과정을 더 구체화해보자. 사회적 위치가 요구하는 구실을 수행할 때, 사람들은 일정한 정도의 재능(talent)과 훈련(training)을 갖추어야 한다. 필요한 재능과 훈련의 정도는 위치나 구실마다 서로 다

---

사회를 다양한 구성요소가 함께 모여 연대와 안정을 이루는 복잡한 체계(system)로 본다. 이 이론은 사회를 유기체에 비유한다. 부분은 전체의 생존에 기여한다고 가정한다. 기능주의는 사회의 구성 요소, 즉 규범, 관습, 전통과 제도 등이 사회 전체의 생존에 어떤 '기능'을 수행하는지를 알아본다.

르다. 평범한 위치에서 시시한 구실을 수행할 때에는 별다른 재능이나 훈련을 갖출 필요가 없지만, 중요한 위치에서 막중한 구실을 실행할 때에는 매우 특별한 재능을 타고나거나 매우 높은 수준의 훈련을 받아야 한다. 이렇게 필요한 재능과 훈련의 수준이 다르므로 보상이 달라질 수 있고, 그로 말미암아 불평등이 발생할 수 있다.

그러나 구비한 재능과 훈련의 수준이 높은 사람에게 항상 충분하거나 높은 보상을 부여해야 하는 것은 아니다. 만일 중요한 위치를 채울 사람을 쉽게 찾을 수 있다면, 즉 그 위치와 구실에 상응하는 재능이나 훈련을 갖춘 사람이 충분히 많다면, 그런 사람에게 그렇게 많은 보상을 부여할 필요가 없다. 아무리 중요한 자리일지라도 그 자리를 쉽게 채울 수 있기 때문이다. 그러나 그 위치와 구실에 상응하는 재능이나 훈련이 그렇게 풍부하지 않다면, 그리하여 중요한 자리를 채울 사람이 많지 않다면, 그 위치에 많은 보상(소득과 명예, 폭넓은 여가 시간 등)을 제공해야 한다. 사람들이 그 자리를 채우려 하지 않으면 낭패를 보기 때문이다. 요컨대 사회 생존에 기여하는 특별한 사회적 위치가 존재하고, 이 위치를 감당하려면 특별한 재능이나 훈련이 필요한데, 그런 자격을 갖춘 사람이 희소하다면, 그런 사람이 그 구실을 기꺼이 떠맡을 수 있도록 높은 보상을 지급해야 한다. 이렇게 생긴 보상의 차이가 불평등이다.

이처럼 불평등은 개개인에게 동기를 부여하는 메커니즘이다. 특정인이 특정 구실을 기꺼이 떠맡도록 추동하는 메커니즘이다. 좀 더 간단하게 표현하면, 불평등은 개개인을 '동기화(動機化, motivation)'하는 메커니즘이다. 사회의 생존에는 중요하지만 까다롭고 힘든 사회적 기능이 존재하는데, 불평등은 개개인에게 이런 기능을 수행하려는 동기를 부여하는 제도이고, 그리하여 개개인을 사회구조 내부에 배치하는 제도라고 말할 수 있다. 사회는 개개인이 사회 위치에 부착된 의무를 기꺼이 다하도록 해야 하는데, 이를 정교하게 표현하면, 이런 동기화는 서로 구별되는 두 차원의 동기를 포함한다. 첫째, 사회는 개인에게 특정 위치에 도달하려는 열망을 부여해야 한다. 둘째, 사회는 개인에게 그 위치에 부착된 의무를 다하려는 욕망을 부여해야 한다. 개인에게 이런 두 동기를 부여하려면 차등 보상을 지급할 수밖에 없다. 이 보상이 물질적인 것에 그치는 것은 아니다. 보상은 다면적일 수 있다. 보상이 물질적 안락함을 포함하는 것은 말할 것도 없고, 즐거움이나 상쾌함 같은 심리적 만족도 내포한다. 자긍심과 같은 부수적 혜택도 망라한다. 물질적이고 심리적인 보상의 이러한 차등 지급이 불평등을 낳는다. 이처럼 사회적 불평등은 가장 적절한 능력이나 자격을 갖춘 인물이 가장 중요한 위치를 차지해 가장 중요한 기능을 수행할 수 있도록, 사회가 저절로 만들어낸 장치다. 불평등은 오랜 세월 동안 사회가 존속하는 과정에서 사회가 무심코 만들어낸 장치다. 달리 말하면, 불평등은 '무의식적으로 진화한 장치(unconsciously evolved device)'다.

아래의 〈그림 3-1〉은 이 논리를 도식으로 나타낸 것이다. 이 도식에서 가장 적합한 자격(qualification)을 갖춘 사람이 가장 중요한 사회적 위치를 차지하고, 가장 중요한 사회적 위치를 차지한 사람이 가장 높은 보상을 받는다. 그러므로 가장 적절한 자격(재능이나 훈련)을 갖춘 사람이 풍요롭게 살고, 적절하지 못한 자격을 소지한 사람은 가난하게 살게 된다.

〈그림 3-1〉 데이비스와 무어의 불평등 이론

가장 높은 보상 ← 가장 중요한 사회적 위치 ← 가장 적합한 자격을 갖춘 사람

이 그림과 앞의 논의로 짐작할 수 있듯, 차등 보상은 다음과 같은 두 요인 때문에 발생한다. 첫째, 차등보상은 사회적 위치의 중요성에 비례한다. 둘째, 차등보상은 자격이나 능력의 희소성과 연관된다. 사회 불평등이 사회마다 시기마다 다른 까닭은 위의 두 요인이 사회마다 시기마다

다르기 때문이고, 이 요인에 영향을 미치는 내외의 조건이 사회마다 시기마다 다르기 때문이다. 먼저 사회적 위치의 중요성이나 인재의 희소성 문제가 사회마다 시기마다 달라지는 상황을 살펴보자. 개별 사회에서 기술혁신이 일어나 특정 기능이 필요 없게 되는 경우가 발생한다. 예컨대 전기 자동차는 내연기관 자동차보다 차체를 구성하는 부품 수가 훨씬 적다. 그러므로 고장이 날 확률이 매우 낮다. 이런 조건에서는 자동차 정비사의 중요성이 낮아진다. 그러므로 이들의 보상은 예전보다 점차 낮아질 가능성이 크다. 그렇다고 사회적 위치의 기능적 중요성만 보상을 결정하는 것은 아니다. 자격이나 능력의 희소성도 보상에 영향을 미친다. 개별 사회에서 인재의 희소성이 해소되면 보상도 낮아진다. 자동차 고장 확률은 점차 줄어드는데도 자동차 정비사의 숫자가 줄지 않고 그대로 유지된다면 그들이 받는 임금이나 소득은 낮아질 것이다.

지금까지 사회적 위치의 중요성이나 자격의 희소성이 불평등(보상의 차이)에 미치는 영향을 살펴보았다. 이제 사회적 위치의 중요성이나 자격의 희소성에 영향을 미치는 사회의 내외 조건이 시기마다 사회마다 달라지는 것을 살펴보고, 이런 변화가 불평등을 좌우하는 상황을 알아보자. 우선 개별 사회의 내적 조건을 예를 들어 살펴보자. 한 사회의 내적 발전 정도가 낮다고 가정해보자. 이런 상황에서는 환자를 치료하는 의료기술 수준이 낮고, 그로 말미암아 의사의 기능적 중요성도 낮을 것이다. 이런 조건에서 의사는 환자를 성공적으로 치료하지 못할 것이므로 의사에게 높은 보상을 제공할 이유가 없다. 아니나 다를까, 근대 이전의 사회에서 의사는 그다지 중요한 직업이 아니었다. 그들의 보상도 그렇게 높지 않았을 뿐만 아니라 그들이 누리는 명예도 낮았다. 조선 시대에 의원(醫員)은 양반계급도 아닌 중인 신분이었다. 다른 한편, 사회의 내적 발전이 이루어져, 아주 중요한 새 직업이 출현했다고 하자. 이 직업에 종사하는 사람은 높은 보상을 받을 가능성이 높다. 예컨대 AI 개발 관련 직업에 종사하는 사람이나 양자 컴퓨터 제작 관련 직업에 종사하는 사람은 다른 직업에 종사하는 사람보다 더 많은 보수를 받을 가능성이 크다. 한 사회의 내적 발전이 불평등의 내용을 결정한다.

사회의 내적 발전은 말할 것도 없고 해당 사회가 처한 외적 상황도 사회적 위치의 중요성에 영향을 미친다. 특정 사회를 둘러싼 외부 상황이 좋지 않으면 군사적 기능이 중요해진다. 이 기능이 중요해지면 그 구실을 수행하는 군인이 높은 보상을 받게 된다. 과거 아메리카 원주민 사회에서 전사는 다른 어떤 직업보다 더 중요했고 가장 많은 수혜를 받았다. 근대에 들어서도 전쟁이 빈번하거나 군사적 위협이 컸던 시대에는 군인은 늘 중요했고 그들이 누리는 혜택은 크고 많았다(지금도 군인은 자신의 특혜를 유지하기 위해 외부의 군사적 위협을 과장하는 경우가 많다). 그러나 외부 상황이 안정적으로 바뀌면 군사적 기능은 덜 중요해지고 군인의 보상은 줄어든다. 수백 년 동안 외적의 침입이 없었던 조선 후기에는 군인에 대한 대우가 매우 박했다.

데이비스와 무어의 이론은 오늘날 불평등을 설명하는 가장 유력한 이론이다. 이 이론에 기대지 않고는 불평등의 원인을 말하기 어려울 정도다. 이 이론은 보상이 능력(재능과 훈련)에 비례한다는 원리를 제시했다. 능력이 보상을 결정하는 사회는 능력제 사회인데, 데이비스와 무어는 현실 사회가 바로 이 능력제 사회라고 주장했던 셈이다. 뒤르케임은 현실 사회는 아직 능력제 사회가 아니고 그렇게 멀지 않은 장래에 능력제 사회에 근접할 것이라고 조심스럽게 예측했는데, 데이비스와 무어는 이런 조심성을 버리고 현실 사회가 곧 능력제 사회임을 과감하게 주장했다. 아울러 데이비스와 무어는 능력제 사회가 바람직한 사회이며, 그러므로 불평등은 불가피하다는 견해도 내비쳤다.

그런데 구조기능주의가 내세우는 것처럼, 현실 사회는 과연 능력제 사회인가? 능력(재능과 노력)이 보상을 결정하는 사회인가? 조금 뒤에 보겠지만, 그렇다고 보기 어렵다. 데이비스와 무어의 가정과는 달리, 현실 사회는 능력제 사회가 아니다. 많이 양보해서, 현실 사회가 능력제 사회에 가깝다고 가정해보자. 이런 능력제는 과연 바람직한 제도인가? 이 질문에 대한 대답도 부정적이다. 능력제는 그렇게 바람직한 제도가 아니다. 능력주의를 둘러싼 이런저런 비판은 이 장의 3절에서 다시 살펴보기로 하고, 우선 데이비스와 무어의 불평등 이론을 직접 비판한 논설을 들어보자.

## 구조기능주의 계층이론 비판

일찍이 튜민(Tumin, 1953)은 데이비스와 무어의 구조기능주의 계층 이론을 조목조목 비판했다. 이 비판은 차례로 하나씩 살펴볼 만한 가치가 있다.

첫째, 구조기능주의는 사회적 위치의 기능적 중요성이 서로 다르고, 특정 위치가 다른 위치보다 사회의 생존에 더 중요한 기능을 수행한다고 가정하는데, 특정 위치가 다른 위치보다 더 중요한 것인지를 우리가 어떻게 알 수 있는가? 가수나 배우가 사회의 생존에 더 중요한가, 농부가 더 중요한가? 법률을 다루는 변호사가 더 중요한가, 상선이나 군함을 제조하는 노동자가 더 중요한가? 시장이나 군수라는 자리와 그 자리가 수행하는 기능이 더 중요한가, 거리나 건물을 치우는 환경미화원의 구실이나 기능이 더 중요한가? 얼핏 보기에는 가수나 배우, 변호사, 시장이나 군수 등이 농민, 노동자, 환경미화원보다 더 중요한 자리이고 이런 위치가 사회의 생존에 더 중요한 기능을 수행하는 것 같다. 사회적 평가(사람들의 평가)가 그러하기 때문이다. 그러나 논리적으로 따지면 전자가 후자보다 더 중요하다고 판정하기는 그렇게 쉽지 않다. 그런데도 전자가 후자보다 사회에 더 기능적이라고 주장하는 것은 현재의 불평등 상태를 두둔하고 이를 정당화하거나 합리화하는 이데올로기일 가능성이 높다. 배우나 가

수가 농민보다 사회 생존에 더 중요한 기능을 수행한다고 주장하는 것은 배우나 가수의 높은 보수를 옹호하고 정당화하는 이데올로기일 가능성이 크다.

둘째, 기능적으로 중요한 위치에 더 많은 보상을 줄 수밖에 없는데, 그 이유는 숙련의 희소성 때문이다. 기능적으로 중요한 위치에 적합한 숙련은 희소한데, 바로 그 때문에 숙련을 보유한 사람에게 더 많은 보상을 지급할 수밖에 없다고 구조기능주의 이론은 주장한다. 그러나 숙련 보유자에게 더 많은 보상을 지급하는 것을 정당화하려면, 숙련을 획득하는 기회가 균등해야 한다. 가난해도 재능이 있으면 숙련을 획득할 수 있어야 하고, 부유해도 선천적 재능이나 후천적 노력이 없으면 숙련을 갖출 수 없는 사회가 되어야 한다. 가난한 사람은 숙련을 갖출 수 없고 부유한 사람만 숙련을 얻을 수 있으면 숙련에 대한 보상은 정당하다고 판단할 수 없다(그런 사회에서 숙련에 대한 보상은 사실상 출신배경에 대한 보상이다). 그런데 현실 사회에서 기회는 충분히 균등한가? 그렇다고 선선히 대답하기 어렵다. 현실 사회에서 불평등은 널리 퍼져 있고, 이 불평등은 기회균등에 적대적이기 때문이다. 사회의 계층구조가 굳어 있을수록 개개인의 재능을 발견하기는 쉽지 않다. 부모가 가난하면 자녀는 자신의 재능을 발견하기 어렵다. 재능을 발견했다 하더라도 재능을 다듬거나 벼려서 숙련을 만들어내는 것도 그렇게 쉽지 않다. 가난한 집 자녀는 재능을 다듬거나 연마하는 데에 시간과 노력을 충분히 쏟을 수 없기 때문이다. 그러므로 숙련을 갖춘 소수의 사람들에게 충분한 보상을 지급해야 한다는 기능주의 논리는 생각만큼 그렇게 정당하지 않다.

셋째, 재능을 숙련으로 바꾸려면 상당한 훈련기간이 필요하고, 이 훈련기간은 희생을 수반하므로 이 훈련을 받는 사람에게 더 많은 보상을 주어야 한다고 구조기능주의는 주장한다. 여기서 말하는 희생이란 비용인데, 이 비용은 직접비용과 간접비용으로 대별할 수 있다. 직접비용은 훈련할 때 쓰는 비용이고, 간접비용은 훈련을 받지 않고 다른 직업에 취업했을 때 벌 수 있었으나 훈련 때문에 포기한 방기소득(放棄所得, foregone earnings)을 말한다. 직접비용이든 간접비용이든, 훈련을 받을 때 많은 비용을 치렀기 때문에 더 많은 보상을 주어야 한다는 논리는 다음과 같은 몇 가지 문제를 안고 있다. ① 훈련비용은 흔히 훈련 받는 당사자가 아니라 그 사람의 부모가 지불한다. 그러므로 자녀는 자신의 훈련비용 때문에 보상을 받는 것이 아니라 자신의 사회적 위치 때문에 보상을 받는 셈이다. 가족배경을 보상하는 것은 부당한 일이다. ② 훈련을 마친 후에 받는 차등 보상은 비용을 초과하는 경우가 흔하다. 비용을 초과한 보상은 정당화하기란 그다지 쉽지 않다. ③ 훈련 기간은 반드시 희생으로 이루어져 있지 않다. 훈련을 받는 사람은 훈련 기간 중에 다양한 심리적 만족을 누린다. 높은 위세와 긴 여가 시간을 누리는 것은 말할 것도 없고, 자아 발전 기회를 향유하거나 성인의 의무(가족 부양 등) 실행을 연기하기도 한다. 예컨대 대학 졸업자는 고등학교를 졸업하고 바로 취업한 사람보다 더 많은 심리적 만족을 느낀다. 그러므로 훈련이 희생이라는 판단은 불합리하다. 훈련기간 동안에 치른 비용을 모두 보전해주어야 한다는 주장도 허튼소리다.

넷째, 재능 있는 사람이 희생을 감수하고 훈련을 받게 하려면 차등 보상을 제공해야 한다는데, 재능 있는 사람을 동기화하는 방법이 오직 물질적 혜택뿐인가? 일하는 기쁨, 일하려는 본능 충족, 내재적 만족 등으로 동기화할 수는 없는가?

다섯째, 중요 위치를 차지한 사람에게 특혜(privilege)와 혜택(benefit)을 부여해야 하는데, 이 특혜와 혜택의 주요 내용은 ① 물질적 풍요(생계유지와 안락함), ② 즐거움과 유쾌함, ③ 자긍심과 자아 발전 등이라고 기능주의는 주장한다. 이런 특혜와 혜택의 차등 지급은 자연스럽게 위신과 존경의 분화를 야기하므로 사회의 불평등을 제도화한다. 그러나 사람들을 동기화하기 위해서 물질적 혜택과 사회적 위신을 모두 다 주어야 하는가? 과도한 보상이 아닌가? 물질적 보상을 주되, 위신과 존경은 주지 않아도 되지 않은가?

여섯째, 기능주의는 불평등이 사회의 생존에 기여한다고 말한다. 사회의 생존에 기능적이라고 주장한다. 그러나 불평등은 사회의 생존에 순기능(順機能)만 수행하는 것은 아니다. 불평등은 결코 만만치 않은 역기능(逆機能)이나 부작용도 초래한다. 불평등이 불러일으키는 역기능을 살펴보자. ① 사회의 계층체계는 사람들에게 훈련이나 신규채용 가능성을 불균등하게 제공함으로써 재능의 발견 가능성을 제약한다. 불평등이 만연하면, 가난한 사람은 자신의 재능을 쉽게 찾지 못한다. 그리하여 불평등은 한 사회의 생산 자원의 확장 가능성을 제약한다(이 책의 제7장 1절 참조). 불평등은 자원의 낭비와 비효율을 초래한다. ② 불평등은 현 상태를 두둔하는 이데올로기를 전파해 사회 발전을 저해한다. 더 나은 사회로 나아갈 수 있는 기회를 차단한다. ③ 불평등은 우호적 자아상(自我像)의 차등 배분을 낳는다. 부유한 사람은 자신을 좋게 평가하지만, 가난한 사람은 자신을 긍정적으로 평가하지 못한다. 그리하여 가난한 사람은 자신의 잠재능력을 실현하지 못하고 좌절하고 만다. ④ 불평등은 사람들의 적대감과 의심, 불신을 키워 사회 통합을 저해한다. 사회자본(사회적 신뢰)의 축적을 해쳐 사회의 질서유지 비용을 높인다. ⑤ 사회의 중요한 성원이라는 느낌은 사회의 위신 사다리에서 개인이 차지하는 위치에 달려 있다. 가난한 사람은 자신이 중요하지 않다는 느낌을 갖게 된다. 자신을 중요하게 바라보지 않는 사람이 사회발전에 기여하기 힘들다. ⑥ 사회의 중요한 성원이라는 느낌이 사회에 대한 충성심을 낳는 것이라면, 불평등은 성원의 충성심을 낮추는 데에 기여한다. ⑧ 사회의 중요한 성원이라는 느낌이 사회 참여를 결정하는데, 불평등은 성원의 사회 참여를 가로막는다.

기능주의 계층 이론에 대한 비판은 이처럼 근원적이면서 체계적이었다. 비판이 거세지면서 기능주의 이론의 타당성도 의심받아 이 이론은 널리 확산하지 못했다. 그러나 특별한 사건을 계기로 기능주의 이론에 대한 관심이 다시 커졌다. 서구의 학자들은 1980년대와 90년대에 소련과 동구의 사회주의가 붕괴하는 과정에서 미처 예상치 못한 두 가지 사실을 발견했다. 첫째, 사회주의 국가의 불평등은 자본주의 사회보다 결코 낮거나 적지 않았다. 지배층은 엄청난 부자였고, 노동자와 농민은 매우 가난했다. 평등을 슬로건으로 내세웠던 국가의 불평등이, 불평등을 자연스럽게 받아들이는 사회의 불평등보다 더 극심했다는 것은 하나의 아이러니였다. 둘째, 사회주의 사회의 생산력은 짐작했던 것보다 훨씬 더 낮았다. 서구 사람들은 냉전으로 말미암은 정보의 제약과 왜곡 때문에 사회주의 생산력의 실제 모습을 잘 몰랐다. 사회주의가 붕괴한 연후에야 비로소 실제의 생산력이 생각보다 훨씬 낮았다는 사실을 알게 되었다.

이 두 가지 사실 가운데에서 학자들의 관심을 끌었던 것은 두 번째 사실이었다. 사회주의 국가의 생산력은 매우 낮았는데 왜 그러했는가? 학자들은 이런 현상의 한 원인으로 노동자와 농민의 동기 결여를 들었다. 일을 하든 안 하든, 일을 많이 하든 적게 하든, 모든 사람이 균등한 보상을 받는 사회주의 체제에서 더 많이 노동하고 더 창의적으로 노동하려는 동기가 없었다(Lenski, 2001). 이렇게 동기 문제가 중요하다는 사실을 알게 되면서 사람들은 기능주의적 설명의 장점을 다시 인식하게 되었다. 동기화가 사회의 생존과 적응에 필수적이라는 사실을 받아들이는 것은 말할 것도 없고, 동기화 이면에 존재하는 차등 보상과 이로 말미암은 불평등은 불가피하다는 사실도 어느 정도 인정할 수밖에 없었다.

그러나 기능주의 이론이 이처럼 현상의 일부를 유효하게 설명할 수 있다고 해도, 이 이론은 여전히 다음과 같은 몇 가지 약점을 보인다. 첫째, 기능주의가 말하는 불평등의 기원은 역사적 사실과 일치하지 않는다. 과연 사회의 필요가 불평등을 만들어낸 것일까? 권력을 쥔 사람들이 강압적으로 불평등을 만들어낸 것은 아닐까? 지난 역사에서 부자는 사회에 중요한 기능을 수행했던 사람들이 아니고 어떤 방법으로든 권력을 장악했던 사람들이었다. 둘째, 기능주의는 현대 자본주의 사회의 불평등을 어느 정도 설명할 수 있지만 근대 이전 사회의 불평등은 설명하지 못한다. 기능주의는 '지위를 세습하는 안정된 사회'를 설명하는 힘이 미약하다. 세습 사회는 가장 중요한 위치에 가장 자격 있는 사람을 배치하지 않았다. 세습 사회는 가장 중요한 위치를 위계적 신분 순서로 채웠다. 가장 높고 가장 중요한 자리는 가장 자격 있는 사람이 아니라 가장 고귀한 사람이 차지했다. 그러므로 세습 사회에는 기능주의 이론을 적용하기 힘들다. 셋째, 기능주의 이론은 '권력 요소(power element)'를 간과했다. 기능주의 이론은 자원의 공급을 의도적으로 제약함으로써 얻는 과도한 물질적 혜택, 즉 지대를 무시했다. 기능주의는 사람들이 자격 부여(credentialing)나 조합 결성(unionization) 등과 같은 수법으로 지대를 만드는 과정을 외면했다.[2] 자격 부여나 조합 결성으로 숙련 공급을 인위적으로 조절하는 현실 과정은 불평등을 낳는 핵심 과정이지만, 기능주의는 이런 과정을 시야에서 놓침으로써 불평등의 기원을 파악하지 못했다. 중요한 위치와 기능 그 자체가 불평등을 만들어내는 것이 아니라 그런 위치에 접근할 수 있는 힘과 위치의 희소성을 유지하는 힘이 불평등을 지속한다는 사실을 기능주의는 간과했다. 의사와 변호사는 자신들이 수

---

2 지대(地代)는 토지나 건물을 남에게 빌려주고 받는 돈을 의미한다. 그러나 최근 들어 지대는, 재화나 서비스, 재산 등을 보유하거나 그것의 공급을 제한함으로써 올리는 수입이라는 뜻으로 그 의미를 확대했다. 생산활동으로 돈을 벌지 않는다는 점에서 지대는 다분히 기생적 수입이다. 이 지대는 돈 뿐만 아니라 명예로까지 적용범위를 넓힐 수 있다. 강준만(2019)은 한국의 대학이 지식을 생산하거나 지식의 품질을 높여 명문대학으로 성장했던 것이 아니라 수도권에 위치한다는 사실을 이용해 명문대학이 되었다고 보아 이들 대학을 지대 추구자(rent-seekers)라고 규정했다.

행하는 중요한 기능 때문에 더 많은 보상을 받는 것이 아니라, 의과대학이나 로스쿨(법학전문대학원)의 정원을 제한해 의사면허와 변호사 자격증의 희소성을 유지하는 힘을 갖추었기 때문에 더 많은 보상을 받는다는 사실을 기능주의는 망각했다.

## 2. 신고전파 경제학 이론

경제학에서 주목할 만한 분배이론은 여러 가지다. 먼저 노동소득과 자본소득의 상대적 분배를 논의하는 이론이 있는가 하면, 노동소득의 분배/불평등을 다룬 이론과 재산(자본)소득의 분배/불평등을 다룬 이론도 있다(이정우, 2010: 294). 여기에서는 노동과 자본의 상대적 분배를 개관한 다음, 노동소득의 결정 요인을 자세히 알아보고자 한다. 좀 더 구체적으로 말해, 신고전파 경제학의 한계생산성이론으로 노동소득과 자본소득의 상대적 분배를 알아보고, 인간자본이론으로 노동소득의 분배를 살펴보고자 한다. 이들 이론은, 비록 그 외관은 다르지만, 데이비스와 무어의 이론과 여러모로 흡사하다.

### 리카도의 차액지대론

한계생산성이론의 등장으로 오늘날 뒷전으로 물러나기는 했지만, 소득의 상대적 분배를 선명하게 이해하기 위해 리카도(D. Ricardo)의 차액지대론(差額地代論, the differential rent theory)을 알아보자(오늘날 사람들은 이 차액지대론을 제대로 된 지대이론이라고 생각하지 않는다. 표준적 지대이론은 우리 주위에서 쉽게 볼 수 있는 경제학 교과서를 보라). 리카도는 토지의 생산물을 지주, 노동자, 자본가가 서로 나눈다고 보았다. 리카도의 이론에서 총생산물은 지대, 임금, 이윤의 순서로 분배된다. 지대는 한계 원리(marginal principle), 즉 평균지와 한계지의 생산성 차이로 결정된다. 지대는 평균적 비옥도의 토지(평균지)에서 얻는 생산물과 가장 척박해서 가장 나중에 경작되는 토지(한계지)에서 얻을 수 있는 생산물 차이로 결정된다. 〈그림 3-2〉의 (a) 패널에서 X축은 농업 부문에 고용된 노동력의 크기(L)를 나타내며, Y축은 생산량(Q)을 나타낸다. APL과 MPL은 각각 노동의 평균생산성과 한계생산성을 나타내는 곡선이다. 현재 고용한 노동력의 크기가 ON이라고 하면 노동의 평균생산성은 NY'이고 한계생산성은 NP'다. 노동의 평균생산성과 한계생산성의 차이는 Y'P'인데, 이것은 평균적 비옥도의 토지와 마지막으로 경작되는 한계지 사이의 생산성 차이를 반영한다. 이 차이와 노동력 크기의 곱, 즉 PYY'P'이 지대이다. 임금은 최저생계비(OW)로 지급되므로 임금 총액은 OWW'N이고, 이윤은 지대와 임금을 제외한 WPPW'이다.

〈그림 3-2〉 리카도의 상대적 분배

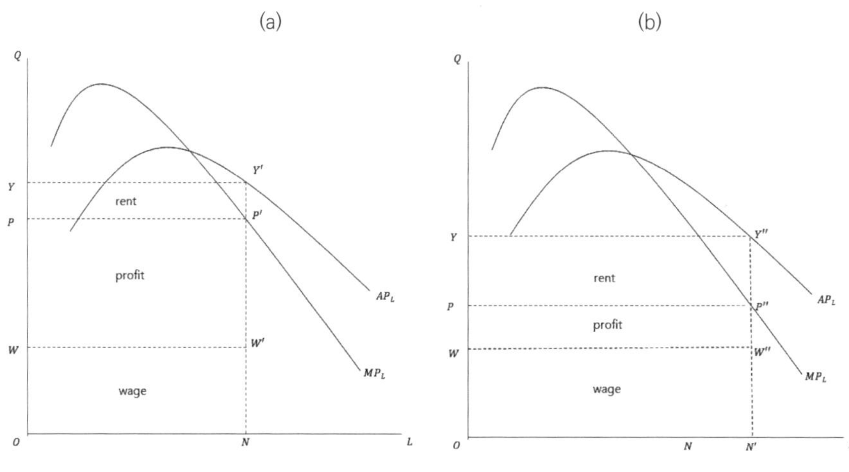

장기적으로 임금은 계속 생존 수준에 머무를 것이지만, 인구가 증가하고 그로 말미암아 한계지가 확대하면서 지대의 몫이 점점 늘어날 것이므로, 결국 이윤의 몫은 점차 줄어들 것이라고 리카도는 판단했다. 〈그림 3-2〉의 (b) 패널에서 보듯, 한계지가 늘어나면서 노동력 크기가 ON에서 ON'으로 바뀌면, 총생산물에서 지대가 차지하는 상대적 비율은 늘고 이윤의 비율은 확연히 줄어든다. 그 결과 자본축적은 점차 쇠퇴하고 자본주의는 정상상태(定常狀態)에 빠질 것이라고 예측했다.[3]

## 신고전파 이론

오늘날 사람들은 생산 요소에 배분되는 보상의 상대적 배분을 리카도의 이론으로 설명하지 않는다. 오늘날 사람들은 신고전학파의 요소가격이론으로 상대적 분배를 설명한다(cf. 류동민 · 주상영, 2015; 신봉호, 2018; Borjas, 2016; McCornell, Brue, and Macpherson, 2016). 산업사회에서 생산에 투입하는 주요 요소는 자본과 노동, 두 가지다.[4] 그러므로 생산함수는 다음 방식으로 표현할 수 있다(여기서 Y는 생산량, L과 K는 각각 노동과 자본의 투입량을 나타낸다).

$$Y = f(L, K)$$

---

3 정상상태(stationary state)는 자연과학에서 쓰는 용어다. 자연과학에서 이 용어는 시간이 흘러도 물체의 운동이 변하지 않는 상태를 뜻한다. 유체역학이나 열역학에서는 유체나 기체의 불변상태를 정상류(定常流, stationary flow)라고도 부른다. 경제학도 정상상태를 대략 이런 의미로 쓴다. 시간이 흘러도 바뀌지 않는 경제상태를 지칭한다. 그러나 이런 번역어는 어쩐지 일본어 냄새를 풍긴다. 차라리 정체상태(停滯狀態)나 고착상태(固着狀態)라고 번역하는 편이 더 낫지 않을까?

4 오늘날 학자들은 고전경제학자와는 달리 토지를 중요한 생산요소로 생각하지 않는다. 세상(자본주의)의 변화를 실감케 한다. 이론은 세상의 변화에 발맞추어 바뀐다.

일정 생산량을 산출하기 위해 노동과 자본을 얼마나 투입하고, 어떤 비율로 투입할 것인가? 노동과 자본의 가격이 그 수량과 비율을 결정할 것이다. 그렇다면 노동과 자본의 가격은 어떻게 결정되는가? 먼저 노동 가격의 결정 과정을 알아보자. 노동의 가격은 노동의 수요와 공급이 결정한다. 시장의 노동 수요는 개별 기업의 노동 수요의 총합이다. 그러므로 개별 기업이 어떤 기준으로 노동을 필요로 하는지 간단한 가상 예로 쉽게 이해해보자.

한 농장에서 노동자 한 명을 고용하면 하루에 500개의 사과를 더 딸 수 있고, 이 사과를 시장에 내다 팔면 사과 하나당 500원을 받는다고 가정해보자. 그리고 노동자 한 명을 고용하면 일당 20만 원이 들어간다고 가정하자. 이 농장주는 노동자를 고용할 것인가? 아마도 고용할 것이다. 노동자 한 명을 고용하면 수입은 하루 25만 원(=500×500)인데, 임금으로 지출하는 비용은 20만 원이어서 조금이나마 수익이 생기기 때문이다. 일반적으로 기업은 마지막 단위의 노동을 고용했을 때 발생하는 매출액의 증가분(增加分)과 그 노동 한 단위를 고용하기 위해 추가로 지출해야 하는 비용의 증가분을 비교해, 그 두 증분(增分)이 같은 지점에서 노동의 수요량을 결정한다. 그래야 수익이 최대가 되기 때문이다. 추가로 투입한 노동으로 얻는 매출액의 증분을 노동의 한계수입생산물(marginal revenue product of labor; MRPL)이라고 하는데, 이는 노동의 한계생산력(marginal product of labor; MPL)과 생산물의 한계수입(marginal revenue; MR)을 곱한 값으로 나타낼 수 있다.

$$MRP_L = MR \cdot MP_L$$

완전경쟁 생산물시장에서 생산물의 한계수입(MR)은 생산물의 가격(P)이고, 또 노동의 한계수입생산물은 노동의 한계생산물 가치(value of marginal product of labor; VMPL)라고 부르기도 하므로, 위 식은 다음과 같이 고쳐 쓸 수 있다.

$$VMP_L = P \cdot MP_L$$

다른 한편, 노동 한 단위를 추가로 고용하기 위해 지출해야 하는 비용의 증가분, 즉 노동의 한계비용(marginal expense of labor; MEL)은 시장 임금이다. 다시 말해 노동을 한 단위 더 고용하려면 시장 임금만큼 추가로 지불해야 한다. 시장 임금을 $w$이라고 하자. 이런 조건에서 고용주는 이 둘, VMPL과 $w$가 서로 같은 지점에서 고용량을 결정한다.

$$VMP_L = w$$

지금까지 개별 기업의 이윤극대화를 위한 고용조건을 수식으로 나타냈다. 이를 〈그림 3-3〉으로 표현해보자. VMPL은 우하향의 곡선이다. 왜냐하면 노동자의 한계생산성(MPL)은 수확체감의 법칙 때문에 점차 줄어들기 때문이다(예컨대 열 명의 노동자가 100만큼을 생산하고 있는데, 한 명을 더 채용하면 열한 명의 노동자가 110을 생산하는 것이 아니라 그보다 낮은 수량, 예컨대 109이나 108을 생산한다. 생산요소를 추가해도 생산량이 비례적으로 늘지 않는 현상을 수확체감의 법칙이라 한다). 다른 한편, 노동의 한계비용이 $w_1$이라고 가정하면 VMPL = $w_1$이 되는 지점의 노동량($L_1$)을 결정하고, 노동의 한계비용이 $w_0$이라고 가정하면 VMPL = $w_0$이 되는 지점의 노동량($L_0$)을 결정한다. 이런 과정을 지켜보면 VMPL곡선 그 자체가 노동의 수요곡선이라고 말할 수 있다. 임의의 시장가격(임금)에서 기업이 선택하는 최적 고용량은 언제나 VMPL 곡선 위에 있기 때문이다. 노동의 시장 수요곡선은 개별 기업의 이 수요곡선을 수평으로 모두 합한 것이다. 그러므로 노동의 시장 수요곡선도 개별 기업의 수요곡선처럼 우하향하는 곡선이 된다.

〈그림 3-3〉 개별 기업의 노동 수요 곡선

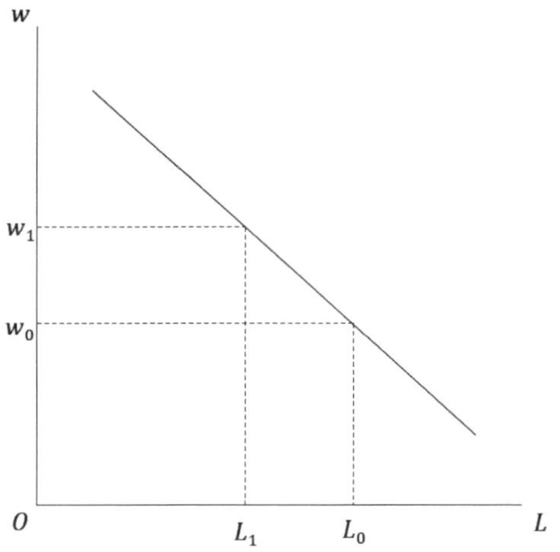


노동의 수요곡선을 도출했으니, 이제 노동의 공급곡선을 살펴보자. 노동의 공급자는 개인이나 가계(家計)다. 그러므로 개인이나 가계의 노동 공급 성향을 알아볼 필요가 있다. 가계의 노동공급곡선은 노동시간과 여가의 선택에서 도출할 수 있다. 임금 상승에 따른 가계의 노동공급곡선은 〈그림 3-4〉의 (a) 패널과 같다. 직관적으로 이 그림에서 돋보이는 것은 시간당 임금(임금률)이 높아지면서 노동공급이 줄어드는 후방굴절효과다. 후방굴절효과(backward bending effect)가 나타나는 이유는 소득효과나 대체효과의 개념으로 설명할 수 있다. 임금이 높아지면 여가의 기회비용이 높아져서 여가를 기피하고 노동공급을 늘리는데, 임금 상승이 이런 선택을 부추기는 작용을 대체효과(substitution effect)라 한다. 이와 달리, 임금이 높아지면 노동시간을 줄이고 여가를 늘리는데, 임금 상승이 이런 선택을 종용하는 작용을 소득효과(income effect)라고 한다. 가계의 노동공급에서 후방굴절효과가 나타나는 것은 일정 수준 이상으로 임금이 상승하면 소득효과가 대체효과보다 더 커지기 때문이다.

〈그림 3-4〉 가계의 노동공급곡선과 시장의 노동공급곡선

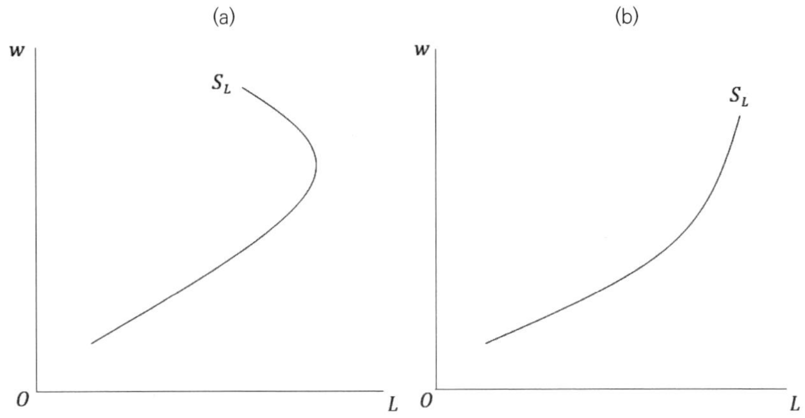


기업의 노동수요곡선을 수평으로 합하면 시장의 노동수요곡선이 되듯이, 가계의 노동공급곡선을 수평으로 모두 합하면 시장의 노동공급곡선이 된다. 그러나 〈그림 3-4〉의 (b) 패널에서 보듯, 시장의 노동공급곡선은 가계의 공급곡선과 달리 우상향의 곡선 모습을 띤다. 후방굴절효과가 보이지 않는다. 왜 그러한가? 현재의 임금 수준에서 매우 큰 폭의 임금 상승이 일어나는 경우는 거의 없으므로, 임금이 높아지면 현재의 시장 임금수준에서 소득효과는 별로 없고 대체효과가 지배적으로 나타나기 때문이다(Borjas, 2016).[5]

지금까지 노동의 시장수요곡선과 시장공급곡선을 도출했다. 노동시장의 균형은 이 두 곡선이 만나는 지점에서 이루어진다. 〈그림 3-5〉에서 보는 것처럼 이 지점(E)의 균형임금은 $w^*$이고, 균형 노동량은 $L^*$이다. 사각형 $Ow^*EL^*$의 면적은 전체 노동자의 총소득이다. 물론 이 면적은 임금×노동량($w^*L^*$)이라고 표기할 수도 있다.

5 그러나 장기간에 걸친 실질임금의 상승을 추적하면 시장공급곡선에서도 후방굴절현상이 나타나기도 한다.

〈그림 3-5〉 노동시장의 균형

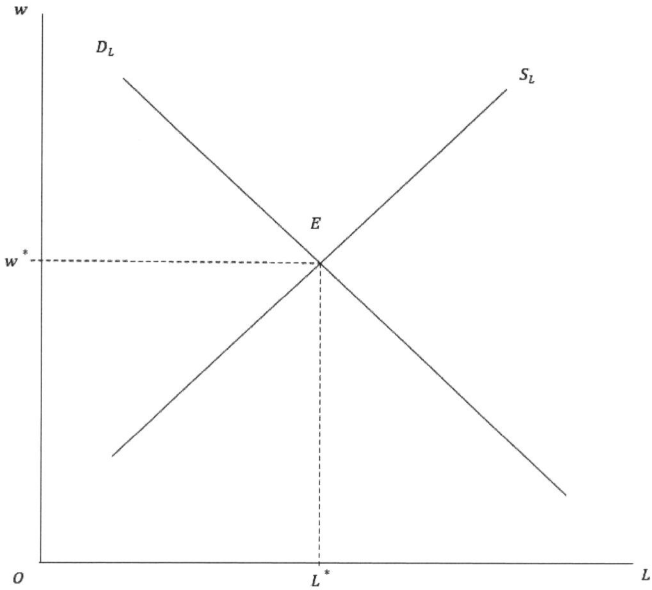


지금까지 우리는 노동시장의 균형을 살펴보았다. 그런데 자본시장의 균형은 어떠한가? 이 역시 노동시장의 균형과 같다. 자본의 한계생산물 가치는 다음과 같고,

$$VMP_K = P \cdot MP_K$$

자본 한 단위를 추가로 사용하기 위해 지출해야 하는 비용의 증가분, 즉 자본의 한계비용(marginal expense of capital; MEK)은 자본의 현재가치다. 자본의 현재가치를 $c$라고 하자. 몇 가지 조건 아래서 이 $c$는 시장의 이자율($r$)과 같다. 그러므로 자본은 VMPK과 $r$이 같은 지점에서 그 사용량을 결정할 수 있다.

$$VMPK = r$$

자본시장의 균형은 이 두 곡선이 만나는 지점에서 이루어진다. 〈그림 3-6〉에서 보다시피, 자본의 한계생산물 가치는 수확체감의 법칙 때문에 우하향하고, 시장 이자율은 수평이다. 이 두 직선이 만나는 지점의 시장 이자율은 $r^*$이고, 균형 노동량은 $K^*$이다. 사각형 $Or^*EK^*$의 면적은 전체 자본의 총수익이다. 물론 이 면적은 임금×자본량($r^*K^*$)이라고 표기할 수도 있다.

〈그림 3-6〉 자본시장의 균형

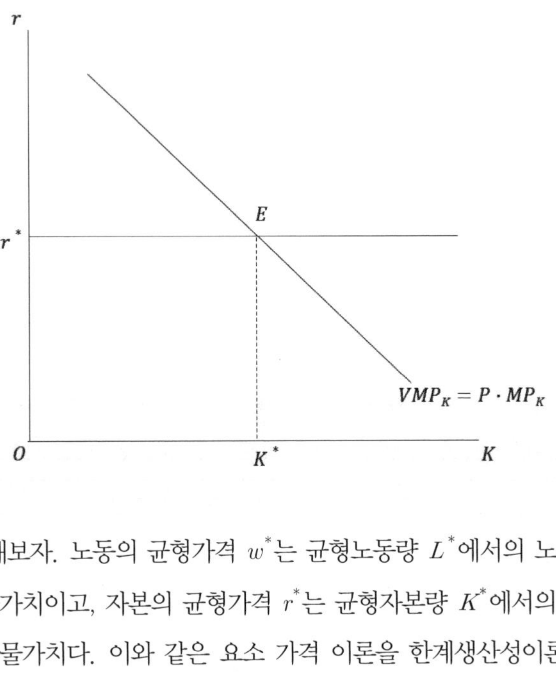


정리해보자. 노동의 균형가격 $w^*$는 균형노동량 $L^*$에서의 노동의 한계생산물가치이고, 자본의 균형가격 $r^*$는 균형자본량 $K^*$에서의 자본의 한계생산물가치다. 이와 같은 요소 가격 이론을 한계생산성이론이라고 부르는데, 이 이름은 생산요소에 대한 수요곡선이, 생산물의 수요곡선과 달리, 그 요소의 한계생산물가치에서 도출된다는 점을 강조한다. 이 이론에서 생산요소의 가격은 그 요소의 한계생산물가치와 일치한다. 그러므로 그 생산요소(노동과 자본)는 정확히 생산에 기여하는 가치만큼 보상을 받는다고 말할 수 있다(신봉호, 2018). 그런데 개별 요소가 생산에 기여한

상대적 정도는 어떠한가? 노동이 생산에 더 많이 기여하는가, 자본이 더 많이 기여하는가? 더 많이 기여한 쪽이 더 많은 배분을 받을 것이다. 상대적 기여도(상대적 배분율)는 다음과 같은 수식으로 계산할 수 있다.

$$\frac{\text{자본소득}}{\text{노동소득}} = \frac{Or^{*}EK^{*}}{Ow^{*}EL^{*}} = \frac{r^{*}K^{*}}{w^{*}L^{*}} = \frac{r}{w}\frac{K}{L}$$

이미 밝혔지만, 신고전학파의 한계생산성이론은 개별 생산요소가 총생산물 생산에 기여한 만큼 분배받는다는 사실을 내보임으로써, 그리하여 공정하게 분배받는다는 함의를 내보임으로써, 소득 불평등을 정당화한다. 앞에서 언급한 구조기능주의를 연상케 한다. 그러나 구조기능주의 이론이 그러하듯, 신고전파의 한계생산력이론도 결코 적지 않은 단점을 내포한다. 이 단점에 대해서는 이정우(2010), 류동민·주상영(2015), 신봉호(2018) 등을 참고하라.

## 인간자본 이론

지금까지 자본소득과 임금소득의 상대적 비율을 살펴보았다. 지금부터는 임금소득의 결정 요인을 살펴보자. 앞에서 본 한계생산력이론은 노동이 모두 균질적이라고 가정했지만 현실적으로 노동은 모두 이질적이다. 어떤 노동자는 고도의 지식이나 숙련, 적응력을 갖추고 생산활동에 종사하는가 하면, 다른 노동자는 지식이나 숙련도, 적응도가 낮은 상태에서 생산에 참여한다. 노동자가 생산에 동원할 수 있는 이런 속성, 예컨대 노동자가 체화한 지식이나 숙련, 적응력을 인간자본이라 한다.[6] 인간자본이 크거나 많으면 생산성이 높아져서 임금도 높아질 것이고, 인간자본

6 더 구체적인 인간자본 정의에 대해서는 제1장의 각주 3을 보라.

이 작거나 적으면 생산성이 낮아져 임금도 낮아질 것이다. 요컨대 인간자본의 차이는 임금 불평등을 야기한다.

〈그림 3-7〉은 2013년 미국의 25~64세 노동인구의 학력별 노동시장 특징을 보인 것이다. 이 그림을 보면, 학교 교육의 수준이 높아지면 경제활동참가율이 높아지고 실업률은 낮아진다. 또 교육수준이 높으면 연소득도 높아진다. 고등학교 졸업 학력자는 연간 약 35,000달러를 벌었지만 대학 졸업자는 두 배 이상인 73,000달러를 벌었다. 왜 그러한가? 왜 대학 졸업자는 고등학교 졸업자보다 더 많은 소득을 올렸는가? 아마도 학교 교육이 노동자의 생산성을 높였기 때문일 것이다. 인간자본이론은 이처럼 학교 교육이 생산성을 높일 것이라고 가정한다. 그런데 이렇게 교육을 많이 받으면 소득이 높아지는 것이 분명한데도 모든 사람이 더 높거나 많은 교육을 받지 않는다. 혹자는 대학에 가고, 혹자는 고등학교 졸업이나 고등학교 중퇴로 학력을 마친다. 도대체 어떤 사람이 더 많은 인간자본을 축적하는가? 누가 얼마나 인간자본에 투자하는가?

〈그림 3-7〉 미국의 학력별 노동시장, 2013년(25~64세)

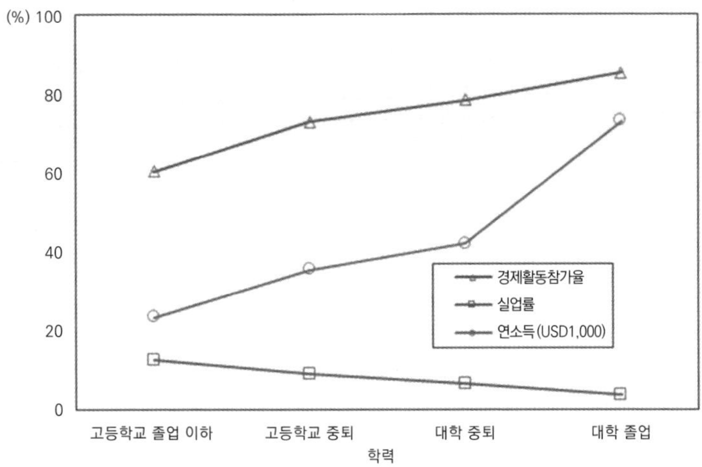


출처: Borjas(2017: 253, 〈표 6-2〉)

어떤 사람들이 어느 정도의 학력을 갖추는지를 알아보기 전에 몇 가지를 가정하자. 첫째, 사람들은 평생 벌 수 있는 소득의 현재가치를 극대화하는 데에 관심을 둔다. 교육의 소비재적 가치, 말하자면 교육의 비금전적 가치에는 관심을 두지 않는다. 둘째, 학교 교육 이외에 추가적인 직업 훈련은 없다. 셋째, 학교에서 배운 기술이나 지식의 가치는 시간이 지나도 줄어들지 않는다. 그리하여 생산성은 변하지 않으며 실질소득도 변하지 않는다. 넷째, 근로자는 학교를 졸업한 후에 곧바로 취업하고, 65세까지 퇴직하지 않고 계속 근무한다. 이런 가정으로 연령별 평균 소득 곡선, 즉 연령-소득 곡선(age-earnings profile)을 그리면 〈그림 3-8〉과 같다.

어떤 사람이 고등학교를 졸업한 후 곧바로 노동시장에 들어가면, 직장을 그만둘 때까지 47년 동안 연간 $w_H$를 번다. 그 사람이 4년제 대학에 진학하면 1년에 $w_H$씩(기회비용, F)을 포기하고, 학비나 책값 등 각종 경비로 H만큼의 직접비용을 지출한다. 그리고 학교 졸업 후 은퇴할 때까지 연간 $w_C$를 번다. 고학력자를 채용하려면 고용주는 더 높은 임금을 지불해야 할 것이므로, $w_C > w_H$다.

〈그림 3-8〉 연령-소득 곡선

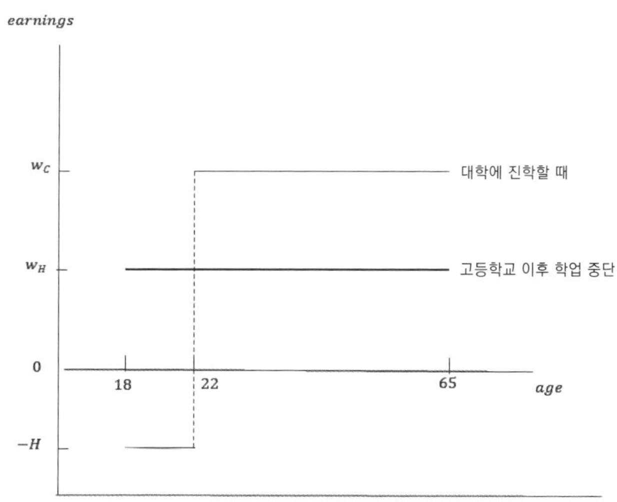

근로자가 고등학교 교육만 받는다면 소득흐름의 현재가치는 다음과 같다(여기서 $r$은 근로자의 시간 선호 할인율이다. 시간 선호란 현재 소득을 미래 소득보다 더 중시하는 정도를 말한다).

$$PV_H = w_H + \frac{w_H}{1+r} + \frac{w_H}{(1+r)^2} \cdots \frac{w_H}{(1+r)^{46}}$$

근로자가 대학을 졸업하면, 그가 벌 수 있는 소득의 현재가치는 다음과 같다. 첫 네 항에 있는 H는 대학교육의 직접비용이고, 뒤의 항목은 대학을 졸업한 후 받는 임금의 현재가치다.

$$PV_C = -H - \frac{H}{(1+r)} - \frac{H}{(1+r)^2} - \frac{H}{(1+r)^3} + \frac{w_C}{(1+r)^4} + \frac{w_C}{(1+r)^5} \cdots \frac{w_C}{(1+r)^{46}}$$

사람은 누구든 평생소득의 현재가치를 극대화하고자 한다. 만일 대학교육을 받았을 때 평생소득의 현재가치가 고등학교만 졸업했을 때 얻는 평생소득의 현재가치보다 크다면, 즉 $PV_C > PV_H$ 라면, 근로자는 대학 진학을 선택할 것이다. 간단한 예로 상황을 쉽게 이해해보자. 어떤 사람이 두 기간만 살고 두 가지 교육만 선택할 수 있다고 가정해보자. 전혀 학교를 다니지 않을 때에는 두 기간에 모두 200만 원을 번다고 하자. 이 소득의 현재가치는 다음과 같다.

$$PV_0 = 200 + \frac{200}{1+r}$$

이와 달리 첫 번째 기간에는 학교를 다니는데, 50만 원이라는 비용이 들어가고, 두 번째 기간에는 470만 원을 번다고 가정해보자. 이때 소득의 현재가치는 다음과 같다.

$$PV_1 = -50 + \frac{470}{1+r}$$

할인율($r$)이 5%이면, $PV_0$ =390.5만 원이고, $PV_1$ =397.6만 원이다. 그러므로 근로자는 대학 진학을 선택할 것이다. 그러나 할인율이 15%라면 상황이 달라진다. $PV_0$ =374만 원이고 $PV_1$ =359만 원이다. 그러므로 근로자는 대학 진학을 포기할 것이다. 그런데 이 할인율은 어떻게 결정되는가? 사람들의 시간 선호도가 이를 결정한다. 현재지향적인 사람, 즉 미래 소득보다 현재 소득을 중시하는 사람의 할인율은 높을 것이고, 이 사람은 학교 교육에 좀처럼 투자하지 않을 것이다. 대체로 가난한 사람은 부유한 사람보다 현재 소득을 더 중시한다(Borjas, 2016: 258). 그러므로 가난한 사람은 부유한 사람보다 학교 교육에 덜 투자한다.

〈그림 3-9〉 임금-학력 곡선

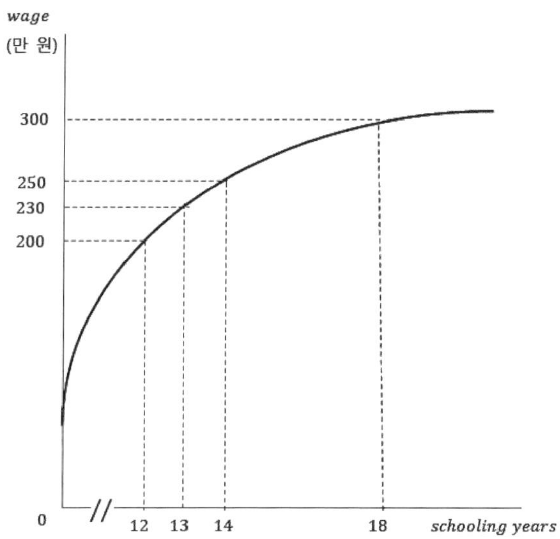


지금까지 우리는 학력 결정을 현재가치라는 개념으로 이해했다. 그러나 학력 결정을 다른 방식으로도 이해할 수도 있다. 학교 교육의 한계수익률을 계산하고, 이를 할인율과 비교하는 방법이 바로 그것이다. 〈그림 3-9〉는 임금-학력(wage-schooling) 곡선으로 고용주가 각 학력 수준의 근로

자에게 지불하는 급여를 나타낸다. 근로자가 12년간 학교를 다녔다면(고등학교를 졸업했다면) 월 200만 원을 받고, 18년간 학교를 다녔다면(석사 학위를 받았다면) 월 300만 원을 받는다. 이 임금-학력 곡선은 시장이 결정한다. 시장이 임금을 결정한다는 말은 개별 근로자에 대한 수요와 공급이 학력별 임금을 결정한다는 것을 의미한다. 이런 의미를 개별 근로자의 관점에서 파악하면, 각 학력수준의 임금은 미리 정해져 있다고 말할 수 있다.

임금-학력 곡선은 다음과 같은 특성을 보인다. ① 이 곡선은 우상향한다. 학력이 높으면 임금도 높다. ② 임금-학력 곡선의 기울기를 계산할 수 있다. 이 기울기는 학교에 1년 더 다닐 경우 임금이 얼마나 높아지는지를 보인다. ③ 임금-학력 곡선은 오목하다. 학교에 1년씩 더 다닐 때마다 늘어나는 지식의 양은 점점 줄어들고, 늘어나는 임금의 크기도 점점 작아진다. 수확체감 법칙 탓이다.

〈그림 3-10〉 학력 결정

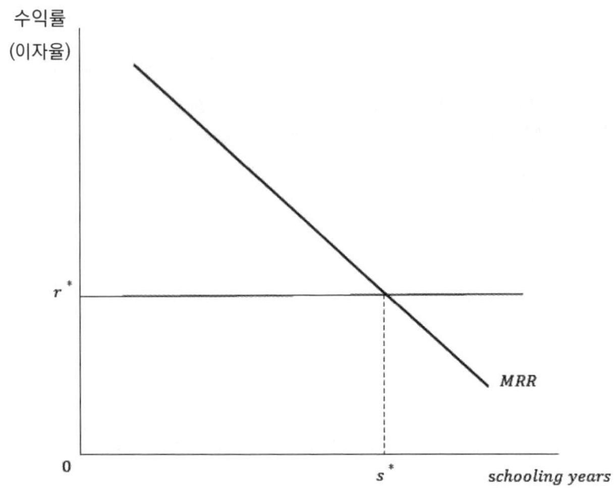




앞의 두 번째 특성에서 보듯, 임금-학력 곡선의 기울기는 학교를 1년 더 다닐 때 얻을 수 있는 임금 증가분을 나타낸다. 예컨대 〈그림 3-9〉에

서 대학 첫 해를 다니면 근로자는 30만 원을 더 받을 수 있다. 다른 말로 표현하면, 고등학교를 졸업한 뒤에 학교를 1년 더 다니면 임금이 15퍼센트(=30×100/200) 늘어난다. 이렇게 학교에 1년 더 다님으로써 생긴 소득의 (백분율) 증가분을 학교 교육의 한계수익률(marginal rate of return to schooling; MRRS)이라고 한다. 앞의 세 번째 특징에서 보듯, 임금-학력 곡선은 오목하기 때문에 학력의 한계수익률은 학력이 높아질수록 점차 줄어든다. 예컨대 〈그림 3-9〉에서 대학의 두 번째 해의 한계수익률은 15퍼센트가 아니라 약 8.7퍼센트(=20*100/230)에 불과하다. 학력이 한 해 늘어날 때마다 생기는 급여 상승폭은 학력이 높아질수록 점차 줄어든다. 그러므로 학교 교육의 한계수익률 곡선은 〈그림 3-10〉에서 보듯, 우하향하는 모습을 보인다.

근로자는 어떤 학력 수준을 선택할까? 근로자의 주관적 할인율을 $r^*$이라고 하자. 이 할인율은 학력수준과 무관하므로 완전히 탄력적인 모습을 보인다. 수평선의 모습을 띤다. 근로자의 최적 학력수준은 한계수익률 곡선과 할인율 곡선이 만나는 지점의 학력수준($s^*$)이다.

앞의 논의를 정리해보자. 첫째, 근로자가 언제 학교를 그만두어야 하는지를 알려주는 중단 규칙(stopping rule)은 "학력의 한계수익률이 할인율과 같을 때 학력을 중단한다"는 것이다. 둘째, 이 중단 규칙을 따른 학력은 $s^*$이며, 근로자는 이 학력으로 평생소득의 현재가치를 극대화한다.

〈그림 3-10〉으로 요약한 학력 결정 모형으로 우리는 근로자가 어느 정도의 학력을 쌓을 것인지를 알 수 있고, 개별 학력으로 얼마만큼 임금을 받을 것인지를 알 수 있다. 이 모형에서 우리가 주목할 만한 것은 두 요인이 개별 근로자의 학력수준과 소득을 결정한다는 사실이다. 하나는 할인율이고, 다른 하나는 한계수익률이다. 이 두 요인은 학력 결정에 어떤 영향을 미치는가? 하나씩 살펴보자.

먼저 할인율이다. 개별 근로자의 할인율은 서로 다를 수 있다. 근로자의 할인율이 서로 다르면 〈그림 3-11〉의 (a) 패널에서 보듯, 할인율이 높은 사람($r_A$)의 학력은 낮고, 할인율이 낮은 사람($r_B$)의 학력은 높다. (b) 패널에서 보다시피, 학력이 높은 사람의 임금($w_B$)이 더 높고, 학력이 낮은 사람의 임금($w_A$)은 낮다. 결국 할인율이 높은 사람의 임금이 낮다.

학력수준과 소득을 결정하는 두 번째 요인은 한계수익률인데, 이를 결정하는 요인은 무엇인가? 지식의 수량과 선천적 재능(ability)이다.[7] 지식이 많을수록 수익률이 좋고, 재능이 뛰어날수록 수익률이 높다. 여기서 학교교육으로 말미암아 점차 늘어나는 지식의 수량은 놓아두고, 재능이 학력수준과 임금에 미치는 영향을 알아보자.

〈그림 3-11〉 할인율과 임금

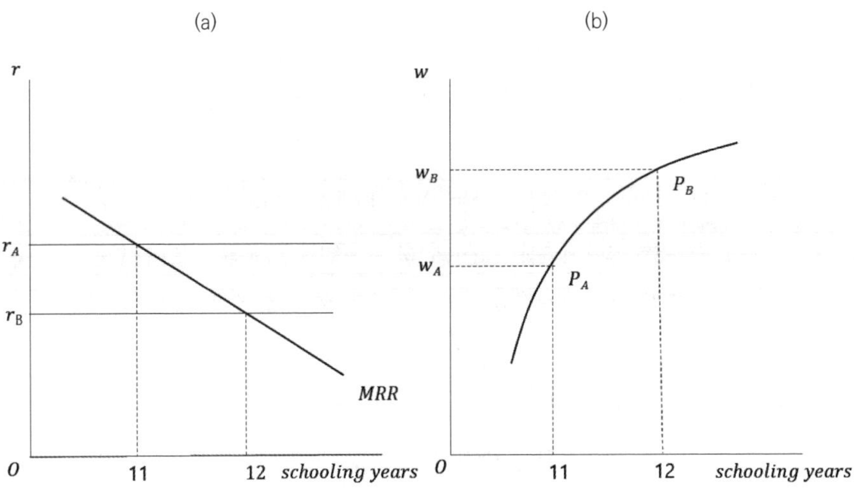


---

7 경제학에서는 선천적 재능을 ability라고 표현하지만, 다음 절에서 보다시피, 사회학에서는 talent라고 표현한다. 경제학에서는 흔히 훈련(training)이라고 표현하는 것도 사회학에서는 노력(effort)이라고 표현할 때가 있다. 이런 용어를 종합하여, 이 책에서는 능력(merit)이란 재능(ablility)과 훈련(training)을 합한 것이거나, 재능(talent)과 노력(effort)을 합한 것으로 간주했다.

재능(예컨대 선천적 학습능력)이 서로 다른 두 근로자(A, B)가 있고, B의 재능이 더 뛰어나다고 가정하자. 〈그림 3-12〉 패널 (a)에서 보듯, B가 학교를 1년 더 다니면 얻을 수 있는 수익은 A의 수익보다 더 크다(B의 한계수익률 곡선이 A 곡선보다 오른쪽에 있기 때문에 그러하다). 말하자면 B의 한계수익률이 더 크다. 그러므로 할인율이 일정하다면 B의 학력이 A보다 더 높을 것이다.

〈그림 3-12〉 능력과 임금

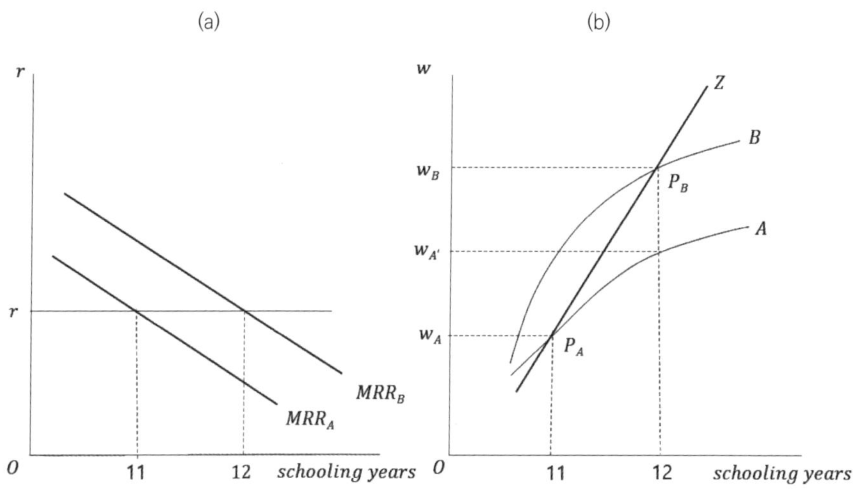


다른 한편, 재능이 다르면 학력-임금 곡선도 다른데, 〈그림 3-12〉 패널 (b)에서 보듯, B의 학력-임금 곡선은 A의 곡선보다 더 높다. 상황이 이렇다면, 학력이 낮은 A는 낮은 학력-임금 곡선 때문에 낮은 임금($w_A$)을 받는다. 학력이 높은 B는 높은 학력-임금 곡선 때문에 높은 임금($w_B$)을 받는다(그러므로 관찰 임금은 Z선을 그릴 것이다). 어떤 이유에서 그러하든, 정책 때문에 그러하든 문화 때문에 그러하든, A의 학력을 B만큼 끌어올린다고 해도, A의 임금은 낮은 학력-임금 곡선 때문에 $w_B$에 미치지 못하고 $w_{A'}$에 멈춘다. 이렇게, A와 B의 임금 차이($w_B - w_A$)는 두 가지 요

소로 분해할 수 있다. 하나는 학력 때문에 생기는 수익 차이($w_{A'} - w_A$)이고, 다른 하나는 재능 차이 때문에 생기는 수익 차이($w_B - w_{A'}$)다. 결국 근로자의 임금 격차는 교육과 재능이라는 두 가지 요인 때문에 발생한다고 말할 수 있다. 교육을 훈련이라고 표현한다면, 재능과 훈련이 임금 격차를 결정한다고 말할 수 있다.

지금까지 우리는 신고전파 경제학의 한계생산력 이론과 인간자본이론을 살펴보았다. 이런 이론에서 우리는 무엇을 알 수 있는가? 이 이론들은 불평등이 무엇 때문에 생긴다고 주장하는가? 한계생산력 이론은 자본과 노동이 총생산물 생산에 기여하는 정도에 맞추어 분배가 일어난다고 주장했다. 자본이 차지하는 몫이 노동이 가져가는 몫보다 더 크다면 그것은 아마도 자본의 한계생산력이 더 크기 때문일 것이라고 주장했던 셈이다.

인간자본이론도 이와 크게 다르지 않다. 인간자본 이론은 재능과 훈련의 차이가 생산성 차이를 낳고, 이 생산성 차이가 임금의 불평등을 낳는다고 주장했다. 이와 같은 논의는 외견상 매우 정교하게 보이지만, 이들 이론이 내린 결론은 앞에서 본 구조기능주의와 많이 다르지 않다. 이들 이론은 사회적 지위의 중요성, 예컨대 직업의 기능적 중요성 같은 것을 별달리 강조하지 않는다는 점에서 기능주의와 많이 다르다. 그러나 능력(재능과 훈련)의 차이가 보상의 차이를 낳는다는 점을 강조한다는 점에서 기능주의와 매우 흡사하다. 사회학의 구조기능주의는 능력주의를 앞세우거니와 신고전파 경제학의 한계생산력 이론과 인간자본 이론도 능력주의를 전면에 내세운다. 그런 점에서 경제학은 자본을 두둔하고 불평등을 정당화하는, 거대한 이데올로기라고 볼 수 있다(cf. 이진경 · 최유미, 2024). 다음 절에서는 이 능력주의를 좀 더 자세하게 알아봄으로써, 사회학과 경제학의 불평등 이론을 비판해보자.

## 3. 능력주의

오늘날 능력주의(能力主義)와 그와 관련한 말과 단어는 언제 어디서나 만날 수 있다.[8] 능력주의와 관련해 우리가 일상생활에서 가장 많이 듣는 단어는 아마도 성과급(成果給)일 것이다. 노동자의 성과를 감안해 차등적으로 지급하는 임금이 성과급이다. 성과는 보통 능력에 비례한다고 보이므로 성과급은 능력급(能力給)이라고 부르기도 한다(능력급과 대비되는 임금제도는 연공서열급(年功序列給)일 것이다).[9] 이처럼 능력주의는 보통 물질적 보상과 관련한다.

그러나 능력주의는 물질적 보상에 그치지 않고 사회적 보상과 관련하기도 한다. 어찌 한국만 그렇겠는가마는, 한국의 20대 청년은 신입생의 시험성적 점수로 대학의 서열을 규정한다. 이 서열은 곧 대학에 몸담고

---

8 한국의 학자들은 meritocracy를 능력주의라고만 번역하지 않았다. 업적주의(業績主義), 공적주의(功績主義), 실력주의(實力主義) 등으로 번역하기도 했다. 어떤 번역이 더 적절한가? 영(Young, 1958)의 정의에서, meritocracy의 능력(merit)은 재능(talent)과 노력(effort)의 합이다. 그러므로 여기서 말하는 능력이란 과거의 기여나 공로를 지칭하는 것이 아니라 앞으로 발현할 잠재력이나 역량 등을 말한다. 그렇다면 meritocracy를 업적주의나 공적주의라기보다 능력주의라고 번역하는 것이 더 합당해 보인다(박권일, 2021). 그러나 잠재력이 뛰어난 사람이 많은 업적이나 공적을 낳을 것이라고 가정하면 업적주의나 공적주의도 그렇게 잘못된 번역은 아닐 것이다. 박남기(2018)나 이정우(2021) 등이 사용하는 실력주의라는 번역어는 잘못된 것이라고 볼 수는 없지만 어쩐지 조금 낯설다.

능력주의라는 번역어를 다른 단어의 번역어와 비교해보자. democracy는 인민(demos)의 지배(kratos)를 뜻하므로, 정확하게 번역하면 민주정(民主政)이나 민주제(民主制)라고 해야 할 것이다. 민주주의란 용어는, 제도가 아닌 사상을 지칭하는 것으로, 잘못된 번역이다. 마찬가지 논리로 meritocracy는 능력이 지배하는 사회라는 뜻이므로, 능력제(能力制)나 능력제 사회(能力制 社會)라고 번역해야 할 말이지 능력주의(能力主義)라고 번역할 일이 아니다. 그러나 여기서는 관행을 중시하여 그냥 능력주의라고 번역했다.

9 한국에서 능력급이 득세하게 된 것은 그다지 오래지 않다. 1997년 경제위기 이후에야 비로소, 사람들은 능력급을 정상적인, 때로 바람직한 임금 체제라고 간주하기 시작했다.

있는 교수나 학생에 대한 존경과 멸시로 이어진다.

> 지금 대학생들은 '수능점수'의 차이를 '모든 능력'의 차이로 확장하는 식의 사고를 갖고 있다. 십대 시절 단 하루 동안의 학습능력 평가 하나로 평생의 능력이 단정되는 어이없고 불합리한 시스템을 문세시할 눈조차 없는 것이다. 아이러니한 점은 본인이 당한 인격적 수모를 보상받기 위해 본인 역시도 이런 방식을 사용한다는 점이다. 이들은 더 '높은' 곳에 있는 학생들이 자신을 멸시하는 것에 문제를 제기하기보다, 스스로 자신보다 더 '낮은' 곳에 있는 학생들을 멸시하는 편을 택한다. 그렇게 멸시는 합리화된다(오찬호, 2013: 168).

능력에 맞추어 보상을 지급하는 것이 능력주의다. 그러므로 사람들의 수학 능력이나 학습 능력을 보고 존경과 멸시 같은 사회적 보상을 지급하는 것도 일종의 능력주의다. "수능점수 몇 점이나 정규직·비정규직의 능력 차이가 사소한 것임에도 우리는 그런 차이에 엄청난 의미를 부여하면서 그에 따른 차별에 찬성하는 것을 정당한 능력주의라고 믿는 경향이 있다(강준만, 2014)." 이처럼 능력주의는 물질적 보상이나 사회적 보상, 심리적 보상과 모두 관련하지만, 여기서는 주로 물질적 보상과 관련한 능력주의를 살펴보자.

### 개념

능력주의를 자세히 논의하기 전에 먼저 용어를 정리하자. 다시 말하거니와 능력주의는 개인의 능력에 상응하여 물질적이거나 사회적인 보상을 지급하는 '원리'를 말한다. 이런 원리는 현실을 가리킨다기보다 규범이나 사상이라고 말할 수 있다. 다시 말해, 능력주의는 사회가 개인의 능력에 맞추어 보상을 지급하는 현실을 지칭할 때도 있지만, 그런 경우는 드물고, 대부분 우리가 마땅히 지켜야 하는 특정 규범이나 사상을 가리킨다. 능력주의는 능력이 뛰어난 사람에게 보상을 더 많이 지급해야 한다는 원리를 지칭한다. 앞으로 보겠지만 이런 원리가 현실에서 실현할 가능성은 거의 없다. 혹시라도 그런 원리가 관철된 사회가 존재한다면 우리는 그런 사회를 능력제 사회라고 부를 수 있다.

능력주의나 능력제에서 말하는 능력(merit; M)이란 선천적 재능(talent; T)과 후천적 노력(effort; E)을 아우른다. 다시 말하면, 능력은 재능과 노력을 합한 것이다(Young, 1958). 이 말을 수학적 방식으로 표현하면, M=T+E다. 여기서 재능이 꼭 지적인 능력인 것은 아니다. 재능이 곧 지능인 것은 아니다. 음악적 재능이나 미술적 재능을 지능이라고 부르기는 어쩐지 어색하다. 그러나 오늘날 사람들은 흔히 재능을 지능(intelligence; I)으로 바꿔 부르기도 한다. 지적인 재능이 다른 어떤 재능보다 중요하다는 뜻이겠다. 어쨌든 재능을 지능이라고 간주하면, 앞의 수식은 M=I+E로 고쳐 쓸 수 있다. 여기까지 밀고 나오면 다음으로 넘어가는 것은 쉽다. 지능이 높은 사람은 학교 성적이 좋으므로, 지능을 학교 성적이나 시험 점수(test score; S)로 바꿔 부를 수도 있는데, 그렇다면 앞의 수식은 M=S+E라고 바꿔 쓸 수 있다. 능력을 시험성적과 노력의 합(S+E)으로 간주하면 능력주의 논리는 매우 단순해져서, 물질적 보상은 시험성적에 비례해 지급하는 것이 마땅하다는 규범으로 이어진다. 이런 논리와 규범, 즉 시험을 잘 본 사람(공부 잘한 사람)이 시험을 못 본 사람(공부 못한 사람)보다 더 풍요롭게 살고 더 존중받아야 한다는 논리와 규범은 능력주의의 가장 순수한 형태이자 가장 정교한 형태다. 사람들은 이런 형태의 능력주의를 흔히 시험 능력주의라고 부른다(김동춘, 2022).

능력주의 개념은 1950년대 후반에 사회주의 지향의 학자들이 만들었다. 미리 짐작할 수 있듯, 그들은 능력주의를 바람직하지 않은 사상이나 제도로 여겼다. 그들은 능력주의가 한편으로 불평등을 심화하고, 다른 한편으로 불평등을 정당화할 것이라고 보았다. 폭스는 능력주의가 불평등을 강화할 것이라고 보았다. 능력주의는 '재능 있고 똑똑한 사람들, 그리고 힘차고 야심차며 무자비한 사람들'이 '두툼한 상여금(fat bonus)'을 챙기고, 나머지 사람들은 곤궁하게 살아가야 하는 사회를 낳을 것이라고 예측했다(Fox, 1956). 능력주의라는 개념을 세상에 널리 퍼트렸던 영은 인원 선발이나 배치, 물질적 보상 지급 등에서 능력주의가 실현되면, 옛 귀족정(貴族政, aristocracy)의 사회적 분열(신분제)과 비견하는, 새로운 형태의 사회 분열(빈부격차)이 출현할 것이고, 이 분열은 노동자의 사기를 꺾기도 하겠지만 그들의 거센 저항을 불러일으킬 것이라고 경고했다(Young, 1958). 이렇듯 연구자들은 애초에 능력주의가 바람직스럽지 않은 결과를 낳는 부정적 원리나 제도라고 판단했다.

그러나 이로부터 10여 년이 지난 다음에, 결코 무시할 수 없는 단서를 달기는 했지만, 사람들은 이 원리에 긍정적 의미를 담기 시작했다. 벨은 '일정 조건을 충족하면' 능력주의가 긍정적일 수 있다고 보았다. 벨은, 경제성장이 지속하고 불평등이 줄어드는 당시의 사회 조건, 다시 말해 '포디즘이 널리 확산하고 노동조합이 강력하며 복지국가가 큰 구실을 하는' 조건에서 능력주의가 야기하는 경쟁은 '생산적 부(productive wealth)'를 창출하는 동력이 될 것이라고 주장했다. 그리고 이런 판단을 근거로 삼아 '(포디즘이 널리 확산하고 노동조합이 강력하며 복지국가가 힘을 발휘하는) 후기산업사회는 논리상 능력제 사회가 될 것'이라고 예측했다(Bell, 1972).

1980년대 이래 이른바 신자유주의가 도래하고 확산하면서, 특히 1990년대 이후부터, 능력주의는 그 의미를 한 차례 더 바꾸었다. 신자유주의를 옹호하는 이론가는 능력주의에서 종래의 부정적 의미를 탈각하고 긍정적 의미를 부여했다. 능력주의는 신자유주의가 앞에 내세우는 개인주의, 시장우선주의, 기업가 정신, 성장, 경쟁 등과 같은 말이나 정책과 가까운 의미를 띠게 되었고, 그리하여 사회민주주의, 공동체, 복지국가, 사회적 연대 등과 같은 말이나 정책을 반대하는 함의를 띠게 되었다. 말하자면 신자유주의 시대에 들어, 능력주의는 시장경쟁을 강조하는 독점대기업의 세계관과 흡사한 의미를 띠게 되었다. 이 시대에 이르러, 사람들은 능력에 맞추어 보상을 지급하는 능력주의를 우리가 이 세상에서 마땅히 이루어야 할 이상으로 간주하게 되었다(Littler, 2018). 그리하여 지금 이 시대를 사는 사람들은 능력주의를 배척하는 것이 아니라 능력주의의 실현을 학수고대하게 되었다. 애초에 이 말을 만들어냈고 퍼트렸던 사람들의 함의를 생각하면 그야말로 뽕밭이 바다가 된 셈이다.

## 능력주의의 기원

능력주의나 능력제 사회라는 개념은 1950년대에 비로소 등장했지만, 능력주의를 지지하는 담론, 곧 능력주의 담론(meritocratic discourse)은 아주 오래전부터 존재했다. 사람들은 흔히 능력주의 담론(믿음이나 관념)이 근대 초기에 등장했을 것으로 짐작하지만, 다시 말해, 능력주의 담론은 근대가 시작하면서 시민계급(자본가 계급)이 귀족정을 반대하는 과정에서 등장했을 것이라고 지레짐작하지만, 그런 짐작은 잘못된 것이다. 능력주의 담론은 자본주의의 부산물이 아니다. 능력주의 담론은 근대 이전에도 광범위하게 존재했다(Sandel, 2020: 2장).

예컨대 '하늘은 제 자신을 돌보는 자를 돕는다'는 오래된 격언은 노력하는 자가 성공하고 노력하지 않은 자는 실패할 것이라는 의미를 담고 있으니 능력주의적 담론과 일맥상통한다. 그 옛날 제갈량이 관우에게 건넸다는 말, '사람이 제 할 일을 다 한 연후에 하늘이 내린 결과를 기다린다(盡人事待天命)'는 말도 능력주의 담론과 다르지 않다. 최선의 결과는 최선의 노력으로 얻을 수 있다는 뜻이기 때문이다. 세속적 성공은 곧 신의 구원을 받았다는 징표라고 내세우는 개신교(캘빈주의) 교리도 역사적 과정

과거 합격자 발표 장면을 담은 「관방도(觀榜圖)」(부분)

을 거쳐 능력주의 담론으로 바뀌었다. 열심히 일해서 돈을 많이 벌어야 내세의 구원을 받을 수 있다는 의미이니 말이다. 그러나 근대 이전의 이런저런 능력주의 담론은 원시적 능력주의라고 볼 수는 있어도 아직 본격적인 능력주의 원리라고 말하기는 어렵다.

전근대사회에서는 능력주의 '담론' 말고 능력주의 '제도'도 존재했다. 중세 중국과 조선, 베트남 등지에서 광범위하게 시행된 과거제도가 바로 그것이었다(장석준, 2021; Wooldridge, 2021: part 2). 과거(科擧)는 동아시아의 중앙집권적 국가가 관료를 선발할 때 그의 자질을 필기시험으로 평가하는 제도였는데, 이는 현대의 가장 발달한 능력주의와 일맥상통한다. 그러나 이 시험에 응시할 수 있는 인재는 신사(紳士)나 사대부, 양반 등과 같이 극히 제한적인 범위의 사람들이었다. 그러므로 이 시대의 능력주의 제도는 아주 원초적인 형태의 것이었다고 말할 수 있다.

그렇다면 제대로 된 능력주의 담론과 제도는 언제 나타났는가? 능력주의는 아무래도 근대 자본주의가 출현하면서 그 모습을 정비했다. 자본주의의 출현과 함께 등장한 신흥 부르주아지와 그 대변자는 지위 세습을 부정했다. 나폴레옹(Napoleon Bonaparte)은 집권 후에 자신의 인사 정책을 대내외에 공표했는데, 그 정책이란 이른바 '능력에 맞춘 경력'이었다.[10] 말할 것도 없이 이런 정책은 사회적 지위의 세습을 반대하는 것이었고 능력주의와 상응하는 것이었다. 그러나 이 시대의 이런 능력주의도 아직 초보적이고 원초적이기는 매한가지였다. 사람의 능력을 측정하는 방법이 없었다는 점에서 초보적이었고, 등용할 인재의 범위가 넓지 않았다는 점에서 원초적이었다.

자본주의 시대에서 두 가지 조건이 충족되면서 능력주의는 비로소 본

10 'la carrière ouverte aux talents.' 이 프랑스어를 영어로 바꾸면 다음과 같다. 'the career open to talent'.

격적으로 융성하기 시작했다. 능력주의를 키운 두 조건은 관료제의 확대와 고등교육의 대중화였다. 이 조건을 차례로 알아보자. 첫째, 관료제가 확대하면서 능력주의가 발달했다. 능력주의는 독점자본주의와 금융자본주의가 나타나고, 그에 따라 국가나 기업 등과 같은 관료제 기구가 비대해지면서 본격적으로 번성했다(장석준, 2021; 2022). 19세기 후반에 들어 독일과 미국을 비롯한 후발 자본주의 국가는 철강산업과 중화학공업을 중심으로 거대 산업을 육성했고, 새로 등장한 대기업은 이를 운영하는 거대한 행정기구를 만들었다. 이 행정기구는 위계적 질서를 바탕으로 지식노동을 전문적으로 수행하는 기구였는데, 이 기구는 출범과 동시에 인원충원이라는 문제를 해결해야 했다. 도대체 어떤 사람을 어떤 방식으로 충원할 것인가? 관료제적 행정기구는 능력이 출중한 인재의 등용이라는 슬로건을 내걸었다. 이것이 능력주의가 본격적으로 등장하게 된 기본 조건이었다.

그러나 이런 조건, 관료제적 행정기구의 팽창은 능력주의가 출현하고 성장하는 데에 꼭 필요한 조건이었지만 충분한 조건은 아니었다. 능력주의가 성장하려면 다른 조건이 하나 더 필요했는데, 그 조건이란 바로 대중교육의 출현이었다. 19세기 말부터 미국의 초중등교육은 느린 속도로 천천히 확대했다. 1945년에 이르러서야 초등교육과 중등교육이 보편화했다. 이때에 비로소 초등학교 졸업생의 80퍼센트가 중등학교에 취학했다(장석준, 2022). 그러나 초중등교육보다 더 중요했던 것은 아무래도 고등교육이었다. 20세기 초반에는 아주 완만하게 성장하던 미국의 대학 진학률은 1944년 제대군인원호법(G. I. Bill)이 시행된 이후부터 급격하게 상승했다. 1945년 무렵, 25세 이상의 인구의 약 5퍼센트가 대학을 졸업했는데, 1950년에 이르러 이 비율은 거의 두 배로 늘어 약 10퍼센트가 대학교육을 이수했다. 이때부터 대학교육을 이수한 인구는 빠른 속도로 증가했다. 정부와 대학의 각종 장학금 제도는 가난한 학생의 대학 진학과 졸업을 도왔고, 학업을 지속하려는 의지만 갖추면, 누구나 대학 교육을 이수할 수 있었다. 이렇게 대중화한 대학 교육은 관료제 기구에 인원을 공급했고, 이로써 능력주의는 제 발로 행진하기 시작했다. 1950년대에 생긴 이런 변화는 가히 능력주의 혁명(meritocratic revolution)이라고 말할 수 있을 정도였다(Markovits, 2020).

그렇다고 능력주의가 순탄하게 발전했던 것은 아니다. 1960년대까지 관료제적 행정기구는 이미 늘어난 대학 졸업자를 충분히 소화하지 못했고, 실업 위기에 처한 대학 졸업자와 실업 불안에 시달리던 대학생은 극심한 소요를 야기했다. 이런 소요는 미국에서는 '반란의 60년대'로 나타났고, 서유럽에서는 이른바 68혁명으로 표출되었다. 그러나 시끌벅적한 혁명의 시대는 곧 지나갔다. 신자유주의가 정착하기 시작한 1980년에 이르자, 일자리는 넉넉해졌고 대학 졸업자는 사회에 성공적으로 진출하여 지식 중간계급(intellectual middle class)이 되었다. 이 계급은 자신이 이수한 교육을 능력이라고 내세우면서 능력주의가 가장 타당한 인원선발 원칙임을 천명했다. 이때에는 '단순한' 능력주의 담론이 널리 퍼졌다. 대학교육이 중등교육보다 더 많은 능력을 배양하므로 대학졸업자가 더 많은 보상을 받아야 한다는 주장이 설득력을 발휘했다. 그러나 교육체계가 확장하면서 대학은 점점 더 전문화하고 세분화했다. 대학은 2년제 대학과 4년제 대학으로 분화하고, 같은 4년제 대학이라 하더라도 보통대학과 명문대학으로 분화했다. 이렇게 세분화한 대학에 학생을 배분하는 방법은 무엇이었는가? 시험이었다. 학생은 시험을 치르고 성적 순서대로 좋은 학교를 선택했다. 성적이 좋은 학생은 2년제 대학보다는 4년제 대학을, 보통대학보다는 명문대학을 선택했다. 사람들은 4년제 대학에 진학한 학생이 전문대학에 진학한 학생보다 더 똑똑한 것으로 보았고, 명문대학에 진학한 학생이 보통대학에 진학한 학생보다 더 유능한 것으로 간주했다. 결국 사람들은 시험 점수를 지능으로 여기게 되었고, 이 지능을 능력이라고 판단하기에 이르렀다. 이리하여 오늘날 흔히 보는 시험능력주의를 완성했다(김동춘, 2022). 시험능력주의는 성적이 뛰어난 학생에게 더 많은 보상을 지급해야 한다고 주장했다. 이때에 이르러 사람들은, 바야흐로 가장 본격적이고 가장 순수하며 가장 정교한 능력주의 시대를 열어젖혔다.

지금까지 이어온 논의를 요약해보자. 능력주의는 관료제의 확대와 고등교육체계의 팽창이라는 두 조건으로부터 출발했는데, 그 진화과정의 끝에서 사람들은 능력을 시험이라는 방법으로 측정했다. 그리하여 시험 점수가 높은 사람이 더 많은 보상을 받아야 한다는 논리를 개발했다.

## 능력주의는 현실인가?

그런데 이와 같은 능력주의 원리는 우리가 살고 있는 사회의 운행 원리를 그대로 반영하는 것일까? 현실 사회에서 지능이 높거나 노력을 많이 기울인 사람이 더 많은 보상을 받을까? 거두절미하면, 그렇지 않다. 능력주의 원리는 현실이 아니다. 더 강렬하게 표현하면, 능력주의 원리는 현실과 무관한 관념(신념이나 규범)이다. 이 원리는 경제적 자원을 분배하는 실제 원리가 아니다. 시장경제와 다원주의적 정치체제를 갖춘 사회에서 특정인의 보상을 결정하는 요인은 그 사람의 능력도 아니고 그 능력에 대한 타인의 도덕적 판단도 아니다. 한 걸음 더 나아가, 능력이 낳은 성과도 보상을 결정하지 않는다. 능력이 뛰어나다고 해서 더 낫거나 더 많은 성과를 낳는 것은 아니지만, 백번 양보해서, 능력이 뛰어난 사람이 더 많은 성과를 산출한다고 해도, 그 많은 성과가 보상을 결정하지 않는다.

능력이 보상을 결정하는 것도 아니고, 그 능력에 대한 타인의 평가도 보상은 결정하지 않으며, 그 능력이 산출한 성과도 보상을 결정하지 않는다면, 도대체 무엇이 보상을 결정한단 말인가? 특정인의 보상을 설정하는 것은 특정인의 능력이 타인에게 갖는 가치다. 특정인의 능력에 대해 타인이 내리는 가치 평가가 그의 보상을 결정한다. 그가 보유한 능력이 가치 있다고, 혹은 쓸모 있다고 평가하는 사람이 많을수록 그 사람은 더 많은 보상을 얻는다. 이를 경제학의 언어로 번역해보자. 개개인의 능력(재능과 노력)은 시장 가치를 가질 때만 보상을 받는다. 시장 가치가 없는 재능이나 노력은 보상으로 귀결하지 않는다. 결국 보상을 결정하는 것은 개인이 시장에 공급하는 능력이 아니라 그 능력을 평가하는 수요 구조라는 이야기다.

예를 들어보자. 오페라 가수(opera singers)가 돈을 더 많이 버는가, 대중 가수(pop singers)가 더 많이 버는가? 조수미가 돈을 더 많이 버는가, 아이유가 돈을 더 많이 벌어들이는가? 노래 재능이 더 뛰어나고 더 많이 노력한 사람이 돈을 더 많이 벌 것 같지만, 사실은 그와 같지 않다. 한 사회에서 클래식 음악을 듣고 즐기는 청중이 더 많으면 성악가가 돈을 더 많이 벌 것이지만, 대중음악을 좋아하는 사람이 더 많다면 대중 가수가 더 많은 돈을 벌 것이다. 이처럼 특정 시기에 특정 능력에 대한 사람들의 선호가 보상 차이를 결정한다. 개인은 사람들의 이런 선호가 어떻게 구성되어 있는지를 미리 알 수 없다. 개개인은 선호의 실상을 어렴풋이 짐작할 수는 있어도 정확하게 알지는 못한다. 개인의 관점에서 보면, 사람들의 선호는 필연이 아니라 그저 우연일 따름이다. 수요는 우연하게 주어진 것이라는 말이다. 그러므로 시장경제에서 공적(功績)이나 업적(業績), (마땅한) 자격(資格)을 강조하는 것은 잘못된 일이다. 보상은 특정 개인의 능력이나 그 능력으로 과거에 이루었던 업적이 내주는 대가가 아니라, 우연하게 만들어진 수요 구조가 그런 능력을 갖춘 사람에게 치르는 대가일 뿐이다. 예컨대 의사나 변호사는 지능이 높기 때문에 돈을 많이 버는 것도 아니고, 학창 시절에 공부를 잘했기 때문에 돈을 더 많이 버는 것도 아니다. 또 그들이 제공하는 의료 서비스나 법률 서비스가 다른 서비스보다 더 우월하거나 긴요하기 때문에 돈을 더 많이 버는 것도 아니다. 의사나 변호사가 다른 직업 종사자보다 돈을 더 많이 버는 것은 동시대의 사람들이 다른 서비스보다 그들의 서비스를 더 많이 수요하기 때문이기도 하지만, 더 결정적으로는, 그들이 제공하는 서비스가 상대적으로 희소하기 때문이기도 하다.

개별 직업의 높은 소득은 이렇게 시장의 수요 구조를 반영하는 것이다. 이 소득은 때때로, 이런 직업을 선택하면 가깝거나 먼 미래에 이런저런 정도의 보상을 받을 것이라는 신호(signal)로 작동하기도 한다. 예컨대 의사의 높은 현재 소득은 의사가 되면 이 정도의 소득을 얻을 수 있을 것이라는 신호를 사람들에게 발신한다. 이 신호를 보고 사람들은 자신을 둘러싼 수요 구조의 일단을 파악한다. 사람들의 그다음 행동은 말하지 않아도 뻔하다. 많은 사람들은 돈을 더 많이 벌고 미래가 더 안정적으로 보이는 의사가 되고 싶어 한다. 그리하여 의대 진학을 둘러싼 경쟁이 치열해진다.

이처럼 현실 사회에서 능력주의는 자신을 실현하지 않는다. 그러나 능력주의의 실현 여부를 조금 다른 방향에서 생각해볼 수도 있겠다. 독립적 소상공인(농민, 상인, 수공업자, 전문직 종사자)을 포함한 시장경제에서 능력주의가 실현할 가능성이 없다고 하더라도 전 인구의 상당수가 노동자인 사회에서는 능력주의가 실현할 수 있지 않을까? 노동자를 고용한 고용주나 경영자는 노동자의 능력을 정확하게 평가하고 그 능력에 비례해 임금을 지불하지 않을까? 얼핏 보면 고용주는 노동자의 능력을 평가해 임금을 지불하는 것 같다. 그러나 노동자의 능력을 평가하는 기준은 우리가 생각하는 것만큼 그렇게 객관적이지 않다. 평가 기준은 사회적으로 이미 '확정된(given)' 것이 아니라 필요할 때마다 그때그때 '만들어진다(constructed).' 사람들이 미리 확정된 평가 기준을 들고 있지 않고 필요할 때마다 그 기준을 매번 만든다는 이야기다. 시장 경제가 이렇게 만든 기준은 다종다기하다. 노동자의 능력을 평가하는 기준은 어떤 때에는 기술이나 지식일 수 있고, 다른 때에는 학력, 태도, 외모, 성격, 생활양식 등일 수 있다. 개별 고용주나 기업은 이처럼 다양한 평가 기준이나 다기한 평가 잣대를 활용하므로 사회 전체가 활용하는 단 하나의 객관적 잣대란 존재할 수 없다. 그러므로 현실 사회에서는, 심지어 노동자에게도, 능력주의가 적용되지 않는다.[11]

현실 사회에서 능력주의가 제대로 실현하지 않는다면, 우리가 사는 세상에서 능력과 보상은 큰 연관을 보이지 않을 것이다. 능력 있는 사람들(재능이 있거나 노력하려는 열정을 가진 사람들)이 현실의 보상을 보고 그에 걸맞은 학력과 자격을 갖추므로 능력과 보상은 전혀 무관할 수는 없겠지만, 그렇다고 능력과 보상이 우리가 생각하는 만큼 그렇게 강렬한 상관관계를 맺고 있지는 않을 것이다. 과연 그러할까? 실제의 상황, 즉 능력과 보상의 연관성을 살펴보자. 여기서는 편의상, 학력을 유일한 능력으로 간주하고 임금만이 유일한 보상이라고 간주하자. 그런 다음, 학력과 임금의 관계를 알아보자.

〈그림 3-13〉은 2006-2010년 기간에 동아시아(일본과 한국, 대만)에서 학

---

11 능력을 정의하는 것은 단순해 보이지만 실제로는 매우 복잡하다. 그중 대표적인 것은 어떤 형태의 능력(재능과 노력)이 더 높은 보상을 낳는가 하는 문제다. 능력주의는 발전하면서 지속적으로 옛 능력을 경시하고 새 능력을 요구했는데, 일본의 한 교육학자는 이런 과정을 능력주의의 재귀성(能力主義の再帰性, the reflexivity of meritocracy)이라고 표현했다(中村高康, 2018). 능력주의는 애초부터 자기 자신(능력)을 되묻는 성질을 포함한다는 것이다. 예컨대, 한때는 대학 졸업이라는 학력이 능력이었지만 대졸 학력이 보편화된 오늘날에 대졸 학력은 더 이상 능력이 아니다. 오늘날 사람들은 더 특별한 학력, 즉 명문 대학이나 해외 대학 졸업 학력을 능력으로 간주한다. 제조업이 산업의 주력이었던 과거에는 많은 사람이 근면성실을 능력이라고 보았다면 서비스와 지식 산업이 대세를 이루는 현대에는 사교성과 창의성을 능력으로 취급한다. 요컨대 시대가 바뀌면서 사람들은 기존 능력의 가치를 의문시하고 새 능력을 찾아냈다. 이처럼 능력이 고정되지 않고 지속적으로 바뀌어 왔다는 사실로 비추어볼 때, 능력주의가 과연 제대로 된 원리인지 의심하지 않을 수 없다.

교 교육연수와 시간당 임금(의 대수값)이 서로 연관된 정도를 보인 산포도다. 이 그림으로 우리는 다음과 같은 사실을 알 수 있다. 비록 회귀선의 기울기(〈그림 3-13〉의 실선)는 나라마다 성마다 조금씩 다르지만, 세 나라에서 남녀 구분 없이 학교 교육연수가 늘면 임금도 높다.[12] 다시 말하면, 고학력자가 더 많은 임금을 받는다. 그러므로 학력(능력)은 더 많은 보상을 낳는 것처럼 보인다.

〈그림 3-13〉 교육수준과 시간당 임금의 산포도: 일본과 한국, 대만(2006–2010)

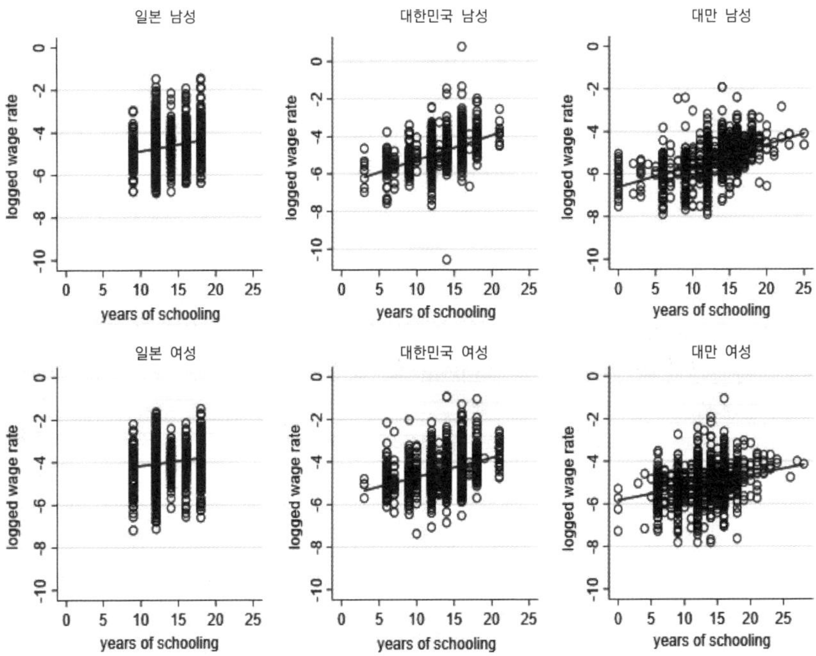


**출처**: Chang, S.(2024)

12 회귀선이 기울기는 $\ln Wage\,Rate_i = \alpha_i + \beta_1 Educ_i + \beta_2 \mathrm{Exp}_i + \beta_3 \mathrm{Exp}_i + \epsilon_i$이라는 수식으로 구한 $\beta_1$을 말한다. 여기서 WageRate는 시간당 임금을, Educ는 학력(교육연수)을, Exp는 경력 연수를 나타낸다.

이런 경향을 근거로 삼아 우리는 이 세 나라에서 능력주의 원리가 현실화했다고 주장할 수 있는가? 그렇지 않다. 이렇게 간단하게 부정하는 이유는 다음과 같다. 이 그림에서 교육연수와 시간당 임금의 산점(散點)은 회귀적합선 근처에 몰려 있지 않고 회귀선 위아래로 넓게 퍼져 있다. 다시 말해, 특정 학력을 갖춘 사람들이 똑같은 임금을 받는 것이 아니라 들쭉날쭉 평균 임금보다 많거나 적은 임금을 받는다. 이는 두 변수(학력과 임금)의 연관성 정도가 그렇게 높지 않다는 것을 의미한다. 아니나 다를까, (여기서는 보이지 않았지만) 나라별, 성별 회귀분석에서 계산한 결정계수는 모두 0.3을 넘지 않는다.[13] 다시 말해, 독립변수(학력과 직장 경력)가 종속변수(임금)의 분산을 설명하는 정도는 30퍼센트에도 미치지 않는다. 그렇다면 무엇이 임금 분산의 나머지 70퍼센트를 설명하는가? 학력이 아닌, 알 수 없는 다른 요인(출신국가, 가족배경, 태도, 외모, 성격, 생활양식 등)이다.[14] 일련의 연구자들은 보상(임금이나 소득)을 결정하는 이 알 수 없는 원인을 가리켜 '순전한 운(sheer luck)'이라고 강조했다(Blau and Duncan, 1967; Jencks et al., 1972; McNamee and Miller, 2013; Frank, 2016; 김현철, 2023). 어쨌든 현실 사회에서 능력이 보상을 결정하는 정도는 미약하다. 현실 사회는 어느 정도 능력제 사회이지만, 능력주의 원리가 관철하는 정도가 그렇게 높지 않은 사회다. 그러므로 사람들이 더 완벽한 능력주의를 희

13 회귀모형에서 결정계수($R^2$)는 보통 독립변수와 종속변수의 연관성(association) 정도를 나타낸다. 계수가 0에 가까우면 변수 간 연관성 정도가 낮고, 1에 근접하면 변수 간 연관성이 뚜렷하다고 해석한다.

14 조금 단정적으로 이야기해보자. 김현철(2023)은 출신국가가 소득 분산의 약 50퍼센트를 설명하고, 가족배경(부모에게서 물려받은 유전과 환경)이 소득 분산의 30퍼센트를 설명한다고 주장했다. 나머지 20퍼센트도 재능이나 노력으로 고스란히 설명할 수 있는 것도 아니다. 이런 사실을 근거로 그는 우리 인생의 성취나 성공을 좌우하는 가장 큰 요인은 능력이 아니라 우연이라고 말했다. 인생 성취의 8할이 운이라고 말했다. 한 시인의 시구가 떠오른다. "나를 키운 것은 팔 할이 바람이다."

망하는 것은 어느 정도 이해할 만한 일이다. 능력주의가 정당하거나 바람직한 원리라면 그렇다는 말이다. 그런데 능력주의는 정당한 관념일까? 그리고 능력주의는 과연 우리가 마땅히 추구해야 할 바람직한 원리이자 규범일까?

## 능력주의는 정당하고 바람직한 것일까?

우리는 지금 서로 관련하는 두 질문을 마주하고 있다. 첫째, 능력주의는 논리적으로나 도덕적으로 정당하거나 올바른 관념일까? 능력주의는 자연질서에 부합하는 관념일까? 둘째, 능력주의는 바람직한 원리여서 이를 실현한 사회는 살기 좋은 사회일까? 우선 첫째 질문에 답해보자.

선천적 재능과 후천적 노력에 비례해 보상을 지급해야 한다는 능력주의는 과연 도덕적으로 정당한 관념일까? 정답부터 미리 말하자면, 그렇지 않다. 능력주의는 자연질서에 부합하는 관념이라고 볼 수 없다. 그 이유를 말해보자. 말할 것도 없는 일이지만, 선천적 재능은 유전자가 결정한다. 지능이 되었든 예술적 감각이 되었든, 재능은 유전자가 좌우한다. 유전자가 재능을 결정한다는 명제는 다의적이다. 첫째, 이 명제는 선천적 재능을 보상할 필요가 없다는 의미를 내포한다. 우리가 자유롭게 선택하지 않았고 스스로 결정한 것도 아닌데 재능이 뛰어나다고 해서 더 많은 보상을 지급할 이유가 어디에 있단 말인가? 부당한 일이다. 둘째, 유전자가 재능을 결정한다는 명제는 우연히 그 유전자를 보유하게 된 '개인'에게도 보상을 제공해서는 안 된다는 의미를 띤다. 어쩌다 유전자를 보유하게 된 개체에게 더 많은 보상을 지급하는 것은 아무런 논리적 근거가 없을 뿐만 아니라 도덕적으로 부당하기까지 하다. 그와 같은 보상은 일종의 착취이기 때문이다. 자본가가 생산수단의 소유를 매개로 노동자의 노동 생산물을 전유(專有)하는 것이 착취라면, 어떤 개인이 유전자를 보유해 유전자가 창출한 성과를 가져가는 것도 착취다. 자신이 기여하지 않은 성과를 가져가는 착취다. 능력주의적 착취다(최정균, 2024).

선천적 재능에 더 많은 보상을 부여하는 것은 이렇게 부당하다고 하자. 그렇다면 후천적 노력에 더 많은 보상을 지급하는 것은 정당한 일인가? 이런 보상도 정당하지 않기는 매한가지다. 노력은 일종의 성실성으로 개체가 선천적으로 타고나는 성격적 특징이다. 다시 말해, 노력도 선천적 재능의 한 부분이다. 그러므로 노력하는 사람에게 더 많은 것을 보상해야 한다는 주장은 선천적 재능에 더 많은 것을 보상해야 한다는 논리만큼이나 옳지 않다(〈참고 3-1〉을 보라).

**참고 3-1 공부 잘한 사람은 부자로 살아야 할까?**

일찍 일어나는 새가 벌레를 잡는다. 거지도 부지런하면 더운밥 얻어먹는다. 지성이면 감천이다. 열 번 찍어 안 넘어가는 나무 없다. 구르는 돌에는 이끼가 안 낀다. 하늘은 스스로 돕는 자를 돕는다. 무쇠도 갈면 바늘 된다. (…) 이 속담들의 공통점은 무엇일까? 무슨 일이든 노력하면 잘할 수 있다는 말이다. 바꿔 말하면 모든 문제는 노력의 부재로 야기된다는 뜻이기도 하다. (…) 우리는 태어나면서부터 이런 노력 성공 신화의 홍수 속에 살았다. 지금도 마찬가지다. 서점에는 노력으로 성공 신화를 설명하는 책들이 넘쳐나고, TV 프로그램은 그런 사람들을 초청해 시청자의 동기를 끌어올리려 혈안이 되어 있다. '노력 신봉 공화국'의 일상이다(pp.17-18).

(그런데-인용자) 노력과 훈련은 성공에 몇 퍼센트나 기여했을까? 노력은 성공과 얼마나 관련이 있을까? 최선의 노력과 훈련을 하면 누구나 (…) 최고의 성과를 낼 수 있을까? 최선의 노력과

훈련을 하면 누구나 바둑 혹은 장기에서 최고의 성과를 낼 수 있을까? 전문가의 체계적인 지도와 함께 1만 시간 이상 연습하면 누구나 이세돌과 같은 실력을 갖출 수 있을까? (…) 진실은 그렇지 않았다. (…) 〈그림 3-14〉에서 보다시피, 게임 분야에서 노력과 성공의 연관성은 26퍼센트에 불과했다. 노력은 26퍼센트의 성공만 낳았고, 74퍼센트의 성공은 노력으로 설명할 수 없었다(p. 100).

〈그림 3-14〉 여러 분야에서 노력이 성공에 미치는 영향

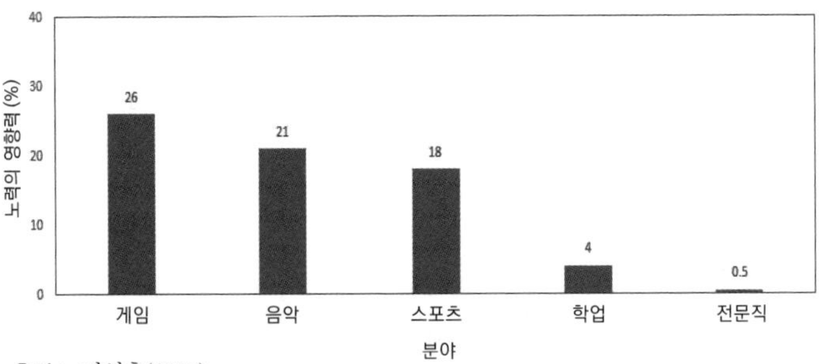


**출처 :** 김영훈(2023)

게임 분야에만 한정된 이야기일까? 음악은 어땠을까? 음악 분야에서의 노력은 성공과 21퍼센트만 관계가 있었다. 나머지 79퍼센트는 노력으로 설명되지 않았다. 성공의 원인은 노력이 아니었던 셈이다. 스포츠 분야에서도 노력은 성공과 18퍼센트만 관련이 있었다. (…) 학업에 관해 이야기해보자. 공부를 잘하는 것은 노력과 얼마나 관련이 있을까? 100퍼센트는 아니어도 90퍼센트는 되지 않을까? 놀랍게도 결과는 4퍼센트였다. 이게 무슨 뜻일까? 좀 더 직설적으로 이야기하면, 공부를 잘하는 것과 노력은 '거의' 관계가 없다는 뜻이다. (…) 최선의 노력으로 공부를 잘하게 되었다는 것은 우리의 착각이다. 그냥 우리의 믿음일 뿐이다. 노력하면 공부를 잘할 수 있다고 믿는 것은 인지적 환

상이다. (…) 마지막으로 전문직에서의 성공은 노력과 얼마나 관련이 있을까? 엔지니어든, 축구 심판이든, 영업직이든 죽도록 노력하면 그 분야에서 최고의 성과를 낼 수 있을까? 노력은 이 분야에서의 성공을 몇 퍼센트나 설명할까? 결과는 1퍼센트 미만이었다. 통계적으로 이야기하면 전문직에서 성공하는 것은 노력의 양과 아무런 관련이 없었다는 뜻이다. 전문 분야에서 성공한 사람들이 대부분 노력을 성공의 원인으로 이야기하지만, 실상은 전혀 그렇지 않다. 99퍼센트 이상의 성공이 노력과 아무런 상관이 없었다.

위 연구 결과를 기초로 잭 햄브릭 교수는 두 가지를 이야기한다. 첫째, (…) 노력은 성공의 원인이 아니다. (…) 노력의 효과는 그렇게 크지 않다. 둘째, 성공의 주요인은. (…) 타고난 재능과 능력이다. 타고난 재능과 능력이 노력보다 훨씬 더 중요하다(능력주의에서 능력은 재능+노력인데, 여기서 말하는 능력이란 그냥 선천적 재능 그 자체를 지칭한다-인용자.)(pp. 99-102).

공부를 잘해서 좋은 대학을 졸업한 학생은 좋은 직장으로 보상을 받고, 그렇지 않은 학생은 좋지 않은 직장으로 사회적 처벌을 받는다. 우리 사회가 운영되는 방식이다. (…) (그런데-인용자) 어떤 학생이 공부를 잘할까? (…) 어떤 학생이 수능에서 높은 점수를 받을까? (…) 공부를 잘하는 이유는 세 가지뿐이다. 첫 번째는 '똑똑함'이고, 두 번째는 '부잣집'이고, 마지막 세 번째는 '노력'이다. 이 세 가지 조건을 갖추면 단언컨대 누구나 공부를 잘할 수 있다. 그러면 이 세 가지 조건으로 성공하는 것은 정당한 일인가?

① 똑똑해서, 재능으로 성공하면 정당한가?

똑똑함은 유전적으로 타고나는 재능이고 능력이다. 책임을 강조하는 사회를 표방한다면 똑똑함으로 사람을 보상하고 처벌해서는 안 된다. 책임질 일이 없기 때문이다. (…) (개인이 – 인용자) 자유롭게 선택하지도 않았고 스스로 결정한 것도 아닌데 어떻게 (그에게 – 인용자) 책임을 물을 수 있겠는가?

② 가정적·사회적 환경이 좋아서 성공하면 정당한가?
(그렇다면 – 인용자) 무작위로 주어진 환경과 기회로 건설한 성공(예컨대 부잣집에 태어나서 이룬 성공)은 명분이 있을까? 없다. 주어진 환경과 기회를 얻기 위해 개인이 한 것이 거의 없기 때문이다. 그냥 운이 좋았던 것뿐이다.

③ 그래도 노력은 정당한 것이 아닌가?
노력의 결과 역시 개인에게 책임을 묻기는 어렵다. 타고난 재능이 있는 사람이 더 많은 노력을 하게 되고, 노력의 효과는 타고난 재능이 있는 사람에게 더 크게 나타나며, 가장 중요한 것은 노력이 성실성처럼 타고난 성격적 특질이기 때문이다. 한마디로 정의하면 노력은 재능의 부산물이고, 재능 그 자체라고 할 수 있다. 개인이 선택하거나 결정할 수 있는 부분이 별로 없다. 그래서 노력의 결과도 명분이 없기는 마찬가지다.

공부를 잘하는 세 가지 이유 중 어느 것 하나도 개인이 자의적으로 선택한 것은 없다. 개인의 의지와 상관없이 주어진 것이다. 그래서 성공과 실패에 대한 보상과 처벌이 정당하지 않을 수 있다. 우리 사회는 책임을 강조하며 성공한 사람에게는 돈과 명예를 주고, 실패한 사람에게는 그에 걸맞은 처벌을 준다. 하지만 그 보상과 처벌이 정당한지는 의문이다. 어느 것 하나 100퍼센트 본인 책임이라고 보기에는 선택권과 결정권이 너무 없기 때문이다. (…) 나의 주장은 절대, 공부에 국한되지 않는다. 이 세상에 존재하는 대부분의 성공은 명분이 약하다. 음악이든, 예술이든, 예체능이든, 사업이든, 학계든 상관없다. 대부분의 성공은 그 분야에 필요한 재능, 적절한 환경과 기회, 노력으로 달성되고, 이 세 가지 요건은 의지와 상관없이 무작위로 주어지는 것이기 때문이다(pp. 197-207).

위에서 연이어 제시한 인용문은 김영훈(2023)에서 발췌한 것이다. 위의 여러 인용문은 다음과 같이 요약할 수 있다. 첫째, 노력은 성공과 무관하다. 노력은 성공을 보장하지 않는다. 둘째, 노력으로 성공했다고 해서 많은 보상을 지급하는 것도 부당하다. 노력은 선천적 재능의 하나이기 때문이다. 셋째, 그런데도 사람들은 노력이 성공을 낳을 것이라는 '신화'를 믿고, 노력하는 자에게 더 많은 보상을 지급해야 한다고 신봉한다. 넷째, 노력을 성공의 필수조건이라고 믿는 사회와 보상을 노력의 대가라고 믿는 사회는 위험하다. 노력 신봉 사회는 한편으로 개인적 고통을 초래하고, 다른 한편으로 자만을 불러일으키기 때문이다. 사람들은 제 아무리 노력을 해도 대부분 성공하지 못하는데, 이렇게 실패한 사람들은 자신이 노력하지 않았기 때문에 실패했다고 오판한다. 앞에서 보았듯, 성공과 실패는 선천적 능력이나 사회적 조건으로 결정되는데, 즉 일종의 '운'으로 결정되는데 노력 신봉 공화국에서 사람들은 엉뚱하게도 노력이 성패를 좌우한다고 판단한다. 성공과 실패를 개인이 책임져야 할 일로 잘못 생각한다. 그리하여 실패한 사람은 자책과 자괴감에 시달린다. 거꾸로 성공한 사람들은 자신이 노력했기 때문에 성공했다고 자만에 빠진다. 가벼운 정신착란이다.

이처럼 노력이 성공을 낳는다는 허구의 논리는 우리를 괴롭힌다. 그렇다면 우리가 진실을 마주하면 우리의 마음은 편안해질까? 예컨대 만일 성패가 선천적 재능으로 결정된다는 사실을 인정하면, 공부를 잘못해서 좋은 학교에 진학하지 못하거나 좋은 직장을 얻는 데에 실패한 사람의 마음은 평온할까? 그럴 리 없다. 우리는 다른 이유 때문에 절망할 것이다. 내 재능이 부족해서 내가 실패했다는 사실을 인정해야 하는데, 그런 인정이 결코 편할 리 없다. 차라리 노력하지 않아서 실패했다고 생각하는 편이 더 나을 수도 있다. 허구의 논리를 동원해서라도 실패를 위로하는 게 더 나을 수도 있다.

성패를 좌우하는 것은 노력이냐 재능이냐를 따지는 일은 그다지 중요하지 않다. 어떤 요인이 성패를 좌우하든 실패자의 마음은 결코 편안해지지 않기 때문이다. 그러므로 성패를 좌우하는 요인을 밝히는 작업보다 더 중요한 일은 성패가 초래하는 격차를 줄이는 것이다. 노력을 안 해서 실패했는지 재능이 부족해서 실패했는지를 따지는 작업은 성공과 실패의 격차가 현저했을 때에만 유의미하다. 성공과 실패의 격차가 작으면, 즉 성공한 사람의 보수나 소득이 실패한 사람보다 그렇게 많거나 높지 않다면, 무엇 때문에 실패했는지를 따지는 작업은 무의미하다. 실패가 그렇게 쓰라리지 않기 때문이다. 성공이 자랑스럽지 않고 실패가 쓰라리지 않는 조건에서만 우리의 정신상태는 평온하고 온전해질 것이다.

이제 둘째 질문에 대답하자. 능력주의 원리를 실현한 사회는 살기 좋은 사회일까? 논리적으로 추론해도, 경험적으로 관찰해도 그런 것 같지 않다. 먼저 논리적으로 추론해보자. 능력제 사회가 좋은 사회가 아니라는 판단은 능력주의를 구성하는 원리에서 쉽게 추론할 수 있다. 능력주의는 두 원리를 내포한다. 하나는 차등 원칙이고, 다른 하나는 이동 원칙이다. '차등 원칙(the principle of difference)'은 이 세상에 존재하는 인간의 능력이 천차만별임을 인정하는 원칙이고, 우리는 그 사실을 순순히 받아들여야 한다는 원칙이다. 능력이 많거나 뛰어난 사람에게는 가장 힘들고 어려운 일을 배정하고, 일이 힘들고 어려운 만큼 이들에게 더 많은 보상을 지급하는 원리가 차등 원칙이다. 이런 원칙이 통용되는 사회에서는 남다른 재능과 노력을 발휘해 뛰어난 성과나 업적을 쌓은 사람이 더 많은 보상을 얻는다.

능력주의를 구성하는 또 하나의 원리, 즉 '이동 원칙(the principle of

movement)'은 경쟁을 지속해야 한다는 원칙이다. 누구든 성공과 실패에 맞추어 지위가 오르거나 떨어져야 한다. 비천한 집안 출신의 사람이라도 재능이 있거나 노력을 한다면(그래서 성과가 좋다면) 높고 중요한 자리에 오르고, 재력가 집안 출신이라도 재능이 없거나 노력을 하지 않으면(그래서 성과가 좋지 않거나 나쁘면) 중요한 자리에 올라서는 안 된다는 원칙이 이동 원칙이다.

이 두 원칙에서 사람들은 보통 후자, 이동 원칙을 더 중시한다. 사람들은 이동 가능성이 열려 있는 상태를 기회 균등이라고 표현하고 이 균등을 매우 중요하고 바람직한 것으로 간주한다. 차등 원칙이 관철되어 결과의 불평등이 심해져도 사람들은 분개하지 않지만, 이동 원칙이 보장되지 않아 기회 균등이 훼손되면 사람들은 분노한다. 이렇게 사람들은 차등 원칙보다 이동 원칙을 훨씬 더 중요한 것으로 받아들인다. 그러나 뜻밖에도, 아니 곰곰이 생각하면 당연하게도, 이동 원칙보다 더 중요한 것은 차등 원칙이다. 왜냐하면 이 두 원칙은 서로 연결되어, 차등 원칙이 이동 원칙을 제어하기 때문이다. 그야말로 '순수한' 능력주의 시스템이 작동해 차등 원칙이 전면적으로 관철되면 이동 원칙은 점차 훼손된다. 다시 말해, 차등 원칙이 빚은 결과의 불평등은 자녀 세대에 이르러 조건의 불평등이 되고, 이 불평등은 기회 균등을 불가능하게 할 뿐만 아니라 이동 원칙을 무용지물로 바꾸고 만다. 그러므로 이동 원칙을 실현하려면 차등 원칙이 전면적으로 활성화하는 것을 저지해야 하고, 기회 균등을 확보하려면 어느 정도 결과의 평등을 보장해야 한다.[15] 다음의 인용문을 보자. 이들 인용문의 공통점은 기회 균등보다 결과의 평등을 강조한다는 것이다.

15 촘스키는 '민주주의의 축소'를 비난하고 더 많은 민주주의를 요구하던 사람들이 '불평등의 축소'를 외치고 바라던 사람들을 오랜 동안 제압해서 이제는 열심히 일하면 부자가 될 수 있다는 미국의 꿈도 무너졌다고 한탄했다(Chomsky, 2017). 깊어진 생활의 불평등이 기회의 평등마저 무너뜨렸다는 뜻일 게다.

우리가 가장 먼저 해야 할 일은 능력주의라는 신념이 사회발전을 가로막고 있음을 대중에게 널리 알리는 것이다. 1970년대 이후 능력주의의 첫째 계명은 다음과 같았다. "인종과 성, 성적 지향에 관계없이 모든 사람에게 평등한 기회를 제공하라. 하지만 결과의 불평등은 어쩔 수 없는 일이다."

그러나 매번 깨닫는 사실은 기회의 평등과 결과의 평등을 확연하게 구별할 수 없다는 것이다. 결과의 평등에 전혀 관심을 두지 않는 사회는 시간이 지나면 기회가 불평등한 사회가 된다. (생활이–인용자) 매우 평등한 조건에서 시작해야 진정한 능력주의가 꽃핀다는 것, 이것이 **능력주의의 역설**(the paradox of meritocracy)이다. 그러므로 능력주의를 원한다면 평등을 위해 노력해야 한다. 능력주의가 제 기능을 발휘하려면, 우리 사회는 다른 무엇보다 결과의 실질적 평등을 중요시하는 사회가 되어야 하고, 사회복지와 사회적 연대의식을 고취하는 사회가 되어야 한다. 그런 조건에서야 비로소 평등한 기회와 노력으로 계층이동이 활발한 사회가 되기 때문이다(Hayes, 2012: 332-333, 쪽수는 한국어 번역본의 것이다. 강조는 인용자).

많은 동물이 (…) 온전히 연결된 뇌를 가지고 알이나 자궁에서 나오지만, (…) 인간의 뇌는 약 25년에 걸쳐 주요 배선(配線, wiring)이 마무리되고 나서야 온전한 구조와 기능을 가진 성인의 뇌가 된다.[16] 왜 우리는 이런 식으로 진화했을까? (…) 학자들은 일반적으로 '본성이냐 양육이냐'의 관점에서 이 문제를 논의한다. (…) 그러나 이런 구분은 착각에 지나지 않는다. 그 원인을 유전자나 환경 중 한쪽에서만 찾을 수는 없다. 왜냐하면 이 둘은 (…) 서로 너무 깊게 얽혀 있어서 (…) 별개의 이름으로 불러보아야 소용이 없기 때문이다.

아기 뇌의 배선은 물리적 환경의 영향을 받기도 하지만 사회적 환경,

16 배선은 뉴런(신경세포)의 네트워크를 말한다–인용자 주.

즉 양육자나 당신과 나 같은 사람에게서도 영향을 받는다. (…) 아기들은, 주의를 끌고 말하고 노래하며 중요한 순간에 자신을 안아주는, 다른 인간의 사회적 입력(social input)을 필요로 한다. (…) 이런 사회적 요구가 충족되지 않으면 아기의 상황은 엄청나게 잘못될 수 있다. (…)

사회적 입력이 심하게 결핍된 환경에서 자란 (…) 아이들의 뇌는 평균보다 작게 발달한다. 주요 뇌 부분도 더 작고 대뇌피질의 중요 영역에서 이루어지는 연결도 더 적다. (…) 사회적으로 결핍된 환경에 방치된 아이의 뇌는 (…) 신체 예산(body budget) 배분에 치명적인 부담을 주고, 이 부담이 여러 해 동안 축적되면서 (…) 심장병이나 당뇨병 같은 심각한 건강문제나 (…) 우울증을 비롯한 기분 장애(mood disorder)를 일으킬 가능성을 높인다.[17] (…)

빈곤 속에서 자라난 아이들의 뇌에서도 이와 비슷한 결과들이 보인다. 연구에 따르면, 생애 초기에 장기간 빈곤에 노출되는 것은 뇌 발달에 좋지 않다. 영양 부족, 길거리 소음으로 인한 수면 방해, 난방이나 환기 부족에 따른 열악한 온도 조절 등, 빈곤으로 인한 여러 가지 상황은 대뇌피질의 앞부분, 곧 전전두피질의 발달에 변화를 일으킬 수 있다. 이 뇌 영역은 주의력과 언어, 신체 예산 등 다양한 범위의 주요 기능에 관여한다. 과학자들은 지금도 빈곤이 뇌 발달에 어떻게 영향을 끼치는지 연구하고 있다. 하지만 우리는, 아이가 가난할수록 학교 성적이 부진하고 학교도 오래 다니지 못한다는 사실을 알고 있다. 이런 부담은 궁극적으로 그 아이가 성인이 되어 자녀를 낳으면 그들이 다시 가난하게 살아가는 위험을 높인다. 이 악순환이 빈곤 속에서 살아가는 사람들에 대한 부정적인 고정관념을 강화한다고 해도 놀랄 일이 아니다. 어떤 집단의 사람들에게 여러 세대에 걸쳐 빈곤이 지속될 때 사회

17 배럿(Barret, 2020)을 따르면, 신체 예산 배분이란 뇌가, 신체를 운용하는 데에 필요한 자원, 예컨대 수분, 염분, 포도당 등을 신체 각 기관에 배분하는 일이다. 그를 따르면, 뇌는 생각하는 기관이 아니라 신체 예산을 배분하는 기관이다-인용사 주.

는 너무 쉽게 유전자를 탓한다. 하지만 그 집단 아이들의 뇌는 빈곤에 의해 형성되고 있을 가능성이 크다. (…) 어린 시절의 빈곤은 인간의 기회를 엄청나게 박탈한다. 최근의 추정에 따르면, 지금 빈곤을 퇴치하는 것이 수십 년 뒤에 빈곤의 결과에 대처하는 것보다 비용이 훨씬 덜 든다. 더 많은 지역에서 도움이 필요한 학생들에게 무료급식 프로그램을 제공할 수 있다. 도시들은 가난한 이웃을 위해 소음을 규제하는 조례를 제정할 수 있다. 이런 조처들은 단순히 삶의 질에 관한 것이 아니다. 이렇게 뇌가 건강하게 발달할 수 있는 환경을 만들어내야 아이들이 모두 다음 세대의 일꾼, 시민, 혁신자가 될 수 있다(Barrett, 2020: 80-97, 쪽수는 한국어 번역본의 것이다.).

이제는 가난한 집 아이들이 학교에 가는 것을 고의로 막는 나라는 없다. 그러나 가난한 나라에서는 많은 아이들이 학비가 없어서 학교에 가지 못한다. 무상 교육이 제공되는 나라에서조차 가난한 집 아이들은 자기 잠재력에 상관없이 학업 성적이 저조한 경우가 많다. 집에서 밥을 못 먹고 오기도 하고, 학교에서 점심을 거르는 아이들도 있을 것이다. 이런 상태에서는 수업 시간에 집중하기 힘들 테니 학업 성적이 어떨지는 쉽게 짐작할 수 있다. (…) 만약 부모가 글을 읽지 못하거나 오랜 시간 일해야 한다면, 숙제를 도와줄 사람도 없다. (…)

그러니 가난한 부모한테 태어난 것이 무슨 벌을 받을 죄가 아니라는 사실을 인정한다면 모든 아이들이 최소한의 음식과 의료 서비스를 받을 수 있고, 숙제하는 데 도움을 받을 수 있도록 방법을 마련해야 한다. 이런 조처는 대부분 정책적으로 제공할 수 있는 것들이고, 실제로 몇몇 나라에서는 무상 급식과 예방 접종, 기본적인 건강 검진을 제공하고 학교에서 고용한 교사들이 아이들의 숙제를 도와주는 정책을 실행에 옮기고 있기도 하다. 그러나 아이들을 돌보는 일 중 일부는 여전히 가정에서밖에 할 수 없는 것들이 있다. 학교가 할 수 있는 것에는 한계가 있다는 말이다.

> 이 말은 아이들에게 공정한 기회 비슷한 것이라도 확보해주려면 부모 소득을 최소한 어느 정도는 균등하게 맞춰주어야 한다는 의미를 띤다. 이것이 보장되지 않는 한 무상 교육, 무상 급식, 무상 예방 접종 등을 아무리 제공해봤자 아이들에게 실질적으로 기회의 균등을 제공할 수 없다(Chang, H., 2010: 285-86, 쪽수는 한국어 번역본의 것이다.).[18]

생활의 균등이 누락된, 삶의 평등을 보장하지 않은 '순수한' 능력주의 사회에서는 처음에는 그렇지 않지만 시간이 흐르면서, 결과의 불평등이 점점 더 심해질 뿐 아니라 가난한 사람의 상승이동 기회도 점점 더 줄어든다. 이런 사회에서는 불평등 정도가 극도로 높아, 엘리트의 순환은 거의 일어나지 않는다. 사회이동이 둔화한다. 결국 능력주의는 돈과 권력

---

18 그런데 그렇게 중요한 생활의 균등은 어떻게 확보할 수 있는가? 마지막 인용문의 저자는 다음과 같은 방법을 제시하였다.

> 결과의 평등을 어느 정도 보장하는 것은 시장 규제로 성취할 수 있다. 어떤 규제는 경제적 강자로부터 약자를 보호하는 역할을 한다. (…) 금융규제(투기적 금융 행위 제한 등)나 노동시장 규제(적절한 최저임금제 시행 등)를 통해서도 불평등을 낮출 수 있다. 그러나 (…) 유럽 복지국가의 예에서 볼 수 있듯, 결과의 불평등은 직접적 소득 재분배가 되었든 교육, 의료, 식수 같은 양질의 기초 서비스를 보장하는 방법이 되었든 복지정책을 통해 부를 재분배하는 방법이 더 효과적이다(Chang, H., 2022: 246-한국어판 쪽수).

위 저자는 경험적 사례를 들어, 불평등은 소득 재분배와 복지 정책으로 낮출 수 있다고 주장했다. 그러나 다른 방식으로도 이런 주장을 뒷받침할 수 있다. 한 물리학자는 몇 가지 단순한 가정으로 시뮬레이션을 시행하여 소득 재분배가 불평등을 낮춘다는 논리를 증명했다. 시뮬레이션으로 그가 발견한 사실은 다음과 같다. 첫째, 부의 불평등은 매우 자연스럽다. 부가 완전히 평등한 상태에서 출발한다고 해도 일정한 기간이 지나면 부는 결국 불평등해진다. 둘째, 소득세나 재산세 부과와 같은 조세 정책, 기본소득 지급 등과 같은 복지 정책으로 부를 재분배하면, 이 불평등은 줄어든다. 조세율이 높을수록 불평등도는 더 많이 줄어든다. 셋째, 불평등이 줄어든다고 해서 사회 전체의 부가 감소하는 것은 아니다(김범준, 2019: 59-66).

그러나 소득 재분배로만 불평등을 낮출 수 있는 것은 아니다. 교육이나 의료, 주택 접근성, 정치 참여 등과 같은 기본적인 재화나 서비스를, 에스핑-앤더슨의 용어대로, 탈상품화하는 것도 불평등을 낮추는 또 하나의 방법이다(Piketty and Sandel, 2025).

을 한 손에 쓸어 담은 소수가 다수를 지배하는 사회로 귀결한다. 한 연구자는 이런 현상을 '능력주의의 철칙(the iron law of meritocracy)'이라고 불렀고(Hayes, 2012), 다른 연구자는 이런 철칙에서 비롯한 소수자 독재를 '신귀족정(新貴族政, the new aristocracy)'라고 이름 붙였다(Stewart, 2018). 중세의 귀족정을 비판하고 거부하면서 출현한 능력주의가 다른 형태의 새 귀족정으로 귀결한다는 사실은 매우 역설적이다.

지금까지 논리적 추론으로 능력주의의 폐해를 살펴보았다. 경험적 사실 차원에서도 능력주의는 여러 문제를 야기했다. 다음 절에서 보겠지만, 능력주의는 승자의 조세 저항을 부추기고 복지체제도 왜곡한다. 그러나 여기에서는 다른 문제를 살펴보자. 능력주의가 초래한 가장 우려할 만한 폐해의 하나는 아마도 저출산과 저출생일 것이다.[19] 2020년 현재, 아시아의 주요 국가, 예컨대 한국, 대만, 홍콩, 싱가포르, 태국 등은 여성 1인당 합계출산율이 1.0에 미치지 못하는 초저출산 국가다. 인구학자들은 그 원인을 밝히려고 이들 나라의 공통점을 다음과 같이 추출했다. 첫째, 대도시 권역(예컨대 수도권)에 일자리가 몰려 있고, 그로 말미암아 사람들은 그곳에 집중했다. 특히 청년들이 집중했다. 특정 지역에 인구가 밀집했다는 것은 사람들의 생존경쟁이 치열하다는 것을 의미한다. 경쟁이 극심하면 사람들은 재생산본능보다 생존본능을 중시한다. 자녀를 낳겠다는 본능보다 자신이 먼저 살아야겠다는 본능이 더 강해진다는 말이다. 생존본능이 강렬해지는 것의 자연스러운 귀결은 저출산이다(조영태, 2024). 둘째, 생존경쟁은 능력주의의 다른 버전인 학력주의와 쉽게 결합했다. 치열한 생존경쟁은 과도한 교육열로 쉽게 이어졌다. 남보다 더 높거나 좋은 자격(학력)을 얻어야 경쟁에서 이길 수 있기 때문이다. 예컨대, 싱가포르의 키아수

19 국민경제의 관점에서 폐해라는 말이다. 개인 관점에서 저출산은 세상의 변화에 발맞춘 일종의 '적응'일 수도 있다.

(kiasuism)는 극단적 경쟁의 산물이었다(Bedford and Chua, 2017).[20] 과도한 교육열로 말미암아, 부모는 자녀를 교육하는 데에 엄청난 비용을 들였고, 자녀는 장시간 학습에 시달렸다. 과도한 교육비와 장시간 학습은 부모의 저출산을 초래했을 뿐 아니라 자녀의 장래 출산마저 저해했다(정성호, 2013).[21] 이처럼 동아시아 사회의 저출산과 저출생은 능력주의와 관련했다. 동아시아 사람들은 능력이 뛰어난 자가 더 많은 것을 차지할 것이라는 원리를 믿고 자신의 교육이나 자녀 교육에 필사적으로 매달렸다. 이런 노력이 꼭 나쁘기만 한 것은 아니라 할지라도 무시할 수 없는 부정적 결과를 낳기도 했다. 사람들은 학습에 투하하는 시간에 치이고 교육에 투자하는 금전 비용에 깔려 자녀 출산을 꺼리거나 포기했다. 요약해보자. 동아시아 일부 사회에서 좋은 일자리를 둘러싼 과도한 경쟁은 능력주의를 부추겼고, 능력주의의 심화와 확산은 저출산과 저출생으로 귀결했다. 능력주의가 결코 바람직하지 않은 결과를 산출했던 셈이다.

## 사람들은 왜 능력주의가 바람직하다고 생각할까?

앞에서 논의한 것처럼, 현실 사회는 능력제 사회가 아니다. 현실 사회는

---

20 키아수(kiasu)를 한문으로 표기하면 경수(驚輸)다. 경(驚)은 두려워하는 것, 수(輸)는 잃는 것을 의미한다. 그러므로 키아수는 잃는 것이나 패배하는 것에 대한 공포다. 키아수는 교육에서든 일상생활에서든 남에게 뒤처지지 않거나 남보다 앞서려는 열망이다. 일종의 경쟁 심리하고 판단할 수 있다.

21 이들 나라에서 초저출산을 규정했던 요인을 더 열거하면 다음과 같다. 셋째, 인구집중은 주거난을 초래했다. 이들 나라의 집값, 특히 대도시 집값은 무척이나 높았다. 대도시가 초래한 경쟁과 주거난은 자원 획득에 대한 청년의 불안감을 부추기고 이 불안감은 결혼과 출산을 방해했다. 넷째, 유교 전통에 기초한 가부장적 가족문화가 출산을 방해했다. 이들 나라에서는 가족(부부)이 자녀의 출산과 양육을 책임져야 한다는 전통이 존재하고, 성별 분업의 전통도 뚜렷했다. 이런 유교적 가족주의 전통은 혼외 출산을 극단적인 수준으로 줄이고, 이것이 결과적으로 출산율을 낮추었다(McDonald, 2006).

겉으로는 능력제 원리를 찬양하는 사회지만, 실제로는 이 원리를 실현하지 않는다. 실현한다고 하더라도 어쩌다 가끔씩 실현할 뿐이다. 그런데 사람들이 지속적으로 희망하지만 간헐적으로 우연하게만 실현하는 능력제 원리는 이 세상에서 바람직한 결과를 낳았는가? 그렇지도 않다. 능력제 원리는 우리가 모두 바라는 결과를 생산해내지 못했다. 앞에서 본 저출산과 저출생이 바로 그런 부정적 결과일 것이다. 능력주의는 이렇게 눈으로 직접 확인할 수 있는 결과 이외에도 앞으로도 여러 폐해를 초래할 가능성이 높다. 첫째, 능력제 원리는 다른 무엇보다 빈부 격차를 초래할 것이다. 그리하여, 앞에서 이미 언급한 바와 같이, 빈부격차는 기회균등을 훼손할 것이다. 둘째, 능력주의는 소수자 독재로 귀결할 가능성이 높다. 능력주의 사회는 능력을 갖춘 소수가 능력이 없는 다수를 지배하는 사회다. 능력주의는 민주주의와 사회적 연대를 잠식할 것이고, 비민주적 사회질서는 다양한 좋지 않은 문제를 양산할 것이다. 셋째, 능력주의의 과잉은 정신상태의 피폐를 초래할 것이다. 능력제 사회에서 승자는 풍요롭고 패자는 가난하다. 승자는 자신만만하지만, 패자의 사기는 땅에 떨어진다. 풍요롭고 자신만만한 승자는 매우 적지만, 가난하고 침울한 패자는 셀 수 없이 많다. 이런 사회는 우울할 수밖에 없다. 이런 사회가 우울하지 않다면 도대체 어떤 사회가 우울할 것인가?

이처럼 능력주의가 바람직하지 않은 결과를 산출할 가능성이 높은데도 사람들은 능력주의 원리를 정상적인 것으로 간주한다. 능력주의는 우리가 언젠가는 실현해야 할 이상으로 생각한다. 왜 그럴까? 사람들은 왜 능력제 사회를 바람직스러운 사회로 생각할까? 강준만(2016b)은 그 원인을 다섯 가지 정도로 요약했다. 첫째, 사람들은 인정 투쟁 때문에 능력주의를 신봉한다. 사회적 위계의 상층에 속한 사람들은 능력주의를 활용해 타인의 인정을 받으려 노력한다. 이들은 능력에 비례해 보상을 지급하는 능력주의가 가장 자연스럽고 올바른 평가기준이라고 판단한다. 지배계급의 사상은 그 사회의 지배적 사상이다. 사람들은 승자의 생각이 가장 정상적인 생각이라고 판단한다. 둘째, 우리는 자기정체를 확인하거나 확보하려고 능력주의를 내세운다. 정체성은 자기를 타인과 구별하려는 욕구인 바, 사람들은 능력과 그에 상응하는 보상으로 타인과 구별짓기를 시도한다. 사람들은 능력주의를 활용해 자기를 확인하고 증명한다. 셋째, 사람들은 시장신호를 내보낼 때에도 능력주의를 활용한다. 능력(학력이나 학벌)은 시장에서 신호 기능을 수행한다. 높은 학력이나 좋은 학벌을 갖춘 사람들은 능력주의에 입각하여 시장에 신호를 내보낸다. 넷째, 승자는 자신의 부나 명예를 정당화하기 위해 능력주의를 동원한다. 능력주의는 물질적 보상과 사회적 보상을 정당화한다. 승자는 자신의 보상을 정당화할 때 능력주의를 활용한다.[22] 다섯째, 승자는 내성 착각(內省 錯覺) 때문에 능력주의를 두둔한다. 특권을 누리는 사람들은 특권을 당연하게 생각한다. 자신의 보상이 능력에 비례하는 것이라고 잘못 판단한다. 그들은 능력주의가 자연질서에 부합하는 것으로 판단한다. 능력주의를 자연스럽게 받아들인다.

강준만의 이런 논의를 정리해보자. 사람들은 타인의 인정을 받고 싶을 때, 자연스럽게 능력주의를 들먹인다. 능력과 그에 상응하는 보상으로 자신을 타인과 구별하고 싶을 때, 또 시장에서 남보다 더 많은 혜택을 받고자 할 때에도 그러하다. 사람들은 자신이 누리는 특권을 정당화하거나 당연시할 때에도 능력주의를 활용한다. 그러나 그 활용도가 아무리

---

22 강준만은 사람들이 자신의 부를 정당화하기 위해 능력주의 이데올로기를 활용한다고 말한다. 그러나 한 연구자는 거꾸로, 능력주의를 신봉하는 사람들이 불평등을 정당하다고 평가하는 경향이 있다고 주장했다(이희정, 2022). 관념의 원인을 다른 관념에서 찾는 일은 그다지 현명치 않다. 능력주의 원리를 신봉해서 불평등을 정당하다고 여기는 것인지, 불평등이 정당하다고 믿는 신념 때문에 능력주의 원리를 지지하는지는 확실하지 않다. 다만 능력주의와 정당화는 서로 긴밀한 연관을 맺고 있다는 사실은 분명히다.

높다고 해도 능력주의는 불평등한 현실을 설명하는 과학적 언설이 아니다. 능력주의는 불평등의 원인을 밝히는 기술(記述)이나 서술(敍述)이 아니라 승자의 이익을 숨기거나 두둔하는 서사(敍事)이자 신화(神話)일 뿐이다(McNamee and Miller, 2013; Markovits, 2020; Sandel, 2020).

### 능력주의는 신화다

능력주의 신화를 사실이거나 진실이라고 믿는 결과는 참혹하다. 이 신화를 사실이라고 믿음으로써 승자와 패자의 심성은 모두 비뚤어진다. 능력주의를 신봉하는 승자는 오만에 빠진다. 승자는 자신이 누리는 보상이 제 자신의 재능과 노력의 결과라고 여기고, 패자는 가난하게 살아 마땅하다고 여긴다. 패자는 재능도 없고 노력도 하지 않았다고 판단하기 때문이다. 승자는 패자를 '잉여', '쓰레기', '벌레' 등이라고 업신여긴다(한길석, 2021; 박권일, 2021; 장석준, 2021). 승자가 오만할수록(제 자신의 능력으로 성취를 이루었다고 생각할수록) 그는 세금 납부에 더 적대적이다. 정부와 사회가 자신을 도와준 적이 별로 없다고 생각하기 때문이고, 오직 자신의 힘으로 성공했다고 믿기 때문이다. 승자는 실패한 사람을 돕는 일에도 소극적인데, 패자가 승자처럼 치열하게 노력하지 않았다고 생각하기 때문이다(Frank, 2016; 김현철, 2023). 승자는 오만하여 성공의 버팀목이었던 우연과 행운을 잊고 타인의 노고와 희생에 감사하는 마음도 잊는다. 그리하여 너와 내가 모두 운명 공동체의 일원이라는 사실을 잊는다. 사회적 연대의 가치를 잊는다. 그리스 비극처럼 승자는 오만 때문에 그에 상응하는 대가를 치른다. 승자는 오만 때문에 세상을 똑바로 바라보지 못하고, 무지 때문에 개인적이거나 사회적인 불행을 초래한다. 그것이 어떤 형태로 나타나든, 승자는 오만에 대한 응보(應報)를 치른다.

> 오만은 비극적 인간의 첫 단추다. 자신이 누리는 현재의 혜택이나 특권을 스스로 성취했다고 착각하는 마음이다. 그리스어로는 '휴브리스(hubris)'다. 휴브리스는 자신의 초심을 잃고 난 뒤, 반드시 따라오는 극도의 자만심이자 과도한 확신이다. 사람이 휴브리스에 걸리면, 곧 장님이 된다. 두 눈을 부릅뜨고 직시해야 할 현실에 대한 감각을 상실하고 자신의 능력을 과신하게 된다. 이것을 그리스어로 '아테'라고 부르는데, 그 의미는 '장님성'이다. 자신 앞에 다가오는 위험을 감지하는 못하는 병이다. (…) 오만에 빠져 장님이 되고 나면 찾아오는 불행이 있다. 그리스인들은 이 불행을 '네메시스(nemesis)'라고 부른다. '네메시스'란 흔히 복수로 번역하는데, 그 근본적 의미는 '내가 당연히 감수해야 할 그 어떤 것을 받는 것'이다(배철현, 2015).

승자의 오만은 곧바로 차별로 이어진다. 승자는 패자를 차별한다. 아직 현실적이고 실제적인 차별은 아니라 할지라도 의식적이든 무의식적이든 적어도 관념적으로는 차별한다. 승자는 패자가 궂은일을 하고 박한 대우를 받아도 무방하다고 생각한다. 우리가 이미 보았다시피, 이런 관념은 정당하지 않은 생각이자 근거 없는 차별이다. 근거 없는 차별을 때때로 우리는 인종주의(racism)라고 표현한다. 이 책의 제6장에서 영남패권주의를 다룰 때 다시 보겠지만, 인종주의란 "어떤 공격을 정당화하려고, 현실적이거나 상상적인 차이를 공격자에게는 유리하고 피해자에게는 불리하도록 일반화해, 그 차이에 가치를 부여하는 행위"다. 이런 의미에서, 능력주의는 확연한 인종주의다. 머릿속에서 만든 차이를 승자에게는 유리하고 패자에게는 불리하도록 일반화해 패자와 약자 공격을 정당화하기 때문이다. 아니나 다를까, 부르디외는 능력주의를 '지능 인종주의(the racism of intelligence)'라고 불렀다(홍세화, 2020). 지능 인종주의는, 물질적 우위를 차지한 지배계급이 신분이나 재산 등과 같은 낡은 간판으로 자신의 지위를 정당화하지 않고, 지능이라는 간판을 내세우거나 그것을 실현한 학업성적이나 학위, 자격증 등의 간판을 앞세워, 자신의 지위를 정당화하는 인종주의다. 물질적 궁핍을 겪는 사람들은 원래 재능이 없고 노력하지 않은 사람들이었으니 당연히 그럴만하다고 깎아내리는 인종주의다. '가장 교묘하고 가장 쉽게 오인되어 가장 드물게 비난받는' 인종주의다.

> 이 세상에는 하나의 인종주의가 아니라 여러 인종주의가 존재한다. 이 세상에는 지금 존재하는 자신을 있는 그대로 정당화해야 하는 집단의 수만큼 많은 인종주의가 존재한다. 정당화는 모든 인종주의의 불변의 기능이다.
>
> 나는 (…) 특정 형태의 인종주의를 분석하는 것이 중요하다고 생각한다. 이런 형태의 인종주의는 가장 교묘하고 가장 쉽게 오인되어 가장 드물게 비난받는 인종주의인데, 인종주의를 비난하는 사람들도 이런 부류의 인종주의는 은근히 조장하는 속성을 보유하기 때문이다. 나는 지금 지능지수(IQ) 인종주의, 다른 말로 표현하여, 지능 인종주의를 말하고 있다. IQ 인종주의는 지배계급의 인종주의다. 이런 인종주의는 (…) 일반적 인종주의, 달리 말해, 프티부르주아 인종주의와 여러 방식으로 다르다.
>
> 지능 인종주의는 지배계급이, 베버가 말한 '특권의 신정론(theodicy of privilege)'을 지어내려고 사용하는 수단이다.[23] 다른 말로 바꾸면, 지능 인종주의는 그들이 지배하는 사회질서를 정당화하는 수단이다. (…) 모든 인종주의는 본질주의(essentialism)이고,[24] 지능 인종주의는 지배계

---

23 신정론(神正論, theodicy)은 전능하고 전선(全善)한 신이 있는데 악이 왜 생기는지를 묻고 이에 대한 해답을 제시하는 이론이다. 오래된 이론이지만, 근대에 들어서 라이프니츠(G. W. Leibnitz)가 이 이론을 신정론이라고 불렀다. 신정론은 변신론(辯神論) 등으로 번역하기도 한다.

24 모든 인종주의는 인종을 본질(essence)이라고 파악한다. 다시 말해, 인종주의는 모두, 인종이란 고정되어 있고 구체적이고 객관적인 어떤 것, 생물학적인 어떤 것으로 판단한다. 이런 생각은, 인종이란 사람들이 지어낸 환상에 불과하다는 시선과 서로 대립한다(Omi and Winant, 2014). 인종의 정의는 이 책의 제6장 2절을 보라.

> 급의 사회정당화이론(sociodicy)이다.[25] 지배계급은 '간판(title)'을 보유하여 권력을 유지하고, 이 간판을 지능의 보증서로 여긴다. (…) 많은 사회에서 지배계급은 경제 권력에 접근할 때조차도 재산이나 귀족 등과 같은 낡은 간판을 떼고 지능 인종주의라는 간판을 내세웠다(Bourdieu, 1993: 177).

능력주의 사회에서 승자가 오만하다면, 패자는 거꾸로 굴욕과 분노(humility and hostility)를 느낀다. 능력주의 신앙은 패배의 상처에 굴욕까지 보탠다. 승패를 가르는 게 재능과 노력이라면, 패자의 실패와 가난은 자신이 못나고 게을렀기 때문이 아닌가? "능력주의 체제에서는 가난이라는 고통에 수치라는 모욕까지 더해진다(De Botton, 2005)." 굴욕과 자학으로 패자는 풀이 죽고(demoralized), 때로 참을 수 없는 분노를 느낀다(Young, 1958; De Botton, 2005; Sandel, 2020). 굴욕과 분노, 수치심을 느낀 패자는 제 자신과 타인에게 치명적 폭력(자살과 살인)을 행사하기도 하지만(이 책의 제7장 3절 참조), 대체로 자기보다 못한 처지에 있는 제3자에게 혐오와 증오(hatred)를 퍼붓기도 한다(김만권, 2023). 오늘날 경쟁에서 밀려난 미국의 백인 노동자계급은 유색인종 이민 노동자를 혐오하고, 경쟁에 내몰린 한국의 젊은 남성은 여성과 페미니즘을 증오한다.

## 필요한 신화

지금까지 능력주의는 현실의 작동 원리도 아니고, 현실에서 바람직한 결과를 낳는 원리도 아니라는 사실을 밝혔다. 그리고 이 능력주의는 현실의 불평등을 두둔하거나 정당화하는 신화라는 사실도 밝혔다. 그러나 이처

25 sociodicy는, 부르디외가 만들어낸 말로, 사회세계를 있는 그대로 정당화하여 자신의 이익을 지키려는 지배계급의 이론적 노력을 의미한다. 필자는 이를 신정론과 대비하여 사회정당화이론이라고 번역했다.

럼 능력제 원리가 신화라는 사실을 밝히거나 능력제 사회가 내포할 법한 여러 문제점을 지적하는 일은 아무래도 삐딱해 보인다. 세상을 부정적으로만 바라보는 것처럼 보여서 그럴 수도 있지만, 능력제 원리의 비판이 고약한 함의를 띠고 있어서 그렇기도 하다. 능력제 원리가 마땅치 않아 이의 수용을 거부하면, 교육이나 고용에서 우리는 어떤 기준을 활용해야 하는가? 설마 신분이나 가족배경과 같은 귀속 기준을 동원해야 하는가? 재능도 없고 노력도 하지 않는 금수저가 좋은 학교와 직장을 차지하고 높은 소득을 얻는 것을 정당하다고 인정해야 한단 말인가? 그럴 수 없다는 것은 말할 필요도 없다. 그러므로 능력주의 원리는 허망한 신화에 불과하지만, 그렇다고 지금 당장 버릴 수도 없는 '필요한 신화(necessary myth)'라는 사실을 인정해야 한다(Goldthorpe, 1996b). 능력주의는 터무니없는 거짓말이지만 '고상한 거짓말(noble lie)'이라고 인정해야 한다.[26]

그러므로 우리는 능력주의와 관련해 다음과 같은 몇 가지 사실을 알거나 인정해야 한다. 첫째, 노력하면 성공할 것이라는 신념은 한쪽 귀퉁이만 진실이다. 시장경제에서는, 아니 그 어떤 사회에서도, 능력 있는 자가 실패할 수 있고 능력 없는 자가 성공할 수 있다. 능력은 성공을 보장하지 않는다. 능력을 과신할 하등의 이유가 없다.

둘째, 성공과 실패는 거의 모두 운이 좌우한다. 때로 한 사회의 불평등 구조와 제도적 차별이 개개인의 성공과 실패를 가르기도 하지만(김정희원, 2021), 개인의 입장에서 바라보면, 부유한 부모나 가난한 부모가 운인 것처럼 이런 구조와 제도도 일종의 운이다. 그러므로 승자는 행운에 감사해야 하고 패자는 불운을 탓해야 한다. 승자가 오만에 빠질 이유가

26 플라톤(Platon)은 『국가론』에서 신들이 간통하거나 실수하는 신화를 아이들에게 그대로 가르치면 신을 존경하지 않을 것이므로 그런 내용은 빼고 가르쳐야 한다고 말했다. 플라톤은 이런 종류의 거짓말을 고상한 거짓말(noble lie)이라고 불렀다(Sandel, 2020).

없듯, 패자도 자학할 까닭이 없다.

셋째, 실패의 운명이 너무 가혹하지 않도록 제도를 다듬어야 한다. 승자가 많이 갖는 것에 불만을 토로할 필요는 없다. 승자가 부유하고 풍요롭게 사는 일은 당연한 일이다. 그러나 우리는 승자와 패자의 보상이 큰 차이가 나지 않도록 노력해야 한다. 승자 몫이 지나치게 많고 패자 몫이 너무 적은 승자독식 보상체제는 사회적으로나 심리적으로 바람직하지 않다. 이런 보상체제는 고치거나 바꿔야 한다. 예컨대 임금이 가장 적은 노동자의 연봉이 3천만 원이라면 최고경영자의 연봉은 그 5배인 1억 5천만 원이면 되지 않겠는가? 또는 그 10배인 3억이나 그 30배인 9억이면 되지 않겠는가? 50억이나 100억, 수백 억 등과 같은 고액 연봉은 지나친 탐욕이 아닌가? 지금 우리는 '살진 고양이법' 등과 같은 법을 생각해볼 때다.[27] 승자독식을 완화하는 데에 승자의 보수를 줄이는 것이 가장 좋은 방법이겠지만, 여러 사정 때문에 승자의 몫을 그렇게 많이 줄일 수 없다면, 패자의 몫을 일정 수준에서 보장해주는 것도 또 하나의 좋은 방안일 것이다. 예컨대 최저임금을 적절한 수준으로 설정하거나, 기본소득의 지급과 같은 다양한 사회보장제도를 마련하거나, 교육이나 의료와 같은 기본 서비스를 탈상품화하여 기초생계를 보장할 필요가 있다. 그 외에도 승자독식 보상체제를 완화하는 다양한 방안을 고려해볼 수 있을 것이다(〈참고 3-2〉를 참조).

넷째, 일찌감치 벨(Bell, 1972)이 언급했듯, 능력주의는 매우 제한적인

27 서구의 풍자만화는 흔히 탐욕스런 자본가를 살진 고양이(fat cat)로 묘사했다. 고양이의 살을 어느 정도까지 뺄 것인가? 플라톤은 최저임금과 최고임금의 격차가 5배 정도 되는 것을 이상적으로 보았다(Piketty and Sandel, 2025). 2016년 정의당 심상정 의원은 민간기업과 공공기업의 최고임금을 최저임금의 각각 30배와 10배로 제한하는 법안을 발의했다. 최저 임금이 연 3천만 원이면, 최고 임금은 연 9억과 3억 원으로 한정하자는 취지였다. 그러나 이 법안은 의사일정에 상정되지 않았고, 20대 국회가 끝나면서 자동 폐기되었다. 아마도 저항이 만만치 않았기 때문일 것이다.

조건에서만 그 장점을 발휘한다. 능력주의는 노동조합이 강력하고 복지국가가 튼튼하여 불평등이 충분히 완화한 사회에서만 생산적 부를 창출하는 동력이 된다. 그러므로 굳이 능력주의를 앞세워 생산성을 향상하려면 먼저 결과의 불평등을 줄여야 한다(Hayes, 2012; McNamee and Miller, 2013). 결과의 불평등을 줄인 상태에서 체현하는 능력주의, 우리는 이를 조건부 능력주의라고 부를 것인데, 이런 부류의 능력주의를 실현해야만 생산성이 향상할 것이고 민주주의도 후퇴하지 않을 것이다.[28]

**참고 3-2** **승자독식 보상체제와 능력주의, 민주주의**[29]

바야흐로 정치의 계절이다. 내 생각에 정치란 희소 자원을 차지하려고 사람들이 서로 다투는 일이다. 그러므로 산이나 섬에서 혼자 살지

28 앞에서 우리는 능력주의가 민주주의를 훼손할 것이라고 말했다. 그런데 이제 와서 능력주의가 민주주의의 후퇴를 막을 것이라고 번설을 늘어놓는 까닭은 무엇인가? 결론부터 말하자면, 능력주의는 이중적이다. 능력주의는 일반적으로 민주주의를 위협할 것이지만, 특정 조건에서 발현하는 능력주의는 민주주의를 지킬 것이다. 능력주의는 어떤 조건에서 민주주의에 공헌하는가? 본문에서 이미 언급했듯, 노동조합이 강력하고 복지국가가 튼튼하여 불평등이 완화하는 조건에서, 오직 이런 조건에서만, 능력주의는 지위 세습을 막고 민주주의의 후퇴를 저지할 것이다.

피케티(T. Piketty)는 "불평등의 심화(재산과 소득의 양극화)가 능력주의를 위협하고, 능력주의의 훼손은 민주주의 그 자체를 위험에 빠뜨릴 것"이라고 경고했다(류동민, 2016). 세습자본주의의 위험성을 지적한 말이다. 그러나 본문에서 이미 논증한 바와 같이, 능력주의 그 자체는 민주주의에 기여하지 않는다. 도리어 민주주의를 훼손할 가능성이 높다. 다만 특정 조건에서 발현하는 '건강한' 능력주의, 다시 말해 조건부 능력주의만이 민주주의를 신장할 수 있을 것이다.

29 이 글은 2019년 필자가 재직하는 학교의 총장 선거를 앞두고 썼다. 적어도 대학의 관리책임자(총학장)는 소모적인 직선제 방식으로 선출하지 말고 추첨제로 선출하자는 제안이었다. 추첨제는 총장 선출 이외에도 능력주의를 완화하기 위해 대학 신입생 선발, 의원 선출 등과 같은 분야에서 적용할 수 있다. 그러나 이 글에서는 이에 대해 자세히 논의하지 않았다. 그럴 여유가 없었거니와 그럴 이유도 없었다. 이 선출 방법의 장단점은 Manin(1997), 가라타니 고진(柄谷行人, 2002), 이지문(2012) 등을 보라. 그리고 이 선출 방법에 대한 논평은 고종석(2002c), 김종철(2015) 등을 보라.

않는다면, 아무리 뿌리쳐도 정치는 반드시 우리 곁에 다가오기 마련이다. 정치란 이렇게 불가피한 것이면서 동시에 당파적인 것이다. 우리는 서로 싸우는 사람들 사이에서 어느 한쪽 편을 들지 않을 수 없다. 예를 들어보자. 여기 얼마간의 돈이 있는데, 이 돈을 길 만드는 데 쓸 것인지 아이들에게 점심밥을 주는 데 쓸 것인지, 하나를 고르는 일이 정치다. 사람들이 길을 내기로 결정하면 한 건설업자가 화려한 주점에서 자신의 사업 수완을 뽐내며 호탕하게 술잔을 기울일 것이고, 아이들의 점심밥을 주기로 결정하면 저기 외진 구석에서 한 어머니가 남몰래 가슴을 쓸어내릴 것이다. 우리는 누구 편을 들 것인가? 양다리를 걸쳐도 된다. 그러나 한 가운데 설 수는 없다. 어느 한쪽으로 더 가깝게 붙는 수밖에 없다.

정치에서 승리한 자는 흔히 부와 명예, 역사와 비전을 독차지한다. 시절이 하 수상해 이런 방식의 승자독식(winner-take-all) 보상체제가 피치 못할 자연질서처럼 보이지만, 논리로 보든 역사로 보든 이런 보상체제가 필연인 것은 아니다. 다른 방식의 보상체제도 드물지 않다. 예컨대 오늘날 북유럽의 여러 나라는 승자가 차지하는 몫을 줄여 패자를 돌보는 데에 쓴다. 부자에게서 세금을 많이 걷어 가난한 사람을 돕는다는 말이다. 이런 사회에서 승자는 패자보다 풍요롭지만 탐욕스럽거나 오만하지 않고, 패자는 승자만큼 넉넉하진 않지만 궁핍하거나 남루하지 않다.

승자독식 보상은 능력제(meritocracy)라는 관념과 붙어 다닌다. 여기서 능력(merit)이란 선천적 재능(talent)과 후천적 노력(effort)을 아우르는 말이다(능력=재능+노력). 능력제는 재능이 뛰어나거나 노력을 많이 기울인 사람이 더 많은 보상을 받는 원리를 말하고, 능력제 사회는 능력제 원리가 작동하는 사회를 이른다. 말하자면 능력제 사회는 남보다 똑똑한 아이가 나중에 더 많은 돈을 벌고, 남보다 더 많이 노력한 사람이 더 풍요롭게 사는 세상이다. 얼핏 생각하면 능력제 사회는 희망과 패기, 활기가 넘치는 세상일 것 같다. 그렇지 않겠는가? 재능이 뛰어난 사람이 더 많은 돈을 번다는데 물려받은 재능을 다 쓰지 않을 사람이 어디 있을 것이며, 노력하는 사람이 더 큰 부자가 된다는데 온몸의 힘을 짜내지 않을 사람이 어디에 있을 것인가? 그리하여 사람들이 모두 자신의 재능과 노력을 쏟아내는 이런 사회는 에너지와 활기로 이곳저곳이 들썩이는 세상일 것 같다. 그러나 이런 사회, 즉 능력제 사회가 실제로 존재한다면 그 사회는 자학의 한숨 소리로 가득 찬, 우울하기 짝이 없는 신경증(neurosis)의 세계일 가능성이 더 높다.

이유는 두 가지다. 첫째, 누가 살더라도 능력제 사회는 버티기 힘든 세상이다. 이 사회는 붉은 여왕(Red Queen)이 다스리는 '이상한 나라'와 닮았다. 이상한 나라에서는 사람들이 모두 뛴다. 그러므로 이곳 사람들은 한자리에 가만히 머물러 있으려 해도 앞으로 내달려야 한다. 뛰지 않으면 뒤처지기 때문이다. 이렇게 이상한 나라가 어디 있을까 싶지만, 능력제 사회가 바로 그런 곳이다. 능력제 사회에서 사람들은 남보다 더 많은 돈을 벌려고 더 좋은 직장을 얻는다. 더 좋은 직장을 얻으려 더 좋은 학교에 가고, 더 좋은 학교에 가려고 남보다 더 열심히 공부한다. 그러므로 이 나라 사람들은 어른 아이 할 것 없이 지칠 대로 지친다. 이런 나라에서 공부 못하는 아이의 삶이 스산한 것은 말할 것도 없지만 공부 잘하는 아이의 삶도 안쓰럽기는 매한가지다. 뒤처진 아이는 열등감에 찌들어 자책하기 바쁘고, 앞선 아이는 불안해 스스로 잠을 줄인다. 어른이라고 다를 게 없다. 좋지 않은 직장에 다니는 사람들은 자신을 비하하기 바쁘고, 좋은 직장을 얻은 사람도 남보다 더 많은 돈을 벌지 못하는 데에 분노하고 절망한다. 능력제 사회는 이렇게 자책과 후회, 근심과 걱정, 슬픔과 분노로 잠 못 이루는 '스카이 캐슬'이다.[30]

30 '스카이 캐슬'은 2018년 11월에서 2019년 2월까지 방영했던 JTBC 금토 드라마다. 이 드라마는 자녀를 명문대에 보내려는 부모의 욕망을 다루었다.

둘째, 경쟁 과정도 고달프지만 경쟁 결과는 고달픔을 넘어 우울하기까지 하다. 이름과 다르게, 능력제 사회에서 부와 명예는 능력에 비례해 배분되지 않는다. 부와 명예, 권력은 능력이 뛰어난 한두 명이 다 쓸어간다. 그보다 재능이 모자라거나 게으른 여덟아홉 명은 가난하고 비천하게 살아야 한다. 부자는 드물고 가난한 사람은 지천으로 넘쳐나는 이런 세상이 우울하지 않으면 도대체 어떤 사회가 우울하단 말인가? 더구나 패자의 그 지긋지긋한 가난과 불행이 그의 무능과 게으름에서 비롯한 것이라면, 그는 제 자신 말고 누구를 탓할 수 있단 말인가? 이렇게 능력제 사회는 참을 수 없이 우울한 곳이다. 다행스럽게도 현실 사회는 능력제 사회가 아니다. 눈에 뻔히 보이는 손은 말할 것도 없거니와 눈에 보이지 않는 손도 능력제 원리의 실현을 보장하지 않는다. 우연이 여기저기서 춤추고 눈먼 힘이 이곳저곳에서 날뛰는 시장경제에서 능력이 보상을 결정할 가능성은 그다지 높지 않다. 우리가 주변에서 흔히 보듯, 시장경제에서는 똑똑했던 아이가 가난하게 살고, 공부 못했던 아이도 부자로 살 수 있다. 부지런하고 성실한 사람이 실패하고, 게으르고 사악한 사람이 성공할 수 있다. 현실 사회가 이렇게 능력제 사회가 아니라는 사실은 무척이나 다행스러운 일이다.

그러나 다행은 여기까지다. 불행하게도 우리는 능력제 원리를 마땅히 추구해야 할 가치로 여기면서 산다. 우리는 능력제 원리가 머지않아 이 땅에서 꼭 실현되기를 바란다. 우리는 능력이 뛰어난 사람이 부자로 살고, 능력이 없는 사람은 가난하게 사는 세상을 기대하고 갈망한다. 기이한 일이다. 애초에 실현 가능성도 없고, 설령 실현된다고 해도 저렇게 우울한 결과를 낳는 원리와 사회를 사람들은 왜 그렇게 갈망하고 염원하는 것일까? 믿을 만한 신이 없으니 당나귀라도 섬기겠다는 강박증 때문일까? 그럴 리 없다. 나는 사람들이 능력제 원리를 떠받드는 까닭을 승자의 욕망에서 찾는다. 승자는 자신의 부와 권력을 우연히 얻은 것이 아니라 제 능력으로 쟁취한 것이라고 믿는다. 그리고 다른 사람도 그렇게 생각해주길 바란다. 승자는 자신의 이런 욕망과 맞아떨어지는 능력제 원리에 친화력을 느낀다. 결국 승자는 능력제 원리를 자원 분배의 '자연적' 원리로 선포하고, 그 원리에 기대어 자신의 부와 권력을 정당화한다. 즉 자신이 누리는 부와 권력, 명예는 뛰어난 재능으로 성취했거나 남다른 노력으로 얻어낸 것이라고 강변한다.

늘 그렇지만, 승자의 사상은 그 사회의 지배 이념이다. 승자의 사상을 거부하는 일은 곧 반역이다. 식민지와 분단, 전쟁이라는 불행한 역사를 거쳐 온 탓에 우리 주변 이곳저곳에 퍼져 있는 극우 파시스트, 저 역겨운 영남패권주의를 두둔하느라 추악한 박정희 일당을 산업화 세력이라고 치켜세우는 딱한 사람들(박정희가 한국의 경제성장을 이끌었다고 믿느니 당나귀가 전지전능하다고 믿는 게 정신건강에 훨씬 더 이롭다), 그리고 전두환을 다시 불러내서라도 더 많은 돈을 벌고 싶은 탐욕의 화신들이 즐겨 쓰는 저질 용어로 표현하면, 그런 반역은 곧 '종북'이다. '종북'이라는 딱지를 피하고 싶은 사람들은 승자가 내세우는 능력제 원리를 정당한 분배 원리로 인정하고야 만다. 그리하여 승자는 '불온하기 짝이 없고 수상하기 이를 데 없는' 유언비어를 당당하고 떳떳하게 온 세상에 퍼트린다. 권력과 부는 능력에서 나온다고.

이런 유언비어를 진실이라고 믿는 사회, 즉 능력이 출중한 사람이 더 높은 자리에 올라서고 더 많은 돈을 번다는 믿음이 횡행하는 사회는 분열증(schizophrenia)의 세계다. 능력제 원리는 현실이 아니라 판타지다. 승자가 만들어낸 허구다. 실체가 없는 허깨비란 이야기다. 거듭 말하지만, 능력은 부를 보장하지 않는다. 주변을 돌아보라. 천부적 재능이 눈부셔도 궁핍한 삶을 이어간 사람은 어디에나 많았다. 우주의 아름다움을 한 줄 수식으로 그려낸 수학 천재는 빈민촌에서 추위와 싸워야 했고, 천상의 선율을 지상으로 끌어들인 음악 천재는 저녁 끼니를 걱정해야 했다. 옛날에만 그랬던 것이 아니다. 온종일 등이 휘도록 '노오력'해도 입에 풀칠하기 힘든 사람은 오늘날에도 거리에 넘친다. 그와 달리, 재능도 없고 노력마저 하지 않는데도 부모 잘 만나 거들먹거리며 사는 사람도 결코 적지 않다. 젊은 나이에 부모 회사의 기획실장이 되고, 본부장이 되며, 상무가 되는 예는 싸구려 멜로드라마에서나 보는 그런 이야기가 아니다. 드라마보다 더 드라마틱한 현실은 우리 주변 어느 곳에서나 흔히 볼 수 있다. 그런데도 승자는 능력제 원리를 내세워서 능력과 부 사이에 인과관계를 설정한다. 부자가 부자인 것은 능력 때문이라는 신화를 만든다. 무당의 신탁(神託)을 비웃을 만큼 충분히 개명한 세상에 살면서도 우리는 이렇게 얼토당토않은 신화를 진실이라고 믿고야 만다. 우리가 발을 딛고 사는 현실 세계는 이렇게 미몽과 망상이 일렁이는 신화의 세상이고, 환각과 환영이 너울대는 분열증의 세상이다.

존재의 현실과 동떨어진 관념은 언제나 파멸을 불러들인다. 신경증 환자는 끊임없는 자기학대로 가엾게도 제 자신을 갉아먹지만, 분열증 환자는 끝 모를 가학증으로 천만부당하게도 다른 사람의 영혼을 무너뜨린다. 망상과 환상으로 정신이 갈가리 찢긴 사람들이 만들어내는 현실은 그야말로 간담이 서늘한 한편의 공포영화다. 아비가 부자였던 탓에 손에 물 한 방울 묻히지 않고 돈과 힘을 거머쥐었던 한 여자는 자신이 누리는 '참으로 마땅한' 부와 권력에 너무 많이 도취했나 보다. 그 여자는 '못나고 게을러서 남의 집 종살이밖에 할 것이 없는' 부하 직원의 잘못을 꾸짖으려 활주로에 나서는 비행기를 게이트로 되돌렸다. 옛 왕조의 세도가가 가을 서리 같은 호령으로 나는 새를 떨어뜨렸다면, 오늘날의 권력자는 호쾌하게도 비행기를 주저앉힌다. 부와 권력에 취해 몽롱한 환각세계에 들어선 자들이 펼치는 전율과 공포는 이쯤에서 멈추지 않고 우리 일상의 구석구석까지 파고든다. 자기 집 장롱에 현금을 수억 원이나 쌓아두고 산다는 한 사내는, 오뎅이나 붕어빵을 팔았다는 어린 시절 경력을 들먹이며 서민의 처지를 잘 안다는 말을 입에 달고 다녔다. 그런데 이 남자는 과연 곤궁한 이의 애처로운 처지를 안타깝게 여겼을까? 그랬던 것 같지 않다. 그 남자는 카메라 앞에서 눈물을 훔치는 시늉을 할 만큼 교활했지만, 공감 능력의 결핍을 감출 수 있을 만큼 치밀하지 못했다. 그 남자는 남의 아픔이나 슬픔을 가슴으로 느끼지 못했다. 그러므로 그 남자가 입에 달고 다녔던 말은 '나는 내 능력으로 부자가 되었다. 너희가 가난한 것은 무능하고 게으른 탓이다'는 야멸찬 조롱이었을 뿐이다. 조롱은 참을 수 있다. 모멸도 견딜 수 있다. 그러나 생쥐의 번들거리는 눈알을 마주 보는 듯한 공포는 떨쳐버리기 힘들다. 주인집 문간에서 굶어 죽은 개는 나라의 멸망을 예고하고 한길에서 학대받은 말은 하늘에서 사람의 피를 달라고 한다는데, 나는 이 나라 부자의 오만과 무정에서 우리 앞에 길게 드리운 불길한 전조를 본다.

분열증을 치유하는 방법은 무엇인가? 간단하다. 환각에서 벗어나면 된다. 부와 권력은 능력에서 비롯한다는 판타지를 버리면 된다. 그러나 승자는 판타지를 버려야 할 그 어떤 이유도 찾지 못한다. '세상 이치를 그토록 밝고 뚜렷하게 드러내는 진리'를 그들이 왜 스스로 버릴 것인가? 승자가 판타지를 버리고 분열증과 가학증에서 벗어나기를 바라는 것은 마치 아귀가 부처 되기를 기다리는 것과 같다. 불가능하다는 말이 아니라 부지하세월이란 이야기다. 그러므로 승자의 환상을 깨려면 판타지를 낳는 뿌리를 흔들어야 한다. 판타지의 뿌리는 승자독식 보상체제다. 남보다 더 많이 가지려는 탐욕, 이미 움켜쥔 것은 한 푼도 내놓지 않으려는 집착, 이 탐욕과 집착은 '자연법칙'이어서 그 누구도 침해해서는 안 된다고 믿는 미신, 승자는 고귀하고 패자는 비천하다고 믿는 망상, 이런 미신과 망상을 진리라고 우기는 무지와 오만은 능력제라는 판타지를 끝없이 재생산한다. 그러므로 환상과 환각을 멈추려면 승자독식제도를 제어해야 한다. 승자독식제도를 흔들면 탐욕이 줄고, 탐욕이 줄면 능력제라는 환상도 천천히 사라진다.

불행하게도 승자독식 구조를 뜯어고치는 일은 쉽지 않다. 돈과 권력에 취하고 환영과 환청에 갇힌 승자가 눈을 부라리고 지켜보고 있는데 그들의 권리와 혜택을 줄이는 일이 그렇게 쉬울 리가 없다. 그러나 아무리 힘들어도 꼭 해야 할 일이 있는 법이다. 이 나라 미래세대의 평온한 삶을 위해서, 아니 그렇게 멀리 갈 것도 없이, 이 시대를 살아가는 우리의 정신건강을 위해서도 이제 승자독식 보상제도는 버리거나 고쳐야 한다. 무슨 수로? 나는 정치에 주목한다. 사람들이 한데 모여, 얽힌 매듭을 풀어내야 한다. 새삼 말할 필요도 없지만, 정치로 세상만사를 해결할 수 있는 것은 아니다. 이 세상에는 인간의 의지로 풀 수 있는 일보다 풀지 못할 일이 훨씬 더 많다. 신의 자비를 비는 간절한 기도가 필요한 이유고, 다가오는 운명에 몸과 마음을 내맡기는 태도가 필요한 이유다. 그런데도 나는 정치의 힘을 믿는다. 정치로 이 매몰찬 세상을 조금이라도 바꿀 수 있다고 믿는다. 평범한 사람들이 힘을 모으면, 추악한 권력의 모진 폭정을 막고 무정한 자본의 몹쓸 폭력을 줄일 수 있다고 믿는다. 부자는 탐욕스럽거나 오만하지 않고 가난한 이는 남루하거나 비겁하지 않은 세상을 만들 수 있다고 믿는다. 노동시간을 줄여 모든 이가 저녁 식탁에서 와인 한 잔 곁들이는 세상을 만들 수 있다고 믿는다. 고등학교를 마치면 안정된 직장을 얻을 수 있어서 청년들이 별다른 걱정 없이 애를 낳고 기르는 세상을 만들 수 있다고 나는 믿는다. 비현실적 몽상이라고 비웃어도 좋다. 그러나 나는 이런 꿈 때문에 차갑고 무정하며, 너절하고 비열한 정치에서 눈을 돌리지 않는다.

관심을 좁혀 우리 대학에서 승자독식제도를 해체할 수 있는 방법을 찾아보자. 직전의 총장 선출 제도는 간선제였지만, 최근 들어 우리 대학 교수회는 차기 총장 선출 방식을 직선제로 바꾸었다. 그러나 나는 간선제가 그렇게 나쁜 제도는 아니라고 생각한다. 뒤로 자빠져도 코가 깨질 만큼 운이 나쁘지 않다면, 선거인단의 투표로 얻는 결과는 전체 성원이 투표해 얻는 결과와 많이 다르지 않을 것이기 때문이다. 그러므로 간선제는 직선제와 같은 결과를 낳으면서도 선거 비용을 획기적으로 줄이는, 아주 좋은 제도라고 말할 수 있다. 그러나 조금 다른 각도에서 보면, 간선제나 직선제는 그 효과가 같다. 후보자가 시간과 돈, 노력을 투자해 유권자의 지지를 끌어낸다는 점에서 그러하다. 과정이 같으면 관념도 같다. 간선제로 선출되든 직선제로 뽑히든, 총장은 자신의 능력으로 권력을 쟁취했다고 생각할 것이다. 그리하여 선거운동 기간에 자신이 투자한 시간과 돈, 노력에 대한 보상으로 권력과 돈, 명예를 당당하게 요구할 것이다.

승자의 이런 망상, 즉 자신의 능력으로 권력을 쟁취했다는 망상을 걷어내는 한 방법은 제비뽑기 선출(sortition)이다. 이 선출 방법은 나이와 경력, 연구업적과 윤리 등에서 일정 자격을 충족하는 사람을 후보자로 삼고, 이 후보자 집단에서 제비뽑기로 한 사람을 선출하는 방법이다. 기준을 잘 만들면 후보자는 그렇게 많지 않을 것이고, 선출 과정도 그렇게 번거롭지 않을 것이다.

제비뽑기 선출의 장점은 이렇다. 첫째, 제비뽑기는 승패가 능력이 아니라 운으로 결정된다는 사실을 꾸밈없이 보여준다. '나를 키운 것은 팔 할이 바람'이듯, 우리 삶은 대부분 행운과 불운으로 이루어진다. 그러므로 이런저런 자리를 제비뽑기로 채워도 전혀 이상하지 않다. 제비뽑기 선출은 우리의 심리 상태를 바꾼다. 승패는 운으로 갈리기에 승자는 자신의 능력을 앞에 내세울 수 없다. 자신의 능력을 과장할 수 없으므로 과도한 권력과 돈을 요구하기도 힘들다. 그러므로 제비뽑기 선출은 권력과 돈의 집중을 미리 막는다. 승자가 우쭐거릴 수 없다면, 패자도 열패감을 느낄 이유가 없다. 결국 제비뽑기는 분열증과 신경증을 한꺼번에 고치는 명약인 셈이다.

둘째, 이 제도는 승자의 편집증을 줄인다. 권력을 차지한 이는 흔히 자신의 능력이 남다르다고 생각하고, 그 뛰어난 능력을 입증하려 안달복달한다. 그리하여 승자는 거의 예외 없이 편집증에 시달린다. 특정 사물이나 사실에 강하게 집착한다는 것은 비이성적 추론이나 착각에 빠진다는 것을 뜻한다. 권력자의 편집증이 초래한 불행한 결과는 우리 주변에 그야말로 '차고 넘친다'. 4대강이 그렇고, 창조경제가 그렇다. 우리가 보기에는 명백한 착각이거나 환상인 것도 편집증의 세계에서는 이성이고 진리다. 이런 편집증의 '적폐'를 보려고 낙동강이나 팽목항까지 갈 필요는 없다. 우리 대학 전임 총장들의 독선과 아집이 낭비한 시간과 자원을 돌이켜보기만 해도 충분하다. 승자가 내비치는 어질어질한 나르시시즘과 편집증만 없어도 들풀처럼 하찮은 우리가 이 힘겨운 세상살이를 버텨내기는 조금 더 수월해질 것이다.

셋째, 이 제도는 직선제의 폐해를 치유한다. 지난날 군사파쇼에 질린 사람들은 대학의 민주주의를 달성하는 수단으로 총장 직선제를 떠올렸다. 그런데 이렇게 탄생한 총장 직선제가 대학의 민주주의를 키우는 데에 기여했던가? 별로 그랬던 것 같지 않다. 먼저 직선제 총장은 외부 권력의 침탈을 막지 못했다. 직선제 총장은 임명제 총장 못지않게 중앙권력에 순종했다. 권력에 저항하기는커녕 자발적으로 복종했다. 그뿐인가? 총장 직선제는 대학 내부의 의사결정과정도 민주화하지 못했다. 총장이 대학의 의사결정기구를 장악하고 대학을 자기 멋대로 운영하는 것은 식은 죽 먹기였다. 이렇게 직선제가 대학의 민주주의를 키우는 데에 기여하지 못했으면서도 선출을 둘러싼 소음은 실로 대단했다. 사람들은 이런저런 연고를 엮어 패거리를 만들었다. 떼 지어 골프장으로 달려가서 친분을 쌓았고, 여기저기 술판을 벌여 세를 과시했다. 내 편과 남의 편을 구별해 미움과 증오를 내뿜었다. 그렇게 많은 시간을 쏟아붓고, 그렇게 많은 돈을 쓰며, 그렇게 많은 사람을 미워해 가장 적합하고 훌륭한 인물을 총장으로 뽑았던가? 그랬던 것 같지 않다. 이런 과정을 거쳐 뽑힌 총장은 학술활동과 거리가 먼 사람일 가능성이 컸다. 수년이나 평생, 사교활동에 온 힘을 쏟은 사람들이 무슨 정열이 남아 있다고 학술활동에 관심을 기울이겠는가? 그들은 겉으로는 짐짓 학술활동을 존중하고 권장한다고 말했지만, 속으로는 경시했다. 심지어 경멸하기까지 했다. 결국 총장 직선제는 학술활동을 경시하거나 경멸하는 사람을 지식생산기관의 수장으로 뽑는 역설을 낳았다. 나는 이런 패러독스가 한국 대학의 낮은 생산성을 낳은 한 요인이라고 생각한다. 어쨌든 직선제는 이렇게 민주주의 실현이라는 본연의 목적은 뒤로 한 채 가장 좋지 않은 부작용만 낳고 말았다. 제비뽑기 선출은 이런 부작용을 제거할 것이다.

총장을 제비뽑기로 뽑는 것 외에 승자독식을 막는 또 다른 방법으로는 무엇이 있는가? 많은 아이디어가 있겠지만 우선 생각나는 대로 몇 가지만 이야기해보자. 첫째, 총장이 쓰는 돈과 자원을 줄여야 한다. 현 체제에서 총장이 제 멋대로 쓰는 돈은 너무 많다. 이렇게 총장이 너무 많은 자원을 차지하면 그 자리를 차지하고픈 욕망을 낮출 수 없다. 욕망을 낮출 수 없으면 자기기만과 분열적 사유가 날뛰는 것도 막을 수 없다. 둘째, 총장이 부리는 권력을 줄여야 한다. 권력을 줄이는 한 방법은 보직자를 제비뽑기하는 것이다. 범위는 정하기 나름이겠지만, 주요 보직자를 제비뽑기하면 된다. 총장의 권력을 줄이는 또 다른 방법은 총장 임기를 단축하는 것이다. 총장의 임기를 일이 년 남짓으로 줄이면 과도한 욕망과 치열한 경쟁을 누그러뜨릴 수 있지 않을까?

승자가 차지하는 몫을 줄임으로써 우리 정신은 지금보다 더 건강하게 될 것이다. 우리는 교만과 무정, 속임수와 자기 기만에서 자유로워진다. 예컨대 총장직을 지망하면서 자신의 욕망은 뒤에 숨겨두고 '마지막 봉사'라든지 '대학 발전' 등등, 누가 말해도 가당치 않고 누가 들어도 가소로운, 기만적 언사를 쓰지 않아도 된다. 제비뽑기로 당선된 사람은 자신의 욕망에 진솔할 수 있거니와 타자의 욕망에도 민감하다.

나는 이런 글줄 하나로 세상을 바꿀 수 있다고 믿을 만큼 순진하지 않다. 또한 나는 내 생각대로 세상을 바꾸려 들 만큼 낭만적이지도 않다. 그럼 나는 왜 시간과 노력을 들여 이런 글을 쓰는가? 줄을 바꿔 말해보자.

우리가 평소에 쓰는 말은 거의 모두 우리 욕망의 산물이다. 객관적 사실을 '있는 그대로' 서술하는 것처럼 들리는 말도 실은 말하는 사람의 욕망을 싣고 있는 경우가 허다하다. 예를 들어보자. 얼마 전 한 여론 조사에서 일본인의 반수 이상은 '북조선이 핵무기를 포기하지 않을 것'이라고 응답했다고 한다. 일본인의 이런 예측은 정확한가? 알 수 없다. 아직 도래하지 않은 미래에 대한 판단이 정확한지 아닌지를 지금 어찌 평가할 수 있단 말인가? 그러나 한 가지 분명한 것이 있는데, 그것은 그들이 그 대답으로 은연중에 자신의 욕망을 드러냈다는 사실이다. 그들은 '북조선이 핵무기를 포기하지 않았으면 좋겠다,' 그리하여 '일 · 미 · 한 군사연합체가 북조선과 계속 정치 군사적 갈등을 빚었으면 좋겠다'는 자신의 욕망, 아니 더 정확하게 말하면, 일본 지배계급의 욕망을 드러냈다. 우리는 이 땅에서 다시는 전쟁이 일어나서는 안 된다고 생각하지만, 그들의 계산법은 이와 전혀 다르다. 남의 불행은 내 행복이라 하지 않았던가? '조선반도'에서 또 전쟁이 터지면 더할 나위 없이 좋겠지만, 그렇게까지 좋은 일이 일어나지 않는다 하더라도 한국과 북조선 사이에 군사적 긴장관계가 높아질수록 자기네 이익이 더 커질 것이라고 그들은 생각한다. 이런 잇속을 감안하면 '일 · 미 · 한'과 북조선의 불화를 부추기는 그들의 욕망과 언동은 그야말로 자연스럽다(참으로 얄궂은 것은, 그러므로, 일본의 극우파가 아니라 자유한국당(민주자유당을 계승한 정당－필자)이다. 자유한국당도 일본의 극우파처럼 남북의 군사적 대립과 긴장을 열망한다. 왜냐고? 아마도 이 대립이 제 이익에 맞아떨어지기 때문일 것이다. 그 이유야 어쨌든 자유한국당과 일본 극우파의 욕망은 서로 같다. 이들의 욕망이 같다는 사실은 2018년 남북정상회담과 북미정상회담 앞뒤로 일본 수상 아베 신조와 자유한국당 대표 홍준표가 쏟아냈던 논평을 비교해보면 곧바로 알 수 있다. 이 두 사람은 도플갱어 같았다. 이들은 하나같이 남북의 평화공존을 반대했고 북미 대화를 저주했다).

지금까지, 텍스트는 학자의 욕망을 싣고 있다는 일반론을 말했다.

이 일반론이 옳다면, 내가 이 글에서 쏟아낸 말들도 내 욕망의 산물이다. 그럼 그 욕망은 무엇인가? 다행인지 불행인지 모르겠지만, 나는 그것을 알지 못한다. 욕망은 때때로 의식 바깥에 놓여 있어, 선연하지 않을 때가 많기 때문이다. 그러나 내가 알지 못한다고 해서 남도 모를 것이라고 단정할 수는 없다. 다른 사람은 어떻게든 그것을 짐작하려 들 것이다. 그러므로 내 욕망을 알아내는 일은 그들의 몫으로 남기려 한다.

그런데 그 욕망이야 무엇이든, 총장의 권력을 좁히거나 줄이자는 내 제안은 과연 실현될까? (색즉시공이고) 공즉시색(空卽是色)이라 했다. (만물은 무상해 끝없이 그 모습을 바꾸므로 그 어떤 순간의 모습도 참모습이나 본모습이라고 말할 수 없고) 애초에 그 모습이 정해져 있지 않은 존재는 원인과 조건에 맞추어 차츰 이런저런 모습을 띠게 된다는 말이란다. 바람을 타던 홀씨가 운 좋게 땅에 내려앉으면 민들레가 필 것이지만, 어쩌다가 아스팔트에 떨어지면 민들레라는 가능성은 사라진다. 우리는 홀씨가 땅에 내려앉을지 아스팔트에 떨어질지 미리 알지 못한다. 그 누구도 존재의 앞날을 미리 알 수 없다. 그러므로 우리가 할 수 있는 일이란 '바람이 불어오는 곳'이나 '바람 속으로' 그저 발을 내딛는 것밖에 없다.

## 4. 갈등이론

지금까지 우리는 불평등의 기원을 설명하는 구조기능주의 계층이론과 인간자본이론을 주로 알아보았다. 이제 이와 전혀 다른 시각을 살펴보자. 이런 이론들은 사람들 사이의 갈등을 논의의 초점으로 삼았다는 점에서 갈등이론이라고 부를 수 있다.

## 렌스키

렌스키(Lenski, 1966)는 기능주의 이론과 사뭇 다른 불평등 이론을 제시했다. 렌스키는 다음과 같은 두 가정으로 논의를 시작했다. 첫째, 인간은 이기적이다. 인간은 다른 무엇보다 자신의 욕망을 충족하려 한다. 둘째, 이런 이기심을 충족하려면 인간은 타인과 함께 협동하면서 살아야 한다. 인간은 혼자서 욕망을 충족할 수는 없다. 반드시 다른 사람과 함께 생활하면서 자신의 욕망을 채워야 한다.

이런 가정이 옳다면, 이로부터 다음과 같은 명제를 도출할 수 있다. 첫째, 사람들은 노동의 산물을 타인과 함께 나누어야 한다. 타인과 함께 살아야 하기 때문이다. 둘째, 자신과 타인의 생존에 필요한 수량을 초과하는 잉여생산물이 생기면, 사람들은 제각각 이 잉여를 차지하려고 한다. 이기적 욕망 때문이다. 사람들은 양보하지 않으려 할 것이므로 서로 다툴 수밖에 없다. 그런데 이 잉여는 어떤 사람들이 차지하는가?

렌스키가 보기에, 잉여는 권력을 장악한 개인이나 집단이 차지한다. 권력은 사회의 잉여 생산물인 물질적 혜택(privilege)을 좌우하고, 물질적 혜택은 위신이나 명예(prestige)를 결정한다. 다른 한편, 권력이 직접 위신이나 명예에 영향을 끼칠 수도 있다. 이런 논리는 〈그림 3-15〉와 같은 인과관계로 묘사할 수 있다. 분배 체계를 묘사한 이 그림에서 물질적 혜택은 주로 권력이 좌우한다. 그러나 사람들은 권력이 없어도 타인의 이타주의 등으로 물질적 혜택을 얻을 수 있다. 사회복지제도의 도움을 받는 것이 대표적이다. 다른 한편, 권력이나 물질적 혜택이 명예나 위신을 결정하지만, 이외의 다른 요인(x, y, z)도 위신에 영향을 미칠 수 있다. 지식이나 영향력이 위신에 영향을 끼치는 또 다른 요인일 것이다.

〈그림 3-15〉 렌스키의 불평등 기원론

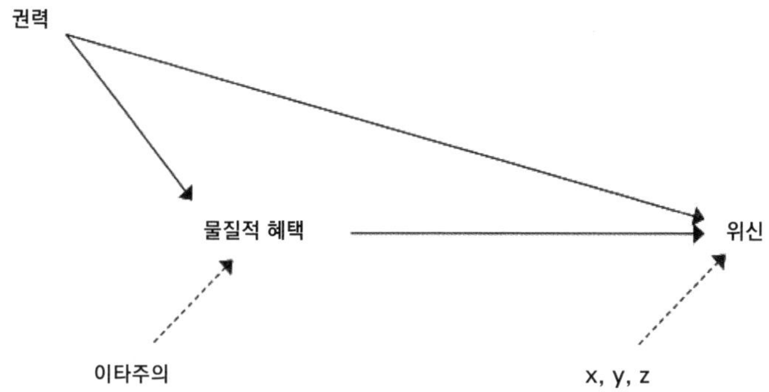


**출처 :** Lenski(1966)

이 그림에서 보상(물질적 혜택이나 명예)은 권력이 결정한다. 그런데 무엇이 권력을 결정하는가? 보상 체계를 규정하는 권력의 원천은 무엇인가? 이 그림에서는 보이지 않았지만, 렌스키는 권력의 네 원천(source)을 들었다. 첫째, 물리적 폭력(force)이다. 완력, 칼, 총 등과 같이 아무런 포장도 하지 않은 힘이 권력의 가장 근원적 원천이다. 앞에서 베버의 정의에서 보았듯, 권력은 '타인의 저항하는데도 자신의 의사를 관철할 수 있는 능력'이다. 이 능력의 가장 적나라한 형태는 폭력이다. 주먹질로 돈을 강탈하는 폭력배는 권력을 휘두르는 것이고, 총칼로 복종을 윽박지르는 군인도 권력을 행사하는 것이다. 둘째, 권력의 또 하나의 원천은 정당화된 폭력이다. 정당한 폭력이란 국가 기구를 동원해 행사하는 폭력이다. 국가 기구를 장악한 사람들은 합법적으로 타인을 강제한다. 그들은 타인을 체포하고 구금한다. 국가 기구를 장악한 사람들은 강압적이지만 합법적으로 타인을 강제한다. 셋째, 재산(property)도 권력의 원천이다. 재산이 많은 사람은 돈을 이용해 권력을 행사한다. 돈이 많은 사람은 돈이 없는 사람에게 돈이나 물질적 혜택을 지불하면서 그가 싫어하는 일을 시킨다. 예컨대 고용주는 보통 노동자의 노동조합 결성이나 조합 활동을 직접 저지하지 않는다. 특정인에게 전무나 상무 등과 같은 지위를 부여하고 임금을 지불하여, 노동조합을 와해하라고 사주한다. 넷째, 영향력(influence)이다. 영향력은 타인을 설득할 수 있는 능력이다. 이 능력은 지식이나 인품, 종교적 후광 등에서 비롯한다. 지식인은 지식이나 인품으로 대중을 이끌고, 목사나 신부는 종교적 권위로 신도를 움직인다. 이 영향력도 권력의 한 원천이다.

### 피케티

부와 소득의 분배를 다룬 사회과학 연구는 오랫동안 온갖 종류의 사변적 추론에 의존했다. 이들 연구는 경험적이거나 역사적인 자료를 기반으로 삼았다고 해도 그리 많지 않거나 그다지 오래되지 않은 자료에서 자신의 이론을 추출했다(Piketty, 2020: 10). 18-19세기의 리카도와 마르크스의 종말론적 분배 이론도 그러했거니와 20세기의 쿠즈네츠의 낙관적 이론도 그러했다.[31] 피케티는 이런 한계를 뛰어넘었다. 그는, 프랑스 혁명 이후 지금까지, 200년이 넘는 시기 동안 축적한 방대한 세금 자료를 활용하여 부유한 계급(상위 10퍼센트나 상위 1퍼센트의 사람들)의 재산이나 소득이 프랑스 전체의 재산이나 소득에서 차지하는 비율을 살펴보았고, 이 비율이 역사적으로 어떻게 바뀌었는지를 알아보았다. 그는 지리하고 자질구레한 이 작업에서 주목할 만한 사실을 발견했다. 〈그림 3-16〉에서 보듯, 프랑스에서 상위 10퍼센트 사람들의 '사적 소유물'이 전체 재산에서 차지하는 비율은 18세기 말부터 20세기 초반까지 80퍼센트 수준을 유지했지만 일

31 마르크스의 이론은 이 책의 제2장 1절, 리카도의 이론은 이 책의 제3장 2절을 참고하라. 쿠즈네츠의 불평등 이론은 이 책의 제2장 4절과 제7장 1절을 참고하라.

차 세계 대전을 전후하여 낮아지기 시작했다. 1970년대 말에 50퍼센트 초반까지 낮아진 이 비율은 1980년을 전후해 다시 상승하여, 2020년 무렵에는 50퍼센트 중반 수준까지 올랐다. 이와 대조적으로, 재산 하위 50퍼센트의 민중계급의 몫은 18세기 이래 별다른 변화를 보이지 않다가 1920년대부터 조금씩 늘어났지만, 그 몫은 1980년대에도 20퍼센트를 넘지 못했다. 중위계급의 몫은 1920년대부터 늘어나 1980년에는 40퍼센트에 이르렀다.[32]

재산이 아닌 '소득'의 역사적 추세도 이와 비슷하지만, 그러나 그 수준은 재산의 경우와 상당히 달랐다. 〈그림 3-17〉에서 보듯, 상위 10퍼센트 사람들의 소득이 전체 소득에서 차지하는 비율은 19세기 내내 50퍼센트 수준을 유지하다가 1910년대를 기점으로 점차 낮아졌다. 1980년에 30퍼센트 초반까지 낮아진 이 비율은 이후에는 30퍼센트 중반대로 높아졌다. 중위계급과 민중계급의 소득 비중은 1910년대 이후 지속적으로 상승했다. 〈그림 3-16〉과 〈그림 3-17〉의 역사적 경향을 한마디로 종합하면, 민중계급과 중위계급 몫이 증가했다는 것이다. 지난 두 세기의 긴 역사를 전체적으로 보면, 프랑스는 재산과 소득에서 좀 더 평등해지는 모습을 보였다.[33] 그러나 1920년대 이후의 짧은 역사만 보면 불평등은 다소 늘어진 U자 형 모습을 보였다. 우리가 관심을 기울이는 것은 장기 추세가 아니라 1920년대 이후의 불평등 추세다.

---

32 피케티는 소득 하위 50퍼센트에 속하는 사람들을 민중계급이라고 불렀고, 중위 40퍼센트에 속하는 사람들을 중위계급이라고 불렀다. 소득 최상위 1퍼센트의 사람들은 지배계급이라고 명명했고, 차상위 9퍼센트의 사람들을 부유한 계급이라고 불렀다 (Piketty, 2020: 62).

33 건강과 교육이라는 관점에서 보면, 평등의 여정은 더 멀리 거슬러 올라가 18세기 초중반부터 시작했다(Piketty, 2021).

〈그림 3-16〉 프랑스의 소유 분배(1780–2020) : 중위자산계급의 힘겨운 등장

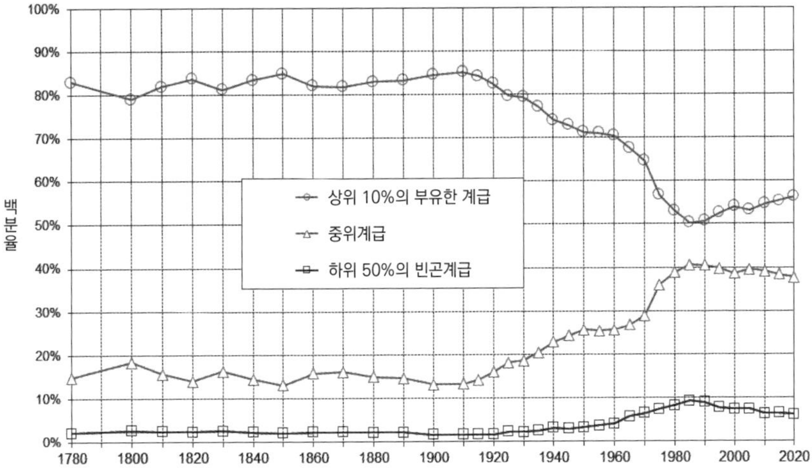


사적 소유(부채를 뺀 부동산과 사업, 금융 자산)에서 상위 10%가 차지하는 몫은 1780–1910년 사이에는 80–90%에 이르렀다. 제1차 세계대전 이후 시작된 자산의 탈집중화는 1980년대 초반 들어 중단되었다. 자산 탈집중화의 혜택은 주로 하위 50%인 민중계급과 상위 10%인 부유한 계급 사이에 있는 중위자산계급에게 돌아갔다.
출처 : voir piketty.pse.ens.fr/ideologie

〈그림 3-17〉 프랑스의 소득 분배(1800–2020) : 평등을 향한 장기적 여정의 시작

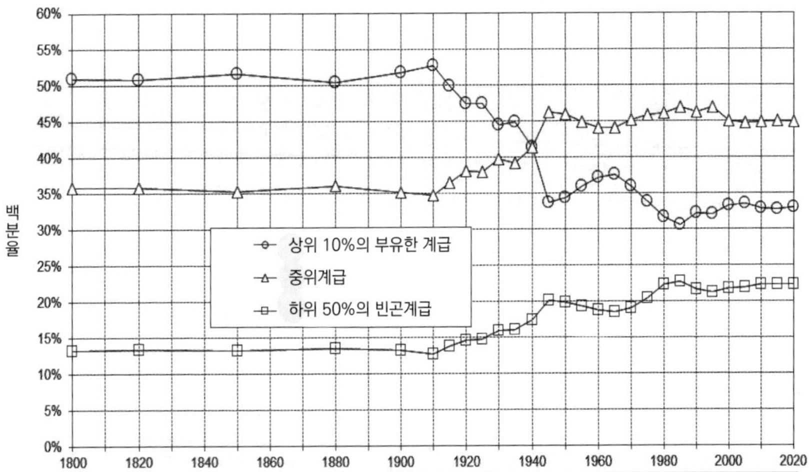


프랑스의 총소득(임금과 비임금 소득, 퇴직연금, 실업수당을 포함하는 노동소득과 이윤, 배당금, 이자, 임대료, 자본수익 등을 포함하는 자본소득의 합계)에서 상위 10%가 차지하는 몫은 1800–1910년 동안 50%에 달했다. 양차 세계대전 이후 소득의 탈집중화가 시작됐다. 이 변화는 (소득 하위 50%에 해당하는) 민중계급과 (중위 40%에 해당하는) 중위계급에게는 유리하게, (소득 상위 10%에 해당하는) 상위계급에게는 불리하게 작용했다.
출처 : piketty.pse.ens.fr/egalite

프랑스 자료에서 발견한 재산과 소득의 추세는 그 자체로도 놀랍지만, 그보다 더 놀라운 발견은 서유럽(영국이나 독일, 스웨덴)이나 미국의 재산이나 소득의 불평등도, 정도의 차이는 있지만, 그리고 약간의 시기적 차이도 있지만, 프랑스와 비슷한 역사적 추세를 보였다는 것이다. 1920년부터 현재까지 불평등은 U자 모습을 보였다. 일차 대전과 러시아 혁명 이후에(또는 대공황 이후에) 소득 불평등이 낮아졌다가, 1980년 이후에 이 불평등이 다시 높아졌다. 도대체 왜 선진산업사회의 불평등은 이런 모습을 보였을까? 왜 U자 형 유형을 보였을까? 이 질문에 대답하기 위해 피케티는, 경제성장론에서 도출한, 자본주의의 두 기본 법칙을 꺼내들었다.

$$\alpha = r\beta$$

$$\beta = \frac{s}{g}$$

첫째 법칙은 자본소득 분배율($\alpha$)이 자본의 수익률($r$)과 자본/소득 비율($\beta$)을 곱한 값이라는 사실을 보인다.[34] 자본/소득 비율은 한 나라의 총자본을 국민소득으로 나눈 값이다. 흔히 사람들은 이 비율을 자본계수라고 부르지만, 요즘에는 피케티 비율이라고 부르기도 한다. 자본소득 분배율은 국민소득에서 자본소득이 차지하는 몫을 나타낸다. 이 분배율은 0과 1 사이의 값일 텐데, 이 비율이 클수록 자본소득 분배율은 높다고 말할 수 있다. 피케티는 자본수익률($r$)이 나라별로 시대별로 조금씩 차이를 보였지만, 역사적 데이터로 판단하면 대체로 5퍼센트 남짓이었다고 했다. 그와 달리, 자본/소득 비율($\beta$)은 나라별로 시기별로 계속 바뀌었다고 판단했다. 만일 특정 시기의 특정 국가에서 이 비율이 6이었다면(자본

34 여기서 말하는 자본은 기계와 설비 등과 같은 생산자본에 국한하는 것이 아니다. 피케티가 말하는 자본이란 생산자본에 예금이나 주식, 채권 등과 같은 금융자산, 주택이나 토지와 같은 부동산, 지적 재산권이나 특허와 같은 무형자본도 포함한다.

량이 국민소득의 6배였다면), 자본소득 분배율은 .3(=.05×6)이 된다. $\alpha$=.3이라는 것은 국민소득에서 자본소득이 차지하는 비율이 30퍼센트이고, 노동소득은 나머지 70퍼센트를 차지한다는 이야기다. 자본수익률($r$)은 역사적으로 잘 바뀌지 않았으므로 자본소득 분배율은 주로 자본/소득 비율($\beta$)의 영향을 받았다고 할 수 있다.

둘째 수식은 자본/소득 비율($\beta$)이 저축률($s$)을 경제성장률($g$)로 나눈 값이라는 사실을 보인다. 한 나라에서 특정 시기의 저축률이 24퍼센트이고, 경제성장률이 4퍼센트라면 자본/소득 비율은 6이 된다. 이는 그 나라의 자본량이 국민소득의 6배(600%)라는 의미다. 자본/소득 비율이 클수록 자본소득 분배율은 높아질 것이고, 자본소득 분배율이 높을수록 한 나라의 불평등은 더 커질 것이다(Piketty, 2014; 이준구, 2014; 이정우, 2021).

그런데 과연 이 자본/소득 비율은 재산이나 소득 불평등을 결정하는 주요 요인일까? 피케티는 이를 검증하려고 서유럽의 자본/소득 비율의 역사적 변화를 조사했다. 그 결과가 〈그림 3-18〉이다. 19세기 후반 이후의 시기로 한정하면, 이 그림의 모습은 〈그림 3-16〉이나 〈그림 3-17〉과 매우 흡사하다. 자본/소득 비율의 역사적 추세는 재산이나 소득의 불평등 추세와 닮았다. 19세기 말까지 서유럽에서 이 비율은 매우 높은 수준(6-7)을 보이다, 일차 세계대전을 전후하여 낮은 수준(2-3)으로 떨어졌다. 1980년대까지 비교적 낮은 수준에 머물던 이 비율은 1980년을 전후하여 다시 상승하여 2020년에는 상당히 높은 수준(4-6)으로 올라갔다.[35] 피케티는 이런 결과를 들어, 자본/소득 비율의 증감이 재산이나 소득의 불평

35 참고로 한국의 자본/소득 비율(피케티 비율)은 2000년 이후에 지속적으로 상승하여, 2012년에 이르러서는 약 7.5까지 치솟았다(이정우, 2014; 이정우, 2021). 영국이나 프랑스의 비율이 2020년에 5-6에 머물렀다는 사실과 비교하면 매우 높은 수치다. 한국의 소득 불평등이 영국이나 프랑스보다 더 높을 수도 있다는 심삭의 근거가 바로 이것이다.

등 정도를 좌우했을 것이라고 추론했다.

〈그림 3-18〉 유럽의 자본/소득 비율

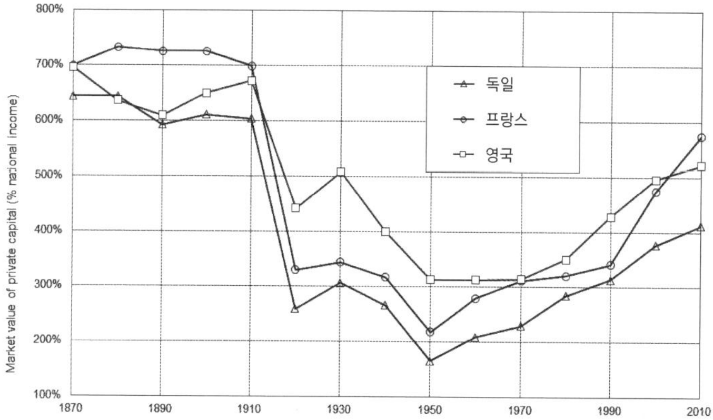


Sources: piketty.pse.ens.fr/capital21c.

그런데 이미 앞에서 본 바와 같이, 자본소득 분배율이 자본수익률과 자본/소득 비율($\beta$)의 함수라면, 자본소득 분배율은 자본수익률과 경제성장률의 함수로 표현할 수 있다. 앞에서 제시한 둘째 수식을 첫째 수식에 대입하면, 첫째 수식은 다음과 같이 표현할 수 있다.

$$\alpha = r\beta = r\frac{s}{g} = \frac{r}{g}s$$

한 사회의 저축률($s$)이 쉽게 바뀌지 않는다고 가정하면, 자본소득 분배율은 결국 자본의 수익률($r$)과 경제성장률($g$)의 상대적 크기가 결정한다. $r > g$이면, 즉 자본의 수익률이 경제성장률보다 높으면, 자본소득 분배율(국민소득에서 자본소득이 차지하는 비율)은 커질 것이고 소득불평등도 심화할 것이다. 거꾸로 $r < g$이면, 자본소득의 점유 비율은 낮아지고 소득불평등도 완화할 것이다. 그런데 실제의 역사 속에서 지난 두어 세기 동안 자본수익률($r$)은 5퍼센트 남짓이었고, 경제성장률($g$)은 항상 이보다 낮았다. 자본주의 역사가 시작한 이래, 거의 항상 $r > g$이었다. 그러므로 과거부터 소득 불평등은 항상 높았다.

이처럼 피케티는, 자본소득 분배율을 자본수익률과 경제성장률의 함수로 바꾸었는데, 논리적으로 보자면 경제성장률을 자본수익률까지 끌어올리면 자본소득 분배율(이나 그로 말미암은 소득 불평등)은 줄어들 것이다. 그러나 그는 경제성장률을 높여 자본소득 분배율을 바꾸기는 쉽지 않다고 보았다. 장기에 걸쳐 경제성장률을 높이는 것은 불가능에 가깝다고 판단했기 때문이다. 이런 논리를 따르면, 소득 불평등은 결국 자본수익률의 함수로 귀결한다. 자본의 수익률이 높아지면 소득 불평등이 심화하고 자본의 수익률이 낮아지면 불평등이 완화한다. 지난 시기 동안 둘 사이의 관계는 과연 그러했는가?

자본의 수익률이 낮아지면 소득 불평등이 줄어든다는 것은 역사적으로 증명된 사실이다. 일차 세계 대전 이전에는 자본의 수익률이 높아 소득 불평등의 정도가 매우 컸다. 그러나 일차 대전과 러시아 혁명을 전후하여 북미와 서구의 여러 나라는 강력한 누진세와 적극적 조세 재정을 도입하지 않을 수 없었고, 강력한 누진세는 자본의 수익률을 낮추어, 소득 불평등은 급격하게 낮아졌다. 그러나 1970년대에 들어, 자본은 위기에 봉착했고 이 위기를 극복하기 위해 누진세의 완화나 폐지를 주장하는 세력이 등장했다. 1980년대에 등장한 정치세력(미국의 레이건과 영국의 대처)은 이런 요구를 관철했고, 그로 말미암아 자본의 수익률은 다시 높아지고 소득 불평등도 다시 커졌다. 이런 증거로 판단하건대, 소득 불평등을 완화하려면 부자에게 누진적 세금(소득세, 상속세, 증여세, 자본세 등)을 부과하여 자본의 수익률을 낮추는 것이 유일한 해법이라고 판단할 수 있다 (Piketty, 2014).

피케티와 그의 동료들은 처음에 서유럽과 북미, 일본과 같이, 장기 시계열 데이터가 잘 갖추어진 선진산업사회의 불평등 추세를 논의했다. 그러나 최근 들어 그들은 선진산업사회를 넘어 전 세계 주요 국가의 소득

〈그림 3-19〉 세계 각국의 상위 10퍼센트 소득의 비율 추세

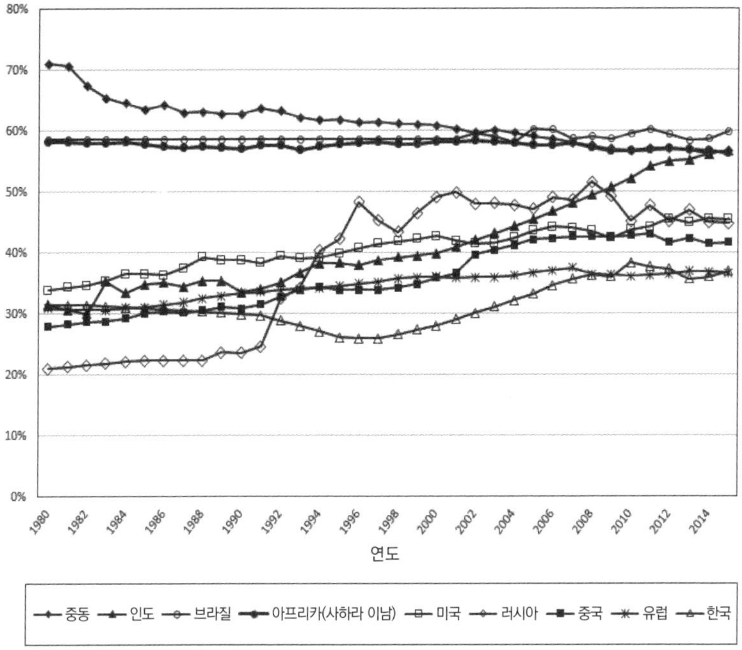


**출처 :** Alvaredo, et al.(2018); http://www.wid.world

불평등의 추세도 살피는 쪽으로 나아갔다. 〈그림 3-19〉에서 보다시피, 애초에 불평등이 가장 극심했던 나라, 즉 불평등의 최전선(the inequality frontier)에 놓였던 중동 국가와 브라질, 아프리카 국가의 소득 불평등은 1990년 이후 완만하게 감소했지만, 그 감소폭은 미미하여, 상위 10퍼센트의 소득 비율은 60퍼센트 부근에서 멈추었다. 그러나 이런 나라들을 예외로 한다면, 다른 나라에서는 대부분 1980년대 이후 소득 불평등이 증가했다. 중국 등과 같은 신흥공업국뿐만 아니라 러시아와 인도 등과 같은 나라에서도 상위 10퍼센트의 사람들이 벌어들이는 소득이 전체 국민소득에서 차지하는 비율은 눈에 띄게 증가했다. 그러므로 1980년 이래 소득 불평등은 선진산업 사회에서나 신흥공업국에서나 모두 증가했다고 말할

수 있다.[36] 그런데 소득 불평등은 왜 증가했는가? 앞에서 논의한 피케티의 설명 방식을 그대로 차용하면, 강력한 누진세와 조세 재정을 실현할 수 있는 정치세력의 힘이 약하여 자본의 수익률이 예전보다 더 커졌기 때문이라고 추론할 수 있다.

그러나 여기서 놓치지 말아야 할 것은 1980년 이후 거의 모든 나라에서 소득 불평등이 심화했다고 하더라도, 불평등의 확대 정도는 나라마다 달랐다는 사실이다. 2015년 현재, 스웨덴이나 노르웨이와 같은 북유럽 국가의 소득 불평등은 서유럽보다 작고, 프랑스와 독일과 같은 서유럽 국가의 소득 불평등은 미국과 영국 등보다 작았다(제2장의 〈그림 2-16〉과 〈그림 2-17〉 참조). 그와 달리, 러시아와 인도, 중국, 한국 등의 불평등 정도는 매우 커서 미국과 흡사했다. 도대체 이런 변이는 무엇 때문에 비롯했는가? 피케티는 나라마다 정책과 제도가 달랐기 때문에 불평등의 정도도 달랐다고 판단했다.

피케티는 지난 백여 년 동안의 역사적 경험에서 불평등을 완화했던 몇 가지 정책이나 제도를 찾아냈다. 첫째는 누진세제다. 서유럽과 미국은 일차 대전과 대공황 직후에 다양한 형태의 누진세 제도를 도입했다. 전비 마련이라는 경제적 동기 이외에도 전쟁과 혁명 때문에 분출하는 대중의 정치적 투쟁을 피하기 위해서라도 각국 정부는 누진세를 도입하지 않을 수 없었다. 이 누진세는 세후 불평등을 완화하기도 했지만, 사람들의 동기를 움직여 세전 불평등을 줄이기도 했다. 누진세를 도입하면 사람들은 처음부터 높은 소득을 그다지 선호하지 않기 때문이다.

둘째, 사회적 국가(social state)다. 20세기 초반의 각국 정부는 누진세로 거두어들인 세금으로 적극적인 재정정책이나 복지정책을 시행했다. 19

36 참고로, 한국의 소득 상위 10퍼센트의 몫도 1998년 이후에 급격히 높아졌다. 2020년 현재, 이 수치는 북미보다 낮지만 유럽과 비슷하거나 유럽보다 조금 더 높은 편이다.

세기에 전체 국민소득의 10퍼센트에도 미치지 않았던 정부의 재정 지출은 20세기에 들어 크게 증가했다. 20세기 중반에 정부 재정이 국민소득에서 차지하는 비중은 영미형 국가에서 30퍼센트, 서유럽에서 40퍼센트, 북유럽 국가에서 50퍼센트에 이르렀다. 정부의 재정 지출이 클수록 불평등의 정도는 더 낮았다(Piketty, 2014).

피케티는 애초에 불평등을 완화하는 정책이나 제도로 누진세와 사회적 국가를 지목했지만, 최근 들어, 그는 불평등 완화의 한 방법으로 이른바 참여사회주의를 내세우기도 했다. 그가 말하는 참여사회주의란 자본의 사회적 소유와 일시적 소유를 핵심으로 했다. 먼저 그는 자본을 사회적으로 소유하는 방안으로 노동자의 의사결정 참여(노사공동결정제도 등), 자본 참여(종업원 지주제 등), 이익 참여(이익공유제 등) 등을 들었다. 자본의 일시적 소유는 강력한 누진세로 자본의 세습과 집중을 막는 방안을 일컬었다. 그 외에도 그는 일정 연령의 모든 청년에게 평균 국민소득의 60퍼센트에 상당하는 자금을 지원하는 제도, 예컨대 25세 청년 일인당 약 1억 2천만 원을 제공하는 제도(보편적 자원 지원 제도)를 지지하기도 했고, 이 제도를 재정적으로 뒷받침하기 위해 투명한 금융등기부 작성과 적절한 누진 과세를 제안하기도 했다. 이런 방식의 참여사회주의는 다른 무엇보다 사람들의 능동적 정치 활동을 전제로 했다. 여러 층위의 사람들이 다양한 수준의 조직을 결성하여 불평등의 해소를 주장하는 사상과 정책을 전파하고, 불평등을 줄이는 제도를 도입하고 실현하는 투쟁을 할 때에만 참여사회주의를 실현할 수 있다고 보았다(Piketty, 2020).

피케티의 이론을 간추려보자. 그가 관심을 두었던 것은 재산과 소득의 불평등이었다. 그런데 재산과 소득의 불평등을 낳는 요인은 무엇인가? 앞에서 보았다시피, 피케티는 재산이나 소득의 불평등을 낳는 핵심 요인을 자본의 수익률에서 찾았다. 자본의 수익률이 높으면 소득의 불평등이 심화한다고 보았다. 그런데 자본의 수익률을 결정하는 것은 무엇인가? 피케티는 이 수익률에 영향을 미치는 두 요인을 들었다. 〈그림 3-20〉에서 보다시피, 하나는 권력과 소유이고, 다른 하나는 이데올로기였다. 둘 다 경제적 요인이라기보다 정치적 요인으로 보이는데, 그는 이런 '정치'가 불평등을 초래하고 불평등의 변화를 추동했다고 주장했다.

〈그림 3-20〉의 인과관계는 권력과 소유에서 시작한다. 여기서 권력이란 타인을 강제할 수 있는 힘을 말한다. 그런데 소유는 무엇인가? 경제학자들은 흔히 소유를 절대적이고 초역사적 권리로 간주한다. 그러나 피케티는 소유를, 특정한 역사적 환경에서 생겨난 고유한 사회관계(예컨대 소유자와 비소유자, 사용자와 임금노동자, 지방자치단체와 가족집단의 관계)에서 각 행위자의 권력과 능력의 범위를 규정하는 '한 다발의 권리(a bundle of rights)'로 파악했다. 피케티의 이런 정의는 마르크스의 생각과 비슷하다. 일찍이 마르크스는, 소유란 국가와 지배계급이 역사적으로 만들고 제도화한 사회관계이지, 시간을 초월한 당연한 현실이 아니라고 말했다(Piketty, 2021: 143). 이 권리는 권력과 무관하지 않다. 이런 의미에서 소유는 권력의 일종이라고 판단할 수 있다(Piketty, 2021: 59).[37] 여하튼 권력과 소유는, 특히 소유는 부와 소득의 불평등을 좌우하는 가장 중요한 요인이라고 볼 수 있다.

37 이 책의 제2장 2절에서 이미 보았다시피, 소유란 특정 사물을 둘러싸고 사람과 사람이 맺는 사회관계다. 소유란 특정 사물을 사용할 수 있는 권리다. 사용권이다. 타인이 그 사물을 사용할 수 없도록 강제할 수 있는 권리이자 만일 타인이 내 허락 없이 그 물건을 사용한다면 내가 그를 처벌할 수 있는 권리다. 금지권이자 처벌권이다. 결국 소유란 특정인이 타인과의 관계에서 누리는 권리이다(Parkin, 1979; Collins and Coltrane, 1995; 장상수, 2024). 그런데 무엇이 이 권리를 보장하는가? 타인을 강제하는 힘, 예컨대 정치적 권력과 같은 힘을 전제하지 않으면, 소유자는 자신의 권리(소유권)를 지킬 수 없다. 그러므로 소유권은 눈에 쉬이 띠지 않는 권력을 배경으로 한다고 볼 수 있다. 권리는 권력으로만 지킬 수 있다.

〈그림 3-20〉 피케티의 불평등 이론

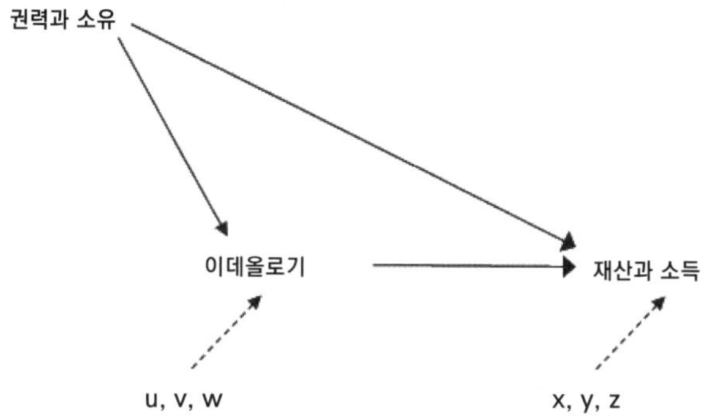


재산이나 소득의 불평등을 규정하는 또 하나의 원인 변수는 이데올로기다. 피케티는 인류 역사는 불평등 체제의 역사라고 규정했다. 이 불평등 체제는 지배계급이 피지배계급을 억압하고 착취하는 체제였다. 이런 체제에서 피지배계급은 당연히 불만을 터트릴 수밖에 없었고 지배계급은 불평등을 정당화하고 합리화하는 사상과 피지배계급의 불만을 예방하고 무마하는 정책과 제도를 마련할 수밖에 없었다. 피케티는 이런 사상, 정책과 제도를 이데올로기라고 표현했다. 그에게 이데올로기란 “특정 사회의 경제적·사회적·정치적 불평등을 정당화하고 구조화하는 일군의 담론과 제도적 장치다(Piketty, 2020: 13).” 어떤 이데올로기든 정치체제와 소유체제, 그리고 그것과 연관된 교육제도와 조세재정제도에 대한 일관된 방침을 포함하는데, 이런 이데올로기가 재산이나 소득의 불평등을 좌우하는 또 하나의 축이었다고, 그는 주장했다. 사회진화론이나 능력주의, 경쟁지상주의와 같은 사상은 불평등을 심화했고, 복지와 사회적 연대를 강조하는 사상은 불평등을 완화했다. 역진세와 비례세, 그리고 작은 정부 정책은 불평등을 키웠으며, 누진적 조세제도와 사회적 국가는 불평등을 줄였다(Piketty, 2020). 이처럼 피케티는 권력과 이데올로기가 소득 불평등을 좌우하는 두 요인이라고 주장했다. 당연한 이야기겠지만,

소득 불평등을 완화하려면 사람들은 정치 활동을 통해 권력과 이데올로기를 바꾸어야 한다.

> 20세기와 21세기의 경제·사회사를 통해 우리는 어떤 결론에 도달했을까? 가장 확실한 첫째 결론은 불평등이 다른 무엇보다 사회적·역사적·정치적 구성물이라는 점이다. 다시 말해, 똑같은 경제적·기술적 발전 단계일지라도 소유체제와 경제체제, 사회제도와 정치제도, 조세제도와 교육제도를 만드는 방식은 크게 달라질 수 있다는 뜻이다. 이것은 정치적 선택들이기 때문이다. (…) 인간 사회는 부와 권력을 분배하기 위해 저마다 스스로 조직하고 끊임없이 규칙과 제도를 만들어낸다. 하지만 이것들은 언제든지 번복 가능한 정치적 선택의 결과물이다.
>
> 둘째 결론은 18세기 말 이후로 평등을 향한 장기적인 흐름이 존재해 왔다는 사실이다. 이 평등을 향한 여정은 불공정에 맞선 투쟁과 반란의 결과다. 그간의 투쟁과 반란은 권력관계를 바꾸었고 지배계급이 (…) 수립한 제도를 전복했다. 이 투쟁과 반란은 기존 제도를 새 제도로, 다수를 위해 좀 더 공정하고 좀 더 해방적인 새로운 사회·경제·정치의 규칙으로 대체했다. (…)
>
> 역사에서 얻은 교훈을 하나 더 강조할 필요가 있다. 투쟁과 권력관계만으로는 문제를 해결하기에 충분하지 않다는 사실이다. (…) 그 이유는 간단하다. 기존 제도와 정부의 불평등하고 억압적 성격을 비난하기는 쉽지만, (…) 대안적 제도에 합의하는 것은 훨씬 복잡한 문제이기 때문이다. 하지만 우리가 숙의와 의견 대립, 탈집중화, 타협, 실험의 필요성을 받아들이면 (그런 합의에 도달하는 일은) 결코 불가능한 것이 아니다(Piketty, 2021: 30-33).

피케티의 도식은 권력과 이데올로기가 (자본소득율을 조정하여) 재산과 소득을 결정한다고 본다는 점에서, 전통적 경제학보다 정치학과 더 친근해 보인다. "불평등은 경제적인 것도 기술공학적인 것도 아니다. 오히려 이데올로기적이고 정치적인 것이다(Piketty, 2020: 19)." 그는 정치권력이 재산이나 소득을 결정한다고 주장했는데, 이런 주장은 〈그림 3-15〉에서 보는 렌스키의 논리와 흡사하다. 다만 그는 경제학자답게 사회적 지위나 명예 등을 고려의 대상에서 제외했고, 경제학자답지 않게 이데올로기의 중요성을 전면에 내세웠다는 것이 렌스키와 다를 뿐이다. 그가 조금 다른 요인을 도입했다고 해도, 권력이 부와 소득을 결정한다고 보는 큰 줄거리는 렌스키와 그다지 다르지 않다. 우리가 그의 이론을 갈등이론으로 분류한 이유다.

지금까지 불평등의 기원을 설명하는 구조기능주의와 갈등론을 살펴보았다. 이 두 이론을 간략하게 비교해보자(〈표 3-1〉 참조). 첫째, 앞에서 보았다시피, 구조기능주의는 불평등의 기원을 사회의 필요에서 찾는다. 사회가 자신의 생존을 위해 무의식적으로 개발한 장치가 불평등이다. 이와 달리, 갈등론은 불평등의 기원을 개인과 집단의 이기적 욕망에서 찾는다. 더 많은 것을 차지하려는 개인이나 집단의 욕망이 불평등을 낳을 것이라고 추정한다.

〈표 3-1〉 기능주의와 갈등론의 불평등 기원 비교

| | 기능주의 | 갈등이론 |
|---|---|---|
| 불평등의 기원 | 사회의 필요 | 개인과 집단의 욕망 |
| 이해관계 | 공통의 이해관계, 공통 이익 | 사적 이해관계, 지배와 착취 |
| 가치 | 합의 | 강제 |
| 사회체계 | 안정성 | 변화 |

둘째, 기능주의는 사회 성원의 이해관계가 모두 동일하다고 보고, 이들은 모두 공통 이익을 추구한다고 가정한다. 사람들은 사회의 안성적

유지라는 공통 이익을 위해 자신의 이기적 욕망을 자제할 것으로 생각한다. 예컨대 사람들은 규범을 지키기 위해 절도 행위를 꺼릴 것이라 예상한다. 그러나 갈등론은 사람들의 이해관계는 서로 다르고, 한쪽이 다른 쪽을 지배하고 착취할 것이라고 가정한다. 그러므로 사람들은 서로 갈등하는 관계에 놓여 있을 것이라고 판단한다. 예컨대 고용주는 어떤 수를 써서라도 노동자의 임금을 최소화하려 노력하고 노동자는 임금을 최대화하려고 노력한다.

셋째, 기능주의는 사람들이 사회의 공유 가치에 합의(consensus)해 불평등의 정당성을 인정할 것이라고 생각하지만, 갈등이론은 이와 달리 가정한다. 지배자는 자신의 가치를 피지배자에게 강제(coercion)할 것이므로, 피지배자는 불평등의 정당성을 의심할 것이라고 가정한다. 그러므로 지배자와 피지배자는 항상 대립하고 갈등할 것이라고 판단한다.

넷째, 기능주의는 시간이 흘러도 사회체계가 크게 바뀌지 않을 것이라 생각하지만, 갈등이론은 사람들의 갈등과 투쟁으로 말미암아 사회가 매 순간 바뀔 것이라고 짐작한다. 기능주의가 안정성(stability)을 가정하다면, 갈등이론은 가변성이나 변동성(changeability)을 전제한다.

제4장

# 불평등의 재생산

## 1. 사회이동

불평등은 세대를 넘어 지속한다. 부모 세대의 불평등은 자녀 세대로 이어진다. 부모가 부유하면 자녀도 부유하고, 부모가 가난하면 자녀도 가난하다. 불평등의 재생산은 흔히 사회이동(social mobility)이라는 개념으로 파악한다. 사회이동은 개인이나 집단이 특정한 사회경제적 지위(socioeconomic status; SES)에서 다른 지위로 옮겨가는 것을 말한다.[1] 여기서 사회경제적 지위를 직업으로 측정하면 사회이동은 직업이동이라 부르고, 계급으로 파악하면 계급이동이라 말한다. 개인이나 집단의 사회경제적 지위를 소득으로 측정하면 소득이동이다. 이 장에서 우리는 사회이동을 몇 가지 차원으로 나누어서 살펴볼 것이다. 이 장에서 우리는 교육기회의 불평등, 교육의 수익, 계급이동, 소득이동, 결혼이동 등을 살

1 사회과학 용어의 상당수가 그러하듯, 이동(移動, mobility)이라는 용어도 자연과학에서 빌려 온 것이다. 이동 개념은 자연과학 곳곳에서 사용된다. 물리학이나 전자공학에서 이동은 흔히 도체나 반도체에서 전자가 움직이는 것을 뜻한다. 전자가 이동하면 전류가 흐른다. 다른 분야에서는 다른 뜻으로 이 단어를 사용한다. 예컨대, 오늘날 모빌리티는 첨단 수단이나 서비스를 사용해 사람이나 물건을 이동하거나 운반하는 것을 말한다. 본문에서 밝힌 바와 같이, 사회이동은 사회적 지위의 변화를 지칭한다. 사회이동은 사회운동과 다른 개념이다. 사회운동(social movement)은 다수의 사람들이 특정 목표를 달성하려고 함께 행동하는 것을 말한다. 예컨대 동물을 보호하고자 모피로 만든 의류를 거부하는 캠페인도 사회운동의 일환이고, 코로나 사태 때 대학의 비대면수업 강행에 대응해 학생들이 집단으로 등록금 반환을 추진했던 것도 사회운동의 일환이다.

피기로 한다. 사회이동을 본격적으로 살펴보기 전에, 먼저 이 이동을 몇 가지 차원으로 나누어보자.

### 1) 사회이동의 구분

사회이동은 몇 가지 차원으로 분류할 수 있다. 첫째, 사회이동은 수평이동과 수직이동으로 구별할 수 있다. 수평이동(horizontal mobility)은 개인이나 집단이 엇비슷한 사회경제적 지위로 움직인 것을 말하고, 수직이동(vertical mobility)은 다른 수준의 지위로 움직인 이동을 말한다. 예컨대 20년 전에 세탁소를 개업했던 사람이 지금은 비슷한 규모의 식당을 운영하고 있다면 우리는 이를 수평이동이라고 이름 붙일 수 있다. 규모의 차이는 있겠지만, 세탁소 주인이나 식당 주인은 서로 엇비슷한 지위라고 생각할 수 있기 때문이다. 그러나 20년 전에 쌀가게를 운영했던 사람이 지금은 자동차와 선박을 제조하는 대기업의 회장이 되었다면 우리는 이를 수직이동이라고 부를 수 있다. 쌀가게 주인과 대기업 회장은 명백히 다른 지위라고 판단할 수 있기 때문이다. 수직이동은 다시 상승이동(upward mobility)과 하강이동(downward mobility)으로 구별할 수 있다. 앞에서 든 자동차 회사 회장 예는 상승이동에 해당한다. 현재의 사회경제적 지위가 옛 지위보다 높아졌기 때문이다. 그러나 반대의 경우도 있다. 20년 전에 여러 개의 회사를 운영하던 회장이 사업에 실패해 지금은 무직자가 된 사례가 있다면, 우리는 이런 지위 이동을 하강이동이라고 부른다. 현재의 사회경제적 지위가 옛 지위보다 낮아졌기 때문이다.

둘째, 사회이동은 세대 내 이동과 세대 간 이동으로 구분할 수 있다. 세대 내 이동(intra-generational mobility)은 한 개인이 그의 생애 안에서 사회경제적 지위를 바꾼 이동을 말한다. 예컨대 20년 전에 평범한 빵집 주인이었던 사람이 지금은 여러 기업을 거느리는 회장이 되었다면 이는 수직이동(상승이동)이기도 하지만 세대 내 이동이기도 하다. 이 이동은 개인의 직업 경력 안에서 이룬 것이어서 경력이동이라고 부르기도 한다. 다른 한편, 세대 간 이동(intergenerational mobility)은 부모의 사회경제적 지위에 비해 자녀의 사회경제적 지위가 바뀐 것을 말한다. 아버지는 농민이었는데 아들(딸)이 의사라면 이는 세대 간 이동이자 상승이동이라 말할 수 있고, 아버지가 의사였는데 아들은 작은 레스토랑을 운영하는 사장이라면 이는 세대 간 이동이자 하강이동이라고 부를 수 있다.

〈표 4-1〉 이동표

| 부모 \ 자녀 | 노동자계급 | 중상층계급 | 합계 |
|---|---|---|---|
| 노동자계급 | 100 | 50 | 150 |
| 중상층계급 | 25 | 50 | 75 |
| 합계 | 125 | 100 | 225 |

셋째, 사회이동은 절대이동과 상대이동으로 나눌 수 있다. 절대이동(absolute mobility)은 실제로 일어나는 이동, 그리하여 우리가 우리 눈으로 관찰할 수 있는 이동을 말하고, 상대이동(relative mobility)은 한 사람이나 집단의 이동 확률을 다른 사람이나 집단의 이동 확률과 비교한 것을 말한다. 다시 말해 상대이동은 이동의 상대적 가능성을 지칭한다. 이게 무슨 말인가? 예를 들어 알아보자. 〈표 4-1〉은 세대 간 이동을 보인 가상의 이동 표(mobility table)다. 이 세상에는 오직 중상층계급과 노동자계급만 존재하고, 각 계급 성원의 수는 맨 오른쪽과 맨 아래에 있는 주변 합(marginal sum)과 같다고 가정해보자. 부모 세대에서 중상층계급의 비율은 1/3(=75/225)이고, 자녀 세대에서 중상층계급의 비율은 이보다 조금 높아 4/9(=100/225)다. 이는 시간이 지나면서 한 사회의 계층구조가 바뀌었다는 사실을 보여준다. 시간이 지나면서 노동자계급은 줄고 중상층계급은 늘

어났다. 이런 계층구조에서 우리는 이동을 두 가지 관점으로 바라볼 수 있다.

첫째, 이 이동을 실제로 일어난 이동이라는 관점에서 바라볼 수 있다. 부모가 노동자계급인 자녀의 1/3(=50/150)은 중상층계급으로 이동했다. 이와 달리, 부모가 중상층계급인 자녀의 2/3(=50/75)가 중상층계급에 잔류했다. 노동자계급의 자녀가 중상층계급으로 이동한 비율보다 중상층계급의 자녀가 중상층계급에 잔류한 비율이 더 높다. 이런 절대이동은 구조적 여건, 즉 계급구조의 제약을 받는다. 예컨대 노동자계급 자녀가 중상층계급으로 상승이동 한 비율(.22≒50/225)은 중상층계급 자녀가 노동자계급으로 하강이동 한 비율(.11≒25/225)보다 두 배 많다. 왜냐하면, 앞에서 보았다시피, 부모 세대보다 자녀 세대에서 중상층계급이 더 늘어났기 때문이다. 구조적 여건이 이동을 그렇게 조건 지웠기 때문이다.

둘째, 이 이동을 확률이라는 관점에서 바라볼 수 있다. 한 계급의 이동 가능성은 다른 계급의 이동 가능성과 비교하는 방식으로 바라볼 수 있다. 모든 사람이 노동자계급을 회피하고 중상층계급에 도달하고자 노력한다고 가정해보자. 노동자계급 자녀가 중상층계급으로 이동하는 데에 성공할 확률(.33=50/150)은, 이동에 실패해 노동자계급에 그대로 남을 확률(.66=100/150)의 .5(=.33/.66)배다. 노동자계급 자녀가 중상층계급으로 이동할 확률비(odds, 確率比)가 .5라는 이야기다. 여기서 확률비($\theta$)란 성공 확률(p)과 실패 확률(1-p)의 비율이다. 즉 $\theta$=p/(1-p)다. 노동자계급 자녀가 중상층계급으로 이동할 확률비가 .5배라는 뜻이다. 다른 한편, 중상층계급 자녀가 중상층계급에 잔류하는 데에 성공할 확률(.66=50/75)은 그에 실패해 노동자계급으로 하강이동 할 확률(.33=25/75)의 2(=.66/.33)배다. 중상층계급 자녀가 제 계급에 잔류할 확률비가 2라는 말이다. 그렇다면 노동자계급 자녀의 확률비는 중상층계급 자녀 확률비의 1/4(=.5/2)이 된다. 확률비의 비(odds ratio)가 1/4이라는 말이다. 이 확률비의 비를 우리는 상대적 확률비라고 부를 것인데, 앞에서 언급한 상대적 확률비(=1/4)의 의미는, 노동자계급 자녀가 중상층계급으로 상승이동할 가능성은 중상층 계급 자녀가 자신의 계급에 잔류할 가능성보다 현저하게 낮다는 것이다.[2] 이와 같이 한 계급의 이동 가능성을 다른 계급의 이동 가능성과 대비하는 것을 상대이동이라 한다. 절대이동이 실제의 이동을 가리킨다면, 상대이동은 주로 상대적 기회나 가능성(likelihood)을 나타낸다. 그러나 이렇게 이야기해도 초심자는 이 둘을 구별해서 이해하기 어려울 것이다. 그나마 다행인 것은 우리가 이 책을 읽는 동안에는 절대이동은 별달리 생각할 필요가 없다는 점이다. 이 책에서 다루는 이동은 거의 모두 상대이동이기 때문이다.[3]

우리는 지금까지 사회이동을 몇 가지 기준으로 구분했다. 사회이동을 수평이동과 수직이동으로 구분했고, 세대 간 이동과 세대 내 이동으로 구별했다. 그리고 이 이동을 절대이동과 상대이동으로 나누기도 했다. 그런데 수평이동과 수직이동에서 어떤 것이 우리의 관심을 더 끄는가? 말할 것도 없이 수직이동이다. 우리는 정지된 상태보다 변화에 더 많은

---

2 확률비와 상대적 확률 비를 이해해보자. 한 사건이 나타날 확률을 p라 하고, 이를 성공 확률이라 부르면, 1-p는 실패 확률이라고 말할 수 있다. 성공 확률과 실패 확률의 비는 p/(1-p)다. 영어권에서는 이 비율을 오즈(odds)라 한다. 이 오즈는 성공-실패 확률비(成功-失敗 確率比)라고 번역할 수도 있겠지만, 성패비(成敗比)나 성공비(成功比), 확률비라고 줄일 수도 있다. 다른 한편, 두 사건의 오즈를 비교한 비율, 즉 $(p_i/(1-p_i))/(p_j/(1-p_j))$을 오즈비(odds ratio)라고 하는데, 한국 학자들은 이를 흔히 승산비(勝算比)나 교차적비(交叉積比), 교차승비(交叉乘比)라고 번역한다. 그러나 이들 번역어는 직관적으로 명쾌하지 않을 뿐더러, 일본어나 중국어를 그대로 빌려 쓴 것이어서, 어쩐지 어색해 보인다. 이 책에서는 오즈를 확률비, 오즈비를 상대적 확률비라고 번역했다. 확률비나 상대적 확률비 앞에 대수(對數, log)가 붙어 있으면, 이를 대수 확률비, 상대적 대수 확률비라고 번역했다.

3 요즘에는 절대 이동을 별로 다루지 않는다. 그러나 1990년대 이전의 한국의 사회이동 연구는 주로 절대 이동을 논의했다. 이 시기에 한국에서 이루어졌던 절대 이동에 대한 연구는 장상수(2001: 6장)을 보라. 상대적 이동 연구에 대한 개관으로는 장상수(2017), 정인관 외(2020) 등을 보라.

관심을 두기 때문이다. 절대이동과 상대이동에서 어떤 것이 우리의 관심을 더 많이 끄는가? 앞에서 명시했듯, 우리는 상대이동에 더 많은 관심을 기울일 것이다. 그렇다면 세대 내 이동과 세대 간 이동에서 우리의 관심을 더 많이 끄는 것은 어떤 것인가? 답은 세대 간 이동이다. 세대 내 이동보다 세대 간 이동에 더 많은 관심을 기울이는 이유는 두 가지다. 첫째, 세대 내 이동의 폭은 생각만큼 크지 않다. 생애 첫 직업과 마지막 직업 사이의 차이는 그다지 크지 않다. 어떤 사람은 일생을 살면서 엄청난 성공이나 실패를 경험하지만, 그런 사례는 매우 드물다. 그러므로 분석할 만한 가치가 별로 없다. 둘째, 세대 간 이동은 세대 내 이동보다 이동 폭이 커서 눈에 잘 띄기도 하지만, 그 이동은 다른 무엇보다 한 사회의 유동성(fluidity)이나 개방성(openness)을 나타내기도 한다. 거꾸로 말하면 세대 간 이동은 한 사회의 경직성(rigidity)이나 폐쇄성(closedness)을 나타낸다. 세대 간 이동의 정도가 활발하고, 세대 간 이동의 폭이 큰 사회가 있다면, 그 사회는 개방적이거나 유동적인 사회라고 말할 수 있다. 거꾸로 세대 간 이동이 막혀 있거나 이동의 폭이 작다면 그 사회는 폐쇄적이거나 경직된 사회라고 말할 수 있다. 이런 표현을 오늘날 많이 쓰는 용어로 바꾸어 말하면, 세대 간 이동은 기회 균등(equality of opportunity)을 나타낸다. 특정 사회에서 부모의 사회경제적 지위가 자녀의 지위에 영향을 많이 미치면(그리하여 세대 간 이동의 정도가 미약하면) 우리는 그 사회의 기회 균등이 미약하다고 표현하며, 거꾸로 부모의 지위가 자녀의 지위에 그다지 큰 영향을 미치지 않으면(그리하여 세대 간 이동의 정도가 크면) 그 사회의 기회 균등은 크거나 높다고 말할 수 있다. 지금부터 우리는 주로 이 세대 간 이동을 논의할 것이다.

## 2) 사회이동의 관심 분야

서구에서도 사회이동에 대한 논의는 이차대전 이후에야 비로소 본격화했다. 이 논의는 여러 분야에서 다양한 방식으로 이루어졌지만, 연구사 전체를 통틀어 가장 뚜렷한 이정표를 세운 연구는 아마도 블라우와 던컨의 기념비적 저작이었을 것이다. 이전 연구자가 이동률이나 이동 유형을 파고들었다면, 블라우와 던컨(Blau and Duncan, 1967)은 이동 과정(mobility process)에 더 많은 관심을 두었다. 그들은 이동 과정을 변수와 변수의 관계로 포착했는데, 이 변수 관계를 〈그림 4-1〉과 같은 인과도식으로 나타냈다. 그들은 이 인과관계를 '계층화 과정의 기본모형(the basic model of stratification process)'이라고 불렀다.

〈그림 4-1〉 계층화 과정의 기본모형

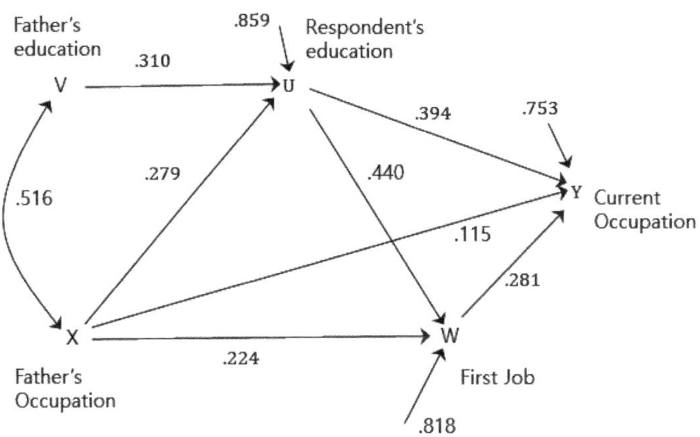


**출처 :** Blau and Duncan(1967: 170)

〈그림 4-1〉에서 한 방향 화살표는 인과관계를 나타내고, 양방향 화살표는 상관관계를 나타낸다. 양방향 화살표 옆에 붙은 숫자는 상관계수이고, 한 방향 화살표 위아래나 옆에 붙은 숫자는 경로계수(path coefficient)

다. 상관계수는 연관성의 정도를 보이고, 경로계수는 인과관계의 강도를 나타낸다. 상관계수는 익히 아는 숫자이니 건너뛰고, 경로계수를 해석하는 방법에 대해 조금 더 부연해보자.

〈그림 4-1〉에서 인과화살(causal arrow)의 방향으로 볼 때, 응답자의 첫 직업 지위에 영향을 미치는 요인은 아버지의 직업 지위와 본인의 교육수준이다. 응답자 본인의 교육수준이 자신의 첫 직업 지위에 미치는 영향(.440)은 아버지 직업 지위가 응답자의 첫 직업 지위에 미치는 영향(.224)보다 두 배 정도 더 크다.[4] 다른 한편, 응답자의 현재 직업 지위를 결정하는 요인은 본인의 교육, 아버지의 직업 지위, 본인의 첫 직업 지위다. 응답자의 현재 직업 지위를 결정하는 경로가 세 개라는 이야기다. 이 중에서 본인의 첫 직업이 현재 직업에 미치는 영향을 제외한다면, 본인 교육이 현재 직업에 미치는 영향(.394)은 아버지 직업이 현재 직업에 미치는 영향(.115)보다 두 배 이상 더 크다. 블라우와 던컨은 이런 결과를 근거로 삼아, 미국에서 개인의 성취(첫 직업과 현재 직업의 지위)를 결정하는 요인은 귀속 요인(가족배경)이 아니라 업적 요인(본인의 교육)이라고 주장했다.[5] 그들은 이런 발견을 근거로 미국은 기회가 개방된 사회라고 말했다. 미국은 기회가 균등한 사회라고 주장했다.

블라우와 던컨의 '기본모형'은 이후 사회심리학적 매개 변수의 도입으로 더욱더 정교하거나 풍부하게 되었을 뿐 아니라(Duncan and Featherman, 1973; Sewell and Hauser, 1975), 측정오차를 고려하는 구조방정식 모형으로

4 물론 개별 요인의 영향력을 이렇게 단순하게 비교할 수는 없다. 개별 요인의 영향력을 비교하려면 직접 효과와 간접효과, 총효과를 계산해야 하는데, 여기서는 그런 효과들을 계산할 만한 여유가 없거니와 그럴 이유도 없다. 경로계수는 직접효과를 나타낸다.

5 귀속(ascription) 요인은 타고난 속성을 나타내고, 업적(achievement) 요인은 본인의 능력(재능과 노력)을 이른다. 연구자들은 보통 부모의 사회경제적 지위나 성, 인종 등을 귀속 요인으로 간주하고, 개인의 교육수준이나 학력을 업적 요인으로 분류했다. 그러나 개개인의 교육수준을 그의 능력의 결과라고 치부할 수 있는지는 의문이다.

발전하기도 했다(Bielby and Hauser, 1975). 이 모형은 주관적 계급귀속(Hodge and Treiman, 1968)이나 소득결정(Wright and Perrone, 1977)과 같은 별도의 영역으로 확산하기도 했다. 그리하여 이와 같은 일군의 연구 경향은 하나의 패러다임(paradigm)을 형성했다는 평가를 받았고(Featherman, 1981),[6] 사람들은 이 패러다임을 지위획득모형(status attainment model)이라고 불렀다.

한 시대(1970년대)를 풍미하던 지위획득모형은 이런저런 이유로 1980년대 이후 천천히 그 모습을 감추었다. 아마도 이 모형이 포함한 여러 한계 때문이었을 것이다. 그러나 그렇다고 그 모형의 자취가 완전히 사라졌던 것은 아니다. 지위획득모형은 사회이동 연구의 기본 방향을 설정했다. 〈그림 4-1〉의 아버지의 교육과 직업을 출신배경(O)으로 간주하고, 응답자의 첫 직업과 현재 직업의 지위를 도달 지위(D)로 간주하면, '기본 모형'은 〈그림 4-2〉와 같이 간단한 형태로 줄일 수 있다. 오늘날 연구자들은 이 간단한 모형을 흔히 'OED 삼각형(the OED triangle)'이라고 부른다.

이 그림에서 O는 출신지(Origin)로서 부모의 사회경제적 지위(직업이나 소득)를 나타낸다. E는 자녀의 교육(Education)을 나타내고, D는 종착지(Destination)를 줄인 말로 자녀가 도달한 사회경제적 위치(직업이나 계급, 또는 소득)를 의미한다. 이 삼각형의 첫째 과정(O-E)은 부모의 사회경제적 지위가 자녀의 교육에 미치는 영향을 살펴보는 과정이다. 이 과정을 우리는

6 패러다임은 원래 언어학의 용어였으나, 쿤(T. Kuhn)이 자신의 과학철학에서 이를 차용함으로써 널리 쓰이는 과학 용어로 정착했다. 패러다임은 일군의 과학자들이 보편적으로 인정하는 과학적 성과다. 이 성과는 과학자 공동체에 질문과 해답을 제공하는 틀로 기능한다. 결국 패러다임은 특정 과학자 집단이 공유하는 공통의 개념과 사유 패턴이라고 말할 수 있다. 과학이 발전하면서 이 패러다임은 급격히 또는 천천히 바뀌었다. 지구중심설 패러다임은 한 시대를 풍미하다 태양중심설 패러다임에 자리를 내주었다. 뉴턴의 고전역학은 아인슈타인의 상대성 이론으로 대체되었고, 아인슈타인의 이론은 다시 양자역학에 자리를 내주었다. 패러다임 전환(paradigm shift)이 일어났다.

흔히 교육기회의 불평등(the inequality of educational opportunity)이라고 부른다. 둘째 과정(E-D)은 개개인의 교육이 그의 직업이나 소득에 미치는 영향을 살핀다. 이 과정에서 연구자들은 교육수익률(returns to education)을 다룬다. 셋째 과정(O-D)은 출신지와 종착지를 직접 비교한다. 이 과정은 부모의 사회경제적 지위와 자녀의 사회경제적 지위의 직접적 연관성을 살핀다. 사회경제적 지위를 무엇으로 파악하느냐에 따라 직업이동이나 계급이동, 소득이동이라고 부를 수 있다.[7] 이 장에서는 이 세 과정을 하나하나 개관하기로 한다.

〈그림 4-2〉 OED 삼각형

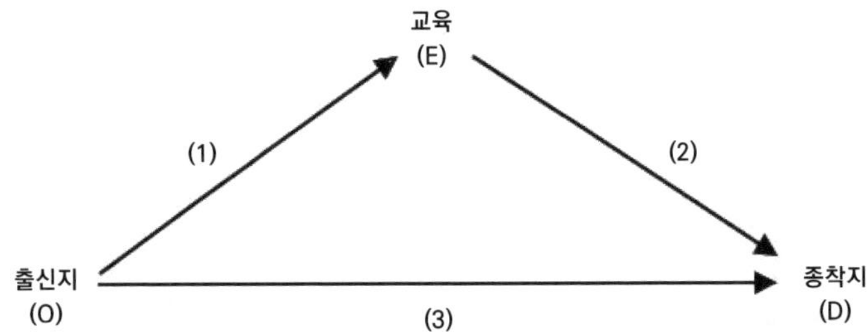


## 2. 교육기회의 불평등

교육기회의 불평등이란, 개개인이 타고난 속성(출신 국가, 가족배경, 성, 인종, 출신지역 등)이 그 사람의 교육 결과(인지, 감정, 조직 기술, 상급학교 진학과 졸업

---

7 물론 이외에도 여러 가지 주제가 있을 수 있다. 예컨대 세대 내의 경력이동(work-life mobility)이라든지, 결혼이동(marriage mobility), 그리고 이동이 다른 현상(예컨대 투표 등)에 미치는 영향을 살피는 주제, 즉 이동효과(mobility effect) 등과 같은 주제들이 바로 그것들이다(*cf.* Ganzeboom et al., 1991).

등)에 미치는 영향을 말한다. 개념적으로는 그 범위가 매우 포괄적이지만, 현실적으로 이 불평등에 대한 연구는 대체로 둘로 나뉜다. 하나는 가족배경이나 성, 인종과 같은 천부적 속성이 인지 결과(cognitive outcomes)에 미치는 영향을 다루는 연구이고, 다른 하나는 가족배경이나 성, 인종 등과 같은 속성이 학력성취(각급 학교 졸업과 상급학교 진학)에 미치는 영향을 다루는 연구다. 전자는 학업성적의 불평등을 다루고, 후자는 학력성취의 불평등을 다룬다. 이 둘을 차례로 살펴보기로 하자.

### 1) 가족배경과 학업성적

#### 학업성적의 불평등을 야기하는 요인

지난 수십 년 동안 사회학의 경험 연구에서 가장 많은 성과를 내고 가장 많은 논란을 불러일으킨 연구주제는 아마도 학업성적의 불평등이었을 것이다(Sørenson and Morgan, 2000). 이 분야 연구를 선도한 콜먼은 애초에 학교가 학생의 성적을 효과적으로 끌어올리는 방법에 관심을 기울였다. 그는 학교의 사회관계(예컨대 또래의 교우관계)를 바꿈으로써 학생의 성적을 끌어올릴 수 있다고 믿었다. 그러나 연구 결과는 뜻밖이었다. 콜먼은 학교라는 사회체계와 학생의 인지 성과(학업성적)의 연관성은 미약하다는 사실을 발견했다(Coleman, 1961). 그는 가족이 학교보다 학업성적에 더 큰 영향을 끼친다는 사실을 알았으며, 학교는 가족의 영향을 크게 줄일 수 없다는 사실도 발견했다(Coleman et al., 1966).

가족이 학교보다 학업성적에 더 많은 영향을 끼친다는 콜먼의 발견은 숱한 논란을 불러일으켰다. 한 연구는 1970년대의 국제자료를 이용해, 콜먼의 결론을 일부 수정했다. 이 연구는, 선진산업사회에서 가족은 학교보다 성적에 더 큰 영향을 미치지만 개발도상국에서는 거꾸로 학교가 가족보다 더 큰 영향을 미친다는 가설을 제시했다(Heyneman and Loxley, 1983). 이후 많은 사람들이 이 가설을 반복해서 검증했다(cf. Buchmann and Hannum, 2001). 그러나 새로운 연구 방법을 도입한 1980년대 후반 이후의 연구는, 헤인먼과 록슬리의 가설이 아니라 콜먼의 발견을 뒷받침하는, 다음과 같은 두 가지 사실을 밝혔다. 개발도상국에서도 가족은 자녀 성적에 충분히 큰 효과를 미쳤거니와(Riddell, 1989; Lockheed and Longford, 1991), 산업화 수준과는 무관하게 거의 모든 나라에서 가족이 학교보다 성적에 더 큰 영향을 미쳤다(Baker et al., 2002).

〈그림 4-3〉 부모의 사회경제적 지위와 자녀의 성적

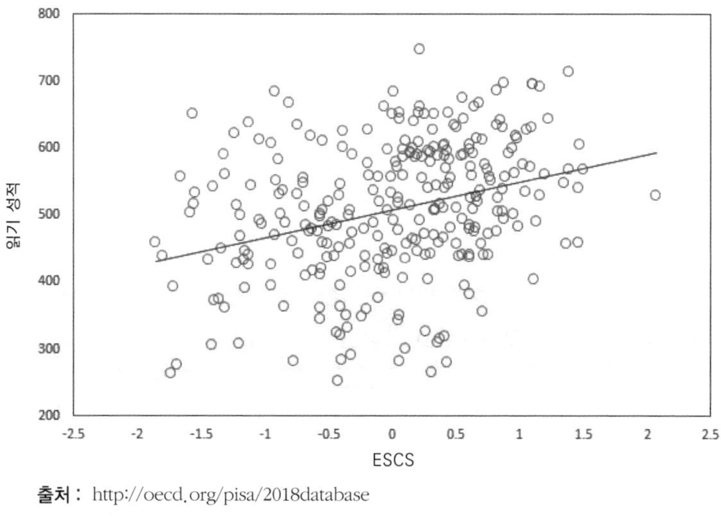


**출처 :** http://oecd.org/pisa/2018database

이렇게 부모의 사회경제적 지위는 자녀 성적에 막대한 영향을 미치는데, 이 두 변수는, 〈그림 4-3〉에서 보다시피, 정(正)의 관계에 놓여 있다. 다시 말해, 부모의 사회경제적 지위가 높을수록 자녀의 학업성적도 높다.[8]

8 〈그림 4-3〉에서 자녀의 성적은 읽기 성적으로, 부모의 사회경제적 지위는 경제사회문

사람들은 부모의 사회경제적 지위가 자녀 성적에 미치는 영향의 정도를 때때로 성적의 사회경제적 기울기라고 부르거니와, 성적의 사회경제적 기울기는 왜 항상 양의 값일까?[9] 왜 부잣집 아이의 성적은 가난한 집 아이보다 더 높을까?

선행 연구는 가족 간 성적 격차를 초래하거나 유지하는 여섯 가지 메커니즘을 열거했다.

① 유전적 요인
② 가정의 환경(경제적, 문화적, 사회적 자원)
③ 건강과 영양
④ 형제자매 수
⑤ 학교의 문화적 편향
⑥ 학교와 상호작용할 때 작동하는 아동의 심리적 메커니즘

가정환경은 아이의 출생 전후 뇌 발달과 인지 기능을 좌우하고, 경제적·문화적·사회적 자원의 수준과 형태를 결정하며, 아이의 건강과 영양에 결정적인 영향을 미침으로써, 가족 간(또는 집단이나 계급 간) 성적 격차를 초래한다. 가정환경은 또 형제자매의 수를 조절하고, 학교의 문화적 편향에 대응하며, 학교와 상호작용하는 아동의 심리적 메커니즘에 영향을 미치는데, 이 영향이 가족(계급) 간 성적 격차를 낳기도 한다(Jackson, 2013).

---

화적 지위(Economic, Social, and Cultural Status; ESCS)로 측정했다.

9 성적의 사회경제적 기울기(socioeconomic gradient in academic achievement)는 때때로 성적의 사회경제적 격차(socioeconomic disparities in academic achievement)라고 부르기도 한다. 이 책에서는 이 두 용어를 혼용하기로 한다. 두 말할 필요도 없겠지만, 사회경제적 기울기는 성적이 아니라 다른 영역에서도 찾아볼 수 있다. 예컨대 결혼(이나 건강)의 사회경제적 기울기는 부유한 사람이 가난한 사람보다 결혼(건강)할 가능성이 높은 정도를 지칭한다.

〈그림 4-4〉 교육 불평등의 메커니즘

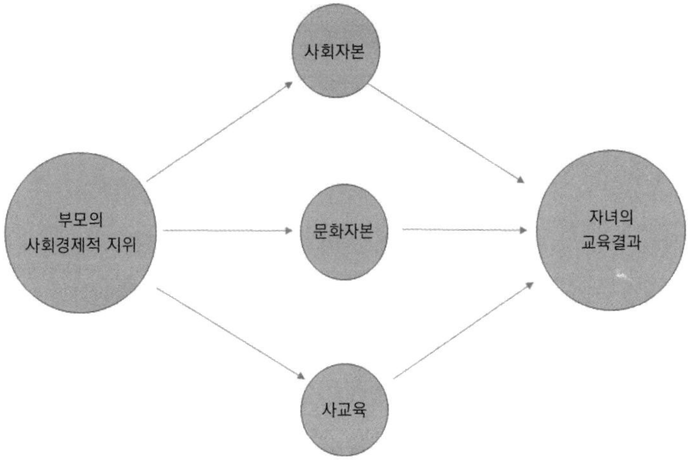


**출처 :** 변수용 · 이성균(2021: 85)

그러나 선행 연구는 지금까지 부모의 사회경제적 지위가 높을수록 자녀의 성적이 높은 까닭을 주로 두 번째 메커니즘, 즉 가족의 경제자본이나 사회자본, 문화자본에서 찾았다. 이들 연구는 가족의 사회경제적 지위가 그들의 경제자본이나 사회자본, 문화자본을 결정하고, 이 자본이 성적에 영향을 미친다고 생각했다. 이런 연쇄적 인과관계를 좀 더 기교적으로 표현하면, 경제자본이나 사회자본, 문화자본이 부모의 사회경제적 지위와 자녀의 성적을 매개한다고 말할 수 있다(〈그림 4-4〉 참조).

콜먼을 따르는 연구는 가족의 사회경제적 지위가 가족 형태(핵가족, 편부모 가족 등)나 형제자매 수, 자녀 교육에 대한 부모의 관심과 기대 등과 같은 사회자본에 영향을 미치고, 이 자본이 자녀 성적에 영향을 미친다고 생각했다(McLanahan and Sandefur, 1994; Hao, 1994; Sui-Chu and Willms, 1996). 다른 부류의 연구는 문화자본 개념을 끌어들였다. 이 연구들은 가족의 사회경제적 지위가 언어, 인지, 심미, 사회적 차원의 능력과 같은 문화자본을 결정하고, 이 자본이 자녀의 성적에 영향을 미친다고 주장했다

(DiMaggio, 1982; Katsillis and Rubinson, 1990; Roscigno and Ainsworth-Darnell, 1999; Lareau and Horvat, 1999; De Graaf et. al., 2000; Lareau and Weininger, 2003). 이와 달리, 일련의 연구는 가족의 경제자본이 자녀의 성적에 영향을 미칠 수 있다고 판단했다. 부모의 사회경제적 지위가 높을수록 자녀는 사교육에 참여할 가능성이 더 높고, 이 사교육은 '특권층이나 부유층 자녀'의 성적을 높일 것이라고 이 연구들은 가정했다(Park et al., 2011; Byun, 2014; Buchman et al., 2010).[10]

경제자본과 사회자본, 문화자본을 살피는 연구가 중요한 것은 새삼 말할 필요도 없다. 우리는 이런 연구로 부모의 사회경제적 지위가 자녀 성적에 미치는 영향의 구체적 과정을 이해할 수 있기 때문이다. 그러나 이 분야 연구에서 이런저런 메커니즘을 밝히는 것도 주목을 받았지만, 그에 못지않게 각광을 받았던 것은 아무래도 시계열 비교였다. 시간이 지나면서, 부모의 사회경제적 지위가 자녀 성적에 미치는 영향은 점차 증가했는가, 감소했는가? 아니면 일정한 수준을 유지했는가? 그도 아니면 불규칙적으로 진동했는가? 우리가 이런 질문에 대답할 수 있다면, 우리는 한 사회의 기회 균등이 어떻게 바뀌었는지를 말할 수 있을 것이다.

## 학업성적의 시계열 변화

지난 시기 학업성적의 불평등의 시계열 변화가 어떤 것이었는지를 파악하기는 생각보다 쉽지 않은 일이다. 앞선 연구는 대부분 학업성적을 서로 다른 시기에 서로 다른 자료, 서로 다른 방법으로 측정했기 때문이다. 비슷한 방법으로 수집한 자료로 학업성적 불평등의 시계열 변화를 측정

10 이와 달리, 사교육이 과연 자녀 성석을 끌어올리는 데에 기여하는지는 분명하지 않다고 주장하는 연구도 있다(Park et al., 2016).

한 연구는 드물었다. 이렇게 드문 연구를 몇 가지만 살펴보자. 한 선구적 연구는 국제교육평가원(IEA)이 생산한 국제적 증거를 내세워 부모의 사회경제적 지위가 자녀 성적에 미치는 영향은 시간이 흐르면서 점차 증가했다고 주장했다. 부모의 사회경제적 지위(부모의 교육이나 직업 등으로 측정한 지위)와 자녀의 과학 성적의 연관성은 1970년대부터 1980년대 중반까지 점차 증가했다. 이 연구는 이런 증가가 사회의 양극화와 교육수익의 양극화와 관련할 것이라고 추정했다. 요컨대 사회의 양극화와 교육수익의 양극화로 말미암아 부모들은 자녀의 학업성적에 더 많은 관심을 가지게 되고, 그리하여 부모의 지위와 자녀 성적의 연관성은 점점 더 커졌을 것이라고 짐작했다(Keeves, 1992). 다른 연구는 2000년과 2015년에 수집한 국제학생평가(PISA) 자료(1985년과 2000년 출생 코호트)를 비교분석하여, 조사 대상 국가에서 부모 사회경제적 지위와 자녀의 (읽기, 수학, 과학) 성적의 연관성은 지난 시기 점차 약화했다고 보고했다(OECD, 2018). 이와 흡사하게, 2000년과 2009, 2018년의 PISA 자료(1985년, 1994년, 2003년 출생 코호트)를 비교한 다른 연구는 부모의 사회경제적 지위와 자녀의 읽기 성적의 연관성은 한국과 핀란드에서는 증가했지만, 영미권 국가(미국, 영국, 캐나다, 호주)와 독일, 체코 등에서 감소했고, 다른 나라에서는 특별한 경향성을 보이지 않았다고 보고했다(Chang, S., 2022). 그러나 이와 달리, 1981년과 2001년 출생 코호트를 대상으로 1995년과 2015년에 수집한 국제 수학·과학 추세 연구(TIMSS) 자료를 비교한 보고서는 13개 조사 참여 국가 중에서 6개 국가에서 부모의 사회경제적 지위와 (수학과 과학) 성적의 연관성이 증가했다고 보고했다(Broer et al., 2019). 1960년대부터 2010년대 중반까지 100여 개 나라에서 수집한 30여 개의 국제 자료를 활용한 한 연구는 최근 주목할 만한 사실을 밝혔다. 이 연구는, 부모의 사회경제적 지위가 자녀 성적에 미친 영향은 시간이 흐르면서 점차 증가했다고 보고했다(Chmielewski, 2019).

이런저런 연구는 사회경제적 기울기의 경향에 대해 서로 다른 결론을 내렸다. 그러나 전체적으로 볼 때, 부모의 사회경제적 지위가 자녀 성적에 미치는 영향은 장기적으로 점차 커졌다고 이들 연구는 주장했다. 달리 말해, 이들 연구는 부모의 사회경제적 지위와 자녀 성적의 연관성이 점차 증가했다고 주장했는데, 도대체 이 연관성의 증가를 야기한 원인은 무엇일까? 앞의 연구자(Chmielewski, 2019)는 기존 연구를 검토해 네 가지 원인을 제시했다(〈그림 4-5〉 참조). 재학생의 다양성 증대와 경제적 조건 변화, 교육제도의 변화, 부모 투자의 격차 확대 등이 바로 그것들이다. 이들 원인이 학업성적의 불평등을 격화한 과정을 하나씩 살펴보자.

〈그림 4-5〉 사회경제적 성적 격차 확대 원인

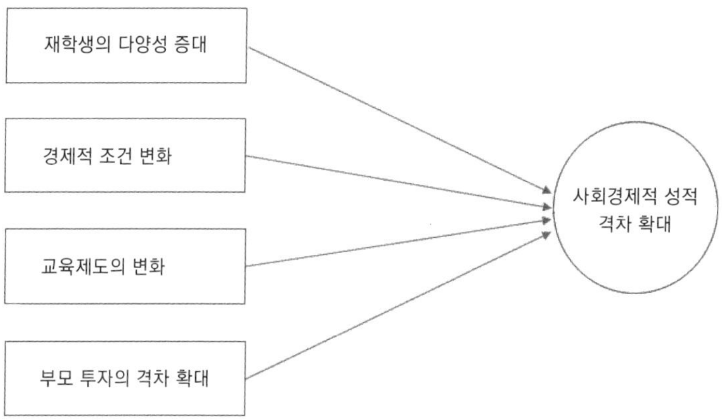


**출처** : Chmielewski(2019)

첫째, 최근 들어 학교에 재학하는 학생이 점차 다양화했는데, 이로 말미암아 부모의 사회경제적 지위가 자녀 성적에 미치는 영향은 점차 증가했을 가능성이 높다. 그렇다면 학생의 다양성이 증가한 까닭은 무엇이었는가? 개발도상국에서는 초중등학교에 재학하는 학생의 수가 급격하게 늘었는데, 이렇게 늘어난 학생은 주로 하층계급 출신이었다. 하층계급 자녀의 성적은 낮은 편이어서 상층계급과 하층계급의 학업성적 격차는 점차 커질 수밖에 없었다(Baker et al., 2002). 이와 달리, 선진국에서는 육체노동에 종사하는 이민자의 자녀가 크게 증가했는데, 이들도 원래 거주자보다 낮은 성적을 보여서, 사회경제적 성적 격차가 점차 증가했다(Andon, Thompson, and Becker, 2014).

둘째, 경제 추세가 사회경제적 성적 격차를 크게 했을 가능성도 없지 않다. 경제 추세 가운데 가장 먼저 생각해보아야 할 것은 아무래도 경제발전의 추세다. 경제가 발전해 생활수준이 향상하면 자녀 교육과 복지에 투자할 능력이 커진다. 그리하여 높은 경제 수준은 사회경제적 성적 격차를 늘린다고 예측할 수 있다. 그러나 이런 예측을 뒷받침하는 경험적 증거는 서로 엇갈린다. 헤인먼과 록슬리(Heyneman and Loxley, 1983)는 이 가설을 지지했는데, 그들은 특정 시점에서 횡단면적으로 여러 나라를 비교해, 가족의 사회경제적 지위가 자녀의 성적에 미치는 영향은 개발도상국보다 선진국에서 더 크다는 사실을 발견했다. 그러나 횡단면 비교가 아니라 시기별 변화를 살핀 한 연구는, 거꾸로 사회경제적 성적 격차는 선진국보다 개발도상국에서 더 크다는 사실을 발견했다(Baker et. al, 2002). 상충하는 이런 연구를 근거로 하면, 경제발전 수준이 사회경제적 성적 격차와 서로 관련한다고 일반화하기는 어렵다. 기실, 경제발전의 추세보다 더 주목할 만한 경제적 조건은 소득 불평등이다. 그러나 경험적으로 볼 때, 소득 불평등은 사회경제적 성적 격차와 강하게 연관하지 않았다(Duru-Bellat and Suchaut, 2005; Marks, 2005). 미국의 경우에 소득 불평등이 증가하면 사회경제적 성적 격차도 크게 되었지만(Reardon, 2011), 다른 나라는 그러하지 않았다. 이처럼 소득 불평등이 성적의 사회경제적 격차를 변화를 낳았다고 확인한 연구는 드물었지만, 논리적으로 생각해볼 때, 소득 불평등의 증가는 사회경제적 성적 격차를 확대했을 것이라고 짐작할 수 있다. 소득 불평등은 상층계급과 하층계급의 물질적 자원의 차이를 늘리고 소득별 주거 격리를 초래하기 때문이다.

셋째, 사회경제적 성적 격차를 좌우하는 또 하나의 요인은 교육제도의 변화다. 여러 횡단면 비교 연구는 교육과정의 분화(differentiation)가 부재하거나 유연한 사회보다 이 분화가 진척한 사회에서 사회경제적 기울기가 더 크다는 사실을 확인했다. 이들 연구는 분화의 경직성이 커질수록, 그리고 분화가 이른 연령대에서 시작할수록 사회경제적 성적 격차가 더 커질 것이라고 예측했다. 그러나 현실에서 교육제도는 실제로 이런 방향으로 바뀌지 않았다. 많은 나라들은 도리어 역 방향의 개혁을 시도했다. 이 나라들은 탈계열화(*de*-tracking)를 추구하는 개혁을 실행했다. 예컨대 직업계 고등학교의 비율을 축소하거나 계열화 시기를 연기하는 등의 개혁을 도모했다. 이런 상황에서, 오늘날에는 교육과정의 공식적 분화는 별다른 중요성을 띠지 않게 되었고, 그보다는 시장의 힘에 의존하는 학교의 비공식적 계층화가 훨씬 더 중요하게 되었다. 최근 여러 나라에서 개별 학교를 선택하는 학부모와 학생의 재량과 권리가 증가하고 사립학교의 비중이 늘어났는데(UNESCO, 2015), 이런 변화로 말미암아 상층계급과 하층계급 학생은 서로 다른 학습 환경을 경험하게 되었다. 이런 변화로 말미암아 결국 사회경제적 성적 격차가 점차 확대하게 되었을 가능성을 배제할 수 없다.

마지막으로 넷째, 사회경제적 성적 격차를 결정하는 또 하나의 요인은 부모가 자녀에게 투자하는 시간과 자원이다. 오늘날 자녀 양육과 학교 교육, 사교육에 쓰는 사적 비용의 계급 차이는 극적으로 늘어났다. 뿐만 아니라 부모가 자녀에게 투하하는 시간의 계급 차이도 늘어났다. 서구에서 한때 유행했던 '적극적 관리(concerted cultivation)'나 '집중 육아(intensive parenting),' '부모 중심주의(parentocracy)'는 결국 대학 입학을 둘러싼 치열한 경쟁으로 귀결했다.[11] 다른 한편, 교육제도 개혁도 이 경쟁을 더 뜨겁게 했다. 중등학교의 탈계열화 정책으로 말미암아 대학에 입학할 수 있는 학생의 비율이 늘어났는데, 이런 조건 탓에 대입 경쟁은 더 치열해졌다. 어쨌든 이런저런 요인으로 말미암아 고등교육을 향한 열망이 증가했고 이렇게 늘어난 열망 때문에 사회경제적 성적 격차는 확대했을 가능성이 높다.

이런저런 요인 중에서 어떤 것이 가장 그럴듯한 요인인가? 앞의 연구자(Chmielewski, 2019)는 애초에 교육체계의 팽창에 주목했다. 그는 교육체계가 팽창해 학교 접근 기회가 급격하게 늘어난 나라에서 사회경제적 기울기가 가장 크게 증가했다는 사실에 주목했다. 학교 접근 기회의 확대가 학교 바깥에 숨어 있던 교육 불평등을 학교 안으로 끌어들여 부모의 사회경제적 지위가 학생의 성적에 미치는 영향을 끌어올렸을 것이라고 그는 짐작했다. 그러나 이 연구자는 학교 접근 기회가 이미 높은 수준을 유지하던 나라에서도 부모의 사회경제적 지위가 자녀 성적에 미치는 영향이 점점 더 커졌다는 사실을 발견하고는 앞의 논리, 교육체계의 팽창이 성적 불평등을 심화했다는 논리를 포기했다.

그는 사회경제적 기울기가 증가한 새 원인을 찾았는데, 그 과정에서 인지 기술(cognitive skills)이 대학 진학을 결정하는 데에 점차 더 중요하게 되었다는 사실에 주목했다. 그는 인지 기술(학업성적)을 둘러싼 경쟁이 격화하면서 출신배경이 자녀 성적에 미치는 영향이 더 커졌을 것이라고

---

11 '적극적 관리'는 자녀 양육의 한 방식이다. 이는 부모가 자녀의 삶에 조직적 활동을 적극적으로 도입하는 양육 방식이다. 부모가 자녀에게 상호작용 기술, 추론 기술, 언어 사용법 등을 가르침으로써, 자녀의 재능을 개발하는 양육 방식이다. 이는 중상층계급의 방식이다. 이와 달리, 노동자계급은 '자연 성장(accomplishment of natural growth)' 방식을 즐겨 사용한다. 자녀가 성장하면서 삶의 방식을 저절로 배우도록 하는 양육 방식이다.

'집중 육아'란 부모가 자녀에게 많은 시간과 돈을 투하하는 양육 방식이다(Lareau, 2002; 2003). '부모 중심주의'는 자녀의 재능보다 부모의 소망이나 욕망에 맞추어 자녀를 양육하는 방식이다(Brown, 1990). 적극적 관리나 집중 육아, 부모 중심주의를 똑같다고 단정할 수는 없지만, 비슷한 방식의 양육 방식이라고 생각할 수 있다.

2017학년도 대학수학능력시험 고사장 (2016)

짐작했다. 요컨대 그는 대학 진학을 둘러싼 치열한 경쟁 때문에 부모가 자녀 성적에 더 많은 관심을 갖거나 더 많이 개입했을 것이고, 그로 말미암아 부모의 사회경제적 지위가 자녀 성적에 미치는 영향이 더 커졌을 것이라고 예상했다. 결국 사회경제적 성적 격차를 확대한 주요 원인은 대학 진학을 둘러싼 경쟁의 심화였을 것이라고 짐작했다.

지금까지 부모의 사회경제적 지위와 자녀 성적의 연관성이 시계열적으로 어떤 변이를 보이는지를 살펴보았고, 그 원인을 짐작하기도 했다. 이런 시계열 비교는 다음 절에서 한국의 연관성을 설명할 때 다시 논의하기로 한다. 여기서는 한국의 시계열 비교를 살피기 전에 이 분야 연구에서 주목할 만한 또 다른 비교, 즉 사회경제적 성적 격차의 교과별 비교와 연령별 비교, 그리고 성적수준별 비교를 살펴보기로 하자. 먼저 사회경제적 성적 격차의 교과별 비교를 알아보자.

부모의 사회경제적 지위가 자녀 성적에 미치는 영향은 교과목별로 다를 수 있다. 성적의 사회경제적 격차는 언어 영역에서 더 클 것인가, 아니면 수학이나 과학 영역에서 더 클 것인가? 부르디외(1996)는 교과를 재능교과(talent subject)와 노력교과(work subject)로 나누었다. 재능교과는 평가기준이 모호하고 불분명해 타고난 재능이 중요하게 작용하는 교과이고, 노력교과는 평가기준이 일관되고 명쾌해 시간과 노력을 투하하면 누구나 잘 할 수 있는 교과다. 가족배경은 노력교과보다 재능교과에 더 큰 영향을 미친다. 그러므로 부르디외는 사회경제적 성적 격차가 언어와 수학 교과에서 크고, 사회과학이나 자연과학 교과에서 낮을 것이라고 예측했다. 그런데 경험 연구는 이런 예측과 일치하기도 했고, 일치하지 않기도 했다. 사회경제적 성적 격차는 언어 성적에서 가장 컸다는 연구가 있었는가 하면, 수학과 과학 성적에서 가장 컸다는 연구도 있었다. 가족배경의 영향은 교과목과 무관했다는 연구도 있었다(cf. 김진경, 2019).

가족배경이 학업성적에 미치는 영향은 연령별(학교 급별)로 어떻게 다른가? 가족의 문화자본은 언어 습득에 영향을 미치므로, 가족배경이 언어 성적에 미치는 영향을 이른 시기에 이루어진다(DiMaggio, 1982). 반면 가족배경이 수학 성적에 미치는 영향은 높은 학교 급(중등학교)에서 본격화할 가능성이 높다(고원태·최성수, 2024). 그러나 일반적으로 부모의 사회경제적 지위가 자녀의 성적에 미치는 영향은 시간이 지나면서 누적하는 것이므로 학교 급이 높을수록(자녀의 연령이 많을수록) 더 크다고 말할 수 있다(Alexander, 2001; Cheadle, 2009; Potter and Roksa, 2013).

다른 한편, 부모의 사회경제적 지위가 자녀 성적에 미치는 영향은 자녀의 성적에 따라 바뀔 수 있다. 즉 사회경제적 성적 격차는 자녀의 성적 수준별로 달라질 수 있다. 그 까닭은 자녀의 성적수준에 맞추어 부모의 관여 정도가 달라지기 때문이다. 부모는 어떤 자녀에게 더 많은 관심을 기울이고 더 많은 자원을 투사하는가? 가구 내 자원 배분을 설명하는 고전 모형은 효율성이라는 기준을 강조했다. 부모는 유능한 자녀나 똑똑한 자녀에게 더 많은 관심과 자원을 투하하는 전략을 사용할 것인데, 자원 운용에는 이런 강화 전략(the reinforcement strategy)이 더 효율적이기 때문이다(Becker and Tomes, 1976). 그러나 고전 모형과 달리, 부모는 다른 방식으로 자원을 배분할 수도 있다. 효율성보다 형평성을 중시하는 부모는 재능이 부족하거나 성적이 뒤떨어진 자녀에게 더 많은 관심과 자원을 투하하는 보상 전략(the compensating strategy)을 구사할 수도 있다(Griliches, 1979; Behrman et al., 1982). 이도저도 아닌 중립 전략(the neutral strategy)을 취하는 부모도 있는데, 이들은 모든 자녀에게 공평하게 투자하는 전략을 동원한다(Grätz and Torche, 2016).

만일 부모가 강화 전략이나 중립 전략을 구사하면 가족배경과 성적의 연관성은 성적 분포의 상층부에서 더 강할 것이다. 재능이 뛰어나거나 성적이 좋은 자녀에게 더 많이 투자하거나 모든 자녀에게 균등하게 투자하면, 재능이 뛰어나거나 성적이 좋은 자녀가 더 많은 혜택을 받게 될 것이기 때문이다. 이와 달리, 부모가 보상 전략을 사용하면 가족배경과 성적의 연관성은 성적 분포의 하층부에서 더 강하게 나타날 것이다. 그러나 이 세상의 모든 부모가 동일한 전략을 사용하지 않는 것은 말할 것도 없지만, 부모의 사회경제적 지위가 다르면 상이한 전략이 사용할 수도 있다. 부유한 부모는 경제적으로 풍요로워 보완 전략을 즐겨 사용하고, 가난한 부모는 투자 위험을 줄이려 강화 전략을 즐겨 사용할 것이라고 판단할 수 있다. 이와 달리, 풍요로운 부모는 유능한 자녀에게는 인적 자본 형성에 더 많이 투자하고 뒤떨어진 자녀에게는 인적 자본 대신 재산을 직접 이전하는 양면 전략을 쓰는 반면, 가난한 부모는 효율성과 형평성이 충돌하는 탓에 모든 자녀에게 균등한 투자를 하는 중립전략을 사용할 수도 있다. 결국 자녀 능력 차이에 대한 부모 반응이 사회경제적 지위별로 발현하는 방식은 경험적으로 열려 있는 문제라고 보아야 한다.

그렇다면 실제로 경험 연구는 어떤 결과를 보였는가? 부모의 사회경제적 지위와 자녀 체중의 연관성을 다룬 연구는 체중 분포의 하층부에서 그 연관성이 더 크다는 결과를 보고했다(Hsin, 2012; Restrepo, 2016). 부모가 보상 전략을 사용했다는 뜻이다. 그러나 부모의 사회경제적 지위가 자녀의 학업성적에 미치는 영향을 다룬 연구는 이와 다른 결론을 내보였다. 한 연구는 유리한 부모가 유능한 자녀에게 더 많은 관심을 보여 부모의 사회경제적 지위와 자녀 성적의 연관성은 성적 분포의 상층부에서 더 높았다고 보고했는가 하면(Grätz and Torche, 2016), 다른 연구는 성적 분포의 하층부에서 그 연관성이 더 크다는 결과를 보고했다(Grätz and Wiborg, 2020). 부모가 강화 전략을 사용하는지, 보상 전략을 사용하는지는 쉽게 일반화할 수 있는 문제가 아니라는 의미다.

### 한국의 연구

한국의 연구가 학업성적 불평등에 접근하는 방법은 구미와 크게 다르지 않았다. 한국에서 학업성적을 다룬 연구도 대부분 가족의 사회자본이나 문화자본이 자녀의 성적에 미치는 영향을 살폈다. 사회자본에 관심을 기울인 연구는 가족형태나 형제자매의 수 등이 자녀 성적에 미치는 영향을 보았는가 하면(이정환, 1998; 오계훈 · 김경근, 2001; 김경근, 2005; 김현주 · 이병훈, 2007; Park, 2014), 부모의 관심과 관여, 교육지원 등이 성적에 미치는 영향을 검토하기도 했다(주동범, 1998; 김경근, 2000; 김경근 · 변수용, 2007; 변수용 · 김경근, 2008; Park et al., 2011). 이들 연구는 우리가 미리 짐작할 수 있는 바를 경험적으로 확인했다. 다시 말해 사회자본이 낮은 가족의 자녀 성적은 사회자본이 높은 가족보다 더 낮았다. 예컨대 편부모 가족과 형제자매가 많은 가족, 그리고 부모의 관심과 관여가 낮고 교육지원이 적은 가족의 자녀 성적은 그렇지 않은 가족보다 더 낮았다.

문화자본에 초점을 맞춘 연구도 그렇게 적지 않았다(장미혜, 2002; 김경근·변수용, 2007; 변수용·김경근, 2008; 장상수, 2008a; Byun et al, 2012). 장미혜(2002)는 본인이 직접 수집한 자료를 사용해 다음과 같은 사실을 확인했다. 부모의 사회경제적 지위가 자녀의 예술 취향이나 인지능력에 영향을 미쳤고, 이 취향이나 능력이 자녀 성적을 결정했다. 비록 사용 자료는 달랐지만, 후속 연구도 이와 비슷한 사실을 발견했다(김경근·변수용, 2007; 변수용·김경근, 2008; Byun et al., 2012). 이들 연구를 따르면, 부모의 사회경제적 지위는 자녀의 예술 취향이나 독서습관 등에 영향을 미쳤고, 이 취향이나 습관이 성적을 결정했다. 그러나 이들 연구는 장미혜(2002)와 다른 주장을 펼치기도 했다. 첫째, 장미혜(2002)는 문화자본을 어떤 방식으로 조작화하든 이 자본이 자녀 성적에 긍정적 영향을 미친다고 주장했다. 그러나 후속 연구는 문화자본을 고급의 심미적 문화의 소비나 향유로 조작화하면, 이 자본은 자녀 성적에 부정적 영향을 미친다는 사실을 보였다(김경근·변수용, 2007; 변수용·김경근, 2008; 장상수, 2008a; Byun et al., 2012). 둘째, 장미혜(2002)는 문화자본이 부모의 사회경제적 지위와 자녀 성적의 연관성을 매개한다고 주장했지만, 후자는 그 매개 역할을 언급하지 않았거나(김경근·변수용, 2007; 변수용·김경근, 2008; Byun et al., 2012), 매개 역할을 부정했다(장상수, 2008a).

이 연구들은 한국의 학업성적 불평등을 밝히는 데에 기여했다. 그러나 이 연구들이 부모의 사회경제적 지위와 자녀 성적의 연관성을 충분히 해명했다고 보기는 어렵다. 부모의 사회경제적 지위와 자녀의 성적이 정의 상관관계를 보인다는 것은 그다지 새로운 사실이 아니다. 사회자본이나 문화자본이 자녀의 성적에 영향을 미친다는 사실도 전혀 새롭지 않다. 한국의 학업성적 불평등의 특징을 명쾌하게, 그리고 더 풍부하게 파악하려면 특정 시기의 특정 상태를 서술하는 단계를 벗어나 횡단면 비교든 역사적 비교든 비교의 영역으로 나아가야 한다. 다시 말해, 한국의 불평등이 다른 나라와 비교해 큰 것인지 작은 것인지를 알아야 하고, 과거와 비교해 오늘날의 불평등은 더 커졌는지 더 작아졌는지를 알아보아야 한다. 그러나 아마도 자료의 제약 때문이겠지만, 지금까지 이런 부류의 비교 연구는 그렇게 많지 않았다.

최근에 이르러 여러 기관이 비교 연구를 가능하게 하는 여러 데이터를 생산하면서, 한국의 학업성적 불평등을 타국과 비교하거나 과거와 비교하는 연구가 활발하게 이루어졌다. 먼저 한국을 다른 나라와 비교한 연구를 보자. 한국의 학업성적 불평등, 즉 부모의 사회경제적 지위가 자녀 성적에 미치는 영향은 다른 나라보다 더 큰가? 이 질문에 답할 수 있는 국제비교연구는 그렇게 많지 않다. 국제 수학·과학의 추세 연구(TIMSS) 자료를 분석한 한 연구는 한국 부모의 사회경제적 지위가 9세 학생의 성적에 미치는 영향이 다른 나라보다 그렇지 작지 않다고 주장했다(Schütz et al., 2008). 다른 한편, PISA 연구를 진행했던 OECD의 공식 보고서는 한국에서 부모의 사회경제적 지위가 15세 학생의 인지적 성과에 미치는 영향이 2000년대 초반에는 OECD 평균보다 크지 않았지만(OECD, 2004), 2010년대 초반에는 OECD 평균보다 약간 더 컸고(OECD, 2014), 2010년 후반에는 이 영향이 OECD 평균을 크게 상회했다는 사실을 보여주었다(OECD, 2020).

한국의 학업성적 불평등의 시계열 경향을 보인 연구도 그렇게 많지 않았다. 변수용과 김경근(Byun and Kim, 2010)은 TIMSS 자료를 활용해 한국에서 이 불평등이 2000년대 첫 10년 동안에 점차 커졌다는 사실을 보였다. 그들은 그 원인을 주로 중등학교의 분화와 학교 안 계열화(tracking)의 변화에서 찾았다. 그들은 학교의 분화와 계열화가 빠르게 진행하면서 부모의 사회경제적 지위와 자녀 성적의 연관성이 과거보다 2000년대 후반에 더 커졌다고 주장했다. 장상수(2013)는 PISA 자료를 이용해 2000년대 첫 십 년 사이에 부모의 사회경제적 지위가 자녀 성적에 미치는 영향이 더 커졌다는 사실을 보고했다. 이외에도 일련의 연구자는 동일 자료를 이용해 한국의 성적 불평등이 시간이 흐르면서 점차 증가했다는 사실을 보였다(김위정, 2012; 변수용 · 이성균, 2021; Chang, S., 2022; 이 책의 제7장 5절).[12]

〈그림 4-6〉 다문화 아동 수와 다문화 아동 비중의 추세

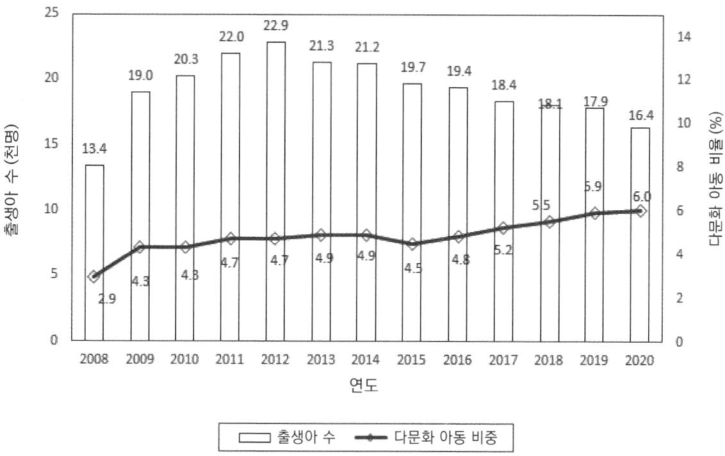


**출처 :** 통계청 (2021)

이들 연구에서 주목할 만한 것은 아무래도 성적 불평등이 심화한 원인이다. 한 연구자는 성적의 불평등 증가가 소득 불평등의 심화에서 비롯했을 것이라 짐작했으나(장상수, 2013), 다른 연구자는 학업성적 불평등이 중등교육의 분화와 학부모의 학교 선택 증가 때문에 커졌을 것으로 짐작했다(변수용 · 이성균, 2021; Park, 2013; Chang, S., 2022). 그러나 우리가 앞의 〈그림 4-5〉에서 보았듯, 학업성적 불평등은 다른 원인 때문에 커졌을 수도 있다. 2000년대부터 두드러지게 나타났던 재학생의 다양성 증대(예

12 그러나 정인관 등(2020)은 PISA 자료의 문해력(literacy)을 학업성적이라고 볼 수 없다는 이유를 들어 한국의 학업성적 불평등이 점차 증가했다는 주장을 문자 그대로 받아들이기는 힘들다고 주장했다.

컨대 다문화 학생 수와 비율의 증대)가 학업 성적의 불평등을 초래했을 수 있다(〈그림 4-6〉 참조). 이외에도 1990년대 이래 급격하게 상승한 한국의 대학 진학률이 불평등 증가를 야기했을 수도 있다. 1990년대 이래 대학 진학률이 상승하면서 대학 입학 경쟁도 격화했는데, 이런 경쟁격화가 학업성적 불평등을 확대했을 수도 있다(〈그림 4-7〉 참조).

〈그림 4-7〉 대학 진학률 추이(한국, 일본, 대만)

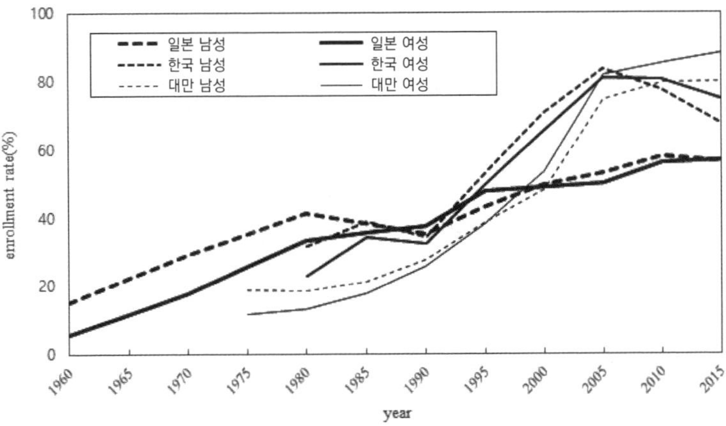


**출처 :** Chang, S.(2019)

앞 절에서 우리는 나라별 비교도 아니고 시계열 비교도 아닌, 색다른 비교 연구를 언급했다. 가족배경이 성적에 미친 영향을 교과목별, 학교 급별, 성적수준별로 비교하는 것이 바로 그것들이었다. 이런 비교를 했던 한국 연구는 그렇게 많지 않았다. 임영신과 최성수(2022)는 한국아동패널을 분석해 가족배경이 자녀의 인지능력에 미치는 영향은 3세 이전부터 7세에 이르기까지 지속적으로 증가했지만, 초등학교에 입학하면 그 불평등은 더 이상 증가하지 않았다는 사실을 밝혔다. 그러나 김진경(2019)은 '2010 서울종단교육연구' 자료를 활용해 가족배경이 학업성적에 미치는 영향은 학교 급별(연령별)로 일관된 경향을 보이지 않는다고 보고했다.

교과목별 불평등은 어떠한가? 김진경(2019)은 가족배경의 효과가 과목별로 차이를 보이지 않는다고 보고했지만, 이 책의 제7장 5절은 PISA의 한국 자료를 활용해, 비록 그 유의도는 확인할 수 없지만, 가족배경이 자녀의 성적에 미치는 영향은 교과목별로 다르다는 사실을 보였다. 가족배경이 고등학교 학생의 수학과 과학 성적에 미치는 영향은 읽기 성적에 미치는 영향보다 더 컸다. 이와 달리, 한국을 포함한 OECD 국가에서 성적의 사회경제적 격차를 살핀 한 연구는 이 격차가 과목별로 다르지 않다는 결론을 내렸다(Pokropek et al., 2015).

가족배경 효과의 학교 급(연령)별 차이나 과목별 차이는 그렇다 치고, 가족배경 효과는 성적수준별로 어떤 차이를 보였는가? 고원태 · 최성수(2024)는 한국교육개발원(KEDI)의 '한국 교육 실태 및 수준 분석' 자료를 분석해, 한국의 부모는 자녀가 어린 시기에는 한국어 교과목에서 보상 전략을 사용하고, 자녀가 성장했을 때에는 수학 교과목에서 강화 전략을 추구한다는 사실을 보였다. 아울러 성적의 사회경제적 기울기는 학업성취의 불확실성이 높은 중학교 시절에 중간 정도의 성적을 거둔 자녀에게서 가장 컸다는 사실을 보였다. 그리하여 자신들이 제시한 가설, 이른바 경쟁 우위 가설을 지지했다.[13]

이미 말했지만, 한국에서 이 분야의 연구, 다시 말해 사회경제적 성적 격차에 관한 연구는 아직 초보 단계에 머물러 있다. 이 분야의 연구가 적다는 이야기가 아니라 그 결과가 체계적이지 않다는 말이다. 이 분야의 연구를 좀 더 활성화하려면 아직 부족한 몇 가지를 다듬어야 한다. 첫째, 사회자본이나 문화자본 개념을 도입한 연구를 더 정교하게 다듬어

13 경쟁 우위 가설(competitive advantage hypothesis)이란 자녀의 성취 우열을 둘러싼 불확실성이 심할 때 부모는 가족의 자원을 가장 활발하게 투자하고, 그로 말미암아 부모의 사회경제적 지위가 자녀의 학업성적에 미치는 영향이 중간성적 지대에서 가장 강하게 작용한다고 주장하는 가설이다(고원태 · 최성수, 2024).

야 한다. 사회자본이나 문화자본은 부모의 사회경제적 지위가 자녀 성적에 미치는 메커니즘을 보이려는 노력의 일환으로 도입한 개념이었다. 다시 말해, 부모 지위가 높으면 사회적 관계망이나 문화적 취향이 달라지고, 이렇게 다른 관계나 취향이 자녀 성적에 영향을 미친다는 사실을 보이려는 시도였다(Kingston 2001; Dumais 2002). 그러나 지금까지 한국의 학업성적 불평등을 다룬 연구는 이런 매개 과정을 염두에 두지 않았다. 이들 연구는 대부분 사회자본이나 문화자본을 기계적으로 끌어들였다. 이들 연구는 가족형태나 형제자매 수, 부모의 관여 등을 사회자본이라 간주하고, 고급의 심미적 문화의 소비를 문화자본이라고 미리 정한 다음, 이 자본이 성적에 영향을 미치는 정도를 측정했을 뿐이다. 이런 방식의 연구는 지식을 정교화하는 작업과 거리가 멀다(장상수 2008a; 김영화 2012).

둘째, 한국의 연구를 체계적으로 쌓을 필요가 있다. 그동안 한국에서 이루어진 이 분야 연구를 서로 비교하기 힘들었는데, 그 까닭은 비교할 기준이 없었기 때문이다. 최근 들어 구미에서는 가족배경과 자녀 성적의 연관성을 사회경제적 기울기(socioeconomic gradient) 모형으로 측정했지만(Willms 2003; 2006), 한국에서 이 모형으로 학업성적 불평등을 보인 연구는 드물다. 최근 들어 몇 연구가 이 모형을 사용했을 뿐이다(변수용 · 이성균, 2021; 김위정, 2012; Byun and Kim 2010; Park, 2013; Chang, S., 2022). 두말할 필요도 없지만, 사회경제적 기울기 모형이 성적 불평등을 재는 유일한 잣대는 아니다. 그러나 현재로서는 이 모형이 다른 어떤 모형보다 가장 그럴싸한 모형이라는 것을 부인할 수 없다. 그러므로 한국에서도 이 모형을 사용하여, 연구 성과를 서로 비교할 수 있는 형태로 한 자리에 쌓을 필요가 있다. 이런 모형은 한국 사회의 성적 불평등의 얼개를 그릴 때에도 필요하지만 국제 비교나 시계열 경향을 보려 할 때에도 꼭 필요하다.

셋째, 국제비교든 시계열 비교든 비교 연구를 활성화해야 한다. 한국을 국제비교의 맥락에 놓은 연구는 그렇게 많지 않다. 최근 들어 몇 나라의 학업성적 불평등을 비교해 한국 교육제도의 특징을 밝힌 몇 연구가 있었을 뿐이다(Park 2013; Chang, S., 2022). 이들 연구는, 지난 수십 년 동안 한국은 표준화 정도가 높은 교육과정을 갖추고 학교 간 성적 차이를 줄이는 정책을 채택했는데, 한국 학생은 이 정책 때문에 다른 나라 학생보다 골고루 더 높은 성적을 거두었다고 주장했다. 그러나 1995년부터 정부는 학생의 창조성이나 수월성을 높인다는 명분으로 중등학교의 분화와 계열화를 강화하는 정책을 추진했고,[14] 이 때문에 성적의 사회경제적 격차가 증가한 것은 말할 것도 없고 평균 성적마저 낮아졌다고 이 연구들은 주장했다. 이런 주장의 타당성은 좀 더 따져봐야겠지만 어쨌든 이들 연구는 비교연구의 전범을 보여주었다.

### 2) 가족배경과 학력성취

사람들은 학력 사다리의 한 단계를 마치면 상위 단계로 이행한다. 중학교를 마친 사람은 일반계 고등학교나 직업계 고등학교로 진학하고, 고등학교를 마친 사람은 2년제 대학이나 4년제 대학으로 진학한다. 이와 같은 시간적 상태 변환, 양적이거나 질적인 변화를 우리는 이행(移行, transition)이라고 부른다. 학력성취는 이런 이행의 결과물이다. 고등학교를 졸업하고 더 이상 상급학교로 이행하지 않은 사람은 고등학교 학력에 머물 것이고, 상급학교로 이행한 사람은 최소한 대학 중퇴 학력을 달성한다. 우리는 이행을 반복하면서 최종 학력을 성취한다.

학력 단계 이행은 계급마다 다르다. 부유한 가정의 자녀는 높거나 좋

14 한 연구자는 이런 정책 전환을 '말썽 많은 전환(troubling turn)'이라고 명명했다(Park, 2013).

은 학력 단계로 진학하고 가난한 집안의 자녀는 높거나 좋은 학력 단계로 이행하지 못한다. 부모의 사회경제적 지위가 자녀의 상급학교 이행에 미치는 영향을 우리는 보통 '학력성취의 불평등(the inequality of educational attainment)'이라 부르는데, 이 불평등은 학업성적의 불평등과 더불어 교육기회의 불평등을 구성하는 중요한 축을 이룬다. 학력성취의 불평등은 말을 바꿔 학력성취의 계급 차이(class differentials in educational attainment)라고 부를 수도 있다.

### 학력성취의 계급 차이를 야기하는 요인

부모의 사회경제적 지위가 자녀의 학력 단계 이행에 미치는 영향은 두 가지 경로로 구분할 수 있다. 첫째 경로는 부모의 사회경제적 지위가 학업성적을 매개로 이행에 미치는 길이다. 이미 보았다시피, 상층계급 자녀의 성적은 하층계급의 자녀보다 더 좋은데, 좋은 성적을 얻으면 더 높은 학력 단계로 이행할 가능성이 높다. 둘째 경로는 부모의 사회경제적 지위가 학력 단계 이행에 직접 영향을 미치는 길이다. 부모의 사회경제적 지위는 자녀의 이행성향(transition propensity)을 직접 좌우한다. 부유한 가정의 자녀는 상급학교나 더 나은 학교로 이행하려는 심리적 성향을 보이고, 가난한 가정의 자녀는 상급학교나 더 나은 학교로 이행하는 것을 포기하려는 성향을 보인다. 이런 성향은 실제 이행에 영향을 미친다.

일찍이 부동(Boudon, 1974)은 학업성적이 상급학교 이행에 미치는 영향을 일차 효과(primary effect)라고 불렀거니와, (성적이 일정하다고 가정할 때) 부모의 사회경제적 지위가 학력 이행에 직접 미치는 영향을 이차 효과(secondary effect)라고 이름 붙였다. 일차 효과와 이차 효과는 〈그림 4-8〉로 선명하게 나타낼 수 있다. 이 그림에서 부모의 사회경제적 지위(Origin;

O)는 한편으로 학업성적(Performance; P)이라는 매개 요인에 영향을 미쳐 자녀의 이행을 결정한다. 이것이 일차 효과다. 다른 한편, 부모의 사회경제적 지위는 부모나 자녀의 이행 성향(학부모나 자녀의 선택)을 좌우해 자녀의 실제 학력 이행(Transition; T)을 직접 결정한다. 이것이 이차 효과다. 〈그림 4-8〉에서 실선은 일차 효과이고 점선은 이차 효과다. 이 도식에서 학업성적은 두 개인데, $P_{[t]}$는 이행 직전의 성적이고, $P_{[t-1]}$은 이행 직전이 아니라 그보다 이른 시기의 성적이다. 이는 초기 성적(initial performance)이라고 불러도 무방할 것 같다. 이행을 결정하는 요인으로 직전 성적뿐 아니라 초기 성적을 고려해야 하는 이유는 혹시 있을지도 모르는 예기적 의사결정(anticipatory decision) 때문이다.

예기적 결정이란 문자 그대로 상급학교 이행, 즉 상급학교 진학이나 졸업 여부를 이행 직전에 결정하는 것이 아니라 제법 이른 시기에 미리 결정하는 것을 말한다. 어떤 학생이 어떤 이유에선지 특정 학력 단계로 이행할 수 없을 것이라고 미리 판단하거나 그 학력 단계로 이행하지 않겠다고 미리 결심하면, 그 학생은 학습활동을 소홀히 할 것이고, 그 학생의 성적은 점차 나빠질 것이다. 우리는 우리 주변에서 그런 경우를 제법 많이 관찰할 수 있다. 가정형편이 좋지 않아 대학 진학을 처음부터 포기하여, 공부나 성적에 관심을 기울이지 않는 학생들이 적지 않다. 특정 학생이 이런 상태에 있다면, 우리는 성적보다 이행 성향이 이행에 더 큰 영향을 미쳤다고 판단해야 할 것이다. 그러나 데이터만 본 연구자는 이행 성향이 이행을 결정했다고 판단하기보다 성적이 이행에 영향을 미쳤을 것이라고 잘못 판단할 수 있다. 다시 말해, 일차 효과와 이차 효과의 크기를 왜곡하거나 오인할 수 있다. 이런 왜곡을 제어하기 위해서 초기 성적을 감안해야 한다.

〈그림 4-8〉 일차 효과와 이차 효과

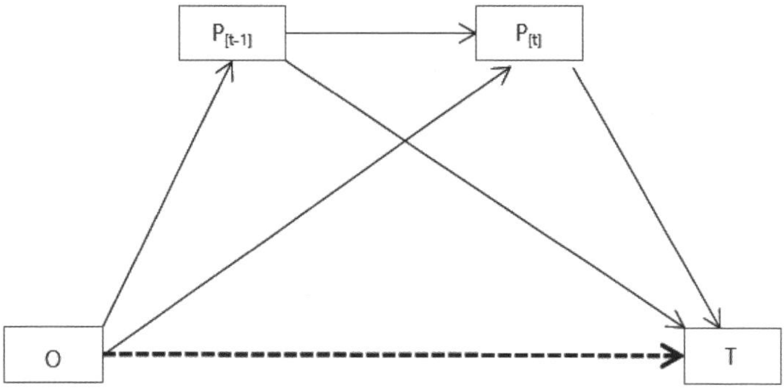


**출처)** Budoki et al.(2021)

**주)** O : 출신지(Origin) – 부모의 사회경제적 지위

T : 학력 이행(Transition)

$P_{[t]}$ : 이행 직전의 학업성적(Performance)

$P_{[t-1]}$ : 이른 시기의 학업성적

——————> 일차 효과

···········> 이차 효과

일차 효과와 이차 효과를 결정하는 요인은 무엇인가? 일차 효과는 가족의 사회경제적 지위가 성적을 매개로 이행에 미치는 효과를 말한다. 앞 절에서 이미 언급했듯 가족의 사회경제적 지위가 자녀의 성적에 미치는 영향은 주로 여섯 가지 요인(유전적 요인, 가족의 경제적·문화적·사회적 자원, 건강과 영향, 형제자매 수, 학교의 문화적 편향, 학교와 상호작용할 때 작동하는 심리적 메커니즘 등)이 결정한다. 조금 뒤에 보겠지만 성적이 이행에 미치는 영향을 좌우하는 것은 계층화와 선별성 같은 두어 가지 제도적 요인이다. 아무튼 이런저런 요인들이 일차 효과를 결정한다고 볼 수 있다.

이차 효과는 가족의 사회경제적 지위가 이행 성향을 통해 이행에 직접 미치는 영향을 말한다. 이때 이행 성향을 좌우하는 가장 중요한 요인은 경제와 문화다. 먼저 경제적 차원의 요인을 알아보자. 경제적 차원의 요인으로는 아무래도 경제적 자원의 가용성과 부모의 고용안정을 들 수 있다. 가족의 경제적 자원은 학비와 같은 비용을 감당한다. 부잣집 자녀는 수업료와 같은 직접적 교육비용을 기꺼이 감당할 수 있는가 하면, 생활비와 기회비용과 같은 간접비용도 쉽게 해결할 수 있다. 그러므로 부잣집 자녀는 고급의 학력 단계로 올라가려는 성향을 쉽게 갖출 수 있다. 거꾸로 가난한 집 자녀는 상급학교 이행을 마음먹기가 쉽지 않다. 금융시장이 불완전하면(학자금을 빌리기가 쉽지 않으면) 이행 성향은 더욱더 낮다. 이런 사태의 당연한 귀결이겠지만, 한 사회의 경제적 자원의 분포가 불평등하면 그렇지 않은 경우보다 이행 성향의 계급 차이는 더 클 것이라고 예측할 수 있다. 거꾸로 경제적 자원 분포의 불평등 정도가 낮으면 이행 성향의 계급 격차도 그다지 크지 않을 것이다. 이행 성향을 좌우하는 또 하나의 경제적 요인으로 부모의 고용안정을 들 수 있다. 부모의 고용안정도 부모의 경제적 자원의 수준 못지않게 자녀의 이행 성향에 중요한 영향을 끼친다. 부모는 자신의 고용이 장기적으로 안정적일 때 자녀 교육을 계획할 수 있거니와, 자녀도 부모의 고용이나 소득에 맞추어 자신의 학력을 구상할 수 있기 때문이다. 고용이 안정된 부모의 자녀는 비교적 높은 이행 성향을 보일 것이고, 고용이 불안정한 부모의 자녀는 그보다 낮은 이행 성향을 보일 것이다. 그러므로 해당 사회의 고용 안정성이 떨어질수록 이행 성향의 계급 격차는 더 커질 것이다(Erikson and Jonsson, 1996).

문화적 요인도 자녀의 이행 성향에 영향을 미친다. 사회경제적 지위가 높은 부모의 자녀는 교육 열망과 직업 열망이 더 크다. 이들은 다른 이보다 학교 교육을 더 많이 받으려 하고, 더 나은 직업을 얻으려 노력한다. 이유는 단순하다. 모든 계급의 자녀는 최소한 부모의 계급 지위를 달성하려고 노력하기 때문이다. 다시 말해, 모든 부모나 자녀는 하강이동의 위험을 회피하려 노력하기 때문이다. 자녀가 최소한 부모의 계급 지위를 달성하려고 노력하는 것은 계급별로 다른 결과를 초래한다. 노동자계급의 자녀는 노동자계급에 도달하기만 하면 되므로 높은 학력 단계로 이행하지 않아도 된다. 높은 학력 단계로 이행하지 않아도 되므로 좋은 성적을 거둘 필요도 없다. 그러나 중간계급의 자녀가 부모의 지위에 도달하려면 고학력을 달성해야 하고, 상급학교로 이행하려면 성적도 좋아야 한다(Breen and Goldthorpe, 1997). 이처럼 교육 열망이나 직업 열망의 계급 차이는 이행 성향의 계급 차이에 영향을 미친다. 새삼 말할 것도 없지만, 이외에도 자녀의 이행 성향에 영향을 미치는 문화적 요인은 많다. 자녀는 부모가 보유하는 가치와 규범의 영향을 직접 받기도 하고(Akerlof, 1997), 유리한 위치를 차지한 자녀는 지배적 교육 문화의 가치와 규범에 더 쉽게 접근할 수 있어 고등교육을 향한 좀 더 야심한 이행을 시도할 수도 있다(Bourdieu and Passeron, 1977).

어쨌든 경제와 문화는 이행 성향의 계급 차이를 설명하는 두 가지 기본 요인이라고 말할 수 있다(De Graaf, 1986). 이 두 요인은 이행 성향의 계급 차이와 이차 효과의 계급 차이를 잘 설명할 수 있을 뿐 아니라 현실의 학력 이행이 계급별로 다르게 나타나는 것도 설명할 수 있다. 그러나 이차 효과를 좌우하는 것이 부모나 가족의 경제적 자원이나 문화적 자원에 그치는 것은 아니다. 사회의 거시적 요인도 이 효과에 영향을 미친다. 지난 시절 선진산업사회에서는 직업구조가 바뀌면서 고학력 노동에 대한 수요가 증가했다. 고학력의 기대 수익도 증가했다. 이런 조건 아래에서 고등교육 단계로 이행하려는 성향도 늘어났을 것이라 예측할 수 있다. 노동시장의 다른 특징도 학력 이행 결정 계산식을 변경할 수 있다. 실업 수준이나 일자리 증감 등과 같은 요인은 특정 단계의 교육 이행과 관련한 비용과 수익에 영향을 미친다. 예컨대 고학력자의 실업 수준 증가는 대학 교육으로 이행하려는 성향을 줄일 것이다. 이러저러한 거시적 요인의 변화에 대응하는 교육정책이나 사회정책도 이차 효과의 크기에 영향을 미친다. 예컨대 특정 교육단계에서 수업료를 인상하면 그 단계로 이행하는 데에 미치는 이차 효과는 증가할 것이고, 거꾸로 불리한 집안의 자녀에게 장학금 지불을 확대하는 등의 교육비 경감 정책을 채택하면 이차 효과는 점차 감소할 것이다.

그런데 일차 효과와 이차 효과의 크기를 좌우하는 요인은 그렇다 치고, 일차 효과와 이차 효과의 상대적 크기는 어떠했는가? 다시 말해 학업성적이 이행에 미친 효과가 더 컸는가, 아니면 개별 학생의 선택이 이행에 미친 효과가 더 컸는가? 부동(Boudon, 1974)은 단순 계산을 바탕으로 학력 단계 이행에서 이차 효과가 일차 효과보다 더 크다고 주장했다. 과연 부동의 말대로, 이차 효과는 일차 효과보다 더 컸는가? 이행 성향의 영향이 성적의 영향보다 더 컸는가? 이를 측정하는 방법이 정해진 것은 아니다. 최근 들어 몇 연구는 일차 효과와 이차 효과의 비율을 계산하는 여러 방법을 제시했다(Jackson et. al., 2007; Karlson and Anders, 2011; Karlson, 2013; Kartsonaki et al., 2013; Morgan, 2012). 이들 연구의 측정 방법은 서로 달랐으나, 어떤 방법으로 측정하든 이차 효과는 일차 효과보다 더 컸다. 영국에서는 1974년에 16세가 되는 학생이 A 수준의 중등학교로 진학할 때 일차 효과는 약 30퍼센트 안팎이었고 이차 효과는 약 70퍼센트였다(Erikson et al., 2005; Jackson et al., 2007; Karlson, 2013). 1968년에 7학년이 된 학생을 대상으로 2004년까지 이행을 조사했던 덴마크(Karlson and Anders, 2011)에서도 이차 효과는 일차 효과보다 더 컸거니와 1976년부터 2008년까지 이르는 기간 동안 독일에서도 상황은 비슷했다(Schindler and Lörz, 2012).

그러나 서유럽 8개국의 이행을 비교한 한 연구는 이와 조금 다른 사실을 발견했다(Jackson and Jonsson, 2013). 1950년대 출생 코호트부터 1990년대 출생 코호트에 이르는 기간에 초등학교나 중등학교에서 이루어지는 이행(T1 or T2)에서 덴마크와 이탈리아에서는 이차 효과가 일차 효과보다 더 컸지만, 다른 나라에서는 그렇지 않았다. 중등학교에서 대학으로 넘어가는 이행(T3)에서 독일과 이탈리아, 네덜란드, 스웨덴에서 이차 효과가 일차 효과가 더 컸지만, 나머지 나라에서는 거꾸로 일차 효과가 이차 효과보다 더 컸다. 큰 그림으로 보자면, 비슷한 시기에 일차 효과가 더 큰 나라가 절반, 이차 효과가 더 큰 나라가 절반쯤 되었다고 판단할 수 있다(〈그림 4-9〉 참조). 그러므로 이차 효과가 일차 효과보다 더 크다고 일반화할 수는 없을 것 같다.

〈그림 4-9〉 이차 효과의 크기

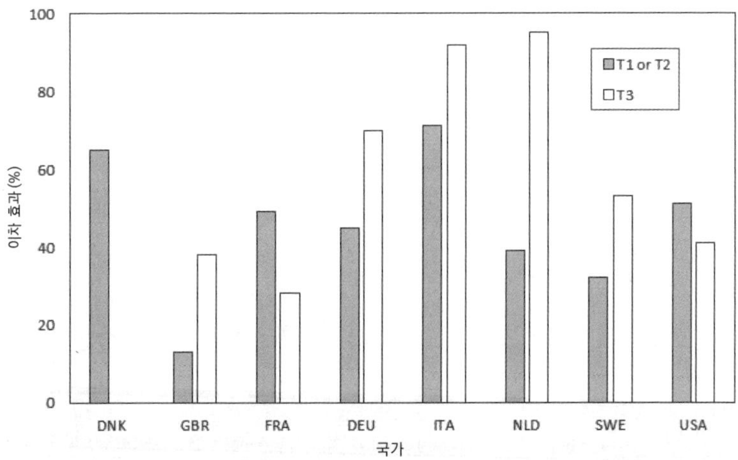


**주)** T1 : 의무교육 시절에 일어나는 이행(10-12세)
T2 : 의무교육 끝 무렵의 이행(14-16세)
T3 : 중등교육에서 고등교육으로 이행하는 단계(18-19세)

**출처)** Jackson and Jonsson(2013)

그런데 일차 효과는 어떤 나라에서 더 크고, 이차 효과는 어떤 나라에서 더 컸는가? 조금 전에 보았다시피, 일차 효과와 이차 효과의 크기 차이는 나라마다 달랐다. 이런 나라별 변이는 개별 국가의 각종 제도, 특히 교육제도와 관련하는 것으로 보인다. 일차 효과와 이차 효과의 크기를 규정하는 교육제도로는 계층화의 선별성을 들 수 있다(Jackson and Jonsson,

2013). 계층화(stratification)는 한 사회의 교육이 수평적으로 분화한 정도를 말한다. 이는 개별 교육단계가 서로 다른 특성이나 지위의 계열과 학교로 구성된 정도를 의미한다. 예컨대 중등교육 단계에서 직업학교의 종류와 수가 많은 교육체제가 있다면 그 체제의 계층화는 높은 편이라고 말할 수 있다. 또 능력집단별로 별개의 수업이 이루어지는 정도가 높은 교육체제가 있다면, 이 체제의 계층화도 높은 편이라 판정할 수 있다. 계층화가 높은 사회에서는 특정 계열이나 학교를 선택하면 더 높은 단계의 교육에 접근하지 못하거나 더 좋은 직업을 얻는 기회를 얻지 못할 수 있다. 예컨대 중등교육 단계에서 직업계 고등학교를 선택하면 대학교육에 접근하지 못하거나 사람들이 선망하는 좋은 직업을 얻지 못한다. 거의 모든 나라에서 계층화는 후기 중등교육 단계에서 나타나지만 어떤 나라에서는 의무교육 단계에서도 활성화한다. 그러므로 계층화 수준이 높은 나라에서는 학생이 열 살이나 열한 살 무렵에 서로 다른 계열이나 학교로 진입한다. 이런 나라에서 학생들은 계열이나 학교별로 다른 교육과정을 학습하고, 나중에도 계열이나 학교를 쉽게 바꿀 수 없다. 예컨대 직업학교를 선택한 학생은 일반계 학교의 교육과정과 전혀 다른 교육과정을 학습하고, 나중에라도 인문계 학교로 쉽게 이동할 수 없다.

다른 한편, 선별성(selectivity)은 부모나 학생이 특정 계열이나 특정 학교를 선택할 때 학업성적의 제약을 받는 정도를 일컫는다. 선별성이 높은 사회에서 학생들은 학업능력이나 학업성적에 맞추어 특정 계열과 특정 학교로 진입한다. 거꾸로 선별성이 낮은 사회에서 학생은 계열이나 학교를 시험성적과 무관하게 자유로이 선택할 수 있다. 계층화는 선택의 범위를 결정하지만, 선별성은 선택의 자유를 제약한다.

계층화의 수준이 높을수록 이차 효과의 크기는 더 클 가능성이 높다. 계층화의 수준이 높아 학교 선택이나 계열 선택이 매우 중요한 사회에서는 유리한 집안의 자녀들은 일찌감치 더 좋은 선택의 중요성을 깨닫는다.

그리하여 이차 효과의 크기는 더 커진다. 이와 달리, 선별성이 큰 사회에서는 부모나 학생의 자의적 선택의 중요성은 줄어든다. 그러므로 이차 효과가 줄어들 가능성이 높다(Jackson and Jonsson, 2013).

## 학력성취 불평등의 시계열적 경향

학력성취의 계급 차이를 좌우하는 요인이나 경로가 어떤 것인가를 상세하게 밝히는 것도 중요하지만, 이 차이가 시계열적으로 어떤 변화를 보이는지, 그리고 이런 변화가 무엇 때문에 비롯한 것인지를 확인하는 작업도 필요하다. 왜냐하면 시계열 변화의 원인을 짐작하는 이런 작업으로 학력성취의 계급 차이를 줄이는 방법을 찾아낼 수 있기 때문이다. 그렇다면 시간이 흐르면서 학력 성취의 계급 차이는 어떻게 바뀔 것인가? 산업사회론과 문화적 재생산론, 합리적 행위 이론은 제각기 다른 경향성을 예측했다. 최근 들어 등장한 몇 가지 가설, 즉 최대로 유지되는 불평등 가설과 효과적으로 유지되는 불평등 가설, 효과적으로 확대하는 불평등 가설 등도 제 나름의 방식으로 특정 경향성을 예측했다. 이들을 차례로 살펴보자.

산업사회론(the theory of industrial society)은 산업화가 진전하면서 지위 획득에서 교육(학력)이 차지하는 중요성이 한층 더 두드러질 것이라고 주장했다. 이 이론은 점차 분화하는 사회의 기능적 필요를 강조했다. 산업이 발전하면서 고도의 테크놀로지가 발달하고 이를 다루는 기능이나 기술, 이에 적응할 수 있는 태도 등이 필요하다(Kerr et al., 1960). 효율성을 추구하는 산업사회에서 이런 기능이나 기술, 태도는 친족체계가 아니라 학교가 전달한다. 학교는 귀속 요인보다 업적 요인을 더 중시하므로 산업사회에서는 점차 업적 요인이 직업 획득의 기회를 결정하게 된다. 이렇게 인원 선발의 기준이 귀속에서 업적으로 바뀌면서 이른바 보편주의

가치가 확산한다(Lenski, 1966; Blau and Duncan, 1967; Parsons, 1970; Treiman, 1970).[15] 보편주의가 확산하면서 학력 성취의 계급 차이는 점차 줄어든다. 왜냐하면 모든 계급의 자녀는, 경제적 형편이나 수학능력(修學能力)이 닿는 한, 교육을 받으려 할 것이기 때문이다. 교육체계의 확대와 현실의 경제과정, 그리고 국가의 복지정책 등도 이런 경향을 촉진한다. 교육체계의 확대는 진학 가능성을 높이고, 경제성장은 물질적 풍요와 직업 안정성을 뒷받침해 교육의 상대적 비용을 낮춘다. 이에 더해 현대 국가는 경쟁력 있는 노동력을 확보하거나 개성을 계발하기 위해서 실제 비용보다 낮은 가격으로 교육을 지원한다. 이런 비용 감소는 비특권층의 교육성취를 방해하는 장애물을 제거함으로써 기회의 불평등을 줄인다(De Graaf and Ganzeboom, 1993). 요컨대, 산업사회론은 교육기회의 불평등은 점차 감소할 것으로 짐작했다. 산업의 발전과 역할의 분화, 그에 상응하는 보편주의 가치의 확산, 교육체계의 확대, 국가의 평등주의적 교육정책 실행 등으로 말미암아 학력성취의 계급 차이는 시간이 흐르면서 점차 줄어들 것이라고 예측했다.

문화적 재생산론(the theory of cultural reproduction)은 산업사회론과 다른 방향의 가설을 제시했다. 이 이론은 계층구조의 상층부를 점유하는 집단이 교육이나 학력을 활용해 자신의 특권적 지위를 유지한다고 판단했다. 교육은 노동시장에서 이루어지는 선발과 보상을 규정하는데, 지배집단은 교육을 동원해 노동시장에서 자신의 권리와 특혜를 유지한다. 요컨대 상층계급은 하층계급보다 언제나 더 높은 학력을 차지하는데, 이로 말미암아 교육과 노동시장에서 항상 유리한 자리를 맡는다(Bowles and Gintis,

15 보편주의(universalism)와 특수주의(particularism)는 서로 대립하는 인원 선발 방식이나 제도이다. 특수주의는 귀속 요인(인종, 성, 민족, 출신배경, 출신지역 등)을 기준으로 인원을 선발한다. 이와 달리, 보편주의는 업적 요인(노력이나 능력, 학력 등)으로 인원을 선발한다.

1976; Bourdieu and Passeron, 1977; Bourdieu, 1984). 문화적 재생산론은 학력 성취의 계급 차이가 시계열적으로 안정적일 것이라는 가정을 내포한다. 왜냐하면 학력성취는 언제나 상대적일 수밖에 없기 때문이다.[16] 하층계급이 중학교에 진학하면 지배계급은 고등학교에 진학하고, 하층계급이 고등학교를 졸업하면 지배계급은 대학을 졸업할 것이므로 학력 성취의 계급 차이는 어떤 때에나 일정할 것이다. 다만 교육은 지배계급의 특권을 옹호하는 기능뿐만 아니라, 사회적 불평등을 은폐하거나 정당화해야 하는 기능도 수행하기 때문에 중등교육의 확대는 불가피하다. 이러한 중등교육의 팽창으로 말미암아 적어도 중등교육에서 학력 성취의 계급 차이는 줄어든다. 요컨대 산업화가 진행하면서 중등교육에 접근하는 기회는 점차 균등화할 것이지만, 고등교육에 접근할 기회는 일정한 계급 격차를 그대로 유지할 것이라고 문화적 재생산론은 예측했다.

지금까지 학력성취의 불평등을 다루었던 경험 연구는 다음과 같은 사실을 발견했다(Blossfeld and Shavit, 1993; Goldthorpe, 1996a; Breen and Goldthorpe, 1997). 첫째, 교육체계의 팽창은 지속했다. 즉 사람들의 평균 학력은 지속적으로 상승했다. 둘째, 거의 모든 국가에서 학력성취의 계급 차이는 시계열적으로 특정한 추세나 경향성을 보이지 않았다. 개별 국가의 산업화의 수준이나, 이들 국가에서 이루어졌던 교육체계의 팽창이나 각종 교육개혁, 그리고 각종 교육제도의 차이에도 불구하고, 학력성취의 계급 차이는 증가하거나 감소하지 않았다. 스웨덴과 같은 소수의 사례에

16 그러나 문화적 재생산론이 학력성취 계급 차이의 변화 가능성을 전적으로 배제하는 것은 아니다. 문화자본을 부모의 교육수준으로 파악할 수도 있지만, 좀 더 구체적으로 학교제도나 교육과정에 대한 암묵적 지식으로 이해할 수도 있고, 자녀의 학습에 직접 도움을 줄 수 있는 실제적 능력으로 판단할 수도 있다(Erikson and Jonsson, 1996). 문화자본을 어떤 것으로 이해하든, 학력의 인플레이션이 진행하면서 부모의 학력 격차는 점차 감소할 것이고, 그리하여 문화자본이 학력 성취에 미치는 영향은 점차 감소할 것이라고 예측할 수도 있다(Halsey et al., 1980).

서만 예외적으로 학력성취의 계급 차이가 감소했다. 셋째, 학력 성취의 성 차이는 줄어들었다. 남녀의 학력 격차는 줄었다. 이와 같은 여러 발견 가운데에서 둘째 발견은 산업사회론보다 문화적 재생산론의 예측과 일치하는 것으로 보인다. 학력성취의 계급 차이가 줄어들지 않았다는 현실이 문화적 재생산론의 예측과 일치한다. 이로 미루어보건대, 문화적 재생산론이 산업사회론보다 더 현실적합적인 이론인 것처럼 보인다.

그러나 문화적 재생산론이 경험적 사실과 어느 정도 부합한다고 하더라도, 이 이론은 약간의 문제점을 내포한다. 다른 무엇보다 이 이론은 현실의 중요한 현상 하나를 충분히 설명하지 못한다. 교육체계가 팽창하면서 상당수의 하층계급 자녀가 대학에 진학했고, 그리하여 비록 제한적이기는 하지만 일부 국가에서 학력성취의 계급 차이가 완화했다. 스웨덴이 그러했거니와(Jonsson, 1993; Jonsson and Mills, 1993a, 1993b; Erikson and Jonsson, 1996b), 다소 논란의 여지가 있기는 하지만, 일정한 시기에는 네덜란드(De Graaf and Ganzeboom, 1993)와 독일(Jonsson et al., 1996), 미국(Dohan and Hout, 1996)에서도 학력성취의 계급 차이는 줄었다. 이런 나라에서 학력성취의 계급 차이는, 비록 일시적인 것이라 할지라도, 왜 약화했는가? 문화적 재생산론은 이 사실을 설명하지 못한다.

문화적 재생산론의 이런 약점을 지적하면서 등장한 이론이 이른바 합리적 행위 이론이다(Boudon, 1974; Gambetta, 1987; Erikson, 1996; Erikson and Jonsson, 1996a; Goldthorpe, 1996a; Breen and Goldthorpe, 1997; Jonsson, 1999). 합리적 행위 이론은 개별 행위자가 특정 목적을 달성하고자 시도할 때 여러 대안적 수단을 활용한다고 가정한다. 행위자가 대안적 수단을 선택할 때에는 비용과 수익을 계산해 합리적으로 행동한다고 가정하는 것은 말할 것도 없다. 학력을 선택하는 것도 예외가 아니다. 학력 이행도 비용과 수익의 계산 결과이다. 그렇다면 개개인의 합리적 손익계산이 어떻게 학력성취의 계급 차이를 일정하게 유지하는가? 그리고 어떤 요인이 학력성취의 계급 차이를 줄이는가?

합리적 행위 이론(the rational action theory)은 하층계급의 학업 열망이 빈곤하다는 가설을 부인했다. 노동자계급의 자녀도 중간계급의 자녀와 비슷한 수준의 학업 열망을 지닌다고 보았다. 노동자계급의 자녀의 학업 열망이나 직업 열망도 중간계급의 자녀만큼 강렬하다. 계급별로 다른 것은 이런 열망이 아니라 몇 가지 중요한 차원, 예컨대 상대적 위험 회피, 학업성적, 가용 자원의 수준, 교육체계의 팽창이나 교육수익을 평가하는 방식 등이다. 이런 차원에서 나타나는 심리와 조건을 하나씩 살펴보자.

① 상대적 위험 회피(relative risk aversion)

학업을 지속하려는 열망을 규정하는 요인 가운데에서 가장 핵심적인 것은 아무래도 위험 회피 방식이다. 모든 자녀는 부모의 직업과 동일하거나 그보다 나은 직업을 얻으려 한다. 자녀는 부모의 직업보다 낮은 지위의 직업을 얻게 될 것을 우려하고 가급적이면 그런 사태를 회피하려 한다. 고쳐 말하면, 사람들은 하강이동하는 위험을 회피하려고 한다. 이런 노력의 형식, 다시 말해 하강이동을 피하려는 형식은 모두 같지만, 그 실질 내용은 계급마다 다르다. 중간계급 자녀는 중간계급에 속하는 직업에 도달해야 하지만, 노동자계급 자녀는 노동자계급에 해당하는 직업을 얻기만 해도 무방하다. 그러므로 다른 조건이 같더라도, 예컨대 학업성적이 같거나 보유 자원의 수준이 같다 하더라도, 중간계급 자녀는 노동자계급 자녀보다 더 나은 직업을 지향한다. 그로 말미암아 중간계급 자녀는 좀 더 높은 학력을 선호한다(Breen and Goldthorpe, 1997). 요컨대 합리적 행위 이론은 사회적 불평등 체계에서 개개인이 놓여 있는 상대적 위치, 그리고 그 위치에서 계산한 위험의 정도가 학력 성취의 계급 차이를 일정 수준으로 유지한다고 주장했다.

> 교육체계가 팽창하고 교육개혁이 이루어져 교육의 비용과 수익이 꾸준히 변했지만 학력성취의 계급 차이는 크게 변하지 않았다. 계급 사이의 상대적 균형을 바꿀만한 변화가 일어나지 않았기 때문이다(Goldthorpe, 1996a).

이처럼 계급마다 달라지는 상대적 위험 회피의 방식이 학력 성취의 계급 차이를 지속하는 기본 메커니즘이다. 여기에 다른 요인을 덧붙여도 사정은 크게 달라지지 않는다. 다른 요인은 학력 성취의 계급 차이를 없애는 데까지는 이르지 못한다.

② 학업성적

중간계급 자녀의 학업성적은 노동자계급 자녀의 성적보다 평균적으로 더 높다(Erikson, 1996). 이는 중간계급 자녀가 상급학교로 이행할 가능성이 노동자계급 자녀보다 더 높은 또 하나의 이유라고 할 수 있다.

③ 가용 자원

가족의 자원, 특히 경제적 자원의 차이도 학력성취의 계급 차이를 좌우한다. 자원이 풍부하고 안정된 부모는 자녀 교육에 더 많은 관심을 기울이고, 거꾸로 자원이 빈약하고 지위가 불안한 부모는 자녀 교육에 관심을 덜 갖는다. 왜냐하면 하층 계급은 교육에 쓰는 직접 비용과 교육 기간 동안에 포기해야 하는 소득(방기소득)을 상대적으로 더 크게 느끼기 때문이다. 사정이 이렇다면, 가족의 경제적 자원 차이가 감소하면, 학력 성취의 계급 차이는 어느 정도 완화할 수 있다. 스웨덴에서 학력성취의 계급 차이가 점차 완화했던 것은 주로 사회민주주의가 추구했던 고용 안정과 소득 재분배, 그리고 그로 말미암은 심리적 안정 때문이었다(Erikson and Jonsson, 1996b).

④ 교육체계의 팽창

오늘날 의무교육의 확대나 각종 교육개혁 정책 때문에 교육비용은 지속적으로 감소했다. 교육비의 감소는 모든 계급(층)의 이행 비율을 높여, 교육체계를 지속적으로 팽창하는 데에 기여했다. 그러나 교육팽창 그 자체가 교육기회를 균등화하는 것은 아니다. 교육비의 감소와 그로 말미암은 교육체계의 팽창은 학력성취의 계급 차이를 그대로 유지하거나 확대할 수 있다. 이런 조건이라면 교육은 노동시장에서 더 중요해질 것이고, 중간계급은 위험 회피 전략을 사용해, 노동자계급보다 더 유리한 위치를 차지할 수도 있기 때문이다. 그러나 조건을 조금만 바꾸어, 교육비를 계급별로 차등 지원하는 정책을 시행하면, 예컨대 장학금을 계급별로 차등 지급하는 정책을 채택하면, 교육비 감소와 교육체계 팽창은 학력 성취의 계급 차이를 줄일 수도 있다. 교육비 차등 지원 정책은 생활 조건의 평등화 정책이 그러한 것과 같이, 학력 성취의 계급 차이를 완화할 수 있다(Erikson and Jonsson, 1996b).

⑤ 교육의 수익에 대한 평가

교육수익과 비용을 평가하는 방식도 계급마다 다른데, 이 차이도 교육기회의 불평등을 심화하는 데에 기여한다. 일반적으로 중간계급의 부모나 자녀는 교육의 비용보다 수익에 더 민감하다. 중간계급이 교육의 수익에 더 민감한 이유는 여러 가지다. 중간계급은 가족이나 또래 집단의 압력에 더 예민하게 반응하기 때문이거나(Boudon, 1974), 하강이동을 우려한 '방어적 지출(defensive expenditure)'에 더 많은 신경을 쓰기 때문이다(Thurow, 1977). 또 중간계급은 하층계급보다 교육의 가치를 더 높게 평가하기 때문이거나(Goldthorpe, 1996a), 교육에 투자할 수 있는 자원이 더 많기 때문이기도 하다(Breen and Goldthorpe, 1997). 하층 계급의 부모나 자녀는 중간계급과 달리, 상대적으로 수익보다 비용에 더 민감하다. 하층계급 부모의 소득이 그다지 많지 않고, 그들의 고용이 안정되어 있지 않기 때문이다. 이런 상황, 부모의 소득이 많지 않거나 부모의 고용이 안정되어 있지 않은 상황에서 더 높거나 나은 교육을 선택하면 그에 상응하는 기회비용은 커질 수밖에 없다. 따라서 학력 성취의 수익이 상당히 크거나 확실할 때에만 그 교육을 선택하고 기회비용을 감당한다. 그렇지 않으면, 하층계급은 학업 열망을 줄일 수밖에 없다. 교육의 수익과 비용에 대한 이와 같은 계산 방식의 차이도 교육 기회의 불평등을 유지하거나 가속하는 한 요인이다.

산업사회론이 학력성취의 계급 차이가 점차 줄어들 것이라고 예측하는 이론이라면, 문화적 재생산론과 합리적 행위 이론은 학력 성취의 계급 차이가 시계열적으로 안정되어 있을 것이라고 짐작하는 일반이론이다. 그러나 학력성취의 계급 차이가 줄어들지 않을 것이라고 예측하는 또 다른 유력 가설도 존재한다. 최대로 유지되는 불평등 가설이 그 하나고, 효과적으로 유지되는 불평등 가설이 다른 하나다. 최대로 유지되는 불평등 가설(MMI)은 특정 학력을 두고 여러 계층이 서로 경쟁을 벌이는데, 어떤 학력단계에서든 상층계급 자녀의 진학률이 포화상태에 이르지 않으면, 진학의 계급 격차가 크게 달라지지 않을 것이기 때문에, 그 학력단계의 불평등은 감소하지 않을 것이라고 예측한다.[17] 이런 예측을 다르게 표현할 수도 있는데, 특정 학력단계에서 상층계급 자녀의 진학이 보편화하고 하층계급 자녀의 진학이 점차 늘면, 학력 성취의 계급 차이는 비로소 천천히 감소한다고 말할 수도 있다. 이런 상황에 이르면, 사람들은 상급 학력단계 이행을 둘러싸고 경쟁하고 갈등한다(Raftery and Hout, 1993; Hout et al., 1993). 말하자면 이 가설은 다음과 같이 예측한다. 첫째, 특정한

17 최대로 유지되는 불평등 가설의 영어 이름은 The maximally maintained inequality hypothesis이고, 사람들은 흔히 이를 MMI로 약칭한다.

학력단계가 충분히 팽창한 연후에야 학력성취의 계급 차이는 감소할 것이다. 둘째, 고급의 학력 단계나 최상급의 학력 단계는 충분히 팽창하지 않을 것이고, 그로 말미암아 이 단계에서 학력성취의 계급 차이는 감소하지 않고 지속할 것이다.

앞에서 논의한 여러 이론과 가설은 주로 교육체계의 양적 팽창의 영향을 논의했을 뿐, 교육체계의 질적 분화의 여파를 고려하지 않았다. 그러나 교육체계의 팽창은 항상 분화(differentiation)를 수반하기 마련이다. 교육체계의 팽창으로 학력자격의 희소성이 감소하고 그로 말미암아 학력자격이 평가절하하면 학력자격은 접근이 쉬운 계열(stream or track)과 접근이 쉽지 않은 계열로 분화한다(Ayalon and Shavit, 2004; Arum et al., 2007). 예컨대 중등학교는 일반계 학교와 직업계 학교로 분화하고, 고등교육은 2년제 대학과 4년제 대학으로 분화한다. 이에 더하여 4년제 대학은 명문대학과 보통대학 등으로 분화한다. 일부 학자는 이런 분화를 학력 단계의 수직적 계층화와 구별해, 수평적 계층화(horizontal stratification)라고 불렀다(Charles and Bradley, 2002).

효과적으로 유지되는 불평등(EMI) 가설은 교육 불평등이 수직적 계층화뿐만 아니라 수평적 계층화도 관련한다고 주장했다.[18] 학력단계의 구별이 중요한 상황에서 사회적 경쟁은 주로 양적인 차이를 둘러싸고 이루어지지만, 학력단계 안에 질적 구분이 존재할 때에 특권 계급은 양적 차이를 추구할 뿐 아니라 질적 우위를 확보하려고 노력한다. 루카스(Lucas, 2001)는 중등교육 단계에서 불평등의 양적 측면과 질적 측면을 구별했고, 상층계급은 자신의 우월한 지위를 이용해 양적으로는 비슷하지만 질적으로 더 나은 교육을 확보하려 노력한다고 주장했다. 상층계급은 중등학

18 효과적으로 유지되는 불평등 가설의 영어 이름은 The effectively maintained inequality hypothesis이고, 약칭은 EMI다.

교에서 더 높거나 나은 계열(track)이나 학교를 차지하려고 노력한다는 것이다. 그러므로 특정한 학력단계가 보편화한다고 하더라도 경쟁이 사라지는 것이 아니라 다른 방면의 경쟁이 치열해진다. 특정 학력단계에서 더 나은 선택지를 향한 사회적 경쟁 때문에 교육 불평등은 줄어들지 않고 그대로 유지된다(Ayalon and Shavit, 2004).

알론(Alon, 2009)은 이 가설(EMI)을 자연스럽게 고등교육으로 확장했다. 그는 중등교육의 수평적 계층화 못지않게 고등교육의 수평적 계층화도 중요하다고 주장했다. 하층계급 자녀는 중등교육에서 고등교육으로 진학할 때 2년제 대학에 진학하고, 상층계급의 자녀는 4년제 대학에 진학한다. 같은 4년제 대학이라 하더라도 하층계급 자녀는 보통 대학에 진학하고, 상층계급 자녀는 명문대학에 진학한다. 출신 계급이 진학하는 학교의 질적 수준을 결정한다. 이렇게 양적 차이와 질적 차이를 동시에 고려하는 불평등 개념은 두 가지 문제를 제기한다. 첫째, 시간이 지나면서 질적 차이의 중요성이 양적 차이의 중요성을 대체하거나 능가하는가? 만일 특권계급이 그저 양적 차이를 유지한다면 시간이 흐르면서 불평등은 그대로 지속할 것이다. 그러나 만일 특권계층이 자신의 사회경제적 기득권을 활용해 양적 우위를 차지하는 것은 말할 것도 없고 질적 우위마저 확보하려고 노력한다면 계급 차이는 그대로 유지하는 것이 아니라 점차 확대할 것이다. 알론은 고등교육 단계에서 계급 차이가 점차 확대할 것이라고 예측했는데, 그는 이런 자신의 가설을 효과적으로 확대하는 불평등 가설(EEI)이라고 불렀다.[19]

양적 차이와 질적 차이를 동시에 고려하는 가설(효과적으로 확대하는 불평등 가설)이 해결해야 할 둘째 문제는 계급 불평등이 확대하는 메커니즘을

19 효과적으로 확대하는 불평등 가설의 영어 이름은 The effectively expanding inequality hypothesis이고, 약칭은 EEI다.

밝히는 것이다. 계급 불평등은 왜, 어떻게 확대하는가? 상층계급 자녀가 2년제 대학보다 4년제 대학에 더 많이 접근하고, 보통 대학보다 명문대학에 더 많이 들어가는 메커니즘은 무엇인가? 알론은 이 메커니즘을 밝히기 전에 미국의 청년층 인구와 대학의 수용능력을 비교해 입학 경쟁의 심화 시기와 이완 시기를 구별했다. 1960년대에는 대학의 수용능력이 확대했는데도 대학 지원자가 더 많이 늘어 대학 입학을 둘러싼 경쟁이 격화했고, 1970년대는 대학 지원자가 줄어 경쟁이 줄어들었다. 그러나 1980년대 중반 이후 여러 구조적 요인(인구와 수용능력)의 변화로 다시 입학 경쟁이 치열해졌다. 경쟁이 줄어드는 시기에는 대학 진학을 둘러싼 계급 불평등이 조금씩 완화했지만, 경쟁이 격화하는 시기에는 이 불평등은 심화했다. 이 시기에 상층계급 자녀는 하층계급 자녀에 비해 대학에 더 많이 진학했고, 명문대학에도 더 많이 진학했다.

경쟁이 심화하는 시기에 불평등은 왜 심화했는가? 알론은 계급 불평등의 확대를 강화하고 촉진하는 두 가지 메커니즘으로 배제와 적응을 들었다. 먼저 배제(exclusion)를 보자. 일찍이 파킨(Parkin, 1979)은 자본주의 사회에서 중요 지위에 진입하는 것을 통제하는 두 가지 배제 장치로 재산과 학력자격을 들었는데, 알론은 상층계급이 하층계급을 배제하려고 이 두 가지 수단을 모두 활용한다고 주장했다. 상층계급은 경쟁의 격화 시기(1980년대)에 ① 등록금을 크게 올렸고, ② 입학 심사에서 표준화한 시험을 사용했다. 재산으로 하층계급을 제약했고, 시험으로 하층계급을 뿌리쳤다. 그러나 이 둘 중에서 더 중요한 장치는 아무래도 시험이었다. 대학은 학생의 교육비 지불 능력보다 표준화한 시험 점수를 훨씬 중시했는데, 상층계급 부모는 이 시험을 활용해 4년제 대학이나 명문대학 입학에서 하층계급을 따돌렸다.

이처럼 시험 점수는 하층계급 자녀가 명문대학에 접근하는 것을 배제하는 장벽이었지만, 이런 장벽만으로는 지위의 세대 간 세습을 보장할 수 없었다. 다시 말해, 장벽을 세웠다고 해서 상층계급의 부모가 자녀를 더 좋은 학교에 보낼 수 없었다. 배제의 규칙은 보편적이어서, 풍요로운 학생이거나 가난한 학생이거나 모두 동일한 장벽을 만나기 때문이다. 그렇다면 상층계급은 어떤 전략으로 지위의 세대 간 세습을 달성했는가? 그들은 대학이 세워놓은 장벽을 뛰어넘으려는 전략, 즉 적응(adaptation) 전략을 사용했다. 그들은 자녀의 학업(學業)이나 학력(學力)에 관심을 기울였다. 그들은 자녀가 어릴 때부터 미래의 시험에 대비했다. 사교육으로 성적 향상을 도모했고, 모의시험으로 성적을 올리는 방법을 터득했다. 초등교육과 중등교육 단계에서 질 좋은 학교를 선택하는 것도 좋은 전략이었다. 이런 적응 전략으로 특권층 학생은 하층계급 학생보다 더 높은 성적을 거두었고, 결과적으로 이들은 하층계급 자녀보다 명문대학에 더 쉽게 입학할 수 있었다. 더군다나 이런 경향은 시간이 흐르면서 더 강화하는 경향을 보였다. 상층계급과 하층계급의 시험 점수 차이는 지난 수십 년 동안 눈에 띄게 확대했다(Bowen et al., 2005; Chmielewski, 2019; Broer et al., 2019). 이렇게 배제와 적응은 앞서거니 뒤서거니 서로서로 강화했고, 이 둘은 함께 불평등을 증폭했다. 특권층은 배제와 적응으로 자신의 우월한 지위를 굳건히 했다. 교육체계가 팽창해서 하층계급의 대학 진학이 쉬워졌어도, 이런 방식으로 고등교육의 불평등은 더 확대했다.

지금까지 효과적으로 확대하는 불평등 가설을 살펴보았다. 이 가설을 따르면, 고등교육의 입학 경쟁이 격화하면 배제와 적응 메커니즘이 활발해지고 계급 불평등이 심화한다. 이런 상황에서 불평등은 효과적으로 확대한다. 그러나 이런 논의를 뒤집으면 효과적으로 감소하는 불평등 가설(EDI)이나 효과적으로 지속하는 불평등 가설(EPI)을 설정할 수도 있다.[20]

20 효과적으로 감소하는 불평등 가설의 영어 이름은 The effectively declining inequality hypothesis이고, 약칭은 EDI가 될 것이다.

대학이 학생을 채울 수 없으면 모든 대학은 입학 장벽을 낮추고 교육체계는 좀 더 포용적으로 바뀐다. 학생의 관점으로 보면, 이런 상황은 경쟁이 줄어든다는 이야기다. 이처럼 경쟁이 줄면, 배제 장벽은 낮아지고 특권층도 별다른 적응 전략을 선택할 필요가 없다. 그리하여 불평등은 효과적으로 감소한다. 마지막으로 경쟁이 중간 정도이면 배제와 적응도 중간 정도여서 계급 불평등은 큰 변화 없이 지속한다.[21]

〈표 4-2〉 학력성취 불평등의 시계열 변화 방향

| 이론과 가설 | 교육 불평등의 변화 방향 |
|---|---|
| 산업사회론 | - |
| 문화적 재생산론 | 0 |
| 합리적 행위 이론 | 0 / - |
| 최대로 유지되는 불평등 이론 | 0 / - |
| 효과적으로 유지되는 불평등 이론 | 0 |
| 효과적으로 확대/지속/감소하는 불평등 이론 | + / 0 / - |

주) + 증가, 0 불변, - 감소(여기서 /는 '또는(or)'이라는 의미다)

지금까지, 가용한 이론적 자원으로 학력성취의 계급 차이가 변화하는 방향을 예측했다. 〈표 4-2〉에는 앞에서 살펴본 개별 이론들이 예측하는 학력성취 불평등의 변화 방향을 표시했다. 어떤 이론은 시간이 흐르면서 학력성취의 계급 차이가 점차 감소할 것이라고 예측했는가 하면, 다른 이론은 시간이 흘러도 이 차이는 일정할 것이라고 예측했다. 다만 효과적으로 확대/지속/감소하는 불평등 이론은 고등교육 학력단계에서 불평등의 추세가 가변적일 수 있다고 예측했다. 경쟁이 심하면 교육 불평등

21 불평등이 그대로 지속한다는 가설은 효과적으로 지속하는 불평등 가설이라고 이름 붙일 수 있고, 이 가설은 영어 이름은 The effectively persisting inequality hypothesis 라고 부를 수 있고, 그 약칭은 EPI가 될 것이다.

이 증가할 것이고, 경쟁이 미약하면 이 불평등이 그대로 지속하거나 감소할 것이라고, 유연하게 예측했다.

지금까지 교육기회 불균등의 시계열적 경향을 예측하는 여러 가설을 살펴보았다. 아래에서는 한국의 학력성취 계급 차이를 규명한 연구들을 구체적으로 살펴보자.

## 한국의 불평등

한국에서 학력성취의 계급 차이를 다룬 경험 연구는 비교적 일찍부터 시작했다. 초기 연구는 크게 두 부류로 나눌 수 있다. 한 부류는 각 급 학교 재학생(예컨대 대학 재학생)의 출신 계급별 분포 변화를 살피거나, 특정 표본에서 부모의 직업이나 교육수준별로 응답자의 평균 교육연수가 변화하는 모습을 알아보는 것이었다(이상백 · 김채윤, 1966; 김영모, 1973; 배무기, 1979; 유팔무, 1981; 김신일, 1985; 한만길, 1991). 다른 한 부류는 자녀의 최종 수학 연수를 종속변수로 하고 부모의 교육이나 직업 지위를 독립변수로 하여 회귀분석을 실행하는 것이었다(김신일, 1985; 강희돈, 1988; 차종천, 1992; 김영화 · 김병관, 1999). 이런 연구는 사용한 자료와 분석 방법, 연구 대상마다 조금씩 그 내용이 달랐지만 대체로 비슷한 결론에 도달했다. 이들 연구는, 1980년대까지 한국에서 학력성취의 계급 차이는 무시할 수 없는 것이었고, 이 차이는 시간이 흘러도 큰 폭으로 늘거나 줄지 않았다는 사실을 발견했다. 이와 달리, 일부 연구는 무경향적 진동을 보고했다. 학력성취의 계급 차이가 시간이 흐르면서 늘거나 줄었다고 해도 그 변화는 일정한 경향성을 띠지 않고 대체로 불규칙했다고 보고했다(김신일, 1985; 차종천, 1992; 김영화, 1993).

그러나 오늘날 학력성취의 계급 차이를 측정하는 표준적 방법은 최종 수학연수를 종속변수로 한 회귀분석이 아니라, 상급 학력단계로 이행할 확률비를 종속변수로 하는 로지스틱 회귀분석이다(Mare, 1980; 1981).[22] 이런 분석 방법은 가족배경이 학력단계의 이행에 미치는 영향을 살핀다. 예컨대 고등학교 졸업자가 대학에 진학할 때, 가족의 사회경제적 지위가 대학 진학 확률비에 미치는 영향을 측정한다.[23] 이런 방법으로 한국의 교육 불평등을 살핀 연구는 1990년대 초반에도 있었지만(김영화, 1993), 아무래도 여러 사회조사자료가 생산된 1990년대 중반부터 비로소 본격화했다(김영화, 2000; 장상수, 2000; 2006; 2007; 2013; 방하남 · 김기헌, 2002; 2003; 김기헌, 2005; 이혜영 외, 2006; Park, 2007a; 박병영 외, 2011).

최근 연구는 주로 한국노동연구원의 "한국노동패널조사(KLIPS)"와 한국교육개발원의 "교육과 사회계층이동 조사연구(KESSM)"를 이용하여 가족의 사회경제적 지위가 상급학교 이행에 미치는 영향을 살폈다. 이 연구들은 예외 없이 가족의 사회경제적 지위(부모의 교육수준이나 직업)가 높을수록 자녀의 상급학교 이행 가능성은 높다는 사실을 밝혔다. 그러나 이런 발견은 거의 자명한 상식에 가깝다. 이런 발견이 식상하지 않으려면, 이 사실을 국가 비교나 시계열 비교의 맥락에 놓아야 한다. 한국의 불평등은 다른 나라와 비교하여 큰가, 작은가? 이런 질문에 명쾌한 답변을 내놓기는 힘들다. 로지스틱 회귀 계수의 속성 때문에 이를 나라별로 비교할 수는 없기 때문이다. 그리하여 이 분야 연구는 대체로 국가 비교보다 시계열 비교에 치중했다.

한국에서 학력성취의 불평등은 시간이 흐르면서 어떤 방향으로 움직였는가? 개별 연구의 대답은 서로 달랐다. 일부 연구는 한국의 불평등은

---

22 확률비($\theta$)란 앞에서 이미 말한 바와 같이, 상급학교에 진학에 성공할 확률(p)과 성공하지 못할 확률(1-p)의 비율을 말한다. $\theta = p/(1-p)$.

23 이 말을 수식으로 표현하면 다음과 같다.

$$\log(\frac{p}{1-p}) = b_0 + b_1X_1 + b_2X_2 \cdots b_nX_n$$

지난 수십 년 동안 별다른 변화를 보이지 않았거나 불규칙하게 진동했다고 보고했다. 더 정확하게 말하면, 이들 연구는 부모의 사회경제적 지위가 자녀의 상급학교 이행에 미치는 영향이 지난 몇 십 년 동안 크게 늘지도 줄지도 않았다고 주장했다(장상수, 2000; Park, 2007b). 다른 연구는 이와 달리, 학력성취의 계급 차이는 점차 증가했다는 결과를 보고했다. 방하남 · 김기헌(2002)과 장상수(2007)는 KLIPS 자료를 사용하여, 중학교에서 고등학교로 이행하는 단계(T2)에서 아버지의 교육수준이 고등학교 계열 선택에 미친 영향이 지난 몇 십 년 동안 차츰 더 커졌다고 주장했다. 다시 말해 부유하거나 풍요로운 부모의 자녀가 직업계 고등학교로 진학할 가능성은 지난 수십 년 동안 점차 더 낮아졌다고 그들은 주장했다. 장상수(2006)는 고등학교에서 대학으로 이행하는 단계(T3)에서 남성의 교육 불평등은 지난 수십 년 동안 크게 바뀌지 않았으나, 여성의 교육 불평등은 커졌다고 보고했다. 그는 아버지의 교육이 딸의 4년제 대학 졸업 확률비에 미친 영향이 1964-73년 출생 코호트에서 그 이전의 코호트보다 더 커졌다는 사실을 발견했고, 이 사실을 근거로 삼아 그는 여성의 교육 불평등이 1980년대 중반부터 점차 증가했다고 주장했다.[24] 박병영 등(2011)은 한 걸음 더 나아갔다. 그들은 KESSM 데이터를 사용하여, 가정형편이나 부모의 교육지원활동이 대학 진학에 미치는 영향은 남녀 가릴 것 없이 1943-1975년 출생 코호트보다 1976-86년 출생 코호트에서 더 크다고 보고했다. 1976년 출생 코호트의 대학 진학 시기가 1990년대 중반이라는 점을 감안하면, 1990년대 중반부터 학력성취의 계급 차이가 증가했다고 주장한 셈이다. 다른 연구도 비슷한 결론을 제시했다. 장상수

24 부모의 사회경제적 지위는 아들의 학력보다 딸의 학력에 더 많은 영향을 끼쳤다. 거꾸로 말하자면, 딸의 학력은 부모의 사회경제적 지위에 더 민감했다(장상수, 2006). 부모의 사회경제적 지위가 자녀의 대학원 진학에 미친 영향도 아들보다 딸에게서 더 높았다(김창환, 2022).

(2013)는 2000년대 후반의 한국종합사회조사자료(Korean General Social Survey; KGSS)를 사용하여 1990년대 후반 이래 4년제 대학 졸업 단계에서 학력성취의 계급 차이는 남성, 여성 가릴 것 없이 이전보다 더 커졌다고 주장했다. 지금까지 학력성취의 계급 차이가 늘었다는 연구 성과를 보았지만, 그렇다고 모든 연구자가 이런 결론에 동의했던 것은 아니다. 변수용과 이성균(2021)은 아버지 학력이 자녀 학력에 미치는 영향이 지속적으로 증가하거나 감소하지 않았다고 보고했다. 다시 말해 추세적 경향성을 보이지 않았다고 판단했다.

최근 들어 최성수와 이수빈(2018)은 진일보한 연구 성과를 내놓았다. 그들은 1998년 이래 여러 기관이 수집한 8개의 데이터를 하나로 묶은 다음, 1940년 이전 출생자부터 1990년 출생자까지 포괄하는 30개 출생 코호트를 분석하여, 학력 성취 계급 차이의 시계열 경향을 분석했다. 그들은 시계열 비교를 위해 보통의 로지스틱 회귀식을 사용하지 않고, 다음과 같은 수식으로 학력 성취의 계급 차이를 파악했다(여기서 EDUC는 응답자(자녀)가 상급학교로 진학한 확률을 나타내고, PAEDUC는 부모의 교육수준, C는 통제변수를 나타낸다).

$$P(EDUC=1)=\alpha_j+\sum_{k=1}^{4}\beta_{jk}PAEDUC_{ijk}+\sum\gamma_{jm}C_{ijm}+\epsilon_{ij} \qquad (4\text{-}1)$$

이 수식에서 부모의 교육(PAEDUC)은 고학력(4년제 대학 졸업)과 저학력(4년제 대학 졸업 미만)으로 구분한 더미 변수다. 저자들은 이 변수가 자녀의 상급학교 진학에 미친 영향을 코호트별로 측정한 다음, 이 코호트별 계수를 그림으로 나타냈다(〈그림 4-10〉 참조). 이 그림으로 알 수 있는 사실은 다음과 같다. ① 부모 학력이 최종 수학 연수에 미친 영향은 시간이 지나면서 점차 줄었다(패널 (a) 참조). ② 부모 학력이 자녀의 고등학교 진학이나 졸업에 미친 영향도 점차 감소했다(패널 (b) 참조). ③ 부모 학력이 전문대학 이상의 고등교육에 진학하는 것이나 졸업하는 일에 미치는 영향은 1960년 출생 코호트까지(이 코호트가 대학에 진학하는 1980년까지) 증가하다, 이후 점차 감소했다. 응답자 전체를 살펴보아도 그러했거니와(패널 (c) 참조), 고등학교 졸업자를 대상으로 살펴보아도 그러했다(패널 (d) 참조). ④ 부모 학력이 4년제 대학에 진학하는 것에 미치는 영향은 1970년 출생 코호트까지(이 코호트가 대학에 진학하는 1990년까지) 증가하다, 이후 점차 감소했다. 응답자 전체를 살펴보아도 그러했거니와(패널 (c) 참조), 고등학교 졸업자를 대상으로 살펴보아도 그러했다(패널 (d) 참조). ⑤ 상황을 조금 바꾸어, 부모 학력이 자녀의 4년제 명문대학(名門大學) 진학에 미치는 영향을 살펴보자. 패널 (g)는 전체 응답자를 대상으로 그 영향을 살펴본 것이고, 패널 (h)는 고등교육 이수자를 대상으로 그 영향을 살펴본 것이다. 패널 (h)를 보건대, 이 영향은 1980년 출생 코호트까지(이 코호트가 대학에 진학하는 2000년까지) 조금씩 증가하다, 이후 일정한 수준을 유지하거나 조금 감소하는 경향을 보인다.

최성수와 이수빈(2018)의 발견을 종합해보자. 고학력 부모는 사회경제적 우위를 차지하기 위해 1980년까지는 자녀를 전문대학 이상의 고등교육을 이수하게 했지만, 전문대학이 상대적 우위를 차지하지 못하게 되자, 1980년대부터 차츰 자녀를 4년제 대학에 보내게 되었다. 그리하여 이 시기에 부모의 학력이 자녀의 4년제 대학 진학에 미친 영향은 점차 증가했다. 그러나 자녀의 4년제 대학 진학이 일반화하자 부모의 학력이 미치는 영향은 점차 감소했다. 1990년 이후부터는 상황이 바뀌어 자녀를 4년제 대학에 보내는 것만으로도 상대적 우위를 유지할 수 없게 되었다. 고학력 부모가 사회경제적 우위를 차지하려면 자녀를 4년제 대학 가운데에서도 명문대학에 보내야 했다. 그리하여 1990년대부터 부모의 학력이 자녀의 명문대학 진학에 미치는 영향은 점점 커지다, 2000년부터는 일정 수준을 유지했다. 향후 이런 경향이 어떻게 바뀔지는 미리 알 수 없다.

서울대학교 정문 (2024)

〈그림 4-10〉 고학력 부모와 저학력 부모 자녀의 학력성취 차이

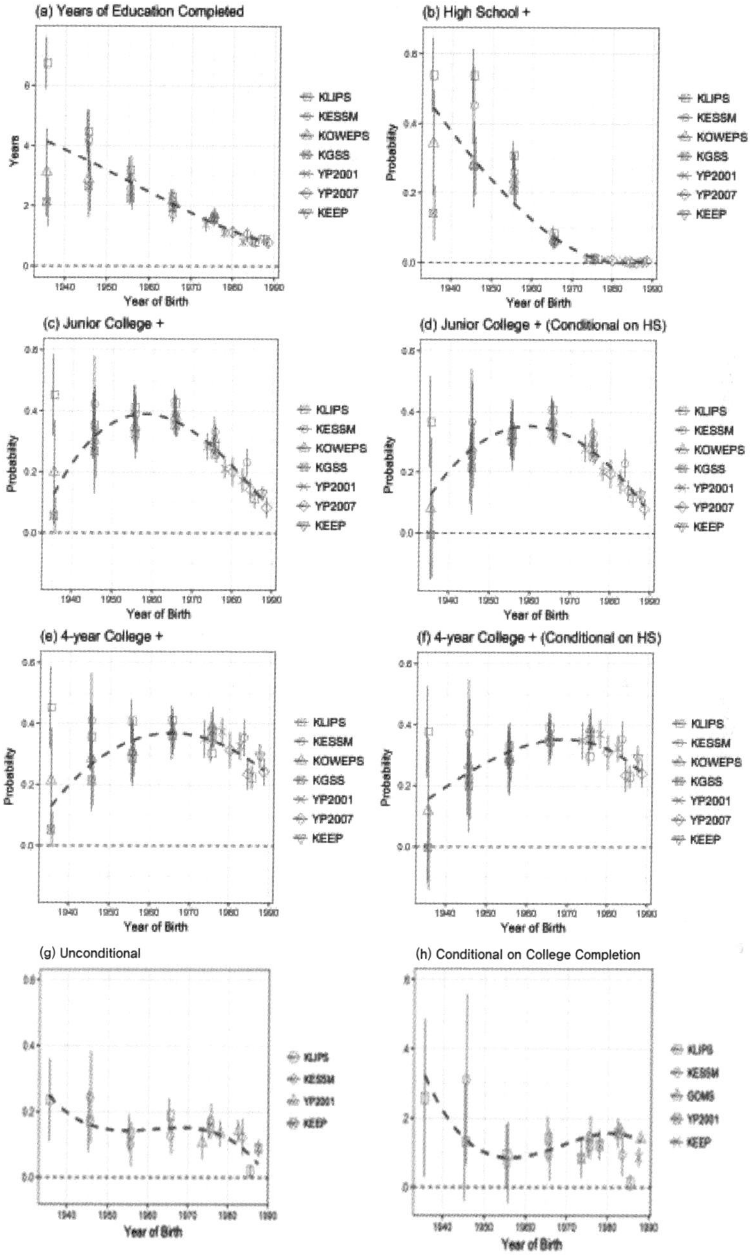


출처 : 최수빈 · 이성수(2018)

최성수·이수빈(2018)의 발견은 상당히 흥미롭다. 개별 학력 단계가 팽창하는 초기에는 학력성취의 계급 차이가 늘었다가, 이 학력 단계에 진입한 사람이 충분히 늘어난 시기에는 학력성취의 계급 차이가 줄었다는 사실은 많은 함의를 내포한다. 그러나 그들은 이와는 약간 다른 관점에서 동일 자료를 분석하기도 했다. 교육은 위치재(positional goods)의 성격을 띤다. 재화의 가치가 상대적 위치로 결정된다는 말이다. 지난 수십 년 동안 많은 사람이 대학 교육을 받았고, 그리하여 대학 교육을 이수한 부모도 결코 적지 않게 되었다. 이는 대학 교육의 가치가 하락하여 그 상대적 위치가 예전만큼 높지 않다는 사실을 의미한다. 이런 변화, 즉 대학 교육의 가치 하락을 감안하면, 부모 교육을 그저 명목 범주로 구분할 것이 아니라(예컨대 고졸, 대졸 등으로 구분할 것이 아니라), 상위 20백분위와 하위 20백분위로 나누고, 상위 교육과 하위 교육이 자녀의 학력 성취에 미친 영향을 대비할 필요가 있다. 부모 교육을 이런 방식으로 나누면, 부모 교육이 자녀의 학력성취에 미친 영향은 〈그림 4-10〉보다 훨씬 완만하다. 예컨대 〈그림 4-10〉의 패널 (g), (h)는 〈그림 4-11〉의 (a), (b)와 같은 모습으로 바뀐다. 이런 변화는 무엇을 말하는가? 학력 성취의 계급 차이는 시간이 흘러도 큰 변화를 보이지 않았다는 것이다. 요컨대

〈그림 4-11〉 고학력 부모와 저학력 부모 자녀의 명문대학 진학 차이

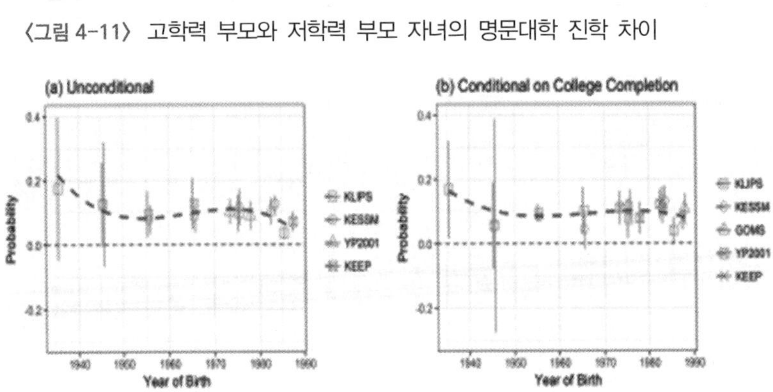


**출처**: 최성수·이수빈(2018)

최성수 · 이수빈(2018)은 학력 성취의 계급 차이가 지난 수십 년 동안 큰 변화를 보이지 않았다고 주장했던 셈이다.

지금까지 한국의 교육 불평등에 대한 연구를 살펴보았다. 이들 연구의 결과는 한 줄로 요약할 만큼 단순하지 않다. 이런 복잡한 성과를 개관해서 내릴 수 있는 가장 보수적이고 가장 합리적인 결론은 아마도 지난 수십 년 동안 한국의 학력성취 계급 차이는 지난 시기 동안 그 차이가 조금씩 감소했거나, 아니면 그다지 큰 변화를 보이지 않았다는 판단이 될 것이다(정인관 외, 2020). 그러나 그런 결론은 지나치게 단순하다. 학력성취의 계급 차이가 증가했다는 보고가 여기저기 산재하기 때문이다. 방하남 · 김기헌(2002)과 장상수(2007)는 아버지의 교육수준이 고등학교 계열 선택에 미친 영향이 1960년대 중반에서 1990년대 중반에 이르는 동안 차츰 더 커졌다고 주장했거니와 장상수(2006)는 여성의 교육 불평등이 1964-73년 출생 코호트에서 더 커졌다는 사실을 발견했다. 박병영 등(2011)이나 장상수(2013)는 1990년대 중후반 이후 남녀 가릴 것 없이 학력성취의 계급 차이가 점점 커졌다고 주장했다. 최성수 · 이수빈(2018)도 계급 차이의 증가와 감소가 번갈아 나타났다고 보고했다. 이는 무엇을 의미할까? 그저 표집오차의 몇 가지 표현에 불과한 것일까? 그래서 무시해도 좋은 것일까? 잘못된 것이 아니고 무시할 수도 없는 것이라면, 우리는 이런 결과를 어떻게 해석해야 할까?

학력성취의 계급 차이가 가끔 이렇게 움푹진푹 출렁이는 것은 '지각판(地殼板, tectonic plate)'의 움직임 때문일지도 모른다. 우리 눈에는 보이지 않지만 사물 아래에서 사물을 움직이는 진짜 힘이 작용했기 때문일지도 모른다. 학력성취의 계급 차이를 확대하는 진짜 힘을 앞의 〈표 4-2〉에서 제시한 이론에서 찾아보자. 학력성취의 계급 차이가 일시적으로나마 늘어날 수 있음을 가장 명시적으로 상정하는 가설은 효과적으로 확대하는 불평등 가설(EDI)이다. 이 이론은 주어진 학력 단계에서 좀 더 바람직한 학력을 둘러싼 경쟁이 치열할 때, 특권계급이나 상층계급은 자신의 사회경제적 지위를 유지하려는 전략을 가장 효과적으로 사용하고, 그로 말미암아 학력성취의 계급 차이가 확대할 수 있음을 주장했다. 주지하다시피, 1990년대 중반 이후 한국의 교육체계는 급격히 팽창했고, 상대적 우위를 지키려는 계급이 재빨리 가장 좋은 선택지(더 나은 계열이나 더 좋은 학력)를 골랐기 때문에 학력성취의 계급 차이가 확대한 것이라고 해석할 수 있다. 이 가설이 맞는다면, 학력성취의 계급 차이는 시시때때로 바뀔 수 있다. 제도가 바뀌거나 구조가 바뀌면 이 계급 차이는 증가하기도 하고 감소하기도 할 것이다. 이런 제도나 구조가 정착하면 다시 일정한 수준으로 되돌아가기도 할 것이다. 그러므로 학력성취의 계급 차이에서 항구적인 경향성을 찾으려는 시도는 무망할지도 모른다.

앞 절에서 우리는 가족배경이 학력 성취의 불평등에 미치는 영향을 일차 효과와 이차 효과로 분해할 수 있다고 말했다. 그리고 이차 효과가 일차 효과보다 대체로 더 크지만, 일차 효과와 이차 효과의 상대적 비중은 나라마다 다르다는 사실도 보였다. 그렇다면 한국의 일차 효과와 이차 효과의 상대적 비중은 어떠했는가? 이 비중은 다른 나라와 어떻게 달랐는가? 그리고 이 비중은 시간이 지나면서 어떻게 바뀌었는가?

2000년 무렵 한국에서 중학교를 졸업한 학생이 고등학교 계열(일반계/직업계)을 선택하는 단계(T2)에서 일차 효과의 비중은 3~40퍼센트에 불과했고, 이차 효과의 비중은 약 6~70퍼센트에 달했다(장상수, 2007). 최근의 한 연구도 1980년대 초반에 중학교에서 고등학교로 이행하는 단계(T2)에서 일차 효과의 비중은 약 20퍼센트 정도였고, 이차 효과의 비중은 약 80퍼센트 정도였다는 사실을 보였다(최성수 · 이승현, 2022). 그러나 이 연구는 한 걸음 더 나아가, 고등교육단계로 이행하는 단계(T3)에서 일차 효과와 이차 효과의 비중도 살펴보았다. 2000년 무렵에 고등학교에서 고등교육(전문대학이나 4년제 대학)으로 이행할 때 양자의 비중은 일차 효과와 이차 효과는 순서대로 20퍼센트와 80퍼센트 정도였지만, 고등학교를 졸업한 학생이 서울 지역의 4년제 대학(이른바 명문대학)으로 이행할 때 일차 효과와 이차 효과의 비중은 40퍼센트와 60퍼센트 정도였다. 선별성이 더 높은 이행 단계(학업성적이 중요한 이행 단계)에서 일차 효과가 더 컸다.

이에 더하여 이 연구는 각 이행 단계에서 이른 시기(1950년) 출생 코호트보다 최근(2000년) 출생 코호트에서 일차 효과의 크기나 상대적 비중이 완만하게 더 컸다는 사실을 내보였다. 말하자면 대학 진학 단계에서 성적의 중요성은 시간이 흐르면서 점차 더 커졌다는 사실을 보였다.

〈그림 4-12〉 한국의 일차 효과와 이차 효과

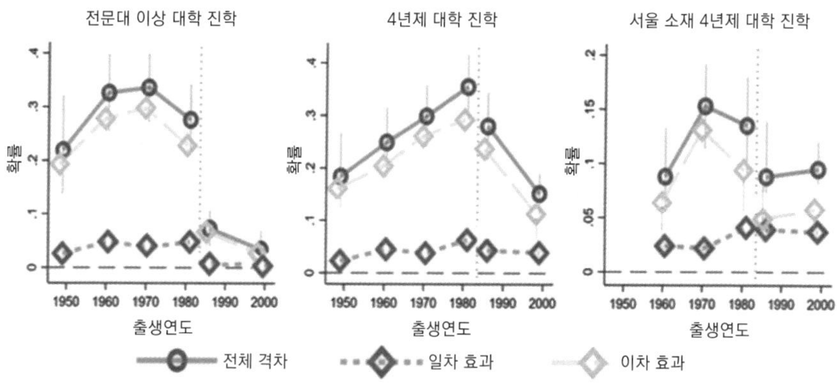


**출처 :** 최성수·이승현(2022)

요약해보자. 한국의 연구자가 일차 효과나 이차 효과와 관련하여 발견한 사실은 다음과 같다. 첫째, 지난 시기 모든 학력 단계에서 이차 효과는 일차 효과보다 더 컸다. 둘째, 경쟁이 치열한 이행 단계(선별성이 강화하는 단계)의 일차 효과는 경쟁이 약한 단계보다 상대적으로 더 컸다. 셋째, 시간이 지나면서 이차 효과의 비중은 점차 줄고 일차 효과의 비중이 점차 늘었다. 아마도 이행을 둘러싼 경쟁이 치열해졌기 때문일 것이다.

지금까지 우리는 〈그림 4-2〉의 이른바 OED 삼각형에서 O-E 과정을 살펴보았다. O-E 과정의 핵심인 학업성적의 계급 차이와 학력성취의 계급 차이를 모두 보았다. 이제 E-D 과정을 알아보자. 이 과정은 교육의 수익률을 살핀다.

## 3. 교육의 수익

근대 이전에 개인의 지위는 보통 통과의례(rites of passage)를 치르면서 바뀌었다. 아이들은 성인식을 치러 성인이 되었고, 성인은 결혼식을 올려 가족을 꾸리고 아이를 출산했다(van Gennep, 1992). 그러나 오늘날 개인의 지위는 통과의례를 치르면서 바뀌는 것이 아니라 흔히 직업의 획득이나 변경, 상실 등과 같은 사건과 관련하여 바뀐다. 개인의 사회적 지위, 즉 결혼, 출산, 이혼 등은 모두 직업을 얻고 바꾸며 잃는 일과 얽혀 있다. 그러므로 오늘날 직업은 지위를 얻고 잃는 것, 즉 지위통과(status passages)의 가장 큰 계기라고 해도 무방하다(Hannan and Werquin, 2001). 직업이 지위를 결정하는 가장 큰 힘이라면, 직업을 얻는 데에 가장 큰 영향을 미치는 요인은 무엇인가? 교육이다. 직업을 얻는 일은 다른 무엇보다 교육과 관련한다(Breen et al., 1995; Müller and Shavit, 1998; Müller and Wolbers, 2003). 이처럼 교육이 직업을 좌우한다면, 청년층이 학교를 마치고 첫 직업을 얻는 과정, 즉 학교-직장 이행(the school-work transition)은 깊이 살펴야 할 중요한 연구 주제라고 할 수 있다.

### 1) 청년층의 학교 – 직장 이행

일반적으로 교육수준이 높을수록 더 좋거나 더 나은 직업을 얻는다. 교육과 노동시장이 이와 같이 서로 관련하는 이유에 대한 논의는 분분하다. 교육에는 경제적 측면과 문화적 측면이 모두 있다고 알려져 있거니와 어느 쪽을 강조하느냐에 따라 이론 체계는 분화한다(Bidwell, 1989; Sakamoto and Powers, 1995; Bridges, 1996).

경제 이론은 주로 교육의 경제적 함의를 강조했다. 교육은 개인의 능력을 잘 다듬어 생산성을 증대하기 때문에 더 좋은 직업과 더 높은 소득으로 이어진다고 이 이론은 주장했다(Becker, 1964). 이와 달리 특정 부류의 경제학 이론과 사회학 이론은 교육의 문화적 함의를 내세웠다. 이런 이론들은 교육이 실질적으로 생산성을 향상한다고 보지 않는다. 그렇다면 교육을 많이 받은 사람은 왜 많은 보수를 받는가? 교육이 지위문화나 능력주의 문화에 순응하는 것을 상징하기 때문이다(Collins, 1979; Faia, 1981). 교육이 개인의 생산성 제고 능력을 다른 사람들에게 신호(信號)하는 것이기 때문에 더 높거나 좋은 보상을 받는다고 이들은 강조했다(Spence, 1974). 그러나 더 많은 교육이 어떤 원인 때문에 더 높은 수익을 낳는가 하는 논의와 무관하게, 노동시장에서 교육수준이 얼마나 큰 수익을 낳고, 그것이 시기나 국가별로 어떤 변화와 변이를 보이는가를 규명하는 것도 우리의 관심을 끈다.

교육수익(returns to education)을 다루는 사회학 연구는 두 가지로 대별할 수 있다. 하나는 교육의 화폐수익(monetary returns)을 다루는 연구이고, 다른 하나는 직업수익(occupational returns)을 논의하는 연구다. 전자는 교육수준이 화폐로 보상받는 정도, 다시 말해 교육의 화폐수익을 측정하는 연구 흐름인데, 이런 연구는 노동시장의 사회학이 주로 다루었다. 노동시장의 사회학은 신고전파 경제학과 달리, 임금의 학력별 차이는 생산성 차이가 아니라 제도 차이의 결과라고 바라보았다. 노동시장의 사회학은 임금이 해당 사회의 제도적 맥락, 즉 직업, 산업, 기업조직, 계급, 노동조합, 국가, 그리고 성 등과 같은 요인별로 어떤 차이를 보이는지를 알아보았다(Kalleberg and Sørenson, 1979; 송호근, 1994). 이런 연구는 교육의 수익률을 알아보는 것과 약간 다르지만 그래도 그와 가장 흡사하다. 다른 한편, 사회학은 교육의 화폐수익이 아니라 교육의 직업수익도 알아보았는데, 이는 고전적 지위획득모형에서 분명하게 이해할 수 있는 바와 같이, 교육과 같은 개개인의 속성이 직업 획득이나 계급 달성에 얼마나 큰 영향을 미치는지를 측정했다(Blau and Duncan, 1967). 이 절에서는 교육의 화폐수익과 직업수익을 모두 살피기로 한다. 먼저 교육의 직업수익을 보자.

### 이론적 배경

고전적 지위획득모형은 이전 세대의 이동 연구와는 달리, 이동 유형이라기보다 이동 과정에 초점을 맞추었다. 앞에서 이미 언급했듯, 블라우와 던컨은 이른바 계층화 과정의 기본모형을 동원하여 이동 과정을 보겠다고 선언했다. 그러나 그 모형이 문자 그대로 '과정'을 중시했던 것은 아니었다. 지위획득모형은 사회적 불평등을 재생산하는 결정요인을 확인하고, 각 요인의 비중을 파악하는 데에 치중했을 뿐, 그와 같은 요인들이 어떻게 지위로 귀결하는지, 그 구체적 과정을 파악하지 않았다. 예컨대 학력이 직업 지위로 귀결하는 과정 등에는 관심을 기울이지 않았다. 그 이유는 지위획득모형이 신고전파 경제학과 같이 완전경쟁시장 또는 시장일소(market clearing)를 가정했기 때문이다(Horan, 1978). 그러나 널리 알려진 바처럼, 이런 가정은 비현실적이다. 노동시장에서는 노동의 공급뿐 아니라 노동 수요도 학력의 가치를 결정한다(Kerckhoff, 1976; Baron and Bielby, 1980). 말을 바꾸면, 개개인의 특성을 노동시장에서 실현하는 것은 노동의 수요다. 노동시장의 구조, 즉 직무구조나 직무의 성격, 고용 관행 등이 학력 가치의 실현을 제어하기도 하지만 거꾸로 그 실현을 가능하게도 한다.

신구조주의는 지위획득모형의 이런 문제점을 지적하며, 개개인의 교육수준이 직업이나 임금으로 귀결하는 방식을 알기 위해서는 일의 구조(work structure)를 파악해야 한다고 주장했다(Kalleberg, 1988; 송호근, 1994).[25] 한 걸음 더 나아가, 이들은 노동력의 공급체계와 수요체계, 그리고 이 양 체계의 연계 정도나 연계 성격이 직업 획득이나 임금 결정에 중요한 영향을 미친다고 판단했다. 요컨대 이들은 직업 획득을 이해하려면 노동의 공급(교육제도)과 노동의 수요(노동시장), 그리고 이 양자가 서로 관련하는 방식(연계 구조)을 고려해야 하는데, 이런 조건(교육제도와 노동시장, 그리고 양자의 연결구조)은 사회마다 현저히 다르다고 강조했다. 예를 들어 독일을 비롯한 일부 유럽국가의 교육제도는 다른 나라의 제도와 매우 다를 뿐만 아니라(Allmendinger, 1989; Maurice et al., 1986; Müller and Karle, 1993; Kerckhoff, 1996), 이들 나라의 노동시장구조도 다른 나라와 현저히 다르다. 노동력의 인구학적 구조는 말할 것도 없거니와, 산업 부문이나 직업집단의 상대적 크기, 내부노동시장의 발달 정도가 서로 다르다(Althauser, 1989). 나라마다 교육제도와 노동시장구조만 다른 것은 아니다. 이 양자의 연계 방

25 이른바 신구조주의(new structuralism)는 제도적 맥락을 강조하는 이론이다. 신구조주의는 계층화 과정을 다음과 같이 파악했다. 첫째, 세대 간 이동은 학교나 기업체 같은 조직체에서 일어나는 구조적 위치의 이동이다. 둘째, 구조적 위치는 다양한 종류와 수준의 지위에 접근하거나 이동할 수 있는 기회를 제공한다(Kerckhoff, 1995; 1996). 요컨대 신구조주의는 사회가 제공하는 지위 통로의 중요성을 강조하고, 이것을 실제로 관찰 가능한 사회계층 유형과 연결하고자 노력했다. 그리하여 신구조주의는 경력선(career line)이나 경력궤적(career trajectory) 등에 관심을 기울이거나(Spilerman, 1977; Spilerman and Lunde, 1991), 좀 더 넓게는 생애 이행(life-course transitions)에 초점을 맞추었다(O'Rand, 1996). 그러나 논의의 범위를 좁혀 교육의 수익과 관련하자면, 신구조주의는 학교-직장 이행의 제도적 맥락을 밝히고자 노력했다.

식이나 연계 성격도 서로 다르다(Rosenbaum et al., 1990).

신구조주의는 학교-직장 이행과 관련한 위와 같은 제도적 맥락을 다섯 가지 차원으로 요약하고 정리했다. ① 교육체계의 계층화, ② 교과과정이나 교육행정의 표준화, ③ 학력자격의 분화, ④ 교육체계가 노동시장에 진입하는 흐름을 '구조화하는 능력'(교육자격과 직업을 연결할 수 있는 능력), ⑤ 교육체계와 노동시장을 연결하는 제도의 성격 등이 바로 그것들이다(Kerckhoff, 1996).[26] 이런 차원을 하나씩 차례로 살펴보자.

### ① 교육체계의 계층화

교육체계의 계층화(stratification)는 중등교육에서 계열화(系列化, tracking)가 이루어진 정도를 지칭한다. 계열화란 교육과정의 분화를 말한다. 계열화는 보통 중등학교 내부에서 일어나는 교육과정의 분화를 말하지만, 학교 단위로 발생하는 교육과정의 분화를 뜻하기도 한다. 예컨대 학교 안에서 능력별(수준별) 수업이 많아지면 계열화의 정도가 높다고 판단할 수 있다. 계열화 정도가 높으면 계층화의 정도도 높다. 다른 한편, 한 사회에서 개별 학교가 서로 다른 종류의 교육과정을 채택하고 교수하는 비율이 높아도 그 사회의 계열화와 계층화의 정도는 높다고 말할 수 있다. 예컨대 한 사회에서 직업계 학교 학생의 비율이 높으면 계열화와 계층화의 정도가 높다고 판단할 수 있다. 일반적으로 계층화의 정도가 높은 사회에서 교육과 직업의 연관성은 강화한다.

---

26 이주호(1996: 135)는 한국의 학교-직장 이행과 관련된 제도적 요인을 다음과 같이 요약, 정리했다. 신구조주의가 언급한 여러 제도와 흡사하다.

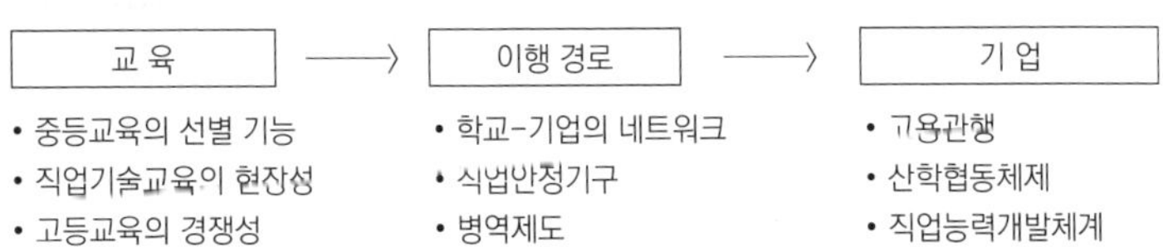

② 교과과정이나 교육행정의 표준화

표준화(standardization)는 중앙 정부가 교육을 통제하는 정도를 지칭한다. 중앙 정부가 교사의 자질, 학교 예산, 교육과정 등을 일률적으로, 그리고 강하게 통제하면 해당 사회의 교육제도는 표준화의 정도가 높다고 볼 수 있다. 거꾸로 지방 정부나 교육 행정을 장악하여 학교 예산이나 교육과정 등이 학교마다 서로 다르면 표준화의 정도가 낮다고 말할 수 있다. 일반적으로 표준화의 정도가 높은 사회에서 교육과 직업의 연관성이 더 크다(Allmendinger, 1989). 말하자면 교육이 직업에 미치는 효과(학력 효과)의 크기가 더 크다.

③ 학력자격의 분화

학력자격의 분화(differentiation)는 학력자격이 특정 직업과 맺는 연관성을 말한다. 이런 연관성은 학교가 실시하는 직업 훈련의 성격이 결정한다. 어떤 나라에서는 학교가 주로 일반 기능을 교수하고 개별 기업은 특수 기능을 훈련하는가 하면, 다른 나라에서는 학교가 개별 기업이나 특정 직업을 대신하여 특수 기술과 기능을 직접 전수한다(Maurice et al., 1986).[27] 학교 교육이 일반 기술이 아니라 특정 산업체나 직업군의 특수 기술의 습득에 초점을 맞추는 경우, 직업 교육은 매우 구체적인 내용을 띠게 된다. 또한 기업은 일의 조직, 채용 정책, 훈련 내용 등을 학교와 조율하게 됨으로써 이른바 산학연계를 강화한다. 이런 유형의 산학연계는 직업계

27 일반적으로 특수 기술의 교습에 초점을 맞추는 교육제도는 높은 정도의 계층화 수준을 보인다고 말할 수 있다. 다시 말해, 교육의 직업 특정성(vocational specificity)이 높으면 계층화의 수준도 높다고 판단할 수 있다. 그러나 계층화 정도가 높다고 해서 교육의 직업 특정성이 높은 것은 아니다. 계열화 정도가 높아도 개별 학교는 특수 기술을 교습하지 않을 수도 있다. 그러므로 계층화와 직업 특정성은 별개의 차원으로 간주할 수 있다. 직업 특정성은 계층화의 실질 차원이다(Müller and Shavit, 1998).

학교 졸업자가 미숙련 노동자로 전락하는 것을 방지하는 안전망 구실을 한다. 직업계 학교 졸업자가 숙련 노동자로 이동할 가능성을 높인다(Arum and Shavit, 1995; Müller et al., 1989).[28]

④ 교육체계가 노동시장 진입을 구조화하는 능력

교육체계가 노동시장 진입을 구조화하는 힘이란 학교가 제공하는 자격이 직업과 짝을 맞추는 정도를 뜻한다. 이런 종류의 짝 맞춤(matching)은 주로 계층화와 표준화, 그리고 학력자격의 분화 정도가 규정한다. 일반적으로 계층화와 표준화, 분화의 정도가 큰 사회에서 짝 맞춤 정도가 더 크다(Kerckhoff, 1996). 교육과 직업의 짝 맞춤이 크면 학교-직장 이행은 순조롭다. 그러나 이들 요소가 모두, 교육과 직업의 짝 맞춤에 비슷한 영향을 끼치는 것은 아니다. 표준화보다는 층화가, 층화보다는 분화가 교육과 직업의 짝 맞춤에 더 큰 영향을 끼치고, 그로 말미암아 학교-직장 이행에도 더 큰 영향을 미친다(Müller and Shavit, 1998).

⑤ 교육체계와 노동시장을 연결하는 제도의 성격

학교-직장 이행을 규정하는 또 하나의 다른 차원은 교육제도와 노동시장의 연계 방식이다. 이런 제도 연계는 각국의 역사적 경험에 따라 나라마다 특이한 형태를 띤다. 중등교육의 층화 수준이 높은 독일은 특유의 이중체계(dual system)를 유지한다(Müller et al., 1998). 독일에서 학교는 기업이나 직업단체의 요청으로 특정 형태의 숙련을 교수하고, 기업은 학교가 특정 내용과 방식으로 훈련한 인력을 채용한다. 일본은 이른바 직업 추

28 반대의 경우에는 노동 대기열(labor queue)에서 직업교육은 인문교육보다 하위의 가치를 지니게 되고, 직업학교는 개개인의 능력이 낮다는 것을 보여주는 지표가 된다(Thurow, 1977).

천제(job referral system)라는 고용 관행으로 학교와 기업의 연계를 강화한다. 학교는 학생을 선발하여 특정 회사에 소개하고, 회사는 학교나 동창회의 추천을 받아 직원을 채용한다(Rosenbaum and Kariya, 1989; Rosenbaum et al., 1990; Kariya, 1998). 일반적으로 교육과 직업의 연관성은 이런 제도적 연계가 존재하는 사회에서 더 강하다.

## 한국의 교육과 노동시장의 연결

한국의 교육제도는 미 군정기에 그 기초를 마련했다(김신일, 1985: 124-26). 그러므로 한국의 교육제도는 미국과 흡사하다. 6-3-3-4 학제는 말할 것도 없고, 교과과정도 비슷하다. 두 나라에서는 직업계와 일반계 교육의 구별이 비교적 늦게 이루어지고, 양 계열의 졸업자는 아무런 제약 없이 대학에 진학한다.

한국의 교육제도가 미국과 다른 점은 직업계 고등학교 학생의 비중이 상대적으로 높았다는 것이다(이주호, 1996). 전체 고등학교 학생 수에서 직업계 고등학교 학생 수가 차지하는 비중은 2000년 무렵에 약 35퍼센트 정도였다. 이런 측면만 보면 한국 중등교육의 계층화 수준은 명목적으로는 유럽 국가처럼 비교적 높은 편이었다. 그러나 이렇게 계층화 수준이 높았다 하더라도, 한국의 중등교육이 유럽처럼 실질적 층화를 이루었다고 볼 수는 없다. 직업계 고등학교의 교과과정은 직업 교육이라기보다 인문 교육, 또는 상급학교 진학을 위한 교육이 주를 이루었고,[29]

29 직업계 고등학생 교과과정은 70년대 후반 이후 인문 교양 교육 위주로 바뀌었다(이무근, 1993). 이러한 과정에 덧붙여, 급속히 진행된 고학력화의 충격 때문이겠지만, 우리 사회의 고등학생 중 직업계 학생의 비율도 1980년대 이후 더 이상 증가하지 않았다. 종합하면, 우리 사회의 중등교육은 80년대 이후 줄곧 인문화 과정을 겪어 왔다고 할 수 있다(최경수·박기성, 1995).

직업 교육이라 하더라도 특수한 기능 습득보다 일반적 기능 습득에 치중했기 때문이다. 전체적으로 본다면, 한국의 교육체계는 비록 명목적 계층화의 수준은 높았다 하더라도, 교육의 직업 특정성 정도는 비교적 낮은 편이었다. 이의 당연한 결과로 학력자격의 분화 정도도 비교적 낮았다.[30]

한국의 교육제도는 교과과정, 교사의 자질, 기타 행정적 통제의 측면에서 매우 강한 표준화의 경향을 띠었다. 예컨대 교육부는 각종 중등학교의 신설 및 폐지, 수업료 책정, 교과과정 등을 비롯한 중등학교의 전반적 운영, 심지어 대학 입학시험 날짜 등과 같은 세부적 사항까지 거의 낱낱이 중앙집권적으로 통제했다(이무근, 1993; 김신일, 1985). 이와 같은 표준화는 특정 학교와 그 학교에 재학하는 학생의 특성을 분명하게 드러냄으로써, 이들의 학교-직장 이행에 상당한 영향력을 끼쳤다.

한편, 한국에서는 교육체계와 산업체를 연결하는 공식적이거나 비공식적 제도가 거의 존재하지 않았다. 70년대 이후, 정부의 정책 신호 아래 학교는 산학연계와 직업훈련을 부단히 강조했지만, 몇 가지 예외적 사례를 제외한다면, 그런 강조는 형식적 구호에 그쳤다. 고등학교의 현장실습도 유명무실했을 뿐 아니라, 교육기관과 기업의 제도적 연계, 즉 교육과정이나 교재의 개발, 산학 공동연구와 연수 등과 같은 제도는 거의 없었다. 설령 그런 제도가 있었다 하더라도 학교나 기업의 적극적 필요가 아니라 외부의 강압적 부과에 대응한 것이어서 매우 제한적이거

30 70년대의 직업계 고등학교 교육과정은 특정 직업에 취업하는 것을 목표로 운영했다(이무근, 1990). 그러므로 학력자격의 분화도 활발했다. 1979년에 공업계 고등학교의 학과 수는 77개였다. 그러나 그 이후 학과 수는 점차 감소했다(한국직업능력개발원, 1998a: 399). 이처럼 한국 사회의 중등 교육이 직업 특정성을 가졌던 시기는 오직 70년대뿐이었다. 그러므로 가능하다면, 이 시기와 다른 시기의 중등교육이 직업 획득에 미쳤던 영향을 서로 비교해보는 것도 흥미로운 일이 될 것이다.

나 형식적이었다(교육부 중앙교육심의회, 1994; 이주호, 1996; 한국직업능력개발원, 1997: 179-80; 1998b: 92-93). 교육과 산업의 이런 느슨한 연결(loose coupling)은 산업화의 경험이 일천하여 한국 고유의 제도를 정착하지 못한 데에서 기인했겠지만, 한국 특유의 노동시장구조에서 비롯하기도 했다.

주지하다시피 한국의 노동시장은 단층(斷層, segmentation)을 이루었다. 1차 노동시장과 2차 노동시장은 입직, 승진, 임금, 기타 부가적 수혜 등의 측면에서 확연히 분리되었다. 이와 같은 이중노동시장은 한편으로 기업 규모별 임금 격차의 원인이 되었고, 다른 한편으로는 산학의 제도적 연계를 제약하는 요인이 되었다. 수익성이 높고 잉여자원이 많은 대기업은 사내교육훈련을 중시했지만, 노동자의 이직률이 낮아 신규 노동력에 대한 교육 훈련에는 별다른 관심을 두지 않았다. 뿐만 아니라 산학연계를 시도할 필요성도 느끼지 않았다. 반면에 중소기업은 비용이 많이 드는 사내교육훈련보다 신규 노동력에 더 많은 관심을 두었다. 그러나 중소기업은 지불능력이 크지 않아 이들 신규 노동력을 체계적으로 양성하는 데에 노력을 쏟지 못하고, 학교가 이미 양성한 노동력을 착취하는 데에 치중했다(이주호, 1996; 이재열, 1996).[31] 이런저런 사정으로 말미암아 학교와 기업의 연결은 느슨할 수밖에 없었다.

이런 요인, 즉 중등교육의 직업 특정성의 결여, 산학연계의 부진, 뚜렷한 이중노동시장 등은 한국 기업의 신규 인력 채용 관행을 규정했다.[32]

31 그러나 이와 상반하는 견해도 존재한다. 우리 기업은 규모를 막론하고 전반적으로 기업 내 인적자원개발에 적극적이지 않았다는 견해가 바로 그것이다(조우현, 1995; 류장수, 1999). 이들 견해를 보면, 한국의 전략적 핵심기업인 자동차, 전자, 조선 산업도 노동자의 숙련 형성을 위한 체계적인 직업훈련제도를 갖추지 않았다. 이런 사정은 신규 노동자를 채용하여 체계적으로 훈련하고 관리하는 방식이라기보다 필요할 때마다 저숙련, 저임금 노동력이나 임시 노동력을 채용하는 고용관행과 연결되었다. 이런 관행은 중등학교 졸업자의 직업적 성공을 제약했다.

32 교육의 수익률은 기업이 학력을 평가하는 방식의 영향을 받는다(Breen et al., 1995).

한국의 취업은 직업안정기관의 소개라거나 학교의 추천으로 이루어졌다기보다, 주로 공개채용시험이나 지인과 친지의 연고를 통해 이루어졌다(신유근, 1998; 노동부, 1995).[33] 또한 한국의 고용주는 비록 학교 추천이나 시험, 또는 연고로 신규 사원을 채용했다고 하더라도 학력과 성을 선발장치로 사용하는 경향이 강했다. 학력이나 성을 제외하고는 외적으로 관찰 가능한 지표를 발견하지 못했기 때문이다(이재열, 1993). 그러므로 적어도 일차 노동시장에서 학력 분포나 성 분포는 매우 극심한 편향을 드러냈다(이효수, 1984; 남춘호, 1995).[34] 이는 곧, 일차 노동시장 진입에 관한 한, 한국의 학교-직장 이행은 다른 나라와 분명한 차이를 나타내리라는 예측을 뒷받침한다.

이상에서 우리는 교육체계와 노동시장, 그리고 이 양자의 연결이 학교-직장 이행에서 교육의 효과를 어떻게 규정할 것인가를 살펴보았고, 우리 사회에서 이와 같은 제도적 맥락이 어떻게 주어져 있는지를 보았다. 그러나 이런 차원을 고려하여 학교-직장 이행을 연구하는 것은 어디까지나 국제 비교에서 유용했을 것이지만 나라별 비교는 그다지 흔치 않았

33 1995년 하반기의 입직 경로는 연고자 소개에 의한 것이 44.3%, 공개채용에 의한 것이 42.5%, 학교 소개나 추천에 의한 것이 9.4%, 그리고 직업 안정 기관의 알선에 의한 것이 3.8%였다.

그러나 직업계 고등학교 졸업생과 전문대학 졸업생의 취업 경로는 이와는 약간 달랐다. 1993년 현재, 직업계 고등학생의 약 86%, 전문대학 졸업생의 약 58%가 학교의 추천이거나 현장 실습의 인연으로 취업하였다(교육부 중앙교육심의회, 1994). 그러나 이것이 학교-기업의 연계 제도가 정착 때문이었다고 보기는 힘들다. 왜냐면 이들의 이직률이 매우 높았기 때문이다.

34 이는 이중노동시장구조에서 비롯된 것이기도 하다. 일반적으로 이중노동시장은 학력효과의 차이를 두드러지게 한다. 단층화한 노동시장구조에서 1차 노동시장에 취업할 수 있는 기회는 제한되어 있다. 이 제한된 기회를 얻기 위해 많은 구직자가 몰려들면, 기업주는 선별 비용을 낮추기 위해서, 학력을 채용 기준으로 채택하는 경향을 띤다(박세일, 1983a). 그러므로 고학력자는 1차 노동시장에, 저학력자는 2차 노동시장에 집중되어, 직업 배분에서 학력 효과의 차이를 크게 한다.

다. 우리나라에서 이루어진 학교-직장 이행 연구는 주로 시계열 비교에 치중했다. 다시 말해, 우리나라의 이 분야 연구는 대부분 시간이 흐르면서 학력효과가 증가했는지 감소했는지를 확인했다. 지금부터 한국에서 학력효과의 시계열 변화가 어떤 방향으로 이루어졌는지를 알아보기로 하자.

## 한국의 학교-직장 이행

한국에서 학력이 첫 직업의 획득에 미치는 효과를 다룬 연구는 그렇게 적지 않았다. 적지 않은 이 연구는 크게 두 가지 부류로 나눌 수 있다. 첫째, 사회학의 연구다. 사회학의 연구는 주로 학교-직장 이행을 다루었다. 다시 말해, 학력이 첫 직업의 종류나 지위에 미치는 영향을 살폈다. 이 연구들은 학력이 높을수록 더 좋거나 나은 직업을 얻는다는 사실을 밝혔다(차종천, 1992; 설동훈, 1994; 김영화·김병관, 1999; 장상수, 1999b; 김기헌, 2003; Sandfur and Park, 2007). 사회학 연구는 이처럼 각종 학교를 마친 청년들이 도달하는 직업 지위나 계급 위치를 주로 분석했지만, 그들이 학교를 마친 뒤 직업을 얻을 때까지 대기한 시간을 분석하지 않았다. 다시 말해, 취업 대기시간을 고려하지 않았다.[35] 둘째, 노동경제학의 접근이다. 이 접근은 사회학과 달리, 청년들이 학교를 마치고 첫 직업을 얻을 때까지 대기한 시간을 분석했다.[36] 나아가 이 접근은 학력이나 성, 그리고 진입대기기간 등이 취업이라는 사건이 일어날 위험률(hazard, 가능성)에 미치는 영향을

35 구미의 상황도 이와 크게 다르지 않다. 앞선 연구는 대부분 횡단면 자료를 사용하여 학교-직장 이행의 정태적 상태를 나라별로 비교했다(Shavit and Müller 1998). 최근에 이르러서야 이 이행을 동태적으로 파악하는 연구들이 나타났다(Korpi et al. 2003; Scherer 2005; Wolbers 2007).

36 이 시간은 흔히 진입대기기간이나 취업대기기간, 이행기간이라고 부른다.

분석했다. 이 접근을 사용한 연구는 학력이 높을수록 진입대기기간이 짧고 취업 가능성이 더 높다는 사실을 발견했다(안주엽 · 홍서연, 2002; 이병희, 2005; 류장수, 2005; 김미란, 2006; OECD, 2007).

학력이 높을수록 취업 가능성이 더 높다거나 직업 지위가 더 높다는 사회학의 발견은 상식과 가까워서 별다른 흥미를 끌지 못한다. 이런 발견이 상식을 벗어나려면 국가 비교든 시계열 비교든 비교가 있어야 한다. 그러나 앞에서 이미 밝혔다시피, 학교-직장 이행을 나라별로 비교하는 일은 그렇게 쉽지 않다. 앞선 연구가 국가 비교를 하려고 여러 가지 비교 기준, 즉 교육제도나 노동시장구조의 차이, 학교와 노동시장을 잇는 연결 구조의 차이, 또는 노동시장 진입을 구조화할 수 있는 능력의 차이 등과 같은 기준을 내세웠지만(Kerckhoff, 1995; 2000; 2001), 이 기준은 너무 단순하여 한 나라의 학교-직장 이행을 다른 나라와 비교하여 그 특징을 선명하게 밝히지 못했다. 그러므로 한국의 학교-직장 이행을 다룬 앞선 연구는 국제 비교라기보다 주로 시계열 비교에 초점을 맞추었다.

한 연구는 한국사회과학협의회가 1990년과 1995년에 수집한 '불평등과 형평' 자료를 사용하여 학력이 첫 직업의 지위에 미치는 영향을 살펴보고, 학력이 첫 직업의 지위에 미치는 영향은 코호트마다 크게 바뀌지 않았다고 보고했다(장상수, 1999b). 그러나 1998년의 한국노동패널조사 자료를 활용한 다른 연구는 이 효과의 시계열 경향성은 남녀별로 다르다고 주장했다. 남성의 학력 효과는 코호트별로 크게 바뀌지 않았지만, 여성의 고등교육 효과는 젊은 코호트에 이를수록 점차 감소했다고 보고했다. 이는 대학을 졸업한 여성이 얻는 직업 지위가 시간이 흐르면서 점차 낮아졌다는 것을 의미한다. 이 연구는 여성 고등교육의 직업수익률이 감소한 원인을 한국의 노동시장이 분절되었고, 여성은 이차노동시장에 집중되었으며, 이런 직업 분리가 시간이 흘러도 크게 개선되지 않았다는 사실에서 찾았다(Sandfur and Park, 2007).

앞에서도 말했지만 노동경제학은 이행 기간을 고려하고, 이 기간이 취업이라는 사건(event)에 미치는 영향에 주목했는데, 최근 들어 사회학에서도 이런 접근을 채택한 연구가 늘어났다. 사회학의 이런 연구가 경제학의 성과와 다른 점은 일자리 획득 여부 뿐 아니라 일자리의 질이나 일자리의 종류까지 고려했다는 것이다. 장상수(2008b)는 2000년의 한국노동패널조사 청년층 부가자료를 사용하여 청년층이 학교를 마친 후 노동시장에 진입할 때 성과 학력, 그리고 취업시기가 노동시장에 성공적으로 진입할 가능성에 미치는 영향을 살폈다. 그는 먼저 독립변수가 노동시장 진입에 미치는 영향이 코호트별로 어떻게 바뀌는지를 살펴보고, 노동시장 진입에서 한 가지 시계열 경향을 밝혔다. 여성 직업계 고등학교 졸업자가 미취업상태를 벗어날 가능성은 시계열적으로 큰 변화를 보이지 않았지만, 남성 직업계 고등학교 졸업자의 취업은 2000년에 다가갈수록 매년 조금씩 어려워졌다. 이는 남성 저학력자의 취업이 점차 어려워졌다는 것을 의미한다. 이에 더하여, 이 연구는 성과 학력이 특정한 직업범주(계급)에 진입하는 데에 미치는 효과가 시기별로 어떻게 바뀌는지도 살펴보았는데, 그 결과는 다음과 같았다.[37] 육체노동자층이나 화이트칼라 하층에 진입할 때 학력 효과는 시기별로 큰 변화를 보이지 않았다. 그러나 남성이 화이트칼라 상층으로 진입하는 데에 미치는 학력의 효과는 유의미한 경향성을 보였다. 직업계 고등학교의 효과는 매년 조금씩 감소했고, 4년제 대학의 효과는 매년 조금씩 증가했다. 이 발견을 앞의 발견과 종합하면 다음과 같은 명제로 요약할 수 있다. 시간이 지나 2000년에 근접할수록 저학력자는 점차 취업하기 힘들게 되었고, 사람들이 모

37 여기서는 직업을 세 집단으로 구분했는데, 화이트칼라 상층, 화이트칼라 하층, 육체노동자층이 그것들이다. 에릭슨과 골드소프(Erikson and Goldthorpe, 1992)의 계급 구분법을 따르자면, 화이트칼라 상층은 서비스계급(Ⅰ+Ⅱ), 화이트칼라 하층은 하위 사무직과 판매서비스직(Ⅲ), 육체노동자층은 육체노동자계급(Ⅴ+Ⅵ+Ⅶ)에 해당한다.

두 바라는 화이트칼라 상층 직업으로 진입할 때 고학력자가 누리는 유리함은 시간이 지나면서 점차 더 커졌다.

우해봉과 윤인진(2008)은 장상수(2008b)가 썼던 그 자료를 분석해, 1997년의 경제위기 전후에, 성과 학력이 취업 가능성에 미치는 영향이 어떤 방향으로 바뀌었는지를 살펴보았다. 이 연구가 밝혀낸 사실은 다음과 같다. 첫째, 뜻밖에도 경제위기 이후에 학교를 졸업한 청년들이 경제위기 이전에 학교를 마친 청년들보다 첫 일자리를 얻을 가능성이 더 높았다. 둘째, 교육수준이 높을수록 안정적인 고용관계로 이행할 가능성이 더 높았지만, 경제위기 이후에는 이 가능성은 점차 줄었다. 이후 우해봉과 윤인진은 다른 글에서 이보다 조금 더 분명한 논지를 제시했는데, 그들의 발견은 다음과 같았다. 첫째, 경제위기 이후 고학력자가 첫 일자리를 얻을 가능성은 이전보다 더 커졌지만 저학력자는 그러하지 않았다. 당연한 결과지만, 경제위기 이후 첫 일자리를 얻을 가능성의 학력별 격차는 경제위기 전보다 더 커졌다. 이러한 학력 격차는 여성보다 남성에게서 더 컸다. 둘째, 경제위기 이후 교육수준과 관계없이 비표준적(임시직, 비정규직) 직업이나 낮은 지위의 직업에 취업할 가능성이 더 커졌으나, 학력이 첫 직업의 질에 미치는 영향은 시간이 지나도 큰 변화를 보이지 않았다(Woo and Yoon, 2010).

이런 연구들이 내놓은 결과는 서로 같기도 하고 다르기도 하다. 2000년에 근접할수록 남성 직업계 고등학교 졸업자의 취업가능성이 점점 더 어려워졌다는 발견(장상수, 2008b)은 1998년의 경제위기 이후 남성 취업 가능성의 학력별 변이가 경제위기 이전보다 더 커졌다는 발견(Woo and Yoon, 2010)과 일맥상통한다. 그러나 다른 점도 없지 않다. 여성의 학력이 첫 직업의 지위에 미치는 영향이 젊은 코호트에 이를수록 점차 낮아졌다는 결과(Sandfur and Park, 2007)는 학력 효과가 코호트별로 크게 달라지지 않았다는 발견(장상수, 1999b; Woo and Yoon, 2010)과 다르고, 학력이 첫 직업의 질에 미치는 효과가 경제위기 전후로 큰 변화가 없었다는 발견(Woo and Yoon, 2010)은 화이트칼라 상층으로 진입할 때 4년제 대학의 효과가 2000년 무렵까지 점차 커졌다는 발견(장상수, 2008b)과 다르다. 어떤 주장이 더 그럴듯한가? 이 분야 연구가 많이 쌓이지 않은 이 시점에서는 이를 섣불리 판단할 수 없다.

그런데 이 연구들은 지난 수십 년 동안 한국에서 교육의 직업수익이 점차 높아졌다고 보는 것인가, 낮아졌다고 보는 것인가? 아니면 별다른 변화가 없었다고 보는 것인가? 한 연구는 여성의 고등교육이 직업지위에 미치는 효과가 점차 감소했다고 보고했다(Sandfur and Park, 2007). 이에 반해 다른 연구는 남성 고학력자가 화이트칼라 상층에 도달할 가능성이 2000년에 근접할수록 점차 더 높아졌다는 사실을 발견했다(장상수, 2008b). 전자는 여성의 직업수익이 낮아졌다는 것을 보이고 후자는 남성의 직업수익이 높아졌다는 것을 의미하는가? 결론을 먼저 말하면, 전자의 경우는 그렇다고 할 수 있고, 후자의 경우는 그렇지 않다고 할 수 있다. 학력이 직업지위에 미치는 영향이 작아졌다는 것은 교육의 직업수익이 줄었다고 판단할 수 있다. 그러나 학력이 특정 계급에 도달한 가능성에 미치는 효과가 커졌다고 해서 교육의 직업수익이 더 높아졌다고 보는 해석은 섣부르다. 이유는 다음과 같다. 노동시장에서 고학력자의 공급이 증가하면 고용시장에서 직업이나 직종별로 채용 기준을 바꾸는 양적 조정(quantity adjustment)이 일어난다(Thurow, 1977; 박세일, 1982; 1983a). 이와 같은 양적 조정은 같은 학력으로 얻을 수 있는 직업의 종류가 하향 조정된다는 것을 의미한다. 고용시장에서 일어나는 하향 조정은 다음과 같은 결과를 낳는다. 첫째, 비교적 유리한 직업군에서 고학력자가 저학력자를 대체할 가능성은 점차 높아진다. 그리하여 이 직업이나 계급의 성취에 미치는 학력의 효과, 특히 고학력의 효과는 점차 증대한다. 둘째, 이러한 결과는 어디까지나 가장 유리한 직업군에 접근할 수 있는 상대적 기회를 반영하는 것에 불과하다. 말하자면 고학력자가 저학력자에 비해 어느 정도 더 많은 기회를 갖는 가능성을 보여줄 뿐이다. 고학력자만을 한정해서 본다면, 고학력자가 유리한 직업을 얻을 수 있는 기회는 교육체계가 팽창하면서 더욱더 감소한다. 왜냐하면, 좋은 직업을 얻으려고 할 때 고등 교육은 충분조건에서 필요조건으로 바뀌기 때문이다(Müller et al., 1998).

이처럼 고용시장에서 일어나는 양적 조정을 감안하면 교육의 직업수익이 높아졌다고 해서 교육의 가치가 높아졌다고 볼 수 없다. 그러므로 교육의 직업수익을 진정한 의미의 교육수익이라고 판단할 수는 없다. 교육의 직업수익이 갖는 이런 한계 때문에 교육의 화폐수익을 살펴볼 필요가 있다.

### 2) 교육의 화폐수익

교육수준이 높을수록 일반적으로 더 나은 사회경제적 지위를 얻는다. 고학력자가 더 좋은 직업을 얻거나 더 높은 소득을 거둔다는 이야기다. 교육과 노동시장이 이런 방향으로 서로 관련하는 이유는 무엇인가? 이 이유를 밝히는 몇 가지 이론을 살펴보자(김창환·변수용, 2021; 荒井一博, 1995; Sakamoto et al., 2012).

#### 교육의 화폐수익과 관련한 이론

교육의 화폐수익과 관련한 이론은 두 가지다. 첫째, 기술기능적 견해(the technical functional view)다. 이 견해는 교육이 경제적 생산성을 직접 향상한다고 판단한다. 더 많은 교육을 받은 노동자는 교육을 덜 받은 노동자보다 더 생산적인데, 교육이 노동자의 생산력을 향상하기 때문이다. 교육은 어떻게 노동자의 생산력을 높이는가? 경로는 여러 가지다. ① 교육은 개인의 인지 기술(cognitive skills)을 높인다. 교육을 받는 과정에서 획득한 작문이나 수학 등과 관련한 지식은 개인의 인지 기술을 향상한다. ② 교육은 생산 관련 기술을 직접 제공한다. 예컨대 학교는 교육을 통해 설계 도면 제작법이나 프로그램 작성 기법 등을 직접 전수한다. 그리하여 작업 기술을 높인다. ③ 교육은 학생의 응용력, 분석력, 사고력, 판단력 등을 양성하여 새 정보를 수용하고 해독하는 능력을 기른다. 교육은 학생이 기술과 경제의 변화에 유연하고 신속하게 적응하는 능력을 배양하고, 또 스스로 기술을 혁신하는 능력도 계발한다. ④ 교육은 의사소통, 협동작업, 훈련수용 등과 같은 사회적 기술을 조성하여 생산성을 높인다. 이처럼 교육은 인지 기술과 작업 기술을 향상하고 혁신 능력과 소통 능력을 배양함으로써 개개인의 생산성을 높인다. 고학력자는 이런 높은 생산성으로 말미암아 더 높은 임금이나 더 많은 소득을 얻는다. 경제학에서는 교육과 임금의 연관성에 대한 이런 견해를 흔히 인간자본이론이라고 부른다.

둘째, 시장 신호 견해(the market signal view)다. 이 이론은 두 가지를 가정한다. 한 가정은 다음과 같다. 교육수준은 학교에서 얻은 지식이나 기능을 증명하는 그 무엇이 아니라 개인이 선천적으로 타고나거나 어린 시절에 가정에서 배운 생산능력을 보여주는 정보나 신호에 불과하다. 고학력은 높은 생산능력을 나타내는 신호이고, 저학력은 낮은 생산능력을 드러내는 신호다. 이처럼 학력은 개인이 '생래적(生來的)으로' 얼마나 생산적이고 얼마나 우수한 사람인지를 보여주는 구실을 수행한다. 연구자들은 교육의 이런 기능을 분석 상황마다 조금씩 다른 이름으로 불렀다. 어떤 이는 교육의 이런 기능을 신호 송달(signaling)이나 심사(screening)라고 불렀다. 다른 이는 여과(filtering)나 선별(sorting)이라고 이름 붙였다. 시장 신호 이론이 전제하는 또 하나의 가정은 정보의 비대칭성이다. 노동자는 자신의 생산능력을 잘 알지만, 기업은 노동자의 생산능력을 여간해서는 알 수 없다(좀 더 현실적으로 말하면, 기업도 종국에는 노동자의 생산능력을 알아낼 수 있다. 그러나 그것을 알려면 긴 시간을 소요해야 하거나 큰 비용을 써야 한다). 이런 조건에서 기업은 사람을 채용할 때, 직접 관찰 가능한 개인의 속성(예컨대 성, 인종, 연령 등)을 근거로 삼거나 생산능력을 간접적으로 나타내는 개인의 속성(예컨대 학력, 경력 등)을 근거로 삼을 수밖에 없다.[38] 그리고 예상되는 생산성을 짐작하여, 고학력자에게는 높은 임금을, 저학력자에게는 낮은 임금을 지불할 수밖에 없다. 기업이 처한 상황이 이렇다면, 노동자가 마주하는 현실은 다음과 같다. 고학력을 달성하는데 낮은 비용(심리 비용과 시간 비용을 망라한 비용)을 지출하는 개인은 상급학교에 진학할 것이다. 상급학교 진학은 기업에 신호를 보내는 행동이므로 신호 행동(signal act)이라고 말할 수 있고, 교육에 쓰는 비용은 신호 비용(signal cost)이라고 말할 수 있다. 이런 신호를 기준으로 노동의 수요와 공급이 맞아떨어지는 것을 신호 균형(signal equilibrium)이라 말한다.

사람들은 학력과 임금의 연관성을 인간자본이론이나 신호이론으로 설명한다. 그러나 교육의 화폐수익률이나 임금수익률을 계산하는 경험 연구는 흔히 인간자본이론을 활용한다. 아마도 이 이론이 교육수익률을 이해하는 데에 훨씬 더 직관적이기 때문일 것이다. 우리는 제3장 2절에서 이미 인간자본이론을 살폈거니와 조금 뒤에도 인간자본이론에 근거를 둔 수익률을 다룰 것이다. 그러므로 여기에서는 신호이론을 조금 더 살펴볼 필요가 있다.

신호이론의 고전은 스펜스(Spence, 1974)의 모형이다. 우선 구직자의 생산능력에 차이가 있다고 가정하자. 이런 구직자를 생산능력이 낮은 집단

38 스펜스(Spence, 1974)는 학력이나 경력처럼 개인이 선택하거나 변경할 수 있는 속성을 신호(信號, signal)라고 불렀고, 성이나 인종처럼 인위적으로 바꿀 수 없는 속성을 표지(標識, index)이라고 불렀다. 그러나 이 책에서는 이를 구분하지 않고 모두 신호라고 부를 것이다.

(G1)과 높은 집단(G2), 두 집단으로 나누어보자. 이 두 집단의 생산성을 1과 2라고 가정하고, 이 두 집단이 전체에서 차지하는 비율을 각각 $q$, $1-q$라고 가정해보자($0<q<1$). 그리고 교육비용(금전적, 심리적, 시간적 비용)은 순서대로 각각 $y$, $y/2$라고 가정하자($y \geqq 0$). 이런 가정은 〈표 4-3〉에 요약했다.

〈표 4-3〉 생산성이 다른 집단의 교육비용

| 집단 | 생산성 | 비율 | 교육비용 |
|---|---|---|---|
| G1 | 1 | q | y |
| G2 | 2 | 1-q | y/2 |

이제 기업의 확신에 대해서 가정해보자. $y^*$라는 교육수준이 있고 특정 개인의 교육수준 $y$가 $0 \leqq y < y^*$의 범위 안에 있으면 기업은 그 개인의 생산성이 1이라고 확신하고, $y \geqq y^*$라면 기업은 그의 생산성이 2라고 확신할 것이다. 이런 확신을 전제로 한다면 기업이 지급하려는 임금함수는 〈그림 4-13〉의 ABDE와 같을 것이다. 즉 학력수준($y$)이 $0 \leqq y < y^*$의 구직자에게는 1의 임금을 지불하고, $y \geqq y^*$의 구직자에게는 2의 임금을 지불할 것이다.

기업의 임금함수는 그렇다 치고 구직자는 교육수준을 어떻게 결정할 것인가? 기업의 임금함수를 아는 구직자는 이것을 고려하여 교육수준을 결정한다. 어떤 개인이 $0 \leqq y < y^*$을 만족하는 $y$ 수준을 선택하려 한다면 필연적으로 $y=0$를 선택할 것이다. 왜냐하면 $y>0$ 이어도 임금은 1에서 올라가지 않을 것이기 때문이다. 마찬가지로 $y \geqq y^*$를 충족하는 교육수준을 선택하려는 개인은, $y>y^*$인 $y$가 아니라 그냥 $y=y^*$를 선택할 것이다. 결국 모든 개인은 0이거나 $y^*$, 어느 하나를 선택할 것이다.

〈그림 4-13〉 시그날링 균형

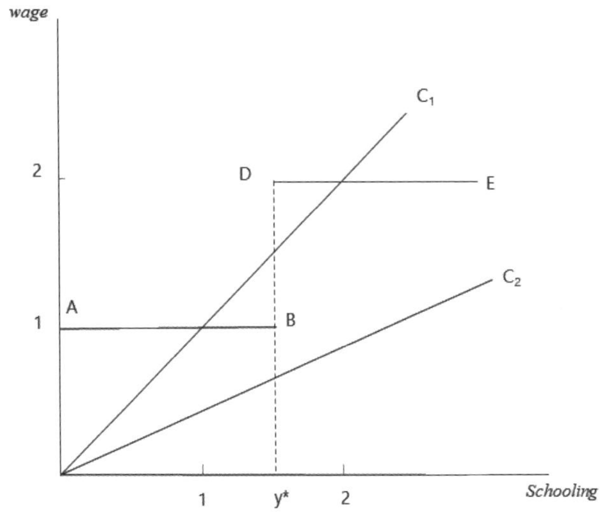


시그날링 균형을 야기하는 y*의 수준은 어떤 범위에 존재하는가? 다시 말해, y*가 어떤 수준에 있어야만 G1과 G2의 성원이 0, 아니면 y*를 선택할 것인가? 〈그림 4-13〉에는 G1과 G2의 교육비용 곡선도 제시했다. $C_1$은 G1의 교육비용 곡선으로, 앞에서 가정했듯, 이 곡선의 기울기는 1이다. $C_2$는 G2의 교육비용 곡선으로 이 곡선의 기울기는 1/2이다. 여기서 각 개인은 임금과 교육비용의 차이를 최대화하는 y 수준을 선택한다. 즉 임금함수와 교육비용 곡선의 거리를 최대화하는 y 수준을 선택한다. 〈그림 4-13〉에 보인 위치에 y*가 있다면 G1의 성원은 y=0을, G2 성원은 y=y*을 선택할 것이다. 왜냐하면 각자의 임금함수와 교육비용 곡선의 거리가 이 두 점에서 최대가 될 것이기 때문이다. 그런데 y*가 어떤 범위에 있으면 시그날링 균형이 발생할까? G1 성원이 y=0을 선택하는 조건은 다음과 같다.

$$1 > (2 - y^*)$$

이 식의 좌변은 y=0일 때의 임금 1에서 교육비용 0을 뺀 값이고, 우변은 y=y*를 선택할 때의 임금 2에서 교육비용 y*를 뺀 값이다. 좌변이 우변보다 더 클 때, G1의 성원은 y=0을 선택할 것이다. 다른 한편, G2의 성원이 y=y*를 선택하는 조건은

$$(2-y^*/2)>1$$

이다. 여기서 좌변은 G2 성원이 y=y*를 선택했을 때 임금 2에서 비용 y*/2를 뺀 값이고, 우변은 y=0을 선택했을 때의 임금 1에서 교육비용 0을 뺀 값이다. 좌변이 우변보다 더 클 때, G2의 성원은 y=y*를 선택할 것이다. 위 두 식을 결합하면

$$1<y^*<2$$

라는 조건을 얻는다. 다시 말해, y*가 1과 2 사이에 있다면(교육비용이 저학력자의 임금보다 크고 고학력자의 임금보다 작다면), G1의 구직자는 y=0을 선택하고, G2의 구직자는 y=y*를 선택한다. 이런 조건에서 기업도 임금에 대한 당초의 확신을 재확인한다. 그리하여 시그날링 균형이 발생한다.

이런 시그날링 모형의 특징은 다음과 같다. 첫째, 학생이나 기업은 학력이 신호 구실을 하고 있다는 사실을 눈치채지 못할지도 모른다. 학생은 교육이 순수익을 낳는다고 믿고, 기업은 교육이 생산성을 향상한다고 믿을지도 모른다. 둘째, 신호 모형에서 교육 내용은 전혀 문제가 되지 않는다. 교육비용이 노동자의 생산능력과 음의 상관을 맺고 있는 한, 교육 내용은 어떤 것이라도 좋다. 경영학이라도 좋고 역사학이라도 좋다. 셋째, 신호 모형은 교육 투자의 사회적 수익은 전혀 없다고 판단한다. 교육은 생산능력을 향상하지 않는다고 가정하기 때문에 교육투자는 완전한 자원 낭비다. 교육은 순전히 사람을 선별하여 이 사람 저 사람에게 생산물을 배분하는 기능을 할 뿐이다. 이런 특징은 의미심장한데, 다음과

같은 결과를 초래하기 때문이다. 구직자(노동자)는 자신이 다른 사람과 다르다는 사실을 보이려고 과도한 노력을 하게 될 가능성이 높다. 고학력을 얻으려는 노력은 말할 것도 없거니와 다른 신호 행동, 예컨대 자격증을 취득한다든지 고강도의 작업을 벌일 가능성이 높다. 예컨대 자기파괴적인 자기계발활동과 출혈 경쟁(rat race)을 끝없이 맹렬하게 벌일 가능성이 높다.

교육의 화폐수익, 특히 임금수익은 주로 노동경제학의 관심사였다. 사회학은 교육의 화폐수익에 큰 관심을 기울이지 않았다. 예컨대 노동시장의 사회학은 학력별, 성별, 인종별 임금 불평등을 다루었을 뿐, 그것을 교육의 수익이라는 관점에서 바로 보지 않았다. 물론 이 가운데에서 학력별 임금 불평등은 경제학에서 다루는 임금수익과 크게 다르지 않다. 그러나 사회학은 주로 노동시장의 조직과 제도가 임금에 미치는 영향에 초점을 맞추어, 교육의 임금수익을 정면으로 다루지 않았다. 사회학은 주로 기업 규모나 고용형태, 노동조합 등이 학력별 임금 차이에 미치는 효과 등을 주로 살폈다(cf. 정이환, 2006; 2007). 이런 효과는 고전적 의미의 교육수익이 아니다. 그러므로 이 절에서는 주로 노동경제학의 성과를 살펴보기로 한다. 이 절의 끝부분에서는 노동경제학의 성과와는 달리, 교육이 낳는 또 하나의 수익, 혼인수익률도 알아보기로 한다. 이때에는 주로 여성의 혼인수익률을 살펴볼 것이다.

### 교육의 임금수익률

교육의 임금수익률을 살핀 경험 연구는 대부분 임금수익률을 내부수익률 방법으로 추정하지 않고 식 (4-2)과 같은 인간자본 소득함수로 계측했다.[39] 민서(Mincer, 1974)의 이 방정식에서 임금률(wage rate, R), 다시 말해 시간당 임금의 대수값은 교육(S)과 경력(X)의 함수다. 여기서 교육(S)의 계수 $b_1$은 교육연수가 1년 증가할 때 시간당 임금이 늘어나는 비율을 나타내는데, 이 비율이 교육의 임금수익률이다.

$$\ln R = b_0 + b_1 S + b_2 X + b_3 X^2 + u \qquad (4\text{-}2)$$

그러나 선행 연구가 교육수익률을 추정할 때, 모두 민서의 인간자본 소득함수를 사용했던 것은 아니다. 선행 연구는 임금수익률을 서로 다른 방법으로 추정했다. 주지하다시피, 구미의 연구는 교육수익률을 추정할 때 교육과 임금 사이에 인과성을 설정하는 데 방해가 되는 몇 가지 치우침, 즉 내생성 치우침과 선택 치우침을 교정하려고 노력했다(Card, 1999; 2001). 내생성 치우침(endogeneity bias)는 개개인의 선천적 능력을 고려하지 않았을 때 발생하는 치우침이다. 개개인의 타고난 능력을 제대로 반영하지 못하면 교육의 계수($b_1$)는 교육의 임금수익률을 정확하게 표현하지 못한다. 이런 치우침을 극복하는 한 방법은 이른바 도구변수법(instrumental variable regression; IV)이다.

다른 한편, 여성의 임금수익률을 추정할 때에는 여성의 노동시장 참여 제약을 고려하지 않으면 안 된다. 여성은 남성과 달리 선택적으로 노동시장에 참여하는데, 이런 선택적 참여를 고려하지 않으면 교육 계수($b_1$)가 한쪽으로 치우치기 때문이다. 이런 선택 치우침(selection bias)을 개선하는 방법은 헤크먼의 선택 모형(selection model)이다(Heckman, 1979).[40]

39 내부수익률을 추정하는 방법에 대해서는 荒井一博(1995) 등을 비롯한 경제학 교과서를 보라. 한국에서 교육투자수익률을 내부수익률로 추정한 연구는 그렇게 많지 않다. 이런 방법을 사용한 대표적 연구로는 공은배·백성준(1994)과 이정미 외(2009)를 들 수 있다.

40 이런 치우침 외에도 여성의 임금수익률을 계산할 때에는 다른 문제도 면밀히 살펴야 한다. 여성의 임금은 남성보다 훨씬 이질적인데 이를 고려한다면 분위회귀 방법

한국의 연구도 구미와 그 궤적을 같이했다. 어떤 연구는 보통의 회귀분석(OLS regression)을 동원하여 수익률을 구했는가 하면(Choi, 1996; 최강식 · 정진호, 2003; 김홍균 · 이예리, 2003; 금재호, 2004; 한성신 · 조인숙, 2007; 박성준 · 황상인, 2005), 다른 연구는 도구변수법으로 수익률을 계산했다(최강식, 2002; 장수명 · 이번송, 2001; 백일우 · 임정준, 2008). 또 다른 연구는 여성의 임금수익률을 선택 모형과 분위회귀모형으로 추정하기도 했다(Lee and Lee, 2006; 임정준 · 백일우, 2010).

이들 연구가 추정 방법만 달리 했던 것은 아니다. 분석 모형도 서로 달랐다. 한국의 연구는 대부분 민서의 인간자본 소득함수를 그대로 사용하지 않고 이를 변형하거나 확장한 식 (4-3)과 같은 함수를 사용했다. 다시 말하면 인간자본 함수에 기업규모나 고용형태, 인구학적 특성 등과 같은 여러 통제변수($C_i$)를 추가한 모형을 사용했다.

$$\ln R = c_0 + c_1 S + c_2 X + c_3 X^2 + \sum c_{4i} C_i + v \qquad (4\text{-}3)$$

이렇게 서로 다른 추정 방법과 분석 모형으로 수익률을 추정했기 때문에 한국의 임금수익률 추정치는 연구마다 서로 달랐다. 장수명 · 이번송(2001), 금재호(2004), 한성신 · 조인숙(2007) 등은 1990년대와 2000년대의 교육수익률을 3-5퍼센트로 낮게 추정했는가 하면, 도구변수법을 사용했던 백일우 · 임정준(2008), 임정준(2010)은 그것을 10-15퍼센트로 높게 추정했다. 나머지 연구는 대부분 6-10퍼센트의 수익률을 보고했다.

남성의 임금수익률에 대한 관심은 오래된 것이었지만, 여성의 임금수익률을 알아내려는 시도는 최근에야 비로소 시작되었다(Schultz, 1993; Buchinsky, 1998; 2001). 한국의 상황도 다르지 않아 여성의 수익률을 추정

(quantile regression)을 동원하여 각 임금 수준에서 교육수익률을 계산하는 것이 합리적이다(Koenker, 2005; Hao and Naiman, 2007).

한 연구는 그렇게 많지 않았다(cf. 백일우 · 임정준, 2013). 그다지 많지 않은 한국의 연구는 다소 특이한 결과를 보고했다. 이들 연구는 대부분 여성의 교육수익률은 남성과 크게 다르지 않거나(최강식, 2002), 남성의 수익률보다 더 낮다고 보고했다(금재호, 2004; 한성신 · 조인숙, 2007). 그러나 이런 결과는 여성의 수익률이 남성보다 더 높았다는 구미의 연구 성과와 일치하지 않는다(Dougherty, 2003; Psacharopoulos and Patrinos, 2004). 여성의 수익률이 남성보다 더 높다는 결과를 제시한 연구는 최강식(2002), 백일우 · 임정준(2008), Chang, S.(2024) 등이었다.

지금까지 우리는 한국 교육의 화폐수익률을 남녀로 구분해서 알아보았다. 그런데 다른 나라와 비교했을 때 한국의 임금수익률은 높은 편인가 낮은 편인가? 교육의 임금수익률을 국제 비교한 연구는 임금수익률의 전 세계 평균은 약 9.7퍼센트이고 OECD 국가의 평균은 약 7.1퍼센트라고 보고했고, 남성의 수익률은 8.7퍼센트이고 여성의 수익률은 9.8퍼센트라고 보고했다(Psacharopoulos and Patrinos, 2004). 그러나 이 수치를 한국의 연구와 비교하는 준거로 활용할 수는 없다. 이 연구에서 보고한 수치는 같은 해에 측정한 것이 아니기 때문이다. 수익률 추정 연도는 나라마다 다르다. 예컨대, 이 연구에서 한국의 수익률(13.5퍼센트)은 류재경 등(Ryoo et al., 1993)이 1986년 자료에서 추출한 것이다. 그러므로 최근의 경험 연구가 추정한 한국의 수익률을 이 자료의 다른 수치와 직접 비교할 수는 없다.

국가별로 수익률을 비교할 때 이용하는 또 하나의 자료는 OECD의 공식 보고서다(OECD, 2011). OECD(2011)은 각국의 25-64세 인구에서 4년제 대학 졸업 이상의 학력자의 임금을 고등학교 졸업자의 임금과 비교했는데, 조사 대상자가 모두 4년제 대학을 나왔다고 단순화하면, 이 상대임금을 1년 단위의 수익률로 환산할 수 있다. 2008년과 2009년에 이렇게 계산한 OECD 평균 수익률은 남자 약 17퍼센트, 여자 약 16퍼센트였다. 2008년 현재, 한국 남자의 수익률은 8.8퍼센트, 여자는 13.8퍼센트로 모두 OECD 평균에 못 미쳐, 30개 조사 국가에서 남자는 29위, 여자는 24위를 차지했다. 그러므로 지난 2000년대 첫 십 년 무렵에 한국의 교육수익률은 남녀를 불문하고 다른 나라보다 낮은 편이었다고 판단할 수 있다.

이처럼 2000년대 첫 십 년 후반에 한국의 교육수익률은 다른 나라보다 낮았다. 그것은 그렇다 치고, 한국의 수익률은 역사적으로 어떤 경향을 보였는가? 한국에서 수익률의 시계열 경향을 보인 연구는 그렇게 많지 않다. 몇 연구는 임금구조기본통계조사 원자료에 앞의 식 (4-3)을 적용하여 1983년부터 2000년에 이르기까지 교육투자수익률의 시계열 경향을 보였다(Choi, 1996; 최강식 · 정진호, 2003). 이들 연구는 1983년에 13퍼센트를 넘었던 수익률이 1980년대 내내 감소하다가 1994년에는 약 9퍼센트에 이르렀고, 이 수익률은 1994년 이후 다시 완만하게 상승하여 2000년에는 11퍼센트에 근접했다고 주장했다. 이에 덧붙여 이런 경향이 남녀별로 큰 차이를 보이지 않았다는 사실도 보여주었다. 이들은 수익률 변화 모습이 이렇게 납작한 그릇 모양을 띠게 된 이유를 내놓았다. 1990년대 초반까지 수익률이 지속적으로 낮아졌던 것은 주로 대학 졸업자의 공급 증가 때문이었고, 90년대 중반 이후 수익률이 완만하게 높아졌던 것은 산업구조의 변화나 산업 간 고용구조의 변화 탓이 아니라 주로 산업 안의 숙련기반 기술진보 탓이었다고 이들은 주장했다.

방금 보았듯이 이 분야의 앞선 연구는 다소 어수선하다. 수익률의 크기도 들쭉날쭉할 뿐 아니라 분석 방법과 분석 모형이 서로 달라 이를 서로 비교하기도 힘들다. 남녀의 수익률 격차에 대한 분명한 합의도 존재하지 않는다. 그러나 이렇게 어수선한 논의에서도 윤곽이 비교적 선명한 것도 있다. 첫째, 적어도 2000년대 첫 십 년의 후반에 한국의 교육수익률은 타국보다 크지 않았다. 이 시기의 임금수익률은 다른 나라보다 상당히 낮았다. 둘째, 수익률은 1980년대 내내 감소하다 90년대 중반 이후 증가했지만, 그 증가 폭은 그다지 크지 않았다.

이 분야에서 앞으로 우리가 관심을 기울여야 할 것은 여러 가지다. 첫째, 앞선 연구의 교육수익률을 서로 비교 가능하게 만들어야 한다는 사실이다. 수익률 비교가 쉽지 않았던 까닭은 교육수익률을 측정하는 모형이 같지 않았기 때문이다. 앞선 연구는 교육수익률을 추정할 때 대부분 식 (4-3)과 같은 임금 함수를 사용했다. 여기서 추가로 도입하는 $C_i$는 흔히 직업 관련 특성, 예컨대 직업 지위, 기업의 규모, 고용 지위 등이거나 인구학적 특성, 예컨대 혼인 여부, 거주지 등이었다. 경제학이든 사회학이든 앞선 연구는 이런 함수로 흔히 직업 관련 특성이 임금률에 미치는 효과를 측정했다. 예컨대 기업규모나 노동조합이 임금률에 미치는 영향, 혼인이 임금률에 미치는 영향 등을 조명했다. 그러나 이런 함수로 추정하는 교육의 계수 $c_1$은 교육수익률이라고 이름 붙이기 어렵다. 왜냐하면 $c_1$은 교육의 직접 효과만 나타낼 뿐이기 때문이다. 교육수익률은 교육의 직접 효과뿐 아니라 간접 효과까지 포괄한다. 그러므로 교육수익률을 식 (4-3)이 아니라 식 (4-2)로 추정하는 것이 마땅하다(Becker, 1964; Psacharopoulus and Patrinos, 2004).[41]

둘째, 선행 연구가 많이 쌓인 까닭에 교육의 임금수익률을 나라별로 비교하는 일은 비교적 쉽다. 그러나 수익률의 시계열 경향을 파악하기는 그렇게 쉽지 않다. 자료의 제약 등과 같은 원인 탓으로 보인다. 그러나 아무리 어렵다 해도 수익률의 시계열 경향을 포착하는 데에 나름대로 애를 써야 할 것이다. 시계열적 경향을 파악할 때에만 이 수익률을 다른

41 교육이 무상으로 이루어지고, 학생들이 학교 다닐 때 돈 버는 일을 하지 않으며, 식 (1)의 변수를 정확하게 설정했다고 가정하면, $b_1$은 교육 투자의 내부수익률과 일치한다(Willis, 1987: 532). 그러나 현실적으로 교육은 무상이 아니고, 경력은 정확하게 측정하기 힘들다. 그러므로 식 (1)로 추정한 수익률은 내부수익률과 다를 수밖에 없다.

사회현상, 예컨대 대학 진학률 등과 같은 현상과 서로 관련지을 수 있기 때문이다.

## 여성 교육의 혼인수익

우리가 혼인에 관심을 두는 것은 대체로 두 가지 정도의 이유 때문이다. 첫째, 혼인은 여성의 사회이동을 보여주기 때문이다. 지금은 그 정도가 많이 약화했지만, 여성은 아직도 자신의 직업 성취가 아니라 결혼으로 자신의 사회적 지위를 바꾸는 경향이 강하다. 그러므로 여성의 사회이동을 이해하려면 결혼을 살펴야 한다. 둘째, 우리가 혼인에 관심을 두는 것은 혼인이 사회의 개방성을 측정하는 한 척도이기 때문이다. 세대 간 이동이 그러한 것처럼 내혼(endogamy)이나 동질혼(homogamy)의 정도도 사회의 개방성을 측정하는 한 척도다. 내혼이나 동질혼의 정도가 크면 사회의 개방성은 낮다고 볼 수 있다.

만일 한 사회의 여러 집단 사이에 견고한 장벽이 놓여 있고, 그렇게 나뉜 집단이 폐쇄의 경향을 내보인다면, 그런 폐쇄는 크게 두 메커니즘을 거쳐 이루어진다. 폐쇄의 한 메커니즘은 세대 간 세습이다. 부모 세대의 물질적 부, 문화자본, 사회적 연결망 등은 자녀 세대로 전승하여 사람들은 서로 구별되는 별도의 집단을 형성한다. 폐쇄를 야기하는 또 하나의 메커니즘은 내혼이나 동질혼이다. 사람들은 서로 비슷한 사람끼리 혼인하여 서로 다른 집단을 형성한다. 이렇게 앞에서 열거한 두 메커니즘이 폐쇄를 결정한다면, 세대 간 세습이 큰 사회에서, 그리고 동질혼의 경향이 강한 사회에서, 폐쇄의 경향은 더 클 것이라고 예측할 수 있다.

세습과 결혼 중에서 어느 것이 사회 불평등을 재생산하는 데에 더 결정적인가? 직관적으로 판단하면, 세습이 불평등의 재생산에 더 결정적일 것 같다. 그러나 이런 세습은 내혼이나 동질혼을 전제하지 않으면 가능하지 않다. 만일 결혼이 한 가족의 지위와 무관하게 무작위적으로 이루어진다면 계급 차이를 유지하고 제도화하기 힘들다. 이런 상황에서는 이른바 '명문가'라는 것도 존재하지 않을 것이고, 부나 지위의 세습도 가능하지 않을 것이기 때문이다(Goody, 1971). 이렇게 결혼은 세습을 가능하게 하는 전제 조건이다. 그러므로 결혼은 세습과 더불어 한 사회의 불평등을 지속하거나 재생산하는 기본적 계층화 메커니즘(basic stratification mechanism)이라고 할 수 있다(Haller, 1981).

이런 맥락으로 보건대, 불평등 연구자들이 배우자 선택(mate selection)을 많이 논의한 것은 전혀 이상한 일이 아니다. 이론적 논의에서부터 경험적 조사에 이르기까지 이 방면의 논의는 풍부한 편이다(Kalmijn, 1998). 선행 연구는 주로 인종, 종교, 사회경제적 배경, 직업, 교육수준별 동질혼과 이질혼의 특징과 경향을 살폈다. 이 방면의 연구자들은 인종 간 결혼의 특징이나 경향을 알아보았고(Kalmijn, 1991a; Jones and Luijkx, 1996), 종교 집단 간 혼인 경향에도 상당한 관심을 기울였다(Johnson, 1980; Kalmijn, 1991b). 이들은 사회경제적 배경이 비슷한 사람들의 동질혼 경향을 밝혔을 뿐 아니라(Hall, 1954; Blau and Duncan, 1967; Uunk et al., 1996; Blackwell, 1998), 결혼 당사자의 직업의 유사성을 들여다보거나(Hout, 1982; Kalmijn, 1994), 교육수준의 유사성을 살폈다(Berent, 1954; Blau and Duncan, 1967; Ultee and Luijkx, 1990; Mare, 1991; Kalmijn, 1991b; Uunk et al., 1996; Blackwell, 1998; Smits et al., 1998). 심지어는 남녀의 인간적 매력이나 성적 매력이 서로 비슷한 정도를 연구하기도 했다(Stevens, et al., 1990).

이 절에서 우리는 주로 교육수준별 동질혼 유형과 이 유형의 경향적 변화 과정을 알아보기로 하자. 그런데 우리는 왜 특별히, 다른 무엇보다 교육수준별 동질혼에 관심을 두는가? 교육수준은 가족의 계급 배경을 반영할 뿐 아니라, 현재의 직업이나 소득을 규정하는 가장 중요한 요소이기 때문이다. 직업이 한 사회의 보상체계의 척추(脊椎)를 이룬다면, 교육은 그 척추의 척수(脊髓)라고 할 수 있다(Ultee and Luijkx, 1990). 그러므로 교육수준별 동질혼이야말로 다른 어떤 형태의 동질혼보다 한 사회의 계층별 혼인 유형의 특징을 잘 보여준다.

교육수준별 동질혼을 추동하는 메커니즘은 무엇인가? 전근대사회에서 가족은 주로 정치적이고 경제적인 이해관계를 좇아 자녀의 결혼을 조정했다. 정략이 지배하는 시장에서 혼인은 계급별 동질혼의 경향을 띠었다. 근대사회에서 사람들은, 이와 달리, 정치적인 동기나 경제적인 목표를 좇아 결혼하는 것이 아니라 오로지 개인의 애정 때문에 결혼하는 듯하다. 그러므로 계급 동질혼의 정도가 낮아질 것 같다. 그러나 연애결혼이 지배적인 관행으로 자리 잡은 근대사회에서도 배우자 선택의 지배적 양상은 역시 동질혼이다. 말하자면 계급배경, 인종, 종교, 교육수준, 개인적 성격 등의 측면에서 같은 속성을 가진 남녀끼리 혼인할 가능성이 높다(Collins and Coltrane, 1995: 83-85). 근대 사회에서 동질혼의 경향이 지배적인 것은, 크게 보아, 다음과 같은 세 가지 요인 때문이다. 결혼시장의 구조, 가족이나 주변 인물들의 도덕적 압력, 그리고 개개인의 선호가 바로 그것들이다(Kalmijn, 1991a; 1998). 그러나 오늘날 사적 결혼시장의 동질혼을 설명하는 이론은 주로 개개인의 선호에서 그 원인을 찾는다. 다만 그 선호가 사회경제적 자원을 향한 것인지, 아니면 문화적 취향에 대한 것인지를 놓고 서로 대립하고 있을 뿐이다. 그러므로 여기에서는 먼저 개인의 선호를 다룬 이론을 먼저 살펴보고, 곧이어 가족의 도덕적 압력이나 결혼시장의 구조에 대해서도 언급하기로 하자.

배우자 선택에서 가치나 기대를 강조하는 이론, 남녀가 수행해야 하는 구실과 그 구실에 대한 합의를 중시하는 이론, 그리고 정체감의 유지와 확립에 초점을 맞추는 이론은 조화 가설(matching hypothesis)을 지지한다. 이 가설은 유사한 속성이나 취향을 가진 사람끼리 서로 끌린다고 가정한다(Kerckhoff and Davis, 1962; Haller, 1981; DiMaggio and Mohr, 1985). 반면 시장

기회나 자원을 강조하고 기회나 자원의 균등 교환을 가정하는 이론은 경쟁 가설(competition hypothesis)을 제시한다. 이 가설은 사람들이 자신보다 더 높은 사회적 지위의 사람과 혼인하려 한다고 가정한다(Becker, 1981; Schoen and Wooldredge, 1989; Mare, 1991; Collins and Coltrane, 1995). 언뜻 보아도 이들 가설의 이면에 놓여 있는 함의는 전혀 다르다. 조화 가설은 가치와 규범의 공유라든지 '공통의 담론 세계나 상호작용 영역' 등과 같은 문화적 유사성이 혼인과 같은 친밀한 관계를 낳는 동력이라고 본다(DiMaggio and Mohr, 1985). 말하자면 이 가설은 개인이 자신의 고유한 가치와 규범, 취향에 따라 '자발적 위축(self-elimination)'을 거듭함으로써 집단을 형성한다고 가정한다(Lamont and Lareau, 1988). 이와 달리, 경쟁 가설은 사람들이 희소한 경제적 자원을 둘러싸고 서로 경쟁하면서 수직적 배제(vertical exclusion) 전략을 사용하는데, 이런 전략이 최종적으로 유사한 자원을 가진 사람들을 함께 묶어 집단을 형성한다고 가정한다. 이 두 가설은 이처럼 상이한 가정을 내포한다는 점에서 서로 다르지만, 표면상 나타나는 혼인 유형이 동질혼일 것이라고 예측한다는 점에서는 서로 비슷하다.

교육수준별 동질혼을 설명할 때, 앞의 두 이론 자원을 모두 사용할 수 있다. 교육은 '공통의 담론 세계'나 유사한 가치나 규범, 그리고 비슷한 취향을 낳는 주요 과정이다. 따라서 교육수준별 동질혼은 조화 가설에서 설명하는 바와 같이 이른바 '자발적 위축'의 결과로 이루어진 것일 수 있다. 이 가설이 맞는다면, 사람들은 자신의 학력보다 더 높은 학력을 가진 배우자를 선호하지 않는다. 특히 낮은 학력을 가진 사람은 더욱더 그러하다. 그러나 다른 한편, 경쟁 가설이 주장하듯, 교육은 좀 더 나은 직업 지위나 소득에 도달하는 경제적 수단이기도 하다. 만일 높은 수준의 교육이 사회경제적 지위 향상의 가능성을 높인다면, 사람들은 자신의 학력보다 더 높은 학력을 보유한 배우자를 얻으려고 서로 경쟁할 것이다. 이 경쟁이 반복하면서 최종적으로 동질혼으로 귀결할 것이다. 조화 가설이든 경쟁 가설이든 동질혼을 예측한다는 점에서 다를 바가 없다.

지금까지 개개인의 선호가 동질혼을 낳는 과정을 보았지만, 이것만이 동질혼을 규정하는 것은 아니다. 앞에서 이미 언급했듯, 가족이나 주변인물의 도덕적 압력도 동질혼을 야기한다. 이런 압력은 주로 집단 정체성을 확립하려는 개인이나 집단의 욕구에서 비롯하여 이질혼에 대한 집단의 제재로 이어진다. 이런 종류의 순응 압력(conformity pressure)이 구체적으로 어떤 과정을 거쳐 동질혼이라는 결과를 만들어내는지는 잘 알려져 있지 않지만, 그 존재와 영향력을 부인하기는 힘들다.

동질혼을 결정하는 세 번째 요인은 결혼시장의 구조다. 이 구조는 동질혼의 경향을 초래하는 앞의 두 요인, 즉 개개인의 선호와 집단의 도덕적 압력을 제약함으로써 동질혼을 결정한다. 한 사회의 인구학적 구성이나 집단의 계층 분화 정도, 학교나 이웃, 그리고 직장 등과 같은 요인은 동질혼을 초래하기도 하지만, 그 가능성을 제약하기도 한다. 예컨대 남녀의 대학 진학률이 높아진 오늘날, 대학은 성적 유대를 매개한다(Mare, 1991). 또한 여성의 경제활동참가율이 증가하고 직업의 성별 분리 경향이 완화한 최근에는 직장이 결혼시장으로 기능하게 된 비중도 커졌다(Davis, 1984). 그러나 이런저런 요인보다 특히 주목할 만한 구조 요인은 아무래도 집단 내부의 분화 정도다. 뒤르케임의 이론 자원에 기댄 일군의 학자들은 개개인의 주관적 선호보다는 개개인에 외재하는 사회구조의 강제적 힘을 중시했고, 동기에 비한 구조의 우위성을 강조했는데, 사회적 불평등과 혼인 유형에 관한 그들의 주장의 핵심은 다음과 같다. 비록 개개인의 선호가 내혼이나 지위 동질혼으로 귀결하는 경향이 있다고 하더라도, 특정 집단 내부의 분화나 불평등이 심하면 교차혼이나 이질혼의 비율이 높아진다(Blau et al., 1982; Rytina et al., 1988). 교육수준별 혼인 유형에서 이와 같은 구조의 영향은 다음과 같은 형태로 나타날 것이다. 주어진 사회에서 남녀의 교육수준이 서로 다른 정도가 클수록 학력 간 이질혼

비율은 높아진다. 이와 반대로, 한 사회에서 남녀의 교육수준이 점차 서로 비슷해지면, 구조적으로 동질혼의 비율도 높아진다. 오늘날 일반적으로 남녀의 교육수준은 서로 비슷해지고 있다. 그러므로 동질혼 경향은 점차 강화할 것으로 예측할 수 있다. 구조의 영향은 다른 방식으로도 나타날 수 있다. 교육체계가 팽창하여 고학력자가 많아지면서, 예전과 달리 오늘날에는 저학력 여성보다 고학력 여성이 더 많이 결혼하게 되었다. 다시 말해, 결혼의 교육 기울기가 바뀌었다.[42] 이런 변화는 여성의 동질혼이나 강혼(降婚, hypogamy) 비율을 늘릴 가능성이 높다. 이처럼 구조의 영향은 강력한 것이지만,[43] 여기에서는 구조의 영향으로 말미암은 동질혼보다 주로 선별적 짝짓기로 말미암은 동질혼을 살펴보기로 한다. 선행 연구가 거의 모두 구조적 요인보다 개개인의 선별적 짝짓기를 밝히는 데에 치중했기 때문이다.

동질혼을 야기하는 요인이 무엇이고, 그 요인이 동질혼을 얼마나 제약하든, 애정 결합과 사적 결정을 중시하는 오늘날의 결혼에서도 동질혼은 지배적 혼인 유형이다. 그런데 동질혼은 계층 분화에 어떤 결과를 초래

42 결혼의 교육 기울기(educational gradient of marriage)는 혼인하거나 동거하려는 성향(propensity)의 학력 차이를 말한다. 이 기울기는 사회적 맥락에 따라 다른데, 전통적 성 구실을 강조하는 사회에서 고학력 여성은 저학력 여성보다 결혼을 덜 하는 편이고(결혼의 교육 기울기가 낮고), 성 구실이 평등한 사회에서는 고학력 여성이 더 많이 결혼하는 편이다(결혼의 교육 기울기가 높다). 남성의 기울기는 어떠한가? 전통 사회에서 남성의 교육 기울기는 편평하고, 성 구실이 평등한 사회에서 교육 기울기는 높다. 다른 한편, 성 구실도 교육 기울기를 좌우하지만, 교육 불평등도 이 기울기에 영향을 미친다. 교육 불평등이 심한 사회에서 고학력 남성은 저학력 남성보다 결혼할 가능성이 더 높다. 이런 결과로 미루어보건대, 선진산업사회에서 저학력 남성의 사회경제적 불리함은 지속적으로 누적하여 왔음을 알 수 있다(Kalmijn, 2013).

43 한 연구는 아일랜드에서 1991-2016년 사이에 교육수준별 동질혼이 증가했다는 사실을 보이고, 이런 변화는 선별적 짝짓기(assortative mating)가 추동한 것이 아니라 앞에서 언급한 몇 가지 구조 변화가 초래했다는 사실을 증명했다(Leesch and Skopek, 2023).

하는가? 일반적으로 이질혼은 혼인의 안정성을 위협하리라는 믿음이 지배적이었으나 이런 믿음은 지나친 일반화라는 것이 드러났다(Bumpass and Sweet, 1972). 또한 비록 이질혼이 가족해체의 위험성을 높이기는 하지만, 그와 동시에 동질혼이 가져다주는 집단의 폐쇄 경향을 완화시켜 사회적 평등과 정의를 달성하는 역할을 한다는 관점도 제기되었다(Haller, 1981). 이런 관점이 타당하다면, 이질혼을 많이 허용하는 사회일수록 유연하고 개방적인 사회라고 할 수 있다.

동질혼이 집단 구별의 경향을 낳고, 거꾸로 이질혼이 집단 구별이나 계층 분화의 정도를 완화한다고 하더라도, 교육수준간 동질혼은 이와는 약간 다른 결과를 초래할 것으로 예상할 수 있다. 왜냐하면 학력은 귀속 지위가 아니고 업적 지위라고 간주할 수 있기 때문이다. 교육수준별 동질혼은 귀속 지위(계급배경, 인종 등)의 동질혼과는 달리, 사회적 불평등을 강화하지 않고 도리어 약화할 것이라고 주장할 수도 있다. 그러나 잘 알려져 있는 바와 같이 교육은 가족배경을 나타내는 대리변수가 될 만큼 가족배경의 영향을 크게 받는다. 자녀의 교육 성취는 가족배경 중에서도 부모의 물질 자본이라기보다 그들의 문화자본, 특히 교육수준에 더욱더 큰 영향을 받는다. 그리고 산업화가 진전하고 교육체계가 팽창해도 이런 영향은 감소하지 않았다(Blossfeld and Shavit, 1993). 그러므로 교육수준별 동질혼도 이른바 기회의 개방성을 보여주는 지표라고 볼 수는 없다. 이에 덧붙여 교육수준이 어느 정도 업적이라는 속성을 지니고 있다 하더라도 이러한 업적 속성의 동질혼은 자녀 세대에 이르러서 사회적 불평등을 강화하는 쪽으로 귀결하기도 한다(Bernasco, 1994). 요약하면 교육수준별 동질혼의 확대가 사회 불평등을 강화하지는 않는다 하더라도 사회의 경직성을 약화하는 것도 아니라고 말할 수 있다.

동질혼이 사회적 불평등을 재생산하는 주요한 축이라는 점과 이질혼이 그를 단절하는 과정이라는 점을 인정해도, 우리가 알아보아야 할 문제는 여전히 남아 있다. 산업화 과정에서 동질혼이 보일 변화 방향 문제가 바로 그것이다. 산업화가 진전하면서 동질혼은 증가할 것인가, 감소할 것인가? 이 분야에 대한 이론적 예측도 상이하다. 첫째, 산업화와 더불어 세대 간 세습의 정도가 약화하듯 학력의 동질혼 경향도 약화할 것이라는 예측이 존재한다. 둘째, 산업화의 도정에서 학력의 동질혼의 경향은 도리어 강화할 것이라는 예측도 있다. 셋째, 이렇게 충돌하는 두 예측을 절충한 가설도 있다.

첫째 가설의 논리적 근거는 대략 다음과 같다. 일과 직장의 분리는 부모나 가족의 압력을 점차 약화한다. 도시화와 그에 수반하는 광범한 지리적 이동으로 말미암아 사람들이 서로 다른 부류의 집단과 접촉하는 정도도 증가한다. 그리하여 연애결혼은 장기적으로 늘어난다(Shorter, 1975). 연애시장이 확대하면서 사람들은 가족배경이나 교육수준과 같은 사회경제적 속성보다 연애 감정을 더 중시할 것이므로 교육수준별 동질혼 경향은 점차 약화할 것이다.[44] 이런 논리는 낭만적 사랑 가설(romantic love hypothesis)이라고 부를 수 있다.

그러나 이와 반대로 학력간 동질혼의 증가를 예측하는 가설도 존재한다. 이 가설의 논리적 근거는 이른바 지위획득모형의 이론적 전제에서 흔히 볼 수 있는 것이어서, 지위획득가설(status attainment hypothesis)이라고 부른다(Smits et al., 1998). 산업화가 진전하면서 직업 획득 과정에서 업적 요인이 귀속 지위보다 더 큰 구실을 한다. 왜냐하면 고도의 산업 사회는 좀 더 발달한 테크놀로지와 숙련을 요구하기 때문이다(Kerr, 1983). 다른

44 동질혼의 약화와 이질혼의 증가를 다른 차원으로 설명하는 방식도 있다. 산업화가 진전하면서 사람들이 직업을 얻고 결혼비용을 마련하는 시간이 점점 더 길어진다. 결혼연령이 점차 늦어진다는 이야기다(한경혜, 1990). 최종학교를 떠나는 시기와 결혼 연령의 간격이 넓어질수록 동일 학력자끼리 연애하고 결혼할 가능성은 줄어든다. 이렇게 되면 학력간 동질혼의 경향은 점차 감소하게 된다(Mare, 1991).

한편 관료제 조직이 확대하고 그 조직체의 보편주의적 인원선발원칙이 확산하면서 사람들은 교육에 더 많은 비중을 둔다(Treiman and Yip, 1989; Blau and Duncan, 1967). 이렇게 사회경제적 지위 획득에서 교육이 차지하는 구실이 더 중요해지면서 더 많거나 더 좋은 자원을 확보하려는 사람들은 배우자를 선택할 때 가족배경보다 교육을 우선하는 경향을 보인다. 그리하여 교육수준별 동질혼의 경향은 점차 더 우세해진다(Ultee and Luijkx, 1990; Kalmijn, 1991a).[45]

어떤 가설이 경험적 사실과 일치할까? 최근 들어 교육수준별 혼인 유형을 국제 비교한 한 연구는 18개국의 혼인양상을 경험적으로 실증해, 산업화와 교육수준별 동질혼 사이에 미약한 정의 상관관계가 존재한다고 보고했다(Ultee and Luijkx, 1990). 그러나 65개국을 비교한 다른 연구는 교육수준별 동질혼 경향이 산업화의 일정 수준까지는 강화했지만, 그 이후부터는 점차 약화했다고 보고했다(Smits et al., 1998). 후자는 이런 발견에 근거하여 앞의 두 가설을 절충한 가설, 이른바 역 U자 가설을 제기했다. 그런 가설을 설정한 근거는 대략 다음과 같다. 산업화의 수준이 아직 저급할 때에는 사람들은 사회적 성공이라는 가치를 중시하고, 그런 성공을 보장하는 학력을 중요시한다. 또한 이 단계에서는 가족 간 의존이

---

45 부르디외와 그의 동조자들은 이와 전혀 다른 논리를 통해 학력 간 동질혼의 증가 경향을 설명했다. 부르디외(Bourdieu, 1984: 135-137)에 의하면, 모든 계급 분파는 자신의 사회적 지위를 유지하고 강화하기 위해 독자적인 재생산 전략(reproduction strategy)을 구사한다. 재산 상속자 분파는 경제자본을 학력 자본으로 전환(diversion)하는 전략을 사용한다. 이런 전환으로 사람들은 훨씬 더 교묘하고 확실한 방법으로 소득을 확보할 수 있기 때문이다. 재산 상속자 분파의 이런 전략은 사회적 지위와 정체감을 학력자격에 의존하는 계급 분파를 자극하고, 그 결과 사회 전반적으로 학력 인플레이션(diploma inflation)을 초래한다.

배우자 선택에서 이런 논의가 품는 함의는 분명하다. 계급 구별의 징표가 경제자본에서 문화자본으로 옮겨가면서, 배우자를 선택하는 과정에서 문화자본이 차지하는 비중이 점차 커진다. 따라서 학력 간 동질혼은 점차 증가한다(DiMaggio and Mohr, 1985; De Graaf, 1986; Kalmijn, 1994).

상당한 만큼 가족이나 주변 인물의 도덕적 압력도 상승한다. 그 결과 학력 간 동질혼이 증가한다. 그러나 산업화가 더 진전하여, 임금이 상승하고 사회보장제도가 정착하여 가족 의존도가 낮아지면, 사람들은 점차 낭만적 사랑을 중시하면서 학력 동질혼의 경향은 감소한다.

어떤 가설이 현실과 더 적합한가? 한국의 경험적 현실은 어떤 가설과 더 친화적인가? 지금부터는 한국의 교육수준별 동질혼과 이질혼의 유형과 경향을 알아보자. 지난 수십 년 사이에 한국인의 학력은 가파르게 높아졌다. 앞의 〈그림 4-7〉에서 보듯 한국의 대학진학률은 1990년대 이후 빠르게 상승하여 2000년 무렵에는 고등학교 졸업자의 60퍼센트 이상이 대학에 진학했고, 2000년대 후반에는 80퍼센트 가까이 진학했다.[46] 10년도 지나지 않아 대학 진학률이 두 배 이상 늘어났다. 그러나 이보다 더 눈여겨볼 만한 것은 남녀의 진학률 차이다. 지난 몇 십 년 동안 한국 여성의 대학 진학률은 남성보다 낮았으나 그 차이는 차츰 줄다가 2010년대 초반에 이르러 드디어 남성을 앞질렀다.

한국에서 여성의 대학 진학률이 이렇게 높아진 까닭은 무엇인가? 구미의 연구는 여성의 교육수준 향상을 주로 경제 조건의 변화로 설명했다(cf. Walters, 1986; Goldin, 2006; Goldin et al., 2006). 이들 연구는 여성의 고등교육 진학률이 높아졌던 것은 여성의 노동시장 참여율이 늘어나고 여성의 교육수익률이 높아졌기 때문이라고 주장했다.[47] 한국에서도 이와 비슷

46 그러나 2000년대 후반 이후 한국의 대학 진학률은 조금씩 감소하여, 2022년 현재 고등학교 졸업생의 약 73퍼센트가 대학에 진학했다.

47 다소 뜻밖이긴 해도, 최근 연구는 여성이 남성보다 대학에 더 많이 진학하는 현상의 원인을 여성 교육의 경제적 수익 상승에서 찾지 않고 비인지적 기술(non-cognitive skills)의 성 차이에서 찾았다. 비록 그 수는 많지 않지만 결코 비중이 낮지 않은 몇 연구는, 여성이 남성보다 대학에 더 많이 진학하는 것은 여성의 비인지적 재능이 남성보다 더 높아 대학 진학과 학업 수행에 필요한 비용이 더 낮고, 그로 말미암아 교육 투자의 순수익이 더 크기 때문이라고 설명했다(Jacob, 2002; Buchmann and DiPrete,

한 가설을 내세운 연구가 없지 않다. 이연주와 조세화(Lee and Cho, 1999)는 여성의 경제활동 참여율이 높아지면서 여성의 대학 진학률이 높아졌다고 판단했다. 그러나 한국 여성의 대학 진학률 상승을 이런 방식으로 설명하지 않는 연구도 많았다. 한국 여성의 노동시장 참여율이 1980년대 이후 꾸준히 높아졌던 것은 사실이지만, 고학력 여성이 노동시장에 더 많이 참여했던 것은 아니어서, 학력과 노동시장 참여율은 별다른 관계를 맺지 않았다는 연구가 있었는가 하면, 한국 여성의 대학 진학률은 여성의 노동시장 참여율과 화이트칼라 직업 종사 비율 변화와 큰 관련성을 보이지 않았다고 주장하는 연구도 있었다(Brinton and Lee 2001).

대학 진학률과 경제적 요인이 이렇게 느슨하게 연결되어 있다면 한국 여성은 무엇을 노리고 그렇게 많이 대학에 진학했는가? 적지 않은 연구자는 한국 여성이 결혼시장에서 유리한 위치를 차지하려고 대학에 진학했다고 추론했다(김영화, 1993; Sorenson, 1994; Lett, 1998; Brinton and Lee, 2001; Seth, 2002). 일련의 연구는 이 추론을 간접적으로 증명했는데, 이들은 한국 여성의 고등교육이 직업, 승진 가능성, 임금 등에서는 낮은 수익을 거두었지만, 결혼시장에서는 높은 수익을 얻었다고 주장했다(Lee, 1998; Lee, 2001).

---

2006; Goldin et al., 2006). 최근의 한 연구도 비슷한 주장을 내세웠다. 여성은 남성보다 수업에 더 많이 주의하거나 집중하고, 숙제나 시험 대비에 더 많은 시간을 투하하며, 부적절한 행동을 더 많이 자제하는데, 이와 같은 비인지적 태도의 차이가 남녀의 진학률 차이를 초래했다고 이 연구는 주장했다. 이 연구는 한 걸음 더 나아가 여성의 비인지적 재능의 평균 크기보다 이 재능의 분산에 초점을 맞추었다. 이 분산은 여성에게서 더 작은데, 이 분산이 작다는 것은 공급탄력성이 크다는 것을 의미한다. 공급탄력성이 크다는 것은 수익률 변화에 민감하다는 것을 뜻하는데, 여성은 교육수익률이 조금만 바뀌어도 대학에 더 많이 진학하게 된다는 것이다(Becker et al., 2010). 이처럼 여성의 대학 진학률 팽창을 수익률이 아니라 비용으로 설명하려는 시도, 비용 가운데에서도 교육비나 기회비용 등과 같은 전통적 비용이 아니라 비인지적 재능과 같은 비전통적 비용으로 설명하려는 시도는 경험적 사실 증명에 앞서 그 자체로 흥미진진하다. 그러나 이 글에서는 논의의 확대를 피해 교육의 수익(전통적 임금수익이나 혼인수익)이 여성 교육의 팽창을 불러일으켰다고 잠정적으로 가정하기로 한다.

이처럼 한국 여성의 대학 진학률은 노동시장 수익 때문이 아니라 혼인시장 수익 때문에 높아졌다는 것이 지배적 견해이지만, 이런 견해는 어디까지나 간접적인 증거에서 비롯한 것이다. 주로 자료의 제약 때문이었겠지만, 앞선 연구는 진학률과 노동시장 참여율과 같은 거시적인 지표의 상호 관련을 살폈을 뿐, 여성 교육의 수익률을 직접 계산하여 그와 같은 결론을 뒷받침하지 않았다. 이 책에서는 여성 교육의 혼인수익률을 살펴보기로 한다.

혼인시장 수익에 접근하는 방법은 학문 분과마다 서로 달랐다. 사회학에서는 전통적으로 혼인수익을 혼인 유형으로 파악했고, 경제학에서는 여성이 혼인함으로써 얻는 화폐수익에 관심을 기울였다. 먼저 사회학적 연구 성과를 보자. 어떤 사회에서나 사회경제적 지위가 비슷한 남녀가 서로 결합하는바, 일반적으로 여성은 비슷한 교육수준의 남성과 혼인한다(Kalmijn, 1998). 이와 같이 교육수준별 동질혼이 지배적인 혼인형태이고, 고학력의 남성이 높은 소득을 얻을 가능성이 더 높다면, 여성은 자신의 학력을 높여 교육수준이 높은 남성을 만나려고 할 것이다. 다시 말해 여성은 자신의 교육에 투자하여 고학력 고소득의 남편을 얻는 수익을 얻는 셈이다. 이런 이유 때문에 교육수준별 동질혼을 다룬 연구가 많았던 것은 전혀 이상한 일이 아니다. 이론적 논의부터 경험적 조사까지 이 방면의 논의는 풍부했다. 구미에서도 그랬지만, 한국에서도 그러했다(Park, 1991; 장상수, 1999a; 이명진, 2000; Park and Smits, 2005; Lee, 2010; 박현준·김경근, 2011; 20·12).

이들 연구가 밝히고자 했던 것은 비교적 단순했다. 특정 학력을 갖춘 여성이 비슷한 학력을 갖춘 남성과 결혼할 확률비(odds)는 다른 학력의 여성이 그러할 확률비보다 얼마나 높은가를 따져보는 것이었다. 또 이 상대적 확률비는 나라마다 얼마나 다르고 시간이 흐르면서 어떻게 변했

느냐를 살피는 것이었다. 장상수(1999a)는 1990년과 1995년의 '한국의 불평등과 형평 자료'를 사용하여 한국에서 동질혼은 이질혼보다 더 강력하다는 사실을 발견했고, 동질혼은 학력의 양극단에서 더 강했다는 사실도 발견했다. 〈그림 4-14〉에서 보다시피, 남성의 동질혼 효과는 저학력에서 더 강했고, 여성의 동질혼 효과는 고학력에서 더 강했다(이 그림에서 수평축은 이질혼 효과를, 수직 축은 동질혼 효과를 나타낸다). 다른 자료를 분석한 다른 연구도 비슷한 경향을 발견했다(Park and Smits, 2005). 이에 더하여 국제 비교를 수행했던 몇 연구는 학력별 동질혼의 경향이 다른 나라보다 한국이나 일본을 비롯한 동아시아에서 특히 더 크다는 사실을 보고했다(Smits and Park, 2009; 이명진, 2000). 이런 발견은 한국에서 여성이 혼인으로 얻는 교육수익이 적지 않다는 것을 보여주었다.

〈그림 4-14〉 한국의 학력 동질혼 효과와 학력 간 거리

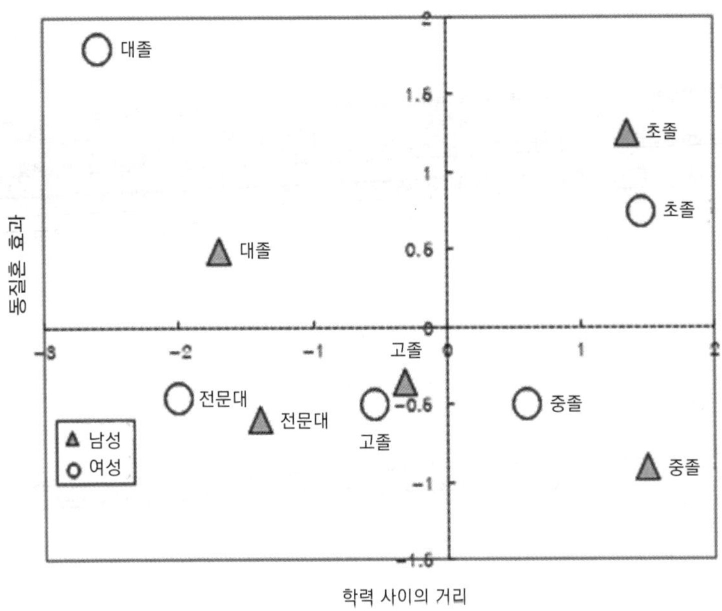


**출처**: 장상수(2001: 193)

그런데 여성의 교육수준별 동질혼 경향은 시간이 흐르면서 어떤 방향으로 바뀌었는가? 2000년의 센서스 자료를 사용했던 한 연구는 1930-50년 출생 코호트까지는 남녀의 학력 연관성이 점차 커지다가 1960-70년 출생 코호트에 이르러서 그 연관성은 점차 감소했다고 보고했다(Lee, 2010). 1993년부터 2000년까지 접수된 혼인신고서를 바탕으로 학력 연관성의 결혼 코호트별 추이를 살핀 연구는 1990년대부터 부부의 학력 연관성이 점차 감소했다고 주장했다(박현준 · 김경근, 2011). 인구주택총조사 자료를 사용해서 시계열 변화를 본 다른 연구도 1990년대 중반에 부부의 학력 연관성이 정점에 도달한 다음, 그 이후 그 연관성은 점차 약화했다고 판단했다(박현준 · 김경근, 2012). 엎어놓은 접시 모양을 한 이런 형태의 경향은 구미나 아시아의 다른 국가와 비슷했다(Smits et al., 1998; Smits and Park, 2009). 한국의 교육수준별 동질혼이 보이는 이런 경향은 1990년대 이래 고학력 여성이 고학력 남성과 혼인할 가능성이 점차 낮아졌다는 사실을 보여주는데, 이런 사실을 감안하면, 한국 여성이 교육으로 얻는 혼인수익은 1990년대 중반 이후 점차 줄었을 것이라고 짐작할 수 있다.

혼인수익에 관한 사회학적 논의는 흥미롭고 유용하지만 간접적이고 우회적이다. 이런 접근은 특정 학력을 갖춘 여성이 고학력의 남성과 짝을 맺을 가능성이 얼마나 되는지를 밝힐 뿐 여성이 혼인으로 실제로 얼마나 많은 경제적 수익을 얻는지 보여주지 못한다. 이에 비하면 경제학 연구는 직설적이다. 경제학은 여성 교육의 수익을 화폐 단위로 추정했다. 경제학 연구는 여성 교육과 남편 소득의 연관성에 초점을 맞추었다.[48] 일반적으로 여성의 학력이 높을수록 남편의 소득은 높은데, 앞선

48 이런 연관성은 홍콩(Wong, 1986), 이스라엘(Grossbard-Schechtman and Neumann, 1991), 브라질(Tiefenhalter, 1997), 타이완(Zhang and Liu, 2003), 미국(Jepsen, 2005;

연구는 이 연관성을 두 가지 원인으로 설명했다. 교차생산성과 동질혼이 바로 그것들이다. 교차생산성을 근거로 한 설명은 아내의 교육수준이 높으면 남편의 생산성도 클 것이고, 그로 말미암아 남편의 임금이 높을 것이라고 예측했다(Benham, 1974; Jepsen, 2005). 동질혼에 초점을 맞춘 다른 설명은 여성 교육과 남편 소득의 연관성이란 교육수준별 동질혼의 한 결과일 뿐이라고 주장했다(Welch, 1974).

여성 교육과 남편 소득의 연관성이 교차 생산성 때문에 발생한 것인지 동질혼 때문에 발생한 것인지를 증명하는 일은 그다지 쉽지 않다. 그리고 선택한 이론이 다르면 분석 모형도 달라진다. 오늘날 이런 연관성을 살펴볼 가장 바람직하고 가장 그럴싸하다고 내세울만한 이론이나 분석 모형은 아직 없지만, 경험 분석에서 이 연관성을 표현하는 함수로 가장 많이 사용하는 것은 다음과 같은 모형이다(Lefgren and McIntyre, 2006; DeSilva and Bakhtiar, 2011)(여기에서 $R^H$는 남편의 시간당 임금, 즉 임금률이고, $S_W$와 $A_W$는 각각 아내의 학력과 연령이다).

$$\ln R^H = b_0' + b_1' S_W + b_2' A_W + b_3' A_W^2 + \nu \tag{4-4}$$

이 수식으로 금방 알 수 있듯, $b_1'$은 여성이 교육에 1년 투자하여 얻을 수 있는 남편의 시간당 임금 증가율을 나타내는데, 이를 혼인시장 수익률이라고 이름 붙일 만하다.

이 분야의 연구는 구미에서도 그렇게 많지 않은데, 이들 연구는 미국이나 중국, 필리핀 등지에서 여성의 혼인수익률은 임금수익률과 비교하여 그렇게 작지 않다는 사실을 보여주었다(Benham, 1974; Huang et al., 2009; DeSilva and Bakhtiar, 2011). 말하자면 이들 나라에서 여성이 상위의 학력에

Lefgren and McIntyre, 2006), 중국(Huang et al., 2009), 필리핀(DeSilva and Bakhtiar, 2011)과 같은 나라에서도 확인할 수 있다.

진학할 때, 노동시장뿐만 아니라 혼인수장에서도 수익을 겨냥할 만한 것이었다고 말할 수 있다. 그렇다면 한국의 혼인시장 수익은 어떠했는가? 한 연구는 2000년대 중후반의 일본과 한국, 대만의 종합사회조사를 이용하여 여성 교육의 화폐수익률과 혼인수익률을 추정했는데, 그 결과는 〈그림 4-15〉와 같다(Chang, S., 2019).

〈그림 4-15〉 동아시아 여성의 혼인수익과 임금수익

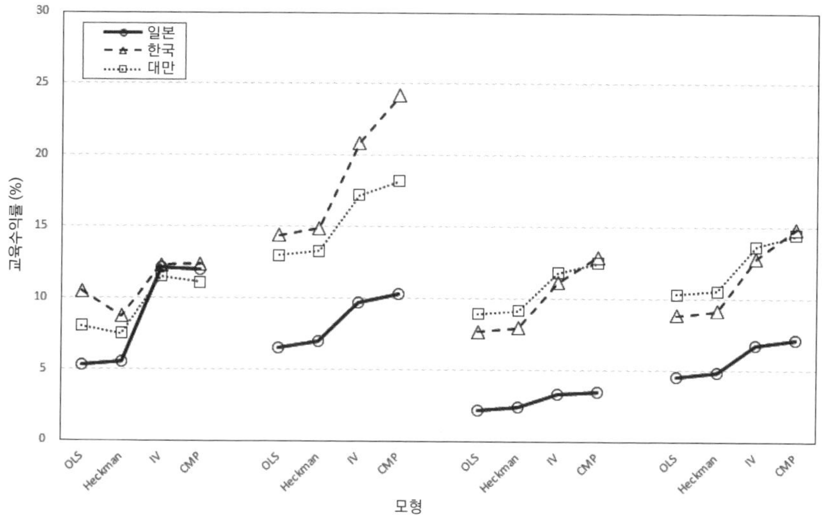


**출처**: Chang, S.(2019)

**주**: 1. x축의 개별 모형은 순서대로 보통의 회귀분석(OLS), 헤크먼 모형, 도구변수 모형, 조건부 혼합과정 모형이다.
2. 첫째(맨 왼쪽) 패널은 각국의 혼인수익률 추정치다.
3. 둘째 패널은 각국의 임금수익률 추정치다.
4. 셋째 패널은 실제적 임금수익률이다. 이 수익률은 여성이 노동시장에서 거둔 실제 화폐액을 남편의 소득과 대조한 것이다.
5. 넷째 패널은 실제적 임금수익률을 모집단의 수치로 보정한 것이다.

이 그림의 첫째 패널은 OLS 모형으로 추정한 동아시아 3국 여성의 혼인수익률이다. 이 패널에서 알 수 있는 바는 다음과 같다. 첫째, OLS 모형의 추정치는 한국에서 가장 크고, 일본에서 가장 작다. 둘째, 헤크먼의 선택모형 추정치는 OLS 모형과 많이 다르지 않다. 이들 나라에서 선택 편의가 그다지 크지 않다는 말이다. 셋째, 도구변수 모형의 추정치는 OLS 모형보다 확연하게 크다. 이는 OLS 모형의 추정치가 누락 변수 때문에 하향으로 치우친다는 사실을 보여준다. 넷째, 조건부 혼합과정 모형(CMP)의 추정치는 도구변수 모형의 추정치와 별다른 차이를 보이지 않는다.[49] 다섯째, 앞에서 이미 본 바와 같이, OLS 추정치는 한국에서 가장 높고, 일본에서 가장 낮다. 그러나 CMP 모형의 추정치로 판단하면, 세 나라의 추정치는 큰 차이를 보이지 않는다.

이렇게 여러 모형의 추정치를 OLS 추정치와 비교하고, 각 추정치를 나라별로 견주는 것도 흥미롭지만, 혼인수익률을 임금수익률과 비교하는 것은 더욱 흥미로운 일이다. 〈그림 4-15〉의 둘째 패널은 세 나라 여성의 임금수익률을 나타낸 것이다. 이 그림으로 보건대, 선택 모형과 도구변수 모형, 혼합과정 모형의 추정치는 OLS 추정치보다 더 크다. 그러나 어떤 모형으로 임금수익률을 추정하더라도 한국의 수익률이 가장 크고, 일본의 수익률은 가장 낮다. 둘째 패널을 첫째 패널과 비교하면, 우리는 한국과 대만 여성의 임금수익률은 혼인수익률보다 더 크고, 일본 여성의 두 수익률은 서로 비슷하다는 것을 알 수 있다. 이를 보면, 한국과 대만 여성은 자신의 학력을 높일 때 혼인수익보다 임금수익을 더 중요하게 생각할 것이고, 일본 여성은 두 수익을 동등하게 중시할 것이라고 짐작할 수 있다. 그러나 이런 결론은 아직 성급하다. 실제의 수익을 고려하지 않고 현상적 혼인수익률과 임금수익률을 직접 비교하는 일은 잘못될 수 있기 때문이다. 최종 결론에 도달하려면 한 단계를 더 밟아야 한다.

---

49 조건부 혼합과정 모형(conditional mixed process model)은, OLS와 Heckman, IV 모형의 오차 항이 모두 정상분포를 이루고 서로 관련한다는 조건 아래에서, 세 모형의 모수를 한꺼번에 추정하는 방법이다. 자세한 논의는 Roodman(2011)과 Chang, S.(2019)을 참고하라.

여기에서는 데이터를 제시하지 않았지만, 동아시아 세 나라에서 여성의 임금은 남편의 임금보다 평균적으로 낮다. 우리가 사용한 표본에서, 일본 여성의 임금은 남편 임금의 34퍼센트 정도이고, 한국 여성의 임금은 남편 임금의 53퍼센트 정도다. 대만 여성의 임금은 남편 임금의 69퍼센트 부근이다. 남녀의 임금 격차가 의미하는 바는 무엇인가? 외견상 매우 높은 임금수익률이라 할지라도 일본과 한국 여성의 실제적인 임금 증가는 대만 여성보다 그다지 크지 않을 수 있다는 사실을 의미한다. 예를 들어보자. 조건부 혼합모형으로 추정했을 때 일본 여성의 임금수익률은 10.3퍼센트다. 이 수익률은 동일 모형의 혼인수익률(12.0퍼센트)보다 조금 낮다(여성의 임금수익률이나 혼인수익률, 여성과 남성의 평균 임금 등에 관한 구체적 수치는 Chang, S.(2019)를 참고하라). 그러나 이런 수익률을 여성이 노동시장과 혼인시장에서 거두는 실제 액수로 변환하면, 우리는 매우 색다른 결과를 만난다. 위의 임금수익률은 일본 여성의 평균 임금(1600달러) 근처에서 165(=1600*.103) 달러를 초래하고, 위의 혼인수익률은 남편의 평균 임금(4700달러) 부근에서 564(=4700*.120) 달러를 낳는다. 다시 말해, 교육수준을 1년 늘리면 일본 여성은 노동시장에서 165달러를 더 벌고, 혼인시장에서 564달러를 더 번다. 이 여성이 노동시장에서 추가로 번 165달러는 남편의 평균 임금의 .035(=165/4700)에 불과하다. 말을 바꾸면, 여성이 얻는 실제의 화폐액으로 환산했을 때, 10.3퍼센트라는 여성의 임금수익률은 3.5퍼센트라는 혼인수익률에 불과하다. 그러므로 일본 여성에게 높은 임금수익률은 그렇게 매력적이지 않은데, 임금수익률이 높아도 실제 소득 증가율은 그다지 크지 않기 때문이다. 거꾸로 일본 여성은 혼인수익에 관심을 둘 수밖에 없는데, 이 수익률이 작아도 실제 소득은 무시할 수 없는 것이기 때문이다.

여성의 임금수익을 노동시장에서 받는 실제의 소득 증가분으로 전환하고, 이 증가분을 남편의 평균 임금과 대비한 비율로 표시하면, 여성

소득의 실제 증가율을 나타내는 새 지수를 만들 수 있다. 이 지수는 '실제의 소득증가율'이라고 부를 수 있고, 이를 임금수익률과 대비할 수 있다. 이 실제적 소득증가율은 〈그림 4-15〉의 셋째 패널에서 볼 수 있다. 셋째 패널의 수치는 첫째 패널 수치보다 얼마나 큰가? 즉 실제적 소득증가율은 현상적 임금수익률과 대비하여 얼마나 큰가? 한국과 대만에서 두 증가율은 측정 모형과 무관하게 서로 비슷하다. 이들 나라에서 임금수익률이 혼인수익률보다 월등하게 높았던 것과 대조적이다. 이와 달리, 일본에서 실제적 소득수익률은 혼인수익률보다 현저하게 낮다. 현상적 임금수익이 혼인수익률과 비슷했던 것과 대조적이다.

분석을 마무리하기 전에 한 가지 사실을 더 지적하자. 우리가 사용하는 표본에 오차가 존재할 가능성이 있다. 우리가 다룬 표본에서, 일본과 한국, 대만 여성의 임금은 각각 남성의 34, 53, 69퍼센트였다. 그러나 모집단에서 각국 여성의 임금은 남성의 70, 62, 80퍼센트였다. 남녀의 임금 격차가 모집단과 같다면, 여성의 실제적 임금수익률은 어떻게 될 것인가? 〈그림 4-15〉의 넷째 패널에서는 이런 질문에 대한 답을 제시했다. 셋째 패널과 비교하여 실제적 소득증가율은 위로 조금 이동했다. 그러나 이 추정치들은 첫째 패널의 혼인수익률보다 낮았다. 특히 일본에서는 더욱더 그러했다.

요약하면 위의 논의는 다음과 같이 정리할 수 있다. 첫째, 일본과 한국, 대만에서 여성 교육의 혼인수익률은 서로 비슷했다. 그러나 둘째, 한국과 대만에서 여성 교육의 혼인수익률은 임금수익률과 비슷했지만, 일본에서는 여성 교육의 혼인수익률은 임금수익률보다 더 높았다. 그러므로 일본 여성은 더 높은 교육을 지향할 때 임금수익보다는 혼인수익에 더 민감했을 것이고, 한국과 대만 여성은 그들보다는 덜 민감했을 것이라고 예측할 수 있다.

## 4. 계급이동

### 1) 유형

이제 〈그림 4-2〉의 OED 삼각형의 세 번째 부분을 살펴볼 차례다. 계급이동이나 직업이동은 흔히 두 가지 방식으로 측정한다. 하나는 부모나 자녀의 직업 지위를 '지위 점수(status score)'라는 연속변수로 포착하여 두 지위 사이의 상관계수나 회귀계수, 경로계수 등을 구하는 방법이고, 다른 하나는 부모의 계급(직업)과 자녀의 계급(직업)을 범주형 변수로 파악하여 둘 사이의 연관성을 측정하는 방법이다. 첫째 방법은 앞의 〈그림 4-1〉에서 이미 보았다. 그러므로 여기에서는 둘째 방법에 대해서만 말해보자. 이 방법은 부모의 계급(직업)과 자녀의 계급(직업)을 교차하여 세습(이나 이동)의 정도를 측정한다. 그러나 실제의 계급이동표는 제법 복잡하여 계급이동의 실례로 삼는 일이 그렇게 마땅치 않다. 그러므로 여기에서는 간단한 가상 사례로 계급이동의 유형을 분류해보자.

〈그림 4-16〉에서는 계급이동의 네 가지 가상 유형을 들었다. 이 그림의 세로축은 부모의 계급이고 가로축은 자녀의 계급이다. 여기서 계급은 골드소프의 계급 모형으로 구분했다. 수직축은 관찰 값의 빈도다. 여기서 관찰 값이란 부모 계급과 자녀 계급이 정해졌을 때 해당 범주에 해당하는 사례(응답자) 수를 말한다. 예컨대 부모의 계급이 서비스계급(Ⅰ+Ⅱ)이고, 자녀 계급은 노동자 계급(Ⅶab)에 해당하는 사례(응답자) 수가 있을 것인데, 여기서 말하는 관찰 값이란 그 사례 수를 말한다.

유형 (a)는 관찰 사례가 주대각선(main diagonal)에 몰려 있는 사회를 나타낸다. 만일 이런 유형의 사회가 있다면 그 사회는 완전한 세습사회다. 이런 유형의 사회에서는 자녀가 부모의 계급을 그대로 세습한다. 아버지가 양반이면 아들도 양반이고, 아버지가 천민이면 아들도 천민인 사회다. 이런 사회에서 자녀의 이동 기회는 완전히 차단된다. 사람들은 흔히 근대 이전의 사회가 이런 사회였을 것이라고 어렴풋이 짐작하지만, 근대 이전에도 이동 기회가 완전히 차단된 사회는 그다지 많지 않았다. 예컨대 조선 시대에도 이동의 기회는 조금씩 열려 있었다. 이동 기회가 완전히 차단된 사회는 도리어 근대에서 찾을 수 있다. 18-19세기의 북아메리카 대륙에서는 흑인 자녀의 이동은 완전히 차단되었다. 부모의 지위나 계급을 그대로 세습했다.

〈그림 4-16〉 계급이동 유형

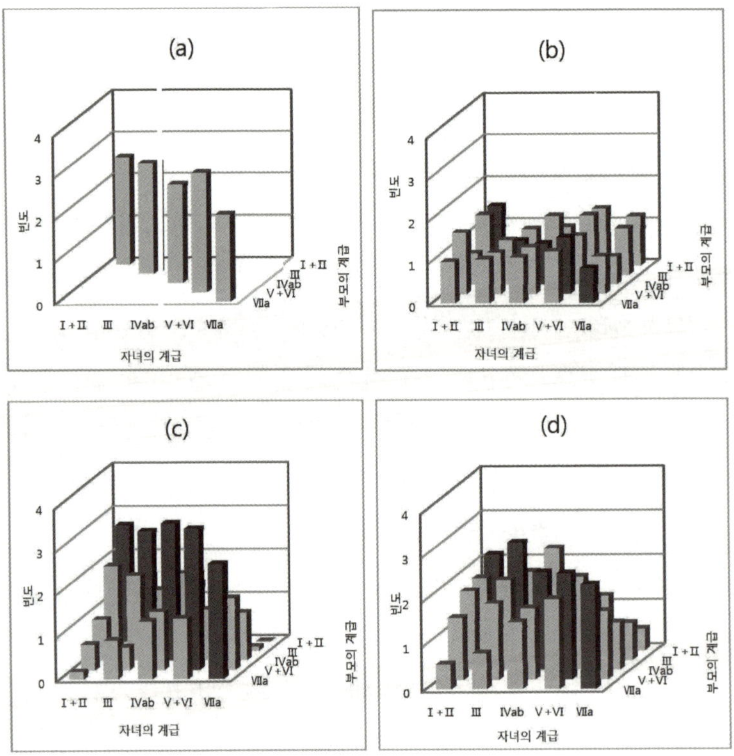


유형 (b)는 자녀가 부모의 계급과 무관하게 이동하는 사회다. 불리한 계급의 자녀도 자격이나 능력을 갖추면 상층계급으로 옮아갈 수 있고,

유리한 계급의 자녀도 자격이나 능력이 없으면 하층계급으로 이동하는 사회다. 부모의 계급이 자녀의 사회경제적 지위에 아무런 영향을 미치지 못하는 사회다. 만일 이런 유형의 사회가 실제로 존재한다면, 그 사회는 완전히 개방된 사회라고 표현할 수 있고, 기회가 완전히 균등한 사회라고 말할 수 있다. 그러나 이런 유형의 사회가 과거에 없었던 것을 말할 것도 없고 앞으로도 존재할 가능성이 높지 않다. '가족제도가 존재하고 시장경제가 유지되는 한', 이런 사회는 아마도 상상의 영역에서만 존재할 가능성이 높다.

유형 (c), (d)는 (a)와 (b)의 중간 형태다. 주대각선의 빈도가 가장 높고, 이 대각선에서 멀어질수록 순서대로 빈도가 줄어드는 형태다. 이는 자녀가 부모의 사회경제적 지위를 어느 정도 세습하는 사회이기도 하지만 자신의 능력이나 운에 맞추어 부모의 사회경제적 지위를 이탈하는 경우도 적지 않은 사회이기도 하다. 이 유형이 현실 사회와 가장 흡사하다. 현실 사회는 자녀가 부모를 어느 정도 세습하는 사회이고, 자녀가 부모의 지위를 어느 정도 벗어나는 사회이기 때문이다. 현실 사회에서는 주대각선의 상대적 높이가 다양한 변이를 보일 것인데, 주대각선의 높이가 상대적으로 높으면 기회가 덜 균등한 사회(c 유형)라고 말할 수 있고, 이 높이가 상대적으로 낮으면 기회가 더 균등한 사회(d 유형)라고 말할 수 있다.

### 2) 연구사적 배경

서구의 사회이동 연구는 괄목할 만한 것이어서, 이 분야의 한 연구자가 자평했듯 조사연구 규모, 국제간 교류와 협동, 자료수집과 분석기법의 정교화 등에서 사회학의 다른 어떤 영역보다도 '두드러진 위치'를 차지했다(Goldthorpe, 1987). 그러나 이처럼 돋보이는 위치로 도약했다고 해도, 사회이동 연구가 본격화한 시기는 정작 서구에서도 그다지 오래되지 않았다. 사회이동을 경험 자료로 연구해야 한다는 소로킨의 권고는 이차대전 이후에야 비로소 현실화했다.

일찍이 소로킨(Sorokin, 1927)은 산업화와 사회이동의 관계를 논의하면서 이른바 '무경향적 진동(trendless fluctuations)'이라는 명제를 제출했다. 그는 서구 사회에서 (절대적) 이동은 18세기 이래 지속적으로 높아졌음을 관찰했다. 그렇다고 그가 이 이동률이 산업화의 진행과 함께 계속 증가할 것이라고 예측했던 것은 아니다. 그는 역사적이고 사회적인 조건이 바뀌면 이동률은 정체하거나 다시 감소할 수 있다고 주장함으로써 이동률에 항구적 경향성이 존재할 가능성을 부인했다.

소로킨을 따르면, 이동을 결정하는 요인은 기본적으로 계층체계에 내재하는 요인이다. 계층체계는 본래 자기유지적 속성(self-maintaining property)을 띤다. 계층체계가 자신을 유지하는 까닭은 사람들이 경제적 자원이나 사회적 자원을 획득할 때 경쟁을 벌여야 하기 때문이다. 사회적 경쟁체제에서 특권적 지위를 향유하는 개인이나 가족은 자신의 지위를 유지하려는 성향을 보이고, 이 성향을 현실화하려고 자신이 보유하는 자원을 활용한다. 그러므로 계층체계는 이동을 폐쇄하려는 경향을 강하게 띤다. 그러나 이런 내생 요인이 이동을 결정하는 유일한 인자는 아니다. 외생 요소, 즉 계층체계 바깥에 존재하는 구조적 여건도 이동을 결정한다. 예컨대 전쟁, 기술혁신, 산업구조의 변화 등과 같은 구조적 여건의 변화는 기존의 권력 질서와 분배체계를 교란함으로써 이동에 영향을 미친다. 계층체계 안에 존재하는 내생 요인과 바깥에 존재하는 구조적 여건을 종합하여, 소로킨은 다음과 같이 예측했다. 구조 여건이 심하게 바뀌는 역사적 격변기에는 이동률이 크게 상승하지만, 구조 여건이 일단 안정하면 계층체계의 폐쇄 경향 때문에 이동률은 일정 수준을 유지할 것이다. 이렇게 소로킨은 산업화 수준과 이동률 사이에 단선적 관계를 설정하지 않았다. 그는 개별 사회가 경험하는 구조 여건의 차이 때문에 이동률은 산업화 수준과 무관하게 위아래로 진동할 것이라고 생각했다.

소로킨의 명제는 진화론적 사고에 대한 도전이었고 특유의 순환론적 역사관을 보강하는 것이었지만, 이후의 연구사는 소로킨에게 우호적이지 않았다. 이차대전 이후에 이루어진 경험 연구는 대체로 산업화와 이동률의 관계를 단선 관계로 파악했다. 사람들은 양자 간 단선관계를 상정한 연구 경향을 산업사회론이라고 지칭했다(Giddens, 1973; 1982; Erikson and Goldthorpe, 1992).

산업사회론(the theory of industrial society)은 자급자족적 농업사회가 산업사회(공장에서 기계로 상품을 생산하는 사회)로 이행하는 과정을 중시하는 이론이었다. 이 이론은 산업사회의 특징을 다음과 같은 요인에서 찾았다(Giddens, 1982: 44-54).

① 기술의 확산과 경제적 분화
② 사회제도의 합리화
③ 혁명적 변동의 배제
④ 계급갈등의 제도화
⑤ '산업화 논리'의 관철과 발전경로의 수렴[50]

이외에도 산업사회론은 특히 사회이동을 중시했는데, 그 까닭은 사회이동이 갖는 정치적 함의 때문이었다. 널리 알려진 바와 같이, 계급갈등과 혁명적 변화를 부인하는 산업사회론은 사회주의 대신 다원주의적 민주주의를 지향했다. 그런데 만일 직업, 신분, 계급의 세습이 이루어지면 이런 민주주의는 불가능했다. 다원주의적 민주주의가 성립하려면 사회

50 산업화 논리(the logic of industrialism)란 사회주의 국가를 포함한 모든 사회의 산업화는 비슷한 과정을 밟고 비슷한 결과를 낳을 것이라는 논리다(Kerr et al., 1969).

이동은 필수적이었다.

사회이동이 점진적 개혁을 보조하고 민주주의를 추동할 것이라는 예측 뒤에는 대략 두 가지 정도의 논리적 이유가 존재한다. 첫째, 이동이 빈번하다는 것은 귀속 위치가 물질적이거나 상징적인 보상의 차이를 결정하지 못한다는 사실을 보여준다. 보상 차이는 능력이나 성과에서 비롯하는 것이므로 그런 보상은 능력이나 성과에 대한 공정한 대가라는 신념을 낳는다. 이런 신념은 불평등을 정당화한다. 이에 덧붙여 산업화가 진행하면 구조 요인으로 말미암아 하강이동보다 상승이동이 더 많아지는데, 이 역시 현존하는 불평등 질서를 정당화한다. 둘째, 높은 이동률은 노동자계급의 집단행동을 저지한다. 노동자계급의 상승이동이 잦으면 계급정체성과 계급행동이 약화하여 집단 목표보다 개별 이익을 추구한다. 그 결과 현존의 불평등체계를 영속화하고 그것을 지탱하는 정치체제를 안정화한다(Blau and Duncan, 1967). 그것이 아니라고 해도, 높은 이동률은 적어도 격렬한 계급갈등을 완화하여 혁명적 변혁의 가능성을 줄인다(Dahrendorf, 1959).

산업사회론이 내세우는, 다소 산만한, 사회이동론은 대략 다음과 같은 세 가지 논점으로 요약하고 정리할 수 있다(Erikson and Goldthorpe, 1992: 5).

① (이동 정도와 이동 방향) 산업사회의 이동률은 농촌사회보다 매우 높고 상승이동이 하강이동을 압도한다.
② (이동 기회) 산업사회의 이동 기회는 예전보다 더 균등하다. 다시 말해, 가난한 집 아이의 상승이동 가능성은 예전보다 더 높다.
③ (이동률) 산업화가 진전할수록 이동률은 점차 증가한다.

많은 연구자는 산업사회론의 이런 명제 이면에 있는 설명 틀을 다음과 같은 방식으로 정교화했다(Blau and Duncan, 1967; Treiman, 1970; Horan,

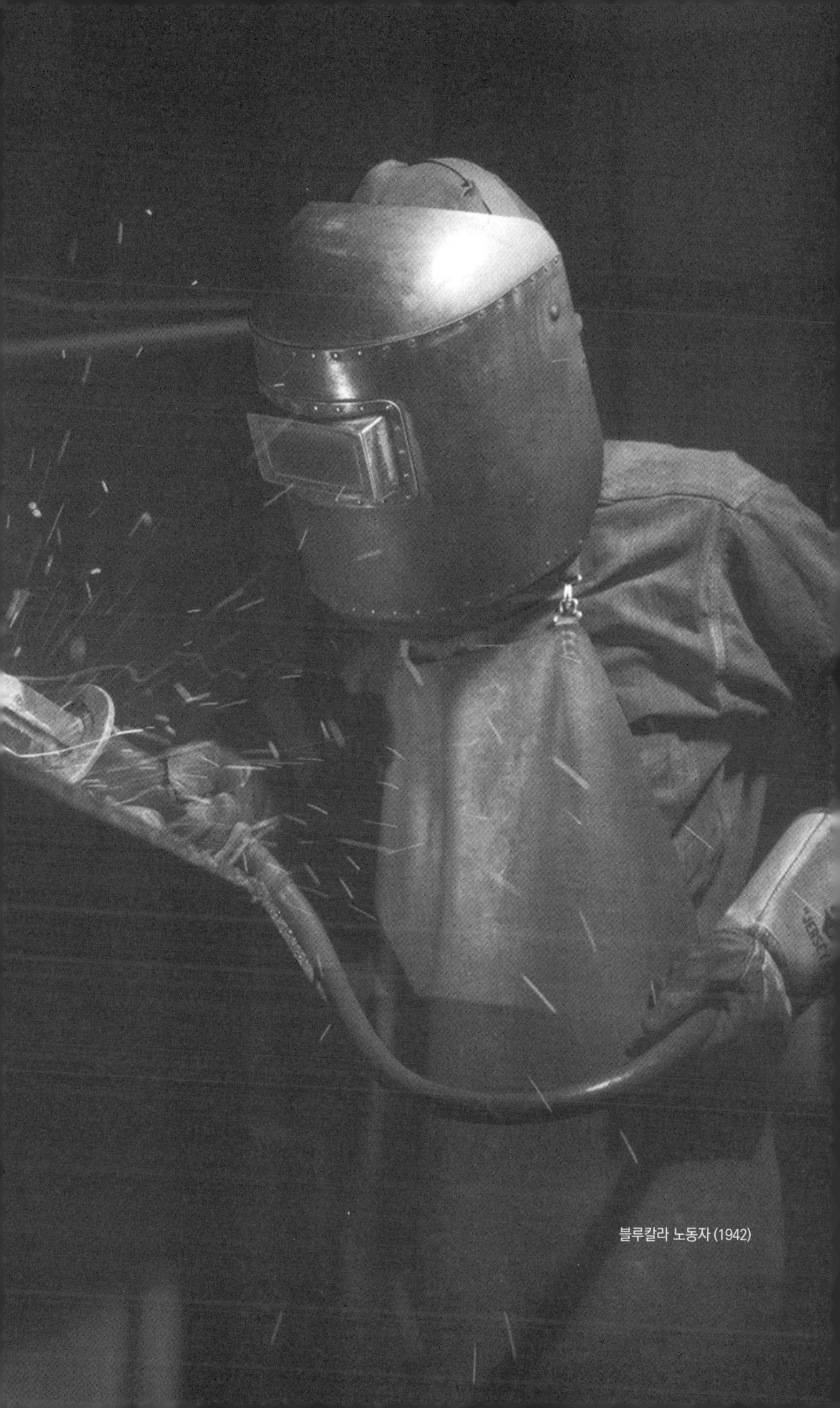

블루칼라 노동자 (1942)

1978; Grusky, 1983; Knottnerus, 1987). 첫째, 이동 정도와 이동 방향을 규정하는 것은 궁극적으로 분화(differentiation)다. 산업사회에서는 사회분화가 가속화함으로써 사회이동 가능성이 높아진다. 이동의 정도야 그렇다 치고 이동 방향은 상승이동이 주류를 이룰 것이다. 그 원인은 두 가지다. 하나는 기술경제적 합리성의 제고다. 합리성이 제고하면서 새로 등장한 직업은 이전보다 고도의 숙련을 요구한다. 사람들은 이런 요구에 부응하여 높은 숙련을 갖추어 상승이동할 가능성이 높아진다. 다른 하나는 생산규모의 확장이다. 생산규모가 커지면서 관료제적 조직이 급성장하는데, 이런 조직이 확장하면 경영관리직을 비롯한 사무직이 확대할 가능성도 높아지고, 사람들이 이 자리로 상승이동할 가능성도 높아진다. 요컨대 직업구조와 고용구조 전반이 변동함으로써 사회성원은 하강이동보다 상승이동을 더 많이 경험한다. 그리하여 그들이 전반적으로 중간계급으로 이동할 가능성은 점점 더 높아진다.

둘째, 기술 합리성은 인원 배분의 원칙을 업적지향적인 것으로 바꾼다. 그로 말미암아 이동 기회는 점증한다. 농업사회에서 산업사회로의 이행은 사회체계의 기능분화를 초래하는데, 그 대표 사례는 친족체계가 보유하는 경제적 기능의 분화다. 산업화는 친족체계와 경제적 기능의 연관성을 파괴하고 그 기능을 기업으로 이전한다. 이렇게 친족의 영향력이 쇠퇴하고 기업의 영향력이 증대하면서 인원 선발 기준이 바뀐다. 귀속요인에 기반을 둔 특수주의는 점차 약화하고 업적 요인을 강조하는 보편주의가 확산한다. 효율성의 추구와 보편주의 인원선발 기준은 교육 기회를 확대한다. 왜냐하면 경제적 구실에 대한 훈련은 학교가 수행할 수밖에 없기 때문이다. 학교는 교육을 이수하는 기회를 균등화하지만, 이와 동시에 사람들에게 공통의 가치 체계를 주입한다. 이런 가치 체계는 다시 교육기회의 확대에 기여한다. 이렇게 확대 재생산하는 교육기회는 업적 요인을 강화하는 데에 기여한다. 요약하면, 이윤추구 동기에서 비롯한 효율성이 점차 확산하고 그를 뒷받침하기 위한 교육기회가 확대하면서 기업은 사람을 선발할 때 업적지향의 가치 기준을 중시하게 된다. 그에 발맞추어 해당 사회의 이동기회는 점차 증가한다.

이와 같은 논리를 갖춘 산업사회론을 구체적이고 정교한 경험적 가설 형태로 나타낸 것이 이른바 지위획득모형이다. 앞에서 이미 언급했듯, '계층화 과정의 기본모형'은 업적 요인이 개개인의 직업 성취를 더 많이 규정하는지, 아니면 귀속 요인이 직업 성취에 더 많은 영향을 미치는지를 측정했다. 지위획득모형은 이런 측정과 평가를 바탕으로 보편주의 기준의 역사적 추세에 대해서도 언급했다. 지위획득모형은 산업화나 경제발전이 진행하면 보편주의 기준은 더욱더 중요해지고 특수주의 기준은 점차 약화할 것으로 예측했다.

> 미국의 직업구조는 대체적으로 (⋯) 능력과 업적이라는 **보편 기준**이 지배한다. 교육과 직업 성취가 서로 긴밀하게 연관한다는 사실의 발견은 이런 보편주의를 증명한다. 교육이 직업 지위를 결정하는 가장 중요한 요인이라는 사실의 발견도 보편주의를 증명한다(Blau and Duncan, 1967: 241, 강조는 인용자).

> 산업사회의 특징은 **보편주의의 확장**이다. 널리 수용하는 객관적 평가기준은 삶의 모든 영역에 침투하여, 여러 집단이 보유하는 특수주의 기준과 직관적 판단을 대체하고 경험적으로 검증되지 않은 가치도 대체한다(같은 책: 429, 강조는 인용자).

이렇게 보편주의가 확장한 나머지, 개개인의 직업획득과정에서 가족배경 등과 같은 귀속 요인의 영향력은 점점 감소하고, 교육 등과 같은 업적 요인의 영향은 점점 더 커진다. 이에 덧붙여 가족배경이 교육에 미치는 영향력도 점차 감소해, 산업사회는 어느 모로 보나 업적 요인이 돋보이는 능력제 사회로 변모한다.

산업사회론의 논리에 대한 반론은 드셌다. 산업사회론의 토대를 이루는 사회분화론에 대한 비판이 만만치 않았듯이(Smith, 1973), 산업사회론의 이동 이론에 대한 비판도 강렬했다. 가장 격렬한 반발은 아마도 마르크스주의에서 나왔을 것이다. 왜냐하면 산업사회론의 미래 전망은 마르크스주의와 정반대였기 때문이다. 그러나 산업사회론에 대한 반박은 주류 사회학의 다른 한쪽에서도 나왔다. 립셋과 제터버그(Lipset and Zetterberg, 1959)는 산업사회론의 전반적 기조에 대해서는 수긍했지만, 이동에 대한 견해는 받아들이지 않았다. 그들은 이동이 산업화와 관련이 있고, 또한 산업화가 이동률 상승의 한 원인이라는 점에 대해서는 동의했다. 그러나 산업화가 진전하면서 이동률도 함께 증가할 것이라는 산업사회론의 예측에는 동의하지 않았다. 그들은 가용한 자료를 개관하여, 산업사회론의 전망과 달리, 산업사회에서는 '이동의 전반적인 유형은 대체로 비슷하다'고 주장했다. 좀 더 구체적으로 말하면 산업화가 이동률 상승을 추동하는 것은 사실이지만, 산업화의 이른 초기에 도달하는 어떤 문턱지점(threshold)을 넘어서면, 산업화와 이동률은 별다른 관련을 보이지 않게 된다고 주장했다.

> 자료를 보건대, 나라마다 서로 다른 경제 팽창률을 보이지만 서로 비슷한 이동률을 보인다. 이를 두고 볼 때, 우리는 잠정적으로 다음과 같이 해석할 수 있다. 산업화가 진행하여 경제 팽창이 일정 수준에 도달하면 사회이동은 서로 비슷해진다(Lipset and Zetterberg, 1959: 13).

이처럼 립셋과 제터버그는 산업화 초기를 넘어선 나라에서는 이동률이 모두 유사해진다는 일반화에 도달한 다음, 그 원인을 두 가지로 압축했다. 첫째, 구조 요인의 수렴이다. 사회이동은 구조 요인이 결정한다. 다시 말해, 분업의 진전 정도, 분업의 변화율과 변화 유형, 사람들이 모두 바라는 지위의 비율, 인구학적 요인 등이 결정한다. 물론 이런 요인은 나라마다 시기마다 서로 다르다. 그러나 산업화가 일정 단계에 도달하면 이런 여건은 서로 비슷해지는 경향을 보인다. 둘째, 동기 요인의 유사성이다. 모든 계층체계는 비슷한 이동 동기를 내포한다. 사람들은 계층체계 안의 특정 위치에서 자아를 평가하는데, 높은 지위의 사람은 자아를 긍정 평가하고, 낮은 지위의 사람은 자아를 부정 평가한다. 그러므로 모든 사람들은 자아를 보호하거나 고양하려고 상승이동을 시도한다. 요컨대 립셋과 제터버그는 구조 요인과 동기 요인(인간 본성에 내재하는 심리 메커니즘)의 유사성이 절대이동의 유사성을 낳는다고 보았다.[51]

립셋과 제터버그의 명제는 많은 논란을 불러일으켰지만, 좀 더 정교한 자료와 방법을 이용한 연구는 그들의 관찰을 부정적으로 평가했다. 페더만과 존스, 하우저는 립셋과 제터버그의 발견을 부정했다(Featherman et al., 1975). 립셋과 제터버그와 달리, 그들은 겉으로 드러난 이동 유형이 나라마다 모두 다르다는 사실을 발견했다. 그러나 그들은 내부에서 작동하는 이동 유형은 나라마다 시기마다 서로 비슷하다는 사실도 발견했다. 그들은 이런 발견을 다소 현학적인 방식으로 표현했다.

> **시장경제와 핵가족 체제**로 짜인 산업사회에서 표현형적(phenotypical) 이동 유형은 나라마다 서로 다를지라도 인자형(genotypical) 이동 유형은 기본적으로 같다(Featherman et al., 1975; 강조는 인용자).

말을 바꾸면, 산업사회에서 절대적 이동의 유형은 나라마다 다를지라

51 앞에서 논의한 바와 같이 소로킨도 산업화와 이동률의 관계가 일정한 경향을 보인다는 가설을 거부했다. 소로킨의 이런 입장은 립셋과 제터버그와 흡사하다. 그러나 그 이유를 설명하는 틀은 약간 다르다. 소로킨은 사회적 요인, 즉 경쟁과 폐쇄를 강조했는데, 립셋과 제터버그는 계층체계 안에서 항상적으로 작동하는 심리적 요인을 중시했다. 그리고 소로킨은 구조적 변화가 역사적 조건 때문에 나라마다 항상 달라진다는 것을 강조했으나 립셋과 제터버그는 구조적 여건은 나라마다 유사하게 바뀐다고 주장했다.

도 상대적 이동의 유형은 서로 비슷하다고 그들은 주장했다. 비록 겉으로 드러난 실제의 이동 비율은 나라마다 다르다고 할지라도 내부에서 작동하는 이동 유형은 서로 비슷하다고 그들은 말했다. 심지어 한 나라에서 시간적 배경이 달라져도 상대적 이동은 비슷하다고 그들은 주장했다. 이게 무슨 말인가? 예를 들어 설명해보자. 노동자계급의 자녀가 서비스계급으로 상승이동한 비율은 나라마다 시기마다 달랐다(절대적 이동은 서로 달랐다). 그러나 노동자계급 자녀가 서비스계급으로 이동할 확률과 서비스계급 자녀가 서비스계급에 잔류할 확률의 비(확률비)는 나라마다 시기마다 큰 차이를 보이지 않았다(Erikson and Goldthorpe, 1992). 노동자계급의 자녀가 서비스계급으로 상승이동한 비율이 높아지면 서비스계급 자녀가 서비스계급에 잔류하는 비율도 높아져서, 노동자계급 자녀가 상승이동한 확률은 서비스계급 자녀의 세습 확률과 비교해볼 때 이곳저곳에서, 그리고 이때나 저때나, 상대적으로 일정했다는 말이다.

절대적 이동이 나라마다 다르더라도 상대적 이동이 (적어도 시장경제와 핵가족체제를 갖춘 산업사회에서) 서로 같은 원인은 무엇인가? 페더만과 존스, 하우저는 그 이유를 논리적으로 제시하지 않았다. 다만, 그 원인의 단초만 제시했을 뿐이다. 그들은 산업사회에서 상대적 이동이 서로 비슷한 이유는 일의 조직이 나라마다 유사하고, 그로 말미암아 직업위계가 나라마다 비슷하기 때문이라고 생각했다. 말하자면 직업의 위신이나 사회경제적 지위(예컨대 직업의 교육수준이나 소득)가 나라마다 비슷하기 때문에 상대적 이동이 흡사하다고 주장했다. 그러나 이들은 이 선을 넘어서는 이론화의 단계로 더 이상 나아가지 않았다. 추론하건대, 이들은 다른 연구자, 예컨대 소로킨이나 립셋, 제터버그 등이 강조하는 바와 같이 계층구조의 자기유지 속성을 언급했던 것이라 판단된다. 그런데 그들은 이 자기유지 속성이 어디에서 비롯했다고 생각했는가? 그들이 자신의 가설에서 '시장경제'라는 조건을 단 데에서 볼 수 있듯, 심리적 메커니즘이라기보다 수

직적 위계구조 안에서 일어나는 사회적 경쟁을 자기유지 속성의 원인으로 생각했던 듯하다.[52]

오늘날 사회이동론에서 페더만과 존스, 하우저의 가설(FJH 가설)이 소로킨이나 산업사회론, 립셋과 제터버그의 명제보다 더 많은 호소력을 발휘한다. 왜냐하면 그들은 그 명제를 비교적 정밀한 경험적 검증의 토대 위에서 귀납했기 때문이다. 거듭 말하지만 이 명제는 제 학파의 결론과 충돌한다. 첫째, 이 명제는 "모든 산업국가에서 (절대적) 이동의 전반적 유형이 비교적 동일하다"는 립셋과 제터버그의 명제를 부정했다. 동일한 것은 실제로 관찰할 수 있는 이동(절대적 이동)이 아니라 상대적 이동이라고 주장했다. 둘째, 산업사회론이나 마르크스주의가 예측하는 바와 같은 명제, 즉 산업화나 자본주의가 진전하거나 발전하면서 이동 기회가 증가하거나 감소한다는 명제와도 충돌했다. 모든 나라는 산업화의 초기 단계를 거치고 나면 일찌감치 비교적 일정한, 그리고 비교적 공통적인 '이동 체제(mobility regime)'를 갖추게 된다는 것이었다(Featherman et al., 1975; Grusky and Hauser, 1984).

이후에 많은 비교연구가 FJH 가설의 검증이나 반증을 시도했다. 그러나 이 연구들은 일치하는 결과를 보이지 않았다. 일부 연구자는 산업화의 진전과 함께 상대적 이동이 더 활발해졌다는 것을 실증하여 그 명제를 부인했지만(Ganzeboom et al., 1989; Wong, 1990), 다른 연구는 그 명제를 거부할 만한 특별한 사례를 발견하지 못했다(Hauser and Grusky, 1988). 또 다른 연구는 그 명제를 그대로 받아들일 수 없지만 좀 더 약한 형태의

52 상대적 이동이 나라마다 시기마다 같은 까닭이 사회적 경쟁 때문이라는 설명은 매우 추상적이고 단순하다. 이런 설명은 사회적 경쟁이 어떤 메커니즘을 거쳐 계층화로 귀결하는가를 밝히지 못한다. 바로 이런 이유 때문에 이동연구는 비이론적이라는 비판을 받았다(Sørenson, 1986; Baron, 1994).

명제−이동체제는 일정한 유형을 보이되 개별 사회의 역사적이고 사회적인 특수성을 따라 비체계적인 변이를 보인다는 명제−는 수용할 수 있다고 주장했다(Erikson and Goldthorpe, 1992; Xie, 1992).

지금까지 계급이동의 연구사를 정리했다. 1990년대까지 선행 연구는 제법 활발했지만 그 이후로 이 분야 연구의 활동성은 완연히 감소했다. 관심의 집중도가 낮아졌다. 아마도 자료나 방법의 제약 때문에 새로운 성과를 내기 어려웠기 때문일 것이다. 그러나 일군의 연구자는 미국과 서유럽의 계급이동을 꾸준히 천착했거니와(Breen and Luijkx, 2004), 이들 연구는 일부 국가에서 부모-자녀의 계급 연관성이 시간이 지나면서 점차 약화했다는 사실을 발견했다. 이들은 사회 전반의 유동성이 증가했다고 보고했다.

다른 한편, 이 분야 연구를 주도했던 한 연구자는 교육과 사회이동의 관련성을 밝히는 새 방법을 개발했는데(Breen, 2010), 이후 일련의 연구자는 이 새 방법을 도입하여 미국과 유럽의 여러 나라를 비교하는 연구를 수행했다(Breen and Müller, 2020). 이들은 20세기 초반에 출생한 사람부터 1970년대에 출생한 사람까지 포함한 자료를 분석하여 미국과 유럽의 세대 간 사회이동을 분석했다. 횡단면 자료를 나라별로 비교한 이전 연구와는 달리, 이들은 출생 코호트의 세대 간 사회이동을 비교하여 개별 국가의 시계열 경향을 드러냈다. 이 연구는 미국과 유럽의 주요 국가에서 부모와 자녀의 계급 연관성이 역사적으로 확연히 줄어들었음을 발견했다. 이들 연구는 부모-자녀 계급 연관성의 정도나 수준이 '거의 모든 나라'에서, 남녀를 가리지 않고, 젊은 코호트에 이를수록 점차 작아졌다는 사실을 보였다.

이런 결론은 균일한 차이 모형(uniform difference model)의 결효과 모수($\phi$)를 비교하여 얻었다.[53] 이 모형은 다음과 같은 수식으로 표시할 수 있다.

$$F_{ijk} = \tau\tau^{R}\tau^{C}\tau^{L}\tau^{RL}\tau^{CL}\exp(\psi_{ij}\phi_{k})$$

이 모형에서 $\psi$는 기원-종착지의 연관성을 나타내고, $\phi$는 이 연관성이 개별 층이나 결(layer)마다 다른 정도(즉 결효과 모수나 층효과 모수)를 나타낸다(Xie, 1992; Erikson and Goldthorpe, 1992; Breen, 2004). 결효과 모수가 작으면 사회이동의 가능성은 높고, 거꾸로 이 모수가 크면 이동 가능성은 작다고 해석할 수 있다.

〈그림 4-17〉은 미국과 스웨덴에서 결효과 모수가 줄어드는 모습을 보인 것이다(여기서는 다른 나라를 논외로 하고 편의상 두 나라의 모수만 제시했다). 이 그림에서 알 수 있는 것은 다음과 같다. 첫째, 대략적으로 보아 1950년대 이전에 출생한 코호트에서 부모-자녀 계급 연관성은 가파르게 줄어들었다. 둘째, 1950년대 이후에 출생한 코호트부터 부모-자녀 계급 연관성은 일정 수준에서 고착했거나 일정한 경향을 보이지 않고 이리저리 진동했다. 다른 말로 표현하면, 20세기 초반부터 서구의 사회 유동성은 점차 증가하다 1950년대 출생 코호트를 기점으로(1950년대 출생 코호트가 직업 정점에 도달한 1980년대 이후로) 이 유동성은 더 이상 증가하지 않고 일정 수준을 유지했다.[54] 이런 변화는 왜 생겼을까? 두 원인 때문이다. 하나는 구조 변화 때문이고, 다른 하나는 교육의 변화 때문이다. 하나씩 살펴보자.

---

53 균일한 차이 모형은 때때로 대수곱셈 결효과 모형(log-multiplicative layer effect model)이라고 부르기도 한다(Xie, 1992)

54 직업 정점(職業 頂點, occupational maturity)이란 한 사람이 자신의 직업 경력에서 도달하는 가장 높은 지점을 말하거나 그 지점에 도달하는 연령을 말한다. 개인은 일생 동안 여러 직업을 거칠 수 있는데, 명예나 소득이 가장 높은 직업(직업 정점)에 도달한 연령은 영국의 경우 평균적으로 약 35세 무렵이었다(Goldthorpe, 1987). 한국의 경우 개인이 경제적으로 가장 풍요로운 지점(소득 정점)에 도달한 연령은, 아마도 이 연령대에서 가장 높은 직업에 도달했을 것으로 추정되는데, 40대 초반이었다(장상수, 2024).

〈그림 4-17〉 미국과 스웨덴의 계급이동: 부모-자녀 계급 연관성의 시계열 경향

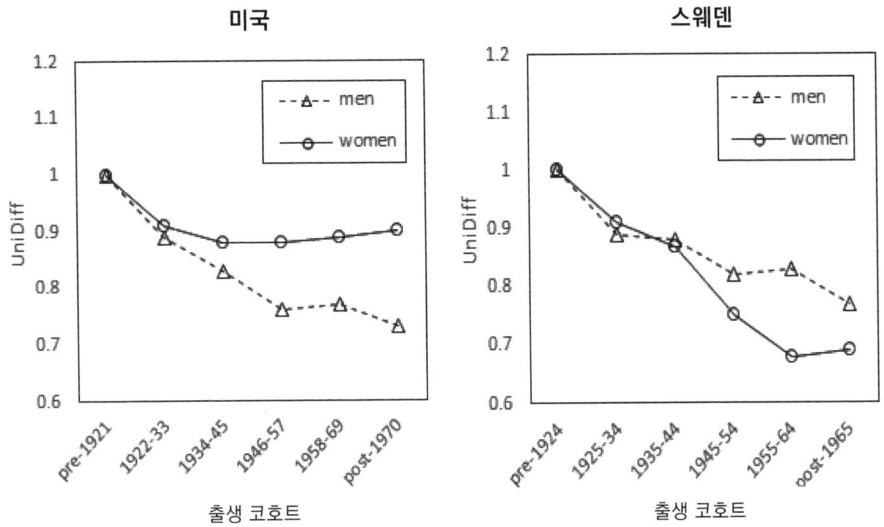


**출처 :** Hertel and Pfeffer(2020), Breen and Jonsson(2020)

먼저 구조 변화를 알아보자. 부모-자녀 연관성의 약화나 고착은 다른 무엇보다 먼저 계급구조의 변화에서 그 원인을 찾을 수 있다. 여기서 말하는 계급구조의 변화란 서비스계급(Ⅰ+Ⅱ)을 비롯한 화이트칼라의 증가를 말한다. 사람들은 모두 서비스계급으로 진입하기를 선호한다. 그런데 이 서비스계급이 증가하면, 서비스계급 출신 자녀가 서비스계급에 머무는 비율(잔류율)이 바뀌지 않는다고 해도, 비서비스계급 출신이 서비스계급으로 상승이동하거나 진입하는 비율(상승이동률 또는 진입률)은 증가한다. 그러나 이는 어디까지나 서비스계급의 규모가 증가할 때에만 일어나는 현상이다. 서비스계급이 팽창하지 않는다면, 상황은 달라진다. 서비스계급이 팽창하지 않는 조건에서 서비스계급 출신 자녀의 잔류율이 줄어들지 않는 한, 비서비스계급 출신 자녀의 상승이동률은 점차 줄어든다 왜냐하면 비서비스계급 출신 자녀가 서비스계급 출신 자녀가 차지할 자

리를 뺏는 일은 그렇게 쉽지 않기 때문이다. 그리하여 상대이동의 가능성은 줄어든다. 이처럼 서비스계급의 확대 여부는 상대이동 가능성에 매우 중요한 의미를 띤다. 그렇다면 실제 계급구조는 어떻게 바뀌었는가?

〈그림 4-18〉 서비스계급의 잔류율과 비서비스계급의 상승이동률

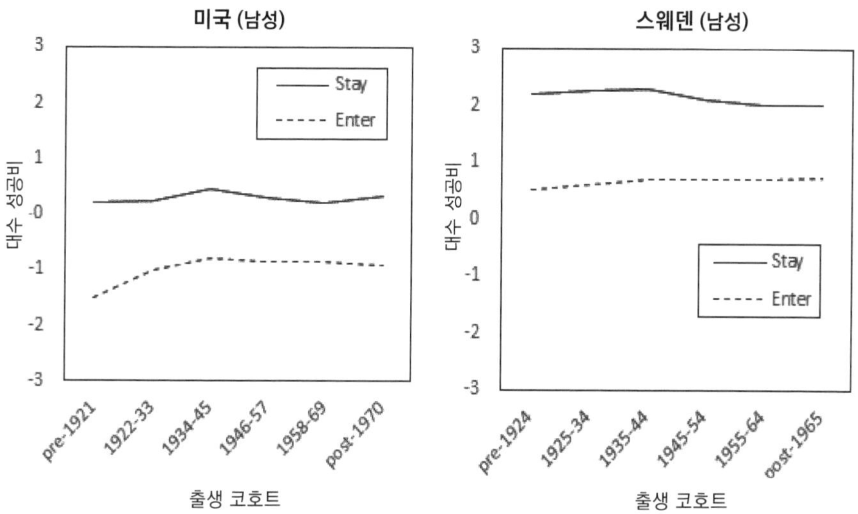


**출처** : Breen and Müller(2020)

20세기 초중반의 서구 산업사회에서는 어디라고 할 것도 없이 서비스계급은 비교적 큰 폭으로 증가했다. 그리하여 부모-자녀 계급의 연관성은 줄어들었다. 같은 말이지만, 사회적 유동성은 크게 늘어났다. 〈그림 4-18〉은 미국과 스웨덴에서 서비스계급 출신 남성이 서비스계급에 '잔류'할 가능성(확률비, 실선)과 비서비스계급 출신의 남성이 서비스계급으로 '상승이동'할 가능성(확률비, 점선)을 대비한 것이다. 서비스계급 출신의 자녀가 부모 계급에 잔류할 가능성은 코호트를 가로질러 큰 차이를 보이지 않았지만, 비서비스계급 출신의 자녀가 서비스계급으로 상승이동할 가능성은 이른 시기의 코호트(1950년대 이전에 출생한 코호트)에서 어느 정도 증가

했다. 그리하여 잔류율과 진입률(상승이동률)의 격차는 차츰 감소했다. 확률비의 상대적 비율(상대적 확률비)은 점차 작아졌다. 이는 상대이동이 늘어났고, 유동성이 높아졌다는 것을 뜻한다.

그러나 1950년대 이후에 출생한 코호트에 이르러서 서비스계급의 팽창은 더디었다. 그리하여 비서비스계급 출신 자녀가 서비스계급으로 상승이동할 가능성도 점차 줄어들었고, 상대이동이나 사회 유동성은 일정 수준으로 고착했다. 결국 사회 유동성을 좌우한 가장 근원적인 요인은 계급구조의 변화였다고 말할 수 있다. 20세기 초중반에 서비스계급이나 화이트칼라층의 직업이 늘어나면서 상대이동은 늘어났고, 20세기 중후반에 상층계급의 직업이 늘어나지 않으면서 상대이동이나 유동성도 늘어나지 않았다.

부모-자녀 계급 연관성이 바뀐 원인을 직업구조의 변화에서만 찾을 수 있는 것은 아니다. 부모-자녀 연관성의 약화는 교육과도 관련한다. 여기서 말하는 교육이란 교육체계의 팽창과 교육 기회의 확대를 가리킨다. 먼저 교육체계의 팽창부터 보자. 교육체계의 팽창은 전체 인구에서 고학력자의 비율이 늘어나는 것을 의미하는데, 이 비율이 높아질수록 부모-자녀 계급 연관성은 점차 약화한다. 구성효과(compositional effect) 때문이다. 일반적으로 고학력 사회에서는 저학력 사회보다 능력주의 원리가 더 많이 작동하여 부모-자녀 계급 연관성이 줄어든다(Hout, 1988; Breen and Jonsson, 2007). 그러므로 전체 인구에서 고학력자의 비율이 늘어나면 자연스럽게 부모-자녀 계급 연관성이 줄어든다. 미국과 유럽을 분석한 앞선 연구는 시뮬레이션으로 20세기 후반에 출생한 코호트에서 이 구성효과가 결코 작지 않았음을 확인했다. 조금 뒤에 보겠지만, 한국에서도 이 구성효과는 작지 않았다. 다른 한편, 교육 기회의 확대도 부모-자녀 계급 연관성을 약화하는 데에 기여한다. 그러나 기회의 확대가 세대 간 계급 연관성에 미치는 영향은 다소 우회적이다. 〈그림 4-19〉는

〈그림 4-2〉를 조금 변형한 것인데, 이 그림에서 a, b, c는 경로계수(path coefficient)라고 가정해보자. 부모-자녀 계급 연관성(OD)은 두 가지 경로의 합으로 표현할 수 있다. 출신지가 종착지에 직접 영향을 미치는 효과(a)와 출신지가 교육을 매개하여 종착지에 미치는 효과(bc)의 합으로 표시할 수 있다. 결국 출신지가 종착지에 미치는 영향(OD)의 크기는 a+bc다. 그런데 여기서 a와 c는 미약하거나 예외적이다(Breen and Müller, 2020).

〈그림 4-19〉 OED 경로

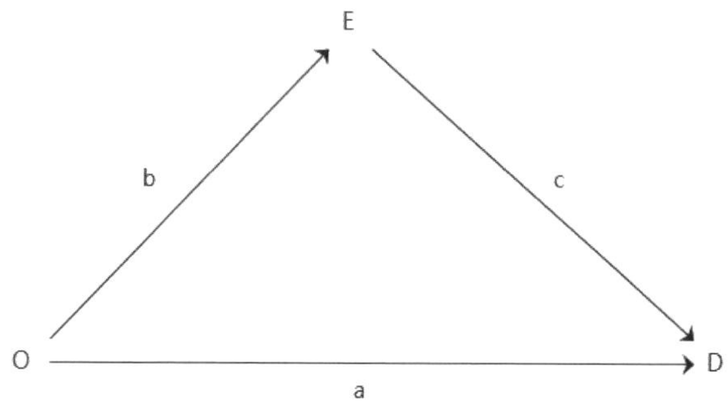


상황이 그렇다면 교육의 균등성과 부모-자녀 계급 연관성의 관계는 단순해진다. 교육의 균등성이 약화하면(b가 커지면) 부모-자녀 계급 연관성(a+bc)은 커지고, 교육의 균등성이 확대하면(b가 작아지면) 부모-자녀 계급 연관성이 작아진다. 그러므로 교육의 균등성 확대는 부모-자녀 계급 연관성을 약화하는 주요한 메커니즘으로 작용한다고 생각할 수 있다. 선행 연구는 20세기 내내 교육의 균등성이 지속적으로 확대했음(OE의 연관성이 약화했음)을 보였고, 이것이 부모-자녀 계급 연관성을 약화하는데(사회 유동성을 증가하는데) 기여했을 것이라고 추정했다(Breen and Müller, 2020).

지금까지 우리는 계급구조의 변화와 교육의 변화가 사회 유동성의 증가나 정체를 초래했음을 보았다. 그런데 유동성 증가나 정체의 원인은 그렇다 치고, 결과적으로 나타난 유동성의 변화 유형은 어떤 가설과 일치하는가? 20세기 전반에 출생한 코호트에 대한 정보로 판단하면, 우리는 산업사회론의 명제(산업화가 이루어지면 이동률이 증가한다는 명제)를 지지할 수 있다. 20세기 후반에 출생한 코호트에 대한 정보로 판단하면, 페더만-존스-하우저 가설을 지지할 수 있다. 그러나 20세기 전체의 이동 경향을 가장 적절하게 포착하는 명제는 아무래도 립셋과 제터버그의 명제인 것 같다. 그들은 경제성장이나 팽창의 어느 단계에서 이동률의 부양(浮揚, boost)이 이루어지고, 곧 이은 단계에서는 이동률이 비슷해진다는 주장을 펼쳤는데, 이는 경험적 사실과 일치한다. 그들은 이 명제로 절대이동을 묘사하려고 했는데, 절대적 이동률을 언급하는 한, 그들의 명제는 오류다. 다만 그들이 말한 이동률을 상대적 이동률로 이해한다면, 그들의 주장을 받아들일 수 있을 것으로 보인다.

그러나 립셋과 제터버그의 명제는 어디까지나 짧은 기간에 해당하는 것이다. 20세기에 국한하지 않고, 더 긴 기간을 내다본다면, 립셋과 제터버그의 명제보다 페더만과 하우저, 존스의 가설이 더 타당할지도 모른다. 다시 말해, 산업화의 일정 단계를 넘어선다면 상대이동은 이제 더 이상 쉽게 바뀌지 않을지도 모른다. 그렇게 짐작하는 이유는 다음과 같다. 앞에서 본 것처럼, 사회유동성은 계급구조와 교육의 변화에 달려 있는데, 그렇다면 계급구조와 교육은 앞으로 어떻게 바뀔 것인가? 첫째, 농업사회가 산업사회로 전환하면서 일어났던 과거의 여러 변화, 예컨대 정부기구의 확장, 보건과 교육·사회복지의 규모 확대, 산업과 상업 조직의 팽창 등과 같은 거대 변화가 머지않은 미래에 다시 반복할 가능성은 별로 없다(Goldthorpe and Jackson, 2008). 그렇다면 계급구조는 바뀌지 않을 것이고, 그 결과 유동성도 증가하지 않을 것이다. 둘째, 이제 교육 균등화를 더 확대할 정책 수단은 그다지 많지 않다. 그러므로 교육 균등화가 더 이상 진행할 가능성도 별로 없다. 셋째, 이제 교육팽창의 효과도 그다지 크지 않을 것이다. 교육팽창이 이미 충분히 이루어져서 이 팽창이 부모-

자녀 계급 연관성에 미치는 효과도 점차 줄어들 것이다. 이 세 가지 요인을 둘러싼 사정이 이렇다면, 사회 유동성은 더 이상 늘어나지 않고 정체할 가능성이 높다.[55] 이것이 우리가 페더만과 하우저, 존스의 명제에 관심을 두는 이유다.

### 3) 한국의 계급이동

지난 몇 십 년 동안 한국의 연구자는 여러 방면에 걸쳐 사회적 불평등을 활발하게 살펴보았다.[56] 이들 연구는 대부분 한국 사회의 불평등 구조와 그 구조의 역사적 변화, 그리고 그 구조 안의 각 계급(층)의 상태 등을 규명했다. 그러나 이 시기 동안에 연구자들은 사회적 불평등이 세대를 넘어 재생산되는 과정을 탐구하지 않았다. 많지 않은 연구가 불평등의 재생산을 다루었을 때에도, 관심의 초점은 어디까지나 실제로 전개된 이동, 즉 절대적 이동에 한정했다. 예컨대 엘리트층의 폐쇄 가설(재벌이나 대기업 경영자 등이 세습이나 혼인을 통해 특정 지위를 자기 집단 안에서 폐쇄적으로 충원했다는 가설), 화이트칼라가 자영업자층을 완충지대로 활용하여 하강이동을 회피했다는 가설, 농민이나 노동자가 자영업자층을 상승이동 통로로 이용했다는 가설, 이농민의 최종 종착지가 자영업자가 아니고 육체노동자이었다는 가설, 비농자영업자가 프롤레타리아로 전화했다는 가설, 육체

55 이렇게 기회 균등이 확대할 가능성이 그다지 높지 않다면, 그리고 그것을 개선할 전망도 확실하지 않다면, 결과의 평등이나 생활의 평등을 강조하는 것이 시급하고 절박하다. 생활의 평등이야말로 조건의 평등을 마련하여 기회의 평등을 열 수 있는 확실한 전제이기 때문이다.

56 한국 사회의 불평등 연구사에 대한 개관으로는 김채윤(1984), 공제욱(1985), 신광영(1990), 김경동(1991), 홍두승·구해근(2008), 장상수(2015), 정인관 외(2020) 등을 보라.

노동자층의 '제2세대 노동자화' 가설(육체노동자의 자녀가 다시 육체노동자가 되었다는 가설) 등과 같은 주제가 바로 그것들이었다.[57] 그것이 세대 간 이동이든지 세대 내의 경력 이동이든지 실제로 관찰가능한 이동에 대한 이런 연구는 매우 긴요한 것이었다. 왜냐하면 이동유형이나 이동체제를 알기 전에 실제의 이동경로를 확인하는 것이 가장 먼저 필요했기 때문이다. 그러나 이런 의의와는 별도로, 멀리서 넓게 보자면, 한국의 연구자들은 사회이동에 대해 그다지 큰 관심을 두지 않았다. 사회이동에 대한 연구는 논의의 수도 적었거니와 많지 않은 이 연구들도 체계적이고 누적적이지 않았다.

한국에서 상대적 계급이동을 다룬 연구는 1990년대부터 시작했다. 이 무렵에야 비로소 여러 단체나 기관이 사회이동을 다룰 수 있는 원시자료를 생산했기 때문이다. 예컨대 한국사회과학연구회는 1990년과 1995년에 '한국사회의 불평등현상과 형평의식에 대한 연구' 자료를 생산했고, 조은·강정구·신광영(1992)은 1991년에 '경제활동 및 생활실태조사' 자료를 수집했다. 한국노동연구원은 1998년에 '한국노동패널조사' 자료를 생산했다. 이런저런 자료를 이용하여 차종천(1991), 신광영(1994), 장상수(1998), 박현준(Park, 2003) 등이 한국의 계급이동이나 직업이동을 논의했다. 그러나 계급이동에 대한 연구는 그때에도 많지 않았지만, 지금도 그다지 많지 않다. 최근 들어 계봉오·황선재(2016), 여유진(2019) 등이 한국의 계급이동을 논의했을 뿐이다. 많지 않은 이 연구들도, 주로 자료의 한계 때문이었겠지만, 횡단면 분석에 치중했을 뿐, 한국의 계급이동을 시계열 변화의 관점이나 국제 비교의 맥락에서 바라보지 못했다. 그리하여 한국의 계급이동의 특징을 뚜렷이 드러내지 못했다.

최근 들어 한 연구는 이 분야 연구에 제법 의미 있는 진전을 이루었

57 과거에 이루어졌던 절대적 이동에 대한 자세한 논의는 장상수(2001: 6장)를 참고하라.

다. 정인관과 박현준(Chung and Park, 2019)은 그동안 한국의 여러 연구기관이 생산한 여러 종류의 데이터를 결합(pooling)하여, 1950-54년 출생 코호트부터 1980-84년 출생 코호트까지 5세 단위의 코호트를 모두 7개 구성했다. 이렇게 충분한 크기의 코호트를 구성한 다음, 이들은 한국의 계급이동이 어떤 방향으로 얼마나 달라졌는지를 물었다. 상대적 계급이동의 시계열 변화를 알아보았다. 제법 흥미로운 과제였다. 한국의 상대이동은 시간이 흐르면서 얼마나 어떤 방향으로 바뀌었을까? 요즘 사람들이 흔히 말하듯, 더 이상 개천에서 용이 나지 않는 방향으로 바뀌었을까? 예전에는 가난한 사람의 자녀가 성공할 가능성이 높았지만, 지금은 그들이 더 이상 성공할 가능성이 높지 않게 되었을까?

결론부터 미리 말해보자. 그들은 한국의 산업화가 진행하면서(시간이 지나면서) 부모와 자녀의 계급 연관성이 점차 줄어들었다는 사실을 발견했다. 이는 〈그림 4-20〉으로 알 수 있다. 이 그림은 대수곱셈 결효과 모형의 결효과 모수($\phi$)의 시계열 경향을 나타내는데, 이 모수는 부모와 자녀 계급의 연관성을 보인다. 이 그림에서 우리는 두 가지 사실을 알 수 있다. 첫째, 시간이 흐르면서(한국 자본주의가 발전하면서) 부모-자녀 계급 연관성은 점차 줄어들었다. 1950-54년 출생 코호트의 연관성을 1이라고 가정했을 때, 이후 출생 코호트의 연관성은 점차 줄어들어 가장 최근의 1980-84년 출생 코호트에 이르러서는 이 연관성은 0.662로 줄어들었다. 둘째, 최근 코호트(1975-79년 코호트)부터 이 연관성은 더 이상 줄어들지 않고 일정 수준에 머물러 있는 모습을 보였다.

첫 번째 사실부터 논의해보자. 부모-자녀 계급 연관성이 줄었다는 것은 한국의 상대적 계급이동이 점차 증가했다는 것을 말하고, 한국 사회의 개방성이나 유동성이 증가했다는 사실을 뜻한다. 흔히 쓰는 말로 다시 고쳐 쓰면, 기회 균등이 증가했다고 말할 수 있다. 부모-자녀 연관성이 줄어드는 시대는 개천에서 용이 나는 시대라고 말할 수 있다. 그런데 비록 나이 든 옛 코호트에 한정하는 일이라 할지라도 부모-자녀 계급의 연관성은 왜 줄어들었을까? 사회의 유동성이나 기회 균등은 왜 증가했을까? 저자들은 두 가지 원인을 들었다. 그들은 교육 팽창과 교육 기회 균등을 원인으로 지목했다(Chung and Park, 2019; 박현준, 2021). 한국 교육이 팽창하면서 고학력자의 비율이 높아지고, 그로 말미암아 구성효과가 작동함으로써 부모-자녀 계급 연관성이 약화했다. 같은 시기에 교육의 기회 균등도 늘어나 부모-자녀 계급 연관성이 약화했을 것이라고 그들은 추측했다.

〈그림 4-20〉 상대이동 수준의 시계열 경향

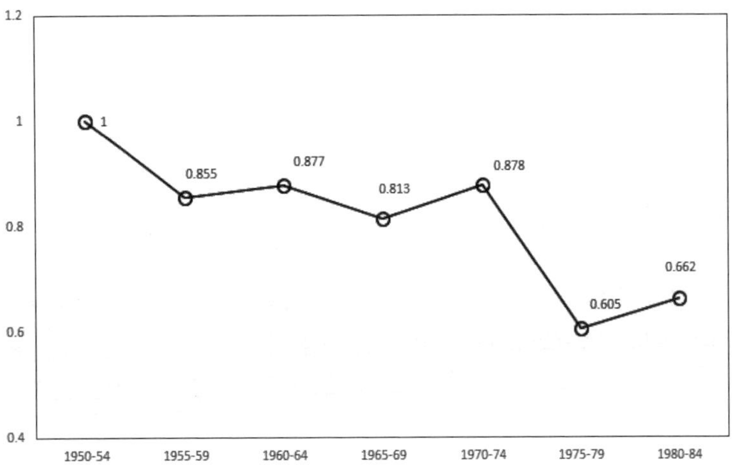


**출처** : Chung and Park(2019)

그런데 이들 저자는 곧이어 내놓은 다른 논문에서 한국의 사회 유동성이나 개방성 증가를 다른 방식으로 설명했다. 박현준·정인관(2021)은 한국노동패널조사 자료에서 1998년과 2018년에 각각 30~49세였던 두 코호트를 추출하고, 이들 코호트의 부모-자녀 계급 연관성을 비교했다. 그리하여 이들은 2018년 코호트의 연관성이 1998년 코호트의 연관성보다 더 작다는(유동성이 더 크다는) 사실을 발견했다. 앞의 〈그림 4-20〉과 같은 결론이어서 별로 놀랍지 않다. 그러나 이들은 앞 연구와는 달리, 부모-자녀의 계급 연관성 감소의 원인을 세습효과의 감소에서 찾았다. 2018년 코호트에서 사회 유동성이 이렇게 더 커진 것은 화이트칼라(서비스계급과 일상적 비육체노동자계급, Ⅰ+Ⅱ+Ⅲ)의 세습 효과가 줄어들었기 때문이라고 그들은 주장했다. 요컨대 화이트칼라 출신 자녀가 화이트칼라 계급에 잔류하는 비율이 낮아졌기 때문이라는 것이다. 과연 그럴까? 그들이 사용한 자료로 이런 주장의 타당성을 따져보자.

〈그림 4-21〉 화이트칼라의 잔류율과 비화이트칼라의 상승이동률

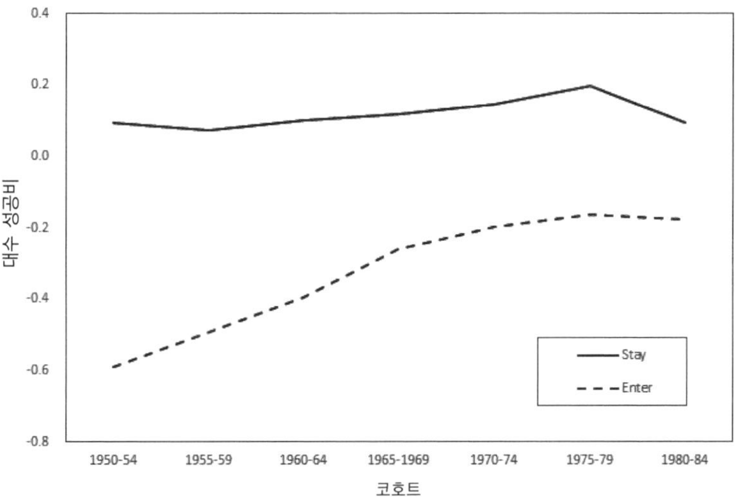


**출처 :** 박현준(2021: 118-119)의 수치를 가공.

〈그림 4-21〉은 정인관·박현준(Chung and Park, 2019)에서 추출한 두 경향이다(박현준, 2021: 118-119). 실선은 화이트칼라 출신 자녀가 화이트칼라에 잔류할 대수 확률비고, 점선은 비화이트칼라 출신 자녀가 화이트칼라로 진입하는 데에 성공할 대수 확률비다. 그림에서 보다시피, 화이트칼라

의 잔류 확률비(세습 확률비)는 코호트별로 큰 차이를 보이지 않았다. 다시 말해, 박현준 · 정인관(2021)의 주장과 달리, 화이트칼라의 세습효과는 줄어들지 않았다. 코호트별로 큰 차이를 보이는 것은 비화이트칼라 출신 자녀의 화이트칼라 진입 확률비다. 나이 든 코호트에서 이 진입 성공비는 가파르게 상승했지만, 1965-69년 코호트를 기점으로 이는 느리게 상승하다가 1970-74년 코호트에 이르러 더 이상 상승하지 않았다. 이는 〈그림 4-18〉에서 보는 서구 국가의 경향과 다르지 않은 결과다. 그런데 한국의 확률비는 왜 이런 모습을 하고 있는가? 우리가 앞에서 서구의 사례에서 보았다시피, 이는 다른 무엇보다 직업구조나 계급구조의 변화 때문에 그러했을 것이다. 화이트칼라 직업이나 일자리가 이제 더 이상 증가하지 않아 비화이트칼라 출신 자녀가 화이트칼라로 진입하는 것이 쉽지 않게 되었기 때문일 것이다.

이제 두 번째 사실, 최근 코호트(1975년 이후 출생 코호트)에 들어 부모-자녀 계급 연관성이 더 이상 줄어들지 않고 멈추었다는 사실을 살펴보자. 앞의 저자들(Chung and Park, 2019; 박현준, 2021)은 지난 시기 동안 부모-자녀 계급 연관성이 낮아졌다는 사실을 근거로 한국 사회의 개방성이나 유동성이 점차 커졌다고 주장했다. 그리하여 그들은 '더 이상 개천에서 용이 나지 않는다'는, 우리 주변에 널리 퍼진 세속의 언설은 일종의 착오이자 착각이라고 주장했다. 아마도 그럴지도 모르겠다. 그러나 그들의 이런 주장은 사실의 한쪽 측면만 강조했다. 다시 말해, 그들은 부모-자녀 계급 연관성이 지난 시기 동안 줄곧 줄었다는 사실에만 초점을 맞추었을 뿐, 최근 코호트에 이르러 개방성이나 유동성이 더 이상 커지지 않고 멈추었다는 사실은 무시했다. 서구에서 1950년대 출생 코호트 이후에 개방성이나 유동성이 더 이상 늘지 않고 멈추었다면, 우리 사회에서는 1975-79년 출생 코호트부터 개방성이나 유동성은 더 이상 늘지 않고 그 자리에 정체했다. 객관적 사실이 그와 같다면 주관적 인식도 그에 상응해 바뀌었을 것이다. 1975년 이전에 출생한 사람들이 경제활동을 한 2000년대 초반 이전에는 비화이트칼라 출신이 화이트칼라로 많이 진입하여, 사람들은 우리 사회에 상승이동 기회가 많다고 느꼈을 것이다. 그러나 1975년 이후에 출생한 사람들이 경제활동을 한 2000년대 중반 이후에는 비화이트칼라 출신이 화이트칼라로 진입할 가능성은 더 이상 높아지지 않았고, 그리하여 비화이트칼라 출신 자녀들은 우리 사회의 개방성이 그렇게 크지 않다고 느꼈을 것이다. 부모가 부자면 자녀도 부자고, 부모가 가난하면 자녀도 가난할 수밖에 없다고 그들은 느꼈을 것이다. 개천에서 용 난다는 신화를 더 이상 믿지 않게 되었을 것이다.

## 5. 소득이동

사회학자들은 상대적 이동 기회가 나라마다 비슷하다고 판단했지만, 이런 결론은 어디까지나 '계급이동'을 분석해 얻은 것이었다. 2000년대 초반부터 경제학자들도 정치적 필요 때문에 사회이동에 관심을 기울이기 시작했다(Goldthorpe, 2013). 그러나 이들은 사회이동을 계급이동이나 직업이동이 아니라 소득이동(earnings mobility)이라는 관점에서 바라보았다. 다시 말해 그들은 부모의 소득과 자녀의 소득을 서로 견주었다. 이들은 부모의 소득과 자녀의 소득을 견줄 때, 세대 간 소득탄력성이라는 개념을 동원했다.[58] 세대 간 소득탄력성이 큰 사회, 다시 말해 부모 소득이

58 세대 간 소득탄력성(intergenerational earnings elasticity; IGE)이란 부모의 소득 변화율(백분율)이 자녀의 소득 변화율(백분율)에 미치는 영향을 말한다. 세대 간 소득탄력성은 다음과 같은 수식으로 측정한다.

자녀 소득에 미치는 영향이 큰 사회는 이동성(mobility)이나 유동성이 떨어지는 사회라고 말할 수 있고, 기회가 균등하지 않은 사회라고 판단할 수 있다. 경제학자들은 이 탄력성이 시기마다 나라마다 다르다고 판단했다.

세대 간 소득탄력성이라는 개념으로 소득이동을 탐구한 연구는 다양한 연구 성과를 낳았다. 일단의 연구는 여러 나라의 소득이동을 서로 견주거나(Björklund and Jäntti, 2011), 여러 시기의 이동을 비교했다(Mayor and Lopoo, 2008). 또 다른 연구는 소득이동의 성별 차이를 밝히거나(Chadwick and Solon, 2002), 소득이동의 역사적 경향을 검토했다(Aaronson and Mazumder, 2008). 이런저런 연구 중에서 가장 주목할 만한 성과는 아마도 세대 간 소득이동의 국가별 차이일 것이다. 〈그림 4-22〉는 2000년대 후반, OECD 국가의 세대 간(부자 간) 소득탄력성을 보인 것이다(OECD, 2018: 195).

이 그림에서 특징적인 것은 북유럽의 여러 나라, 예컨대 덴마크와 노르웨이, 핀란드와 스웨덴의 소득탄력성이 낮고, 기타 지역, 예컨대 콜롬비아와 남아프리카 공화국, 브라질과 중국, 인도 등과 같은 나라의 소득탄력성은 높다는 사실이다. 소득탄력성이 낮다는 것은, 부모 소득이 자녀 소득에 미치는 영향이 낮다는 것을 뜻하므로 해당 사회의 유동성이 높다는 사실을 보여준다. 다른 말로 해당 사회의 기회가 더 균등하다고 말할 수도 있다. 그러므로 우리는 북유럽 몇 나라의 기회 균등이 다른 어느 나라보다 더 높다고 판단할 수 있다. 그런데 한국은 어떤가? 이 그림에서 보듯 한국의 소득탄력성은 OECD 평균보다 약간 높지만, 네덜란드와 아

---

$$\log Y_{i,t} = \alpha + \beta \log Y_{i,t-1} + \epsilon_i$$

이 수식에서 $Y_{i,t-1}$는 부모(아버지)의 항상소득(permanent income)이고, $Y_{i,t}$는 자녀의 항상소득이며, $\hat{\beta}$가 세대 간 소득탄력성이다. 그러나 최근의 한 연구는 이런 방식으로 구한 $\hat{\beta}$가 이른바 기회 균등을 제대로 측정하지 못한다고 주장했다(cf. Mitnik and Grusky, 2020).

일랜드, 그리고 미국과 이탈리아 등과 같이 중간쯤에 위치한다. 그러므로 한국의 사회유동성은 다른 나라보다 높지도 않고 낮지도 않다고 판단할 수 있다.

〈그림 4-22〉 2000년대 후반의 세대 간(부자 간) 소득탄력성

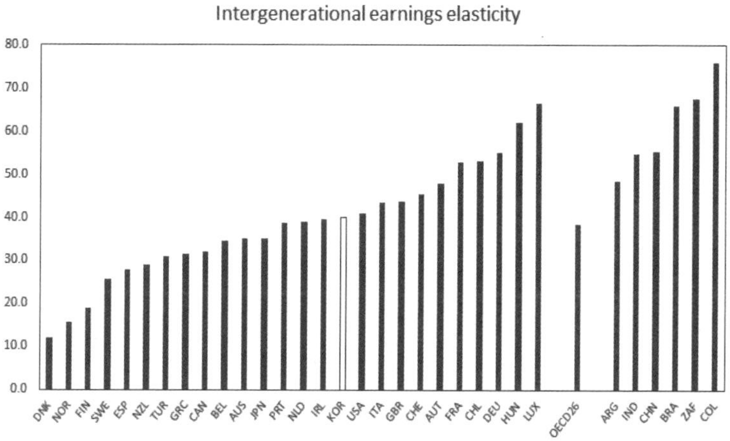


**주**: 1. 각국의 소득탄력성은 서로 다른 개별연구와 자료에 근거했다.
2. 한국의 소득탄력성은 40.0인데 이 수치는 Kim(2017)에서 따온 것이다.

**출처**: OECD(2018: 195)의 〈그림 4.8〉

자연스럽게 한국의 소득탄력성 문제로 넘어왔으므로 이를 더 자세히 살펴보자. 한국의 소득탄력성을 탐구한 연구는 비록 최근에 등장했지만 그 수는 적지 않다.[59] 한 연구자는 다음과 같은 몇 가지 사실을 발견했다(현은주, 2018). 첫째, 한국의 세대 간 소득탄력성은 미국보다 낮아서 그 크기는 0.104~0.292였고 평균은 0.19에 머물렀다. 둘째, 몇 가지 방법론적 교정, 예컨대 응답자의 연령을 조정하고 세전 소득 변수를 사용하는 등의 교정을 거치면 한국의 소득탄력성은 조금 더 커졌다. 그러나 이

59 이 분야를 개관한 연구로는 현은주(2019), 정인관 외(2020) 등을 들 수 있다.

수치도 여전히 미국보다 낮았다. 셋째, 예외적이지만 일부 연구자(Kim, 2017)는 그 크기를 .4로 추정했다. 어쨌든 이런 연구는 OECD의 국제 비교와 큰 차이를 보이지 않았다.

이런 발견은 여전히 횡단면적 국가 비교에 치중하고 있다. 우리가 더 많은 관심을 두는 것은 국가 비교보다 아무래도 시계열 변화다. 한국의 소득탄력성은 역사적으로 어떻게 바뀌었는가? 그러나 이런 질문에 대답한 연구는 별로 없다. 최근 들어 몇몇 연구가 이런 질문에 답했을 뿐이다(김봉근·석재은·현은주, 2012; 이진영, 2022). 이진영(2022)은 한국의 소득탄력성이 〈그림 4-23〉과 같은 경향성을 보인다고 주장했다.

〈그림 4-23〉 한국의 세대 간 소득탄력성 추이, 1999-2019

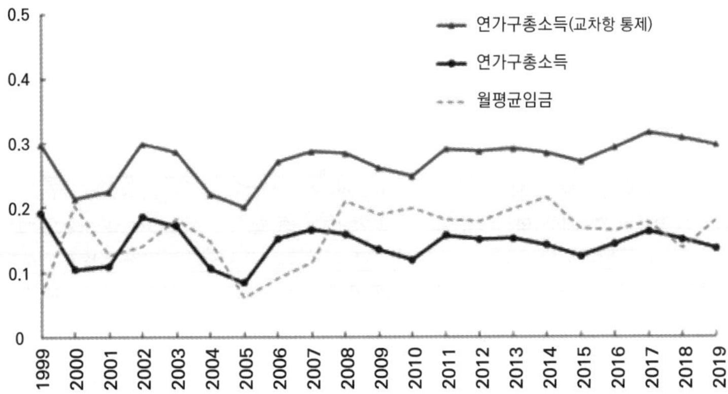


**출처**: 이진영(2022)

**주**: 1. 동그라미 표식의 실선은 연간세후가구총소득변수를 이용해 구한 IGE 추세다.
2. 세모 표식의 실선은 자녀 소득과 부모 소득의 교차항을 추가로 통제한 후 도출한 IGE 추세다.
2. 회색 점선은 월평균 세후 개인근로소득변수를 이용해 구한 IGE의 추세다.

이 그림으로 우리는 다음과 같은 사실을 알 수 있다. 한국의 소득탄력성은 지난 20여 년 동안 별다른 변화를 보이지 않았다. 다만 2010년대 중반부터 약간 커졌을 뿐이다. 다시 말해, 지난 세월 동안 세대 간 이동성은 그다지 큰 변화를 보이지 않았다고 말할 수 있거니와, 최근 들어서는 그 이동성이 약간 줄어들었다고 말할 수 있다. 이런 추세, 즉 소득탄력성으로 살펴본 이동 추세는 앞에서 본 계급이동 추세와 약간 다르다. 앞에서는 계급이동이 점차로 늘다가 최근 들어 그 이동이 정체했다는 결론에 이르렀는데, 소득이동에서는 지난 수십 년 동안 별다른 변화가 없다가 최근 들어 이동이 줄었다(유동성이나 개방성이 줄었다)는 결론에 도달했다.

소득탄력성의 국가별 변이와 시계열 변화야 그렇다 치고, 이와 같은 소득탄력성은 어떤 요인의 함수인가? 다시 말해, 한 시기나 한 사회의 소득탄력성을 좌우하는 요인은 무엇인가? 여러 요인이 소득탄력성에 영향을 미치겠지만, 다른 무엇보다 소득 불평등이 더 큰 영향을 미친다고 판단할 수 있다. 다시 말해 소득 불평등을 비롯한 여러 사회적 불평등이 이동 기회에 영향을 미친다고 생각할 수 있다(Mitnik et al., 2016). 이런 견해를 따르면, 소득 불평등은 소득탄력성을 좌우한다. 소득 불평등이 크면 소득탄력성도 크고 소득 불평등이 작으면 세대 간 소득탄력성도 작다. 한 연구자는 국제 비교를 통해 소득탄력성이 소득 불평등과 긴밀한 관계에 놓여 있음을 발견했고(Corak, 2006), 다른 연구자는 이 관계의 경향성을 나타내는 곡선을 '위대한 개츠비 곡선(The Great Gatsby Curve)'라고 이름 붙였다(Krueger, 2012).[60]

〈그림 4-24〉는 OECD 24개국을 대상으로 삼아 '위대한 개츠비 곡선'을 그려놓은 것이다(OECD, 2018: 36). 그림의 세로축은 자녀 세대의 소득탄력성(여기서는 2000년대 후반의 탄력성)을 나타내고, 가로축은 한 세대 앞(아버지 세대)의 지니 계수(여기서는 1980년대 후반과 1990년대 초반의 지니 계수)를 나타낸

60 이는 미국 작가 피츠제럴드(F. Scott Fitzgerald)가 1925년에 쓴 소설, 『위대한 개츠비(The Great Gatsby)』에서 딴 이름이다. 이 소설의 주인공 개츠비는 가난한 농부의 아들로 태어났지만, 이른바 재즈시대(the Jazz age, 1920년대)에 주류 밀매업으로 큰 부자가 되었다.

다. 이 그림은 결국 소득 불평등과 소득탄력성의 관련을 보인 것이라 할 수 있다.[61]

〈그림 4-24〉 위대한 개츠비 곡선(OECD 24개국)

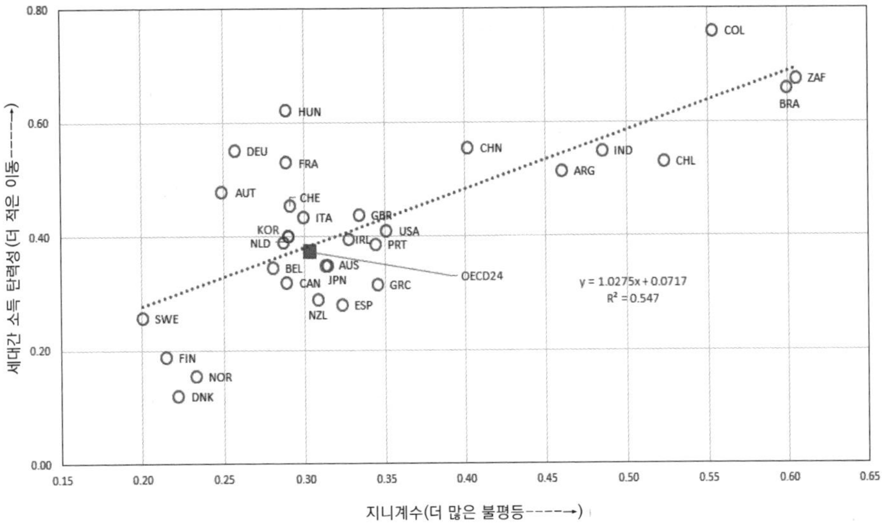


**출처**: http://dx.doi.org/10.1787/888933762062

**주**: 세대 간 소득탄력성은 2010년대 것이고, 지니 계수는 1980년대 후반과 1990년대 초반의 것이다(cf OECD, 2018).

이 그림으로 알 수 있는 것은 다음과 같다. 첫째, 소득 불평등이 큰 사회에서 세습의 정도는 더 크고 기회 균등의 정도는 더 작다. 지니 계수가 낮은 북유럽의 여러 나라, 스웨덴, 덴마크, 노르웨이, 핀란드 등에서 세대 간 소득탄력성은 낮다(이동 기회가 많다. 그러므로 기회가 균등하다). 거꾸로

61 위대한 개츠비 곡선은 소득 불평등이 소득탄력성을 규정한다고 상상하지만, 이런 상상은 지나치게 단순하다. 한 나라의 경제와 제도의 구조가 사회이동과 맺는 다양한 경로를 파악하지 않고는 소득 불평등과 소득탄력성 사이에 단선적 인과관계를 설정할 수는 없다(DiPrete, 2020).

소득 불평등의 정도가 높은 남아프리카공화국, 브라질, 콜롬비아 등에서 세대 간 소득탄력성도 높다(이동 기회가 적다. 그러므로 기회가 불균등하다). 이런 경향성이 나타나는 원인은 거의 자명하다. 위로 움직일 때 쓰는 사다리 가로대(rung)의 간격이 넓을수록 위로 올라가는 일은 점점 더 어려워지듯, 소득 불평등이 크면 저소득층이나 하층계급이 제 자신의 힘으로 고소득층이나 상층계급으로 올라설 가능성, 즉 자수성가할 가능성은 그만큼 낮아지기 때문이다. 둘째, 전반적 경향성은 그렇다 치고, 한국에 초점을 맞추어보자. 이 그림으로 볼 때, 한국은 이 경향성에서 어떤 위치에 놓여 있는가? 한국은 소득 불평등이 되었든 세대 간 소득탄력성이 되었든 OECD 평균과 비슷하다. 한국은 그림의 중간 지점에 놓여 있다.

'위대한 개츠비 곡선'과 비슷한 맥락이지만 조금 다른 방향의 이야기를 해보자. 소득탄력성은 한편으로 소득 불평등과 연관될 수 있지만, 다른 한편으로 교육의 수익률과 연관될 수도 있다. 좀 더 구체적으로 말하면, 세대 간 소득탄력성은 교육의 (화폐)수익률, 특히 대학 교육의 수익률과 연관될 수 있다. 코락(Corak, 2013)은 대학 교육의 수익률이 클수록 세대 간 소득탄력성이 커지는 경향을 발견했다. 〈그림 4-25〉는 OECD 22개국을 대상으로 삼아 교육수익률과 세대 간 소득탄력성의 연관성을 보인 것이다. 그림의 가로축은 2009년을 전후해 25~34세 남성이 노동시장에서 거둔 대학 교육의 수익률을 나타내고 세로축은 세대 간 소득탄력성(여기서는 2010년대의 탄력성)을 나타낸다. 이 그림은 대학 교육의 수익률이 높은 나라에서 세대 간 소득탄력성이 더 크다(소득이동의 가능성이 더 낮다)는 사실을 보여준다. 이런 사실은 대학 졸업자와 고등학교 졸업자의 임금 차이가 크면 클수록, 그리하여 대졸자와 고졸자의 소득 격차가 증가할수록 기회 균등이 줄어든다는 것을 의미한다. 왜 그럴까? 노동시장이 불평등한 조건에서 부유한 부모는 자녀 교육에 더 많은 자원을 투자하려 할 것이고, 가난한 부모는 자녀 교육에 투자할 여력을 잃기 때문일 것이다.

그리하여 부모-자녀 세습의 정도는 더 커지고 세대 간 이동의 정도는 낮아지기 때문일 것이다.

〈그림 4-25〉 교육수익률과 세대 간 소득탄력성의 관계

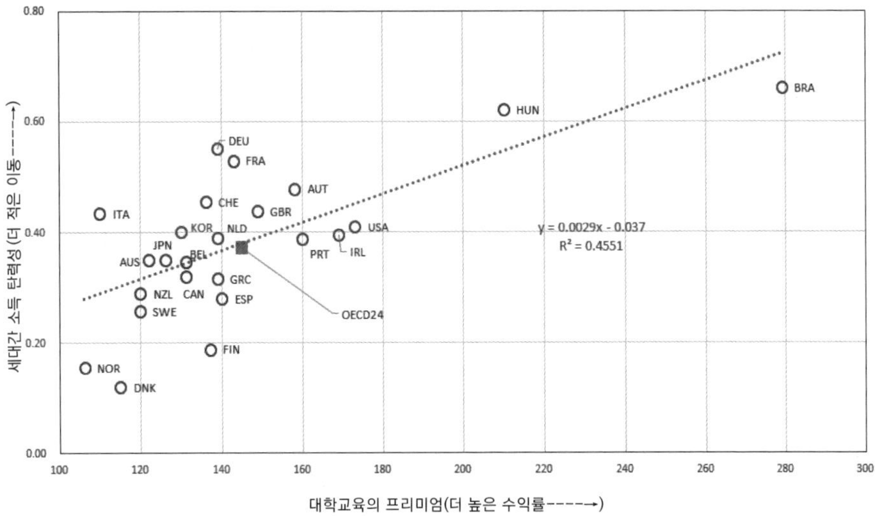


**주**: 대학교육의 수익률은 2009년 무렵의 것이고(OECD, 2011: Table A8.1), 세대 간 소득탄력성은 2010년대 것이다(OECD, 2018: 36)

지금까지 소득 불평등과 임금 격차가 소득이동에 미치는 영향을 살펴보았다. 그런데 소득이동에 영향을 미치는 요인은 이런 요인들뿐일까? 당연히 그렇지 않다. 일군의 연구자들은 기회 균등에 영향을 미치는 또 하나의 중요한 요인으로 고용안정성을 꼽았다(Erikson and Goldthorpe, 1992; Goldthorpe, 1996a). 그들은 고용안정성이 떨어지는 사회에서는 이동 기회가 그렇게 많지 않고 이동의 폭도 그렇게 크지 않다고 보았다. 고용안정성이 낮은 사회에서는 사람들이 자신의 생계를 꾸리는 계획을 세울 수도 없거니와 자녀의 이동 전략을 짜기도 힘들다. 예컨대 부모가 자녀의 교육 등에 합리적인 방식으로 투자할 수 없다. 그로 말미암아 이런 나라에

서는 세대 간 소득탄력성이 증가할 것이다. 그러므로 고용안정성과 기회 균등의 관계를 그리면 '위대한 개츠비 곡선'과 형태는 비슷하지만, 방향은 반대인, 우하향의 그림이 나올 것이라 예측할 수 있다. 예컨대 여러 국가의 평균 근속년수나 노동조합 결성률과 같은 지표와 소득탄력성의 관계를 그리면, 〈그림 4-24〉나 〈그림 4-25〉와 비슷하게, 그러나 방향은 반대로, 단순하게 감소하는 추세가 될 것이다. 평균 근속연수가 길거나 노동조합 결성률이 높다는 것은 고용안정성이 높다는 의미이고, 고용안정성이 높으면 소득탄력성이 낮아져 소득이동 기회도 늘어날 것이기 때문이다. 그러나 여기에서는 이런 논의를 더 이상 진척하지 않는다. 과연 이런 예측이 사실인지는 독자가 자료를 찾아 확인해보기 바란다.

소득탄력성과 소득 불평등(이나 교육수익률)이 특별한 관계에 놓여 있다는 사실이 함축하는 바는 무엇일까? 이런 논의는 기회 균등이 현재의 불평등과 긴밀하게 연결되어 있다는 사실을 보여준다. 우리가 기회 균등을 추구해야 할 좋은 가치라고 여겨서 이를 실현하려고 노력한다고 가정해보자. 그 가치를 이루려면 어떤 정책을 채택해야 할 것인가? 소득탄력성과 소득 불평등의 관계에서 논리적으로 추론하자면, 당연하게도 가장 먼저 소득 불평등이나 임금 격차를 줄여야 한다(이 책의 제3장 3절에서 사용했던 용어로 표현하면, 사회적 경쟁에서 승리한 자가 차지하는 몫을 줄여야 한다). 한 사회의 소득 불평등을 줄이고 임금 격차를 낮추면 소득탄력성은 저절로 작아진다. 기회는 저절로 균등해진다. 그러므로 우리가 관심을 모아야 할 것은 기회 균등이 아니라 현재의 소득 불평등이고 임금 격차다(Goldthorpe, 2013). 결과의 불평등(소득 불평등과 임금 격차)을 그대로 둔 채 기회 균등을 이룰 수 있다는 말은 일종의 기만이다. 사람들은 흔히 '결과의 불평등'은 용인할 수 있어도 '기회의 불평등'을 용납해서는 안 된다고 말한다. 그러나 이런 주장이나 구호는 현재의 불평등을 감싸거나 두둔하려는 이데올로기다. 현재의 불평등을 유지하거나 확대하려는 속임수다. 또 이런 견해나 구호는 생활의 평등을 바라지 않는다는 선언(宣言)이자, 기회의 평등마저 실현하고 싶지 않다는 강령(綱領)이기도 하다. 단언컨대, 결과의 평등이 없으면 기회의 균등도 없다. 생활수준이 평등하지 않으면 조건이 평등하지 않고, 조건이 평등하지 않으면 기회도 평등하지 않다.

제 5 장

# 불평등과 노동시장

## 1. 노동시장의 사회학

개인의 소득을 연구 대상으로 할 때, 사회학과 경제학은 사람이나 직업의 특성이 소득에 영향을 미치는 과정이나 정도를 분석했다. 예컨대 이들 학문은 대졸자의 임금이 고졸자보다 더 많은 정도를 따졌으며, 전문직 종사자의 임금이 사무직 종사자보다 더 높은 정도를 살폈다. 이처럼 사회학과 경제학의 연구 설계나 연구 방법은 서로 비슷하지만 그 지적 배경은 상당히 달랐다. 경제학의 노동시장 연구는 대부분 노동경제학의 지배 학파인 신고전파 이론이 주도했다. 앞에서 이미 보았듯, 이 학파는 노동 수요를 설명할 때에는 한계생산성 이론을 내세웠고, 노동 공급을 언급할 때에는 인간자본이론을 동원했다. 이와 달리, 사회학의 노동시장 연구는 사회경제적 지위 성취과정을 다루는 사회이동 연구에서 비롯했다. 이들 연구는 변수의 선택이나 계수의 해석을 안내하는 개념 장치를 사용하지 않았다. 이들 연구는 개인이나 직무의 특성을 나타내는 여러 변수가 노동시장 과정의 결과, 특히 소득에 미치는 영향을 확인했을 뿐, 그 영향을 낳는 메커니즘을 확인하지 않았다. 노동시장 과정을 설명하는 별다른 이론을 전제하지 않았다는 이야기다.

신고전파 이론이 경험적 사실을 적절하게 설명했다면 노동시장 과정에 대한 독자 이론을 만들 필요가 없었을 것이다. 그러나 인간자본이론은 소득 결정을 잘 해석했지만, 직업 특성을 이해하지 않으려 했고 직업에 대한 사회학적 관심을 이해하려 들지 않았다. 경제이론은 직업의 위세나 사회경제적 지위와 같은 특성이 소득에 영향을 미친다는 사실을 고려하지 않았다. 신고전파 이론과는 달리, 사회학은 소득결정모형에서 직업의 영향이 적지 않다는 사실을 인정했다. 그러나 이들은 소득성취를 이런 직업 효과로 설명하는 이론을 만들지 못했다. 말하자면, 경제이론을 대체하거나 보강하는 이론을 생산하지 못했다. 그리하여 사회학자는 직업을 매개로 소득이 발생하는 과정을 제대로 설명할 수 없었다. 직업의 중요성을 밝히려면, 사회학은 직업마다 소득이 다르다는 사실을 증명해 직업이 소득과 관련을 맺는다는 사실을 보여야 했지만, 직업 특성이 소득에 미치는 효과는 미미했다. 그리하여 직업 효과를 강조한 사회학 연구는 경제 이론에 도전하는 데에 실패했다.

신고전파 경제이론은 직업의 영향을 고려하지 않는다는 비판을 받았지만, 그것 말고도 다른 이유 때문에 비판을 받기도 했다. 신고전파 이론은 자신의 가정이나 예측을 벗어나는 소득 현상이나 노동시장 현상 때문에 곤경에 빠졌다. 신고전파 이론이 마주친 이런저런 현상 가운데에서 가장 중요한 것은 노동시장 분단(分斷, segmentation)이었다. 일군의 학자는 노동시장이 몇 개로 나뉘어 있다고 주장했다. 어떤 이는 노동시장이 이른바 일차 직업과 이차 직업으로 나뉘어 있다고 말했는가 하면(Doeringer and Piore, 1971), 몇몇 학자는 노동시장이 독점 부문과 경쟁 부문, 국가 부문으로 분할되어 있다고 주장했다(Averitt, 1968; Bluestone, 1970; O'Connor, 1973). 혹자는 노동시장이 임금 경쟁 부문과 일자리 경쟁 부문으로 구분되어 있다고 보았는가 하면(Thurow, 1975), 다른 이는 노동시장이 내부노동시장과 외부노동시장으로 구성되어 있다고 말했다(Doeringer and Piore, 1971; Kerr, 1977). 이런저런 의견은 모두, 노동시장의 동질성을 강조하는 신고전파 경제이론의 가정과 달리, 일자리와 일자리 구조가 부문별로 서로 구별되어 있음을 상소했다. 일자리가 부문별로 서로 다르다는 사실을 감안한 이론은 고전 이론이 설명할 수 없는 현상을 잘 설명하거나 고전 이론과 다른 방식으로 설명할 수 있다고 주장했다. 이런 의견이나 주장은 대부분 경제학자들이 제기했지만, 일군의 사회학자도 이런 비판에 가세했다(Sørensen, 1977; Spilerman, 1977; Stolzenberg, 1975).

이 장에서는 선행 연구를 기반으로 다음과 같은 몇 가지 논의를 전개하기로 한다. 첫째, 노동시장이 일차 시장과 이차 시장으로 나뉘어 있다는 주장, 즉 이중노동시장이론(Piore, 1970; Doeringer and Piore, 1971)을 살펴보기로 한다. 둘째, 사람과 일자리의 짝짓기 과정이 고용관계(고용주와 피고용인의 관계)의 성격에 따라 서로 달라, 한편에는 임금 경쟁 노동시장이 있는가 하면, 다른 한편에는 빈자리 경쟁 시장이 있다고 주장하는 이론(Thurow, 1975; Sørensen and Kalleberg, 1981)을 살펴본다. 셋째, 지난 수십 년 동안 불안정 노동이 증가했다는 사실을 보이기로 한다(Kalleberg, 2012). 마지막으로 지난 몇 십 년 동안 노동조합의 규모나 힘이 점차 쇠퇴했는데, 이것이 고용관계에 미친 영향을 살펴보기로 한다(Rosenfeld, 2010).

### 1) 이중노동시장

빈곤의 지속은 거의 모든 사회가 겪는 가장 큰 문제다. 고전경제학자는 개별 노동자의 재능이나 훈련이 생산성을 결정하고, 이 생산성이 임금이나 소득을 결정한다고 생각했다. 다시 말해 이들은 낮은 재능과 훈련이 저생산성을 낳고, 낮은 생산성이 빈곤을 초래한다고 주장했다. 아마도 그럴지도 모르겠다. 그런 주장이 사실일지도 모른다. 그러나 일군의 학자는 노동자의 빈곤을 확연히 다른 논리로 설명했다. 이들은 이중노동시장이나 분단 노동시장이 고용을 결정하고, 이 고용이 빈곤을 초래한다고 주장했다. 이들은 다른 무엇보다 노동시장의 구조가 빈곤을 결정한다고 믿었다(Piore, 1970).

이중노동시장은 문자 그대로 두 개의 부문이나 시장을 말한다. 하나는 일차 부문이나 일차 시장(primary sector or market)이다. 이 부문이나 시장은 고임금과 양질의 노동조건, 높은 고용안정과 고용보장, 적절한 작업 규칙 관리, 풍부한 승진 기회 등과 같은 특성을 지닌 일자리를 제공한다. 다른 한편, 이차 부문이나 이차 시장(secondary sector or market)은 일차 부문과 비교해 확연하게 덜 매력적인 시장이다. 이차 부문에 속하는 일자리는 저임금, 열악한 노동조건, 고용불안정, 가혹하고 자의적인 규율, 빈약한 승진 기회 등과 같은 특성을 보유한다.

이중시장구조를 생성하는 요인은 무엇인가? 연구자들은 다음과 같은 다섯 가지 요인을 들었다. ① 노동자의 행동 특성, ② 고용주의 차별, ③ 고용주의 탄력적 기업 운영, ④ 노동과정에서 일어나는 보강 활동, ⑤ 노동 밖에서 구하는 소득에 대한 노동자의 선호 등이 바로 그것들이다. 이를 하나씩 살펴보자. 일차 부문과 이차 부문의 고용을 나누는 첫째 요인은 아무래도 노동자의 행동 특성이다. 일차 부문 일자리는 지속성이 긴 규칙적 노동이라는 특성을 갖는 반면, 이차 부문 일자리는 짧고 불규칙한 노동을 특징으로 한다. 일차 부문에서는 게으름이나 결석이 중요한 문제가 되지만 이차 부문에서는 별다른 문제가 되지 않는다. 이런 행동 특성 때문에 이차 부문 노동자는 일차 부문의 직장에 쉽게 접근할 수 없다. 이차 부문 노동자는 정규 작업에 제시간을 맞출 수 없기 때문이다.

둘째, 고용주의 차별(단순 차별이나 통계적 차별)이 일차 부문과 이차 부문을 결정한다. 고용주는 노동자의 인종, 태도, 말의 억양, 교육수준, 시험성적 등과 같은 특성을 기준으로 부문별 고용을 결정한다. 그러나 일차 부문의 일자리에 적합한 특성을 갖춘 사람도 이차 노동자와 비슷한 외양을 띤다면 이차 시장에 갇힐 수 있다. 이처럼 고용주는 노동자의 특성을 오인해 많은 사람을 일차 고용에서 배제하는데, 이를 '통계적 차별'이라 말한다. 이에 더해 '단순 차별'도 노동자를 일차 고용에서 배제한다. 단순 차별은 고용주나 동료 노동자, 소비자 등의 선호가 빚는 차별을 말한다. 고용주나 동료 노동자, 소비자 등이 특정 집단에 대한 선호나 편견을 보일 때, 사용자는 특정한 사람들을 채용하지 않으려 할 수 있다. 예컨대 소비자는 노인을 좋아하지 않는데, 그 때문에 소규모 점포의 점주는 노인을 고용하지 않고 청년층을 고용하려 든다. 노인은 불가피한 경우에만 간헐적으로 고용한다(유경준·황수경, 2005). 통계적 차별이든 단순 차별이든, 차별은 이차 시장을 확대하고 이차 시장의 임금을 낮춘다.

셋째, 고용주는 상황에 맞추어 기업을 탄력적으로 운영하는데, 이런 기업 운영이 일차 시장과 이차 시장을 가른다. 고용주는 일차 시장과 이차 시장 직무를 엄밀히 따져서 결정하지 않는다. 기업은 보통 일자리를 조직할 때 안정 노동자와 불안정 노동자로 분리한다. 일차 시장의 기업은 주로 일차 노동자를 고용한다. 그러나 일차 기업도 종종 하청 노동자나 임시 노동자와 같은 불안정 노동자를 수용하는 하위 파트나 부서를 운영하기도 한다. 이차 시장의 고용주는 대체로 이차 노동자를 고용한다. 그러나 이차 기업도 필요할 때 일차 노동자를 채용하기도 한다. 이처럼 기업은 일차 부문과 이차 부문의 일자리를 주로 생산기술과 관리기술, 그리고 기업의 제도적 구조와 절차를 반영해 배치하지만, 그런 것들과는 무관하게 탄력적으로 운영하기도 한다.

넷째, 이차 부문과 관련한 여러 행동 특성은 일하는 과정에서 점차 보강(reinforcement)된다. 처음에는 차별 때문에 이차 부문에 들어온 사람도 이차 시장에 적응하면서 차츰 이차 노동자다운 성품을 갖추게 된다. 이런 사람은 규칙성과 정확성의 버릇을 잃는다. 이차 부문의 작업장에서는 보상과 처벌이 노동자와 감독의 인간관계 속에서 이루어지는데, 이런 관계 속에 사는 노동자는 제도적인 고충처리절차 안에서 움직이는 법을 잊어버린다. 이 노동자는 일차 부문에서 근무할 기회를 얻을 때에도 제도에 반응하는 능력을 갖추지 못해 곧 좌절하고 만다.

다섯째, 이차 고용은 일차 고용보다 노동 외의 소득 원천, 즉 공공보조나 불법 활동에 더 적합하다. 공공보조에 의존하는 사람들은 전일제 노동을 기피하고 시간제 일자리나 현금을 지급하는(그리하여 사회복지사에게 들키지 않는) 일자리를 찾는다. 불법 행동을 하려는 사람도 간헐적 노동을 찾는다. 이렇게 시간제 일자리나 간헐적 노동을 추구하는 생활양식은 일차 고용에 적대적인 행동 특성을 배양한다.

이처럼 이중노동시장 이론은 경제와 사회구조가 양분(兩分)되어 있다고 가정한다. 일차 노동시장과 이차 노동시장으로 분단(分斷, segmentation)되어 있다고 가정한다. 이 분단은 무엇 때문에 발생하는가? 앞에서 본 것처럼, 이 이론은 경제와 사회에 내재하는 힘이 노동시장을 분단한다고 생각한다. 그러므로 노동시장 분단은 불가피한 것인데, 이 분단이 빈곤 문제를 야기한다고 이 이론은 판단한다. 빈곤은 불가피하다는 논리다. 이런 논리는 특이한 결론으로 이어진다. 가난을 제거하려는 시도는 경제의 자연적 작동을 거슬러야 하는데, 그런 시도는 제도의 저항을 받아 난파할 것이라는 결론이 바로 그것이다. 결국 이 이론은, 빈곤은 쉽사리 제거할 수 없는 것이라고 결론짓는다.

이중노동시장 이론은 다른 이분법적 해석과 다르게, 가난한 사람은 가난하지 않은 사람과 이중의 의미에서 분리된다고 주장했다. 먼저 가난한 사람은 소극적 의미에서 부자와 분리된다. 가난한 사람은 부자가 접근할 수 있는 제도에서 배제된다. 가난한 사람은 일차 노동시장에 접근하지 못한다. 둘째, 가난한 사람은 적극적 의미에서도 가난하지 않은 사람과 분리된다. 가난한 사람은 자신의 가난을 영속화하는 데에 관심을 두는 사람, 그는 아마도 부자일 텐데, 어딘가에 존재하는 그 사람과 분리된다.

### 2) 사람 – 일자리 짝짓기 과정 이론

사람과 일자리를 짝짓는 과정(person-job matching process)은 크게 둘로 나눌 수 있다(Sørenson and Kalleberg, 1981). 아래에서는 먼저, 고전 경제이론이 가정하는 짝짓기 과정은 어떤 조건에서 출현하는지를 알아본 다음에, 노동시장의 일부 부문에서 이 짝짓기 과정이 왜 출현하지 않는지를 알아본다. 정상적 짝짓기 과정이 부재하는 곳에서는 대안적 짝짓기 과정이 출현할 것인데, 고전적 과정을 보인 다음에는 이 대안적 짝짓기 과정의 한 모형을 제시한다. 서로 대립하는 이 두 짝짓기 과정은 소득결정에 상이한 결과를 초래한다.

서로 구별되는 두 개의 짝짓기 과정으로 생긴 일자리 구조를 확인하기 위해 동원하는 이론적 자원은 베버의 폐쇄(閉鎖)다. 폐쇄란 사회관계의 범위를 제한하는 것을 말하는데, 노동시장에서 이 폐쇄의 정도를 결정하는 것은 고용주와 피고용인의 협상력(bargaining power)이다. 달리 말해, 고용주와 피고용인의 관계(이른바 고용관계)가 짝짓기 과정과 소득에 영향을 미치는 주요 결정요인이다.

고용관계(employment relationships)는 재화와 용역을 생산할 때 고용주와 피고용인이 맺는 사회관계다. 자본주의 생산에서 나타나는 전형적 고용관계는 아무래도 고용주가 물적 생산수단을 소유하고 생산물을 전유하는 관계다. 그러나 소득결정과정은 생산수단의 소유관계보다는 이와 구별되는 다른 관계, 즉 고용주와 피고용인의 일자리 통제관계로 알아보는 편이 더 낫다. 큰 틀로 보면, 일자리 통제는 두 가지로 분류할 수 있다. 하나는 일자리 행동 통제(the control of activities of the job)다. 이는 일자리에서 피고용인이 어떤 행동을 어떻게 할 것인지를 통제하는 것을 말한다. 이 통제는 피고용인의 자율성을 결정한다. 피고용인은 고용주의 명령을 받아 업무를 수행할 수도 있지만, 자신의 행동을 자신의 의지로 통제할 수도 있다. 일자리 통제의 다른 하나는 일자리 접근 통제(the control of access to the job)다. 이 통제는 고용관계의 폐쇄 정도를 결정한다. 다시 말해 이 통제는 고용주와 피고용인이 일자리에 접근하는 정도를 좌우한다. 이 두 통제 중에서 더 중요한 것은 아무래도 일자리 접근 통제일 것이다. 왜냐하면 이 통제는 고용주와 피고용인 사이에서 일어나는 경쟁의 성격을 규정하기 때문이다.

일자리 접근 통제는 연속선으로 측정할 수 있다. 이 연속선의 한끝은 피고용인이 일자리를 통제하는 것이다. 피고용인이 일자리를 소유하고 통제하면, 그가 자발적으로 이직해 공석이 생기지 않는 한, 다른 사람은 그 직무에 접근할 수 없다. 이 경우에 피고용인은 고용기간을 완전하게 통제하고, 고용관계를 외부인에게 완전하게 폐쇄한다. 연속선의 다른 한끝은 고용주가 일자리를 완전히 소유하고 통제하는 것이다. 이런 경우 고용주는 일자리 점유자를 아무 때라도 대체할 수 있다. 고용주는 피고용인을 짧게 고용하고, 고용관계를 외부인에게 완전히 개방한다. 아마도 현실적인 일자리 접근 통제는 이 두 극단 사이에 위치할 것이다.

고용관계는 고용주와 피고용인이 소득을 극대화하려고 노력하는 과정에서 만들어진다. 고용주는 가장 적은 비용으로 가장 많은 산출물을 얻어낼 때, 가장 높은 소득을 얻는다. 생산비 절감은 피고용인의 전반적 임금 수준에 달려 있을 뿐 아니라 생산성 변동에 상응해 피고용인의 임금을 조정하는 고용주의 능력에 달려 있다. 고용주는 고용관계를 통제함으로써, 특히 일자리 접근을 통제함으로써 피고용인의 성과를 임금과 결합하는 메커니즘을 결정한다. 그리고 성과와 임금을 결합하는 메커니즘은 노동시장구조를 만들어낸다. 이런 논리는 결국 다음과 같은 인과연쇄로 표현할 수 있다.

고용관계 ⟶ 생산성과 임금의 결합 메커니즘 ⟶ 노동시장구조

아래에서는 노동자의 생산성과 임금을 결합하는 두 가지 메커니즘을 알아본다. 하나는 임금 경쟁이고, 다른 하나는 빈자리 경쟁이다. 그런 다음, 이 두 메커니즘을 효과적으로 규정하는 고용관계를 살펴본다.

## 임금 경쟁 모형

고전 경제이론의 관점에서 볼 때, 임금은 노동의 수요와 공급이 결정한다. 여기에서 노동수요는 생산물에 대한 수요가 결정한다. 기업이 노동의 한계비용을 한계생산물 가치와 맞추려고 노력하기 때문이다. 이런 논리를 따르면, 노동자는 동일 노동을 수행해도 다른 임금을 받는다. 생산물에 대한 수요 차이가 임금 차이를 결정하기 때문이다. 그러나 신고전파 이론은 이와 다른 논리를 제공한다. 신고전파 이론은 상품 수요나 노동 수요가 아니라 노동시장에 공급하는 노동의 특성이 임금이나 소득 차이를 결정한다고 주장한다. 노동자가 구비하는 숙련이나 개별적 특성이 임금 차이를 결정한다고 판단한다.

신고전파 이론, 특히 인간자본이론은 노동자의 숙련이 그의 생산능력을 결정하고, 이 생산능력이 임금을 결정한다고 생각한다. 만일 노동자가 숙련을 습득할 때 비용이 들지 않는다면, 누구나 숙련을 습득해 생산능력을 갖출 것이기 때문에 숙련으로 말미암은 임금 차이는 곧 사라질 것이다. 그러나 실제로는 숙련을 습득할 때에 비용이 든다. 수업료나 생활비 등과 같은 직접비용을 지불해야 하는가 하면, 방기소득(foregone earnings) 형태의 기회비용도 치러야 한다. 만일 숙련으로 얻는 수익이 이 비용에 못 미친다면 아무도 훈련을 받지 않으려 할 것이다.

훈련이 숙련을 만드는 것이라면, 훈련비용은 소득을 정확하게 결정할 것이다. 소득은 훈련비용과 일치할 것이다. 그러나 훈련만이 소득을 결정하는 것은 아니다. 다른 요인도 소득을 결정한다. 첫째, 능력과 적성이 소득을 결정한다. 능력(지능이나 동기, 창의성, 적성 등)은 소득 차이를 규정한다. 능력이 다른 사람들은 숙련을 획득할 때 서로 다른 비용을 투자한다. 능력이 뛰어난 사람은 더 적은 비용으로 숙련을 획득한다. 그러므로 이들은 더 적은 비용을 들여 다른 사람과 같은 임금을 받고, 동일 비용을 치러 더 많은 임금을 얻는다. 다른 한편, 천성적인 특정 적성(aptitude)은 희귀하다. 이런 적성을 갖춘 사람은 희귀하여 더 많은 지대를 얻는다. 둘째, 부모의 물질적 자원도 자녀의 소득 차이를 규정한다. 가난한 부모의 자녀는 능력이나 적성이 뛰어나도 교육을 이수하지 못하고 숙련을 쌓지 못한다. 부유한 부모의 자녀는 능력이나 적성이 부족해도 더 많은 훈련비용을 투하할 수 있다. 이와 같은 신고전파 경제 이론의 기본 논리를 요약하면 다음과 같다. 훈련과 능력, 훈련기회의 차이는 생산능력을 좌우하고, 생산능력의 차이는 소득 차이를 결정한다. 수요 측면의 요인, 예컨대 직업의 특성 등은 노동자의 소득에 영향을 미치지 못한다. 말을 바꾸면, 동일한 속성을 갖춘 노동자는 직업 특성과 무관하게 동일 소득을 얻는다고 가정한다.

인간자본이론이 노동공급 측면(노동자의 특성)에 초점을 맞추는 것은 이 이론이 특정한 일자리 구조를 가정하기 때문이다. 이 이론은 경쟁노동시장의 일자리 구조를 가정한다. 그러므로 우리는 이 신고전파 이론을 임금 경쟁 모형(wage competition model)이라고 부를 수 있다. 이 모형은 노동자가 임금을 둘러싸고 서로 경쟁을 벌인다는 가정을 전제한다.

경쟁노동시장은 고용주와 노동자가 상대방에게 서로 다른 방식으로 접근하는 시장이다. 이 시장에서 고용주는 임금을 제시하고, 노동자는 자신의 생산성을 고려하여 일자리에 접근한다. 이 시장의 균형은 한계생산물의 가치와 노동자의 임금이 일치할 때 이루어진다. 자신의 생산물 가치보다 많은 돈을 받는 노동자는 균형임금을 받는 노동자가 대체할 것이고, 자신의 생산물 가치보다 낮은 임금을 받는 노동자는 그들의 생산물 가치를 제대로 반영해주는 일자리에 접근함으로써 더 높은 임금을 받을 수 있을 것이라고 이 모형은 가정한다. 그런데 이런 가정은 특별한 종류의 시장에서만 실현한다. 이런 가정은 고용관계가 완전히 개방되어 있는 시장에서만 실현한다. 고용관계가 폐쇄된 시장에서는 시장 균형이 발생하지 않는다. 폐쇄된 시장에서 고용주는 시장의 불완전성 때문에 생산성과 임금의 괴리를 해소할 수 없다.

폐쇄된 노동시장에서 상급의 일자리는 하급의 일자리보다 더 많은 임금을 준다. 요컨대 임금은 사람의 속성이라기보다 일자리의 속성이 된다. 이런 시장에서 개별 노동자의 임금은 그들이 차지하는 일자리를 반영한다. 그러므로 임금은 노동자의 성과를 반영하기도 하지만, 그보다는 빈자리가 나타나는 속도와 일자리의 조직, 노동자의 연공서열 등을 더 많이 반영한다. 임금이 개개인의 성과가 아니라 일자리에 연계되는 사회에서는 신고전파 이론의 가정과는 매우 다른 노동시장구조가 존재하게 된다.

## 빈자리 경쟁 모형

고용주가 아니라 노동자가 일자리를 통제하면, 사람들은 일자리 점유자가 그 자리를 떠나 빈자리가 생길 때에만 그 일자리에 접근할 수 있다. 이런 유형의 사람-일자리 짝짓기 과정은 임금 경쟁 모형과 대비해 빈자리 경쟁 모형(vacancy competition model)이라고 부른다.

임금 경쟁에서도 그러하지만 빈자리 경쟁에서도 고용주는 가장 생산적인 노동자를 가장 싼 비용으로 고용하는 데에 관심을 둔다. 그러나 고용주가 노동자의 한계생산성을 임금과 연계하기는 쉽지 않다. 고용주는 노동자의 고용 기간을 쉽게 가늠할 수 없고, 노동자는 임금을 두고 서로 경쟁하지 않기 때문이다. 고용주는 이런 상황에서 피고용인을 확정하고 소득을 결정하며 일자리를 조직해야 한다.

임금 경쟁에서 고용주는 노동자의 한계생산물 가치에 관심을 두지만, 빈자리 경쟁에서 고용주는 노동자의 인간적 특성에 관심을 기울인다. 노동자를 일단 고용하면 쉽게 해고할 수 없기 때문이다. 빈자리 경쟁 상황에서 고용주는 노동자의 인간적 특성뿐만 아니라 노동자의 잠재적 성과에도 관심을 둔다. 고용주는 노동자의 잠재적 성과를 측정할 때, 교육이나 경력과 같은 업적 특성은 말할 것도 없고 인종이나 성과 같은 귀속 특징도 지표로 활용한다. 고용주는 이런 지표를 활용해 가장 유망한 후보자를 선발한다. 이를 다른 말로 표현해보자. 고용주는 일자리에 지원한 노동자의 서열을 매긴 다음, 이 서열 순으로 빈자리를 충원한다. 이런 상황은 빈자리 앞에 노동 대기열(勞動待機列, labor queue)이 있는 것이라고 표현할 수 있다. 이 대기열에서 노동자가 차지하는 위치는 노동자의 생산능력이 결정하는 것이 아니라 어떤 기준으로든 다른 후보자와 비교한 상대적 순서가 결정한다.

노동 대기열이 있다면 일자리 대기열도 있다. 일자리 대기열(job queue)은 주로 일자리가 제공하는 소득이나 경력 궤적이 결정하지만, 다른 한편으로는 일자리의 사회적 지위나 즐거움, 편의성 따위의 다른 특성이 이 대기열을 결정하기도 한다. 사람-일자리 짝짓기 과정은 노동 대기열과 일자리 대기열의 짝짓기라고 말할 수 있다. 노동 대기열에서 가장 높은 위치를 차지하는 사람은 일자리 대기열의 가장 좋은 일자리를 얻는다. 노동 공급이나 일자리 가용성이 변화하면 대기열의 순위 변화가 일어난다. 그 결과 비슷한 특성을 가진 사람도 서로 다른 일자리에 들어가게 되고, 비슷한 일자리를 차지한 사람도 서로 다른 특성을 띠게 된다.

빈자리 경쟁에서 임금은 사람의 특성이 아니라 일자리의 특성이 결정한다. 고용주는 승진제도를 이용하는 것 말고는 생산성을 임금으로 효과적으로 전환하지 못한다. 그러므로 임금은 집단 교섭과 같은 제도적 힘의 영향을 받는다. 일자리 위계는 내부적으로 임금 차이를 결정한다.

고용주는 내부노동시장의 일자리 위계로 유인 체계를 구축한다. 고용주는 일자리 위계와 그에 상응하는 승진체계를 선별 장치(screening device)로 활용한다. 고용주는 고성과자를 상위 일자리로 승진시켜 더 높은 임금을 제공하고, 저성과자의 승진을 거부하거나 지연함으로써 그가 자발적으로 퇴직하게 한다. 이런 선별 장치는 빈자리 경쟁의 경향을 강화한다. 다시 말해, 유사한 일자리가 비슷한 소득을 제공하는 경향을 강화한다.

임금 경쟁 시장에서 노동자는 성과를 냄으로써 자신의 임금을 높일 수 있다. 그러나 빈자리 경쟁 시장에서 노동자는 내부노동시장의 단계를 오르면서 소득을 올린다. 빈자리 경쟁에서 승진은 개인의 생산능력과 아무런 관계가 없다. 노동자는 생산성을 높이지 않고도 승진할 수 있다. 이는 다소 역설적이다. 개인의 특성(교육이나 훈련 등)은 일자리에 접근할 때에는 결정적이지만, 일단 일자리에 진입한 뒤에는 이 특성은 소득에 별다른 영향을 미치지 않는다. 이로 말미암아 교육이나 훈련 등과 같은 개인의 특성과 소득의 연관성은 시간이 지나면서 점차 완화한다.

빈자리 경쟁 구조는 일차노동시장의 일자리 구조와 흡사하다. 그러나 노동시장을 이중주의(dualist) 시각, 즉 일차노동시장과 이차노동시장으로 나누어서 바라보는 시각은 사태가 이러저러하다고 서술만 할 뿐 일자리 구조가 만들어진 이유를 설명하지 않는다. 그리고 그런 시각은 일자리 분단이 노동시장 분단을 야기한 것인지, 아니면 사람의 분단이 노동시장 분단을 초래한 것인지도 판단하지 않는다. 빈자리 경쟁 모형은 이중주의 시각의 이런 약점을 보완한다.

대공황기 시카고 무료급식소에 줄 서 있는 실업자들 (1931)

### 3) 불안정한 일자리의 증가

20세기 후반부터 고용관계는 점차 더 불안정해졌다. 고용관계는 예전보다 더 불확실하고 불안전하고 위태로워졌다. 불안정 고용(precarious employment)이 팽창하면서, 불안과 불평등은 개개인의 노동 경험에 영향을 끼쳤고, 가족과 공동체가 위험을 떠안는 방식에도 영향을 미쳤으며, 기업과 사회가 사업을 하는 방식에도 영향을 주었다. 불확실과 불안정, 위험은 노동시장에 널리 퍼졌으며 청년부터 장년까지 모든 노동자에게 영향을 미쳤다(Kalleberg, 2012).

말할 것도 없지만, 불안정 노동이 어제오늘 나타난 문제는 아니다. 노동은 자본주의가 시작할 때부터 불안정했다. 그러나 오늘날 불안정 노동은 한 단계 더 높은 차원으로 진입했다. 세계화의 확산, 기술변화, 노동시장의 재편, 제도적 보호의 철폐 등으로 노동시장에서 힘의 균형은 노동자에게서 고용주로 이동했다. 권력은 경기순환과 같은 일시적 진동 때문에 이동한 것이 아니라 노동시장의 구조적 전환 때문에 이동했다. 이렇게 불안정 노동은 일상화했다.

이차대전 이후에 수십 년 동안 정부와 기업, 노동을 함께 묶는 암묵적 사회계약이 존재했다. 고용주와 피고용인은 명시적으로든 암묵적으로든 서로 장기적이고 안정적인 관계를 유지할 것이라고 가정했다. 그러나 불행하게도 정부와 기업은 1970년대 이래 이 암묵적 계약을 천천히 버렸다. 이들은 지난 수십 년 동안 노동자와 지역사회에 대한 의무를 내팽개쳤고, 그로 말미암아 도처에서 불안정 노동이 증가했다. 불안정한 노동자는 지금 각자도생을 입에 올린다.

불안정 노동에 관한 데이터를 관찰해보면, 우리는 1970년대 이후 고용관계가 예전보다 더 불확실하고 불안정하게 되었다는 사실을 알 수 있다. 첫째, 숙련 수준을 가리지 않고, 독립계약이나 일시적 일자리 등과 같은 비표준적 고용관계가 모든 노동 영역에서 점진적으로 또는 크게 늘어났고, 심지어 이런 고용관계는 제도화하기에 이르렀다.[1] 둘째, 노동자가 한 기업에 근무하는 평균 재직기간이 크게 감소하면서, 직업 안정성(job security)은 전반적으로 저하했다. 이런 경향은 특히 남성에게서 두

1 독립계약(independent contracting)이란 독립노동 계약을 말한다. 독립노동(independent labor)이란 근로계약이 아닌 계약, 즉 업무위탁계약 등과 같은 계약으로 노동을 제공하고 그 대가로 보수를 받는 근로형태를 말한다. 한국에서는 독립노동이라는 표현 대신 '특수형태 근로종사자', '특수고용 노동자' 등이라는 용어를 사용한다. 보험설계사, 골프장 캐디, 택배원, 방문판매원, 가전제품 설치와 수리원 등을 말한다.

드러졌다. 셋째, 고용주는 내부 노동자의 인간자본을 개발하기보다 외부 노동자의 고용을 늘리는 경향을 보였다. 그로 말미암아 내부노동시장이 약화했고 재직기간(employment tenure)은 줄어들었다. 노동자는 직장 안에서 승진 사다리를 타고 올라갈 수 없어, 과거보다 더 불안정하고 불안전해졌다. 넷째, 직업 안정성과 안전성은 1970년대 이래 계속 하락했다. 핵심 남성 노동자와 화이트칼라 노동자의 비자발적 실업은 점진적으로 늘어났다. 다섯째, 1960년대 이래 장기 실업(52주 이상 연속 실업)은 지속적으로 상향했다. 여섯째, 고용주는 고용과 관련한 위험을 피고용인에게 전가(轉嫁)했다. 예컨대 연금 기여금에서 노동자가 부담하는 액수는 증가했고, 고용주가 부담하는 비중은 점차 감소했다(피고용인의 위험은 증가했고, 고용주의 위험은 감소했다). 마지막으로, 많은 사람들은 직장 생활이 불안정하다는 것을 느끼게 되었다. 사람들은 현재의 직장을 곧 잃을지도 모르고, 그와 비슷한 새 직장은 쉽게 얻지 못할 것이라고 생각하기 시작했다. 노동자들은 직장이 불안정해졌다는 사실을 피부로 느끼고 그 변화를 불안하게 바라보게 되었다.

이런 문제에 어떻게 대응할 것인가? 당연히 새로운 사회계약이 필요하다. 새 계약은 고용관계 변화를 야기한 조건, 즉 세계화, 기술혁신, 하청과 임시직, 신자유주의 이데올로기나 정책에 민감하게 반응해야 한다.

모든 나라에서 고용주의 유연성(flexibility)은 노동자의 안전성(security)과 균형을 유지해야 하지만, 각국은 제도적이고 문화적 전통에 근거를 두고 서로 다른 방식으로 이 해법을 찾아야 한다. 유연안정 모형(flexicurity model)은 노동자에게는 더 큰 보호를 보장하면서도 고용주와 노동시장에는 유연성을 제공하는 전략이다. 이 전략의 구체적 형태는 각국의 사정이나 맥락에 맞추어 조절해야 할 것이지만, 이들 나라를 관통하는 공통과제는 아마도 다음과 같을 것이다. 고용주가 유연성을 누리는 나라에서는 노동자에게 다음과 같은 조건을 보장해야 한다. 첫째, 경제적 보장

(economic security)이다. 사람들이 투자를 결정하거나 위험을 감수하려면, 충분한 수준의 현재 소득이나 미래 소득을 확보해야 한다. 그런 소득은 사회보험(건강보험과 퇴직보험, 실업급여 등)으로 얻을 수 있다. 이런 보험을 잘 정비하면, 사람들은 기꺼이 위험한 일자리로 이동할 것이고, 인간자본에 투자하거나 사업을 새로 시작하는 위험을 감수할 것이다.

둘째, 대표성 보장(representation security)이다. 노동자 집단에게 자신의 대표를 내세우는 것을 허용하면, 고용주는 장기 전략을 합리적으로 채택할 수 있다. 고용주는 강한 노동조합이나 다른 형태의 노동자 조직에 직면하면 가장 확실한 전략을 채택하는 경향을 보인다. 새 노동자 조직은 전통적 노동조합과 달라야 하는데, 전통적 노동조합은 임금이나 일자리 안정과 같은 문제에 신경을 썼지만, 새 노동자 조직은 경제구조와 작업조직의 변화에 적응하고 그 변화를 따라잡아야 한다. 대표성을 더 많이 보장하면, 고용주와 노동자의 세력 균형이 발생하고 그에 맞추어 좋은 일자리가 더 많이 생길 것이다.

셋째, 숙련 재생산 확보(skill reproduction security)다. 새 사회계약은 노동자가 일자리를 자주 이동할 가능성에 잘 대처해야 한다. 일자리 이동에 대비하려면, 교육과 직무 훈련의 중요성을 충분히 강조해야 한다. 교육과 훈련은 고품질의 일자리를 얻는 데에 기여하고 그 직무를 잘 수행하는 데에 중요한 구실을 수행하기 때문이다.

### 4) 노동의 쇠퇴

서구에서 이차대전 이후에 노동의 힘은 급격하게 성장했다. 1950년대에 미국 사부문(私部門) 노동자의 약 삼분의 일이 노동조합에 가입했고, 이들 노동자는 노동조합이 설정한 비교적 높은 임금을 받았다. 비조합원도 노동조합의 혜택을 받았는데, 고용주가 노동조합 설립을 억제할 때에도 외부 노동조합이 설정한 임금이나 수당을 받아들여야 했기 때문이고, 경쟁력 있는 노동력을 확보할 때에도 외부 노동조합의 눈치를 보아야 했기 때문이다.

그러나 이렇게 강성한 노동은 1970년대 이래 지속적으로 쇠퇴했다. 자본가와 노동자의 고용관계에서 노동의 쇠퇴는 사람-일자리 짝짓기 과정을 바꾸고 불안정 노동을 늘리는 결과를 낳았다(Rosenfeld, 2010). 노동의 쇠퇴는 무엇으로 알 수 있는가? 먼저, 노동조합 조직률(unionization rates)의 추이를 보면 쉽게 알 수 있다.

〈그림 5-1〉 미국과 한국의 노동조합 조직률, 1973-2019

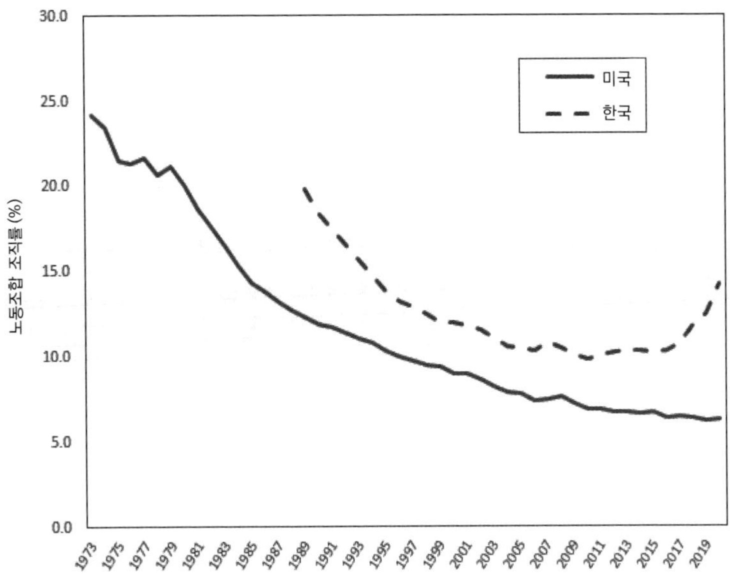


주 : 1. 미국은 민간부문 노조조직률이고, 한국은 공공부문과 민간부문을 가리지 않은 조직률이다.

출처 : 미국 자료는 Rosenfeld(2010)을 참고해, www.unionstats.com에서 내려받았고, 한국자료는 고용노동부. 2021. 『2020 전국노동조합 조직현황』에서 인용.

〈그림 5-1〉을 보면, 미국에서는 1970년대 후반 이래 노동조합 조직률은 지속적으로 감소했다. 1980년대의 노동조합 조직률은 1970년대의 반토막이 되었고, 2000년대의 조직률은 80년대의 절반이 되었다. 노동조합이 쇠퇴하면서 노동의 힘도 약화했다. 한국에서도 상황은 비슷했다. 한국의 노동조합 조직률은 1987년 이래 2016년까지 지속적으로 감소했다. 1987년의 노동조합 조직률은 2016년에 이르러 반토막이 되었다. 2017년 문재인 정부가 출범하면서 노동조합 조직률은 다시 상승했지만, 이후의 전망은 그다지 밝지 않다.

이처럼 노동의 쇠퇴는 노동조합 조직률이라는 기준으로 쉬이 알 수 있지만, 노동조합의 활동(activity)으로도 대략 짐작할 수 있다. 역사상 노동조합은 조합원에게 높은 임금과 수당, 더 나은 노동환경을 제공했는데, 어떤 방법으로 그런 개선을 이루었는가? 파업(strike)이었다. 서구 산업사회의 노동조합은 1970년대 이래 자신의 목적을 관철하기 위해 파업을 활용했다. 그러나 80년대 이후 사정은 바뀌었다. 〈그림 5-2〉는 참가 연인원 1,000명 이상의 대규모 파업의 경향과 (작은 파업까지 포함한) 일반 파업 횟수의 추이를 보인 것이다.

〈그림 5-2〉 미국의 조업 중단, 1973-2009

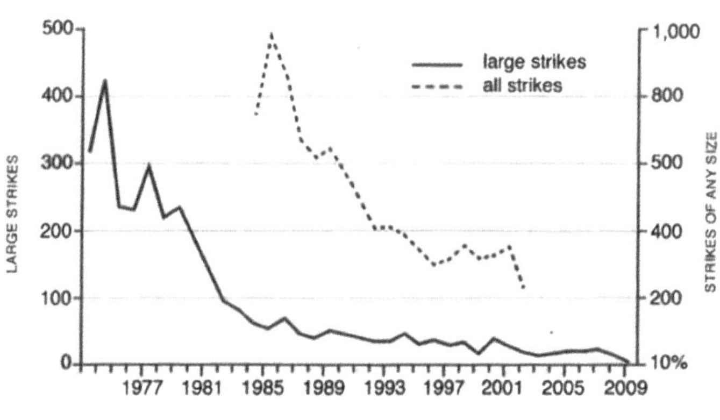


**출처 :** Rosenfeld(2010)

미국에서 1970년대에 400회를 넘던 대규모 파업 횟수는 2009년에 이르러 손을 꼽게 되었고, 1980년대 중반에 1000회에 육박하던 일반 파업 횟수는 80퍼센트나 줄어서 2000년대 초반에 200회 남짓으로 줄어들었다. 한국에서도 사정은 다르지 않았다. 〈그림 5-3〉에서 보듯 한국의 파업도 1987년 이래 지속적으로 감소했고, 파업으로 인한 노동손실일도 계속 줄었다. 결국 노동조합은 파업을 강행하지도 않았을 뿐더러 조합원의 이익을 지키기 위해 다른 활동마저 하지 않았다. 노동조합은 이른바 노동조합 휴면(union dormancy) 상태에 도달했다.

〈그림 5-3〉 한국의 파업, 1986-2017

**출처 :** nht.jinbo.net

고용관계에서 노동의 쇠퇴는 다양한 결과를 낳았다(Rosenfeld, 2010). 노동의 쇠퇴는 임금 불평등을 격화했을 뿐만 아니라 정치권력을 재분배하기도 했다. 과거의 정치인은 정책을 수립할 때 노동조합의 견해를 참고했으나, 최근의 정치인은 노동자의 이해관계를 중요시하지 않았다. 이는 다시 노동의 쇠퇴를 강화하는 데에 기여했다.

## 2. 한국의 노동시장 사회학[2]

노동시장을 본격적 연구 대상으로 삼는 학문은 경제학이며 그중에서도 노동경제학이다. 그러나 노동시장 연구가 경제학의 전유물은 아니며 사회학이나 사회복지학, 그리고 정치학에서도 연구가 이루어져 왔다. 특히 사회학자들은 시장의 사회적 구조화에 주목하는 관점에 서서 노동시장의 구조적 특징을 해명하는 연구를 해왔다. 이 글도 노동시장의 세부적 쟁점보다는 전체 구조에 대한 쟁점을 주로 살펴보겠다. 다만 한국 노동시장의 구조적 특징에 대한 근래의 본격적인 논쟁이 그다지 풍부하지 않기 때문에, 본격적 논쟁으로 발전하지 않은 잠재적 쟁점들도 두루 살펴볼 것이다.

### 1) 한국 노동시장의 구조적 특징과 그 변화에 대한 쟁점

#### 1997년 외환위기 이후 노동시장 변화의 성격

1997년 외환위기 이후 한국 사회의 변화는 흔히 '신자유주의화'로 요약된다. 노동시장에도 그런 변화의 징후가 뚜렷했고 그것이 고용불안 심화, 비정규 고용 증가, 성과주의 도입 등이다. 이런 현상들은 노동시장 구조 또는 고용체제의 근본적 성격 변화를 반영하는 것으로 여겨졌다. 1997년 이전의 고용체제가 1987년 민주화와 노동운동 폭발로 형성되었다고 본다면 그것이 근본적으로 변화했다는 것이다. '1987년 체제'와 '1997년 체제'라는 용어를 빌려온다면 이를 '1987년 고용체제에서 1997년 고용체제로의 변화' 또는 '1987년 고용체제의 해체'라고 표현할 수 있다. 이와 유

2 이 절은 정이환(2013)을 옮긴 것이다. 전재(轉載)를 허락해주신 저자에게 감사드린다.

사한 입장에서 박준식(2001)은 한국 고용체제가 1987년 이전의 시장모델에서 1987년 이후 연공모델로 변화되었고 1990년대에 중심-주변 모델로 이행했다가 1997년 외환위기 이후엔 다시 시장모델이 지배적인 것이 되었다고 말했다. 배규식 등(2008)은 1987년 이후 성립한 포드주의적 축적체제가 1997년 외환위기를 계기로 와해되었다고 진단했다.

그런데 1997년을 계기로 1987년 고용체제가 와해되었거나 크게 약화되었다는 주장에 대해선 다수의 반론도 제기되었다. 특히 기업내부노동시장의 기본 틀이 유지되었다는 경험 연구가 많았다. 송호근(2002)은 한국 기업의 채용, 승진, 해고 등의 고용규칙에서 1997년 외환위기 전후 부분적 변화는 있었으나 패러다임의 변화는 없었다고 진단했다. 정인수 등(2002)도 기업 인사관리에 대한 조사자료를 통해 인사관리의 패러다임 변화는 없었다고 말했다. 기업 수준 사례 조사를 토대로 이런 주장을 한 연구들도 있으며(주무현, 2003; 정이환 · 이병훈, 2000), 정부의 공식 통계자료를 토대로 임금구조나 고용상황을 분석해 기업내부노동시장의 기본틀이 유지되고 있다고 진단한 연구들도 있다(정이환 · 전병유, 2001; 류기락, 2009). 주로 노사관계 측면을 대상으로 한 진단이지만 조성재 등(2013)은 1997년 외환위기 이후 한국 노동체제는 1987년 노동체제의 2기라고 말했는데, 그 이유로 기업별 교섭과 이중노동시장이라는 구조가 1997년 이후에도 지속되었다는 점을 들었다.

이 쟁점은 여전히 논쟁 대상으로 남아 있는데, 최근엔 위의 두 시각을 통합 또는 절충하는 입장들도 제시되었다. 그 예로 다음과 같은 두 가지를 들 수 있다. 첫째, 1997년 전후의 변화와 연속성을 모두 인정하려는 입장이다. 정이환(2013)은 1997년 외환위기 이후 한국 고용체제가 질적으로 변화했으며 그 방향은 신자유주의화였지만, 이 변화는 분절 고용체제라는 기본 틀 안에서의 변화였다고 보았다. 1997년 전후 한국 고용체제의 변화 양상은 '분절고용체제에서 신자유주의적 분절고용체제로 (변화)'

라고 볼 수 있다는 것이다. 둘째, 변화 양상의 부문별 차이에 주목하는 입장이다. 김영미·한준(2008)은 기업내부노동시장의 변화 양상이 화이트칼라와 블루칼라 사이에 달랐다고 주장했다. 생산직 근로자에서는 1997년 외환위기 이후에도 대기업 내부노동시장이 지속되고 있는 것과 달리, 사무직 근로자의 내부노동시장은 크게 약화되어 이른바 '경계가 없는 경력'이 일반화되고 있다는 것이다.

1997년 외환위기 전후 고용체제의 변화를 다룬 연구들은 대부분 1997년 외환위기 이전에는 기업내부노동시장이 안정적이었다고 전제한다. 그런데 과연 이런 가정이 사실과 부합하는가가 또 하나의 쟁점이 될 수 있다. 이 쟁점은 별로 다루어지지 않았으나, 1997년 외환위기 이전 기업내부노동시장이 견고하게 제도화된 것이 아니었다는 견해도 있다. 예를 들어 정이환(2013)은 외환위기 이전 한국 사용자가 고용안정 규범을 수용하지 않았고 경기후퇴 시기엔 대량 감원을 시행했다는 것을 근거로, 1987년 노동체제에서의 고용안정성은 취약한 것이었으며 상당부분 호경기에 의존했다고 보았다. 이런 주장을 좀 더 강하게 밀고 나가면 '1987년 체제는 없다'고 말하는 정일준(2010)의 주장처럼 '1987년 고용체제는 없다'는 주장도 나올 수 있게 된다. 정이환은 1987년 고용체제는 있다는 입장이지만, 1997년 이전 고용체제의 성격을 실증적으로 구명하는 것은 아직 미완의 과제이다.

1997년 외환위기 이후 노동시장 변화의 또 한 측면은 이른바 '중심의 축소'이다. 기업내부노동시장에 속한 노동자의 규모가 줄어든 것이다. 이에 대해선 별 이론(異論)이 없으나 그 해석은 쟁점이 된다. 일각에서는 기업내부노동시장의 규모가 작아져서 이제 노동시장을 구조화하는 요소로서 힘을 거의 잃었다고 본다. 또 이것은 ─ 기업내부노동시장의 해체 여부와 관계없이 ─ 한국 고용체제를 신자유주의적이라고 볼 수 있는 근거로도 여겨진다. 다른 견해에서는 여전히 기업내부노동시장이 한국 노동시장에서 중요한 비중을 차지하고 있다고 본다. 그 이유는 두 가지인데, 하나는 대기업이나 공기업 종사자가 세간의 상식보다 많다는 것이다. 그 근거로 통계청의 「임금근로일자리 행정통계」를 들 수 있는데, 2011년 통계에 의하면, 우리나라 임금근로자 중에서 300인 이상 기업체 종사자가 42.8%이고 1,000인 이상 기업체 종사자도 32.6%나 되었다.[3] 또 다른 이유는, 설령 민간부문에서 기업내부노동시장의 규모가 작더라도 그것이 ―하도급 관계 등을 통해― 외부노동시장과 긴밀히 연관되어 있고 따라서 전체 노동시장을 구조화하는 중심적 역할을 한다는 것이다.

## 한국 고용체제의 유형적 특징

한국의 고용체제 또는 노동시장 구조의 특징은 무엇인가? 특히 단지 '신자유주의적인가 아닌가'를 넘어 타국과 비교한 한국적 특징은 무엇인가? 이것은 노동시장이나 고용체제 연구의 중요한 주제가 되어야 마땅하고 실제 이 주제와 관련된 적지 않은 연구가 있었다. 그러나 이 주제를 정면으로 다룬 연구는 그리 많지 않았고 본격적인 논쟁도 진행되지 않았다. 그렇지만 기존 연구들을 통해 몇 가지 쟁점을 추출할 수 있다.

먼저 세계의 고용체제를 몇 가지로 유형화할 때 한국 고용체제는 어느 유형에 가까운가라는 쟁점이 있을 수 있다. 최근에는 OECD 자료 등을 사용한 실증적인 국제비교가 가능해져 이런 문제를 좀 더 경험적으로 평가해볼 수 있게 되었다. 김유선(2010)은 OECD 자료를 분석해 고용의 양이나 질이라는 측면에서 한국은 앵글로 색슨 국가나 남부 유럽은 물론 동유럽 체제전환국에도 못 미치며, 멕시코와 함께 개발도상국 유형 또는

3 정부부문 피용자는 모두 300인 이상 기업체 종사자로 간주되었다. 단 이 통계의 대기업 종사자에는 비정규 노동자도 모두 포함된다.

아시아·남미 유형에 속할 가능성이 높다고 보았다. 정이환(2013)은 주로 선진국과 비교해볼 때 한국 고용체제는 일본형과 미국형의 혼종형이며 그중에서 미국형보다는 일본형에 가깝다고 진단했다. 한국과 일본 고용체제의 가장 주된 공통점으로 기업내부노동시장을 중심으로 한 노동시장 분절이 제시되었다. 정이환의 진단은 비교대상이 서구 선진국과 일본에 국한된다는 한계가 있고, 김유선의 진단은 이런 한계를 넘어섰으나 본격적 주장이라기보다 문제제기 정도에 머물러 있다.

기업 수준 고용체제의 한국적 특징도 쟁점이 된다. 주로 경영학을 중심으로 이 문제가 논의되었는데, 연구자들이 대체로 합의하는 바는 한국 기업의 고용관행이 과거엔 일본식을 많이 따랐는데 1997년 외환위기 이후 미국식 시스템을 많이 받아들이는 방향으로 바뀌었다는 것이다. 그런데 현재의 시점에서 한국의 고용관행이 미국 유형에 가까운가 일본 유형에 가까운가에 대해서는 의견이 엇갈린다. 박우성(2001)은 1997년 외환위기를 계기로 한국 기업의 인적자원관리 패러다임이 전통적 모델로부터 미국형 패러다임으로의 근본적 변화를 하고 있다고 주장했다. 반면 조준모(2003)와 황수경(2003)은 인사관리의 제반 특징들을 고려할 때 한국 기업의 인사관리가 여전히 일본형 패러다임에 머물러 있다고 보았다. 정이환(2013)은 한국 기업내부노동시장이 고용 측면에서는 폐쇄·시장형과 폐쇄·조직형의 중간형이고 임금 측면에서는 속인·경쟁형과 속인·비경쟁형의 혼합형이라고 진단하고, 이것은 미국형과 일본형의 혼종형이지만 미국형보다는 일본형에 가깝다고 말했다.

한편 한국의 거시 고용체제나 기업내부노동시장의 특징을 단지 혼종형이 아니라 한국형이라고 볼 수 있다는 견해도 제시되었으나(정이환, 2013), 초보적 제안에 불과하다. 고용체제의 한국적 특징을 해명하는 작업은 많은 후속 연구가 필요한 과제이다.

## 기업내부노동시장과 분절노동시장의 역사적 형성과정

한국 노동시장 구조의 역사적 형성과정도 쟁점이 된다. 그중에서도 기업내부노동시장을 중심으로 한 노동시장 분절구조가 언제, 왜 형성되었는가가 가장 주된 것이다. 사실 이것은 매우 오랜 쟁점이며 주로 노동경제학자들이 이 문제에 많은 관심을 보였다. 특히 생산직 노동시장의 기업규모별 분단화 여부가 논쟁 대상이었다. 크게 보면 세 가지 입장이 있다.

첫째는 1970년대부터 대기업과 중소기업 간의 노동시장 이중구조가 있었다는 주장이다(배무기, 1980; 김수곤, 1978).[4] 둘째는 1980년대 중반에 시작되었다는 주장이다. 조영철(1993)은 1980년대에 본격화한 중화학공업화와 노동력 부족현상이 생산직 노동자의 노동시장 분절 현상을 초래했다고 보았다.[5] 셋째는 1987년 민주화와 노동자 대투쟁을 계기로 본격화되었다는 견해이다. 특히 사회학자들이 이런 견해를 많이 내놓았다(송호근, 1991; 정이환, 1992).

이 세 견해 중에서 세 번째 견해가 가장 많은 지지를 얻고 있다고 보이지만 쟁점이 완전히 해소된 것은 아니다. 그 가장 큰 이유는 자료의 한계이다. 기존 연구들은 대체로 기업규모별 임금 격차와 이직률을 통해 내부노동시장 형성과 노동시장 분절 여부를 판단하는데, 이것으로는 기업내부노동시장의 형성을 정확히 알 수 없다. 임금 격차나 이직률은 기업내부노동시장의 대리지표일 뿐이기 때문이다. 게다가 1980년대 이전의 임금통계 원자료를 사용하기 어려워 시계열적 변화 양상을 잘 알 수 없다.

4 이에 대해선 여러 반론들이 있었다(이효수, 1984; 정성기, 1984).

5 반면 김형기(1988)나 송호근(1991) 등은 1980년대 중반에도 생산직 노동시장이 단일 노동시장이었다고 주장했다. 특히 김형기는 1970년대 전반기에는 노동시장 분단 현상이 일정하게 나타났지만 1970년대 후반 이후 단일화가 진전되었다고 주장했다.

거시 통계자료를 사용한 연구들이 대체로 1987년 이전, 또는 1980년대 초에는 생산직 노동시장이 분절화되지 않았다고 본 것과 달리, 기업 수준 사례연구는 일찍부터 기업내부노동시장이 형성되었다는 사실을 보고했다. 그 예로 조선산업 연구(신원철, 2001; 노병직, 2003), 자동차산업 연구(조성재, 2000), 철강산업 연구(김기훈, 1987; 최종태, 1990; 박준식, 1992)를 들 수 있고 석유화학이나 시멘트 업종에서도 기업내부노동시장의 존재가 보고되었다. 심지어 조선맥주처럼 생산직 노동자에 대한 기업내부노동시장 형성이 일제 시대까지 거슬러 올라가는 기업들도 있다(박용철, 2012).

이런 사례연구 결과를 어떻게 해석해야 할까? 크게 두 가지 입장이 있다. 하나의 해석은 1987년 이전에 생산직을 대상으로 한 본격적인 기업내부노동시장이라고 할 만한 것은 극히 일부 기업에서만 나타났고 대체적으로는 취약했으므로 이를 본격적 기업내부노동시장 형성이라고 볼 수 없다는 것이다. 송호근(1991)은 한국 제조업 대기업들은 미숙련공은 물론 숙련공도 기업내부노동시장에서 배제했으며 한국의 공장체제는 가산관료적 공장체제의 성격을 띠었다고 말했다. 김형기(1988)는 생산직 노동자에게는 승진제도나 복지제도가 미비해 유인체계로서 기능하지 못했고 따라서 경영가족주의나 기업온정주의 이데올로기의 물질적 기초는 극히 박약했다고 주장했다. 다른 하나의 해석은, 일부 산업이나 업종에서는 1987년 이전부터 기업내부노동시장이 상당히 일반화되어 있었다는 것이다. 남춘호의 연구에 의하면 석탄광업에서는 1987년 이전부터 대탄광에 내부노동시장이 형성되어 있었다(남춘호, 1991). 정이환은 제조업의 경우에도 노동장비율이 높은 중화학공업을 중심으로 일찍부터 기업내부노동시장과 노동시장 분절 현상이 나타났다고 보았다. 그는 한국에서 블루칼라 근로자들의 기업내부노동시장 발전은 1987년을 계기로 한 번에 이루어진 것이 아니며, 1987년 전후 고용체제의 변화는 기업내부노동시장의 '형성'보다는 '확대', '강화', '제도화', 그리고 '성격변화'에서 찾을 수 있다고 보았다(정이환, 2013).

한국에서 기업내부노동시장이 언제 형성되었는가라는 쟁점은 단지 시기를 따지는 문제가 아니며, 노동시장 구조화의 동력이 무엇인가라는 쟁점과 직결되어 있다. 1987년을 계기로 보는 견해에서는 정치사회적 요인, 더 구체적으로는 노동운동 발전을 주된 동력으로 본다. 반면 1987년 이전에 노동시장 분절이 나타났다고 보는 입장에서는 인력난 등 경제적 요인을 중시한다.

다만, 기업내부노동시장 형성 시기를 어떻게 보든 그 형성 요인이 복합적이라는 점은 인정되어 왔다. 예를 들어 신원철(2010)은 1960~70년대 조선산업에서의 기업내부노동시장 발전이 주로 숙련인력 확보를 위한 것이었다고 보았지만 노동조합의 역할도 충분히 인정했다. 송호근(1991)은 1987년 노동자 대투쟁을 생산직 노동시장 분절의 직접적 계기로 보았지만 인력난 등 노동시장 요인도 배경 요인으로 인정했다. 노동시장 구조변화에서 경제적 요인과 정치사회적 요인의 상호작용을 더 풍부하고 정교하게 이해하는 것이 앞으로의 연구과제가 될 것이다.

### 2) 비정규 노동 관련 쟁점

#### 규모 논쟁

비정규 노동과 관련해 가장 뜨거운 논쟁이 이루어진 사안은 규모 추정이다. 김유선이 2000년 시점에서 비정규 노동자 비율이 58.4%라고 본 것과 달리 최경수나 박기성은 이 비율이 30%를 넘지 않는다고 반박하면서 논쟁이 시작되었다. 그런데 이 논쟁은 동일한 통계자료를 토대로 이루어졌으며 통계분석 방법도 간단한 것이었기 때문에, 실제 쟁점은 정부 통계에서 분류되는 노동자 집단 중 누구를 '비정규 노동자'로 규정할 것인가였다. 핵심 문제는 통계청의 「경제활동인구조사」에서 '임시' 근로자나 '일용' 근로자로 분류되는 사람들을 비정규직으로 간주할 것인가였다. 김유선(2001)은 「경제활동인구조사」에서의 상용 · 임시 · 일용이라는 종사상 지위 분류는 1960년대부터 사용되었고, 이 중 임시와 일용은 노동현장에서도 비정규직을 지칭하는 대명사로 자리 잡았으므로 이것이 정규/비정규 분류의 주된 기준이 되어야 한다고 말했다. 반면 최경수는 한국 임금근로자 중 고용계약을 체결하고 있는 사람이 소수여서 통계청이 임시근로자나 일용근로자를 분류할 때는 고용계약 기간이 아니라 수당이나 퇴직금 수혜 여부를 기준으로 삼기 때문에, 이것을 고용형태 분류로 볼 수 없다고 말했다(최경수, 2001). 그는 비정규 근로자란 한시적 근로자와 비전형 근로자를 말한다고 전제하고, 「경제활동인구조사」를 통해 한시적 근로자와 비전형 근로자의 규모를 추정하면 2001년 현재 전체 임금근로자의 27.3%라고 보았다(김유선 · 최경수 · 안주엽, 2001).

한편 노사정위원회는 통계청에 의해 임시, 일용 근로자로 분류되면서 고용형태상 비정규직으로 식별되지 않는 사람들을 정규 노동자도 비정규 노동자도 아닌 '취약 노동자'로 보자는 합의문을 내었다. 즉 정규/비정규 노동자로의 2범주 분류가 아니라 정규/비정규/취약 노동자로의 3범주 분류를 제안한 것이다(노사정위원회, 2002). 이와 유사한 입장에서 정이환(2003)은 본래 정규/비정규 노동이라는 범주 구분이 반드시 고용형태만을 기준으로 하는 것이 아니라 근로조건을 기준으로 할 수도 있다고 전제하고, 비정규 노동자에는 통계청 분류에 의한 임시, 일용 근로자까지 모두 포함하되 이와 별도로 객관적 고용형태를 기준으로 한 정형/비정형 근로자라는 구분을 사용하자고 제안했다.

### 근로조건의 평가

비정규 노동자에 대한 또 다른 쟁점은 이들의 존재형태와 근로조건에 대한 것이다. 그중에서 가장 주된 쟁점은 정규직과의 근로조건 격차였다. 이 쟁점은 주로 노동경제학자들에 의해 주도되었는데, 문제는 격차나 차별의 존재 여부가 아니라 격차의 정도를 정확히 계측하는 것이었기 때문이다.

격차 중에서 가장 많은 연구대상이 된 것은 임금 격차이며, 다양한 진단들이 제시되어 있다. 초기엔 상당한 정도의 임금 격차가 있다는 분석이 많았지만 점차 정교한 계량모델이 적용되면서 임금 격차가 생각보다 작다는 연구결과들이 많이 제시되었다. 다양한 분석결과가 제시되는 이유는 사용하는 자료와 분석방법의 차이 때문이다. 사업체조사 자료를 사용하는가 가구조사 자료를 사용하는가에 따라, 그리고 내생성이나 관찰되지 않은 이질성을 통제하는 방법에 따라 분석결과가 상이하게 나타났다(이인재 · 김태기, 2009). 관찰되지 않은 이질성을 통제하기 위해 고정효과 모형을 적용하는 경우, 사업체 자료를 이용한 분석에서는 비정규 노동자 임금이 정규 노동자보다 11.1%-17.9% 높은 것으로 나타난 반면(박기성 · 김용민, 2007), 가구조사인 「한국노동패널」 자료를 분석한 연구에서는 임금 격차가 3.4%-7.8%인 것으로 나타났다(이인재 · 김태기, 2009). 가구조사 자료를 이용한 또 다른 분석들에서는 정규/비정규직 간의 순임금 격차는 거의 없으며 관찰되지 않은 인적 특성까지 고려하는 경우 유의미한 임금 격차가 없거나 심지어 비정규 노동자의 임금이 더 높다는 분석결과도 제시되었다(안주엽 외, 2007; 남재량, 2007). 그런데 과연 정교한 통계방법이 임금 격차를 제대로 추정하는가라는 문제도 제기되었다. 통제변수가 너무 많아지면 격차를 과소평가하게 되며, 패널 자료를 사용한 고정효과 모형에도 그런 경향이 있다는 것이다(홍민기, 2010).

위험한 노동

비정규 노동자의 존재형태에 관한 또 다른 쟁점은 그것이 정규직 일자리로의 징검다리인가 아니면 함정인가 하는 것이다. 두 견해를 각각 지지하는 연구결과들이 제시되어 있다(한준·장지연, 2000; 남재량·김태기, 2000; 남재량, 2009).

### 정책대안 논쟁

비정규 노동과 관련된 가장 중요한 쟁점은 정책대안 또는 해결방법에 대한 것이다. 크게 보면 진보적 학자와 보수적 학자들 사이에 견해가 다르지만, 진보적 학자들 사이에도 견해 차이가 있다. 진보학계가 동의하는 정책대안은 정규직화와 균등대우이다. 그런데 이 두 목표 중 어느 것을 더 중시하는가에 의견이 엇갈린다. 정규직화를 중시하는 사람들은 비정규 고용이 1997년 이후 신자유주의화의 산물이고 비정규화라는 추세를 되돌리지 않으면 노동시장 상태 개선이 어려우며, 비정규라는 고용형태를 전제로 한 균등대우는 불가능하다고 본다. 균등대우를 중시하는 사람들은 비정규 노동자의 전면적 정규직화 또는 비정규직 철폐라는 목표가 비현실적이며, 제도설계에 따라서는 상당 정도의 균등대우가 가능하다고 본다.

이런 쟁점이 구체적으로 적용된 대상이 시간제 노동이다. 특히 정부가 일-가정 양립을 가능하게 하는 고용형태로 상용직 시간제 노동의 도입을 적극 추진하면서 이 쟁점이 부각되었다. 이 쟁점도 다시 둘로 나눌 수 있다. 첫째는 선진국의 시간제 노동을 어떻게 평가할 것인가이다. 시간제 근로가 바람직한 고용형태가 될 수 있다는 견해는 네덜란드 사례를 통해 널리 확산되었다(배규식, 2013). 그러나 선진국의 시간제 일자리가 바람직한 일자리가 아니라는 주장들도 제시되었다(최은영, 2012; 홍찬숙, 2011; 이주희, 2010). 둘째는 한국에서 시간제 일자리가 바람직한 고용형태로 자리잡을 수 있는가이다. 배규식(2011)은 우리나라의 시간제 일자리는 나쁜 일자리이지만 영국이나 네덜란드에서와 같은 정규직 시간제 일자리가 만들어지면 일-가정 양립에 기여할 수 있다고 보았다. 반면 이주희(2011)는 설령 상용직 시간제가 도입된다고 해도 한국의 여건에서는 좋은 일자리가 되기 어렵다고 주장했다. 단체교섭 등 노동시장 제도가 선진국과 상이한 조건에서 시간제 일자리는 전일제에 비해 불리한 일자리가 될 수밖에 없다는 것이다.

무기계약직을 어떻게 볼 것인가도 뜨거운 쟁점이었다. 한쪽에서는 무기계약직은 진정한 정규직이 아니며 비정규직에 가까운 새로운 차별형태라고 비판했다(윤애림, 2009). 무기계약직은 승진 가능성이나 임금체계에서 정규직과 차별받고 있고(이주희, 2008), 고용안정이 보장된 것인지도 불확실하다는 것이다(김성희, 2007). 다른 한쪽에서는 무기계약직이 비정규직에 견주어 고용안정성이 높으므로 긍정적으로 볼 수 있으며, 정규직화의 현실적 대안이라고 보았다(권현지, 2007). 조순경(2008)도 비정규직 노동자들이 무기계약직이 되어 노동조합에 가입되면 단체교섭을 통한 차별시정 가능성이 커진다는 점에서 이런 고용형태를 단지 부정적으로 볼 수 없다고 말했다.

무기계약직에 대한 평가는 더 큰 쟁점으로 연결되는데 그것은 '비정규 노동 문제 해결을 위해 정규직 고용체제도 변해야 하는가'라는 문제이다. 특히 문제가 되는 것은 (연공적) 임금체계이다. 한쪽에서는 정규직의 현행 임금체계를 전제로 비정규직의 정규직화가 이루어져야 한다고 보는 반면, 다른 한쪽에서는 정규직 임금체계가 전체 노동자에게 일반화되기 어렵다고 본다. 후자의 입장에서는 연공적 임금체계가 직무·직종이나 숙련 중심 임금체계로 바뀌어야 비정규직 문제 해결의 가능성이 대폭 커진다고 본다. 이런 입장에서 보면 정규직의 호봉제가 무기계약직에게 적용되지 않는 것은 부당한 차별이 아니라 직무나 숙련 중심 임금체계로 가는 단초로 해석될 수 있다.

## 노동시장 불평등 구조에서의 비정규 노동의 위치

1997년 외환위기 이후 한동안 정규/비정규 노동 사이의 불평등은 한국 노동시장 불평등의 중심 내용인 것으로 여겨졌다. 과거에 주된 문제로 여겨졌던 성별, 학력별, 직종별 불평등이 지속적으로 축소되어 온 것과 달리 새로이 부각된 고용형태별 불평등은 매우 심대했고 인격적·도덕적 차별도 심각했기 때문이다(이병훈, 2003). 또한 비정규 고용은 주로 여성, 저학력자, 단순 직종에 집중되어, 고용형태별 분절이 성, 학력, 직종별 분절을 포괄하고 있다고 볼 수 있는 상황이었다. 그러나 정이환(2007)은 - 비정규 노동을 노사정위원회 방식으로 정의할 때 - 한국에서 정규/비정규 노동자 사이의 불평등보다 기업규모별 불평등이 더 크다고 주장했다.

이 쟁점은 본격적인 학술적 논쟁이 되긴 어렵다. 규모 논쟁에서와 마찬가지로 비정규직을 정의하는 방식에 따라 분석 결과가 달라지며, 기업규모와 고용형태가 긴밀히 연관되어 있기 때문이다. 특히 사내하청 노동자들의 다수는 원청기업의 비정규 노동자이지만 통계상으로는 하청기업의 정규 노동자로 분류된다는 문제가 있다.

이런 문제에도 불구하고 이 쟁점이 의미 있는 이유는 노동시장 불평등에 대한 정책대안이 무엇인가라는 문제와 연결되기 때문이다. 그간 한국에서 노동시장 불평등 문제가 제기될 때의 '문제'는 주로 기업 내 불평등이었다. 정규직과 비정규직 사이의 불평등은 그 가장 대표적인 예라고 할 수 있다. 비정규직 문제에 대한 대안도 - 그것이 정규직화이건 균등대우이건 - 기본적으로는 기업 수준에서의 대안이다. 그런데 고용형태별 불평등보다 기업규모별 불평등이 더 문제라면 불평등에 대한 대안도 기업의 범위를 넘어서는 것이어야 한다.

한국 노동시장에서 고용형태나 기업규모별 불평등뿐만 아니라 성별, 학력별, 직종별 불평등 등이 어떻게 복합적으로 얽혀 있는가를 밝히는 것은 아직 미완의 과제다.

### 3) 여타 쟁점들

#### 노동자 숙련과 노동시장

서양의 연구에서 노동자 숙련은 노동시장이나 복지제도의 성격을 결정하는 주요 요인으로 취급되어 왔다. 예를 들어 노동자의 숙련 수준, 특히 기업특수적 숙련 수준이 높은 경우 장기고용 관행과 연공임금 체계가 발전하는 경향이 있다고 평가된다(Doeringer and Piore, 1971; Estevez-Abe, Iversen, and Soskice, 2001).

노동자 숙련을 노동시장 구조와 관련시킬 때 한국에서는 두 가지 쟁점이 제기될 수 있다. 첫째는 한국 노동자의 숙련 수준이고 둘째는 숙련이 노동시장에 미치는 영향이다. 첫 번째 쟁점에 대해선 현장 노동자의 숙련화 정도가 높지 않다는 것이 일반적 견해이다. 숙련화를 지지하는 연구결과들도 있으나(주무현, 1997; 심상완, 1997), 대체적인 견해는 숙련화를 부정하는 것이다(이영희, 1998). 자동차산업을 중심으로 한 여러 사례연구에 의하면 직접생산공정 노동자들은 탈숙련화되어 있으며 이런 점에서 한국의 생산방식은 일본의 그것과 다르다(조형제, 2006).

두 번째 쟁점은 한국에서는 기업특수적 숙련이 약한데 어떻게 기업내부노동시장이 발전되었는가라는 문제제기라고 해석할 수 있다. 이에 대해 서로 다른 두 가지 견해가 있다. 첫째, 기업내부노동시장의 취약성을 지적하는 것이다. 기업특수적 숙련이 약하기 때문에 기업내부노동시장이 견고하지 않다는 것이다. 한국 기업이 적극적 아웃소싱을 하거나 비정규 고용을 많이 이용하는 것도 이런 맥락에서 설명된다(정건화, 2003; 橫田伸子, 2012). 둘째, 숙련이 아닌 다른 요인을 중시하는 것이다. 예를 들어 한국에서의 기업내부노동시장 형성은 주로 노동운동 발전에 의한 것이라는 해석이다.[6]

한편 신원철(2001)은 한국 조선산업의 경우 일반적 숙련이 숙련공 부족현상을 배경으로 기업내부노동시장의 형성 배경이 되었다고 말했는데, 여기서 숙련과 기업내부노동시장의 관계가 서양학자의 이론적 예측보다 복잡하다는 사실을 알 수 있다.

### 경제구조와 노동시장

경제구조가 고용체제 또는 노동시장 구조에 심대한 영향을 미친다는 것은 주지의 사실이며, 기존 연구에서도 이 점이 강조되어 왔다. 마르크스의 통찰에 기대려는 사람들은 고용체제의 배후 결정요인으로 '축적체제'를 중시해왔고(김형기, 1988), 1997년 외환위기 이후에는 경제의 신자유주의화가 고용체제의 신자유주의화를 야기했다는 진단도 흔히 제시되었다. 그러나 고용체제의 성격이 경제구조에 의해 얼마나 규정되는가는 쟁점이 될 수 있다. 정이환(2013)은 경제구조의 규정성보다는 고용체제의 내적 동학을 중시해야 한다고 주장했다. 그는 한국 경제구조의 성격 중에서 고용체제에 직접 영향을 주는 것으로 지적된 대외의존성, 이중구조, 그리고 신자유주의적 기업지배구조 등이 고용체제에 미친 영향이 과대

6 이 두 가지 견해는 보완적으로 이용될 수 있다. 노동운동의 발전에 의해 기업내부노동시장이 형성되었으나 숙련형성 메커니즘에 의해 뒷받침되지 않기 때문에 취약하거나 최소화되었다는 설명이 가능하다.

평가되었다고 말했다.

이 쟁점은 아주 초보적으로만 제시되어 있는 상태이며, 고용체제 또는 노동시장구조와 여타 사회체제 간의 상호관계는 별로 연구되지 않았다. 고용체제를 전체 사회체제의 한 하위체제라고 볼 때, 그것이 여타 사회체제의 영향을 받으면서도 독자적인 내부 동학을 가진다는 것은 당연하다. 고용체제에 영향을 미치는 사회체제의 대표적인 것이 경제체제이고 그 외에 복지체제나 교육제도 등도 영향을 미칠 것이다. 그리고 내적 동학을 이루는 것이 노동시장 제도, 세력관계, 주요 행위자의 지향 등일 것이다. 이런 여러 요소들이 상호작용해 한국 고용체제를 구조화하는 구체적 메커니즘을 밝히는 것이 앞으로의 중요한 연구과제이다.

### 4) 맺음말

앞에서 살펴본 쟁점 외에도 앞으로 연구되어야 할 주제와 잠정적 쟁점들은 많다. 그 한 가지로 노동시장 제도가 노동시장에 미치는 효과를 들 수 있다. 즉, 노동조합이나 단체교섭, 그리고 최저임금제, 비정규직 보호법, 법정 노동시간, 남녀고용평등법 등의 법제도가 노동시장에 미치는 영향을 분석하는 것이다. 기업내부노동시장보다 훨씬 비대한 외부노동시장에 대한 연구가 미흡하다는 점을 고려하면 이에 대한 연구도 필요한데, 현재 제시되어 있는 '비공식고용'(성재민 · 이시균, 2007)이나 '도시하층과의 연속성'(横田伸子, 2012)이라는 성격 규정도 과거의 도시비공식부문론과 연결되는 흥미로운 쟁점으로 발전할 수 있을 것이다. 간접고용이 만연해 있고 자영업자 비중이 높은 것도 노동시장의 한국적 특징이라고 할 수 있는데 이런 주제에 대한 연구는 한국 사회의 성격 해명에도 기여할 수 있다. 서비스화라는 산업구조 변화가 노동시장 구조에 미치는 영향도 충분히 연구되지 않았다.

노동시장 연구는 앞으로도 경제학이 주도할 것이고 쟁점도 경제학자들을 중심으로 제기될 것이다. 그러나 사회학이 기여할 여지도 많다. 특히 일자리 문제와 소득 양극화가 우리 사회의 핵심적 문제로 부각되어 있는 현 시점에서 노동시장에 대한 사회학적 연구의 필요성은 어느 때보다 크다.

더욱이 사회학은 노동시장 연구를 위한 이론적·방법론적 자원들도 가지고 있다. 이론적 자원으로는 크게 두 가지를 들 수 있다. 첫째는 시장의 사회적 구조화 분석이다. 사회학은 제도, 권력관계, 연결망, 사회규범 등이 시장을 구조화하는 양상을 분석하는 관점을 발전시켜 왔고 이것은 노동시장에도 잘 적용될 수 있다. 기실 시장의 사회적 구성이라는 관점은 어느 시장 영역보다 노동시장에 잘 적용된다. 둘째는 불평등 연구이다. 사회학은 불평등을 다양한 측면과 관점에서 분석할 수 있는 시각을 가지고 있고, 이런 시각은 노동시장 연구를 풍부하게 해줄 수 있다. 방법론적 자원으로는 사례연구과 거시구조분석 방법이 있고, 비교연구 방법도 있다. 이런 방법들은, 주로 경제학자들이 사용하는 계량적 방법이 해낼 수 없는 심층적이고 구조적 분석을 가능하게 해준다. 이런 이론적 · 방법론적 자원에 사회학적 상상력이 결합되어, 노동시장에 대한 새로운 해석과 뜨거운 쟁점을 제시하는 연구들이 쏟아져 나오길 기대한다.

## 5) 참고문헌

권현지. 2007. 「은행권 계약직 활용의 현황과 향후 전망」. 《노동리뷰》, 27호. 3-18쪽.

김기훈. 1987. 「한국 철강대기업에 있어서의 노동과정의 동태」. 서울대 사회학과 서사학위 논문.

김성희. 2007. 「우리은행 정규직 전환 합의의 의미평가」. 금융 비정규직 관련 본조-지부 토론회 자료집(전국금융노동조합).

김수곤. 1978. 『임금과 노사관계』. 한국개발연구원.

김영미·한준. 2008. 「내부노동시장의 해체인가 축소인가: 기업규모별 임금 격차 분해를 통해서 본 한국노동시장의 구조변동, 1982-2004」. 《한국사회학》, 42집 7호. 111-145쪽.

김유선. 2001. 「비정규직 규모와 실태」. 《노동사회》, 59호(2001년 11월호). 127-159쪽.

김유선. 2010. 『KLI 고용지표』. 한국노동사회연구소.

김유선·최경수·안주엽. 2001. 「경제활동인구조사 부가조사(2001.08) 원자료 분석」(노사정위원회 비정규직 근로자특위 연구용역 자료).

김형기. 1988. 『한국의 독점자본과 임노동』. 까치.

남재량. 2007. 「비정규 근로와 정규 근로의 임금 격차에 관한 연구: 패널자료를 사용한 분석」. 《노동경제논집》, 30권 2호. 1-31쪽.

남재량. 2009. 「KLIPS를 통해서 본 비정규근로의 동태적 특징」. 《노동리뷰》, 2009년 1월호. 86-92쪽.

남재량·김태기. 2000. 「비정규직, 가교인가 함정인가?」《노동경제논집》, 23권 2호. 81-106쪽.

남춘호. 1991. 「석탄광업 노동시장 분절에 관한 연구」. 서울대 사회학과 박사학위 논문.

노병직. 2003. 「기업별 노사관계시스템의 형성에 관한 연구: 한국 조선산업에서의 노사관계 변천 사례」. 서울대 경영학과 박사학위 논문.

노사정위원회. 2003. 『비정규직근로자대책 특별위원회 활동보고(Ⅱ)』

노중기. 2008. 『한국의 노동체제와 사회적 합의』. 후마니타스.

류기락. 2009. 「일자리 이동과 내부노동시장」. 《한국사회학》, 43집 4호. 37-76쪽.

박기성·김용민. 2007 「정규-비정규 근로자의 임금 격차 비교: 2003년과 2005년」. 《노동정책연구》, 7권 3호. 35-61쪽.

박용철. 2012. 「내부노동시장이 기업별 노동조합 형성에 미치는 영향에 관한 연구」. 한양대 경영학과 박사학위 논문.

박우성. 2001. 「경제위기 이후 인적자원관리 변화실태와 과제」. 박우성·노용진. 『경제위기 이후 인적자원관리 및 노사관계 변화』. 한국노동연구원.

박준식. 1992. 『한국의 대기업 노사관계연구』. 백산서당.

박준식. 2001. 『세계화와 노동체제』. 한울.

배규식·윤진호·조효래·이정희. 2008. 『87년 이후 노동조합과 노동운동』. 한국노동연구원.

배규식. 2011. 「공공부문에서 정규직 시간제 일자리의 모델을 만들자!」《노동리뷰》, 2011년 3월호. 7-14쪽.

배규식. 2013. 「네덜란드, 독일, 일본의 시간제 고용이 주는 시사점」. 《국제노동브리프》, 2013년 9월호. 1-3쪽.

배무기. 1980. 「한국의 노동시장구조」. 임종철·배무기(편). 『한국의 노동경제』. 문학과지성사.

류기락. 2009. 「일자리 이동과 내부노동시장」. 《한국사회학》, 43집 4호. 37-76쪽.

성재민·이시균. 2007. 「한국 노동시장의 비공식 고용」. 《산업노동연구》, 13권 2호. 87-124쪽.

송호근. 1991. 『한국의 노동정치와 시장』. 나남출판.

송호근. 2002. 「기업조직과 고용체계의 구조변화」. 《경제와사회》, 56호. 161-190쪽.

신원철. 2001. 「기업내부노동시장의 형성과 전개 : 한국 조선산업에 대한 사례연구」. 서울대 사회학과 박사학위 논문.

심상완. 1997. 「누가 로봇을 제어감시 하는가」. 《산업노동연구》, 3권 1호. 59-80쪽.

안주엽 외. 2007. 『노동과 차별(Ⅱ) : 인식과 실제』. 한국노동연구원.

윤애림. 2009. 「새로운 차별적 고용형태로서의 '무기계약직'의 실태와 쟁점」. 《산업노동연구》, 15권 2호. 23-60쪽.

이병훈. 2003. 「비정규노동의 작업장내 사회적 관계에 대한 연구」. 《경제와사회》, 57호. 42-64쪽.

이영희. 1998. 「한국의 생산체제는 변화하고 있는가」. 《경제와 사회》, 49호. 76-191쪽.

이인재·김태기. 2009. 「정규직과 비정규직의 임금 격차 : 노동조합과 기업규모의 영향을 중심으로」. 《노동경제논집》, 32권 3호. 1-26쪽.

이주희 2008. 「직군제의 고용 차별 효과」. 《경제와사회》, 80호. 165-194쪽.

이수희. 2010. 「캐나다의 여성 파트타임 일자리」. 한국사회학회 후기사회학대회 논문집.
이주희. 2011.「정규직 시간제 일자리 도입의 전제조건과 정책과제」.《노동리뷰》, 2011년 3월호. 21-26쪽.
이효수. 1984.『노동시장구조론』. 법문사.
정건화. 2003.「노동시장의 구조변화에 대한 제도경제학적 해석」. 정이환·이병훈·정건화·김연명.『노동시장 유연화와 노동복지』. 인간과복지.
정성기. 1984.「한국의 대-중소기업 노동시장구조와 임금 격차」. 서울대 경제학과 석사학위 논문.
정이환. 1992.「제조업 내부노동시장의 변화와 노사관계」. 서울대 사회학과 박사학위 논문.
정이환. 2003.「비정규노동의 개념정의 및 규모추정에 대한 하나의 접근」.《산업노동연구》, 9권 1호. 71-106쪽.
정이환. 2007.「기업규모인가 고용형태인가」.《경제와사회》, 73호. 332-355쪽.
정이환. 2013.『한국 고용체제론』. 후마니타스.
정이환·이병훈. 2000.「경제위기와 고용관계의 변화: 대기업 사례를 중심으로」.《산업노동연구》, 6권 1호. 27-58쪽.
정이환·전병유. 2001.「1990년대 한국 임금구조의 변화: 내부노동시장은 약화되고 있는가」.《경제와 사회》, 52호. 156-183쪽.
정인수·금재호·조준모·김동배. 2002.『기업내부노동시장의 변화』. 한국노동연구원.
정일준. 2010.「통치성을 통해 본 한국 현대사: 1987년 체제론 비판과 한국의 사회구성 성찰」.《민주사회와 정책연구》, 17호. 89-117쪽.
조성재. 2000.「기업지배구조와 노사관계」. 서울대 경제학과 박사학위 논문.
조성재 외. 2013.『한국 노사관계 시스템 진단과 발전방향 모색』. 한국노동연구원.
조순경. 2008.「여성 비정규직의 분리직군 무기계약직 전환과 차별의 논리」.《한국여성학》, 24권 3호. 5-40쪽.
조영철. 1993.「분단노동시장과 노동의 효율적 배분」. 고려대 경제학과 박사학위 논문.
조준모. 2003.「기업내부노동시장 구조와 기업성과」. 정인수 외.『기업내부노동시장의 변화』. 한국노동연구원.

조형제. 2006. 『한국적 생산방식은 가능한가』. 한울.

주무현. 1997. 「한국 자동차산업 생산제체의 '일본화'에 관한 연구」. 경북대 경제학과 박사학위 논문.

주무현. 2003. 「경제위기 이후 기업별 내부노동시장의 구조변화: 현대자동차의 사례」. 《산업노동연구》, 8권 1호. 75-110쪽.

최경수. 2001. 「비정형근로자 규모의 국제비교」. 『비정형근로자의 규모와 실태』. 한국노동경제학회 2001년 학술세미나 자료집.

최은영. 2012. 「미국 시간제 근로의 특성과 여성고용에의 함의」. 《한국여성학》, 28권 2호. 145-184쪽.

최종태. 1990. 『철강산업의 인사제도』. 서울대학교 출판부.

한준·장지연. 2000. 「정규/비정규 전환을 중심으로 본 취업력과 생애과정」. 《노동경제논집》, 23(S)호. 33-53쪽.

홍민기. 2010. 「정규－비정규 근로의 임금 격차 추정에 대한 논의」. 《산업노동연구》, 16권 2호. 141-161쪽.

홍찬숙. 2011. 「시간제 고용은 일/가족 양립을 지원하는 적합한 방법인가?」. 《경제와사회》, 90호. 363-386쪽.

황수경. 2003. 「내부자 노동시장과 외부자 노동시장의 구조분석을 위한 탐색적 연구」. 《노동정책연구》, 3권 3호. 49-67쪽.

横田伸子. 2012. 『韓國の都市下層と勞働者』. ミネルヴァ書房.

Doeringer, P. and M. Piore. 1971(1985). *Internal Labor Markets and Manpower Analysis*. Armonk: M. E. Sharpe.

Estevez_Abe, M., T. Iversen, and D. Soskice. 2001. "Social Protection and the Formation of Skills: A Reinterpretation of the Welfare State." in P. Hall and D. Soskice (eds.). *Varieties of Capitalism*. Oxford University Press. pp. 145-183.

제6장

# 불평등과 귀속요인

# 1. 불평등과 성

## 1) 여성의 노동시장 참여

### 세계적 추세

그다지 멀지 않은 과거에 거의 모든 나라에서 남자는 여자보다 노동시장에 더 많이 참여했다. 여성은 경제활동에 참여하지 않고 주로 자녀양육과 가사노동에 종사했다. 최근 들어 노동시장 참여의 이와 같은 성 차이는 많이 감소했다. 지난 세기부터 여성의 노동시장 참여가 급격하게 증가했기 때문이다. 〈그림 6-1〉은 여성의 노동시장 참여율이 역사적으로 바뀐 모습을 보인 것이다. 세로축은 1980년의 여성의 노동시장 참가율이고, 가로축은 2020년의 참여율이다. 회색의 옅은 대각선은 이 두 해의 참가율이 서로 같은 지점을 이어놓은 것이다. 그러므로 대각선 오른쪽 아래에는 여성의 참가율이 증가한 나라가 놓여 있고, 왼쪽 위에는 여성의 참가율이 감소한 나라가 놓여 있다고 판단할 수 있다.

이 그림에서 보다시피, 나라들은 대부분 대각선 오른쪽 아래에 놓여 있다. 그러므로 여성의 노동시장 참여율은 지난 40여 년 동안 거의 모든 나라에서 증가했다고 말할 수 있다. 그렇다면 세계의 전반적 추세는 어떠했는가? 위의 그림으로 여성의 참가율이 세계적 수준에서 증가했다고 판단할 수는 없다. 왜냐하면 세계적 추세는 인구가 많은 나라, 즉 중

〈그림 6-1〉 여성의 노동시장 참가율 변화, 1980–2020

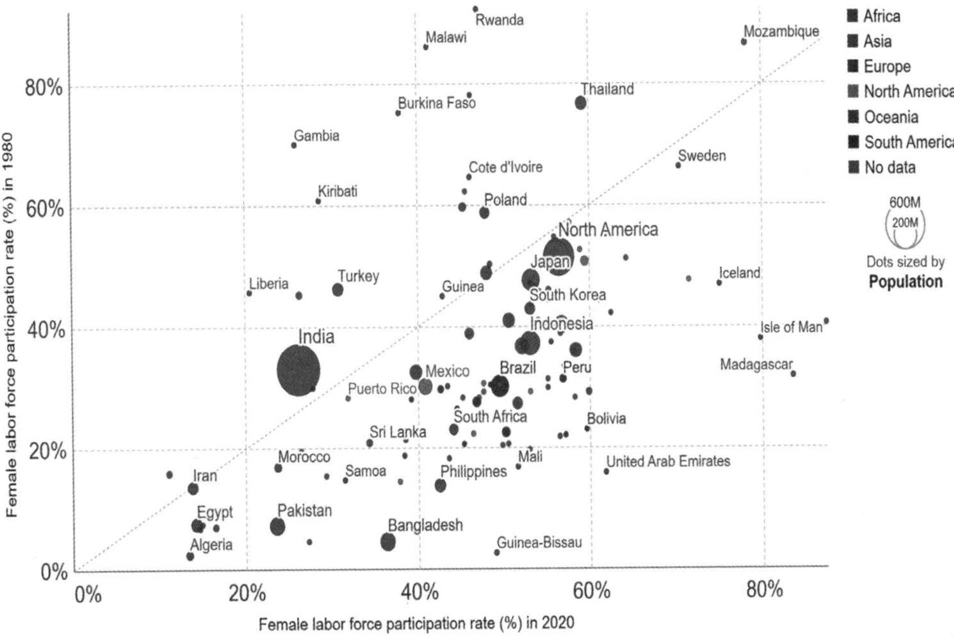


**출처 :** Ortiz-Ospina and Tzvetkova(2017)

국과 인도와 같은 나라가 좌우할 수 있기 때문이다. 그러나 조금 뒤에 보겠지만, 인구가 많은 나라를 포함해도 여성의 노동시장 참가율은 세계적으로 조금 증가했고, 남녀의 참가율 격차는 점차 감소했다. 이를 살펴보자.

〈그림 6-1〉은 1980년 이래 2020년까지 약 40년 동안 여성의 노동시장 참여율이 증가했다는 사실을 보였지만, 장기적 관점에서도 여성의 참여율은 증가했다. 일부 선진산업사회의 여성 노동시장 참여율의 역사적 추세를 보자. 〈그림 6-2〉는 선진산업사회의 여성 노동시장 참가율이 1890년부터 2010년대까지 바뀐 모습을 보인 것이다(Ortiz-Ospina and Tzvetkova, 2017). 이 그림으로 확실히 알 수 있는 것은 다음과 같은 사실이다. 첫째,

2차 대전 당시 여성 군수품 제작 노동자를 상징화한 포스터 (1942)

나라마다 그 모습은 조금씩 다르지만, 20세기 후반에 들어 여성의 노동시장 참가율은 급격하게 증가했다. 그러나 둘째, 21세기에 이르러 이 증가세는 꺾이거나 오히려 줄어들었다.

〈그림 6-2〉 여성 노동시장 참가율의 장기 추세

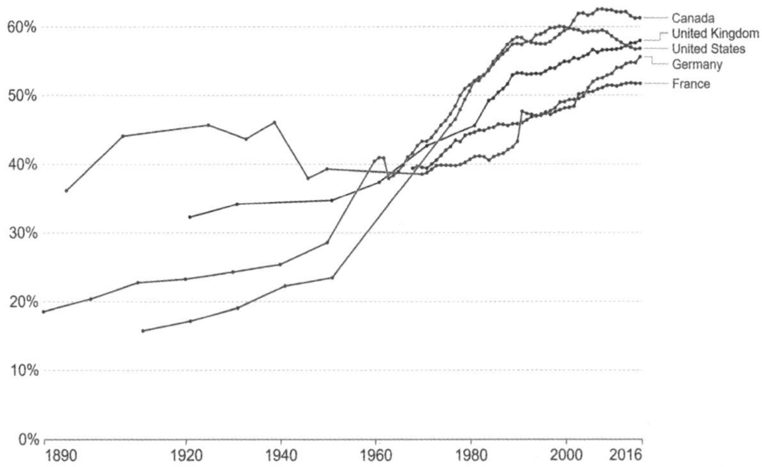


**출처 :** Ortiz-Ospina and Tzvetkova(2017)

여성의 노동시장 참여가 증가했다는 사실은 15세 이상의 여성의 참여가 늘었다는 것을 의미한다. 그런데 모든 연령대의 여성이 노동시장에 더 많이 참여했는가? 그렇지 않다. 특정 연령 집단의 노동시장 참여 추세는 여성 전체의 추세와 같지 않았다. 특히 부유한 나라의 젊은 여성이 노동시장에 참여한 비율은 여성 전체의 추세와 달리 정체하거나 점차 감소했다. 그렇다면 어떤 연령대의 여성이 노동시장에 더 많이 참여했는가? 누가 전체 여성의 노동시장 참가 증가 추세를 견인했는가? 중년의 기혼 여성이었다. 20세기 후반 이후 중년 기혼 여성의 노동시장 참여율은 꾸준히 증가했고, 이 증가가 여성 전체의 참여율 증가를 이끌었다.

## 여성의 노동시장 참가율 증가의 원인

그렇다면 여성, 특히 중년 기혼 여성이 예전보다 노동시장에 더 많이 참여하게 된 원인은 무엇인가? 이런 질문에 대답하려면, 다시 말해 여성의 노동시장 참여율 증가의 원인을 밝히려면, 다양한 요인을 좌우하는 중요한 맥락을 개념화해야 한다. 개념화의 핵심 축은 시간이다. 여성이 노동시장에 참여하려면 일할 '시간'이 있어야 한다. 여성의 시간 배분을 이해할 때에만 여성의 노동시장 참여를 제대로 알 수 있다.

여성은 보통 시간을 어디에 쓰는가? 세계의 거의 모든 지역에서 여성은 남성보다 무급 돌봄 노동(unpaid care work)에 더 많은 시간을 쓴다.[1] 이 노동시간이 여성의 경제활동 참여를 좌우한다. 일반적으로 무급 돌봄 노동에 지출하는 시간과 비용이 감소할 때, 남녀가 이 노동을 균등하게 공유할 때, 그리고 이 노동이 시장 노동(market work)과 양립 가능할 때, 여성의 노동시장 참여는 증가한다.

이런 맥락을 감안해 여성의 노동시장 참여를 추동하는 동력을 살펴보자. 이 동력은 모성 보건의 개선, 자녀 수 감소, 자녀 돌봄의 공급 증가, 가구 운영 기술의 발달 등과 같은 요인이라고 말할 수 있다. 먼저 모성 보건의 개선부터 알아보자. 모성과 관련한 임신, 출산, 산후조리 등은 여성의 건강과 시간에 상당한 부담을 지울 뿐만 아니라 여성의 노동시장 참여에도 상당한 영향을 미쳤다. 의학의 진보와 인공수유의 도입은 여성의 모성 건강 개선에 기여했고, 여성의 노동시장 참여를 크게 늘렸다. 둘째, 자녀 수가 감소하면서 여성의 시간이 자유로워지고 여성의 노동시장 참여도 늘어났다. 셋째, 자녀 수 감소도 여성의 노동시장 참여 증가의

1 돌봄 노동은 육아, 보육, 유아 교육, 간호와 간병, 요양 등과 관련한 노동을 말한다. 유급 돌봄 노동과 무급 돌봄 노동이 있을 것이다.

한 원인이었지만, 고용과 출산을 양립가능하게 하는 자녀양육이나 가족 관련 여러 정책도 여성의 노동시장 참여를 늘리는 데에 기여했다. 예컨대 자녀 돌봄 보조금, 유급 육아 휴가, 가족 관련 공공 지출 등과 같은 자녀 돌봄 지원 정책의 시행은 여성의 노동시장 참여를 뒷받침했다. 넷째, 노동절약 가구(세탁기, 진공청소기 등)의 개발은 여성의 가사노동을 극적으로 줄여서 여성의 노동시장 참여를 늘리는 데에 크게 기여했다.

## 한국 여성의 노동시장 참가율

한국 여성의 노동시장 참여는 몇 가지 사실 때문에 다른 나라와 구별된다. 첫째, 한국 여성의 참여율은 다른 나라보다 낮다. 〈그림 6-3〉은 2021년 OECD 국가의 여성 노동시장 참여율을 비교한 것이다. 이 그림으로 판단하건대, 한국 여성의 노동시장 참여율은 OECD 국가에서 매우 낮은 편에 속한다. 터키나 멕시코, 칠레와 이탈리아 등을 제외하면 한국의 참여율은 OECD 국가 중에서 가장 낮다.

〈그림 6-3〉 여성의 노동시장 참여율, 2021

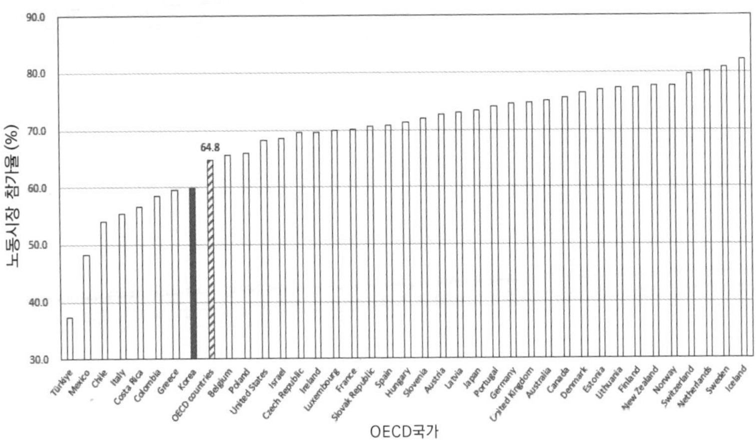


**출처 :** data.oecd.org/emp/labour-force-participation-rate.htm, retrieved on Jan 9, 2023

둘째, 지난 몇 십 년 동안 한국 여성의 노동시장 참여율은 점차 증가했지만, 그 증가가 그렇게 크거나 빨랐던 것은 아니다. 〈그림 6-4〉에서 보듯, 한국 여성의 참여율은 1980년대에 30퍼센트 대에 머물렀지만 2016년에는 50퍼센트 대로 진입했다. 이런 변화는 일본보다 더 크고 빨랐지만, 선진산업사회보다 더 크고 빨랐다고 말할 수는 없다(〈그림 6-2〉 참조).

〈그림 6-4〉 한국 여성 노동시장 참여율의 장기 추세, 1980–2016

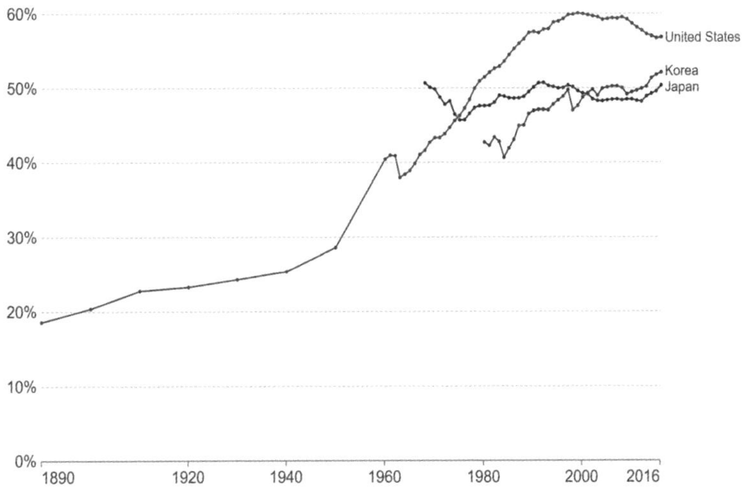


**출처** : Ortiz-Ospina and Tzvetkova(2017)

셋째, 한국 여성의 노동시장 참여율이 보이는 가장 독특한 특징은 이른바 연령별 참여율 패턴이다. 선진산업사회 여성의 연령별 노동시장 참여율 유형은 남성과 다를 게 없다. 비록 여성의 노동시장 참여율은 남성보다 낮기는 하지만, 연령별 노동시장 참여율의 모습은 남녀가 다르지 않다. 그러나 〈그림 6-5〉에서 보듯, 동아시아 3국, 일본과 한국, 대만 여성의 연령별 노동시장 참여율은 선진산업사회와 많이 혹은 조금 다르다. 동아시아 여성의 연령별 노동시장 참여율의 특징을 말해보자. ① 한국과 일본의 30대 기혼여성의 경제활동참가율은, 대만과 달리, 그리고 서구와 달리, 다른 연령대의 참가율보다 낮다. 그리하여 일본과 한국 여성의 노동시장 참여율은 역 U자 모습을 띠는 것이 아니라, 이른바 M자 형 곡선(M-shaped curve) 모습을 보인다. ② 대만 여성의 노동시장 참여율은, 일본이나 한국과 달리, 그리고 서구와 달리, 중고령층(4~50대)에 이르러, 급격히 감소한다.

〈그림 6-5〉 일본과 한국, 대만 여성의 연령별 노동시장 참가율, 2010년대

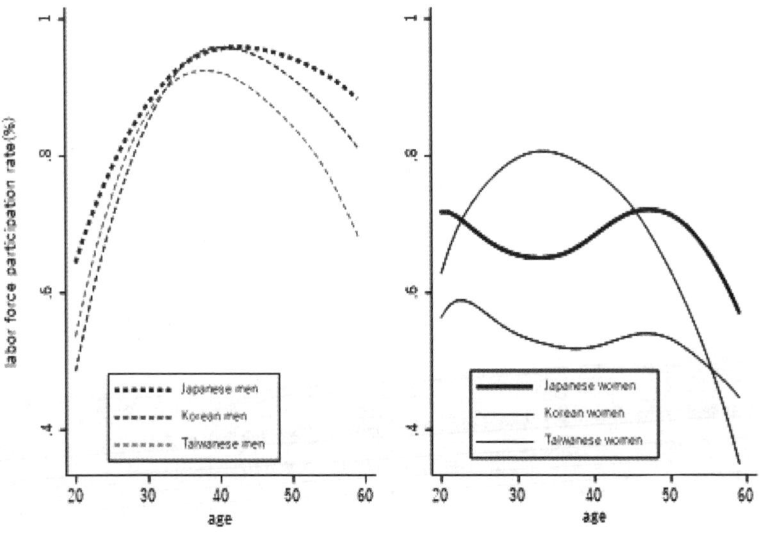


**출처 :** Chang, S.(2024)

동아시아의 노동시장 참여율은 왜 이런 모습을 띠는가? 한국과 일본에서는 출산과 육아를 전후해 여성이 노동시장을 떠나지만, 대만에서는 이 연령대의 여성이 노동시장을 떠나지 않기 때문일 것이다. 그 대신 대만 여성은 한국과 일본 여성보다 중고령 연령대에서 노동시장을 더 많이 이탈하기 때문일 것이다. 왜 그러한가? 정이환 등(2012)은 이 두 시

실을 서로 구별되는 두 요인으로 설명했다. 하나는 노동시장 요인이고, 다른 하나는 가족유대 요인이다. 먼저 노동시장 요인부터 살펴보자. 한국과 일본에서는 대기업 중심의 기업내부노동시장이 발달했으나, 여성은 내부노동시장에 취업하지 못했다. 여성은 주로 고용이 불안정하고, 임금과 승진 가능성이 낮은 외부노동시장에 종사했다. 이와 같은 성차별적 노동시장 구조는 육아 집중기(30대) 여성의 취업을 방해했다. 이와 달리 대만에서는 중소기업 중심의 노동시장이 발달했는데, 이 시장에서 고용과 임금의 성차별 정도가 심하지 않았다. 노동시장에서 성차별이 극심하지 않으니, 출산과 육아 집중기 젊은 여성의 노동시장 참여율도 크게 줄어들지 않았다.

동아시아 여성의 노동시장 참여를 설명하는 또 하나의 요인은 가족유대와 가족네트워크의 특성이다. 국가의 보육 지원이 부재하거나 미약한 상태에서, 일본이나 한국 여성과 달리, 대만 여성은 특유의 가족 유대를 활용해 자녀를 양육했다. 대만 여성은 노부모를 봉양하는 대가로, 자녀를 양육할 때 부모의 지원 서비스를 받았다. 그리하여 젊은 대만 여성은 육아 집중기에 노동시장에서 퇴장하지 않았다. 그 대신 중고령의 대만 여성은 손자녀 양육을 지원하기 위해 다른 나라 여성보다 노동시장을 일찍 떠났다(정이환 · 김영미 · 권현지, 2012).

### 2) 성 차별

차별(差別, discrimination)이란 우리가 관심을 두는 결과와 기능적 관련이 없는 특정한 지위 특성을 들어 사람을 다르게 대우하는 것이다. 예컨대 작업 성과와 전혀 관련이 없는 성이나 인종을 들어 채용을 거부한다든지 임금을 적게 준다든지, 사람을 다르게 대우하는 것이 차별이다.

그런데 사람들은 특정 부류의 사람을 왜 차별하는가? 사람들은 특정 집단의 성원에게 부정적 느낌(적대감, 불쾌감, 공포심)을 느끼거나 그들에 대한 부정적 신념(사회적 고정관념)을 갖기 때문에 이들을 차별한다. 사회과학은 사람들이 이렇게 특정 속성을 이유로 들거나 기준으로 삼아 다른 사람을 차별 대우한다는 점을 강조하면서, 차별을 의도적 행위(intentional behavior)로 간주했다. 차별 관련 법규도 마찬가지인데, 이런 법은 차별을 의도적이고 의식적인 행동이라고 간주했다. 예컨대 노동 관련 법규는 고용 차별을 의도적이고 의식적으로 저지르는 불법 행위로 정의했다.

차별은 부정적 감정이나 신념 때문에 발생할 수도 있지만, 다른 이유 때문에 생길 수도 있다. 경제학은 고용주가 비합리적 감정 때문에 사람을 차별하는 것이 아니라 합리적 근거를 바탕으로 차별한다는 이론을 제시했다. 고용주는 여성이나 흑인, 노인이 비생산적이거나 고비용의 노동자라고 판단하거나, 이들이 소비자나 동료의 편견으로 말미암아 사업에 역효과를 초래할 수 있다고 판단해, 이들을 차별한다고 주장했다. 경제학은 이런 부류의 합리적이고 의도적이며 비적대적인 차별을 '통계적 차별'이라고 불렀다. 우리 주변의 고용 관련 주요 법규는 적대적 감정에서 비롯한 차별이든 경제적 고려에 바탕을 둔 차별이든 고용주가 사람을 의도적으로 차별하는 행위를 금지한다.

사람들이 적대적 감정 때문에 차별 행위에 지속적으로 가담한다는 증거는 많다. 그리고 고용주가 합리적 근거 때문에 피고용인을 선택한다는 증거도 많다. 그러나 고전적인 차별 이론이나 통계적 차별 이론은 고용 차별의 중요한 또 하나의 원천, 즉 자동적이고 비의식적 인지 과정을 간과한다. 이 과정, 즉 일상생활에서 자동적으로 일어나는, 우리도 모르게 발생하는 인지 과정도 편향적 고용을 결정한다. 우리가 자신도 의식하지 못하는 인지 과정 때문에 일삼는 차별은 의도에서 비롯하는 것도 아니고 적대감에서 비롯하는 것도 아니다. 합리적 선택에 근거를 둔 것도 아니다. 차별은 편향된 소수가 행하는 비정상적 행위가 아니라 우리가 모두 일상생활에서 흔히 저지르는 '정상적' 행위라고 말할 수 있다(cf. Reskin, 2014).

## 사회적 인지 과정과 고용 차별

성이나 인종, 민족이나 출신지역 등과 같은 귀속요인을 고용과 연결하는 핵심 인지 과정은 범주화(範疇化, categorization)다. 우리는 사람을 만날 때마다 거의 자동적으로 '우리'와 '그들'로 나눈다. 우리는 사람을 내집단과 외집단으로 범주화한다. 우리는 자의적으로 추출한, 가시적이고 사소한, 특징을 근거로 삼아 사람들을 내집단과 외집단으로 구별한다. 예컨대, 사투리를 근거로 삼아 사람들을 '우리'와 '그들'로 나눈다.

범주화는 유사성(similarity)과 차이(difference)의 일반화다. 특정인에게서 유사성을 찾고 다른 사람에게서 차이를 확인하는 과정이 범주화다. 우리는 A라는 특성을 기준으로 사람들을 범주화한 연후에 내집단 성원은 우리와 닮았고, 외집단 성원은 우리와 다르다는 사실을 추론한다. 그 외에도 우리는 외집단 성원이 B, C, D 등의 특성에서 우리와 다르다는 사실도 추론한다. 그 결과 우리는 필연적으로 집단 안의 차이를 과소평가하고 집단 사이의 차이를 과대평가한다. 그리하여 우리는 부지불식간에 감각을 왜곡하고 선호를 형성한다.

우리는 외집단 성원보다 내집단 성원을 더 좋아한다. 우리는 내집단 성원에게서 더 많은 위로를 받으며 그들에게 더 많은 신뢰를 느낀다. 내집단 성원을 더 긍정적으로 생각한다. 우리는 내집단 성원의 부정적 속성을 잊고, 그들과 기꺼이 협력한다. 우리는 보상을 분배할 때 내집단 성원에게 더 호의적이다. 우리는 외집단 성원을 신뢰하지 않고 그들을 경쟁자로 생각한다. 그렇다고 해서 우리가 외집단 성원을 항상 부정적으로 바라보거나 차별하는 것은 아니다. 실험 연구가 밝힌 바를 보면, 우리는 외집단에 대한 적대감 때문에 그들을 차별하는 것이 아니라 내집단 성원에 대한 편애 때문에 외집단을 차별한다.

자동적 범주화가 항상 이익과 관련하는 것은 아니다. 우리는 자신을 보호하려는 욕망과 무관하게 사람을 내집단과 외집단으로 범주화한다. 그런데도 내집단 선호는 거의 항상 지배집단의 특권을 강화한다. 높은 지위의 집단 성원은 낮은 지위의 집단 성원보다 내집단 편애의 정도가 강하기 때문이다. 다른 말로 표현하면, 지배집단의 내집단 편애가 피지배집단의 편애보다 강하기 때문이다. 이와 비슷한 맥락에서, 내집단 소속감은 집단 소속감을 중요시하는 사람들 사이에서 특히 강하다.

집단 소속감은 때때로 귀속 특징에 근거한다. 우리는 누가 '우리'고 누가 '그들'인지를 쉽게 구별할 수 없으면 내집단을 편애할 수 없다. 문화적 독특함이나 사회적 가시성(可視性) 때문에 우리는 습관적으로 성이나 인종, 민족이나 출신지역과 같은 귀속요인을 집단 구별 기준으로 삼는다. 성이나 인종은 고용이나 승진기회와 강하게 연계되어 있기 때문에, 그리고 지배집단(예컨대, 백인 남성)이 고용이나 승진 기회를 독점하고 있기 때문에, 내집단 선호는 지배집단에게 유리하게 작동할 수밖에 없다. 이렇게 내집단 편애는 자연스럽게 성차별이나 인종차별로 이어진다.

사람을 여러 범주로 자동 선별하는 과정은 자동적으로 타자에 대한 우리의 평가를 치우치게 한다. 다시 말해, 편향(偏向, bias)을 낳는다. 이 편향은, 비록 고의적이지 않고 우리가 의식하지 못하는 것이라 할지라도, 차별로 이어진다. 우리는 우리와 닮은 사람에게 호감을 느끼고 그들에게 혜택을 부여한다. 우리는 우리와 다른 사람을 경계하고 그들에게 혜택을 주려 하지 않는다.

지금까지 범주화라는 인지 과정에 대해 논의했고, 이 범주화가 차별을 낳는 과정을 기술했다. 그러나 범주화만 차별을 낳는 것은 아니다. 또 하나의 자동 인지 과정, 고정관념 씌우기도 차별을 초래한다. 고정관념 씌우기(stereotyping)는 한 집단과 관련한 특성을 그 집단에 소속하는 개인에게 습관적이고 자동적으로 부여하는 추론 과정이다. 고정관념 씌우기는 고의적인 통계적 차별에서 쉽게 발견할 수 있지만, 고정관념 씌우기가 이렇게 꼭 의식적인 것은 아니다. 세상에는 비의식적이거나 무의식적 고정관념 씌우기도 존재한다. 우리는 특정 개인이 한 집단에 속한다는 사실을 알아차리면, 그 고정관념이 잘못된 것이라고 의식할 때에도, 해당 집단에 대한 고정관념을 자동으로 떠올린다. 그리고 우리는 그 고정관념을 지지하는 증거를 자동으로 찾아내고 선호하며 기억한다. 거꾸로 고정관념과 일치하지 않는 사실은 경시하거나 무시하고 잊는다. 예컨대 남성은 용감하고 무뚝뚝하다는 고정관념을 수용하면 그 관념과 일치하는 증거는 받아들이고 일치하지 않는 사실은 무시한다. 이런 의미에서 고정관념은 '증거를 찾아다니는 가설'이라고 부를 수 있다. 왜냐하면 우리는 고정관념과 일치하는 해석을 좋아하고 고정관념과 일치하지 않는 해석을 무시하기 때문이며, 고정관념과 일치하는 증거를 일치하지 않는 증거보다 더 쉽게 찾을 수 있기 때문이다.

다른 사람을 잘 모를 때 우리는 흔히 고정관념을 근거로 삼아 판단하고 행동한다. 예컨대 고용주가 흑인이나 히스패닉이 게으르다는 고정관념에 젖어 있으면, 그 고용주는 흑인이나 히스패닉 지원자를 채용하지 않을 가능성이 높다. 고정관념은 다른 사람에 대한 생각을 비틀기도 한다. 우리는 고정관념과 일치하는 사실을 일치하지 않는 사실보다 더 쉽게 기억한다. 예컨대 우리는 매력적이지 않은 승무원보다 매력적인 승무원을 더 쉽게 기억한다. 우리는 다른 사람의 행동의 원인을 추론할 때에도 고정관념을 동원하고, 고정관념으로 그 원인을 왜곡하기도 한다. 이런 귀인 오류는 그 사람에 대한 평가도 왜곡하고 그 사람의 장래 행동에 대한 예상도 왜곡한다.[2]

우리가 고정관념에 빠지지 않으려 기를 쓸 때에도 고정관념은 자동으로 작동한다. 예컨대 사진을 보고 여성과 남성의 키를 판단하는 실험 참여자는, 실험 설계자가 사진 속 인물을 남녀로 판단하지 말고 한 개인으로 간주하라고 권고했는데도, 그리고 키를 정확하게 판단하면 상당한 정도의 보상을 주겠다고 밝혔는데도, 흔히 여성의 키는 남성보다 작은 것으로 평가했다.

의도치 않게 저절로 떠오르는 고정관념은 인지적으로 효율적이기 때문에 완강하게 지속한다. 우리는 고정관념과 일치하는 정보를 더 빨리 처리한다. 우리의 일상생활에 널리 퍼져 있는 시간 압박, 정보 과다, 심적 다망(多忙), 결정 압력 등 때문에 우리는 고정관념을 널리 사용해 인지 효율성을 높인다. 예컨대 문장 완성 실험에 참여한 사람들은 시간 여유가 있을 때에는 성차별적 진술을 자제했지만, 시간에 쫓길 때에는 성차별적 진술을 훨씬 더 많이 작성했다.

지위 특성과 고정관념이 연결되면, 고정관념은 훨씬 더 활성화한다. 예컨대 부지불식간에 흑인과 백인이라는 단어에 노출된 실험 참여자는 이런 단어에 노출되지 않은 참여자보다 흑인에게 부정적 특성을 더 많이 연결하고 백인에게는 긍정적 특성을 더 많이 부여했다. 그리고 여성에 대한 고정관념을 표현하는 진술에 노출된 남성은 그렇지 않은 남성보다 여성 지원자에게 성차별적 질문을 더 많이 던졌고, 성차별적이지 않은 단어를 인지하는 데에도 더 많은 시간을 소모했다. 이런 발견은 중요한 함의를 띤다. 특별한 목적이 없는 말이나 수다도 성과 인종에

2 귀인오류(歸因誤謬, attribution errors)는 특정 행동이나 사건의 원인을 찾을 때 저지르는 잘못이다. 예컨대 내가 컵을 떨어뜨려 깨뜨렸을 때, 내가 덜렁대서 깨뜨렸다고 생각하지 않고 옆 사람이 나를 방해해서 떨어뜨렸다고 생각할 수 있다. 동남풍이 부는 원인을 계절적 기압 변화에서 찾는 것이 아니라 제(祭)를 지내는 사람의 정성에서 찾을 수도 있다. 성 차별과 관련한 귀인오류에 대해서는 이어지는 다음 항을 보라.

대한 고정관념을 활성화하고, 이런 고정관념은 결정권자가 입사 지원자나 승진 후보자를 평가하는 데에 영향을 미친다. 그러나 이런 함의보다 더 중요한 것은, 차별을 완화하려는 목적으로 수행하는 다양성 훈련(diversity training)마저 사람들의 고정관념을 촉발함으로써 사람에 대한 왜곡된 인상을 낳을 수 있고, 성과 인종에 따른 차별 대우를 야기할 수 있다는 점이다.[3]

지위는 자동적인 고정관념을 생성하는 성향과 연결된다. 지위가 높을수록 고정관념을 많이 만들고, 지위가 낮을수록 고정관념을 덜 만든다. 피지배자는 지배집단 성원을 고정관념으로 단정하는 행동을 덜 하는 편이다. 피지배자는 자신의 작업환경이나 보상을 통제하는 사람을 정확하게 판단해야 할 필요를 느끼기 때문이다. 그러나 지배집단 성원은 고정관념에 더 많이 의존한다. 지배집단은 자신의 지위에 자신감을 갖기 때문이기도 하지만, 설령 자신이 상대방을 잘못 판단했다고 하더라도 부정적 결과가 생길 가능성이 적기 때문이기도 하다.

요약해보자. 사회적 인지 연구는 성과 인종에 대한 무의식적 고정관념이 타자에 대한 우리의 인상을 왜곡하여 차별로 이어진다는 사실을 보였다. 이런 차별은 고정관념을 아무렇게나 자동 적용해 우리가 타인의 행동 원인을 잘못 판단할 때, 그리하여 타자의 장래 행동을 잘못 예측할 때에 발생한다.

3 다양성 훈련이란 경영학 개념이다. 이 훈련은 직장이나 작업장에서 성이나 인종이 다른 여러 구성원이 혼재할 때 이들 간의 차이를 인정하고, 차이로 말미암아 발생하는 문제를 해결하며, 더 나아가 차이와 다양성의 장점을 살리는 방법을 찾는 훈련을 말한다.

## 귀인오류

우리가 타자의 행동에 거는 기대는 그 행동의 의미(우리가 해석하는 의미)에 영향을 미친다. 기대가 의미를 규정한다. 만일 타자의 행동이 우리의 기대와 일치하면 우리는 그 행동이 그 사람의 안정된 내적 속성(예컨대 능력)에서 나온 것이라 판단한다. 거꾸로 그 행동이 우리 기대와 어긋나면, 우리는 그 행동이 일시적인 외적 원인(예컨대 행운)에서 비롯한 것이라고 판단한다. 집단 소속감이나 고정관념은 우리가 타자의 행동에 거는 기대에 영향을 미친다. 예컨대 내집단 사람의 행동에는 긍정적인 기대를 걸고 내집단 사람에게는 우호적인 고정관념을 고집한다. 우리는 내집단 성원은 성공할 것이라고 기대하고, 외집단 성원은 실패할 것이라고 기대한다. 남자는 성공할 것으로 기대하고, 소수자나 여성은 실패할 것이라고 기대한다. 내집단 성원이나 남성이 실패하면, 내적 요인이 아니라 외적 요인 때문에 실패했을 것이라고 짐작한다. 예컨대 능력이 없어서 실패한 것이 아니라 운이 없어서 실패한 것으로 생각한다. 거꾸로 외집단 성원과 소수자, 그리고 여성이 성공하면 실력으로 성공한 것이 아니라 운이 좋아 성공한 것으로 판단한다. 남성의 성공은 그의 재능 때문으로 돌리지만, 여성의 성공은 타인의 도움과 같은 상황적 요인 탓으로 돌린다. 여기서 중요한 것은 성공의 원인을 외적 요인에서 찾으면, 우리는 그런 성공을 성공이라고 치부하지 않게 된다는 사실이다.

우리는 우리 기대와 일치하는 행동을 추상적 특성(지능, 정직성, 게으름 등)으로 해석하고, 기대와 일치하지 않은 행동을 구체적 특성(자동차 고장, 재수강 등)으로 해석하는 경향을 보인다. 예컨대 백인이 제시간에 도착하면 성실성 때문이지만, 흑인이 제시간에 도착하면 반복 훈련 탓이다. 백인이 지각하면 자동차 고장 탓이지만, 흑인이 지각하면 그의 천성적 게으름 탓이다. 사람들은 내집단 성원이 화를 내번 외무 도발에 대한 대응으로 해석하지만, 외집단 성원이 동일 행동을 하면 인성이나 성품 탓으로 돌린다. 추상적인 것에서 원인을 찾는 일은 타자에 대한 전반적 평가에 영향을 미친다. 그런 추상적 원인은 다른 증거로 반론하기 어렵다. 그 결과, 이런 인지적 성향은 내집단 성원이나 사회적 지위가 높은 집단 성원에게 특별한 혜택을 부여한다. 예컨대 그들이 잘못했을 때에도 성품 탓이 아니라 우발적 사고나 특정한 상황 탓일 것이라고 판단한다. 그와 달리, 외집단 성원이나 사회적 지위가 낮은 집단 성원에게는 부정적 원인을 부착한다. 예컨대 외집단 성원이 잘못하면 우연한 사고 탓이 아니라 성품 탓으로 인지한다.

자동적 범주화, 내집단 선호, 고정관념 씌우기는 인지적으로 효율적이다. 효율적인 만큼 우리 주변에 널리 퍼져 있다. 이런 편향이 널리 퍼져 있다는 것은 곧 고용 차별도 결코 작지 않다는 것을 의미한다. 인지 편향에서 비롯하는 일상적 차별은 사소한 것 같지만, 시간이 지나면서 사회적으로 대접받는 집단은 유리함을 누적하고 사회적으로 비하되는 집단은 불리함을 축적한다. 그리하여 결코 작지 않은 집단 차이가 발생하고, 이 차이는 불평등한 경력 결과를 정당화한다. 고용주가 미시 수준의 편향 효과를 제어하려고 노력하지 않으면, 장기적으로 성이나 인종 집단 사이에 거시 수준의 경제적이고 사회적 격차가 발생한다.

이런 인지 과정의 자동성으로 볼 때, 고용 차별을 초래하는 가장 가깝고 가장 유력한 원인은 고용주의 인사 관행이다. 이 관행이야말로 노동자의 지위 특성을 고용 결과와 연결하는 가장 가까운 계기라고 말할 수 있다.

## 범주화와 고정관념 씌우기를 제어하는 조직적 실천

타자를 자동적으로 범주화하고 내집단 성원을 더 호의적으로 취급하는 우리 성향은 작업 조직에서도 발현한다. 기업이나 그와 유사한 조직이 고정관념을 억누르려고 시도해도 실패하기 십상이다. 그러나 기업이나 조직은 때때로 이런 인지 과정의 편향 효과를 제어해 차별을 제거하는 데에 성공할 수도 있다.

고용주는 내집단을 선호하는 탓에 성과 인종을 기준으로 사람을 차별적으로 고용한다. 이런 차별 효과를 최소화하는 한 가지 방책은 내집단을 귀속 지위와 연결하지 않는 것이다. 내집단 편애는 누가 우리고 누가 그들인지를 확인하는 것에서 시작하는데, 탈범주화와 재범주화라는 수단이나 방법을 사용하면 고용주는 인종이나 성을 내집단과 결합하지 않을 수도 있다.

탈범주화(de-categorization)는 노동자 정보를 '처음부터' 귀속요인과 무관하게 특성화해 의사결정자에게 전달하는 것을 말한다. 예컨대 특정 노동자를 20대 여성으로 범주화하는 것이 아니라 전산관련 경력자 등으로 특성화하는 작업을 말한다. 재범주화(re-categorization)는 사람들을 여러 특성으로 '다시' 범주화하는 것을 말한다. 사람들은 경쟁에서 '이긴' 범주와 연관된 고정관념을 활발하게 띄우고 경쟁에서 '진' 고정관념을 억누른다. 예컨대, 중국 여성 사진을 본 사람들은 아시아 인종에 대한 고정관념을 억누르고 여성에 대한 고정관념을 떠올린다. 그러나 젓가락으로 국수를 먹는 중국 여성 사진을 본 사람들은 여성에 대한 고정관념을 억누르고 아시아 인종에 대한 고정관념을 떠올린다. 일반적으로 재범주화는, 사람들이 가장 사소한 기준으로 다른 사람들을 범주화하려 한다는 사실을 이용해, 노동자를 성이나 인종과 무관한 특성으로 범주화하는 일을 지칭한다. 예컨대 고용주는 노동자를 일과 관련한 기능(예컨대 디자인 전문가나 프로그래머 등과 같은 기능)으로 노동자를 재범주화할 수 있다. 또는 작업 집단 문화나 구조화된 경쟁 등을 활용해 팀, 프로젝트, 분과 등과 같은 기능 관련 범주로 노동자를 재범주화할 수 있다. 이에 덧붙여 기업은 현재의 직급이 아니라 전 법무관이나 전 구글 직원 등과 같은 상위 범주를 활용해 노동자를 재범주화할 수도 있다.

우리는 우리 고유의 성향 때문에 고정관념을 거의 자동적으로 만들지만, 이 고정관념이 항상 인식의 편향을 낳는 것은 아니다. 인식의 편향은 다음과 같은 몇 가지 요인이 결정한다. 첫째, 정보의 빈약함과 부정확성. 의사결정자가 '대상자'에 대해 많이, 다양하게, 그리고 정확하게 알지 못하면 인식의 편향은 커진다. 둘째, 의사결정과정의 편향성. 의사결정과정이 지위집단 소속을 강조해 고정관념을 활성화하는 정도가 크면 클수록 인식의 편향도 커진다. 셋째, 의사결정자의 자각 부재. 의사결정자가 잠재적 편향 가능성을 알고 있지 못할수록 인식의 편향 가능성도 커진다. 넷째, 의사결정자의 동기 빈약. 타자를 정확하게 인지하려는 의사결정자의 동기가 미약할수록 인식의 편향 가능성도 커진다. 다섯째, 의사결정자의 노력 부재. 고정관념이 야기한 왜곡을 의식적으로 최소화하려는 노력을 기울이지 않으면 인식 편향 가능성도 커진다.

부정적 고정관념으로 낙인찍힌 집단 성원을 정확하게 아는 것은 고정관념 씌우기를 예방한다. 고용주가 피고용인에 대한 정보를 충분히 확보하지 못하면, 고용 결정을 할 때 고정관념을 활용한다. 사회적 지위가 낮은 사람에 대한 고정관념은 부정적이고, 사회적 지위가 높은 사람에 대한 고정관념은 긍정적이기 때문에, 이런 고정관념의 결과는 언제나 차별적이다. 그러나 성이나 인종 등과 같은 사회적 지위 이외에도 어떤 이를 범주화할 근거는 많다. 학력이나 경력 등 개인관련 정보가 많으면 많을수록 성이나 인종 등과 같은 귀속 지위로 고정관념을 형성하는 것을 미리 막을 수 있다. 그러므로 의사결정자가 관련 정보의 양을 늘리면 늘릴수록 고정관념의 생성을 막을 수 있다. 기업은 신입사원이나 승진 후보자에 대한 다양한 정보를 축적함으로써 고정관념 씌우기를 막을 수 있다.

많은 나라가, 차별이란 적대감이 빚은 의도적이고 부당한 처우라는 개념에 근거를 두어 의도적 차별을 법으로 금지했다. 차별금지법 때문에 여러 나라에서 고용 차별이 감소했지만, 아직도 차별은 근절되지 않고 있다. 이렇게 차별이 지속하는 원인은 무엇일까? 그 한 가지 원인은 차별이 의도적인 것에 그치는 것이 아니라 비의식적이거나 무의식적 인지 과정의 결과이기도 하기 때문이다.

범주화와 내집단 선호, 고정관념 씌우기와 귀인 오류는 모두 의식 밖에서 일어나는 정상적 정보 처리 과정이다. 이들 과정을 거쳐, 다른 사람들에 대한 우리의 생각과 평가, 처우는 한쪽으로 기울어진다. 이런 편향은 보편적이고 일상적이다. 우리는 타자를 내집단과 외집단으로 자동적으로 범주화한다. 우리는 고정관념에 기대어 내집단 성원을 더 호의적으로 바라본다. 우리는 내집단 성원과 외집단 성원의 성공과 실패 원인을 잘못 추론한다. 이런 인지 편향은 대인관계에서 발생하는데, 이런 대인관계는 거의 모든 직장의 기본 요소다. 그러므로 보통의 일상적 상호작용은 인지 편향을 낳고, 이런 인지 왜곡은 미시적 차별 행위로 귀결한다. 여성을 승진 후보자 목록에서 빼는 것은 아무도 그 여성의 자격을 인정하지 않기 때문이거나 아무도 그 여성이 프로젝트에 기여할 것이라 생각하지 않기 때문이다. 여성은 매사에 도전적이지 않다고 가정하기 때문이다. 흑인을 채용 후보자 명단에서 제외하는 것은 흑인 남성을 자기 집단 안으로 초대하고 싶지 않기 때문이거나 흑인 노동자의 생각을 듣고 싶지 않기 때문이다. 오직 백인 남성만이 취업 기회나 승진기회를 얻을 수 있다고 주변 사람에게 알리고 싶기 때문이다.

수많은 사람이 개인 수준에서 행하는 이런 무수한 작은 행동은 꾸준하게 특정 집단의 고용 전망을 더 좋게 하거나 더 나쁘게 한다. 시간이 지나면서 한 집단은 유리함을 쌓고, 다른 집단은 불리함을 누적한다. 그리하여 경력 격차는 확대한다. 자동적 인지 편향은 장기적으로 성과 인종에 따른 직업 분리, 승진 차이, 소득 격차로 귀결한다. 비의식적 인지 과정이라고 해서 의식적 적대감보다 덜 심한 것은 아니다.

## 한국의 성 차별

한국의 법체계는 다른 나라처럼 차별을 금지한다. 근로기준법이나 남녀고용평등법은 채용이나 근로조건의 차별을 금지한다. 사용자는 근로자의 성(性), 국적이나 신앙, 사회적 신분을 이유로 근로조건에서 차별 대우를 하지 못하고(근로기준법 제6조), 사업주는 합리적 이유 없이 근로자의 성, 혼인, 가족 안에서의 지위, 임신이나 출산 등의 사유로 채용조건이나 근로조건을 다르게 하거나 그 밖의 불리한 조치를 해서는 안 된다(남녀고용평등법 제2조). 이런 법적 금지가 존재하는데도 노동시장이나 기업조직 등에서 성 차별은 엄연히 존재했다. 여성은 채용뿐만 아니라 승진이나 승급, 보수, 업무배치, 훈련, 해고 등에서 남성보다 불리했다(윤자영, 2020). 이 중에서 우리의 관심을 끄는 것은 아무래도 승진과 승급이다. 직장에서 승진한다는 것은 업무배치, 훈련, 보수 등과 밀접한 관련을 맺고 있기 때문이다. 이 절에서는 한국 여성의 승진과 승급을 살펴보자.

〈그림 6-6〉에서 보다시피, 여성은 남성과 달리, 눈에 보이지 않지만 뚜렷하게 이동을 가로막는 유리벽(glass wall) 때문에 승진이나 승급에 유리한 직무와 보직에 접근하지 못하고, 유리천장(glass ceiling) 때문에 승진 과정에서 탈락한다.

여성이 경험하는 이런 차별을 종합적으로 나타낸 지표가 이른바 유리천장 지수(the glass-ceiling index)다. 영국의 경제 잡지, 『이코노미스트』는 여성의 고등교육 진입과 노동력 참가 비율, 여성의 임금이나 보수, 아동보호 비용, 모성 권리, 상위 직급에서 여성이 차지하는 비율 등을 종합적으로 고려해 유리천장 지수를 만들었다(The Economist, 2023). 이 지수는

〈그림 6-6〉 피라미드 조직의 유리벽과 유리천장

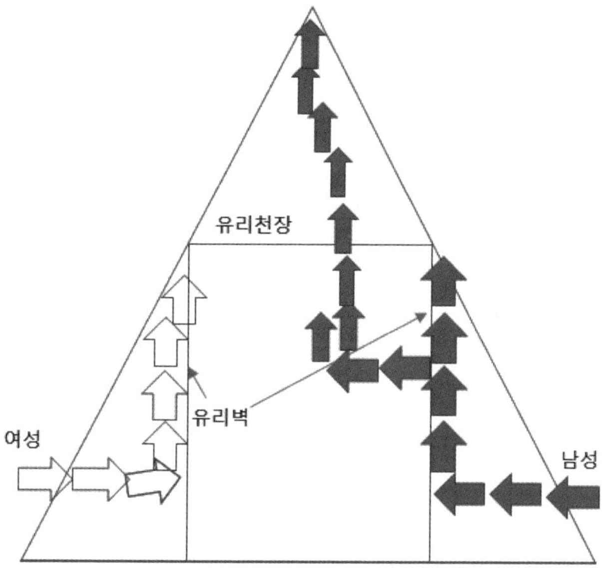


**출처 :** ILO(1997: 23, 26, 29); 이주희 · 전병유 · Lee(2004: 23)에서 재인용.

노동환경에서 여성이 차지하는 역할과 영향력을 보여주는데, 가장 높은 영향력을 100으로 하고, 가장 낮은 영향을 0으로 했을 때, 2020년 OECD 국가의 순위는 〈그림 6-7〉과 같았다. 여성이 높은 영향력을 행사한다는 것은 여성 차별의 정도가 그만큼 적거나 낮다는 것을 의미하고, 거꾸로 여성의 영향력이 낮다는 것은 여성 차별의 정도가 그만큼 크다는 것을 의미한다. 어쨌든 이 지수는 스웨덴과 아이슬란드, 핀란드 등과 같은 북유럽의 여러 국가에서 100에 근접했고, 한국이나 일본, 터키 등의 나라에서는 0에 가까웠다. 거꾸로 말하면, 여성이 더 높은 사회적 지위로 올라서고자 할 때 그것을 저지하는 유리천장은 한국이나 일본, 터키 등지에서 가장 견고했고, 북유럽 여러 나라에서 가장 약했다고 말할 수 있다.

〈그림 6-7〉 유리천장 지수, 2020

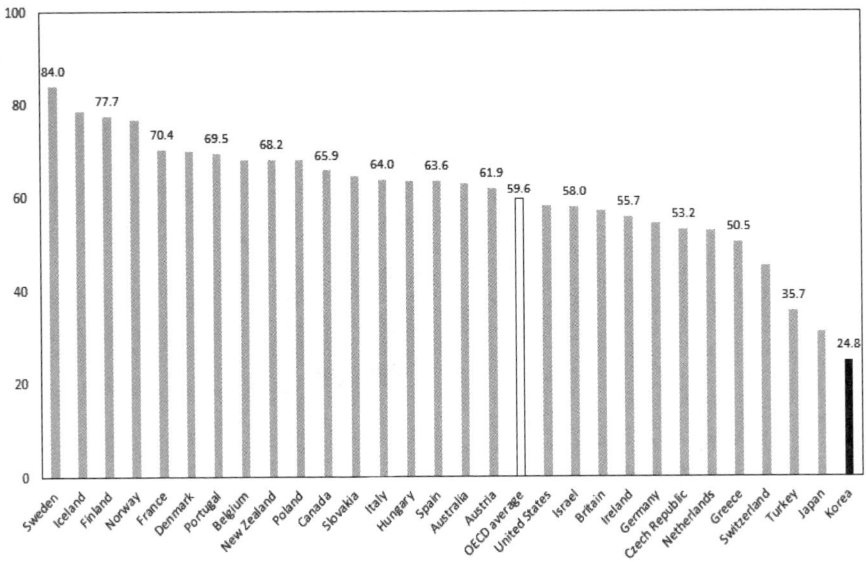


**출처 :** https://www.statista.com/statistics/1225115/glass-ceiling-index-environment-for-working-women-worldwide-by-country/

유리천장 지수의 시기별 변화는 〈그림 6-8〉에서 볼 수 있다. 이 그림에서 볼 수 있는 것은 다음과 같다. 첫째, 지수가 높은 나라(스웨덴, 아이슬란드, 핀란드 등)와 낮은 나라(한국, 일본, 터키, 스위스 등)의 순위는 지난 6-7년 동안 별다른 변화를 보이지 않았다. 둘째, 포르투갈, 뉴질랜드, 영국 등 일부 국가의 유리천장 지수는 그 몇 년 사이에 급격히 상승했다. 즉 여성의 지위가 많이 향상했다. 셋째, 이스라엘과 그리스 등의 일부 국가의 지수는 점차 하락했다. 즉 이들 나라에서 여성의 지위는 조금씩 악화했다. 넷째, 지수가 중간쯤 되는 나라의 순위는 들쭉날쭉했다. 세계적인 추세야 어쨌든 이 그림에서 우리가 주목할 만한 가장 특징적인 것은 한국의 유리천장 지수가 다른 나라에 비해, 지난 십여 년 동안 지속적으로 매우 낮았다는 사실이다.

〈그림 6-8〉 유리천장 지수의 순위 변화

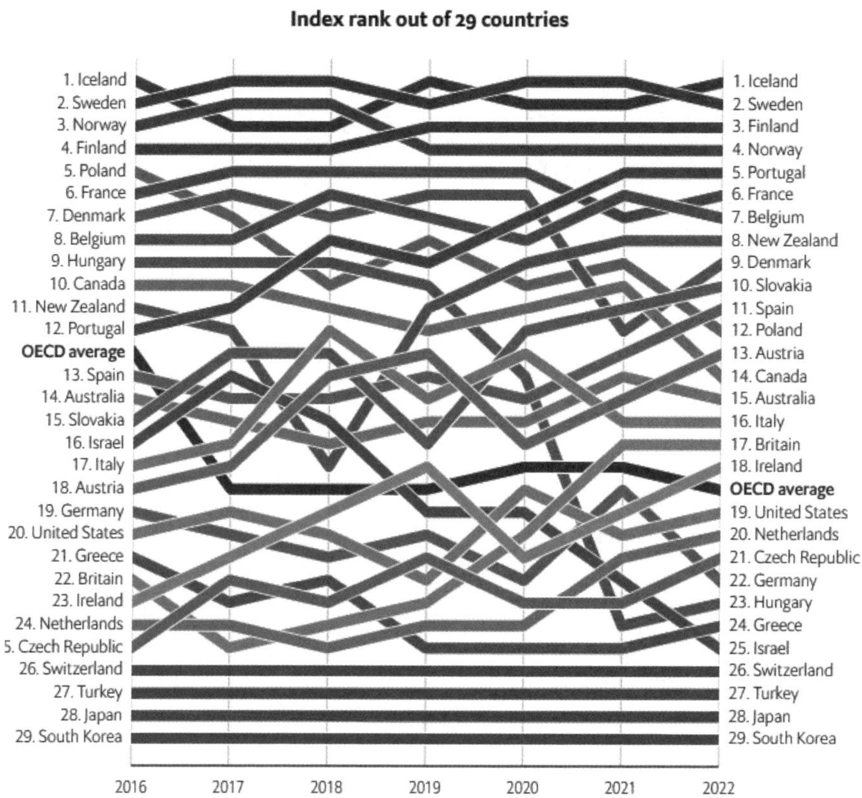


**출처 :** economist.com/graphic-detail/glass-ceiling-index

유리천장 지수는 한국 여성이 노동시장에서 겪는 성 차별의 '정도'를 간명하게 보여주지만, 성 차별의 '모습'을 구체적으로 보여주지는 않는다. 사회계층과 조직을 연구하는 사람들은 조직에서 성 차별의 모습을 구체적으로 보이려고 노력했다. 이들은 주로 관리직에서 발생하는 차별을 분석했다(김수한 · 신동은, 2014; 이주희 · 전병유 · Lee, 2004; Reskin and McBrier, 2000; Kalev et al., 2006). 그러므로 우리도 한국 여성의 관리직 진출 가능성을 알아보기로 하자.

관리직은 두 가지로 정의할 수 있다. 하나는 담당 업무 특성을 기준으로 정의하는 것이고, 다른 하나는 조직 안 위계서열에서 차지하는 위치로 정의하는 것이다. 첫째 정의는 관리직을 "조직 내부에서 개별 부서의 정책과 계획을 수립하고 그들의 활동을 지휘, 조정하는" 직무로 정의한다. 둘째 정의는 관리직을 보통 부장 이상의 직급으로 간주한다. 둘째 정의는 다소 모호하다. 조직마다 과장이나 부장이라는 직위가 갖는 함의가 다르기 때문이다. 그러므로 여기서는 이런 정의는 논외로 치고, 첫째 정의로 판단한 관리직을 알아보자. 한국의 여성 관리직 종사자는 얼마나 되는가? 〈그림 6-9〉는 관리직 종사자에서 여성이 차지하는 비율이 시기별로 어떤 변화를 보였는지를 그린 것이다. 이를 보면, 그 비율은 1990년대 말에는 4퍼센트 남짓했지만, 2000년대 초반에는 약 6~7퍼센트에 근접했다. 전체 비율은 낮지만, 그 증가세는 그래도 제법 가파른 편이었다.

〈그림 6-9〉 관리직 종사자에서 여성이 차지하는 비율의 연도별 추세

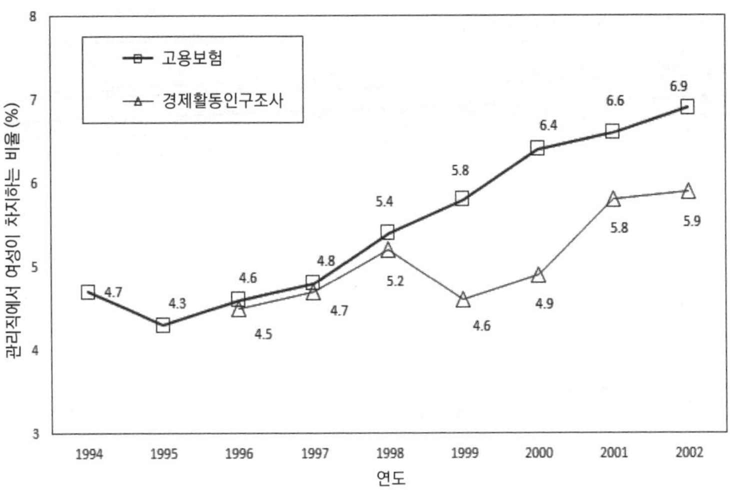


**출처**: 이주희 · 전병유 · Lee(2004: 18)

〈그림 6-10〉 여성 취업자 비율과 여성 관리자 비율의 국제 비교

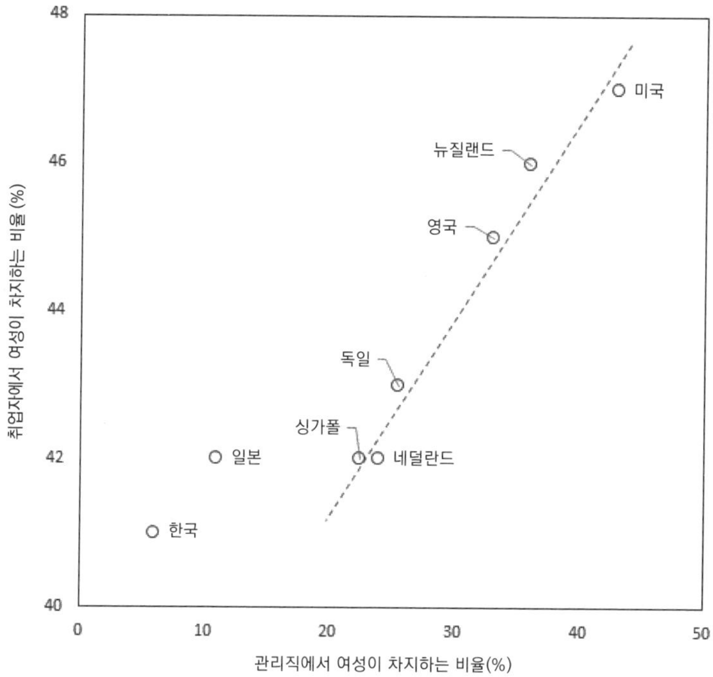


**출처 :** 이주희 · 전병유 · Lee(2004: 21)

그런데 이 비율은 다른 나라와 비교해 높은 것인가 낮은 것인가? 이런 질문은 〈그림 6-10〉으로 답할 수 있다. 이 그림은 2000년 전후에 전체 취업자에서 여성이 차지하는 비율과 관리직에서 여성이 차지한 비율을 나라별로 비교해놓은 것이다. 이 그림에서 알 수 있는 사실은 다음과 같다. 첫째, 한국과 일본의 관리직 여성 비율은 다른 나라보다 훨씬 낮았다. 둘째, 한국과 일본을 제외한 다른 나라의 여성 취업자와 여성 관리직 비율의 관계를 감안할 때(그림 안의 점선을 보라), 그리고 한국의 여성 취업자 비율이 약 41퍼센트 정도에 이른다는 사실을 감안할 때, 한국의 여성 관리직 비율은 적어도 15~20퍼센트에 이르러야 했다. 그러나 현실에서

여성의 관리직 비율은 그에 미치지 못했다. 말하자면 한국의 여성 관리직 비율은 다른 나라보다 낮았던 것은 말할 것도 없거니와 한국의 여성 취업자 비율과 비교해서도 턱없이 낮았다. 이로써 우리는 한국의 성 차별 정도가 결코 작지 않다는 사실을 가늠할 수 있고, 성 차별의 모습도 어느 정도 짐작할 수 있다.

### 3) 성 분리

#### 신고전파 경제학의 견해

남녀는 서로 다른 직업에 종사한다. 남성은 주로 사물을 다루거나 힘을 쓰는 직업에 종사하고 여성은 대인 서비스나 양육, 사회적 상호작용을 담당하는 직업에 취업한다. 남성과 여성이 종사하는 직업 영역이 분리되어 있는 셈이다. 이런 분리는 일반적으로 여성에게 불리하다. 남성 직업(male work)은 보수도 좋고 노동조건도 좋은 반면, 여성 직업(female work)은 보수도 나쁠 뿐 아니라 부수적인 노동조건도 좋지 않기 때문이다. 그런데 직업의 성 분리는 왜 일어나는 것일까?

성별 직업 분리를 설명할 때, 신고전파 이론은 가구(家口) 안의 분업으로 논의를 시작한다. 여성은 노동시장에서 일하지 않고 가정에서 자녀양육과 가사노동에 치중하는 경향을 보인다. 그런데 그 원인은 무엇인가? 여성은 가정 밖의 노동보다 가정 안의 노동에 비교우위를 보이기 때문이다. 여성은 이런 비교우위 때문에 자녀 양육과 가사 노동에 더 많은 시간을 쓰고, 교육이나 직업 훈련 등과 같은 인간자본에 덜 투자한다. 인간자본에 덜 투자하므로 생산성이 낮고, 생산성이 낮으므로 임금도 낮다. 여성은 이렇게 인간자본에 덜 투자할 뿐 아니라 노동시장에도 지속적으로 참여하지 않는다. 노동시장 참여 경력이 짧다는 것은 생산성이 낮다는 것을 뜻하고, 생산성이 낮다는 것은 임금이 낮다는 것을 의미한다. 그 결과 여성의 연령-임금 곡선(age-wage profile)은 편평하다. 여성은 남성과 달리, 나이가 들어도 임금을 많이 받지 못한다. 이런 조건에서 여성은 쉽게 이직하고 쉽게 재진입할 수 있는 직업을 선호한다. 이런 선택은, 여성의 비교우위와 그에 근거한 투자를 감안하면, 매우 합리적이다. 성별 직업 분리와 성별 임금 격차는 여성의 이런 합리적 선택 때문에 발생한 것이다.

베커(Becker, 1985)는 신고전파 이론을 조금 더 정교화했다. 사람들은 가정사와 시장 활동 사이에서 시간뿐만 아니라 노력도 배분한다. 여성은 남성보다 가정사에 더 많은 노력을, 가정 바깥의 일에는 더 적은 노력을 배분한다. 그러므로 남성과 여성이 동일 수량의 훈련을 받고 동일 수량의 작업 경험을 쌓는다고 해도 여성은 남성보다 덜 생산적이다. 여성이 가정 바깥의 일에 쏟는 추가 시간은 남성보다 덜 노력집약적(effort-intensive)이기 때문이다. 이처럼 여성은 스스로 덜 노력집약적인 직업을 선호하고, 고용주도 특정 작업을 여성에게 배당하기를 꺼려하므로 여성의 취업 범위는 제한적이다. 동일 작업을 수행한다고 해도 여성은 남성보다 덜 생산적이므로 여성의 임금은 남성보다 낮다. 이것이 성별 직업 분리와 성별 임금 격차가 일어나는 메커니즘이다.

신고전파 이론은 직업 분리를 이처럼 주로 가구 안의 분업으로 설명하지만 다른 방식으로 설명하기도 한다. 이른바 통계적 차별 이론이 바로 그것이다. 이 이론은 성별 직업 분리를 다음과 같이 설명한다. 불확실성으로 가득 찬 세계에서 고용주는 취업 지원자의 직업 관련 특성을 알 수 없다. 그러나 비록 고용주가 취업지원자의 특성을 쉽게 측정할 수는 없지만, 여성이 평균적으로 남성과 다른 특별한 속성을 보인다는 사실을 알고 있다고 가정해보자. 자주 인용하는 예는 이직 가능성이다. 여성은 남성보다 평균적으로 더 많이 이직한다는 사실을 고용주가 알고 있다고 가정해보자. 그리고 이런 가정에 더해, 서로 다른 특성의 두 종류의 직업이 있는데, 한 종류의 직업은 이직하는 노동자를 쉽게 대체할 수 없는 직업이고, 다른 종류의 직업은 쉽게 대체할 수 있는 직업이라고 가정해보자. 남녀의 실제 이직 성향을 알 수 없는 상태에서 이윤을 최대화하려는 합리적인 고용주는 남성에게는 전자의 직업을 배당하고 여성에게는 후자의 직업을 맡길 것이라고 판단할 수 있다. 남녀의 실제 이직 성향 분포가 실제로는 비슷하다고 할지라도 고용주는 자신의 경험을 통계적으로 추론해 여성이 더 많이 이직할 것이라고 짐작하기 때문이다. 성별 직업 분리는 이런 통계적 차별의 결과일 수 있다. 신고전파 경제학은 성별 직업 분리와 임금의 성 차별을 이런 방식으로 설명했다.

### 사회학적 설명

신고전파 경제학의 논리는 제법 산뜻하다. 그러나 이 이론은 논리적 모순을 내포한다. 신고전파 경제학의 논리가 옳은 것이라면, 성별 직업 분리는 장기적으로 현실세계에 존재할 수 없다(Bielby, 1991). 다시 말해 성별 직업 분리는 신고전파 경제학의 논리와 병존할 수 없다. 왜냐하면 합리적 인간은 자신의 이익을 최대화하기 위해 자신의 행동을 조절하는데, 합리적 여성은 자신의 이익을 극대화하기 위해 노력집약적 직업을 선택하려고 애를 쓸 것이고 결혼이나 출산 등의 사건이 일어나더라도 직장을 그만두지 않으려 노력할 것이기 때문이다. 여성이 이런 노력을 지속하면 성 분리와 성 차별은 장기적으로 사라질 것이다. 이런 예측을 감안하면 신고전파 경제학의 논리는 명백한 모순을 안고 있다. 신고전파 경제학은 이렇게 논리적 모순을 내포할 뿐 아니라 현실의 변화에도 둔감하다. 이 경제학은 성 분리가 존속하는 것은 제법 잘 설명할 수 있어도 성 분리가 완화하는 현실은 설명할 수 없다. 신고전파 경제학의 논리가 맞는데, 왜

성 분리가 완화한단 말인가? 신고전파 경제학이 이렇게 논리적이고 현실적인 문제를 안고 있다면, 성별 직업 분리의 원인을 신고전파 경제학의 논리 바깥에서 찾는 편이 더 낫지 않을까? 성 차별의 원인을 경제적 요인보다 문화와 이데올로기에서 찾는 것이 더 나을 수도 있다(Bielby, 1991; Charles and Grusky, 2011).

성별 직업 분리에 대한 사회학적 설명은 경제학적 설명과 완연히 다르다. 사회심리학자는 성 구실과 규범의 사회화가 성별 직업 분리의 원인이라고 생각했고, 여성주의자는 남성 고용주와 남성 노동자가 공유하는 가부장적 이해관계가 성 분리를 추동했다고 판단했다. 마르크스주의자는 최대 이윤을 추구하는 자본가가 노동력을 남녀로 분리한 결과가 성 분리라고 언급했는가 하면, 제도를 강조하는 사회학은 관료제적 규칙과 절차가 성 분리의 원인이라고 주장했다. 문화를 강조하는 연구자는 자신의 일을 당연시하는 남녀의 관념이 성 분리를 초래한 동력이라고 강조했다. 이들은 성별 직업 분리라는 동일 현상을 두고 서로 딴소리를 늘어놓는 것처럼 다양한 목소리를 내었다(Bielby, 1991). 이처럼 성별 직업 분리를 설명하는 사회학은 여러 가지다. 그러나 여기에서는 이런저런 설명을 모두 제쳐두고 최근에 등장한 한 가지 유력한 가설을 자세하게 서술하기로 한다. 이 가설은 자유주의적 평등주의(liberal egalitarianism) — 결과의 평등보다 기회의 평등을 추구하는 평등주의 — 가 여러 분야에서 성 평등을 제고하는 데에 기여했지만, 다른 한편으로는 여러 방면에서 도리어 성별 직업 분리를 고착하고 말았다고 주장했다(Charles and Grusky, 2011).

평등이라는 가치를 추구하고 이 가치를 실현하기 위해 관련 제도를 개혁하려는 시도는 근대사회의 분명한 특징이다. 그러나 이런 평등주의는 직선으로 전진하지 않았다. 평등주의는 반평등주의의 힘에 맞서거나 그 힘을 헤치면서 비틀비틀 진전했다. 반평등주의를 대표하는 힘의 하나는 성별 직업 분리였다. 여성과 남성은 지금껏 서로 다른 직업에서 일했고, 여성은 여성 직업으로 알려진 소수의 직업군(교사, 간호사, 비서 등)에서 일했다. 성별 직업 분리는 매우 극단적인 것이어서, 여성과 남성의 삶의 기회와 생활경험의 빛깔을 전혀 다르게 조성했다. 우리는 현대 선진산업사회의 직업구조가 보이는 이런 극단적 분리를 '초격리(超隔離, hyper-segregation)'라고 부를 수 있다.

우리가 지속적으로 노력하면 먼 미래에는 성별 직업 분리를 완전하게 해소할 수 있을지도 모른다. 그러나 지금 우리가 받아들인 평등주의로 직업 분리를 제거할 수 있다고 말하기는 힘들다. 다시 말해, 오늘날의 성별 직업 분리는 평등주의라는 압력을 가하면 곧 사라지고 말 잔여물이라고 생각할 수는 없다. 도리어 직업 분리는 현대경제의 유기적 특징이고, 이는 현존하는 평등주의와 이데올로기적으로 공존하는 것으로 간주하는 편이 훨씬 더 낫다. 이런 의미에서 성 분리에는 심층 구조가 존재하고, 이 구조는 앞으로도 살아남아 현대경제의 장기적 특징을 이룰 것이라 예측할 수 있다.

이와 관련해 한 가지 질문을 검토해보자. 가족 친화적 정책과 반차별법, 그리고 다양한 형태의 평등주의적 실천을 실행한 나라는 성 분리를 줄이는 것에 성공했는가? 이런 나라가 성 분리를 줄이는 데에 성공했다면, 우리는 평등주의 정책으로 성 분리를 뿌리 뽑을 것이라 믿을 수 있다. 그러나 우리가 손에 쥔 증거는 매우 실망스럽다. 예컨대 스웨덴은 평등주의적이고 가족 친화적인 정책을 지속적으로 실행한 나라로 널리 알려졌지만, 이 나라에서 성 분리는 오늘날까지도 지속한다. 거꾸로 보수적인 성 정책의 대표 주자로 간주할 수 있는 일본이나 이탈리아 같은 나라에서도 성별 직업 분리는 여전하지만, 그 분리 정도는 다른 나라보다 더 심각하지 않다.

여러 영역의 직업에서 탈분리(脫分離, de-segregation)가 있었다는 것은 분명하다. 그러나 자세히 관찰해보면, 탈분리 과정은 불균등했고, 여성 직업군(비서, 간호사, 교사 등)도 지속적으로 존속했다. 때때로 여성이 저항을 뚫고 남성 직업에 진입하는 데에 성공했다고 해도, 이 직업은 성 격차의 어느 지점을 통과해 마침내 새 여성 직업군으로 바뀌고 말았다. 이런 결과를 보면, 우리는 현대 산업사회를 추동하는 동력이 성 분리를 근절하기는커녕 오히려 이를 적극적으로 유지했다는 사실을 알 수 있다.

다양한 형태의 성 불평등은 점차 사라졌는데, 성 분리는 왜 이렇게 평등주의의 압력을 뚫고 존속했는가? 이런 질문은 성 분리를 연구하는 학자들이 찾아낸 크고 복잡한 두 발견과 맥락을 같이 한다. 두 발견이란 다음과 같다. 첫째, 사람들은 흔히 남성이 여성보다 권력과 특혜를 누리는 직업을 더 많이 차지한다고 생각하는데, 이런 견해는 현대의 성 분리의 전형적 유형과 부분적으로 일치하지 않는다. 둘째, 일본과 같이 전통적이고 보수적인 나라보다 스웨덴과 같은 진보적인 나라에서 성 분리의 최고 수준을 발견할 수 있다. 이 두 발견을 종합하면, 우리는 남성이 가장 좋은 직업을 전적으로 지배하지 못하는 세상을 보고 있고, 가족친화적인 정책이 성 분리를 낳는 세상을 보고 있는 셈이다. 우리는 지금 이것도 아니고 저것도 아닌, 뒤죽박죽으로 섞여 있는, 수수께끼 같은 세상을 보고 있다.

이런 수수께끼는 불평등 연구자가 성 분리를 단일 차원의 것으로 취급해, 성 불평등 이면에 복잡한 과정이 존재한다는 사실을 인지하지 못했기 때문에 생겨났다. 그러나 성 분리를 단일 차원으로 설명하려는 시도는 아무래도 무모하다. 예컨대 신고전파 경제학은 여성이 가사에 부담을 느껴 경력 개발에 자원을 덜 투자하기 때문에 남성이 좋은 직장을 독차지한다고 설명하고, 사회학은 고용주가 유리 천장과 같은 인사정책을 쓰거나 남성 편향적 줄 세우기를 동원하기 때문에 성 분리가 발생한다고 설명했지만, 이런저런 설명은 지나치게 단순하다. 이런 부류의 단일 차원적 설명은 성 분리의 장래를 예측하는 데에도 실패했다. 예컨대 기능주의는 보편주의의 확산과 함께 '귀속성(ascription)'이 점차 완화할 것이고, 그리하여 성 분리도 점차 완화할 것이라고 가정했지만 현실을 그렇지 않았다. 신제도주의(new institutionalism)는 평등주의적 관행이나 조직 형태가 확산하면서 성 분리가 줄어들 것이라고 예측했고, 여성주의(feminism)는 가부장적 사회관계가 완화하면서 성 분리도 줄어들 것이라고 바라보았지만, 이런저런 예측이나 관측은 사실과 일치하지 않았다. 성 분리를 단일 차원으로 설명하려는 이런 시도들은 위에서 제시한 두 수수께끼를 만족스럽게 풀지 못한다. 그러므로 우리는 성 분리를 두 차원으로 개념화해 두 수수께끼를 한꺼번에 풀어야 한다.

표준적 설명이 현실을 충분히 설명하지 못했던 이유는 그 설명이 수직적 분리와 수평적 분리를 구분하지 못하고, 이 두 형태의 분리가 상호작용하고 있다는 사실을 알지 못했기 때문이다. 아래의 가설적 성 분리 체제 모형은 수직적 분리와 수평적 분리를 모두 고려한 것이다.

〈그림 6-11〉의 수평 축은 국제노동기구(ILO)가 제 나름의 사회경제적 척도로 분류한 9개의 직업 범주다. 첫 다섯 개의 직업 범주는 비육체노동 부문에 속하고, 나머지 네 개의 직업 범주는 육체노동 부문에 속한다. 이 그림의 수직 축은 여성이 과잉 대표되는 정도를 나타낸다. 이 그림 안에서 두 개의 선형 기울기는 수직적 분리의 정도를 나타낸다(여기서 수직적 분리란 한 부문에서 남성이 여성보다 좋은 직업을 더 많이 차지하는 정도를 지칭하거나 한 직업에서 남성이 여성보다 높은 지위를 더 많이 차지하는 정도를 말한다). 비육체노동 부문의 기울기는 여성이 비육체노동 부문에서 가장 좋은 직업을 차지하는 정도를 나타내고, 육체노동자 부문의 기울기는 여성이 육체노동 부문에서 가장 좋은 직업을 지배하는 정도를 나타낸다. 이 기울기가 가파를수록, 직업을 차지하려는 경쟁에서 여성이 남성보다 더 유리하다. 기울기가 가파를수록 여성이 더 좋은 직업을 얻을 가능성이 높다고 볼 수 있고, 다른 한편으로 수직적 분리 정도가 작다고 볼 수 있다.

다른 한편, 육체노동과 비육체노동 사이의 직선 거리 – 그림에서는 수평적 격차라고 표현했다 – 는 수평적 분리의 정도를 나타낸다. 수평적 격차는 여성이 육체노동 부문보다 비육체노동 부문에 불균등하게 치중한 정도를 나타낸다. 이 격차가 크면 클수록 여성은 육체노동보다 비육체노동에 집적하는 정도가 더 높다고 말할 수 있다. 어쨌든 이 모형에는 세 개의 모수(parameter)가 있다. 비육체노동자 부문의 기울기가 있고, 육체노동자 부문의 기울기도 있으며, 수평적 격차라는 모수도 있다. 이런 모수로 구성한 모형은 앞의 두 수수께끼를 푸는 데에 도움을 준다.

〈그림 6-11〉 가설적 성 분리 체제 모형

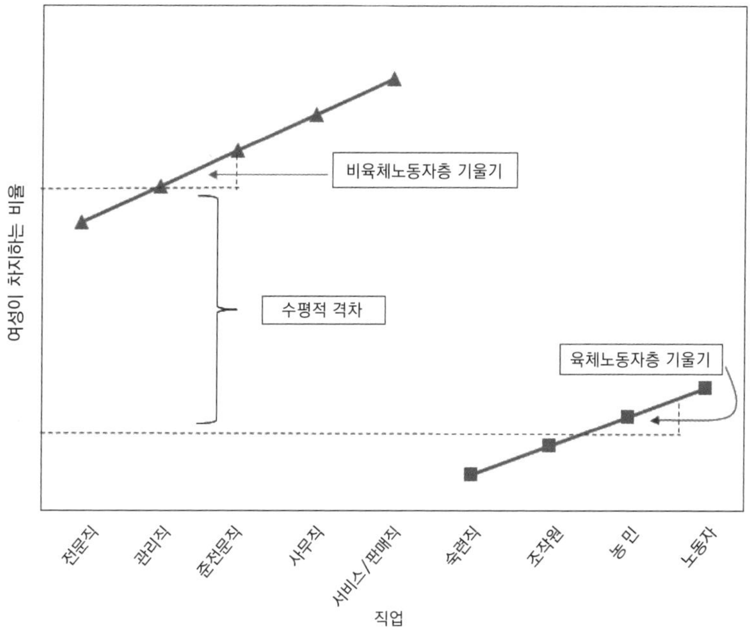


**출처**: Charles and Grusky(2011: 393)

이 모형의 특징은 수평적 격차에 있다. 노동시장의 줄 세우기 모형과 같은 단일 차원 설명은 육체노동 부문과 비육체노동 부문의 수직적 기울기에 관심을 두었을 뿐 이 두 부문의 수평적 격차에는 관심을 두지 않았다. 그러나 위 모형은 수직적 기울기와 수평적 격차에 모두 관심을 둔다. 위 모형은 두 가지 사실을 전제한다. 첫째, 남성 우위(male primacy)이라는 문화적 교리가 수직적 분리를 지지한다. 둘째, 성 본질주의(gender essentialism)라는 문화적 교의가 수평적 분리를 초래한다. 남성 우위 교리는 남성이 여성보다 더 높은 자리를 차지할 만하고 또 차지해야 한다고 믿는 교리고, 성 본질주의 교의는 대인 서비스나 양육, 사회적 상호작용의 영역에서 여성이 남성보다 더 유능하다고 주장하는 교리다. 현대 사회에서 이 두 개의 문화적 교의는 공존하는 경향을 보이고, 이 공존으로 말미암아 성 분리 체계는 미묘해지고 복잡해진다.

왜 여성은 비육체노동 부문으로 몰려들고 남성은 육체노동 부문으로 달려드는가? 두 가지 사실 때문이다. 첫째, 남성과 여성은 육체노동의 남성적인 특성을 식별하고 비육체노동의 여성적인 특성을 알기 때문에 각자 자신에게 알맞은 직업군에 끌린다. 둘째, 육체노동과 비육체노동을 하는 데에 필요한 요건이 달라 남녀는 서로 다른 직업군에 이끌린다. 남성과 여성의 특성은 복잡하고 다면적이다. 그러나 핵심적인 것은 객관적인 특성이 아니라 그 특성에 대한 사람들의 생각이나 판단이다. 사람들은, 사실이 무엇이든 그것과는 관계없이, 여성이 대인 서비스나 양육, 대인적 상호작용 부문에서 뛰어나고, 남성은 사물을 다루는 부문이나 과격한 육체노동을 하는 부문에서 유능하다고 가정한다(성 본질주의 가정). 이런 고정관념은 문화적인 것이다. 다시 말해 관념과 관련하는 것이다. 이 관념은 부모나 동료, 교사, 대중문화와 대중매체가 전파한다. 요컨대 비육체노동 관련 직업은 본래 여성적인 특징을 내포하고, 육체노동 관련 직업은 남성적인 것은 포함한다고 믿기 때문에 사람들은 수평적 분리를 유지하고 재생산한다. 이런 관념은 수평적 분리의 지속에 기여하는데, 그 주요 메커니즘은 다음과 같다. 첫째, 고용주는 본질주의적 관념을 내면화하고 그 관념에 맞추어 남성과 여성에게 직업을 배당한다. 둘째, 노동자도 동일 관념을 내면화하고 그런 관념에 적합한 직업을 얻으려고 노력한다. 결국 수평적 분리는 수요와 공급 양 측면의 요인이 결정한다.

수평적 분리는 그렇다 치고, 남성이 거의 모든 영역에서 보수나 위세가 좋은 직업을 여성보다 더 많이 차지하는 이유는 무엇인가? 이와 같은 수직적 분리를 설명할 때 우리는 또 다른 문화적 원리와 만난다. 남성은 여성보다 많은 보수나 높은 권위를 보유하는 자리에 더 적합하다는 신념과 맞닥뜨린다. 보편주의 원리가 널리 확산했는데도 오늘날의 사람들은 이상한 신념을 공유한다. 남자는 가정 바깥의 노동에 더 적합하고, 권위와 권력의 행사와 관련한 노동에 더 적합하다고 사람들은 믿는다. 사람들은 남성 우위라는 이 문화적 신념 때문에 수직적 분리를 지속하거나 재생산한다. 남성 우위 신념을 수직적 분리로 바꾸어내는 가장 기초적인 메커니즘은 다음과 같다. 첫째, 남성은 자신이 주소득원이기 때문에 인간 자본에 투자를 많이 해야 한다고 스스로 생각한다. 남성의 이런 자아 개념이 수직적 분리를 낳는다. 둘째, 고용주는 주소득원인 남성이 가정 바깥의 노동에 더 많이 헌신할 것이라고 믿기 때문에 남성을 높은 자리에 앉히는 것이 여성을 고용하는 것보다 더 큰 이익일 것이라고 판단한다. 고용주의 이런 믿음과 판단이 수직적 분리를 초래한다. 이처럼 공급 측면과 수요 측면의 두 관념이 남성 우위라는 관행을 정당화한다.

성 분리에 대한 이차원 모형을 동원하면, 평등주의 신념이 성 불평등 구조를 만들어낸 과정을 짐작할 수 있다. 문화 영역에서 평등주의의 확산은 특별한 사정이 없는 한, 앞으로도 지속할 매우 중요한 사태다. 평등주의의 앞날은 이렇게 밝지만, 우리는 이런 부류의 평등주의의 한계도 인지해야 한다. 기회 균등을 절차적으로 보장해야 한다는 자유주의적 평등주의는 성 본질주의 관념을 보존했다. 자유주의적 평등주의는 남성과 여성이 근본적으로 상이한 취향과 기술, 능력을 보유한다는 관념을 지켰다. 이런 부류의 평등주의는 여성과 남성이 동일한 권리와 기회, 대우를 누리는 자율적인 행위자라고 인지했지만, 고정관념으로 남아있는 성 관념이나 성 정체성을 지속적으로 유지했다. 자유주의적 평등주의는 남성과 공정하게 경쟁할 수 있는 여성의 권리를 옹호했지만, 여성이 어떻게 자신의 직업 열망을 형성하며 그 열망이 남성과 왜 다른지를 묻지 않았다. 그리하여 자유주의적 평등주의는 성 평등에 대한 매우 독특한 개념을 형성했다.

역사적으로 자유주의적 평등주의는 계속 확산했지만, 성 평등이든 경제적 평등이든 완전한 평등은 지연되었다. 이런 지체는 수요와 공급 두 측면의 원인 때문에 발생했다. 공급 측면(노동자 개인의 입장)에서 자유주의적 평등주의는 개인의 열망과 자기 평가에 많은 관심을 두지 않았다. 이런 유형의 평등주의는 개인의 자기 신념과 정체성을 자세히 분석하지도 않았을 뿐 아니라 이런 신념과 정체성을 근본적 평등주의(결과의 평등을 추구하는 평등주의)의 관점에서 바라보거나 평가하지도 않았다. 예컨대 양육과 서비스에 더 많이 치중하는 여성의 구실을 근본적 평등의 관점에서 평가하지 않았다. 수요 측면(기업이나 고용주의 입장)에서 자유주의적 평등주의는 갖가지 형태의 차별을 대부분 부정했지만, 본질주의적 가정에 근거를 둔 통계적 차별은 부정하지 않았다. 여성이 양육과 서비스에 더 많이 투자하는 세상을 당연시하면서 성별 능력 차이에 대한 본질주의적 가정을 인정했다. 요컨대 자유주의적 평등주의는 남성 우위 이데올로기를 허물어 수직적 직업분리를 줄이는 데에는 기여했지만, 성 본질주의를 무너뜨려 수평적 분리를 늦추는 데에 이르지는 못했다.

성 불평등의 역사에서 성 분리를 줄였던 변혁이 일어났다. 이때 감소했던 것은 수직적 분리였다. 수직적 불평등을 줄인 이런 변화를 우리는 '일차 혁명(the first revolution)'이라고 부를 수 있다. 그러나 일차 혁명 이후에도 우리가 사는 세상에서 성 분리는 지금껏 지속했다. 성 본질주의가 유지되고, 수평적 분리가 줄어들지 않은 탓이었다. 이런 수평적 분리를 줄이는 변혁도 일어날 것인가? 다시 말해, '이차 혁명(the second revolution)'은 일어날 것인가? 쉽게 대답할 수 없다. 자유주의적 평등주의의 미래를 알 수 없기 때문이다. 오늘을 사는 사람들은 남녀가 제각각 상이한 취향과 적성을 갖는다고 믿는다. 자유주의적 평등주의는 그런 차이가 공정한(성 중립적인) 경쟁 과정에서 나타난 것으로 판단한다. 남성과 여성이 근본적으로 상이한 취향과 능력을 보유한다는 신념과 이런 차이는 공정한 경쟁의 결과로 나타난다는 판단은 다양한 사회적 상황에서 근육과 힘을 키웠다. 이런 신념과 판단은 가족이나 작업 조직뿐만 아니라, 다른 제도적 맥락에서도 강화했다. 자유주의적 평등주의의 확산이자 강화였다. 그러나 먼 미래에는 다른 형태의 평등주의가 나타나 성 본질주의를 부정할 수도 있다. 첫째, 남녀가 제각각 상이한 취향과 열망, 시장 능력을 개발한다는 가정을, 남녀 모두 부인할 수도 있다. 둘째, 고용주도 다르게 평가할 수 있다. 본질주의적 렌즈를 끼고 남녀의 생산력을 판단하는 일은 부당하다고 생각할 수도 있다. 그런 형태의 평등주의, 즉 새 평등주의가 등장하고 있다는 증거가 없지 않지만 이런 평등주의가 다양한 사회적 맥락에서 제대로 정착할 것인지는 미리 알 수 없다. 그러므로 우리가 이 지점에서 특별히 주목해야 할 것은 새 평등주의의 도래 가능성이 아니라 자유주의적 평등주의의 한계다. 우리는 자유주의적 평등주의가 본질주의적 과정을 제거하지 못했다는 사실을 강조해야 한다. 나아가서 본질주의적 분리를 없애는 혁명, 평등을 새롭게 정의하고 더 넓게 규정하는 이차 혁명이 필요하다는 사실도 인지해야 한다.

## 한국의 성 분리

한국의 성별 직업 분리의 현황은 어떠한가? 먼저 한국 여성이 어떤 직업에서 일하는지 살펴보자. 〈표 6-1〉은 한국의 직종별 성 비중 현황을 나타낸다. 이 표에서 여성이 차지하는 비율은 직업마다 다르다. 특정 직업은 여성의 비율이 높고, 다른 직업은 여성의 비율이 매우 낮다. 예컨대, 가사와 육아 도우미의 99.6퍼센트가 여성이고, 간호사의 94.8퍼센트가 여성이다. 반대로 기업고위임원의 0.9퍼센트가 여성이고, 의사('의료진료 전문가')의 23.1퍼센트가 여성이다. 우리가 익히 아는 현상이어서 그다지 놀랍지 않다. 이런 수치는 한국의 직업 분리를 직관적으로 보여준다.

〈표 6-1〉 한국의 직종별 성 비중 현황(2016)

| 직종 (한국표준직업분류 6차, 소분류) | 여성 종사자 비율 (%) |
|---|---|
| 철도와 전동차 기관사 | .8 |
| 기업고위임원 | .9 |
| 금속/재료공학 기술자와 시험원 | 2.5 |
| 행정과 경영지원 관리자 | 6.5 |
| 보험과 금융 관리자 | 8.2 |
| 컴퓨터 하드웨어와 통신공학 전문가 | 9.2 |
| 경호와 보안관련 종사자 | 14.7 |
| 인사와 경영 전문가 | 17.8 |
| 금융과 보험 전문가 | 19.4 |
| 종교 관련 종사자 | 19.9 |
| 의회 의원과 고위공무원, 공공단체 임원 | 21.6 |
| 법률 전문가 | 21.7 |
| 의료진료 전문가 | 23.1 |
| 영업종사자 | 30.4 |
| 대학교수와 강사 | 36.2 |
| 생명과학과 자연과학 관련 전문가 | 40.9 |

| 직종 (한국표준직업분류 6차, 소분류) | 여성 종사자 비율 (%) |
|---|---|
| 행정 사무원 | 41.1 |
| 금융과 보험 관련 사무종사자 | 52.0 |
| 작가와 기자, 출판 전문가 | 53.4 |
| 디자이너 | 56.7 |
| 약사와 한약사 | 58.1 |
| 농림어업관련 단순종사자 | 59.2 |
| 학교 교사 | 65.3 |
| 청소원과 환경미화원 | 70.2 |
| 주방장과 조리사 | 70.7 |
| 비서와 사무보조원 | 73.1 |
| 큐레이터와 사서, 기록물관리사 | 82.9 |
| 간호사 | 94.8 |
| 유치원 교사 | 98.1 |
| 가사와 육아 도우미 | 99.6 |

**출처 :** 통계청(2016), 김선함(2018)에서 재인용

그런데 한국의 직업 분리는 다른 나라와 비교해 어떻게 다를까? 이런 질문에 대답하려면 성별 직업 분리를 재는, 직업 분리지수(Occupational Segregation Index; OSI)를 만들어야 한다. OSI는 여러 종류다. 예컨대 던컨의 부동지수(不同指數, dissimilarity index)가 있는가 하면, 카멜과 맥라흐란의 지수도 있다(Domagala, 2018). 그 외에도 다양한 OSI를 만들 수 있다. 한 연구자는 특유의 방법(판별분석)으로 독자적인 OSI지수를 만들어 OECD 국가의 성별 직업 분리 정도를 나라별로 비교했다(Domagala, 2018). 〈그림 6-12〉는 이를 보인 것이다. 이 그림에서 지수가 높을수록 성별 직업 분리 정도는 낮고, 낮을수록 성별 직업 분리의 정도가 높다.

〈그림 6-12〉 성별 직업 분리지수 – 1997년과 2016년 사이의 평균값

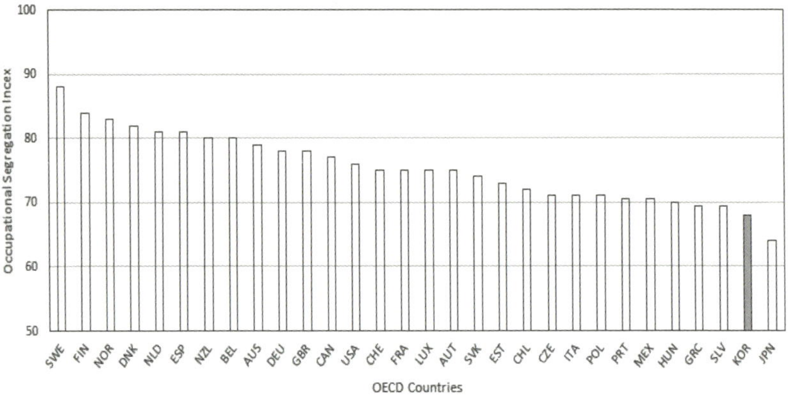


**출처 :** Domagala(2018)

이 그림에서 스웨덴과 핀란드, 노르웨이, 네덜란드 등과 같은 북유럽 나라들은 성별 직업 분리의 정도가 낮고, 일본과 한국, 슬로베니아, 그리스 등의 나라에서 성별 직업 분리 정도가 높다. 이 그림으로 우리는 1997년과 2016년 사이의 한국의 직업 분리 정도가 다른 나라보다 비교적 높았다는 사실을 알 수 있다.

앞에서 우리는 현재 상태의 한국의 성별 직업 분리 정도를 파악했다. 그런데 과거에는 어떠했는가? 다시 말해 과거와 현재의 상황은 어떻게 바뀌었는가? 모든 직종의 변화를 살피는 것은 번잡하니, 몇 가지 주요 직종의 변화만 살펴보자. 〈표 6-2〉에서 보는 것처럼, 전 직종에서 여성이 차지하는 비율은 1993년(29.3%)보다 2015년(36.1%)에 약 7퍼센트쯤 더 늘었다. 성별 직업 분리가 전반적으로 약화했다는 증거다. 그러나 분야별로는 증가 정도가 약간씩 다르다. 특징적인 것은 제조업 관련 숙련기술 직업에서는 여성의 비중이 많이 줄어든 반면, 단순 노무직에서는 여성의 비중이 10퍼센트 넘게 늘어났다.

〈표 6-2〉 한국의 직종별 여성 비중 변화(1993, 2015)

<table>
<tr><th colspan="2">1993</th><th colspan="2">2015</th></tr>
<tr><th>직종 (대분류)</th><th>비율 (%)</th><th>직종 (대분류)</th><th>비율 (%)</th></tr>
<tr><td>전 직종</td><td>29.4</td><td>전 직종</td><td>36.1</td></tr>
<tr><td>고위 임직원과 관리자</td><td>2.2</td><td>관리자</td><td>10.7</td></tr>
<tr><td>전문가</td><td>20.0</td><td rowspan="2">전문가와 관련종사자</td><td rowspan="2">40.3</td></tr>
<tr><td>기술공과 준전문가</td><td>12.3</td></tr>
<tr><td>사무직원</td><td>38.8</td><td>사무 종사자</td><td>42.1</td></tr>
<tr><td rowspan="2">서비스 근로자, 상점과 시장 판매 근로자</td><td rowspan="2">61.1</td><td>서비스 종사자</td><td>71.6</td></tr>
<tr><td>판매 종사자</td><td>35.9</td></tr>
<tr><td>농업과 어업 숙련 근로자</td><td>16.0</td><td>농림어업 숙련 종사자</td><td>21.5</td></tr>
<tr><td>기능원과 관련 기능 근로자</td><td>32.5</td><td>기능원과 관련 기능 종사자</td><td>13.5</td></tr>
<tr><td>장치, 기계 조작원과 조립원</td><td>26.1</td><td>장치, 기계 조작과 조립 종사자</td><td>17.6</td></tr>
<tr><td>단순 노무직 근로자</td><td>26.7</td><td>단순노무 종사자</td><td>47.8</td></tr>
</table>

**출처**: 고용노동부, 고용형태별 근로실태조사, 각 연도. 김선함(2018)에서 재인용.

이런 변화를, 앞에서 그랬던 것처럼, 단순하게 파악할 수는 없을까? 그리고 이런 변화를 나라별로 비교할 수는 없을까? 〈그림 6-13〉은 1997년과 2016년 사이에 발생했던 OSI의 변화를 국제 비교한 것이다. 이 그림에서 독일과 헝가리, 벨기에, 미국 등에서는 지수가 증가했고 그리스와 스페인의 지수는 도리어 감소했다. 앞에서 말했던 것처럼, 지수 증가가 성별 직업 분리의 완화를 의미한다면, 독일과 헝가리 등에서는 직업 분리가 감소했고, 그리스와 스페인에서는 직업 분리가 증가했다고 말할 수 있다. 한국의 성별 직업 분리 지수는 다른 나라보다 더 많이 증가했다. 다시 말해, 한국에서 성별 직업 분리는 시간이 지나면서 다른 나라보다 더 많이 줄어들었다. 그러나 2010년대 중반에 직업 분리의 정도는 여전히 다른 나라보다 더 높다.

〈그림 6-13〉 성별 직업 분리 지수의 변화 – 1997년과 2016년 사이의 변화

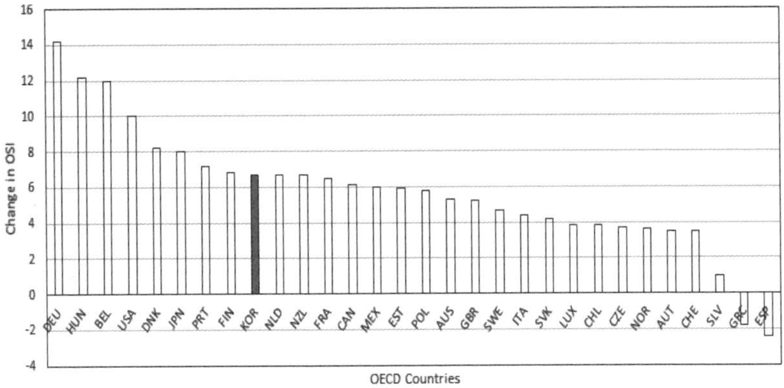


**출처 :** Domagala(2018)

다른 연구도 이런 결론을 지지했다. 김선함(2018)은 사명철(2015)의 데이터를 이용해 던컨 지수의 시계열 변화를 작성했다(〈그림 6-14〉 참조). 이 그림에서 보는 던컨 지수는 앞에서 언급한 연구자(Domagala, 2018)의 지수와 다르게 해석하는데, 이번에는 지수가 낮으면 성별 직업 분리 정도가 낮다. 한국에서 던컨 지수는 1990년대에는 50점대에 놓여 있었으나, 2013년에는 40점대 중후반으로 내려갔다. 그러므로 한국의 직업 분리는 점차 줄어들었다고 말할 수 있다.

그런데 한국의 직업 분리는 왜 완화했을까? 〈그림 6-14〉를 보고, 이에 대한 대답을 마련할 수 있다. 저학력 여성의 던컨 지수는 50점대 중반쯤이라면, 고학력 여성의 던컨 지수는 40점대 중반쯤이다. 고학력 여성(대졸 여성)의 직업 분리 정도는 저학력 여성(대졸 미만 여성)보다 더 낮은데, 이는 고학력 여성이 특정 기업이나 산업을 회피했다는 것을 의미한다. 고학력 여성은 직업 분리 성향이 심한 기업이나 산업을 기피했고, 여성에게 더 적은 임금을 주는 기업이나 산업을 멀리했다. 이런 성향은 시간이 흘러도 큰 변화 없이 비교적 일정했다. 그런데도 전체 여성의 던컨 지수가

고학력 여성의 그것과 흡사해졌다는 것은 대졸 여성의 비중이 점차 높아졌기 때문이라고 추론할 수 있다. 한국 여성의 직업 분리는 수요 측면의 변화(기업의 채용 방식의 변화) 때문에 낮아졌던 것이 아니라 공급 측면의 변화(여성의 대학진학 상승) 때문에 낮아졌다고 짐작할 수 있다.

〈그림 6-14〉 한국의 성별 직업 분리 지수 추이(1993-2013)

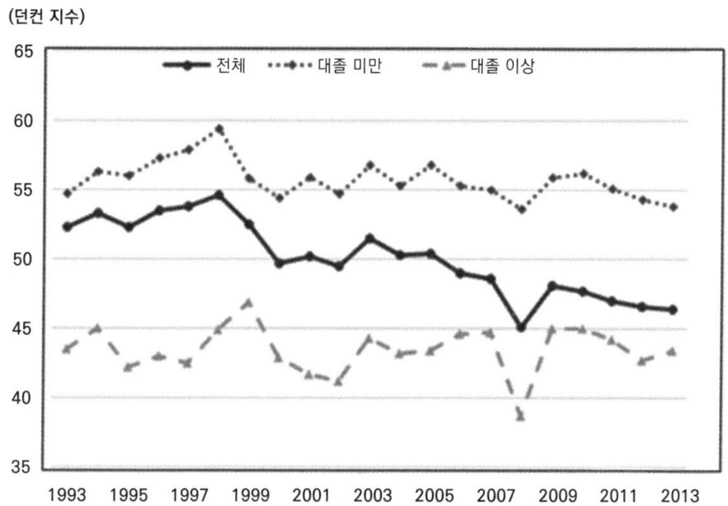


**출처 :** 김선함(2018)

다른 한편, 한국의 성별 직업 분리를 수직적 분리와 수평적 분리로 나누어서 살펴보자. 허은(2013)은 한국고용정보원이 2007년부터 2009년까지 수집한 '산업·직업별 고용구조조사'를 사용해, 성별 직업 분리를 측정했다. 이 연구는, 노동시장에서 전문, 기술, 관리직 등 상층 직업에 종사하는 고학력·저연령 여성이 지속적으로 증가했는가 하면, 하위 계층의 직업에 종사하는 저학력·고연령·기혼 여성도 빠르게 증가했다고 보고했다. 이런 과정의 결과, 노동시장 계층별 취업자 현황은 〈표 6-3〉과 같았다.

〈표 6-3〉 노동시장 계층별 취업자 현황(2007-2009)

| | 노동시장 계층별 종사자 백분율 | | |
|---|---|---|---|
| | 여성 | 남성 | 합계 |
| 상층 | 12.6 | 33.7 | 24.8 |
| 중간층 | 13.7 | 29.6 | 22.9 |
| 하층 | 73.7 | 36.7 | 52.2 |
| 합계 | 100 | 100 | 100 |

**주**: 여성 종사자 수는 9,965,503명, 남성 종사자 수는 13,838,025명이다.
**출처**: 허은(2013)

이 표를 보면, 여성은 하층 직업군에 집중적으로 취업한 반면, 남성은 모든 계층의 직업군에 골고루 취업했다. 직업 계층별 취업에서 나타나는 이와 같은 성별 편중 현상은 성별 직업 분리에도 영향을 미칠 것이라 예상할 수 있는데, 이 연구는 성별 직업 분리를 블랙번(Blackburn et al., 2001)의 분리 지수로 측정했다(cf. Domagala, 2018). 분석 결과는 다음과 같았다. 첫째, 한국에서 성별 직업 분리의 전반적 수준은 매우 높았다. 수직적 분리는 시간이 지나면서 점차 약화했지만, 수평적 분리는 최근에도 여전히 높은 편이었다. 둘째, 성 분리는 노동시장 중간층에 속하는 직업군에서 가장 심했다. 그러나 이런 분리는 성별 임금 차이를 수반하지 않은 수평적 분리였다. 남성이 취업하는 직업군과 여성이 취업하는 직업군의 분리가 분명했는데, 남성은 주로 기능직과 장치·기계조작과 조립직에 취업했고, 여성은 대부분 전문직에 취업했다. 셋째, 노동시장 하층에 속하는 직업군에서는 다른 층위의 직업군에 비해 수직적 분리가 매우 높았다.

이런 분석 결과는 앞에서 보았던, 10개의 선진산업사회에서 발견했던 보편적 경향, 즉 성별 직업 분리에서 수직적 분리는 점차 줄어들었지만 수평적 분리는 강고하게 잔존했다는 발견과 일부는 흡사하고, 일부는 다르다. 노동시장 상층부에서 수직적 분리가 줄어들고 중간층 직업에서 수평적 분리가 강렬했다는 것은 선진산업사회의 사실과 일치한다. 그러나 노동시장 하층 직업에서 수직적 분리의 정도가 높았다는 사실은 보편적 현상이라기보다 다분히 한국적 특징이라고 말할 수 있다. 한국의 성별 직업 분리가 다른 나라보다 더 높은데, 그 원인은 이와 같은 특징에 있을 가능성이 높다.

### 4) 임금 격차

남녀의 임금 수준은 서로 다르다. 보통 여성의 임금은 남성보다 더 낮거나 작다. 그런데 여성의 임금은 왜 남성보다 낮거나 작을까? 두 가지 원인 때문이다. 첫째, 여성의 학력 수준이 남성에 비해 낮기 때문이거나 여성의 학력자격의 종류가 남성과 다르기 때문이다. 둘째, 여성 노동은 노동시장에서 차별을 받기 때문이다(Blau, 2012). 이들 요인을 차례로 살펴보자.

첫째, 여성의 임금이 남성보다 작은 까닭은 여성의 인적 자본 수준이 남성보다 낮거나 작기 때문이다.[4] 전통적 성 분업에서 남성은 소득을 책임지고 여성은 가사와 양육에 전념했다. 그로 말미암아 여성은 직장에 투하하는 시간을 줄였고, 여성의 노동시장 경험은 남성보다 적었다. 여성은 취업했다 하더라도 짧고 단속적(斷續的)인 직장생활을 했기 때문에 교육이나 훈련에 투자하지 않았고, 이 낮은 투자가 낮은 임금을 초래했다. 이처럼 성별 분업은 여성의 인간자본의 결손을 초래했고, 여성의 인

4 과거에 그랬다는 말이다. 오늘날에는 그렇지 않다. 여성의 대학진학률이 더 높은 것으로 알 수 있듯, 지금 여성의 인간자본은 평균적으로 남성과 같거나 남성보다 더 크다.

간자본 결핍은 여성의 임금을 줄였다. 그러나 성별 분업은 다른 방식으로도 여성의 소득을 줄였다. 성별 분업은 여성이 직장에 헌신하는 것을 방해하고 여성의 직장 관련 출장을 제약함으로써 여성 임금을 줄이기도 했다.

다른 한편, 여성이 축적하는 인간자본의 수준이 아니라 그 종류도 남성과 달랐다. 여성은 특정 직업에 상응하는 특수한 교육보다 다양한 직업에 고루 쓸 수 있는 일반 교육을 받는 경향을 보였다. 예컨대 여성은 자연과학이나 공학, 의학 계열을 전공으로 삼기보다 인문사회과학이나 행동과학 등과 같은 학문 분야를 전공으로 선택하는 경향을 보였다. 이와 관련한 것이지만, 여성은 직업훈련을 덜 중요하게 여기는 직업을 선택했다. 이처럼 특정 부류의 교육이나 훈련을 선택함으로써 여성은 일반적 숙련을 필요로 하는 직업을 선호했고, 특수한 숙련을 요구하는 직업이나 기업을 회피했다. 동시에 직업이나 기업에 특수한 숙련을 필요로 하는 고용주도 여성 채용을 꺼렸다. 왜냐하면 기업은 기업 특수 훈련에 비용을 들이는데, 이직을 쉽게 하는 여성을 채용하면 그런 투자에 대한 수익을 실현할 수 없었기 때문이다. 여하튼 인간자본의 이런 두 차원, 즉 인간자본의 수준과 종류의 차이는 생산성 차이를 낳고, 이 차이가 결국 여성과 남성의 임금 차이를 유발했다.

둘째, 여성 임금과 남성 임금이 서로 다른 또 하나의 원인은 노동시장에서 작동하는 차별이다. 인간자본의 수준과 종류가 같다고 해도 남녀의 임금은 서로 다른데, 그런 임금 차이는 차별 때문에 비롯한 것이다.[5] 노동시장 차별은 생산성 차이로 설명할 수 없는 임금 차이를 낳는다. 그런

5 이를 다른 말로 바꾸면, 차별이란 완전경쟁 노동시장에서 기대하는 차이보다 더 큰 차이를 말한다. 경쟁 시장에서 고용주는 채용과 승진, 훈련과 임금 결정 등에서 생산성 이외의 것에 신경을 쓰지 않을 것인데, 임금이 이 차이보다 더 크다면 그것은 아마도 차별 때문일 것이다.

데 노동시장 차별은 왜 존재하는가? 베커(G. Becker)는 '취향(taste)'이 차별을 낳는다고 주장했다. 후대의 학자들은 이 취향을 '편견(prejudice)'이라는 말로 치환했다. 그들은 사람들이 특정 개인이나 집단에 대해 편견을 갖기 때문에 차별이 발생한다고 보았다. 성 차별은 여성에 대한 편견 때문에 발생한다. 이 편견은 고용주의 편견일 수도 있지만, 동료 노동자나 고객의 편견일 수도 있다. 동료노동자나 고객이 여성을 차별하면 고용주도 여성을 차별할 수밖에 없는데, 이런 상황에서는 고용주가 높은 비용을 우려하거나 낮은 수입을 걱정할 수밖에 없기 때문이다.

선입견에 근거한 차별 모형이 함축하는 한 문제는 논리의 비정합성이다. 경쟁 시장에서 차별을 일삼는 기업은 남성 노동자를 채용해 더 비싼 임금을 지불하고 더 많은 비용을 지출해야 하는데, 그 비효율성 때문에 이 기업은 시장에서 곤란을 겪을 것이다. 이런 상태에서 여성을 차별하지 않은 기업은 점차 늘어날 것이고, 경쟁 시장에서 여성 차별은 점차 사라질 것이다. 차별이 차별을 철폐하는 결과로 이른다. 장기적 상황이 이렇다면 여성 차별은 어떻게 가능하단 말인가? 베커는 경쟁 시장이 아니라 경쟁이 부재한 독점 시장에서 차별이 이루어질 것이라고 상정했다. 수요 독점 권력이 남녀 임금 격차를 초래하거나 영구화할 것으로 가정했다. 그런데 기업은 어떤 조건에서 노동에 대한 수요를 독점하는가? 경쟁 시장에서 노동자는 자유롭게 기업 사이를 이동하지만, 정보가 불완전하면 노동자는 비싼 탐색 비용을 들여야 하므로 직장을 쉽게 옮길 수 없다. 결국 노동자가 불완전한 정보를 보유하면, 기업은 노동자에 대한 수요 독점권을 행사하기 쉽고, 그런 조건에서 남녀의 임금 차별이 발생할 가능성이 높다.

그러나 베커의 기대와 달리, 수요 독점 시장이 아니라 경쟁 시장에서도 차별은 지속했다. 경쟁 시장에서 여성 차별이 지속하는 것을 이해하려는 노력은 통계적 차별 모형의 등장으로 이어졌다. 이 모형은 세계의 불확실성과 정보의 불완전성을 가정한다. 이런 세계에서 사람들은 집단마다 생산성이 다를 것이라고 기대하고 이 차이에 맞추어 집단을 처리하거나 대우할 것이다. 예컨대 고용주는 여성이 남성보다 이직 가능성이 더 높고, 여성은 직장에 헌신하기보다 가족을 더 중시한다고 믿는다. 그리하여 고용주는 여성을 기업 특수적 훈련을 필요로 하는 직무에서 배제하거나 여성의 승진을 거부하며 여성에게 낮은 임금을 지불한다. 고용주는 여성 일반을 차별하는데, 그 까닭은 직장에 헌신하는 여성을 헌신하지 않은 여성과 구별하기 힘들기 때문이다.[6]

지금까지 노동시장에서 임금의 성 차별이 발생하는 원인을 논의했다. 이제 임금의 성 차별 유형을 알아보자. 노동시장에서 이루어지는 임금의 성 차별은 크게 세 유형으로 나눌 수 있다. 배분 차별과 평가 차별, 직장 내 차별이 바로 그것들이다. 배분 차별(allocative discrimination)은 여성이 남성보다 저임금 직업에 더 많이 진출함으로써 생기는 차별이다. 고용 시점에서 남녀가 특정 직업과 기관에 차별적으로 접근함으로써 생기는 (그리하여 나중에는 직업 배치나 승진을 통해서 생기는) 차별을 말한다. 평가 차별(evaluative discrimination)은 여성이 더 많이 진출하는 직업－앞에서 우리는 이를 여성 직업이라고 불렀다－의 임금이 남성이 더 많이 진출하는 직업－앞에서 우리는 이를 남성 직업이라고 불렀다－보다 더 낮기 때문에 발생하는 차별이다. 직장 내 차별(within-job discrimination)은 특정 직업이나 기관, 직장 안에서 여성이 남성보다 더 적은 임금을 받는 차별이다. 배분 차별이나 평가 차별은 남성과 여성의 직업 분리를 포함하지만 직장 내

6 통계적 차별 이론은 노동시장에서 차별이 지속하는 원인을 설명하기는 하지만, 경쟁시장이 차별을 일소하지 못하는 원인을 간단하게 밝히지 못한다. 그러므로 우리가 이해하려는 현상이 복잡하다는 것을 인식하는 것이 중요하다. 나아가 차별을 설명하려는 다양한 모형을 대안적인 것으로 볼 필요는 없다. 각자를 복잡한 실재의 서로 다른 측면을 밝히는 보완적 설명으로 인식할 필요가 있다.

차별은 직업 분리를 포함하지 않는다(England, 1992; Petersen and Morgan, 1995; Petersen and Saporta, 2004).

오늘날 연구자들은 성별 임금 차이가 직장 내 임금 차별의 결과가 아니라 주로 배분 차별이나 평가 차별의 결과라고 판단한다(앞 절 논의의 용어로 표현하면, 성별 임금 차이는 수직적 직업 분리의 결과가 아니라 수평적 직업 분리의 결과라고 판단한다). 이런 판단은 직업과 기관, 기업 사이의 임금 차이가 직업이나 직장 안의 임금 차이보다 훨씬 더 크다는 사실에 근거를 둔다. 이런 판단을 수용하면, 임금의 성 격차를 살피는 연구는 주로 특정 직업에 접근할 때 발생하는 남녀 차이를 살펴야 하거나, 기업 안에서 발생하는 경력 쌓기(승진) 과정의 남녀 차이를 알아보아야 한다(Petersen and Morgan, 1995).

배분 차별이나 평가 차별의 원인은 무엇인가? 이 원인을 밝히는 이론은 세 가지다. 첫째, 보상 차이 이론(the theory of compensating differentials)이다. 특정 직업이 제공하는 보수는 화폐보상과 비화폐보상으로 나눌 수 있는데, 비화폐보상(안락한 노동환경, 유동적 노동시간, 아동보호시설의 구비와 같은 모성 친화적 노동조건)을 갖춘 직업은 낮은 화폐보상(임금)을 제공한다. 왜냐하면 낮은 임금으로도 그 자리를 쉽게 채울 수 있기 때문이다. 여성은 남성보다 비화폐보상에 더 민감하다. 남성은 높은 보수에 관심을 두는 반면, 여성은 모성친화적인 시설이나 조건에 더 많은 관심을 기울인다.[7] 임금 차별을 설명하는 둘째 이론은 과밀 가설(the crowding hypothesis)이다. 일부의 경제학자는 여성 직업의 보수가 낮은 까닭을 특정 직업에 여성이 과도하게 밀려드는 데에서 찾았다. 이 가설을 따르면, 남성 직업에 진입을

7 여성이 모성친화적 보상을 바라고 저임금 직업을 선택한다는 이론은 경험적 사실과 일치하지 않는다. 모성 페널티가 임금의 성 격차를 야기한다는 이론은 일부 영역에서만 설득력을 발휘할 뿐, 전체적으로는 직업 분리를 설명하지 못한다.

시도한 여성은 고용 차별(배분 차별)을 받아, 여성 직장에 밀려든다. 여성 지원자의 과도한 공급은 여성 직업의 임금을 낮춘다.[8] 사회학자들은 앞의 두 가설과 구별되는 또 하나의 가설을 제시했다. 평가절하 가설(the devaluation thesis)이 바로 그것이다(England, 1992). 편견을 가진 고용주는 남성 직업보다 여성 직업의 가치를 평가절하하고 그 직업에 종사하는 사람에게 낮은 보수를 지급한다. 이 가설을 따르면, 성별 직업 분리가 배분 차별에서 비롯했는지 그렇지 않은지는 그렇게 중요하지 않다. 이 가설이 주목하는 바는, 일단 분리가 일어나면 고용주는 평가 차별에 관여한다는 사실이다. 고용주는 여성 직업을 평가절하하고, 이런 평가는 관료제적 관성 때문에 지속하고, 지속하는 관성은 급기야 시장 과정으로 정착한다. 이 평가가 시장에서 일반화하면 문화적 편견을 갖지 않은 고용주나 기업도 전형적인 성 차별적 임금구조를 수용한다.[9]

지금까지 임금 차별의 유형과 원인을 알아보았다. 그런데 성별 임금

8 이런 논리는 제법 그럴듯하게 들리지만 이를 경험적으로 검증하는 일은 그다지 쉽지 않다.

9 평가절하 가설에 대한 비판은 다음과 같다. 평가절하 가설은 문화적 요인을 차별의 원인으로 삼는데, 그러나 차별의 원인은 문화적인 것이 아니라 다분히 경제적인 것이다(Tam, 1997). 여성 직업은 평균적으로 특화 숙련(specific skills)을 덜 필요로 하는 직업이다. 그러므로 여성은 그 숙련을 연마하는 데에 돈과 시간을 투자하지 않는다. 여성 직업에 대한 임금 차별은 바로 이 특화한 훈련 차이에서 비롯한다. 특화 훈련을 요구하는 직업은 임금을 더 지급하고, 일반적 훈련을 요구하는 직업은 임금을 덜 지급한다. 인간자본은 일반적인 것(읽는 능력, 건강)일 수 있고, 특화한 것(컴퓨터 지식)일 수도 있다. 일반적 인간자본에 대한 투자도 쉽지 않지만, 특화한 인간자본에 대한 투자는 추가적 기회비용을 치러야 한다. 왜냐하면 특화한 숙련은 적용가능성이 제한되기 때문이다. 예컨대 의사는 의사가 되어야만 훈련비용을 만회할 수 있고, 학교 교사가 되어서는 훈련비용을 회수할 수 없다. 여성 직업에 낮은 보수가 지급되는 것은 그 직업이 특화한 인간자본에 실질적 투자를 하지 않기 때문이다. 그리하여 다음과 같은 결과를 초래한다. ① 특화한 인간자본을 필요로 하는 고용주는 여성을 고용하지 않는다. ② 특화한 식업은 대체로 노동조건이 좋지 않기 때문에 여성을 채용하지 않는다. ③ 여성은 남성보다 여러 직업에서 수익을 내는 일반적 훈련 투자에 더 기우는 경향을 보인다.

격차는 실제로 어떤 방향으로 바뀌었으며 얼마나 바뀌었을까? 성별 임금 격차를 분석하려면 남성과 여성의 임금과 학력자격의 관계, 임금과 생산성 관련 노동자 특성(예컨대 노동시간이나 노동자의 건강상태 등)의 통계적 관계를 추정해야 한다. 그리하여 성별 임금 격차를 두 요소로 분해해야 한다. 한 요소는 여러 특징의 성 차이 때문에 비롯한 임금 격차(차이)이고, 다른 한 요소는 설명할 수 없는 요인 때문에 발생한 격차(차별)이다. 남녀의 임금 격차를 '차이'와 '차별'로 분해하는 전통적 방법이 얼마나 완전한 것인지에 대해서는 의문의 여지가 있다 하더라도 이를 분해하는 방법으로 몇 가지 사실을 알아낼 수는 있다.

경험 연구(Blau and Khan, 2006; Blau, 2012)를 검토하면, 선진산업사회(미국)의 노동시장의 성별 임금 차별 유형과 경향을 짐작할 수 있다(〈그림 6-15〉 참조). 첫째, 가장 먼저 주목해야 할 것은 남성 임금에 대비한 여성 임금 비율(여성-남성 임금 비율)의 모습이다. 첫 패널에서 보다시피, 1979년에 이 비율은 63.2퍼센트였고, 1998년에 이 비율은 79.7퍼센트였다. 시간이 흐르면서 여성 임금이 남성 임금과 근접했다고 볼 수 있다.

둘째, 여성-남성 임금 비율에 영향을 미치는 요인을 고려해보자. 이 비율에 영향을 미치는 가장 대표적인 요인은 아무래도 인간자본이다. 인간자본을 고려하면(통제하면), 여성-남성 임금 비율은 점차 커진다. 다시 말해, 여성과 남성의 임금 격차는 줄어든다. 1979년에 여성-남성 임금 비율은 74.5퍼센트였으나, 인간자본을 통제했을 때 이 비율은 81.9퍼센트로, 여성과 남성의 임금 격차는 줄어들었다. 다른 요인, 예컨대 직업과 산업, 노동조합 가입 등과 같은 요인도 여성-남성 임금 비율에 적지 않은 영향을 미치는데, 이들 요인을 감안하면(통제하면), 여성-남성 임금 비율은 더 커진다. 다시 말해, 여성과 남성의 임금 격차는 더 줄어든다. 인간자본을 통제했을 때 여성-남성 임금 비율은 1998년에 81.2퍼센트였으나, 직업 등과 같은 요인을 추가 통제했을 때 이 비율은 91.1퍼센트로 높아졌다.

〈그림 6-15〉 여성-남성 임금 비율

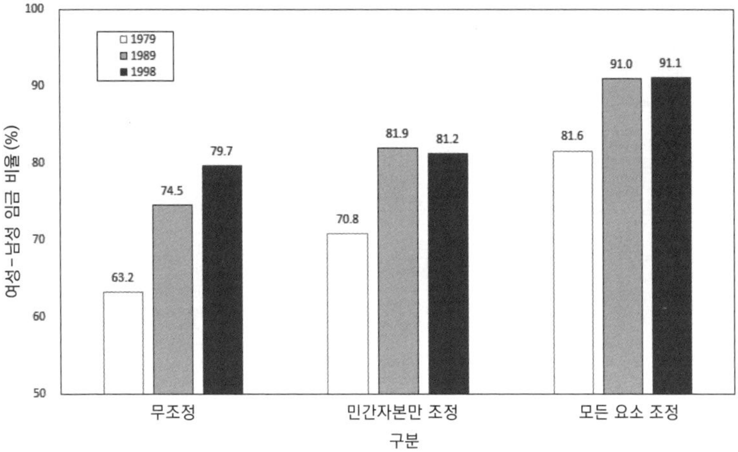


**출처 :** Blau and Kahn(2006); Blau(2012)

셋째, 1979년부터 1998년까지 약 20년 동안 여성-남성 전업 노동자의 임금 비율은 증가했다. 먼저 각 패널의 무조정(unadjusted) 임금 비율을 보면, 시간이 지나면서 여성 임금은 남성 임금에 근접했다. 1979년에는 여성의 평균 임금은 남성의 63.2퍼센트에 그쳤으나 1998년에는 약 80퍼센트에 도달했다. 그런데 인간자본(교육연수, 노동시장 경력, 대학교육 이수 여부 등)을 통제했을 때, 여성과 남성의 임금 비율은 어떻게 바뀌었을까? 1979년에 여성 임금은 남성의 70.8퍼센트에 그쳤으나 1998년에는 81.2퍼센트에 이르렀다. 역시 남성과 여성 임금의 격차가 줄어들었다고 판단할 수 있다. 끝으로 각 패널의 셋째 막대 비교에서 보다시피, 기타 요인(직업과 산업, 노동조합 가입)까지 모두 통제하면, 여성과 남성의 임금 격차는 더 줄어들었다. 1979년에는 81.6퍼센트였으나 1998년에는 91.1퍼센트까지 줄어들었다.

넷째, 시간이 지나면서 여성-남성 임금 비율은 점차 커졌지만, 이 비율의 증가는 주로 1980년대에 이루어졌다. 1990년대에 이 비율의 증가는

칸 영화제 기간 성별 임금 격차 및 영화 산업 불평등에 항의하는 여성 영화 제작자들 (2018)

거의 없거나 있더라도 미미했다. 예컨대 인간자본을 조정한 임금을 보면 1970년대에 남녀 임금 비율은 70.8퍼센트였지만, 1980년대에는 81.9퍼센트로 약 11.1퍼센트 포인트 증가했다. 그러나 1990년대에 이 비율은 81.2퍼센트로 1980년대와 비교해 별다른 변화가 없었다. 그러므로 여성 임금의 증가는 주로 여성의 교육수준이 남성을 따라잡은 1980년대에 일어났다고 말할 수 있다.

다섯째, 여성-남성 임금 비율에서 인간자본 요인이나 직업과 산업 요인으로 설명할 수 없는 격차(the unexplained gap)를 보자. 이 격차는 1979년에서 1998년까지 전체적으로 감소했다. 이 격차는 인간자본만 조정한 경우에는 1979년에 29.2퍼센트였지만 1998년에는 18.8퍼센트였다. 직업이나 산업 요인까지 조정한 경우에는 1979년에 18.4퍼센트였지만, 1998년에 8.9퍼센트였다. 이런저런 요인으로 설명할 수 없는 격차의 이런 흐름은 성 차별의 감소를 의미한다. 결국 성 차별은 1979년에 비해 1998년에 줄어들었다고 판단할 수 있다. 그런데 그 기간 동안 성 차별은 왜 줄어들었을까? 시기별로 그 원인이 다르다. 1980년대에는 여성의 인간자본이 늘었기 때문에 성 차별이 감소했고, 1990년대에는 여성이 진출한 직업이나 산업이 예전보다 더 좋아졌기(여성이 예전보다 전문직이나 관리직으로 더 많이 진출하거나 이동했기) 때문에 성 차별이 감소했다. 1990년대에 이르러 탈노동조합(de-unionization)이 진행했기 때문에(노동조합 가입율이 줄었기 때문에) 성 차별이 감소하기도 했다.[10]

## 한국의 성별 임금 격차

미국을 비롯한 선진산업사회의 성별 임금 격차는 차츰 줄었다 하더라도 한국의 성별 임금 격차는 역사적으로 어떻게 바뀌었는가? 1980년부터 2017년에 이르는 시기에 한국 남성 임금과 대비한 여성 임금의 비는 〈그림 6-16〉과 같다. 이 그림에서 보는 여성-남성 임금 비율 추세의 특징은 다음과 같다. 첫째, 남녀의 임금 격차는 시간이 흐르면서 점차 줄어들었다.[11] 1980년에 여성 임금은 남성 임금의 약 40퍼센트에 그쳤지만, 2017년에는 70퍼센트까지 근접했다. 둘째, 남녀의 임금 격차는 1990년대 후반까지는 비교적 빠르게 줄어들었지만, 그 이후에는 아주 느리게 줄어들었다. 남녀의 임금 격차는 1990년대 후반 이후로 별달리 줄어들지 않았다.

10 노동조합이 존재하면 남성 임금이 여성 임금보다 더 높다. 왜냐하면 남성의 노조 가입율이 여성보다 더 높기 때문이다. 이런 탓에 탈노조화가 진행하면, 남녀의 임금 격차가 줄어든다.

11 임금을 월 임금으로 측정하든지 시간당 임금률로 측정하든지 상관없이 그러했다.

〈그림 6-16〉 한국의 성별 임금 격차 추세

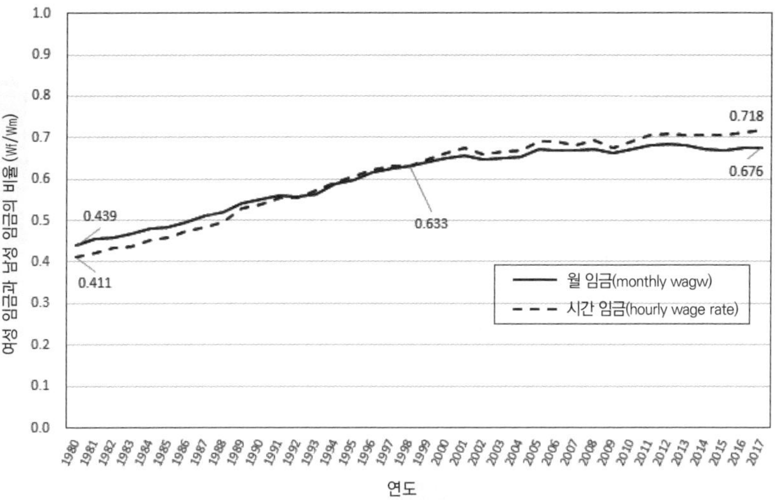


**주 :** wm와 wf는 각각 남성과 여성의 월 임금이나 시간당 임금을 나타낸다.
**출처 :** 고용노동부. 『임금구조기본통계조사』. 1980-2017. 장광남(2020)에서 재인용.

이처럼 지난 시기동안 한국의 성별 임금 격차는 점차 줄었다. 그런데 성별 임금 격차는 왜 줄어들었는가? 1980년대 이래, 여성-남성 임금 비율은 왜 줄어들었는가? 김주영(2009)은 1998-2006년까지의 한국노동패널 자료를 사용해, 2000년대 이전에 성별 임금 격차는 주로 고학력 여성의 증가 때문에 감소했지만, 2000년대 들어 이 감소 추세는 차별의 둔화에서 비롯했다고 분석했다.

그러나 김영미(2009)는 이와 조금 다른 견해를 제시했다. 먼저 그는 (신고전파 이론과 같은) 시장합리성 담론에서 상충하는 두 가지 가능성을 연역했다. 첫째, 고임금층에서 여성이 차지하는 비율이 증가하기 때문에 남녀 임금 격차가 줄어들 가능성이 높아진다. 일부 연구자는 시장합리성이 강화하면 노동시장에서 비합리적 성 차별이 사라지게 될 것이라고 예측했다. 시장경쟁이 강화할수록 고용주는 인력의 선발, 배치, 승진, 그리고 임금 책정 과정에서 비효율을 제거하고자 한다. 능력 이외의 속성(예컨대 성 등)을 중시하거나 선호해 차별을 일삼는 고용주는 경쟁에서 도태되어 사라지게 될 것이기 때문이다. 이런 논지를 따르면 시장경쟁이 강화할수록 선발 기준으로 성의 중요성은 점차 감소하고 능력주의는 이념형에 가깝게 실현한다. 결국 시장경쟁이 강화하면, 여성은 고임금 일자리에 더 쉽게 접근할 수 있고, 고임금 여성의 비율이 증가하면, 남녀 임금 격차가 점차 줄어들 것이라고 예측할 수 있다. 그러나 둘째, 시장합리성 담론은 동일 결과를 전혀 다른 메커니즘으로 설명할 수도 있다. 시장경쟁이 강화할수록 기업은 고용이나 임금의 유연성을 높이려고 노력한다. 비정규직 고용을 확대하고, 근속급 대신 성과급을 늘리려고 시도한다. 이런 시도는 연공형 내부노동시장 고용체제를 약화해 시장지배적 고용질서를 강화한다. 이와 같은 고용체제는 다른 어떤 계급보다 저학력의 비숙련 노동계급에서 가장 빠르게 확산한다. 이런 확산의 결과는 다음과 같다. 내부노동시장의 보호를 받던 남성 노동자는 비정규 저임금 노동자로 전환하는데, 남성 노동자의 이런 저임금화는 남녀의 임금 격차를 줄이는 데에 기여한다. 다시 말해, 저임금층 남성이 늘어나면서 남녀의 임금 격차가 줄어들 수 있다.

이 두 가능성 중에서 어떤 가능성이 현실화할 것인가? 어떤 가능성이 성별 임금 격차 감소의 실제적 원인인가? 김영미(2009)는 임금구조기본통계조사(1982-2004)를 사용해 남성과 여성 임금의 상대적 분포를 시계열 비교했다. 그리하여 그는 1980년대 이래 한국 남녀 임금 격차가 지속적으로 줄었던 것은 고임금 여성이 증가한 탓이 아니라 저임금 남성이 늘어난 탓이었다는 사실을 발견했다. 시장경쟁이 강화하는 가운데 비정규직 고용과 성과급의 정착과 같은 시장지배적 고용체제가 등장했는데 이런 체제는 다른 어떤 계급보다 비숙련 남성노동자계급의 임금을 줄였고, 그로 말미암아 남녀 임금 격차가 점차 줄었다고 주장했다.

지금까지 한국의 성별 임금 격차의 시계열 추세를 살펴보았다. 그 결과 우리는 한국의 여성-남성 임금 비율이 1980년대 이래 점차 줄어들었다는 사실을 발견했다. 역사적 추세야 그렇다 치고, 현재 한국의 성별 격차는 다른 나라보다 높은가, 낮은가? 〈그림 6-17〉은 2022년 현재, OECD 국가의 성별 임금 격차를 비교한 것이다. 이를 보면, 유럽 대륙과 스칸디나비아 지역에서는 성별 임금 격차가 작고, 남유럽과 영미권에서는 성별 격차가 비교적 큰 편이다. 한국을 포함한 동아시아의 성별 격차는 다른 어느 지역보다 더 크다. 한국은 OECD에 가입한 1996년 이래 줄곧 회원국 가운데에서 가장 높은 성별 임금 격차를 보였다. 2022년 현재, 한국의 성별 임금 격차는 이스라엘, 일본과 함께 OECD 국가 안에서 가장 컸다. 2022년에도 2017년과 같이 여성의 임금은 남성보다 약 30퍼센트 정도 더 적었다. 결국, 한국 여성은 지난 수십 년 동안 다른 나라 여성보다 더 불리한 위치에 머물렀다고 말할 수 있다.

〈그림 6-17〉 성별 임금 격차 국제 비교

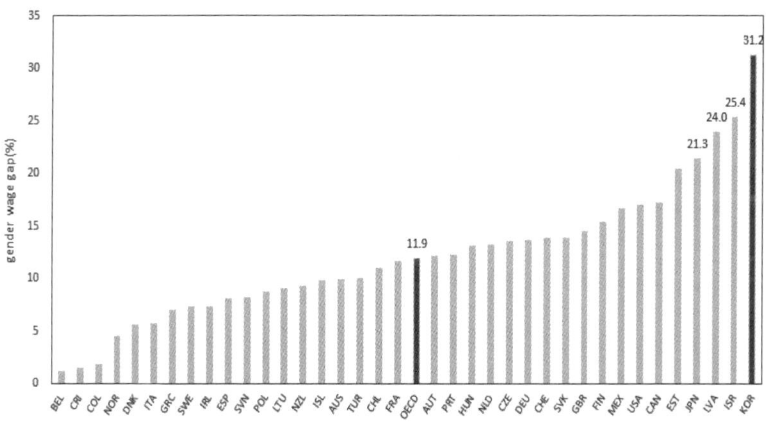


**출처 :** https://data.oecd.org/earnwage/gender-wage-gap.htm

도대체 한국의 성별 임금 격차는 다른 나라보다 왜 큰 것일까? 임금 격차의 원인은 차이와 차별인데, 한국에서 이 두 요인의 크기는 어떠했는가? 신광영(2011)은 2007년에 수집한 경제활동인구조사 부가조사 자료를 사용해 한국 남녀의 임금 격차를 분석했다. 분석 결과는 다음과 같다. 첫째, 여성의 임금은 남성보다 약 30퍼센트 정도 적었다. 이런 사실은 앞의 다른 자료에서도 확인한 바와 같다. 그런데 차이와 차별은 각각이 임금 격차에 얼마나 기여했는가? 그는 오하카와 블린더(Oaxaca-Blinder) 분해 방법을 이용해 다음과 같은 사실도 발견했다. 둘째, 성별 임금 격차는 차이가 아니라 주로 차별 때문에 비롯했다. 차별이 성별 임금 격차를 설명하는 비중은 약 50-60퍼센트였다.[12] 셋째, 차별을 유발하는 주요 원인은 나이였다. 한국에는 이른바 연령차별주의가 존재했다. 나이가 임금에 미치는 효과는 다른 변수의 효과보다 훨씬 컸다. 그러나 고용주는 남성에게는 연령차별주의를 적용하지 않고, 주로 여성에게만 적용했다. 여성은 나이를 먹어도 남성만큼 임금이 증가하지 않았다. 결국 성차별주의(sexism)는 연령차별주의(ageism)와 공존했던 셈이다.

## 2. 불평등과 인종주의

지금껏 한국에서 인종과 관련한 문제나 갈등은 그다지 심각하지 않았다. 오래전에는 기껏해야 미군 아버지와 한국인 어머니 사이에서 출생한 혼

12 연구자마다 이 비율을 다르게 보고했다. 금재호(2002)는 2000년의 한국노동패널 자료를 사용해, 차별이 성별 임금 격차를 규정하는 정도는 약 37퍼센트 정도라고 분석했다.

혈아 문제만 가끔 언급되었고,[13] 최근에는 외국인 노동자 문제와 한국인 남성과 결혼한 외국인 여성 문제가 관심 대상으로 떠올랐을 뿐이다. 그러나 앞으로는 인종 문제가 그렇게 간단하지 않을지도 모른다.

앞의 〈그림 4-6〉에서 보다시피, 2008년 이래 다문화 가정에서 출생한 자녀수는 2012년에 정점을 찍고 점차 감소했지만, 전체 출생아 수에서 다문화 가정 출생아 수가 차지하는 비중은 시간이 지날수록 점차 높아졌다. 그리하여 2018년 현재, 한국에서 출생한 아이의 약 5.5%가 다문화 가정 출생아였다. 다문화 가정의 자녀가 증가했다는 것은 여러 가지 의미를 띤다. 가장 긍정적으로는 한국 사회의 다양성이 증가해 세계주의와 자유주의적 사고와 가치관이 확산하리라는 것이고, 가장 우려스럽기로는 저급한 인종주의가 고개를 들 가능성이 있다는 것이다.

그러나 이 절에서 다루려는 것은 머지않은 앞날에 생길지도 모르는 인종주의가 아니라 지난 수십 년 동안 한국에 만연했고, 앞으로도 쉬이 가라앉지 않을 인종주의다. 한국은 단일 민족 사회라고 하지 않았던가? 이런 사회에서 무슨 인종주의가 있었으며, 무슨 인종차별이 있었단 말인가? 그러나 지난 수십 년 동안 한국에서도 인종차별은 엄연히 존재했다. 영남패권주의가 바로 그것이다. 아래에서는 먼저 영남패권주의를 정의하고, 영남패권주의의 기원과 특징을 본 다음에, 이어서 이를 정당화하는 이데올로기적 시도를 볼 것이다.

13 이른바 순혈 한국인이 외국인 아버지와 한국인 어머니 사이에서 태어난 혼혈아에게 보여준 편견과 차별은 Kim et al.(2018)을 보라.

### 1) 영남패권주의

#### 정의

현대 한국에서 지역주의는 크고 무거운 화두다. 우리는 크고 작은 선거가 닥칠 때마다 지역주의를 뼈저리게 느낀다. 그런데 지역주의란 무엇인가? 지역주의나 지역문제의 핵심은 무엇인가? 이런 질문에 대한 대답의 방향은 크게 두 가지다. 하나는 지역주의가 호남 문제라는 대답이고, 다른 하나는 지역주의의 핵심이란 영남 문제라는 대답이다. 하나씩 살펴보자.

일련의 연구자는 지역주의는 호남 문제라고 주장했다. 여기서 말하는 호남 문제란 호남과 비호남의 대립 문제이고, 비호남인(영남과 충청, 강원 지역민)이 호남인을 차별하고 소외하는 문제다(최장집, 1996; 손호철, 1997; 박상훈, 2009). 더 구체적으로 말하면, 호남 문제는 세 가지로 이루어진다. 호남 문제란 ① 국가와 민간 부문의 엘리트 충원에서 비호남인이 호남인을 배제하는 문제이고, ② 호남 출신 정치 지도자(김대중)와 호남 민중의 강한 정서적 유대가 존재한다는 문제이며, ③ 광주민주항쟁으로 인해 호남인이 집단적으로 억압을 경험했다는 문제다(최장집, 2002: 132). 호남과 비호남의 대립은 이런 요인 때문에 비롯했다는 것이다. 지역주의나 지역문제의 핵심이 이렇게 호남 문제라는 주장이나 정의는, 지금도 널리 횡행하는 호남 멸시나 호남 혐오, 호남 차별로 판단하건대(강준만, 1995), 일견 그럴듯해 보인다. 그러나 모든 연구자가 이런 주장이나 정의를 순순히 받아들였던 것은 아니다.

일부 연구자는 지역주의나 지역문제의 본질이 호남 문제가 아니라 영남 문제라고 판단했다. 언제부턴가 영남 출신 엘리트는 비영남(호남, 충청, 강원) 출신 엘리트를 차별하거나 배제해 서울에 집중해 있는 정치적 특권이나 경제적 혜택을 독차지하려고 시도했는데, 이런 시도가 지역주의나 지역문제의 핵심이자 요체라고, 이들은 주장했다(황태연, 1997; 김욱, 2015). 이들에게 지역문제란 영남과 비영남의 대립 문제다. 영남인이 비영남인(호남, 충청, 강원 지역민)을 차별하고 소외하는 문제다. 예컨대 김욱(2015: 33)은 한국의 지역주의를 다음과 같이 정의했다. 지역주의란 "영남인이 폭압적인 정치권력을 통해 호남인을 차별·배제하는 전략으로 전국적 규모의 경제적 지배관계를 확대 재생산하고, 이러한 지역적 지배관계에 대해 사회문화적인 차원에서 은밀하게 이데올로기적 동의를 얻어내는 극우헤게모니다."

어떤 대답이 더 적절하고 더 정확한가? 지역주의는 호남 문제인가, 영남 문제인가? 이를 판단하려면 지역주의의 기원을 살펴야 한다. 그러므로 지역주의의 기원을 먼저 살핀 후에 지역주의를 다시 정의하기로 하자.

## 발생 조건

한국의 지역주의, 다시 말해 지역주의 투표와 이른바 지역감정이라는 것은 어떤 조건에서 발생했는가? 연구자들은 세 조건이 지역주의를 낳았다고 판단했다. 물질적 토대와 주민의 주관적 편견, 그리고 정치 엘리트의 전략이 바로 그런 조건들이다(조기숙, 1997). 이중에서 가장 먼저 검토해야 할 조건은 아무래도 경제적 토대다. 주지하다시피, 1960년대 이래 한국의 수출주도형 산업화가 번성한 공간은 수도권과 영남 지역이었다. 그리하여 영남 지역에는 상대적인 고임금을 지불하는 기술집약적인 기업이 정착했고, 호남 지역에서는 저임금을 지불하는 영세 중소기업이 지배적이었다(손호철, 1999). 당연한 일이지만, 영남 사람은 현상을 유지하려고 노력했을 것이고, 물질적 혜택을 받지 못하는 호남 사람은 현상에 불만을 품었을 것이다. 영호남의 지역주의는 아마도 이런 조건에서 발원했을 것이라 짐작할 수 있다. 그러나 이런 토대 환원론으로 지역주의를 온전하게 설명할 수는 없다. 영호남의 지역주의는 경제 환원론으로 잘 설명할 수 있지만, 충청이나 강원의 지역주의는 이런 이론으로 제대로 설명하지 못하기 때문이다. 충청이나 강원 지역민도 호남 지역민처럼 경제적 혜택을 누리지 못했는데, 이들은 호남 사람들과 달리 지역주의를 만들거나 내세우지 않았다. 물질적 토대만 들먹여서는 충청이나 강원 지역에서 지역주의가 부재한 것을 제대로 설명할 수 없다.

지역민의 주관적 편견도 지역주의를 생성한 한 요인일 수 있다. 신라-백제의 대립이나 고려 태조의 훈요십조(訓要十條) 등이 영남과 기타 지역민의 편견을 낳고, 이 편견이 반호남주의(反湖南主義)를 조장했을 수 있다. 그러나 역사적 사실을 논리적 연결 없이 띄엄띄엄 들먹이는 이런 설명은, 천황이 만세일계로 이어온 인간 모습의 신이므로 일본의 뿌리는 하나라는 신화만큼이나 허망하다.[14] 그러므로 우리가 좀 더 쉽게 수긍할 수 있는, 이와 조금 다른 차원의 주관적 편견을 이야기해보자. 산업화와 함께 1960년대 이래 수도권에 밀려든 노동자계급이나 하층계급은 주로 충청과 호남 지역 출신의 이농민이었다(영남 지역의 노동자계급이나 하층계급은 주로 영남 출신 농민이 충원했다). 수도권에 밀집한 충청과 호남 출신 노동자계급이나 하층계급은 경쟁자였던 만큼 서로 곱게 볼 리 없었고, 그로 말미암아 충청 출신에게 반호남주의라는 지역주의가 발생했다(박상훈, 2009). 외견상 매우 그럴듯해 보이는 설명이다. 그러나 반호남주의를 이렇게 설명하는 것도 온당치 않기는 매한가지다. 충청 사람에게 반호남주의가 생겼다는 것은 그렇다 치지만, 왜 호남 사람은 반충청주의를 키우지 않았던가? 또

14 허망한 이야기라고 모두 쓸모없는 것은 아니다. 모든 신화는 특정한 주장이나 담론을 정당화하는 데에 기여한다.

수도권이나 영남권에서 영남 하층민과 호남 하층민의 충돌이 없었는데, 영남 사람은 왜 호남인을 미워했는가? 지역주의의 원인을 하층민의 심리에서 찾으려는 설명은 이런 질문에 대답할 수 없다.

마지막으로 지역주의의 발생 원인을 엘리트의 전략에서 찾을 수 있다. 영남 출신 엘리트는 서울에 집중한 정치적 특권과 경제적 혜택을 차지하려고 타 지역 엘리트를 공격했는데, 영남 엘리트가 다른 지역 엘리트를 모두 배제하는 것은 싸워야 할 적을 너무 많이 만드는 하책(下策)이었다. 그러므로 그들은 특정한 역사적 계기, 예컨대 1971년 대통령 선거와 1980년의 광주민주화운동, 1990년의 3당 합당 등을 기점으로 호남 출신 엘리트를 집중 배제하는 전략을 채택했다. 이런 상황에서 영남에서는 공격적 지역주의가 생겨났고, 호남에서는 저항적 지역주의가 발생했다. 얼핏 보면, 지역주의는 이렇게 엘리트의 전략에서 비롯했을 것이라고 판단된다. 그러나 물질적 토대가 지역주의를 제대로 설명하지 못했던 것처럼, 엘리트의 전략도 지역주의를 온전하게 설명하지 못하는 것은 마찬가지다. 정치적 특권과 경제적 혜택을 받지 못한 호남에서는 저항적 지역주의가 발생했지만, 같은 처지에 놓여 있었던 충청과 강원 지역에서는 왜 그런 저항이 발생하지 않았는가? 결국 차별적 인사정책만으로는 저항적 지역주의의 발생을 충분히 설명할 수 없다.

지금까지 살펴본 것처럼, 지역주의의 발생 조건은 물질적 조건과 주관적 편견, 엘리트의 전략이다. '공격적' 지역주의의 발생 원인은 이런 조건에서 쉽게 찾을 수 있다. 공격적 지역주의가 탄생하게 된 것은 영남 엘리트의 능동적 전략 때문이었다. 영남의 패권적 지역주의는 '영남 출신 중상층 계급(정·관계나 경제계의 중간층과 상층) 남성'이 중앙에 집중된 정치적 특권이나 경제적 이권을 독점하려고 타 지역 출신을 배제하는 가운데에서 탄생했다. 패권적 지역주의의 발생은 이처럼 어렵지 않게 설명할 수 있다. 그러나 저항적 지역주의의 발생과 존속은 그렇게 간단하게 설명할 수 없다. 앞에서 보았듯이 저항적 지역주의의 발생은 물질적 토대로도, 주관적 편견이나 차별적 인사정책 등으로도 온전히 설명할 수 없다. 그렇다면 저항적 지역주의는 왜 형성되었단 말인가? 경제 발전이 지역별로 불균등하고, 한 세력이 다른 세력을 배제하는 차별적 인사정책을 시행하는 조건이 마련된 상황에서, 정치적 대안의 조직 역량이나 정치세력의 전략적 개입, 지역민의 정치사회화 등과 같은 원인이 저항적 지역주의를 생성했다고 판단할 수 있다(손호철, 1997; 박상훈, 2009). 호남에서는 김대중이라는 정치적 대안이 부상해 박정희와 대립했고, 그를 에워싼 정치세력이 존재했으며, 이 정치집단이 지역민을 끊임없이 사회화하고 동원했던 탓에 패권적 지역주의에 대항하는 저항적 지역주의가 쉬이 발생할 수 있었다. 그러나 충청과 강원에서는 정치적 대안이 없고 정치세력도 부재해 저항적 지역주의가 등장하지 않았다. 간혹 정치적 대안이 되는 지도자가 떠오르고 그를 중심으로 정치세력이 만들어질 때에는 이들 지역에서도 잠시나마 지역주의가 출현했다. 예컨대 1992년 무렵 정주영이 주도한 통일국민당이 출현했을 때 강원도에서 지역주의가 반짝 출현했고, 1995년 무렵 김종필이 이끄는 자유민주연합이 등장했을 때 충청도에서도 지역주의가 돌출했다. 그리고 1997년 조순이 한나라당에 입당했을 때 강원도 지역주의가 잠깐이지만 다시 뜨겁게 떠올랐다.

논의를 요약해보자. 물질적 토대와 엘리트의 차별 전략은 패권적 지역주의와 저항적 지역주의를 낳은 필수조건이었다. 패권적 지역주의는 이런 두 조건이 충족되었을 때 곧바로 발생했다. 그러나 저항적 지역주의의 생성 조건은 이와 조금 달랐다. 앞의 두 조건이 충족되어도 지역민의 불만을 조직할 수 있는 정치세력이 존재하지 않았을 때에는 저항적 지역주의는 생겨나지 않았다. 잠시 생겨났다 하더라도 길게 존속하지 못했다. 결국, 저항적 지역주의는 물질적 토대와 차별적 인사정책 외에도 흡인력을 발휘하는 정치적 상부구조가 존재했을 때에만 나타났다.

## 기원과 역사

그렇다면 영남의 패권적 지역주의와 호남의 저항적 지역주의는 언제부터 발생했는가? 1960년대에 수출주도형 산업화가 시작했고 지역 간 불균등 발전이 진행했다면 이때 이미 지역주의가 발생할 조건이 마련되었다고 볼 수 있다. 아마도 영남의 패권적 지역주의, 즉 영남패권주의는 이 시기에 발아(發芽)했을 수도 있다. 그러나 이 시기에 영호남 엘리트가 정치적으로나 경제적으로 서로 대립했다는 증거는 어디에서도 찾을 수 없다. 1963년 5대 대선에서 전라남도 유권자의 57.2퍼센트가 박정희를 지지했다. 이는 경상북도 유권자의 지지율, 55.7퍼센트를 웃도는 것이었다(고종석, 2002b).

영남패권주의는 1971년 대통령 선거에서 비로소 그 모습을 드러냈다(김범준, 2015). 이 선거에서 박정희는 경북에서 7.6 대 2.4, 경남에서 7.4 대 2.6, 부산에서 5.6 대 4.4의 비율로 득표했다. 김대중은 전남북에서 약 6.4대 3.6으로 우세했고, 서울 지역에서 6대 4로 유리했다(서중석·김덕련, 2017). 이런 득표 결과는 자연스럽지 않다. 특히 경남과 경북의 투표 결과에서는 이른바 지역주의적 투표의 냄새가 짙게 배어난다. 박정희 정권의 권모술수, 그리고 이에 대한 영남 사람의 적극적 호응을 감지할 수 있는 대목이다. 박정희는 정적에게서 느꼈던 위협을 호남에 대한 적개심으로 바꿨고, 이 적개심으로 영남과 호남을 가르려고 시도했다. 이런 전략은 성공했다. 박정희는 경남북에서 다른 지역보다 더 많은 표를 얻어 김대중을 약 백만 표 차이로 제압했다. 이처럼 지역주의는 처음부터 영남 출신 엘리트가 정치경제적인 특권을 확보하려는 욕망에서 출발했다.[15]

15 황태연(1997)은 영남패권주의를 헤치터(Hechter, 1975)의 내부식민지이론으로 해석

박정희가 영남패권주의를 처음으로 도입했다면, 전두환은 광주 학살로 그 모습과 내용을 폭력적으로 완성했다(남영신, 1991; 황태연, 1997). 그러나 지역주의가 눈에 띄게 가시화한 큰 전환점은 1987년에 치른 대통령 선거였다(손호철, 1999). 이 선거에서 민주화 세력의 분열(김영삼과 김대중의 결별)은 한국의 지역주의의 현재 상태를 만들어낸 핵심 요인이었다. 이 선거를 기점으로 대구경북(TK), 부산경남(PK), 호남, 충청의 지역주의로 분열했다. 이런 현상은 저항적 지역주의가 정치적 대안과 정치세력과 관련이 있다는 앞 절의 주장을 뒷받침한다.

1990년 노태우와 김영삼, 김종필은 민주정의당과 통일민주당, 자유민주연합을 통합(3당 합당)했는데, 이로써 영남의 패권적 지역주의는 다른 지역의 동의를 얻어 호남을 포위하고 고립하는 데에 성공했다. 반호남주의를 완성했다. 이처럼 1990년 이래 반호남주의의 모습으로 자신을 완성한 영남패권주의는 2000년대에 들어 노무현의 투항적 태도로 더욱더 교묘해졌다. 노무현은 겉으로는 지역주의를 타파해야 한다고 말했지만, 실제로는 지역주의를 공고화하는 데에 기여했다. 그는 영남의 지역주의를 나쁜 것으로 평가했으나 호남의 지역주의도 부정적으로 바라보았다(강준만, 2007). 김욱(2015)은 이렇게 영호남의 지역주의를 양비론(兩非論) 시각으로 바라보는, 그리하여 은연중에 영남의 패권적 지역주의를 정당한 것으로 인정하고 만, 노무현의 태도를 '은폐된 투항적 영남패권주의'라고 명명했다. 그는 노무현이 영남패권주의의 해악을 슬그머니 은폐해 자신도 모르게 영남패권주의를 두둔했다고 판단했다.

앞의 논의를 정리해보자. 영남패권주의는 언제 시작했는가? 1960년대에는 물밑에 숨어 있던 영남패권주의가 1970년대부터 그 공격적인 모

하려고 했다. 제국주의 종주국이 식민지 국가를 억누르고 각종 이익을 수탈했듯, 영남 지역민이 비영남 지역민을 억누르고 이익을 독점하려 했다는 논리다.

습을 드러내기 시작했다. 영남패권주의는 1987년 대통령 선거를 기점으로 확고하게 자리를 잡았다. 영남패권주의가 주도한 반호남주의는 1990년 3당 합당 이래 맹위를 떨치기 시작했다(손호철, 1996; 1999). 반호남주의는 호남을 포위하고 고립했다. 그렇다고 그때 생긴 반호남주의가 지금까지 지속하고 있다고 볼 수는 없다. 1990년대 이래 영남의 패권은 천천히 약화했고, 그와 함께 반호남주의도 차츰 힘을 잃었다. 극심했던 반호남주의가 점차 사그라들었던 것은 민주주의의 진전과 파시즘의 실패 때문이었다. 영남패권주의는 군사 파쇼와 공생하여 물질적 이익을 얻었으나 박정희-전두환 정권은 국민의 저항에 가로막혀 좌초했다. 이후 노태우-김영삼-이명박으로 이어지는 후계 정권은 무능하거나 부패하여 대중의 신임을 잃기 시작했다. 누적한 부패와 무능은 박근혜 정권에 이르러 느닷없는 사건을 계기로 드라마틱하게 노출되었다. 박근혜 정권(2013.2.-2017.3.)은 2014년에 발생한 세월호 사건을 은폐하고 무마하려다가 사람들의 깊은 공분을 샀다. 정권의 지지율이 급락했다. 정권의 추락은 곧 영남패권주의의 위기였다. 박근혜 정권이 위기를 맞은 이래, 적어도 정치 영역에서 영남패권주의는 눈에 띄게 기울기 시작했다. 2016년의 총선거에서 새누리당(민주자유당을 계승한 정당)은 제1당을 더불어민주당에게 내주고 제2당으로 전락하면서 영남패권주의와 반호남주의는 약화하기 시작했다. 문재인 정권(2017.5.-2022.4.)에서 치러진 2020년의 총선에서 미래통합당(새누리당을 계승한 정당)은 이전보다 더 심각한 타격을 입었다. 제1당을 놓친 것은 말할 것도 없고, 개헌 선에 가까운 의석을 경쟁 정당에 내주었다. 2022년의 대통령 선거와 지방 선거에서 영남패권주의는 잠시 힘을 되찾는가 싶었지만, 윤석열 정권이 휘청이면서 영남패권주의는 쇠락을 가속화했다. 윤석열 정권(2022.5.-2025.4.)은 극도로 무능하여 정치, 외교, 경제와 산업, 사회복지, 의료, 기술 등 사회의 전 분야에서 총체적 난국을 초래했고, 그로 말미암아 민심은 빠른 속도로 이반했다. 2024년 총선거에서 영남패권주의를 대변하는 국민의힘(미래통합당을 계승한 정당)은 세력을 넓히기는커녕 또다시 대패했다. 2024년 윤석열 대통령은 이 패배를 만회하려고 친위쿠데타(self-coup)를 시도했으나 성공하지 못했다. 윤석열 대통령이 파면되면서 국민의힘은 더욱 위축되었고, 영남패권주의는 도리어 고립의 위기를 맞았다. 앞으로 더 지켜보아야 하겠지만, 적어도 정치 영역에서 영남패권주의와 반호남주의는 크게 약화할 것으로 보인다.

지금까지 우리는 영남패권주의와 호남의 저항적 지역주의가 발생하게 된 조건을 논의했고, 이 두 지역주의가 발전해온 그 역사를 살펴보았다. 그로써 우리는 엘리트의 쟁투(爭鬪)와 엘리트의 대중동원능력이 지역주의를 추동한 주요 동력이었다는 사실을 알게 되었다. 그렇다면, 이제 다시 앞으로 돌아가, 지역주의는 호남 문제인가, 영남 문제인가? 호남과 비호남의 대립 문제인가, 영남과 비영남의 대립 문제인가? 우리가 앞에서 이미 보았다시피, 지역주의의 발생은 정치적 특권과 경제적 혜택을 노리는 영남 출신 엘리트의 주도적이고 적극적 행위에서 시작했고, 호남 출신 엘리트의 소극적 반발에서 비롯했다. 그러므로 지역주의는 호남 문제라기보다 영남 문제라고 부르는 편이 더 마땅하다. 지역주의를 호남 문제로 접근하는 언설은, 그렇게 접근하는 사람의 주관적 의도와 달리, 객관적 사실을 은폐하거나 호도하는 이데올로기일 가능성이 높다.

### 이해관계

영남패권주의를 열렬하게 지지한 사람들은 영남 지역 거주민이었다. 그러나 영남패권주의의 주된 수혜자는 이들이 아니라 서울이나 수도권에 거주하는 영남 출신 중상층계급 남성이었다. 정관계나 경제계의 중간층과 상층을 장악한 이 남성들은 영남패권주의를 동원하고 유지해 서울에 몰려 있는 권력이나 자원을 지키거나 늘리는 데에 성공했다.

영남 출신 엘리트가 부와 권력을 차지했다는 증거를 보자. 〈표 6-4〉는 2013년 현재, 조사가 가능했던 500대 기업의 경영자 현황과 박근혜 정부의 엘리트 등용 상황을 보인 것이다. 경영계에서는 영남 출신이 약 36(≒100×180/495)퍼센트를, 호남 출신이 약 9.1(≒100×45/495)퍼센트를 차지했고, 정부 부문에서는 영남 출신이 약 36(≒100×82/230) 퍼센트, 호남 출신이 약 12(≒100×28/230)퍼센트를 차지했다. 그 시절의 정계와 경영계 리더가 출생했던 시기(대략 1960년)에 영남의 인구는 호남보다 1.35배 더 많았다(김욱, 2015: 222). 그러나 앞의 수치를 기준으로 계산하면, 영남 출신이 호남 출신보다 경영계에서는 4배, 정부 부문에서는 3배 많다. 영남 출신의 패권적 지배 현황이 선명하다.

〈표 6-4〉 2013년 기업과 정부 인사 출신 지역

| | 영남 | 호남 |
|---|---|---|
| **경영계** | | |
| 오너경영인 | 40/122(32.8%) | 11/122(9.0%) |
| 전문경영인 | 140/373(37.5%) | 34/373(9.1%) |
| **정계 및 산하기관** | | |
| 박근혜 내각 1기 | 6/18(33.3%) | 2/18(11.1%) |
| 박근혜 내각 2기 | 7/18(38.9%) | 1/18(5.6%) |
| 청와대 수석 | 5/11(45.5%) | 0/11(0.0%) |
| 정부 산하 단체장 | 64/183(35%) | 25/183(13.7%) |

**출처**: 김욱(2015: 223)

그러나 엘리트 일반의 문제보다 더 중요한 것은 핵심 권력의 문제다. 한국의 피라미드 통치구조에서 전통적 권력기관은 여전히 중요하다. 〈그림 6-18〉을 보건대, 국가정보원, 검찰청, 경찰청, 국세청 등 이른바 '4대

권력기관’의 주요 보직은 영남 출신이 거의 모두 장악했다. 2015년 현재, 총인원 25명 가운데 18명이 영남 출신이었다. 영남 출신이 전체의 60퍼센트를 넘었다. 이를 영호남 대비로 바꾸면 더 극적이다. 영남 출신은 호남 출신보다 9배나 많았다.[16]

〈그림 6-18〉 2015년 4대 권력기관 주요 보직 출신 지역(총 29명)

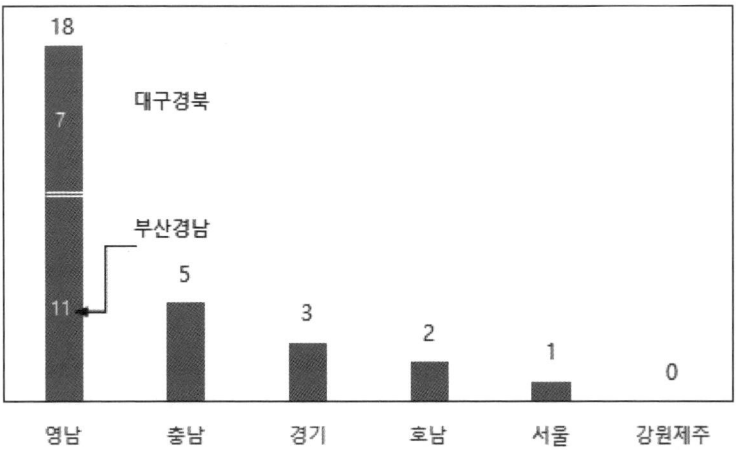


**출처**: 김욱(2015: 224)

## 인종주의

지금까지 영남패권주의는 영남 출신 엘리트의 물질적 욕망에서 시작했다는 사실을 보았다. 영남 엘리트가 물질적 자원을 독차지하려는 욕망은 그 자체로 큰 문제가 되지 않는다. 그 욕망 때문에 여러 지역 엘리트가 펼치는 상호대립도 별 문제가 되지 않는다. 돈과 권력을 둘러싼 싸움이

16 이외에도 영남 출신 엘리트가 정계, 경제계, 학계 등을 장악해 타 지역 출신을 배척했다는 증거는 무척 많다(남영신, 1991; 황태연, 1997; 강준만, 1995).

야 어딘들 없겠는가? 그러나 그 욕망과 대립을 포장하고 정당화하는 말과 행동은 큰 문제를 야기했다. 주지하다시피, 출신 지역은 귀속요인이다. 귀속요인이란 타고난 것으로 어떻게 해도 바꿀 수 없는 요인이다. 일반적으로 이런 요인을 근거로 차별을 감행하는 일은 부당하다고 알려져 있다. 성을 기준으로 사람을 차별하는 성차별주의(sexism)가 부당하듯, 혈통(인종이나 민족, 출신 지역)을 근거로 차별을 시도하는 인종차별주의(racism)도 부당하기는 매한가지다. 아래에서는 이렇게 부당한 인종(차별)주의를 정의해보자. 그런데 인종을 차별한다는데, 인종이란 어떤 것인가? 인종주의를 정의하기 전에 우선 인종부터 정의해보자.

인종(人種, race)은 두 가지 방식으로 정의할 수 있다. ① 한쪽 끝에서 보면, 인종은 불변하고 구체적인 생물학적 정보다. 본질주의적 정의다. ② 다른 한쪽 끝에서 보면, 인종이란 이데올로기적 구성물로 순전한 환상에 불과하다. 이 두 정의는 극단적이다. 가장 합당한 정의는 아마도 이 양자의 중간 지점에 있을 것이다. ③ 인종이란 불안정하고 탈중심화한 복합체여서 그것의 사회적 의미는 정치 투쟁 과정에서 항상 바뀐다. 인종은 생물학적 특성으로 결정되는 것이 아니라 사회적이고 역사적인 과정으로 결정되므로, 인간 집단을 인종으로 구분할 때 사용되는 범주는 기껏해야 부정확한 것이고 가장 나쁘기로는 완전히 자의적인 것이다(Omi and Winant, 2014).[17]

우리가 둘레에서 흔히 보고 듣는 인종주의는 첫 번째 인종 개념에 근거를 둔다. 이런 의미의 인종주의는 다음과 같은 신념이다. ① 인간 집단은 인종이라고 부르는, 서로 분리되어 있고 서로 중복하지 않는 생물

17 예컨대 백인과 히스패닉 혼혈아의 인종은 백인인가, 히스패닉인가? 백인이라고 주장하는 사람도 있을 것이고 히스패닉이라고 판정하는 사람도 있을 것이다. 이처럼 인종은 생물학적으로 결정되는 것이 아니라 사회적이고 역사적인 과정으로 결정된다.

학적 존재로 나뉘어 있고, ② 유전적 신체 특성은 퍼스낼러티 특성이나 지능, 도덕, 그리고 문화적 행동 특성으로 이어지고, ③ 어떤 인종은 선천적으로 다른 인종보다 더 우월하다고 믿는 신념이다(Smedley, 2025). 이런 신념은 당연하게도 정치적, 경제적, 법적 차별을 만들거나 유지하는 데에 기여한다. 또 이 신념은 부와 소득, 교육, 보건, 시민권 등과 같은 영역의 인종적 불평등을 정당화하거나 강화한다.

보통의 인종주의에 대해 비판적 태도를 취하는 정의는 두 번째와 세 번째 인종 개념에 근거를 둔다. 인종이 환상에 기반을 둔 범주라면 인종주의도 환상일 따름이다. 두 번째와 세 번째 인종 정의에 기대어 좀 더 현실적이고 좀 더 넓은 의미의 인종주의를 정의한 한 사례를 보자. 튀니지의 문필가이자 사회학자 알베르 멤미(Albert Memmi)는 인종주의를 다음과 같이 정의했다(고종석, 2016). 인종주의란 "어떤 공격을 **정당화**하려고, 현실적이거나 상상적인 차이를, 공격자에게는 유리하고 피해자에게는 불리하도록 일반화해, 가치를 부여하는 관념(강조는 인용자)"이다.[18] 이런 정의를 따르면 인종주의는 다양한 빛깔을 띤다. 피부색을 근거로 백인이 흑인을 멸시하고 배척하는 백인우월주의가 고전적 인종주의라면, 종족을 기준으로 독일인이 유대인을 박해하고 살해하는 반유태주의도 인종주의다. 이스라엘 사람들이 팔레스타인 사람을 배척하고 핍박하는 반팔레스타인 사상이나 운동(anti-philistinism)도 인종주의다. 민족을 근거로 조선인과 한국인을 멸시하고 혐오하는 일본인의 혐한(嫌韓)이 새삼 증명할 필요도 없는 인종주의라면, 출신지역을 기준으로 호남인을 비하하고 모욕하며 배제하는 영남인의 언동도 인종주의다.[19] 한 걸음 더 나아가, 이

18 모든 형태의 인종주의는 정당화의 기능을 수행한다(Bourdieu, 1993). 이 책의 제3장 3절을 참고하라.

19 황태연(1997)과 고종석(2002a, 2016)은 '피'를 근거로 차별을 일삼는 인종주의를 일종의 신분제라고 표현했다. 백인과 유색인이라는 인종적 지위를 신분이라고 보았다.

책의 제3장에서 이미 보았듯, 부유한 사람들이 자신의 능력(선천적 재능이나 후천적 노력)을 자랑하고 가난한 사람의 모자람과 게으름을 비난하는 능력주의도 인종주의다. 지능 인종주의다.

그 정의상 당연한 일이지만, 이런저런 인종주의는 자연스럽게 편견, 차별, 적대감을 포함한다. 백인은 흑인을, 독일인은 유대인을, 이스라엘 사람은 팔레스타인 사람을, 일본인은 조선인(한국인)을, 영남인은 호남인을, 부자는 가난한 사람을 얕보고 경멸하며 혐오한다. 전자는 후자를 '더럽고 게으르고 비천하고 사악한' 존재로 규정한다. 백인이 흑인을, 독일인이 유대인을, 일본인이 조선인(한국인)을 규정할 때 쓰는 이와 같은 수식어가 영남 사람이 호남 사람의 품성을 묘사할 때에 쓰는 수사법과 거의 같다는 사실은 그다지 놀랍지 않다. 영남 사람은 호남 사람, 특히 호남의 남성을 더럽고 게으르고 비천하고 사악한 존재로 치부했다(강준만, 1995).[20]

보통의 인종주의가 흔히 그러했듯, 영남패권주의도 파시즘과 관련했다.[21] 지난 시절 영남 엘리트는 군사파쇼와 결합해서 이익을 추구했다.

---

이들은 혈통을 기준으로 세상을 구분하는 지역주의도 또 하나의 신분제라고 여겼다. 영남인과 호남인이라는 혈통 지위를 신분이라고 간주했다. 이들은 지역주의와 인종주의가 동일한 실체라고 암시했던 셈이다. 손호철(1997; 1999)과 조기숙(2000), 김욱(2016)도 지역주의와 인종주의의 유사성을 언급했다. 이 책은 이로부터 한 걸음 더 나아가, 아예 지역주의는 곧 인종주의라고 주장한다.

20 인종주의는 남성에게만 해당한다. 인종주의는 대체로 남자만 배척하고 차별한다. 여자는 흔히 차별 대상이 되지 않는다. 흑인, 유대인, 조선인, 호남의 여성은 배척 대상이 아니다. 인종차별주의자는 차별 대상이 되는 집단의 여성, 예컨대 조선 여성이나 전라도 여성을 도리어 부지런하고 순종적이며 착한 사람으로 미화한다.

21 파시즘(fascism)에 대한 일반적이고 표준적인 정의는 없다. 그리하여 사람들은 파시즘이라는 용어로 서로 다른 대상이나 현상을 지칭했다(Paxton, 2004).

파시즘은 본래 이차대전 직전의 독일, 이탈리아, 일본의 정치체제였다. 1920~30년대에 서구 각국의 자본가와 지주, 보수적 정치인과 지식인 등은, 안으로 주기적인 경제 공황에 시달리고 밖으로 사회주의 세력의 성장에 위기를 느껴, 파시즘이라는 독특한 정치 체제를 만들어냈다. 파시즘 체제는 국가주의, 전체주의, 권위주의, 국수주의,

영남 엘리트는 박정희와 전두환에 빌붙어 더 높은 권력과 더 많은 돈을 거머쥐었다. 영남 엘리트는 파시스트 세력의 일부였다. 그런데 엘리트는 그렇다 치고, 출신 지역이 같다는 이유로 박정희를 흠모하다가 마침내 그의 딸마저 존경하게 된 영남의 보통 사람을 우리는 무엇이라고 평가할 것인가? 동향 사람이라고 전두환을 두둔하면서 시민 학살마저 용인하게 된 평범한 영남 사람을 우리는 무엇이라고 규정할 것인가?

> 군사변란을 일으켜도, 제 동포를 학살해도, 국가를 파산시켜도, 제아무리 큰 부정과 비리를 저질러도, 민주주의를 질식시켜도, 남북관계를 파탄 내도, 강부자(강남의 땅 부자의 약어 – 인용자)만을 위한 정책을 펴도,

---

반공주의를 특징으로 했다.

파시스트 운동의 목적은 이원적이었다. 안으로는 계급투쟁의 격화를 차단하고 밖으로는 국가 중흥과 영토 확장을 꾀하는 것이었다. 파시즘은 이런 목적을 달성하기 위해서 계급 협조를 강요했다. 말이 좋아 계급 협조지, 파시즘은 노동자를 일방적으로 억압했다. 파시즘은 정치권력과 대자본의 긴밀한 결탁을 기반으로 노동자의 저항을 폭력적으로 분쇄했다. 그러면서도 파시즘은 보수적 군중의 열렬한 참여를 이끌어냈고, 이 지지를 바탕으로 국가주의와 전체주의를 만들어냈다. 히틀러는 노동자를 억압했으면서도 독일 대중의 열렬한 지지를 끌어 모으는데 성공했다.

한국 파시즘의 기원은 식민지 시대의 천황제 파시즘이었다. 천황제 파시즘은 만주사변과 중일전쟁 전후로 한편으로 노동자와 농민을 폭력적으로 억압했고, 다른 한편으로 광범한 대중을 동원하려고 노력했다. 예컨대 천황제 파시즘은 중국 혐오를 부추겨 조선인의 자발적 동조를 유도하려 노력했다(1931년에 일어났던 만보산 사건을 보라). 천황제 파시즘은 비록 그 형태를 바꾸었지만, 1970년대 박정희의 유신 체제와 1980년대 전두환의 군사독재로 이어졌다. 이 시대의 한국 파시즘은 외형상 서구의 파시즘과 비슷한 모습을 띠었다. 국가주의, 전체주의, 권위주의, 국수주의, 반공주의를 특징으로 했다(혹자는 한국의 파시즘이 특이하게도 민족주의와 국수주의를 결여하고 있다는 점을 강조했다. 한국 파시즘의 이론적 대변자, 뉴라이트(New Right) 일파는 한국의 민족주의를 부정하거나 거부하고 일본과 미국을 찬양했다). 그러나 한국의 파시즘은 전형적 파시즘과 달리, 적극적인 대중 동원에 실패했다. 대중의 광범한 지지를 얻지 못했다. 한국의 독재체제를 파시즘이라고 부르기 민망한 이유다. 한국의 파시즘을 파시즘이라기보다 그저 폭력적 독재체제라고 정의할 수도 있겠지만, 여기서는 흔히 쓰는 일상 용법을 좇아 한국의 독재체제도 파시즘이라고 명명하기로 한다.

변함없이 한나라당(민주자유당을 계승한 정당–인용자)을 지지하는 경상도 유권자의 집단 멘털리티 기저에는 무엇이 도사리고 있는 것일까?(이태경, 2009)"

유시민(1997)은 이렇게 비정상적인 영남 사람의 심성 밑바닥에는 '집단적 정신질환'이 가로놓여 있다고 말했다. 얼핏 들으면, 이런 진단은 제법 충격적으로 들린다. 그러나 그 진단은 그렇게 설득력을 발휘하지도 않을 뿐더러 적절하지도 않다. 도리어 그 진단은 영남인의 집단 심성을 합리적으로 해명할 수 없는 그 무엇이라고 간주함으로써, 그것을 불투명하게 가리는 일종의 신비화(神祕化)에 가깝다. 신비화는 거의 항상 사태를 은폐한다. 신비화는 집단 심성의 밑자락에 깔린 욕망을 은폐함으로써 영남 사람의 이익을 숨기거나 두둔하는 이데올로기로 쓰인다. 영남인의 집단 심성은 정신병으로 치부할 만큼 그렇게 이해하기 어려운 것이 아니다. 그 심성은 충동적이고 비합리적인 정신질환에서 비롯한 것이 아니다. 그 심성은 영남사람이 자발적이고 합리적으로 선택한 전략의 결과물이다. 그런 심성은 부와 권력을 추구하는 욕망에서 비롯했다. 욕망을 방해하는 세력을 억압하거나 배제하려는 전략에서 시작했다. 영남인의 집단 심성은 이런 욕망과 전략의 자연스런 결과물이다. 거듭 말하지만, 영남패권주의는 자신도 제어하지 못해 어찌할 수 없이 나타나게 된 비합리적 질병이 아니라, 합리적으로 계산하고 의도적으로 고안해낸 전략의 결과물이다(조기숙, 1997). 그리하여 영남패권주의의 이데올로기에는 항상 영남 지역민의 물질적 욕망을 건드리거나 부추기는 말들이 묻어 있다.

예컨대 "(광주에는 추석이 풍성한데–인용자) 대구 부산엔 추석이 없다(동아일보, 2000)"는 고의적이고 악의적인 기사는 한편으로 영남 지역민의 물질적 욕망을 슬쩍 건드려 정치적 이익을 얻으려는 술책이기도 했지만, 다른 한편으로 영남패권주의의 근저에는 물질적 욕망이 숨어 있다는 사실을 선명하게 보여주는 증거이기도 했다.[22] 그런 술책이나 증거가 어디 한두 개이겠는가? 한나라당(민주자유당을 계승한 정당) 부산 북구·강서구 후보 허태열이 2000년 총선 유세에서, 아마도 고의적으로, 내뱉은 발언을 들어 보자. “여러분, 요즘 살림살이가 나아졌습니까? 살림살이가 나아진 사람은 손 한 번 들어보세요. 아, 저기 한 분 계시는데, 혹시 전라도에서 오신 분 아닌가요?”하는 발언은 신문 논조보다 훨씬 노골적이다. “부산이 광주보다 못 산다”는 자유민주당 정규재 부산시장 후보의 주장(미디어오늘, 2021)은 영남패권주의의 민낯을 드러내기도 하려니와 영남패권주의의 물질적 욕망이 시간을 훌쩍 뛰어넘어 지금 이 시대에도 여전히 유효하다는 사실을 내비친다. 어쨌든 영남 파시즘은 영남 엘리트와 영남의 보통 사람이 자신의 물질적 욕망을 달성하는 한 수단이었고, 거꾸로 영남패권주의는 파시즘을 두둔하거나 추동하는 동력이었다.

### 정당화 논리

지금까지 영남패권주의의 물질적 측면과 관념적 측면을 모두 살펴보았다. 이 두 측면 중에서 물질적 측면이 영남패권주의의 본질에 가까울 것이다. 영남 출신 중상층계급 남성이 정치경제적 특권을 독차지하려는 욕망이 영남패권주의의 핵심일 것이다. 그러나 영남패권주의가 현실적으로 더 큰 문제를 야기했던 것은 물질이 아니라 그것이 파생한 관념이었다. 인종주의와 파시즘이 문제였다. 앞에서 이미 보았듯, 인종주의는 차별과 분열을 낳았고 파시즘은 폭력을 부추기고 두둔했다.

---

22 2000년은 김대중 대통령 집권 시기다. 지금도 그러하지만 그 시기에 보수 언론이나 한나라당(민주자유당을 계승한 정당)은 알게 모르게 지역감정을 부추기려 무신 애를 썼다.

다른 한편, 영남패권주의는 인종주의와 파시즘 말고도 또 하나의 다른 관념을 추가로 생산했다. 이 관념은 자신을 숨기고 두둔하는 정당화 논리인데, 이 논리가 만들어낸 해악도 결코 가볍지 않았다. 앞에서 보았듯, 영남패권주의는 애초에 박정희의 분할통치 전략과 영남 출신 엘리트의 탐욕에서 비롯했다. 이런 전략과 탐욕은 당연히 저항적 지역주의를 낳았다. 공격적이고 팽창적인 제국주의가 저항적 민족주의를 만들어냈던 것과 흡사하다. 이 저항적 지역주의는 소극적이고 방어적인 것이어서 적극적이고 공격적인 영남패권주의가 소멸하면 저절로 사라질 운명의 것이었다. 그러므로 한국의 지역주의는 영남패권주의라고 일컬어야 비로소 이해가능하다. 다른 이름으로 부르면 그 역동성을 이해할 수 없다(김욱, 2015). 그런데도 주류 언론이나 학자들은 영호남 사람의 다툼이나 싸움을 영남패권주의라고 부르는 것을 거부하고 지역주의나 지역감정이라는 용어를 사용했다. 그들은 영호남 사람의 갈등을 중립적이고 객관적으로 바라보아야 한다고 주장했다. 영남 사람은 영남의 이익을 주장하고 호남 사람은 호남의 이익을 내세우는 것이 지역주의라고 생각했다. 영남 사람이 특정 정당을 지지하는 것은 호남 사람이 다른 정당에 몰표를 던지는 것과 다르지 않으니 두 지역의 지역주의는 동일 수준의 것이라고 강변했다. 호남인의 투표가 극단적으로 치우치는 것, 특정 후보나 정당에 대한 지지율이 90퍼센트 이상으로 치닫는 사실을 놓고 호남의 지역주의가 영남의 지역주의보다 더 큰 문제라고 말하기도 했다. 그러나 과연 그럴까? 두 지역의 지역주의는 같은 종류, 같은 수준의 것일까? 호남의 지역주의가 더 심한 것일까? 그렇지 않다. 앞에서 말한 것처럼, 영남패권주의가 지역주의를 촉발한 적극적 요인이라면 다른 지역의 지역감정은 저항적 성격의 소극적 요인이었다. 지역주의는 처음부터 비대칭적이었다. 그런데도 사람들은 영남패권주의라는 말을 사용하지 않고 지역주의나 지역감정이라는 중립적 용어를 사용함으로써, 이런 비대칭성을 감추었다. 영남 엘리트와 영남 지역민의 이익을 은폐하고 옹호했다.

지역주의나 지역감정이라는 중립적 용어는 이처럼 영남패권주의의 주도성과 공격성을 숨겨서 영남 엘리트의 이익을 옹호하기도 했지만, 다른 한편으로는 영남 사람에게 심리적 안정을 제공하기도 했다. 지역주의나 지역감정이라는 표현은 영남패권주의를 다른 지역주의(예컨대, 호남의 지역주의)와 병렬함으로써 영남 사람에게 심리적 면죄부를 발부했다. '영남의 이익만 추구하는 우리도 나쁘지만 너희 지역의 이익을 챙기는 너희도 나쁘니, 이로써 서로 비겼다'는 심리적 안정감을 제공했다. 나도 나쁘지만 너도 나쁘니 너는 날 비난할 자격이 없다는 논리를 제공했다. 이런 논리는 2024년 12.3 내란 사태 이후 영남인 일부가 내세운 허망한 논리, 윤석열이 잘못했지만 이재명도 문제라는 논리와 다를 바 없다. 국민의힘(민주자유당의 후신)도 나쁘지만 더불어민주당도 잘한 게 없다는 양비론과도 일맥상통한다. 이쪽도 저쪽도 잘못이라는 양비론은 제 잘못을 알면서도 그 잘못을 고치지 않겠다는 영남인의 고집과 의지를 표현하는 것인데, 굳이 지역주의라는 용어를 선호하는 것도 이들의 강력한 의지를 나타낸다.[23] 어떤 상황에서도 제 이익을 포기하지 않겠다고 선언하는 꼴이다. 지역주의나 지역감정이라는 단어가 내포한 이런 이데올로기를 폭로하고 해체하려면 지역주의라는 용어를 버리고 영남패권주의라는 본

23 대체로 양비론은 그런 논리를 펼치는 자가 자신의 잘못을 고치려 하지 않는 고집을 포함하지만, 한 걸음 더 나아가, 책임을 전가하려는 의지도 내포한다. 양비론은 양 당사자가 모두 잘못했다고 비난하는 것 같지만, 실제로는 한쪽에 책임을 전가해 그쪽을 더 비난하는, 묘한 뉘앙스를 풍긴다. 예컨대, 윤석열이 나쁘지만 이재명도 나쁘다는 말은 윤석열보다 이재명이 더 나쁘다는 말처럼 들린다. 그렇게 들릴 뿐만 아니라 실제로도 이런 유형의 양비론은 조금 있다가 윤석열 책임론이 아니라 이재명 책임론으로 진화하기까지 했다. 2025년 4월, 국민의힘 대통령 후보 경선에서 당시 여론조사 지지율 1위를 달리던 김문수 후보는 "(윤석열)대통령께서 이 비상계엄을 선포할 수밖에 없었던 안타까운 사정에 대해서 그 책임이 민주당에 있다고 생각한다"고 말했다(경향신문, 2025).

래의 이름을 써야 한다. 제 자신과 세상을 기만하는 양비론적 태도도 비판해야 한다.

**참고 6-1** **영남패권주의 단상**[24]

가깝거나 먼 장래에 한국이라는 나라가 망하거든, 여기까지 말하면 영남패권주의자는 '파블로프의 개'처럼 조건 반사해, '한국이 공산화하면'이라고 해석할 것이다. 그들은 인공지능(AI)가 세상을 뒤덮고 있는 21세기에도 레드 콤플렉스를 달고 산다. 이를 두고, 일부 논자는 영남패권주의자들이 어리석게도 아직 냉전시대를 벗어나지 못했다고 말한다. 그러나 그런 진단은 그들을 너무 얕잡아 본 것이다. 그들은 바보가 아니다. 그들은 자신의 이익이 무엇인지를 꿰뚫고 있는 무척이나 영악한 사람들이다. 그들은 얼마나 영악한가? 그들은 얼마나 현실적인 사람들인가? 강준만은 자신의 저서 『김대중 죽이기』의 후기에서 이 책에 대한 독자의 의견을 요청했는데, 이때 한 여성에게서 그가 받았다는 편지의 일부를 보자.

> 저는 전남 광양에 살고 있는 서른네 살의 평범한 주부입니다. (…) 제 친정은 전남 광양이고 시댁은 경북 청송입니다. (…) 92년 대통령 선거 끝나고 (그때는 부산에서 살았습니다) 부석부석한 얼굴로 새벽시장에 갔었습니다. 김대중 씨의 감동적인 정계은퇴 발표가 있은 바로 직후였지요.[25] 아마 십 분쯤 지난 시각이

24 수 년 전에 다른 주제의 글을 쓰다 뜻밖에도 영남패권주의와 마주쳤다. 영남패권주의가 우리 생활에 스며든 범위나 영역은 그만큼 넓고 깊다. 이 글은 필자가 그때 남겨둔 메모를 일부 수정한 것이다.

25 1992년 대통령 선거에서는 민주자유당의 김영삼, 민주당의 김대중, 통일국민당의 정주영 후보 등이 경쟁했다. 김영삼 후보가 당선되었고, 김대중 후보는 71년, 87년에 이어 세 번째 선거에서도 낙선했다.

었을 겁니다. 투박한 경상도 말씨의 아주머니들, 아저씨들 너나 할 것 없이 방금 끝난 대통령 선거로 열을 올리고 있었습니다. 패배자의 심정을 그들이 알 리가 없었겠지요. (그래 이겨서 좋겠다) 그런데 놀랍게도 그 시간의 주제는 이런 것이었습니다. "김대중 씨가 인물은 인물인데, 시를 잘 몬 만난는 기라." "하모 그 사람 맨치 똑똑한 사람이 없다 카드라. 한번은 대통령 해 묵을 사람인디." 어저께까지 김대중이 그 새끼 빨갱이 새끼 별별 욕을 다 들어먹던 사람한테 오늘 그 사람들은 똑똑해서 너무 아까운 사람이라고, 나라를 위해서 그런 사람이 대통령 한 번 해야 한다고 동정해 마지않는 것이었습니다. 그런데 "인자는 찍어 주고 싶어도 정치 안 한다 안 카나"하는 말은 잊지 않더군요. 결국 이긴 자의 값싼 동정심에 불과한 찬사였지요(강준만, 1995: 17).

이 인용문으로 우리는, 영남 사람들이 결코 무지하지 않다는 사실을 알 수 있다. 무지하기는커녕 그들은 지극히 이성적이고 합리적이다. 그들은 '김대중이'가 '빨갱이'가 아니라는 것도, '똑똑한 사람'이라는 것도 진즉 알았지만, 정치적으로 지지할 수 없어 그를 빨갱이라고 치부했다. 정치권력을 장악한 자나 사회적 강자가 자신의 정치적 반대자나 경쟁자, 또는 사회적 약자에게 빨갱이 낙인을 찍으려는 술책은 예나 지금이나 많이 다르지 않은데, 위 인용문의 영남 사람들도 자신의 이익을 해칠 것 같아 보이는 사람에게 그런 술수를 부렸을 뿐이다. 이어서 역사학자 전우용이 술자리에서 들었다는 다음 이야기도 들어보자.

이명박이 부패할 기라는 거, 박근혜가 무능할 기라는 거, 누가 모르고 찍었나? 우리 바보 아니대이. 오죽하면 돼도 걱정, 안 돼도 걱정이라 했겠나? 하지만도 대안이 없었다 아이가? 조선왕조가 아무리 부패하고 무능했어도 일본 놈 통치보다 난 것 맹키로(김욱, 2015: 228에서 재인용)

이 짧은 인용문으로 알 수 있는 사실은 대략 세 가지다. 첫째, 인용문의 화자(話者)는 다른 정당의 정권을 '일본 놈' 통치로 비유했다. 인상적이다. 영남 사람에게 타 지역 사람이나 다른 정당은 이민족과 같다는 뜻이다. 이는 영남패권주의가 인종주의의 일종이라는 사실을 명백하게 드러낸다. 둘째, 인용문의 화자가 자각하고 있듯, 영남패권주의자는 바보가 아니다. 바보는커녕 그들은 충분히 지성적이다. 그들은 '이명박이 부패할 것이고, 박근혜가 무능할 것'이라는 사실을 미리 알고 있었다. 그러므로 그 사람들은 사회주의라는 거대한 실험이 실패로 끝났고, 이제 북한을 포함한 그 어떤 사회주의 국가나 세력도 이념적으로나 군사적으로 우리에게 별다른 위협이 되지 않는다는 사실을 잘 알고 있었을 것이다. 그렇다면 그들은 왜 그렇게 빨갱이를 미워했는가? 대안이 없기 때문이었다. 대안이 없어서 이명박과 박근혜를 찍을 수밖에 없었듯, 다른 정당이나 다른 지역 사람들을 비판할 때, 궁색하고 어색하지만 종북 타령이나 빨갱이 타령으로 겁박하는 것 말고는 다른 대안이 없었다. 셋째, 영남패권주의는 충동적이고 감성적이며 비합리적인 심성이 아니다. 정신질환이 아니라는 이야기다. 영남패권주의는 정신병이기는커녕 지극히 합리적인 전략이다. 영남패권주의는 자신들이 부와 권력을 차지하려고 타 지역 사람을 고의적으로 배제하는 전략이다. 영남패권주의자는 잘 안다. 자신들이 돈이든 권력이든 귀중한 것을 다른 지역 사람보다 더 많이 차지하려 든다는 것을. 사리사욕을 채우려면 다른 지역 사람들을 빨갱이로 몰아붙여서라도 미워해야 한다는 사실을. 사리사욕을 채울 수 있다면 국가와 민족, 민주주의도 버릴 수 있다는 사실을.[26] 이처럼 공적 이익을 버리고 사적 이익을 추구한다는 측면에서 영남패권

26 2016년 울산의 한 주민이 뉴스타파의 인터뷰 영상에서 내놓은 발언을 보자. "우리는 새누리당밖에 안 뽑아요. (…) 나는 나라 다 팔아먹어도 새누리당이에요. (…) 우리 고향이 대구니까."

주의자는 바보나 정신병자보다 매판(買辦, compradore)에 더 가깝다.

어쩌다가 가던 길을 벗어났다. 앞에서 하다 만 이야기를 다시 이어가 보자. 다가오는 시대에 한국이 망하거든, 더 구체적으로 말해, 예전에 아르헨티나가 그랬던 것처럼, 한국이 잘 나가는 나라에서 중진국이나 후진국으로 미끄러지는 사태가 일어나거든, 영남패권주의 탓이 적지 않을 것이라고 나는 생각한다. 영남패권주의가 한국의 정치와 경제에 끼치는 폐해는 그만큼 크다. 영남패권주의가 왜 한국을 망치냐고? 영남패권주의의 본질에서 그 원인을 찾을 수 있다.

영남패권주의라는 괴물의 정체는 무엇인가? 앞에서 조금씩 암시했으니, 이제 단도직입적으로 말해보자. 이 괴물의 정체는 돈과 권력, 명예를 독차지하려는 '서울에 거주하는 영남 출신 중상층계급 남성'의 탐욕이다. 이미 많은 것을 가진 상층부 남성의 수성(守城) 욕망이거나 아직 성공하지 못한 중상층 남성의 공성(攻城) 욕망이다. 욕망은 이해한다. 누군들 더 많이 가지거나 누리고 싶지 않겠는가? 문제는 이들이 욕망을 충족하는 방식에 있다. 영남패권주의는 비뚤어진 방식으로 욕망을 추구했다. 출신 지역으로 폐쇄를 시도했다. 강렬한 욕망 탓에 그들은 정상적 사고의 범위를 벗어났고, 출신 지역으로 폐쇄한 탓에 그들은 환상과 망상의 꼭두각시가 되었다. 도대체 그들은 어떤 망상을 지니고 사는가? 영남패권주의를 분해해보자.

첫째, 영남패권주의는 인종주의다. 인종주의는 망상이나 환상의 일종이다. 사실적 근거가 없는, 뒤틀린 관념이다. 영남패권주의는 다른 종류의 인종주의와 한 치도 다르지 않다. 백인우월주의, 반유대주의, 혐한론 등과 같은 인종주의가 인종이나 민족, 종족을 기준으로 차별한다면 영남패권주의는 출신 지역을 기준으로 사람을 차별한다는 점만 다를 뿐이다. 영남패권주의는 영남 사람을 호남 사람보다 더 우월한 존재로 보고, 호남 사람을 멸시, 배척, 증오한다. 영남 사람이 호남 사람보다 더 우수하거나 우월하다는 명제가 참이면, 백인은 흑인보다 우수하고, 독일인은 유대인보다 뛰어나며, 일본인은 '조센진'보다 월등하다는 명제도 참이다. 이렇게 나열하니, 온갖 부류의 인종주의에서 사회경제적 약자를 모욕하고 멸시하며 배척하려는 의도가 느껴지지 않은가? 백인은 흑인을, 독일인은 유대인을, 일본인은 조센진을, 영남 사람은 호남 사람을 얕보고 경멸하며 증오했다. 백인과 독일인, 일본인과 영남 사람은 흑인과 유대인, 조센진과 호남 사람을 '더럽고 게으르고 비천하고 사악한' 존재로 규정했다. 독일인과 일본인과 영남 사람은 유대인과 조선인과 호남 사람을 빨갱이로 지목했다. 이런 색깔 씌우기에서는 섬뜩한 살의와 극렬한 혐오(嫌惡)가 번득인다. 오늘날 독일인은 겉으로나마 이 저급한 인종주의를 반성하고 거부했지만, 일본인은 부끄러운 줄 모르고 지금도 조선인과 한국인을 멸시하고 배척하며 저주한다. 영남 사람도 박정희 이래 지치지 않고 호남 사람을 비하하고 모욕하며 증오해왔다.

둘째, 영남패권주의는 파시즘이다. 영남패권주의는 파시즘에 동조하여 자신의 욕망을 채우려고 했다. 영남패권주의는 파시즘을 키우는 동력이자 온상이었다. 영남패권주의자는 두 부류로 나눌 수 있다. 한 부류의 사람들은 군사파시즘에 빌붙어서 더 많은 권력을 탐했고 더 많은 돈을 거머쥐었다. 이런 사람들은 두 말할 필요도 없이 군사파쇼의 부역자였다. 그런데 그들은 그렇다 치고, 조금 소극적이고 수동적인 다른 부류의 사람들, 즉 출신 지역이 같다는 이유로 박정희와 전두환을 두둔하다가 마침내 파시스트 일당을 찬양하고 시민 학살마저 용인해버린 보통 사람을 우리는 무엇이라 부를 것인가? 유추해보자. 히틀러를 추종해 '생쥐' 같은 유대인 학살에 동조했던 1930~40년대의 평범한 독일인을 우리는 무엇이라 부를 것인가? 천황폐하 만세를 외치며 천하디 천한 '조센진' 사냥을 방관하고 방조했던 1920~40년대의 보통의 일본인을 우리는 무엇이라 부를 것인가? 그들을 파시스트라 부르지 않으면 어떤 사람을 파시스트라고 할 것이며, 그들의 신념과 태도를 파시즘이라고 부르지 않으면 도대체 무엇을 파시즘이라고 한단 말인가? 이런 측면에서 바라보면, 영남패권주의도 군사파쇼를 감싸고 지지하는 야만적 파시즘이다. 우리는 이를 영남 파시즘이라 부를 수 있다. 그런데도 그들은 파시즘을 슬그머니 숨긴 채, 자신을 보수라고 참칭한다. 자신의 파시즘을 보수주의라고 정당화한다. 이런 얄팍한 포장술은 그들의 생각과 이념이 얼마나 비도덕적이고 비윤리적인지를 스스로 입증한다. 그들도 자신이 얼마나 비열한지를 잘 알고 있다. 모른 척하고 있을 뿐이다.

셋째, 영남패권주의는 논리의 파탄(破綻)이다. 인종주의와 파시즘은 민주주의와 공존할 수 없다. 인종주의와 파시즘은 민주주의와 충돌하고 민주주의를 파괴하는 가치체계다. 그렇다면 이렇게 서로 충돌하는 가치와 정보를 한꺼번에 처리하는 영남패권주의자의 논리 회로와 감정처리장치는 제대로 작동할까? 그럴 리가 없다. 그들의 논리는 난마처럼 엉켜 있고, 그들의 감정은 맹목적이고 충동적이다. 영남패권주의자는 표현의 자유 운운하며 고개를 치켜들고 인종주의와 파시즘을 두둔한다. 비윤리적 신념을 정당한 것이라고 우기고, 수치스런 짓을 하면서도 부끄러워할 줄 모른다. 이런 혼돈도 정신질환의 한 종류라면, 영남패권주의는 심각한 정신병이다.

## 2) 지방의 내부식민지화

지금까지 줄곧 말했지만, 영남패권주의는 인종주의다. 지금 살펴보건대, 영남 지역 여기저기에 널리 퍼진 이 인종주의는 질긴 생명력을 발휘하고 있다. 앞으로도 쉬이 사라질 것 같지 않다. 어쩌면 먼 훗날에도 이 인종주의가 지속할 가능성도 없지 않다. 그러나 장기적으로 볼 때, 출신지역을 기반으로 하는 이런 인종주의는 소멸할 가능성이 높다. 왜냐하면 서울과 수도권을 제외한 나머지 지역은 영호남 가릴 것 없이 정치, 경제, 문화적으로 나날이 피폐해지고 있기 때문이다.

> (지방의 쇠퇴는–인용자) 수도권과 영남의 이원 구조를 갖는 영남 패권이 본격적으로 분화하기 시작했다는 신호(…)다. 강남에 사는 영남 3세는 (…) 추석 때 영남이 아니라, 근처 '자이'아파트 사는 할아버지 집 찾아간다. 이들에게는 호남이나 영남이나 똑같은 시골 것들이다(윤중대, 2016).

이처럼 오늘날 서울에 거주하는 영남 출신 엘리트 남성은 더 이상 영남과 교류하지 않는다. 이들은 영남지역에 심정적인 호감을 느끼지만 영남지역민과 더 이상 사회적으로 교류하지 않는다. 마찬가지로 영남지역민은 머릿속으로는 서울에 거주하는 영남 출신 엘리트에게 호감을 느끼지만 이들과 끈끈한 인간관계를 맺지 못한다. 서울에 사는 영남 엘리트와 영남 지역민의 사회적 연결이 줄어들고 있다. 이처럼 영남패권주의를 지필 수 있는 불씨는 아직도 넘실거리지만, 이 불씨를 살려 화려한 불꽃을 만들 땔감의 양은 점차 줄어들고 있다. 그러므로 영남패권주의는 관념 영역에서 지속할 것이지만, 물질적 욕망으로서 그 자신을 유지하거나 확산할 가망성은 그다지 높지 않다. 이런 과정을 거쳐 영남패권주의는 마침내 종말을 맞을지도 모른다(그러나 미래를 어찌 알겠는가? 영남패권주의는 앞으로도 질기게 지속할지도 모른다. 〈참고 6-2〉를 보라). 그러나 상황이 그렇다고, 모든 게 좋은 방향으로 귀결할 것 같지는 않다. 인종주의적 지역주의를 대신하는 새 지역주의가 등장할 가능성이 높다. 아니 이미 등장해 그 깊이와 넓이를 늘리고 있다.

**참고 6-2** **영남패권주의의 미래**

2024년 12월 3일에 친위 쿠데타를 시도했던 윤석열을, 12월 14일 국회가 탄핵 소추하고, 헌법재판소가 2025년 4월 4일에 파면하면서, 6월 3일에 새 대통령을 뽑는 선거를 치렀다. 이 선거를 앞두고 사람들은 몇 가지 사실에 관심을 두었다. 첫째, 득표율이었다. 이재명 후보가 50퍼센트를 넘어서고, 국민의힘 김문수 후보는 40퍼센트에 도달하며, 개혁신당 이준석 후보는 10퍼센트를 초과할 것인가? 둘째, 지역주의 완화였다. 이재명 후보가 경북 출신이니만큼 이른바 TK, 대구경북 지역 득표율이 올라갈 것인가? 이에 더하여, 대구경북 지역은 바뀌지 않는다 하더라도 적어도 부울경(부산·울산·경남) 지역에서는 국민의힘 지지율이 빠지고 더불어민주당 득표율이 올라가지 않을 것인가?

개표 결과를 보니, 이재명 후보가 49.4퍼센트, 국민의힘 김문수 후보가 41.2퍼센트, 이준석 후보가 8.3퍼센트를 득표했다. 국민의힘 김문수 후보만 예상 목표치를 조금 윗돌았고, 나머지 후보는 목표치에 조금 미달했다. 이처럼 득표 결과는 예상과 크게 다르지 않았지만, 어떤 사람들은 국민의힘 김문수 후보가 41퍼센트나 득표했다는 사실에 크게 놀랐다. 내란을 부인하거나 비난하지 않았던 후보가, 그뿐인가, 내란을 은근히 옹호하기까지 했던 국민의힘 후보가 41퍼센트나 얻었다는 게 믿어지지 않는다는 것이었다(그러나 이런 현상이 처음이었던 것은 아니다. 30여 년 전에도 이와 비슷한 사건이 있었다. 1997년 12월 국제통화기금(IMF) 구제금융 신청 사건이 터진 직후에 치른 대통령 선거에서 새정치국민회의 김대중 후보는 40.3퍼센트, 한나라당 이회창 후보는 38.7퍼센트, 국민신당 이인제 후보는 19.2퍼센트를 득표했다. 집권 세력의 잘못으로 나라 경제가 사실상 거덜났는데도 유권자의 약 60(≒38.7+19.2)퍼센트는 나라를 망친 한나라당과 그 자매정당에 표를 던졌다). 도대체 40퍼센트나 되는 사람들이 내란을 획책한 정당에 표를 준 까닭은 무엇인가? 전남대학교 철학과 박구용 교수는, 개표 방송 즈음 서울의 한 주점에서 배우 이원종이 그 사실에 크게 놀라 그 현상의 원인을 밝혀 달라고 요청했다면서, 한 유튜브 방송에서 그 원인을 다음과 같이 요약했다. “사람들은 정치를 도덕과 혼동하는데, 정치는 도덕이 아니다. 정치는 선악이나 시비(옳고 그름)를 따지지 않고 손익을 중심으로 움직인다. 사람들은 옳고 바른

편에 투표하는 것이 아니고 자기편에 투표한다. 사람들은 잘못한 쪽을 처벌하는 것이 아니라 자기편을 지지한다." 요컨대 박구용은, 이런 원리에 따라, 1997년이나 2025년의 상당수 유권자들은 잘못한 정당을 처벌하지 않고 자기편이라는 이유로 도리어 그 정당을 지지했다고 보았다. 이 책에서 쓴 우리의 용어로 표현하면, 영남패권주의자들은 자기편을 옹호했다고 할 수 있다(국민의힘을 지지한 40퍼센트는 주로 영남의 유권자나 영남 출신 유권자였을 것으로 추정된다).

〈그림 6-19〉 1992년 이래 대통령 선거에서 민주당 계열 정당 후보의 득표율 변화

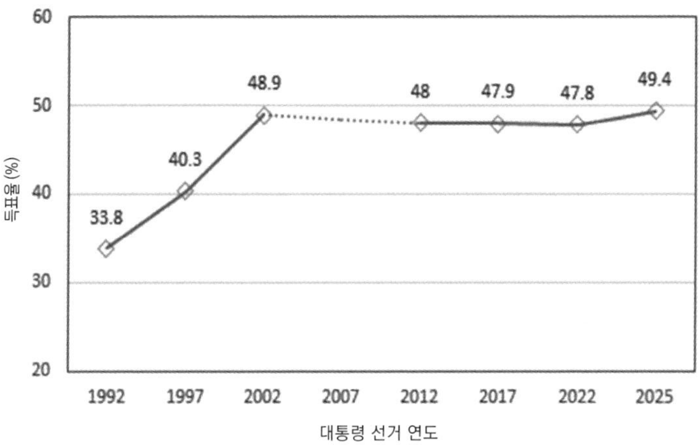


그러나 영남패권주의는 이처럼 강고한 것 같아도 한쪽 귀퉁이에서부터 천천히 붕괴했다. 역대 대통령 선거에서 민주당 계열 정당 후보가 얻은 표의 비율을 보자(〈그림 6-19〉 참조). 1992년 김대중 후보는 33.8퍼센트를 득표했고, 1997년 동 후보는 김종필 후보와 연합하여 40.3퍼센트를 얻었다. 2002년 노무현 후보는 정몽준 후보와 연합해서 48.9퍼센트를 얻었다. 2012년 문재인 후보는 비록 낙선했지만, 자력으로 48.0퍼센트를 득표했다. 2017년 문재인 후보는 혼자서 41.1퍼센트를 달성했지만, 정의당 심상정 후보는 6.8퍼센트를 얻었다. 이를 합하면, 국민의힘 계열 정당에 반대하는 비율은 약 47.9

(=41.1+6.8)퍼센트였다. 2022년 이재명 후보는 비록 낙선했지만 47.8퍼센트를 얻었고, 그는 2025년 선거에서 49.4퍼센트를 얻어 당선되었다. 지난 30여 년 동안 있었던 민주당 계열 정당 후보의 득표율의 이런 변동은 우상향의 곡선 형태를 취한다(이명박 후보가 당선된 2007년 선거는 예외다). 1997년과 2025년을 비교해보라. 민주당 계열 정당의 약진을 보여주는 증표이자 영남패권주의가 천천히 기울어져왔다는 징표다.

영남패권주의는 중앙의 정치권력이나 경제력을 차지하려는 욕망이나 열망이어서, 서울의 확대와 지방의 축소를 내포하는 것이었다. 그러므로 영남패권주의는 서울-지방의 대립에 기여했다. 서울-지방의 대립을 부추긴 영남패권주의가 번성했던 탓일까? 지난 수십 년 동안 영남패권주의와 구별되고 그것과 대립하는, 별도의 지역주의가 천천히 자신의 모습을 드러냈다. 서울(수도권)과 지방의 대립이 바로 그것이다. 서울-지방 대립이란 전체 국토의 12퍼센트에 불과한 수도권에 전체 인구의 2분의 1, 경제력의 3분의 2, 국세 수입의 4분의 3이 집중되어 있는 형국을 말한다. 이런 형국은 지방 경제가 축소하고 지방 인구가 소멸하는 형편과 맞닿아 있다. 서울-지방의 이런 대립 형국은 곧 지방의 내부식민지화(internal colonization)라고 표현할 수 있다. 지방은 서울의 식민지와 같다는 말이다. 지방이 서울의 식민지라는 말이 내포하는 구체적 내용은 무엇일까? 그 내용은 경제와 정치, 이데올로기 차원의 여덟 요소로 요약할 수 있다(강준만, 2016a: 223-225).

**경제적 토대 차원**

① 서울에 대한 지방의 경제적 종속

② 서울과 지방의 불평등 상태 지속

**정치적 상부구조 차원**

③ 정치적 종속

④ 서울의 국가 엘리트 독점

⑤ 지방 엘리트의 탈영토화[27]

**이데올로기 차원**

⑥ 서울의 소통 채널(매스미디어) 독점

⑦ 지방의 문화적 종속

⑧ 지방에 대한 서울의 문화적 모멸('지잡대', '지균충' 등)

이런 내용은 자세하게 부연하지 않더라도 금방 이해할 수 있다. 그런데 지방의 내부식민지화의 내용은 그렇다 치더라도, 내부식민지화를 생성하고 유지하며 강화하는 요인은 무엇일까? 아마도 경제적 요인일 것이다. 경제활동이 서울과 수도권에 집중했다는 것이 그 원인일 것이다. 그러나 이와 같은 본질적 과정을 강화해 내부식민지화를 부추기는 일상적 메커니즘(routine mechanism)도 존재한다. 강준만(2015)은 이 메커니즘으로 대학-매체-예산의 트라이앵글(삼각형)을 들었다.

먼저 대학은 '인 서울' 이데올로기를 유포하고 강화함으로써 지방을 내부식민지로 만든다. 서울에 소재하는 대학('인 서울' 대학)은 자신이 지방 대학보다 우월한 대학이라고 주장한다.[28] 학부모는 자녀를 서울 소재 대

27 지방 엘리트의 탈영토화(脫領土化, de-territorialization)는 엘리트의 장소 구속성이 약하다는 사실을 지칭한다. 지방 엘리트는 지역과 관련을 맺고 있지만 언제든 지방을 떠나 서울로 갈 수 있는 물적 조건을 확보하고 있다. 지방의 국회의원은 지방에 거주하는 토박이가 아니라 서울에 사는 지방 출신 엘리트다. 그들은 국회의원을 그만 두면, 지방에 살지 않고 서울로 간다. 지방대학 교수도 지방에 거주하지 않는다. 그들은 서울에 거주하면서 학기 중에만 지방에 내려온다. 학기 중에도 주말에는 서울에 산다. 그들은 오직 주중에만 지방에 머문다. 어떤 이유로든 학교를 그만 두면 이들도 서울로 간다. 지방의 의사나 변호사도 자신이 사는 지역에 충실하지 않다. 그들은 가족을 서울에 두고 본인만 주중에 지방으로 내려온다.

학에 보내려 하고, 학생들도 이 대학으로 진학하는 것을 열망한다. 이 열망은 중등학교 교사나 지방자치단체나 공공 기관, 교육부의 정책으로 증폭한다. 지방자치단체가 이른바 SKY 대학에 진학한 학생에게 장학금을 지급하고, 지방자치단체의 예산으로 서울에 학숙(學塾) — 지역 출신 학생이 거주하는 기숙사 — 을 짓는다. 지역민은 이를 당연하게 여긴다. 사람들의 이런 인식, 즉 '인 서울' 대학 지향성은 내부식민지를 유지하고 강화하는 심리적 메커니즘이다.

둘째, 서울에 집중한 대중매체는 수도권에서 국가적 의제(agenda)를 찾는다. 매체는 지방이 해결해야 할 이슈를 다루지 않는다. 지방 주민은 서울의 당면 문제를 전국 차원의 이슈로 생각한다. 서울이 곧 대한민국이라고 생각한다. 그리하여 지방 사람의 의식은 서울로 향한다. 예컨대 지방 주민은 지역대학보다 '인 서울' 대학에 훨씬 더 많은 관심을 갖는다. 지역 언론의 콘텐츠보다 중앙 언론의 콘텐츠를 더 중요하게 생각한다.

셋째, 중앙정부는 예산을 이용해 지방을 통제하고, 지방은 더 많은 예산을 따내려고 서울로 향한다. 지방 정부는 가용한 인적 네트워크를 모두 동원해 예산을 확보하려고 용을 쓴다. 지방 엘리트는 예산을 확보하는 것이 지방자치의 가장 중요한 과제라는 이데올로기, 즉 '향(向) 서울' 이데올로기를 만든다. 이런 이데올로기는 널리 퍼져, 지방의 각종 선거에서 유권자에게 가장 잘 먹히는 구호는 '나 중앙에 줄 있다'는 것이다. 심지어 지방대학의 총학장 선거 입후보자도 '나 중앙에 연줄이 많다'고 주장한다.

---

28 '인 서울' 대학의 명성은 지방대학보다 높지만, 그리하여 고등학교 때 더 높은 성적을 거둔 학생들이 그 대학으로 몰려가지만, 이것이 그 대학의 생산성이 높기 때문이라고 생각할 수 없다. '인 서울' 대학의 비교우위는 어디까지나 '위치'에 있다. 서울에 소재한다는 사실 그 자체가 비교우위를 낳는다. 건물이나 토지의 가치는 위치가 결정하듯, 좋은 위치에 있는 토지나 건물의 지대(가격이나 임대료)가 더 높듯, '인 서울' 대학의 명성은 대학의 생산성이 아니라 지리적 위치에서 비롯한다. 그러므로 한국의 이른바 명문대학의 명성도 일종의 지대(rent)라고 말할 수 있다(강준만, 2016a; 2019).

대학-매체-예산이라는 이 세 메커니즘은 서로 얽혀 지방의 내부식민지화를 강화한다. 지방의 학생은 '인 서울' 대학으로 진학해 '향 서울' 인맥을 구축해야 한다. 서울의 매체는 지방의 문제에 무심하고 지방 매체는 '인 서울'과 '향 서울'이 정상적이고 바람직한 것이라고 인정한다. 서울이 문제일 뿐 지방은 관심의 대상이 되지 않는다. 지방 소외의 결과는, 잘 알려져 있다시피, 인구 절벽이고 지방 소멸이다. 지방의 붕괴는 머지않아 수도권의 붕괴로 이어진다. 회피해야 할 경로다. 지방 붕괴를 회피하는 방법에 대한 다양한 논의로는 마스다(增田寬也, 2014)와 마강래(2017) 등을 참고하라.

제 7 장

# 불평등의 결과

불평등은 개인의 삶과 사회에 어떤 영향을 미치는가? 개인 영역이든 사회 영역이든, 불평등이 자아내는 결과는 실로 다양하며 크고 깊다. 먼저, 개인 영역에서 발생하는 불평등의 효과를 몇 가지만 나열해보자. 부잣집 자녀의 어법(語法, speech code)은 가난한 집안의 자녀의 그것과 확연히 다르다. 부잣집 자녀의 세계관도 가난한 집 자녀와 판이하게 다르다(이 장의 2절 참조). 중산층 자녀가 다니는 학교는 하층계급 자녀의 학교와 다르고, 중산층 자녀의 학업성적은 하층계급 자녀의 성적보다 더 좋다(이 장의 5절 참조). 중산층 자녀가 상급학교나 명문 학교에 진학할 확률은 가난한 집 자녀가 그러할 확률보다 더 높다. 이에 더해 부잣집 자녀는 가난한 집 자녀보다 더 좋은 직장에 취업하고 더 많은 소득을 올린다. 부잣집 아들은 가난한 집 아들보다 결혼할 가능성도 더 높다(〈그림 7-1〉 참조). 불평등의 효과는 이에 그치지 않는다. 앞에서 이미 보았듯, 사람들은 경제적 수준이나 교육수준이 비슷한 사람과 연애하고 결혼한다. 그러므로 부잣집 아들은 부잣집 딸과 결혼한다. 계급은 공고화(鞏固化)하거나 결정화(結晶化)한다. 부자의 옷은 가난한 사람의 옷과 다르고, 그들의 주거 지역도 서로 다르다. 그뿐 아니다. 계급별로 출산아 수가 다르고 (〈그림 7-2〉 참조), 자녀의 영양상태도 다르다. 각 계급의 의료기관 이용률이 다르며 사망률도 다르다(홍두승·구해근, 2008: 5장).

〈그림 7-1〉 임금수준별 기혼자 비율(20-30대 임금근로자)

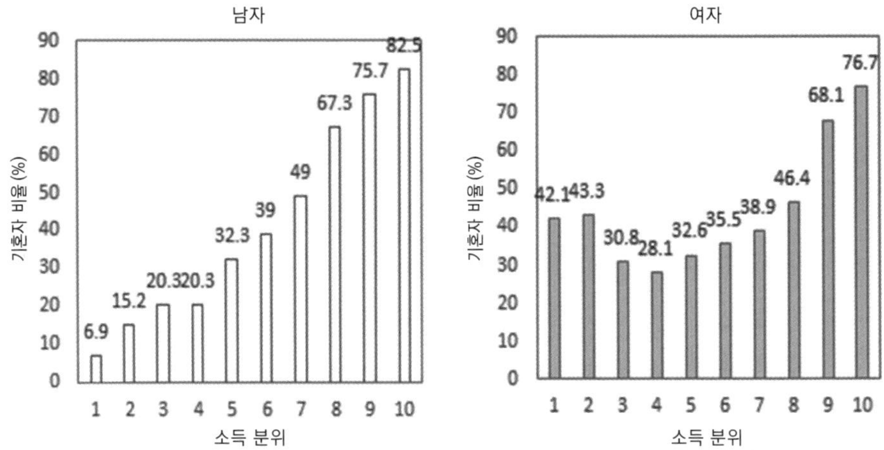


**출처 :** 김유선(2016)

〈그림 7-2〉 2018년 소득 분위별 분만 건수 비중

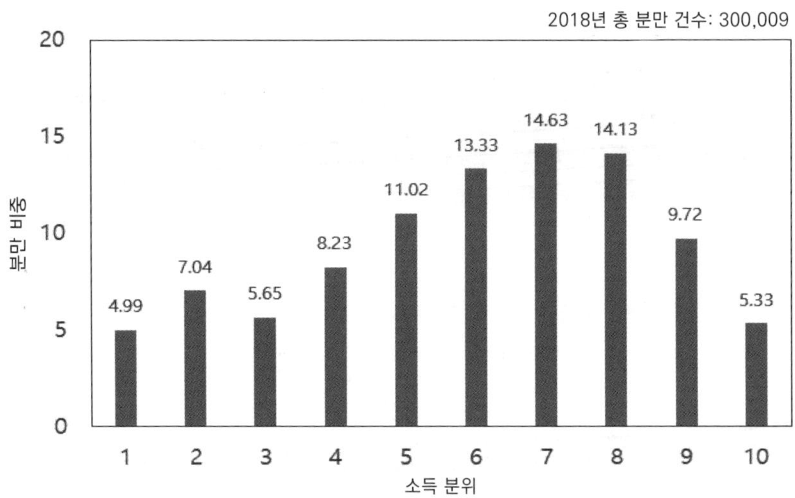


**출처 :** 국민건강보험공단(2019)



불평등은 개인에게 영향을 끼치지만 사회에도 깊은 자국을 남긴다 (Wilkinson and Pickett, 2018: 370-374). 불평등은 다른 무엇보다 사회적 기울

기에 영향을 미친다.[1] 불평등이 심하면 사회적 기울기는 가파르다. 예컨대 불평등이 심한 사회에서는 학업성적의 사회적 기울기가 더 가파르다. 불평등이 심하면, 계층과 지위의 영향력은 세지고 그로 말미암아 사회는 더 위계적으로 바뀐다.

둘째, 불평등은 사회통합을 방해한다. 소득 격차가 큰 사회에서는 사회이동의 정도가 낮고, 사람들이 자신과 다른 계층의 구성원과 결혼할 가능성도 낮다. 이런 사회에서는 계층별 주거지 분리 현상도 뚜렷하다. 부자는 부잣집 동네에 살고 가난한 사람은 가난한 동네에 몰려 산다. 계층간 물리적 거리가 멀면, 문화적인 거리나 사회적인 거리도 멀다. 물리적이고 사회적인 거리가 먼 사람들은 서로 이해하거나 어울리기 어렵다.

셋째, 불평등은 사회결속력을 약화한다. 불평등한 사회에서 사람들은 타인의 평가에 민감하다. 이런 사회에서 사람들은 타인이 자신을 어떻게 판단할지 더 많이 걱정한다. 그 결과 사람들은 사회적 접촉에서 점점 더 많은 스트레스를 받고, 결국에는 타자와 접촉하는 것을 피해 혼자 지낼 가능성이 높아진다. 이런 스트레스와 불안을 달래려고 술과 약물에 의존하는 경우도 증가한다.

넷째, 불평등은 지위 불안을 키워 정신건강을 해친다. 불평등은 상층계급의 자기고양 편향을 낳고 자아도취를 초래하는 반면, 하층계급의 자존감을 낮추어 우울증과 불안장애를 불러일으킨다. 불평등한 사회에서 상층계급은 자기애적 분열증(narcissistic schizophrenia)에 시달릴 가능성이

1 개인의 사회적 지위가 달라지면 개인의 달성하는 성과도 달라지는데, 성과의 변화 정도를 지위의 변화 정도와 비교한 것을 사회적 기울기(social gradient)라 한다. 예컨대 일반적으로 부유한 가정의 자녀는 가난한 가정의 자녀보다 더 높은 학업성적을 거둔다. 그런데 부잣집 아이들은 가난한 집 아이들보다 얼마나 더 높은 성적을 달성하는가? 부잣집 자녀의 성적이 가난한 집 자녀의 성적보다 더 높은 정도를 성적의 사회적 기울기(social gradient in academic achievement)라고 한다.

높고, 하층계급은 자학적인 신경증(masochistic neurosis)을 앓을 가능성이 높다. 불평등은 사회의 정신건강을 침해한다.

다섯째, 불평등은 과시적 소비를 강화한다. 세상 어디서든 사람들은 자신이 가장 쉽게 동원할 수 있는 자원으로 자기를 내세우려 한다. 불평등한 사회에서 부자들은 경제적 수단으로 자기를 강화하려는 경향이 두드러진다. 그로 말미암아 불평등한 사회에서는 과시적 소비가 횡행하고 소비주의가 팽배한다.

어찌 이뿐이랴, 불평등이 영향을 미치는 영역은 헤아릴 수 없이 크고 넓고 깊다. 그러나 여기에서 이 모든 것을 다 살펴볼 수는 없다. 이 장에서 우리는 불평등이 미치는 영향을 몇 개의 영역으로 한정해서 살펴볼 것이다. 가장 먼저 우리의 관심을 끄는 영역, 불평등이 경제성장에 미치는 영향을 살펴보자.

## 1. 경제성장

경제성장과 불평등이 서로 관련할 것이라고 믿는 가장 대표적인 학자는 아마도 쿠즈네츠(S. Kuznets)였을 것이다. 쿠즈네츠는 경제가 성장하면 불평등은 점차 증가하다가, 일정 단계가 지나면 불평등은 정점에 이르고, 그로부터 불평등은 점차 감소할 것이라고 주장했다. 쿠즈네츠는 이른바 역 U자 곡선이라는 아이디어를 처음 제시했다(〈그림 2-15〉 참조). 그런데 이 양자관계는 왜 역 U자 형태를 띨까? 쿠즈네츠의 설명은 다음과 같다. 모든 이가 근근이 생계를 꾸리는 농업사회에서 불평등의 정도는 낮다. 그러나 산업화가 시작해 공장노동자의 임금이 농민의 소득보다 높아지고 노동의 전문화가 확산하면서 불평등은 점차 심화한다. 이렇게 불평등이 심화하면, 국가는 세금을 징수해 이를 재분배하게 되는데, 이때부터 불평등은 다시 낮아진다.

쿠즈네츠 가설은 20세기 초의 경험적 사실과 잘 맞아떨어졌다. 그러나 이 가설은 불평등의 장기 추세와 일치하지 않았다. 장기적 관점에서 볼 때, 불평등은 20세기 중반까지 점차 완화하다가 1980년대 이후 다시 증가했다(Piketty, 2014). 장기간에 걸쳐, 불평등은 역 U자가 아니라 그의 정반대인 U자 형 패턴을 보였다(이 책의 〈그림 2-16〉, 〈그림 2-17〉을 참조하라). 이처럼 쿠즈네츠 가설은 경험적 사실과 일치하지 않았는데, 이에 더해, 이 가설은 또 하나의 약점을 드러냈다. 이 가설은 불평등과 경제성장의 연관성을 일방적으로 이해했다. 쿠즈네츠는 경제성장이 불평등에 영향을 미칠 것이라고 생각했지만, 거꾸로 불평등이 경제성장에 영향을 미칠 수 있다는 사실을 고려하지 않았다. 우리가 지금 이 절에서 알아보고 싶은 것은 전자가 아니라 후자다. 쿠즈네츠처럼 경제성장이 불평등에 어떤 영향을 미치는지를 알아보고자 하는 것이 아니라, 거꾸로 불평등이 경제성장에 어떤 영향을 끼치는지를 알아보려 한다.

불평등은 경제성장을 방조하는가, 저해하는가? 소득 불평등은 그 자체로 좋지 않은 사회현상이라고 치부하더라도 경제성장에는 꼭 필요한 조건(필요악)이지 않은가? 그것이 아니라면, 그 자체로도 좋지 않을 뿐 아니라 경제성장에도 해로운 조건(장애물)인가? 이런 질문에 명쾌한 답변을 제공하는 이론은 없다. 산만한 논의만 있을 뿐이다. 이 연관성을 언급한 이론은 서로 대립하는 두 가능성을 언급했다. 하나는 불평등이 경제성장을 촉진할 가능성을 말했고, 다른 하나는 불평등이 거꾸로 경제성장을 저해할 가능성을 언급했다. 먼저 불평등이 경제성장을 이루는 데에 필요한 조건이라고 주장한 이론부터 살펴보자.

불평등이 경제성장을 추동하는 가장 명쾌한 메커니즘은 역시 위험부담(risk-taking)이다. 기업가는 더 높은 보상을 얻기 위해 모험과 혁신을 감수하는데, 이와 같은 위험 부담이 경제성장을 추동한다. 예를 들어, 한 기업가가 일정 금액을 투자해 상품을 만들고, 이 상품을 판매해 상당한 돈을 벌어들였다고 가정해보자. 사회는 이런 상황에 맞닥뜨려 완전히 서로 다른 정책을 선택할 수 있다. 첫째, 기업 소득에 중과세해 불평등을 제어하는 정책을 선택할 수 있다. 이런 정책은 기업가의 혁신을 저해한다. 둘째, 혁신 기업가에게 가볍게 과세함으로써 다른 기업가가 비슷한 혁신 활동을 하도록 장려할 수 있는데, 이런 정책은 불평등을 초래한다. 정부가 가벼운 조세와 적은 재분배라는 둘째 정책을 선택해야 한다고 주장하는 이들은 이 선택을 정당화하는 두 가지 근거를 내세웠다. 한 근거는 이 정책이 부의 축적에 기여한다는 것이다. 부자가 자신의 돈을 흥청망청 써 버린다면 그런 세상은 곧 위기에 빠질 것이다. 그러나 부자가 돈이나 부를 꿀벌처럼 모아 추가 생산에 투자한다면 세상은 예전보다 훨씬 더 살지게 될 것이다. 요컨대 더 나은 세상을 만들려면 불평등을 감내할 수밖에 없다는 말이다. 불평등을 감수하는 둘째 정책을 선택해야 하는 또 하나의 근거는 불평등과 경제적 효율성이 상충관계(相衝關係, trade-off)에 놓여 있다는 사실이다. 불평등을 줄이려는 시도는 사회적 자원의 낭비를 초래한다. 부자에게서 세금으로 거둔 돈을 가난한 사람에게 나누어줄 때, 세금의 상당 부분은 '새는 바가지(leaky bucket)' 때문에 전달 과정에서 소실한다(Okun, 1975). 재분배를 통해 불평등을 완화하려는 시도는 비효율적이다(Keeley, 2015).

불평등과 효율성이 상충관계에 놓여 있다는 생각은 주류 관념이고 지배적인 관념이었으나 최근 들어 사람들은 이런 생각을 의심하기 시작했다. 이런 의심 끝에 사람들은 도리어 과도한 불평등이 경제성장에 해로울 수 있다는 생각에 이르게 되었는데, 불평등이 경제성장에 도움이 되지 않을 것이라고 예측하는 여러 이론의 요지는 다음과 같다. ① 사람들은 불평등을 쉽게 수긍하지 않는다. 사회가 불평등하면, 사람들은 기업을 신뢰하지 않고 친기업 정책도 신뢰하지 않는다. 사람들은 정부가 기업에게 많은 과세와 강력한 규제를 부과할 것을 요구한다. 정부가 이런 '내부적 재정정책(endogenous fiscal policy)'을 채택한다면, 기업의 투자 유인은 꺾일 수밖에 없다. 더 극단적으로 사회적 불평등은 정치적 불안정과 사회적 불안을 야기해 경제성장에 해로운 영향을 끼친다. ② 가난한 사람들은 인적자본에 투자하지 못한다. 현실의 금융시장은 불완전하다.[2] 이런 시장에서 개개인은 인간자본 등에 투자할 때 부모의 소득이나 재산에 의존할 수밖에 없다. 상황이 이렇다면 가난한 사람은 인간자본에 투자할 여력을 갖추지 못한다. 예컨대 저소득층 자녀는 교육수익률이 아무리 높아도 등록금을 마련할 수 없어 상급학교에 진학할 수 없고 가까스로 진학했다 하더라도 그 학교에 계속 다니지 못한다. 가난한 사람의 이런 저투자 때문에 사회의 총생산은 언제나 낮을 수밖에 없다. 불평등은 경제성장을 저해한다. 사람들은 이런 논리를 '인간자본 축적 이론(the theory of human capital accumulation)'이라고 불렀다(Cingano, 2014; OECD, 2015). ③ 불평등은 기술 발전을 저해한다. 개인이나 기업이 선진적 테크놀로지를 채택하려면 최소한의 내수가 존재해야 한다. 그러나 불평등이 심하면 내수가 미약하고, 내수가 충분하지 않으면 개인이나 기업은 선진적 테크놀로지를 채택하지 못한다. 그로 말미암아 경제성장도 낮다(이정전, 2017).[3]

불평등과 경제성장의 연관성을 살핀 이론은 그렇다 치더라도 양자의

---

2 금융시장이나 자본시장의 불완전성이란 개인이나 기업이 자금을 빌리고 싶어도 빌릴 수 없는 상황을 말한다. 예컨대 불완전한 금융시장에서 대학에 진학하려는 학생이 학자금을 빌리려 해도 은행은 학생이나 부모의 신용도를 문제 삼아 자금을 빌려주지 않는다. 빌려주더라도 시장금리를 상회하는 아주 높은 이자율을 요구한다. 이런 종류의 불완전성은 개인의 투자를 제약한다(荒井一博, 1995).

3 불평등이 경제성장에 미치는 영향을 다룬, 여러 다른 이론에 대해서는 이강국(2022)을 참고하라.

연관성을 다룬 경험 연구는 무엇을 발견했는가? 불평등은 경제성장을 촉진했는가, 저해했는가? 양자의 연관성을 확인한 경험 연구는 결코 적지 않았지만, 연관성의 방향이나 정도에 대한 합의는 존재하지 않았다(Cingano, 2014). 다만 최근 들어 불평등이 경제성장을 저해한다는 경험 연구가 빈번하게 등장했을 뿐이다(Ostry et al., 2014; Cingano, 2015; Keeley, 2015; OECD, 2015).

불평등과 경제성장의 관계를 다룬 경험 연구는 다음과 같은 사실을 발견했다. 첫째, 불평등은 경제성장에 부정적이었다. 가처분소득의 불평등이 심하면 경제성장은 더디었다. 둘째, 세금이나 보조금(benefit)을 통한 재분배는 경제성장에 도움을 주었거나(Ostry et al., 2014), 경제성장과 별다른 관련을 맺지 않았다(OECD, 2015). 이런 발견은 재분배가 경제성장에 부정적 영향을 끼치지 않았다는 것을 뜻하고, 그러므로 불평등을 완화하는 재분배를 꺼릴 이유가 없다는 것을 의미한다. 셋째, 빈곤층의 소득을 끌어올려도 경제가 성장했지만, 중위소득 이하의 저소득층(1~4분위 소득 계층)의 소득을 전반적으로 높일 때에 경제는 더 많이 성장했다. 저소득층의 소득 상승은 어떻게 경제성장을 낳는가? 불평등이 심해지면 하층 가구는 자녀 교육에 투자하지 못하고, 교육을 덜 받은 자녀는 더 좋은 직업에 도전할 의욕을 잃는다. 그리하여 사회의 총생산량은 줄어든다. 거꾸로 저소득층의 소득이 높아지면 부모는 자녀교육에 더 많이 투자하고, 더 높은 인간자본을 갖춘 저소득층 자녀는 더 좋은 직업에 도전한다. 그리하여 사회의 총생산량은 늘어난다.

이 중에서 우리의 관심을 끄는 것은 셋째 발견이다. 이 발견은 불평등의 심화가 경제성장에 부정적 영향을 끼치는, 거꾸로 불평등의 완화가 경제성장에 긍정적인 영향을 미치는 메커니즘을 선명하게 보여주기 때문이다. 사람들은 흔히 불평등이 사회의 교육수준을 낮추기 때문에 경제성장을 저해한다고 판단한다. 한 사회의 소득 불평등의 정도가 크면 그 사회의 교육수준이 '전반적으로' 낮아지고, 이로 말미암아 그 사회의 생산성이 떨어지고 경제성장이 후퇴할 것이라고 판단한다. 그러나 이런 논리는 너무 단순하다. 이렇게 단순한 상관관계나 연관성으로는 앞에서 언급한 인간자본축적 이론이나 불완전 금융시장 이론을 검증하거나 반증하지 못한다. 불평등의 심화가 자녀 교육에 부정적 영향을 미치고 부진한 자녀 교육이 경제성장을 저해한다는 이론, 이렇게 제법 복잡한 이론을 검증하려면 불평등과 교육의 연관성이 사회경제적 배경에 따라 어떤 방향으로 얼마나 바뀌는지를 알아보아야 한다. 다시 말해 아래와 같은 수식으로 불평등과 교육의 연관성을 파악해야 한다(OECD, 2015).

$$HC_{i,t,c}=\beta_1 PEB_{i,t,c}{}^{*} Ineq_{t,c}+\beta_2 PEB_{i,t,c}+\Theta X_{i,t,c}+\mu_t+\mu_c+\varepsilon_{i,t,c}$$

HC : 인간자본(여기서 i, t, c는 각각 개인, 시간, 나라를 나타낸다)

PEB : 부모의 교육수준(상, 중, 하)

Ineq : 불평등 지수(지니 계수)

X : 통제변수

$\beta_2$: 가족배경이 개인의 인간자본에 미치는 영향

$\beta_1$: 가족배경의 영향이 사회의 불평등 정도에 따라 바뀌는 정도

$\mu_c$: 나라별 고정효과

$\mu_t$: 공통 효과

OECD(2015)는 이 모형으로 소득 불평등이 인적자본 축적에 미치는 영향을 출신배경별로 따로 측정했다. 종속변수인 인적자본(HC)은 학력(學歷)과 학업성적, 취업 등 세 차원으로 나누어 측정했다. 인적자본을 학력으로 측정해보기도 하고, 학업성적이나 취업 여부로 재기도 했다는 이야기다. 독립변수로 사용한 출신배경은 부모의 학력(PEB)으로 측정했다. 부모 학력은 고학력과 중급 학력, 저학력이라는 세 범주로 나누었다.[4] 이제

이 모형으로 소득 불평등이 인적자본 축적에 미친 영향을 검증해보자. 인간자본축적 가설의 검증 결과를 알아보자.

〈그림 7-3〉 소득 불평등과 4년제 대학 졸업 확률의 연관성

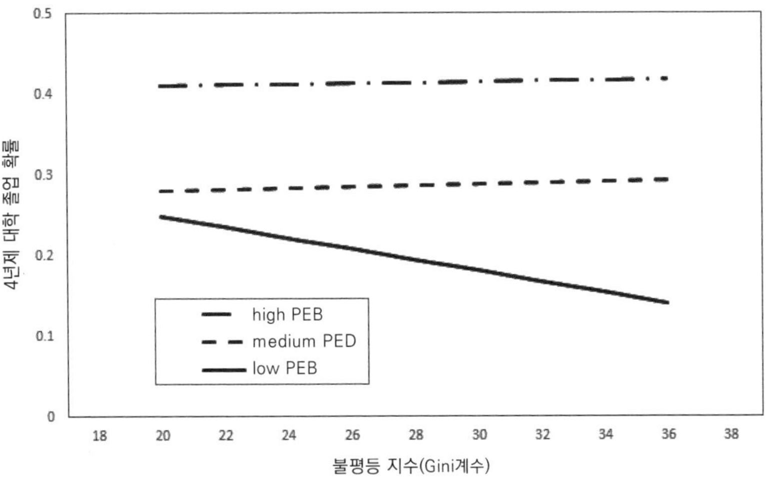


**출처 :** 출처: OECD(2015)

사람들은 흔히 부모 세대의 불평등이 자녀의 인적자본 투자에 부정적 영향을 끼친다고 예측하는데, 이 예측을 지지하는 첫째 증거는 출신 계층마다 자녀의 학력이 서로 다르다는 것이다. 〈그림 7-3〉은 출신배경별로 4년제 대학 졸업 확률과 불평등 지수(지니 계수)의 관련을 보인 것이다. 이 그림에서 보다시피, 4년제 대학 졸업 확률은 고학력 부모의 자녀들에게서 가장 높았다. 고학력 부모의 자녀는 40퍼센트가 넘는 비율로 4년제 대학 교육을 이수했다. 중급 학력 부모 자녀의 이수율은 평균 약 30퍼센

4 고학력(high PEB) ; 적어도 한 명의 부모는 고등교육(대학)을 이수한 집단
중급 학력(medium PEB) ; 적어도 한 명의 부모는 후기중등교육을 이수하지 못한 집단
저하력(low PED) ; 부모 모두 후기중등교육(고등학교)을 이수하지 못한 집단

트였다(불평등 지수가 0.2 정도일 때 그렇다는 말이다). 앞에서 우리가 이미 살펴보았듯, 이런 모습은 상식적이다. 그러나 이런 모습, 즉 대학교육 이수 확률이 출신배경별로 다른 모습은 이 그래프에서 볼 수 있는 가장 큰 특징이 아니다. 이 그림의 가장 큰 특징은 소득 불평등과 고등교육 이수 확률의 연관성이다. 불평등이 심해지면 고등교육 이수 확률은 점차 낮아지는데, 이런 경향은 출신배경별로 달랐다. 〈그림 7-3〉에서 이런 현상은 오직 저학력 부모의 자녀에게서만 관찰할 수 있다. 고학력이나 중급 학력 부모의 자녀에게서 이런 현상은 관찰할 수 없다. 고학력이나 중급 학력 부모 자녀의 고등교육 이수 확률은 불평등이 심화해도 일정한 편이었다. 요컨대 소득 불평등이 심화하면 중산층 자녀의 인간자본은 줄어들지 않았지만, 하층계급 자녀의 인간자본은 점차 줄어들었다.

〈그림 7-4〉 불평등과 산술능력 점수의 연관성

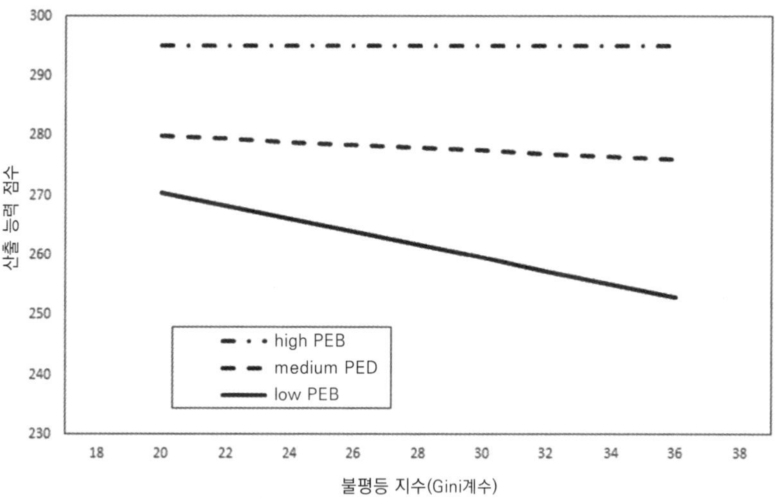


**출처 :** OECD(2015)

지금까지 인간자본을 학력으로 파악했다. 더 구체적으로 인간자본을 고등교육 이수 확률로 측정했다. 인간자본을 양적 측면에서 바라보았던 셈이다. 인간자본을 질적으로 측정하면 사태는 어떻게 바뀔까? 인간자본을 학력이 아니라 학업성적으로 파악해보자. 〈그림 7-4〉를 보면, 자녀의 산술능력 점수(numeracy score)는 부모의 학력별로 다르다. 고학력 부모 자녀의 산술능력 점수는 높고, 저학력 부모 자녀의 산술 능력 점수는 낮다. 이런 유형은, 우리가 이 책의 4장 2절에서 이미 보았다시피, 널리 알려진 사실이다. 그러나 이런 유형보다 더 중요한 것은 불평등이 심화하면서 자녀의 산술 능력 점수가 바뀐다는 사실이다. 우리가 본 경험 자료를 보면, 불평등이 심화해도 고학력 부모와 중급 학력 부모 자녀의 산술 능력점수는 거의 바뀌지 않았다. 그러나 저학력 부모 자녀의 산술 능력 점수는 급격히 낮아졌다. 이런 발견은, 불평등은 하층계급의 인간자본 축적을 방해한다는 사실을 보여준다. 앞의 발견과 종합해서 말하자면, 불평등이 격화하면 하층계급의 양적 인간자본은 점차 낮아지지만 질적 인간자본도 점차 낮아진다.

〈그림 7-5〉 불평등과 실업 확률의 연관성

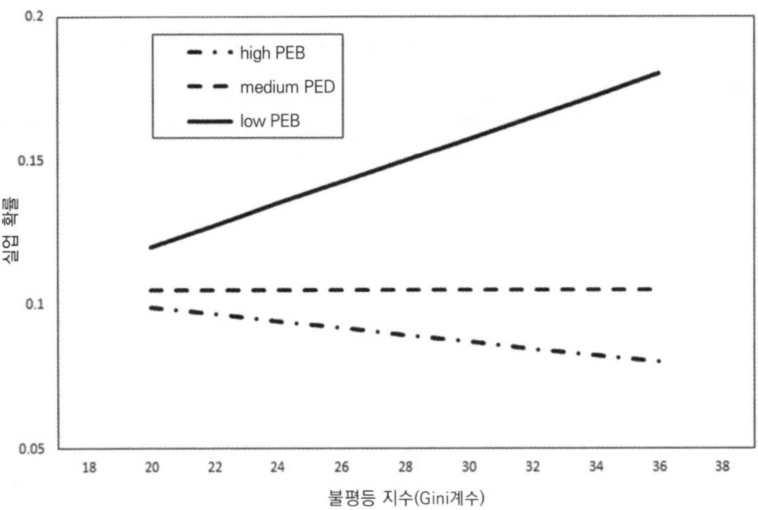


**출처 :** OECD(2015)

불평등이 가난하고 불리한 가족 출신 자녀의 기회를 제약한다는 사실은 노동시장 결과의 관점에서도 엿볼 수 있다. 〈그림 7-5〉에서 볼 수 있다시피, 불평등이 차츰 심해지면 저학력 부모의 자녀가 노동생애(working life)에서 실업을 겪을 확률은 가파르게 높아진다. 이와 달리, 부유한 가족 출신의 자녀는 불평등이 심해져도 그것의 영향을 거의 받지 않거나 불평등 심화 때문에 도리어 혜택을 받는다.

앞에서 본 이러저러한 증거는 기회 논리가 유인 논리보다 불평등과 경제성장의 연관성을 더 잘 설명한다는 사실을 보여준다. 만일 고용주가 노동자의 학력(고숙련)에 상응하는 임금 프리미엄을 부여하면(교육 투자에 유인을 제공하면), 일부 노동자, 아마도 부잣집 자녀는 높은 임금을 노리고 자신의 학력을 높일 것이다. 이들의 학력이 높아지면 생산성이 향상하고 경제도 성장할 것이다. 이런 유인 논리(incentive argument)는 결국 소득 불평등이 경제성장에 긍정적 영향을 끼칠 것이라고 예측한다. 그러나 금전적 유인이 개인에게는 높은 성과를 보장하고 사회적으로는 경제성장을 유도할 것이라고 일반화하는 것은 지나친 비약이다(Stiglitz, 2012). 현실에서는 유인 논리보다 도리어 기회 논리(opportunity argument)가 더 우세하다. 불평등이 심화하면 가난한 집 출신의 인간자본은 양적으로나 질적으로 낮아지고, 그들의 출세 기회가 줄어든다. 가난하고 불리한 가족 출신 자녀의 실업 가능성도 높아진다. 이렇게 저소득층 자녀의 인간자본이 줄어들면 경제성장도 더디게 된다. 앞에서 본 선행연구의 이런저런 발견은 소득 불평등이 주로 가난한 사람들의 교육 기회와 사회이동에 큰 영향을 미쳐서, 경제성장을 저해할 것이라는 예측이나 논리(기회 논리)를 뒷받침한다.

논의를 정리해보자. 불평등은 경제성장에 어떤 영향을 미치는가? 소득 불평등은 경제성장을 상당한 정도로 저해한다. 불평등이 경제성장을 저해하는 원인은 무엇인가? 소득 불평등은 하층계급의 투자 기회, 특히 교육 투자의 기회를 제약함으로써 사회의 총생산량을 줄인다.

## 2. 어법과 사유방식, 행동방식

생각하고 행동하는 방식은 사람마다 다르지만, 계급마다 차이를 보이기도 한다. 큰 틀에서 보면 그렇다는 말이다. 사고방식과 행동방식이 계급마다 어떻게 다른가? 이 세상은 다양하고 다기한 방식으로 불평등하다. 그러나 논의의 편의상, 이렇게 다양하고 복잡한 불평등을 단순화해보자. 이 세상에 노동자계급(working class)과 중상층 계급(upper middle class)만 존재하고 다른 계급은 존재하지 않는다고 가정해보자. 이 두 계급의 사유방식과 행동방식은 완연히 다르다.

일찍이 영국의 사회학자 번스틴은 계급마다 어법(語法, speech code)이 다르다고 주장했다(Bernstein, 1971). 번스틴은 4-5세의 어린이에게 〈그림 7-6〉의 장면을 하나씩 순서대로 보여주고 그 그림이 뜻하는 내용을 '말'로 설명해줄 것을 요청했다. 어린이가 말하는 방식은 계급별로 뚜렷한 차이를 보였다. 그림을 본 노동자계급 아이는 대체로 다음과 같이 말했다. 모든 아이가 똑같이 말했다는 것이 아니라 전형적으로 이와 같이 말했다는 뜻이다.

> 그들은 그곳에서 축구를 했다. 그가 그것을 찼고, 그것은 그곳으로 날아가 유리창을 깼다. 그 사람은 밖으로 나와 소리쳤고, 그들은 모두 도망갔다.

다른 한편, 중상층계급 출신 아이는 노동자계급 출신 아이와 달리, 다음과 같이 말하는 경향을 보였다.

> 마을 아이들이 마을 공터에서 축구를 했는데, 한 아이가 찬 공이 앞집 유리창을 깼다. 주인아저씨가 나와서 소리쳤고, 아이들은 모두 도망갔다.

〈그림 7-6〉 네 컷 그림

이 두 계급 어린이의 어법은 설핏 보아도 현저히 다른데, 번스틴은 노동자계급 출신 아이가 말하는 방식을 제한된 어법(restricted code)이라고 이름 붙였고, 중상층계급의 자녀가 말하는 방식을 정교한 어법(elaborate code)이라고 명명했다.

그런데 구체적으로 이 두 어법은 어떤 차이를 보이는가? 두 어법의 차이는 〈표 7-1〉에 정리했다. 가장 먼저, 제한된 어법은 말을 듣는 사람, 즉 청자(聽者)가 이 말의 맥락을 안다고 화자(話者)가 가정한 어법이고, 정교한 어법은 청자가 말의 맥락을 모른다고 화자가 가정한 어법이다.[5] 표

5 맥락(脈絡, context)은 텍스트(text)를 둘러싼 환경이다. 텍스트의 의미는 이 맥락이 결정한다. 이를 (텍스트) 의미의 맥락의존성(context-dependency of meaning)이라고 말한다. 예컨대, '나풀거리는 눈을 보다'는 문장에서 '눈'이라는 텍스트의 의미는 무엇인

현을 바꾸면, 제한된 어법은 말의 맥락에 의존하는 어법이고, 정교한 어법은 말의 맥락에서 독립한 어법이다. 제한된 어법은 말을 듣는 이가 〈그림 7-6〉을 보고 있다고 가정한 어법이고, 정교한 어법은 듣는 이가 이 그림을 보고 있지 않다고 가정한 어법이다. 그러므로 제한된 어법을 사용하는 아이는 말의 맥락을 따로 말할 필요가 없고(우리가 위 그림을 같이 보고 있다면, 노동자계급 아이의 말이 전혀 이상하지 않게 들린다), 정교한 어법을 사용하는 아이는 말의 맥락, 즉 그림의 내용을 전달해야 하는 부담을 느낀다.

어법을 다른 방식으로 구분해보자. 제한된 어법은 사회 의존 어법이고, 정교한 어법은 개체 의존 어법이다. 제한된 어법은 화자가 다른 사람(청자)의 기억이나 지식에 의존하는 어법이고, 정교한 어법은 오직 화자 자신에게만 의존하는 어법이다. 사회 의존 어법은 청자가 화자의 말의 맥락을 기억하거나 알고 있을 것이라고 (화자가) 가정한 어법이고, 개체 의존 어법은 청자의 기억이나 지식과 무관하게 오직 화자 자신의 말의 논리성을 따르는 어법이다. 사회 의존 어법은 (화자가) 다른 사람(사회)에게 의존하는 어법이고, 개체 의존 어법은 오직 자신에게만 의존하는 어법이다.

〈표 7-1〉 제한된 어법과 정교한 어법

| 제한된 어법 | 정교한 어법 |
| --- | --- |
| 맥락 의존 어법<br>사회 의존 어법<br>대명사 선호<br>구체적 단어 선호 | 맥락 독립 어법<br>개체 의존 어법<br>명사 선호<br>추상적 단어 선호 |

가? 우리 몸의 일부 기관인가, 하늘에서 내리는 물체인가? 후자다. 어떻게 알았는가? '눈'이라는 텍스트를 둘러싼 맥락('나풀거리다')을 보고 그 의미를 확정했다. '나는 아직 배고프다'라는 문장에서 '배고프다'는 것의 의미는 무엇인가? 생리적 반응인가, 심리적 결핍인가? 그 의미는 이 문장이 놓여 있는 맥락이 결정할 것이다.

제한된 어법은 청자가 말의 맥락을 이해하고 있을 것이라고 가정하므로 대명사를 즐겨 사용하고, 정교한 어법은 청자가 말의 맥락을 모를 것이라 가정하므로 대명사 대신 주로 명사를 사용한다. 이에 더하여, 제한된 어법은 구체적 사물(예컨대 공, 창문, 돌, 의자 등)을 지칭하는 단어를 선호하고, 정교한 어법은 추상적 개념(예컨대 놀이, 구실, 자유, 평화 등)을 즐겨 사용하는 경향을 보인다.

왜 이와 같은 편차를 보일까? 왜 아이들은 계급별로 다른 어법을 쓸까? 부모의 어법이 서로 다르기 때문일 것이다. 그렇다면 중상층계급 부모과 노동자계급 부모의 어법이 서로 다른 까닭은 무엇일까? 베버의 용어로 표현하면, 계급상황 탓이다. 중상층 계급은 경제적으로 풍요롭기 때문에 사회적 교제 범위도 넓다. 시기마다 상황마다 만나는 사람이 다르다. 이렇게 자주 만나지 않은 사람과 이야기할 때에는 맥락을 같이 언급해야 한다. 예컨대 "지난번 우리가 ○○ 골프장에서 만났을 때 빨간 상의를 입었던 여성의 이름은 무엇입니까?"라고 말해야 한다. 여성은 여성이지만, "지난번 우리가 ○○ 골프장에서 만났을 때 빨간 상의를 입었던"이라는 맥락을 같이 이야기해야 한다. 그렇게 말하지 않고, 다짜고짜 "그 여자 이름은 무엇입니까?"라고 물으면 말을 듣는 상대방이 전혀 이해하지 못하기 때문이다. 이렇게 중상층 계급은 맥락을 중시하는 정교한 어법을 즐겨 사용하고, 그 자녀들도 이에 맞추어 사회화된다.

노동자계급의 계급상황은 이와 다르다. 노동자계급은 경제적으로 그다지 여유롭지 않다. 그래서 이들은 다양한 활동을 할 수 없고 여러 부류의 사람과 교제하지도 않는다. 이들은 오래전부터 알고 지내던 사람들과 오래 깊이 교제하는 경우가 많다. 이렇게 자주 만나는 사람과 이야기할 때에는 맥락을 언급할 필요가 없다. 이런 사람들은 맥락을 이미 공유하기 때문이다. 맥락을 공유하는 사람들 사이에서는 말이 매우 짧고 간결하다. 친구나 가족의 대화는 간결하다. 맥락을 많이 알고 있기 때문이다.

부부간의 대화는 더 짧다. 남편은 밑도 끝도 없이 "그 여자 이름이 뭐지?"라고 묻는다. 그렇게 느닷없이 물어도 아내는 곧바로 알아듣고 그 사람 이름을 말한다. 남편이 말하는 맥락을 짐작하기 때문이다. 바로 어제 그 여자 이야기를 했다는 사실을 기억하기 때문이다. 이렇게 노동자계급은 주로 제한된 어법을 사용하고, 자녀도 부모의 어법을 배워 동일 어법을 즐겨 사용한다(Bernstein, 1971).

계급별로 다른 것이 어법에 그치는 것은 아니다. 자녀 양육의 목표도 계급별로 서로 다르다. 노동자계급의 부모는 자녀가 단정하고 순종적이기를 바라고, 중간계급의 부모는 자녀가 호기심 많게 이것저것 해보며 살기를 바란다(Kohn, 1977; Kohn and Schooler, 1978). 자녀 양육의 목표만 계급별로 다른 것이 아니다. 자녀 통제 방법도 계급별로 다르다. 경제적 여유가 없는 노동자계급 부모는 자녀를 통제할 때 강제(coercion)를 즐겨 사용한다. 이와 달리, 물질적으로나 시간적으로 여유로운 중상층 계급은 보상(rewards)을 사용하는 경향을 보인다. 예컨대 자녀가 학교 숙제를 소홀히 할 때, 경제적 여유가 없는 노동자계급 부모는 물리적 폭력으로 제압하지만, 물질적으로 풍요로운 중상층계급 부모는 보상을 제공해서 유인한다. 보상은 물질적 보상과 사회적 보상으로 나눌 수 있는데, 물질적 보상은 자녀에게 물질을 제공하는 것이고, 사회적 보상은 부모가 자녀에게 관심과 시간을 나누어주는 것이다.

자녀를 설득하는 방법도 계급별로 다르다. 노동자계급은 자녀를 설득할 때, 위치에 호소(positional appeals)하는 방법을 즐겨 사용하고, 중상층계급은 인격적 호소(personal appeals)를 즐겨 사용한다. 위치에 호소하는 방법이란 부모가 자녀에게 자신과 자녀의 사회적 위치를 환기하는 방법이다. 노동자계급 부모는 자신이 명령을 내리는 위치에 있고 자녀는 명령을 들어야 하는 위치에 있다는 사실을 확인한다. 예컨대 "이제 그만해. 엄마가 말했잖아"하고 설득하는 방법이 위치에 호소하는 방법이다. 엄마는 명령을 내리는 위치에 있고 너는 명령을 들어야 하는 위치에 있다는 사실을 확인하는 호소다. 인격적 호소란 자녀를 동등한 인격으로 대우하는 방식의 호소다. 예컨대 "저번에 엄마가 너에게 그렇게 해주었지? 이제 너는 엄마에게 이렇게 해 줘"하고 설득하는 방식이 인격적 호소다. 양자의 효과는 약간 다르다. 위치에 호소하는 방법은 사회구조의 강압성을 느끼게 해 자녀가 수치심을 느끼게 하고, 인격적 호소는 자녀가 자신의 감정을 내면화해 죄의식을 느끼게 한다(Bernstein, 1971). 수치심은 타인의 시선 때문에 생긴 느낌이고, 죄의식은 자신의 양심 때문에 발생한 느낌이다. 수치심은 타인의 기대에 미치지 못했을 때 발생하는 감정이고, 죄의식은 자신이 정한 도덕적 기준에 미치지 못했을 때 생기는 감정이다. 어느 감정이 더 낫거나 우월하다고 말할 수 없다. 두 감정 모두 어린이에게 부정적 영향을 미칠 수 있다. 수치심과 죄의식이 초래하는 결과는 이 장의 3절을 참고하라.

계급별로 다른 것이 어법이나 자녀 양육 방식, 자녀 통제 방식, 자녀 설득 방법 등에 한정하는 것은 아니다. 두 계급의 사유방식도 뚜렷하게 대비된다. 노동자계급의 전형적 문화는 독특한 도덕률(moral code)에서 찾을 수 있다. 경험 자료로 파악하면, 노동자계급은 옳고 그름을 흑백논리로 명쾌하게 나누고, 옳지 않은 행위는 비교적 엄하게 처벌한다. 노동자계급의 부모는 자녀에게 엄격한 복종을 요구하고 자녀가 복종하지 않을 때에는 물리적 처벌을 사용하는 경향을 보인다. 노동자계급은 성 구실(gender role)에 대해서도 보수적 태도를 지닌다. 남성은 직장에 다녀야 하고 여성은 가정을 지켜야한다는 옛 관념을 고집한다. 그러나 관념과 달리, 실제로는 여성이 직장에 다니는 경우도 많은데 그들의 경제적 형편이 넉넉지 않기 때문이다. 그들은 다른 누구보다 전통에 집착한다. 이들은 일탈적 성행위나 정치적 이견, 종교적 일탈을 참지 못한다. 이에 더해, 노동자계급은 자신의 직업에 별다른 자긍심을 느끼지 않는다. 그러므로 직업 활동에 자신의 정체성을 두지 않는다. 직업이 표방하는 공식 이념이나 목적에 대해서도 별다른 사명감이나 책임을 느끼지 않는다.

이와 달리, 중상층계급은 직업의 공식 이념에 강한 일체감을 보인다. 과학자는 한 사회의 지적 성취의 수준을 걱정하고, 의사는 한 나라의 국민건강제도 개선 방향을 길게 말한다. 기업 경영자는 기업이 나아가야 할 방향과 정부가 맡아야 할 구실을 설파하는 데에 열정적이다. 중상층계급은 세상의 모든 쟁점에 관심을 기울이고, 정치적으로도 가장 활동적이다. 중상층계급은 대체적으로 유연한 가치관, 즉 세계주의적(cosmopolitan) 가치관을 보인다. 자신이 보기에 이런 견해나 행동이 옳지만, 저런 견해나 행동도 그렇게 나쁘지 않다고 생각한다(일반적 상황에서 그렇다는 말이다. 이들이 이익집단으로 행동할 때에는 그러하지 않다. 의과대학 정원 확대에 대한 의사 집단의 견해를 들어보라. 상당히 비타협적이다). 그리하여 이들은 일탈에 대해서도 비교적 관대하다. 사소한 일탈에 대해서는 더욱 그러하다. 중상층계급은 자녀를 통제할 때 인격적 호소나 심리적 기술을 즐겨 사용한다. 그들은 성 구실에 대해서는 진보적 태도를 보인다. 남성이 가사 일을 하고, 여성이 직장에 다녀도 좋다고 생각한다(관념적으로는 그렇다 할지라도 실생활에서는 전통적 성 구실을 지키는 경우가 많다. 남성이 여성보다 더 많은 돈을 벌어 남성이 여성에 비해 지배적 위치에 놓인 경우가 많기 때문이다). 이들은 정치적 반대자를 수용하지 않지만 적어도 논리적으로는 배척하지 않는다. 다른 종교를 믿는 사람도 이해한다.

왜 그럴까? 사람들의 생각과 감정은 계급별로 왜 이런 차이를 보일까? 콜린스(Collins, 1975; 2005)는 그의 상호작용의례 이론(the interaction ritual theory)으로 이 차이의 원인을 밝히려고 시도했다.[6] 아래에서는 그 이론을 살피기로 한다.

---

6 상호작용의례 이론은 여러 사람의 의례 이론을 종합한 것이다. 의례와 의례 이론에 대해서는 〈참고 7.1〉을 보라.

**참고 7-1 의례와 감정**

의례(儀禮, ritual)란 무엇인가? 조금 뒤에 보겠지만 의례는 여러 종류의 것으로 나눌 수 있다. 그러나 의례를 대표하는 것은 아무래도 종교 의례이니 우선 이부터 살펴보자. 종교 의례는 사람들이 성스럽거나 사악하다고 믿는 존재 앞에서 행하는 말과 몸짓(gesture)이다. 이런 말과 몸짓은 일정 방식으로 틀이 짜여 있다. 기도문 낭송이나 성가 찬송, 춤과 행진, 무릎을 꿇거나 성호를 긋는 행동은 모두 특정 방식으로 이루어져 있다. 심지어 언제 성호를 긋고, 어떤 노래를 언제 불러야 하는지도 미리 정해져 있다. 한마디로 정리하면, 의례는 일정한 방식으로 틀이 짜인 행동이다.

의례는 궁극적 목적을 달성하기 위한 수단이 아니다. 목표를 달성하면 그 방법은 어찌 되어도 상관없는 그런 행동이 아니다. 의례는 형식 그 자체가 목적인 행동이다. 올바른 형식을 지키면 의미를 띠지만 지키지 않으면 비웃음을 사거나 도덕적 분노를 일으킨다. 예컨대 성호(聖號)를 거꾸로 그으면 가톨릭 신자는 당혹감을 느끼거나 경멸이나 분노를 표출한다. 제때 제대로 된 기도문을 낭송하지 않으면 정상적인 신자로 인정하지 않는다.

의례는 애초에 종교의식(儀式, ceremony)을 의미했다. 그러나 후대의 반 헤네프(A. van Gennep)나 고프먼(E. Goffman)은 의사소통을 목적으로 하는 일상생활의 행위 그 자체를 의례라고 이해했다. 일상생활의 의사소통 행위도 종교 의식처럼 일정한 형식을 갖추고 있기 때문이었다. 이런 전통을 이어, 오늘날 연구자들은 의례를 다음과 같이 정의한다. "의례는 상호작용을 시작하거나 유지하려고, 또는 상호작용을 끝내려고 사람들이 고정적으로 사용하는 일련의 동작이다(Turner, 1988)." 이와 거의 같은 말이지만, "의례는 의사소통을 위해 사용하는 비교적 고정된 방식의 행동(Wuthnow, 1987)"이다. 예를 들어, (대화하기 전에 대화를 시작하자는 제안 삼아) '안녕하세요' 하고 인사말을 한다든지,[7] (친근감을 표시하려고) 악수를 한다든지, (상대방의 말을 듣고 있다는 것을 알리려고) 고개를 끄덕인다든지, (헤어질 때에 잘 가라는 뜻으로) 손을 좌우로 흔든다든지 하는 등의 말과 동작이 의례다.

콜린스는 의례를 다음과 같이 분류했다.

거시 의례 : 큰 사회의 유지나 결집을 겨냥하는 의례 ; 종교, 정치, 사회 행사

미시 의례 : 작은 집단의 결속을 노리는 의례 ; 결혼식 등과 같은 통과의례[8]

개인 의례 : 상호작용의례

비록 그 종류는 다르지만, 이런 의례는 여러 차원에서 공통의 사고와 감정, 흔히 말하는 집단유대감을 낳는다. 콜린스는 이런 의례가 집단유대감을 낳는 과정을 〈그림 7-7〉과 같이 정리했다. 의례는 사람들이 얼굴을 맞대고 접촉하면서 특정 대상에 관심을 집중하는 행동이다. 종교 의례를 치르면서 사람들은 교회에 모여 속죄와 구원을 생각하고, 사제나 승려의 행동이나 종교적 대상에 시선을 모은다. 정치 행사를 치르면서 사람들은 광장에 모여 민주주의를 생각하거나 민족의 장래를 걱정한다. 결혼식이나 장례식과 같은 통과의례를 거행하면서 사람들은 두 사람의 결혼에 관심을 기울이거나 한 사람의 죽음에

7 일상생활의 대화에서 '안녕하세요?' 하는 말은 문자 그대로 안녕한지를 묻는 것이 아니다. 그 말은 '이제 대화를 시작해도 되겠습니까?' 하는 말과 그 의미가 같고, '지금부터 결혼식을 거행하겠습니다' 하는 말과 그 위상이 같다. 상호작용을 시작하자는 메시지다. '그럼 이만 실례하겠습니다'는 '이제 대화를 마치겠습니다' 하는 말과 그 의미가 같고, '이로써 졸업식을 마치겠습니다' 하는 말과 그 형식이 같다. 상호작용을 마치자는 메시지다.

8 우리는 삶의 주요 단계나 고비를 통과할 때마다 의식을 치른다. 백일, 첫돌, 성인식, 약혼식, 결혼식, 출산, 회갑연, 장례식 등이 바로 그것들이다. 이런 의식을 통칭해서 통과의례(通過儀禮, the rites of passage)라고 한다.

관심을 집중한다. 일상생활에서 상호작용의례를 수행하면서 사람들은 모두 특정 화제나 행동에 초점을 맞춘다. 예컨대 대화할 때 사람들은 상대방의 눈을 보면서 상대방의 말에 집중한다. 어쨌든 의례의 이런 두 조건(대면 접촉과 관심 공유)이 갖추어지고 틀이 짜인 공통의 행동(의례)을 반복하면 의례에 참여한 사람 사이에는 공통의 감정이 생긴다. 이 공통 감정은 의례의 종류별로 다르다. 종교 의례에서 그 감정은 신앙심일 것이고, 정치 행사의 감정은 당파적 감정이나 민족주의일 것이다. 통과의례에서 생기는 공통 감정은 가족주의나 우정일 것이며, 개인 의례일 경우에는 사랑이나 우정, 호감 같은 것일 수 있다. 우리는 이 공통 감정을 싸잡아 집단유대감(group solidarity)이라고 표현할 수 있다.[9]

〈그림 7-7〉 의례와 감정

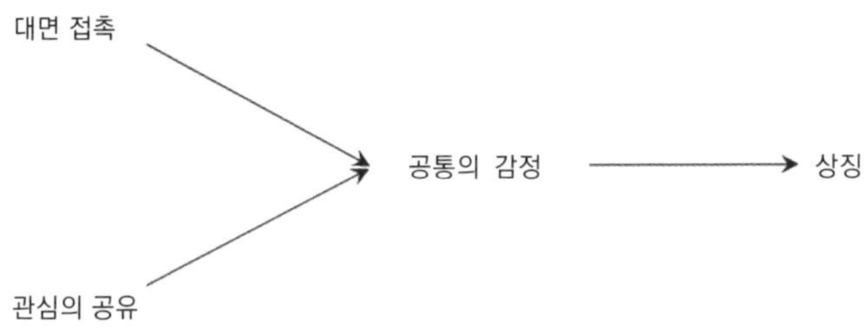


의례가 만들어내는 이 감정은 특정 과정을 거치면서 주변 사람들에게 빠르게 확산한다. 두 사람 이상의 사람들이 얼굴을 마주하고 공통의 관심사에 초점을 맞추면서 틀이 잡힌 행동을 반복하면, 의례에 참석한 사람들 내부에 특별한 감정이 생기고 이 감정은 폭발적으로 퍼져나가 사람들을 재빠르게 사로잡는다. 이른바 감정이 비등한

9 의례의 정의, 의례의 구분, 그리고 의례가 집단 감정(신앙심, 민족주의, 사랑, 가족주의, 우정, 호감 등)을 만들어내는 구체적 과정 등은 Collins(1975; 2005)와 장상수(2024: 3장과 7장)를 참고하라.

다. 감정의 비등(沸騰, emotional effervescence) 과정을 뒤르케임의 말로 들어보자.

> 여기저기 흩어져 있을 때 사람들의 생활은 단조롭고 무기력하며 지루하다. 그러나 코로보리(Corroboree, 호주 원주민의 축제-인용자)가 있으면 모든 것이 달라진다. (…) (사람들은) 쉽게 자제력을 잃는다. (…) 함께 모인다는 사실 그 자체가 비할 데 없이 강력한 흥분제처럼 작용한다. 일단 모이고 나면 전류 같은 것이 흘러 사람들은 이상할 정도로 빨리 열광한다. 그곳에 나타난 감정은 아무런 거리낌 없이 모든 사람의 마음으로 들어간다. 사람들의 마음은 외부의 인상에 활짝 열린다. 한 사람의 감정은 다른 사람의 감정을 불러일으키고, 거꾸로 다른 사람의 감정은 그 사람의 감정을 고무한다. 마치 눈덩이가 굴러가면서 몸을 불리는 것처럼, 감정이 퍼지는 과정에서 최초의 충동은 더욱 커진다. 모든 억눌림을 떨쳐버리고 터져 나오는 열정은 밖으로 폭발한다. 사람들은 여기저기서 몸을 격렬하게 흔들어대고, 사방에서 짐승의 울부짖음 같은 비명을 질러댄다. 사람들의 마음은 이런 몸짓과 비명으로 더욱더 흔들린다. 이 몸짓과 비명은 점차 리듬이 잡히고 규칙성을 띠는데, 그로 말미암아 전체의 행동을 규율하는 질서가 생기고 집단적 감정이 나타난다. 그 과정의 끝에서 춤과 노래가 생겨난다. 그러나 몸짓과 비명이 이렇게 규칙적으로 바뀌었다고 해도 그 본질적 격렬함은 사라지지 않는다. 규제된 소란이어도 소란은 소란이다(Durkheim, 1912/1995: 461-462, 쪽수는 한국어 번역본).

의례에 참여한 사람들 사이에 생긴 격렬한 공통 감정은 의례가 끝나면 점차 식는다. 예를 들면, 종교 행사 중에 느꼈던 신성함이나 경건함 등은 행사가 끝나면 점차 사라진다. 눈앞의 자극(대면 접촉과 관심 공유)이 사라지기 때문이다. 행사가 끝나도 행사 중에 느꼈던 감정을 조금이라도 더 오래 유지하고픈 사람들은 그 감정을 표상하는 상징물을 만든다. 예컨대 집에다 십자가를 걸거나 성모 마리아 입상을 들이며, 묵주 반지를 손에 끼고 다닌다. 정치 행사를 마친 후에는 국기나 기타 휘장을 게양하고 정치적 목적을 나타내는 상징물을 게시한다. 서로 사랑하는 남녀도 그러하다. 두 사람이 같이 있을 때 느꼈던 여러 감정은 각자 집으로 가면 점차 옅어진다. 이런 감정을 잊지 않고 조금이나마 유지하려고 둘의 관계를 표상하는 상징물을 만들고 각자 소지한다. 커플링 반지를 나누어 낀다든지, 선물을 주고받는다. 이런 상징물은 의례를 행할 때 느꼈던 감정을 되살리고 되새긴다.

지금까지 우리는 의례가 사람들 사이에 공통의 감정을 낳는 과정을 살폈다. 그리고 이 공통의 감정을 집단유대감이라고 표현했다. 그러나 우리가 알다시피, 우리 감정에는 집단 공통의 감정도 없지 않지만, 집단과 집단을 분리하는 감정도 존재한다. 예컨대 우리 안에는 우리를 일본인과 구별하는 한민족 공통의 민족주의도 없지 않지만, 지역별로 서로 대립하는 지역주의도 존재한다. 노동자계급은 민족 감정 때문에 자본가계급과 일체감을 느끼기도 하지만, 자본가에게 저항감이나 거부감을 느끼기도 한다. 사고나 감정의 이런 분리는 무엇 때문에 일어나는 것일까? 예컨대 노동자계급의 사고나 감정이 자본가계급의 사고나 감정과 달라지는 원인은 무엇일까? 콜린스는 이 원인도 상호작용의례의 작동 원리에서 찾았다. 의례가 사고나 감정의 분화를 낳는 메커니즘에 대해서는 본문을 참고하라.

의례가 만든 감정의 형태와 내용은 연결망과 권력이라는 거시적 차원의 영향을 받는다. 연결망 차원(network dimension)은 사람들 사이의 수평적 관계를 말하고, 권력 차원(power dimension)은 수직적 사회관계를 가리킨다. 연결망 차원은 다시 사회적 밀도와 사회적 다양성이라는 두 하위 차원으로 나눌 수 있다. 사회적 밀도(social density)는 사람들이 대면적 상호작용을 하는 빈도나 강도를 말하는데, 이 차원은 집단유대감의 농도를 규정한다. 사회적 밀도가 높을수록(의례의 빈도가 높고 강도가 셀수록), 사람들은 내집단(內集團)에 더 강한 동질감을 느끼며, 외부 사람을 더 심하게 불신한다. 이런 상태에서 사람들은 외집단 성원이 자기 집단의 도덕적 기준에 순응할 것을 더 강력하게 요구한다.

사회적 다양성(social diversity)은 접촉하는 사람의 부류나 범위를 나타내는 차원이다. 이 차원은 사고나 문화의 유연성을 규정한다. 만나는 사람의 부류가 좁으면 사람들의 관념은 추상적이라기보다 구체적으로 되며, 성찰적이고 상대적이라기보다 고정적이고 절대적으로 된다. 만나는 사람이 다양하지 않으면 사람들은 매사를 도덕적 절대성이라는 관점에서 판단하는 경향을 띤다. 그리하여 자신이 전적으로 옳고, 자신에게 동조하지 않는 외부사람은 그르다고 생각하는 경향을 보인다. 이런 사고방식으로는 외부사람을 신뢰하기 어렵다. 이들은 집단의 규칙을 의심하지 않고 받아들이며, 이 규칙을 강한 정서로 뒷받침한다. 그러므로 외집단 성원이 이 규칙을 깰 때 감정적으로 폭발하는 것은 자연스러운 반응이다.[10] 거꾸로, 만나는 사람의 범위가 넓으면(만나는 사람의 부류가 다양하면) 사람들의 관념은 추상적이고 관념적이며 성찰적으로 될 가능성이 높다. 매

10 누구나 다 그런 것은 아니지만 인간은 대체로 타인을 공감하고 이해한다. 사회생물학자들은 이 공감능력이 거울신경세포(mirror neurons)에서 비롯한다고 본다. 타고난 이 공감능력은 개인별로 편차를 보이기도 하지만 환경(문화)마다 약간씩 다르기도 하다. 어떤 집단의 공감 능력은 크고 어떤 집단의 능력은 낮다. 이런 차이를 규정하는 요인은 집단의 다양성이다. 다양성이 높을수록 공감능력은 더 크다. 예컨대 하와이에서는 뚱뚱한 여성도 해변에서 비키니를 입고 서성이는데, 한국에서는 날씬한 몸매의 여성만 해변에 간다. 하와이의 공감능력이 한국보다 더 큰 것으로 보인다. 다양성을 배제하는 한국의 획일적 문화는 우리의 공감 능력을 줄인다. 학업성적이라는 단일 기준으로 학생을 줄 세우는 학교, 모든 청년이 꼭 경험해야 하는 군대, 천편일률적 아파트 등은 제 것만 고집하는 편협한 사고를 낳기 쉽다(장대익, 2017). 장대익이 말하는 다양성 개념은 콜린스의 사회적 다양성과 흡사하다.

사를 도덕적 상대성의 관점에서 바라보고 외부 사람에 대한 거부감도 적다. 집단의 규칙을 신봉하는 정도도 비교적 낮다. 외부 집단이 집단의 규칙을 깰 때에는 심리적으로 다소 거북하겠지만 그렇다고 감정을 폭발적으로 쏟아내지는 않는다.

연결망 차원이 의례를 규정하는 수평 차원의 요인이라면, 권력 차원은 수직 차원의 규정 요인이다. 권력 차원은 주로 집단 성원의 자긍심에 영향을 미치거나 공식 이념에 대한 성원의 몰입 가능성을 규정한다. 집단에서 높은 위치를 차지하는 사람, 즉 명령을 내리는 사람(order givers)은 자신의 일에 자긍심을 느끼면서 맡은 바 구실에 강한 정체감을 느낀다. 이런 성향은 다른 사람에게 명령하는 경험에서 나온다. 자긍심은 심리적으로 만족스러운 데에서 비롯하고, 정체성은 일의 구실을 진지하게 생각하는 데에서 기인한다. 이와 달리 명령을 받는 사람(order takers)은 조직체의 공식 이념과 일정한 거리를 유지한다. 명령을 받는다는 것은 심리적으로 굴욕적인 경험이기 때문에 명령을 받는 사람은 직업에 강한 정체성을 느끼지 못하고 직업과 일정한 거리를 두려고 노력한다. 그들은 상급자의 입에서 나오는 공식 이념을 냉소한다. "이 회사는 우리 것이므로 주인 의식을 갖고 일하자"는 상급자의 충고에 코웃음을 친다. 이런 냉소를 어찌 겉으로 내보이겠는가? 속으로 비웃는다는 말이다.

지금까지 상호작용의례의 여러 차원, 수평 차원과 수직 차원이 사유방식을 규정한다고 주장했다. 그런데 상호작용의례의 차원은 무엇이 규정할까? 상호작용의례의 여러 차원을 좌우하는 요인은 단연코 경제적 처지일 것이다. 이 경제적 처지는 상호작용의례의 형태와 내용을 결정하고, 이렇게 결정된 상호작용의례는 사유에 영향을 미친다. 일반적으로 노동자계급은 물질적으로 풍요롭지 않다. 그러므로 이들은 오래된 친구나 친지와 같이 제한된 범위의 사람들과 교제할 수밖에 없다. 이들이 맺는 상호작용의 사회적 밀도는 높고 사회적 다양성은 낮다. 사회적 밀도가 높다는 말은 곧 집단유대감이 높다는 말이고, 사회적 다양성이 낮다는 말은 내집단과 외집단을 확연히 구별하려는 성향이 크다는 말이다. 그리하여 노동자계급의 사유는 흑백논리와 흡사하다. 다른 한편으로, 노동자계급은 명령을 받아 집행하는 사람들이기 때문에 세상사에 진지한 관심을 기울이지 않고 냉소적 태도를 취할 가능성이 크다(〈표 7-2〉 참조).

〈표 7-2〉 상호작용 의례 이론의 세 차원

| | | 노동자계급 | 중상층계급 |
|---|---|---|---|
| 연결망 차원 | 사회적 밀도 | 높음 | 낮음 |
| | 사회적 다양성 | 낮음 | 높음 |
| 권력 차원 | | 낮음 | 높음 |

이와 달리 중상층계급은 경제적 풍요를 바탕으로 다양한 사람과 접촉한다. 이들은 여러 부류의 사람과 만나 다양한 경험을 공유한다. 이번 주말에는 요트 동호회 회원을 만나고, 다음 주말에는 골프 친구를 만난다. 이들이 서로 주고받는 상호작용의 사회적 밀도는 낮고, 사회적 다양성은 높다. 그리하여 중상층계급은 세계주의 사유방식을 견지한다. 개인주의적이고 자유주의적 태도를 취한다. 다른 한편으로, 중상층계급은 주로 명령을 내리는 사람이어서 직장 생활에 긍정적 태도를 유지하고 자신의 직장이나 직업에 일체감을 느끼는 경우가 많다.

## 3. 범죄



경제학자 베커는 오래전에 이미, 범죄란 모두 경제적인 것이고 범죄자는 모두 합리적이라고 주장했다(Becker, 1968). 범죄는 경제적 이익을 추구하는 행위고, 범죄자는 편익과 비용을 냉철하게 비교분석하는 행위자라는 의미일 것이다. 거장이 아니면 쉽게 말할 수 없는 간결한 주장이다. 잠재적 범죄자는 범법행위로 얻을 편익(경제적 이익)과 비용(체포와 처벌)을 비교해, 범죄 행위를 결정한다. 사람들이 자신의 효용을 극대화하려고 시도하는 베커의 세계에서 이익이 비용보다 더 크거나 많다면 사람들은 범법행위를 기꺼이 할 것이고, 거꾸로 비용이 이익보다 더 크다면 범법행위를 자제할 것이다.

합리성의 세계에서는, 다른 조건이 같다면, 빈부격차가 심하면 심할수록, 그리하여 가난한 사람(잠재적 범죄자)과 부자(잠재적 희생자) 사이에 간격이 크면 클수록 범죄율은 더 높아질 것이다. 왜냐하면 불평등이 심한 사회에서 범죄 수익은 비용보다 더 클 가능성이 높기 때문이다. 불평등과 범죄의 연관성을 연구한 경험 연구는 불평등이 심한 사회에서 범죄율이 더 높을 것이라는 베커의 예측을 긍정했다. 일부 연구는 소득 불평등이 심한 사회에서 재산범죄가 더 많이 일어났음을 증명했고(cf. 변재욱·김일중·최봉재, 2013), 또 다른 연구는 소득 불평등이 심한 사회에서 재산범죄뿐만 아니라 폭력범죄나 인신범죄도 더 빈번함을 증명했다(Wilkinson and Pickett, 2010). 이런 주장의 한 사례를 구체적으로 살펴보자.

〈그림 7-8〉은 1900년부터 2007년까지 107년간 일어났던, 인구 십만 명당 미국의 폭력치사(violent deaths) 비율－자살률과 살인률의 합－의 추세를 보인 것이다. 이 그림을 보면, 미국의 폭력치사율은 크게 보아 세 개의 봉우리와 세 개의 골짜기를 지난다. 미국의 폭력치사율은 1915년 무렵에 첫째 봉우리를 지나고, 1932년에 둘째 봉우리, 1976년 무렵에 셋째 봉우리를 통과한다. 폭력치사율은 왜 하필이면 이들 시기에 피크에 도달했을까? 그리고 왜 이런 시기부터 감소하기 시작했을까? 도대체 폭력치사율은 무엇 때문에 오르고, 무엇 때문에 내렸을까? 오랫동안 그 원인을 찾던 한 정신의학자는 쉽게 믿기 어려운, 그야말로 놀라운 사실을

발견했다(Gilligan, 2011).

이 그림에서 굵고 짙은 색깔은 선은 공화당 집권시기의 폭력치사율이고, 가늘고 옅은 색깔의 선은 민주당 집권시기의 폭력치사율이다. 이를 보면, 공화당이 집권하면 예외 없이 폭력치사율은 점차 상승했고, 민주당이 집권하면 폭력치사율은 점차 하강했다. 그리하여 공화당 출신의 대통령이 집권하던 시기나 민주당 대통령이 집권하던 시기의 '평균' 폭력치사율은 비슷했다. 그러나 변화율은 시기별로 뚜렷한 대비를 이루었다. 공화당 집권 시기에 폭력치사율은 계속 상승했고, 민주당 집권 시기에는 계속 감소했다. 왜 이러했을까? 우연의 일치였을 수도 있지만, 우연이라고 치부하기에는 너무 규칙적이다. 그렇다면 이런 패턴은 왜 나타났을까?

〈그림 7-8〉 미국의 십만 명당 폭력치사 비율 추세

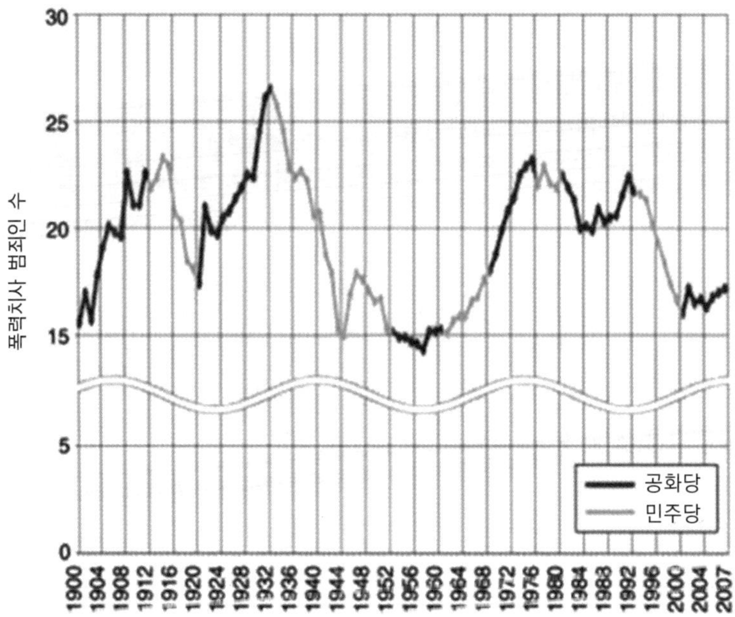


**출처 :** Gilligan(2011: 30)

길리건은 이런 유형의 원인을 밝히기 전에 먼저, 선행연구를 다음과 같이 정리했다. 첫째, 자살률과 살인률은 상호연관성을 보인다. 자살은 살인의 특수한 경우에 불과하다. 그러므로 자살과 살인은 폭력치사라고 통칭할 만하다. 둘째, 실업은 폭력범죄를 야기한다. 실업률과 실업자가 늘어나면 폭력범죄가 기승을 부린다. 셋째, 절대적 빈곤도 폭력을 야기하지만 상대적 빈곤(소득 불평등)도 폭력을 야기한다. 빈곤 일반이 폭력범죄를 낳는다. 넷째, 경제가 성장하면 실업률이 줄고, 실업률이 줄면 폭력범죄는 약화하거나 줄어든다. 선행연구의 이런 발견을 정리해, 길리건은 다음과 같은 결론에 도달했다. 실업률이 높아지거나 소득 불평등이 커지면 폭력범죄율은 증가하고, 경제가 성장하지 않아도 폭력범죄율이 늘어난다.

사정이 그렇다면 혹시 공화당이 집권한 시기에 경제성장이 멈추거나 하강하고, 실업률이 높아지거나 소득 불평등이 더 심해졌는가? 길리건은 '그렇다'고 판단했다. 민주당 집권 시기와 비교해 공화당 집권 시절에는 불황도 더 잦았을 뿐 아니라 경제성장률도 더 낮았다. 공화당 집권 시기에는 실업률이 더 높고 실업기간도 더 길었다. 그런데 공화당 집권 시기에 왜 경제성장이 더 낮고, 실업률이 더 높으며, 소득 불평등은 더 컸는가? 정부의 정책 탓이었다. 공화당이 집권하면 집권 세력은 예외 없이 부유층의 이익을 옹호하는 정책을 펼쳤다. 공화당은 인플레이션을 막는다거나 경제성장을 도모한다는 등의 갖가지 핑계와 명분을 내세워 대기업과 부자에게 감세 혜택을 부여했고, 감세로 말미암은 재정적자를 줄이기 위해 사회복지를 축소했다. 공화당 정부는 부자의 이익을 두둔하는 것이라면 실업이나 불황, 소득 불평등을 심화하는 정책도 마다하지 않았다.

정리하자. 민주당 정부와 다르게 공화당 정부는 부유층의 이익을 옹호하는 경제정책을 추구했다. 그로 말미암아 공화당 정부 집권 기간에 실업률은 높아졌고, 불황이 도래했으며, 소득 불평등도 심화했다. 실업의 상승과 불황의 지속, 소득 불평등의 심화 때문에 폭력치사율은 멈추지 않고 상승했다(〈그림 7-9〉 참조).

〈그림 7-9〉 소득 불평등과 폭력치사율

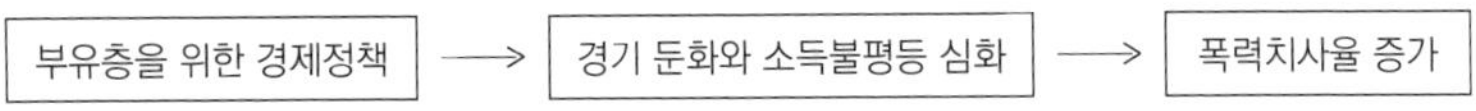


길리건은 이로부터 한 걸음 더 나아갔다. 실업이나 불황, 소득 불평등이 폭력치사를 유발하는 메커니즘은 무엇인가? 정신의학자답게 그는 심리적 구조물에 초점을 맞추었는데, 그가 주목한 구조물은 사회의 도덕체계였다. 길리건은 도덕체계를 이원론으로 바라보았다. 이 세상에는 상반하는 두 도덕이 존재하는데 수치심의 윤리와 죄의식의 윤리가 바로 그것들이다. 이 장의 2절에서 이미 보았다시피, 수치심은 타인의 시선 때문에 생긴 느낌이고, 죄의식은 자신의 양심 때문에 생긴 느낌이다. 수치심은 타인의 기대에 미치지 못했다는 판단에서 비롯한 감정이고, 죄의식은 자신이 정한 도덕적 기준에 미치지 못했다는 판단에서 유래한 감정이다.

〈표 7-3〉에서 보듯, 1) 수치심의 윤리가 추구하는 미덕은 자부심과 명예다. 이 윤리가 회피하려는 악덕은 수치와 굴욕이다. 이와 달리, 죄의식의 윤리가 강조하는 미덕은 청정결백이고 이 윤리가 비난하는 악덕은 죄다. 이 두 윤리는 상극이다. 수치심의 윤리가 가장 큰 미덕으로 간주하는 자부심은 죄의식의 윤리에서 교만으로 풀이된다. 죄의식의 윤리체계에서 교만은 가장 큰 악덕이다. 2) 수치심의 윤리가 옹호하는 사회체계는 사람들이 ―아마도 부유한 사람들이 ― 자부심을 만끽하는 위계 사회이고, 죄의식의 윤리가 지지하는 사회체계는 아무도 교만하지 않고 아무도 우월감을 못 느끼는 평등사회다. 3) 수치심의 윤리가 동질감을 느끼는 대상은 강자이고, 반대로 죄의식의 윤리가 공감하는 대상은 사회적 약자다. 수치심의 세계에 사는 사람들은 강자를 선망하지만, 죄의식의 세계에

사는 사람들은 다른 누구보다 사회적 약자를 배려한다. 4) 수치심의 윤리를 표방하는 지도자나 정당은 불평등을 확대하려고 노력하고, 죄의식의 윤리를 내재화한 지도자나 정당은 불평등을 줄이려고 애를 쓴다. 수치심은 우파 정치를 내세우는 감수성이고, 죄의식은 좌파 정치를 추동하는 핵심 정서다. 5) 수치심의 윤리를 표방한 대표 집단은 나치(Nazi)고, 죄의식의 윤리를 앞세우는 대표 집단은 후터(Hutter)파 개신교도다.[11] 6) 수치심의 윤리와 연결되는 대표 퍼스낼리티는 반사회적 인격, 편집증적 성격, 나르시시즘, 경계성 성격장애, 권위주의적 성격 등이고, 죄의식의 윤리와 관련하는 대표적 품성은 도덕적 마조히스트다. 7) 수치심의 윤리와 죄의

〈표 7-3〉 수치심의 윤리와 죄의식의 윤리

| | 수치심의 윤리 | 죄의식의 윤리 |
|---|---|---|
| 1) 악덕 vs 미덕 | 수치 vs 자부심 | 죄 vs 결백 |
| 2) 옹호하는 사회체계 | 위계사회 | 평등사회 |
| 3) 동질감을 느끼는 대상 | 지위가 높은 사람, 강자 | 지위가 낮은 사람, 약자 |
| 4) 지도자나 정당의 태도 | 불평등 확대를 지향 | 불평등 완화를 지향 |
| 5) 대표 집단 | 나치 | 재세례파 개신교도 |
| 6) 대표 성격 | 반사회적 인격<br>편집증적 성격<br>나르시시즘<br>경계성 성격장애<br>권위주의적 인격 | 도덕적 마조히스트 |
| 7) 대표 범행 | 살인이나 자살 | 자살 |

**출처 :** Gilligan(2011)

11 후터파(Hutterites)는 재세례파(再洗禮派, anabaptist) 개신교도다. 재세례파 개신교도의 대표 사례는 미국의 아미쉬(Amish) 공동체다. 이들은 물질 나눔 공동체 생활을 유지한다. 이들의 재산관은 공상적 사회주의와 가장 흡사하다. 이들은 모든 것을 공유한다. 사유 재산은 없다.

식의 윤리가 만들어내는 대표적 범행은 각각 살인과 자살이다. 수치심의 윤리는 살인을 방조하고, 죄의식의 윤리는 자살을 초래한다.

명예와 수치를 지향하는 정당은 사회를 수치 문화로 이끈다. 이런 정당이 집권하면, 실업자는 말할 것도 없고 지위가 낮거나 가난한 사람도 수치심을 느낀다. 수치심을 느낀 사람은 폭력행위를 저지를 가능성이 높다. 불황이 잦고 소득 불평등이 심한 공화당 집권 시기에 폭력치사가 늘어나는 원인이다. 다른 한편, 평등주의 정치 이념은 지위 차이를 줄여서 사람들이 수치를 느끼지 않도록 한다. 그런 이념이 지배하는 사회에서는 높은 자리도 없고 낮은 자리도 없다. 하루아침에 지위가 추락하는 것을 경험하지도 않는다. 이런 사회에서는 폭력의 수위가 낮다. 민주당의 평등주의적 정책은 폭력치사율을 낮춘다.

지금까지 논의한 바를 정리해보자. 공화당이 집권해 실업이 증가하고 소득 불평등이 심화하면, 사람들은 심리적으로 수치심을 느낀다. 수치심을 느낀 사람들(실업자나 가난한 사람들)은 폭력 범죄를 저지른다. 망가진 자신의 지위를 폭력으로 회복하기 위해서다. 이와 달리, 민주당이 집권해 실업이 감소하고 소득 재분배가 활성화하면 사람들은 수치심을 덜 느낀다. 그로 말미암아 폭력범죄도 줄어든다.

길리건의 이런 논리는 제법 그럴싸하다. 부자의 이익을 추구하는 정부 정책이 소득 불평등을 확대하고, 소득 불평등의 확대가 수치심을 낳으며, 수치심이 폭력치사율의 상승으로 귀결한다는 논리는 제법 그럴듯하다. 그러나 이런 논리를 미국이 아닌 다른 나라에도 그대로 적용할 수 있을까? 한국에도 그런 논리를 적용할 수 있을까? 〈그림 7-10〉은 1980년대 이후 40년 동안(1983-2021)의 한국의 자살률과 살인률의 추세를 보인 것이다. 이 그림에서는 그 추세를 민주자유당 계열 정부와 민주당 계열 정부 집권 시기로 나누어보았다(그림 아래쪽의 점선 화살표 구간은 민주자유당 계열 정당의 집권 시기를, 실선 화살표 구간은 민주당 계열 정당의 집권 시기를 나타낸다).

〈그림 7-10〉 한국의 자살률과 살인률 추세

**출처 :** http::/www.index.go.kr

이 그림의 특징은 다음과 같다. 첫째, 자살률과 살인률의 추세는 서로 흡사한 패턴을 보인다. 자살률이 높으면 살인률도 높고, 거꾸로 자살률이 낮으면 살인률도 높다. 그러므로 둘 중 하나만 선택해서 폭력치사율이라고 간주해도 무방할 것이고, 이 둘을 합해 폭력치사율이라고 치부해도 무방할 듯하다. 둘째, 자살률이든 살인률이든 그 추세는 민주자유당 계열 정부 시기와 민주당 계열 정부 시기 사이에 큰 변화를 보이지 않는다. 자살률이나 살인률은 정부의 성격을 가리지 않고 지난 1980년대부터 2009-2011년까지 지속적으로 상승하다가 그 이후 점차 하강했다. 미국과 상이한 패턴이다. 왜 한국의 폭력치사율은 정권과 무관한 것일까? 이는 아마도 한국의 민주자유당 계열 정부와 민주당 계열 정부의 경제 정책이 큰 차이를 보이지 않았기 때문일 것이다. 한국에서는 어떤 정부가 들어서든 대기업의 이익에 봉사하는 정책을 우선했다. 재분배를 공언

한 정부도 있었지만, 어느 정부에서든 사회복지는 여전히 미흡했다. 그러나 셋째, 이런 패턴은 소득 불평등의 추세와 흡사하다. 〈그림 7-10〉을 소득 불평등의 추세를 보인 〈그림 2-18〉과 비교하면 쉽게 알 수 있듯, 소득 불평등이 큰 시기에 폭력치사율은 늘고, 소득 불평등이 작은 시기에 폭력치사율은 줄었다. 이는 미국과 흡사한 패턴이다. 그러므로 소득 불평등이 크면 폭력치사율이 높아지고, 부자의 이익을 두둔하는 정당이 자살과 살인을 부추긴다는 길리건의 주장은 대체로 수긍할 만한 것으로 보인다.

## 4. 사회문제

3절에서는 불평등과 폭력치사의 연관성을 살펴보았다. 그곳에서 우리는 불평등한 사회에서 폭력치사가 더 많다는 사실을 보았다. 그러나 폭력치사라는 주제는 매우 흥미롭지만 지엽적이다. 이 절에서는 폭력치사를 넘어 더 큰 사회문제로 관심의 영역을 확대해보자. 그리하여 소득 불평등과 몇 가지 사회문제의 연관성을 알아보자. 윌킨슨과 피켓(Wilkinson and Pickett, 2010)은 소득 불평등과 건강·사회문제의 연관성을 살폈는데, 그들이 주목한 건강·사회문제는 다음과 같은 10개였다.

1) 공동체의 신뢰수준
2) 정신질환(약물 중독과 알코올 중독 포함)
3) 기대수명
4) 유아사망률
5) 비만
6) 아이들의 학업성취도

7) 십대 출산
8) 살인
9) 교도소 수감률
10) 사회이동

우리는 소득 불평등이 심해지면 해당 사회의 건강·사회문제가 좋지 않은 방향으로 바뀔 것이라는 가설을 세울 수 있다(Wilkinson and Pickett, 2018). 다음과 같은 논리를 쉽게 상상할 수 있기 때문이다. 불평등이 격화하면, 가장 먼저 공동체의 사회적 신뢰가 붕괴할 것이다. 불평등이 심해지면, 사람들은 사회적 지위를 중시한다. 사회적 지위를 중시한다는 것은 곧 자신에 대한 타자의 평가, 다시 말해 사회적 평가에 대한 우려도 증가한다는 것을 의미한다. 평등한 사회에서 사람들은 타자를 동등한 인격체로 받아들이지만, 지위 차이가 심한 사회에서 사람들은 상대방을 자신과 다른 개체로 파악한다. 이런 사회에서 사람들은 특정인의 신원을 확인하거나 그 사람을 평가할 때 사회적 지위를 가장 중요한 기준으로 삼는다. 낯선 관계에서 사회적 지위는 그 사람의 유일한 특징이기 때문이다. 한 걸음 더 나아가, 불평등이 심화해 소수만 아주 중요한 사람이 되고 다수의 사람은 보잘것없는 존재가 되어 버리면, 사회적 지위 체계에서 자신이 어디에 위치해 있는가 하는 문제는 그만큼 더 중요해진다. 불평등이 심할수록 사회적 지위를 둘러싼 경쟁도 격화하고 지위에 대한 근심도 그만큼 깊어진다. 경쟁이 격화하면 상대방에 대한 사회적 평가가 일상화하고 사람들은 계급적 편견에 사로잡히기 쉽다. 계급적 편견이 존재하면 공동체 생활은 약화하고 타인을 신뢰하는 정도도 감소한다.

불평등한 사회일수록 불안 장애, 정서 장애, 충동 조절 장애, 약물 중독, 알코올 중독 등과 같은 정신질환을 앓는 사람이 더 많다. 그 원인은 단순하다. 불평등한 사회에서 사람들은 돈을 중요하게 생각하고 타인의 눈에 좋게 보이는 것에 큰 가치를 둔다. 돈과 사회적 평가를 중시하는 세상에서 지위가 높은 사람은 자아도취와 과대망상에 빠질 가능성이 높다. 자신이 거둔 성공에 자만감을 느끼기 때문이다. 그런 사람들은 좋지 않은 일이 생기면 자신보다 남을 탓하는 분열증(schizophrenia)에 빠질 가능성이 높다. 거꾸로 지위가 낮은 사람은 우울과 걱정, 약물 남용과 인격 장애에 빠질 위험이 높다. 이런 사람들은 매사에 맞닥뜨려 자신을 탓하는 신경증(neurosis)을 앓을 가능성이 높다. 이런 세상에서는 분열증과 신경증이 공존한다.

불평등은 정신건강뿐만 아니라 신체 건강과도 관련한다. 불평등은 신체 건강을 훼손해 기대수명을 줄인다. 옛사람들은 주로 전염병으로 사망했다. 그러나 오늘날 전염병은 사망의 주요 원인이 아니다. 오늘날 사망의 주원인은 심장병이나 암 같은 만성 질환이다. 이런 질환은 사회적 지위와 관련한다. 사회적 지위가 낮으면 자기 삶에 대한 통제력을 느끼지 못할 뿐 아니라 삶을 긍정적으로 바라보지도 못한다. 그리하여 사회적 지위가 낮은 사람은 강한 스트레스를 받고, 이 스트레스로 말미암아 흡연, 음주 등과 같은 유해한 생활방식에 젖어 든다. 이런 생활방식은 고혈압이나 당뇨와 같은 만성 질환으로 이어지고, 만성 질환은 기대수명을 줄인다.[12]

---

12 많은 사람들이 윌킨슨과 피켓의 주장을 반복한다. 스트레스가 흡연, 음주 등과 같은 유해한 생활방식을 초래하고, 이런 생활방식 때문에 사람들은 만성 질환을 앓게 된다고 주장한다. 그러나 이런 주장은 너무 지엽적이고 평면적이다. 만일 이런 주장이 사실이라면 건강한 생활방식을 영위하는 유색인종이나 하층민은 백인이나 중산층만큼 건강해야 할 것이다. 그러나 실제로는 건전한 생활을 유지했던 유색인종이나 하층민의 건강, 심지어는 사회적으로 성공한 유색인종의 건강마저 백인이나 중산층의 건강보다 더 좋지 않았다. 이런 사실을 근거로 삼아, 한 보건학자는 건강 불평등을 초래하는 더 근본적인 원인을 들었다. 유색인종이나 하층민은 일상생활에서 겪는 인종적, 민족적, 종교적, 계급별 차별 때문에, 또는 그 차별을 극복하려고 애쓰는 분투 때문에, 만성적 스트레스를 받고, 이 만성적 스트레스는 웨더링(weathering)이라는 생물심리

불평등한 사회에서는 유아사망률도 더 높다. 가난한 사람들은 바람직한 자녀 양육 환경을 갖추지 못한다. 가난한 여성은 출산 전 건강을 관리하지 못하고 태교를 하지도 못한다. 그들은 건강관리에 들일 돈을 마련하지 못하고, 저체중 아동을 출산할 가능성도 높다. 그러므로 불평등한 사회에서 유아사망률이 더 높은 것은 매우 자연스럽다.

---

사회적 과정(bio-psycho-social process)을 거쳐 만성 질환을 야기한다고 주장했다. 여기서 웨더링은 침식, 마모, 풍화라고 번역할 수 있는데, 인종이나 민족, 종교나 계급 차별로 공격당하는 사람들이 겪는 (부정적인) 생리학적 과정을 지칭한다.

> 처음에는 지배집단의 문화가 인종을 분류하고 차등화해서 위계질서를 강제적으로 부여한다. (…) 일단 그 구성원들이 이 '인종' 내지는 저 '계급'에 속한다고 결정되면 소외집단에 속한 사람들의 운명은 실제로 연결되어 버린다. 좋든 싫든 이런 모욕적인 낙인찍기의 효과는 그들의 건강부터 소득에 이르기까지, 교육부터 일자리에 이르기까지, 거주지부터 사법적 처우에 이르기까지 모든 것에 불리하게 작용한다. (…) 이제 물질적으로 운명이 연결되어 버린 소외집단 구성원은 살아남고 인정받기 위해 집단적 전략을 구축하고 그런 전략에 투자해야 한다. 그런 전략을 통해 사회적·경제적인 지원과 개인적·문화적인 인정을 확보하는 한편, 탄압을 견디고 극복하겠다는 희망과 의지를 지속적으로 표출한다. [이런 사람들은-인용자] 불공평한 보상을 받기 위해 그야말로 영웅적인 힘을 발휘해야 하고 신의성실하게 노력할 때조차도 여전히 수모를 견뎌내야 한다(Geronimus, 2023: 33-34).

> 이렇게 다양한 신체적, 심리적, 경제적 공격을 받은 몸에서는 어떤 일이 일어나는가? 생리학적 스트레스 반응은 큰 근육에 산소를 실은 혈액을 빠르게 순환시키기 위해 호흡 수, 심박 수, 혈압을 높인다는 사실을 떠올려보자. 이를 위해 우리 몸은 교감신경계를 활성화해서 (…) 스트레스 호르몬인 코티솔(cortisol)을 분비한다. 교감신경계가 활성화하면 우리 몸의 정맥이 수축하면서 혈압을 높이고, 그 결과 심장은 더 큰 힘으로 혈액을 내보낸다. 그동안 분비된 스트레스 호르몬은 지방세포의 중성지방, 비운동 근육의 단백질, 기타 세포의 글리코겐 분해 작용을 촉발한다. (…) 이 모든 작용을 통해 혈액에는 포도당, 지방산, 아미노산이 넘쳐난다. (…) 이 모든 과정이 장기간 지속하면 몸은 다양한 방식으로 타격을 받는다. 예컨대 혈압 상승은 시간이 지나면서 동맥과 정맥을 손상한다. 기타 생화학 과정은 (…) 동맥경화를 유발하[고] (…) 고혈압 질환을 유발한다. 고혈압은 (…) 폐색전증, 심장마비, 뇌졸중을 일으킬 수 있다. 혈액 속 코티솔 수치 상승은 결과적으로 췌장의 인슐린 세포에 손상을 입히거나 인슐린 저항성을 유도해서 당뇨병을 일으킬 수 있다(Geronimus, 2023: 90).

오늘날 비만은 커다란 사회문제다. 비만은 생활방식과 관련하는데, 생활방식은 불평등과 무관하지 않다. 소득 불평등이 높은 사회는 만성적 스트레스를 유발한다. 스트레스는 과식을 부르고, 먹는 음식의 종류에도 영향을 미친다. 스트레스를 받은 사람은 설탕과 지방을 과다 섭취한다. 또 스트레스를 받은 사람은 코티솔 호르몬을 과다 분비하는데, 이 호르몬은 복부 비만을 초래한다. 이와 동시에 가난한 사람은 스트레스가 아니더라도 경제적 이유 때문에 양질의 음식을 먹지 못한다. 불량한 음식은 비만을 초래한다.

소득 불평등이 심한 사회에서 학생의 학업성취도는 낮다. 저소득계층 아이의 인지능력은 고소득계층 아이보다 상대적으로 더 낮다. 그 밖에도 학업을 지속하려는 포부는 말할 것도 없고 학업과 관련한 규범과 가치도 더 낮거나 덜 건전하다. 그로 말미암아 저소득계층 아이의 학업성적은 부잣집 아이의 성적보다 더 낮다. 저소득계층의 성적이 낮으면 사회 전체의 학업성취도도 떨어진다(이 책의 제7장 5절 참조).

소득 불평등은 십대 여성의 임신이나 출산과 같은 문제에도 강력한 영향을 미친다. 사람들은 자신의 재생산 전략(출산 전략)을 짤 때 수량과 품질 중 하나를 선택한다. 어린 시절에 받은 스트레스는 이 선택을 결정한다. 어려서부터 타인을 믿을 수 없는 환경에 놓이고, 기회주의적이거나 이기적인 사회관계에 익숙하며, 희소하고 예측할 수 없는 자원에 노출된 사람들은 생물학적으로 더 일찍 성숙한다. 성적으로 더 활성화한다. 뿐만 아니라 그들은 단기적 사회관계를 선호하고 자녀 양육에 투자하는 비용도 줄인다. 말하자면 그들은 재생산 전략을 짤 때 품질보다 수량을 선택한다. 소수의 자녀를 잘 키우는 전략보다 많은 자녀를 저렴하게 키우는 전략을 선택한다. 그러므로 소득 불평등이 심한 사회에서는 십대 여성의 임신이나 십대 여성의 출산이 더욱더 빈번하다. 십대 여성의 임신이나 출산이 빈번하면 빈곤은 더 효과적으로 재생산된다.

불평등은 폭력행위와 관련한다. 앞 절에서 이미 보았듯, 폭력행위란 일반적으로 모욕감과 수치심 때문에 발생한다. 남성이 사회적 지위를 유지하거나 달성하는 데에 실패하면 성(性) 경쟁에서 뒤처진다. 이때 이 남자는 자존심을 잃고 작은 체면이나마 유지하려고 분투하는데, 젊은 남성은 이 체면마저 위협받는다고 느꼈을 때 폭력적 반응을 보인다. 다른 한편, 불평등이 증가할수록 지위 경쟁을 둘러싼 이해관계가 격화하는데, 지위 경쟁이 심할수록 수치심은 더 깊어지고 체면은 더 많이 손상된다. 그로 말미암아 살인과 폭행은 더 많이 증가한다. 그러므로 불평등이 심한 사회에서 폭력범죄율은 더 높다.

사회 불평등은 수감율(收監率)을 높인다. 수감율은 범죄율과 별개의 것이다. 수감율은 범죄율과 유죄 확정자의 수감 확률, 수감 기간 등의 함수다. 범죄율이 같더라도 수감 확률이 높아지거나 수감 기간이 길면 수감율은 높아진다. 일반적으로 평등한 국가보다 불평등한 나라에서 수감율이 더 높다. 수감율이 높다는 것은 수감 확률이 높거나 수감 기간이 길다는 것, 즉 처벌이 가혹하다는 것을 의미한다. 불평등한 사회에서 처벌이 더 가혹한 것은 사람들 사이의 사회적 거리가 더 먼 탓이기도 하고, '우리'와 '그들'의 분리가 더 확고하게 뿌리내린 탓이기도 하다. 또 사회적 신뢰가 부족한 탓이기도 하고, 사람들 사이에 범죄에 대한 공포가 더 만연한 탓이기도 하다.

마지막으로 불평등은 사회이동과 관련하는데, 불평등한 사회에서 사회이동의 정도는 낮다(이 책의 4장 5절 참조). 불평등한 사회에서 부모 소득과 자녀 소득의 연관성은 더 높다. 말을 바꾸면, 불평등한 사회에서 가난한 집 출신의 자녀가 부자가 될 가능성은 더 낮다. 이처럼 불평등한 사회에서 세대 간 소득이동이 낮은 까닭은 무엇인가? 소득 불평등이 심한 사회에서는 가난한 가정의 자녀들이 질 좋은 교육에 접근하는 것이 쉽지 않기 때문이고, 좋지 않은 주거지에 격리될 가능성이 높기 때문이다. 또

계급 편견으로 무장한 사람들이 가난한 집 아이에 대해 구별과 차별을 강화하기 때문이다. 결국 사회구조가 강고한 이런 사회에서 상향 이동의 가능성은 줄어든다. 결과의 불평등(소득 불평등)은 조건의 불평등이 되고, 조건의 불평등은 기회 균등(사회이동)을 제약한다.

〈그림 7-11〉 소득 불평등과 건강·사회문제 지수의 상관관계와 회귀분석 결과

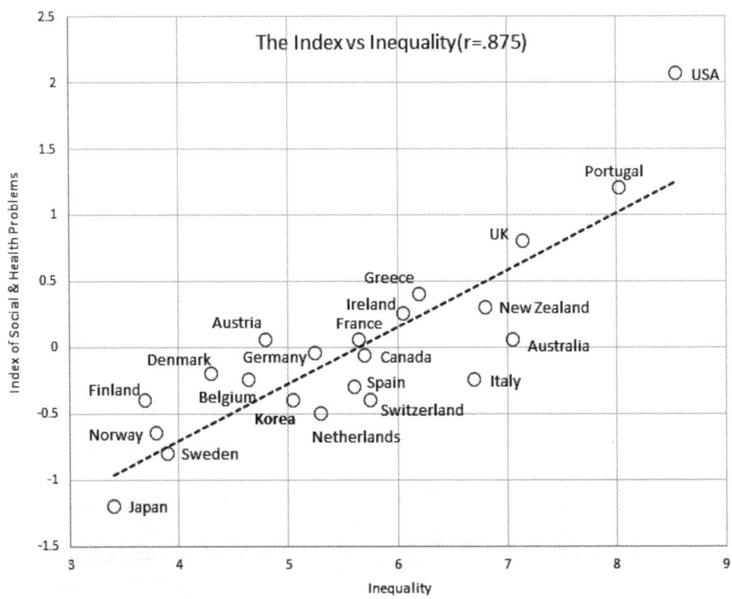


**출처 :** 황선재(2015)

지금까지 건강과 사회문제를 나타내는 열 개의 개별 지표(indicator)에 관해 서술했다. 윌킨슨과 피켓은 이들 지표를 활용해 이른바 '건강과 사회문제 지수'를 구성했다(Wilkinson and Pickett, 2010; 2018). 그들은 이 지수가 높으면 바람직하지 않은 것이고, 낮으면 바람직한 것으로 보이도록, 개별 지표를 조정했다. 그렇게 지수를 조성한 다음, 그들은 소득 불평등 지수(지니 계수나 5분위 소득배율)와 건강·사회문제 지수의 연관성을 내보였다. 그들은 소득 불평등 지수와 건강·사회문제 지수가 정비례관계에 놓

여 있음을 입증했다(〈그림 7-11〉 참조). 소득 불평등이 큰 사회에서 사람들은 전반적으로 덜 건강하며, 해당 사회의 사회문제는 더 심각하다는 사실을 증명했다. 불평등은 사회를 건강하고 튼튼하게 유지하는 데에 결코 유익하지 않았다.

윌킨슨과 피켓은 한국을 연구대상으로 삼지 않았는데, 황선재(2015)는 그들의 지표를 일부 수정하고, 지표 일부를 한국 특유의 지표로 대체하거나 보강해 그야말로 '한국적인' 새 건강·사회문제 지수를 구성했다. 그리하여 소득 불평등 지수와 건강·사회문제 지수를 교차한 표에서 한국이 차지하는 위치를 확인했다(〈그림 7-11〉 참조). 이 그림으로 판단하건대, 2012년 현재, 한국의 불평등은 다른 나라보다 낮은 편이며, 그리하여 건강과 사회문제의 심각성도 그렇게 높지 않은 편이었다.

## 5. 학업성적[13]

교육기회의 불평등(the inequality of educational opportunity; IEO)은 개개인의 타고난 속성(성, 인종, 부모의 사회경제적 지위 등)이 교육성과(학생의 인지성과나 감성, 조직기술, 학생의 각 급 학교 졸업이나 상급학교 진학 등)에 미치는 영향을 말한다.[14] 이 절은 한국에서 부모의 사회경제적 지위가 자녀의 인지성과

13 이 글은 Chang, S.(2022)을 수정·보완한 것이다. 주요 수정 내용은 읽기 성적뿐만 아니라 수학 성적이나 과학 성적도 종속변수에 포함했다는 것이다. 그 외에도 서술 내용을 조금 다듬거나 덧붙였다.

14 여기서 말하는 조직기술이란 "개인이 바라는 목표를 성취하려고 시간과 에너지, 자원 등을 효과적으로 활용하는 능력"을 말한다. 교육, 특히 고등교육은 지식을 전수할 뿐 아니라 조직 기술도 배양한다.

(cognitive outcomes)에 미치는 영향을 살핀다. 이 영향은 때때로 성적의 사회경제적 격차라고 표현하기도 하고, 성적의 사회경제적 기울기라고 말하기도 한다. 만일 이 격차나 기울기가 크거나 가파르다면, 우리는 한국의 교육기회가 불균등하다고 말할 수 있다.

한국에서 부모의 사회경제적 지위가 자녀 성적에 미치는 영향을 다룬 연구는 적지 않았다. 이들 연구는 한국의 사회경제적 성적 격차의 모습을 잘 비추었지만, 몇 가지 아쉬운 점을 남기기도 했다. 첫째, 이들 연구는 대부분 성적의 사회경제적 기울기를 다른 나라와 비교하지 않았다. 그 결과 한국의 특징을 또렷하게 드러내지 못했다. 최근 들어 한국의 사회경제적 성적 격차를 다른 나라와 비교한 연구가 등장했지만, 그 수는 손을 꼽을 정도로 적었다(cf. Schütz et al., 2008; OECD, 2004; 2014; 2020). 둘째, 한국의 사회경제적 성적 격차를 다른 나라와 견준 연구가 많지 않았던 것처럼, 이 격차의 시계열 변화를 다룬 연구도 드물었다. 이렇게 드문 연구들은 서로 비슷한 결과를 내놓았다. 이들 연구는 한국의 사회경제적 성적 격차가 1990년대 중반 이후 점차 커졌다는 결론을 내렸다(김위정, 2012; 변수용·이성균, 2021; Byun and Kim, 2010; Chang, S., 2022). 그런데 한국에서 사회경제적 성적 격차는 왜 증가했는가? 일단의 연구는 한국이 1990년대 중반부터 학교의 분화와 계층화를 키우는 '말썽 많은 전환(the troubling turn)' 정책을 채택했기 때문에 성적의 사회경제적 기울기가 점차 커졌을 것이라고 짐작했다(Byun and Kim, 2010; Park, 2013).

이 절에서는 한국에서 부모의 사회경제적 지위가 자녀 성적(읽기와 수학, 과학 성적)에 미치는 영향을 살핀다. 이런 주제를 살펴보는 것은 흔한 일이었고, 지금도 드물지 않은 일이다. 이 절이 그 흔한 작업과 다른 점은 앞에서 말한 한계를 벗어나려 한다는 것이다. 첫째, 이 절에서는 사회경제적 성적 격차를 비교의 관점에서 바라보고자 한다. 다시 말해 한국의 성적 격차를 다른 나라와 견주기로 한다. 둘째, 한국의 여러 시기의 사회경제적 성적 격차를 서로 비교한다. 그리하여 불평등의 시계열 경향을 살펴본다. 만일 한국의 사회경제적 기울기가 시간이 지나면서 특정한 경향성을 보인다면, 예컨대 증가하거나 감소한다면, 잘 정리된 이론적 논의와 몇 가지 경험적 증거를 근거로 삼아, 그 원인을 짐작해보기로 한다. 셋째, 이 절에서는 한 교과의 성적이 아니라 여러 교과목, 즉 읽기와 수학, 과학 성적의 사회경제적 기울기를 살핀다. 그리하여 성적의 사회경제적 기울기를 종합적으로 포착하고자 한다.

### 교육제도와 기회 불평등

지금까지 학교 성적을 연구 대상으로 삼았던 연구는 주로 지위획득모형과 학교효과 연구, 그리고 학교·수업 조직 연구 등이 수행했다(Hallinan, 1988). 1960년대와 70년대에 성적에 가장 많은 관심을 쏟았던 연구 전통은 지위획득모형이라기보다 아무래도 학교효과 연구였다. 콜먼 등(Coleman et al., 1966)은 학교 체제나 학교 자원이 학생 성적의 많은 부분을 설명할 것이라고 보았다. 그러나 그들은 자신들이 고안한 경험 연구에서 다분히 역설적인 사실을 발견했다. 그들은 가족이 학교보다 자녀 성적에 더 많은 영향을 미친다는 사실을 확인했고, 학교는 가족의 효과를 크게 낮추지 못한다는 사실을 알아냈다.

이런 논의와는 별도로, 1970년대 후반부터 학교 조직이나 수업 조직이 학생의 인지 발달에 미치는 영향을 다룬 연구가 빠르게 늘어났다. 이들 연구가 학생의 인지 발달과 관련해 주목한 요소는 교육과정과 수업이었다. 교육과정과 수업은 학교가 가르치는 지식의 종류와 양을 지정하거나 제한해 학생의 인지 발달을 결정한다고 생각했기 때문이다. 학교는 학생에게 지식을 전수할 때 교과목이나 강좌로 나누어 가르치는데, 이런 분리의 가장 흔한 형태는 학생을 계열(track)로 나누는 것이다. 계열 분리

또는 계열화(tracking)는 여러 형태를 띤다. 한 형태의 계열 분리는 학교 분리다. 학교 분리는 학교마다 서로 다른 교육과정을 전수하는 분리 방식이다. 이런 형태의 계열 분리에서 일부 학교는 일반 교육을 실시하고 다른 학교는 직업 교육을 전수한다. 그러나 이와 다른 형태의 계열 분리도 존재한다. 개별 학교 안에서 인지 수준이나 지적 능력을 기준으로 학생을 몇 개의 능력 집단(ability group)으로 나누고, 집단별로 교육과정을 달리하거나 수업 수준을 달리하는 분리 방식이 바로 그것이다. 앞 방식의 계열화를 외적 분화라 한다면 뒤 방식의 계열화는 내적 분화라 할 만하다(Kerckhoff, 1995; 2001).

외적 분화든 내적 분화든, 분화는 성적에 영향을 미친다. 경험 연구는 분화가 성적에 미치는 영향이 계열마다 서로 다르다는 사실을 발견했다. 일반적으로 분화는 위계가 높은 계열이나 분반의 성적에 긍정적 영향을 끼쳤지만 그 영향의 정도는 미약하거나 작았다. 거꾸로 분화는 위계가 낮은 학교나 수준이 낮은 능력 집단의 학생 성적에 좋지 않은 영향을 미쳤다(Alexander and McDill, 1976; Hauser and Featherman, 1976; Sørenson and Hallinan, 1986; Hallinan and Sørenson, 1987; Hanushek and Wößmann, 2005). 이에 덧붙여, 분화는 직업학교 학생이나 낮은 수준의 능력반 학생의 학습태도나 행동, 교육열망이나 추후의 경로 선택, 학력성취 등에도 좋지 않은 영향을 미쳤다(Hauser and Featherman, 1976; Alexander et al, 1978). 이런 발견이 뜻하는 바는 크게 두 가지다. 첫째, 분화 수준이 높은 사회의 평균 성적은 분화 수준이 낮은 사회보다 더 낮다. 다시 말해, 분화 수준이 높은 사회에서 교육의 효율성(efficiency)은 더 낮다. 왜냐하면 높은 계열 학생의 성적은 조금 오르지만, 낮은 계열 학생의 성적은 많이 낮아지기 때문이다. 국가 비교가 아니라 개별 국가의 시계열 변화를 살핀 연구도 이런 결론을 뒷받침했다. 분화 수준이 높은 교육체제를 종합학교 체제로 바꾼 몇 나라에서 평균 성적은 예전보다 더 높아졌다(Gamoran, 1996; Gamoran and Weinstein, 1998; Duru-Bellat and Kieffer, 2000; Kerr et al., 2013). 둘째, 중등학교의 분화 수준이 높은 사회에서 가족배경의 영향은 더 크다. 다시 말해, 분화 수준이 높은 사회에서 교육의 공정성(equity)은 더 낮다. 오래전의 연구도 분화 수준이 높은 나라에서 기회 불균등이 더 크다는 사실을 보였지만(Husen, 1973), 최근 연구도 여러 방향에서 이런 결론을 뒷받침했다. 분화 수준이 높은 사회에서 가족 소득이 자녀 성적에 미치는 영향이 더 크다는 발견이 있었는가 하면(Schütz et al., 2008), 중등학교의 계열이 많은(즉, 분화가 심한) 나라, 분화 시기가 이른 나라, 학교 간 성적 분산이 큰 나라, 소득 불평등이 큰 나라에서 사회계급이 읽기 성적을 설명하는 정도가 더 크다는 보고도 있었다(Marks, 2005). 이에 덧붙여, 한 나라 안에서도 분화 수준이 낮은 지역에서는 부모의 사회경제적 지위가 자녀 성적에 미치는 영향이 미약하지만 분화 수준이 높은 지역에서 이 영향은 제법 뚜렷하다는 발견도 있었다(Byun et al., 2012). 다른 연구도 이와 비슷한 결과를 거듭 확인했다. 이런저런 연구는, 분화 정도가 높을수록 성적의 사회경제적 기울기가 더 크다는 사실을 보였다(Bauer and Riphahn, 2006; Horn, 2009; Bol and van de Werfhorst, 2011).[15]

지금까지 논의한 바를 간추리면 다음과 같다. 중등학교의 계열화가 심화하면(학교 분리가 심해지고 능력별 학급 편성의 비중이 높아지면), 학교 교육의 효율성은 말할 것도 없고 공정성도 나빠진다.

1990년대부터 학생의 성적과 가족배경을 수집한 자료가 늘어나면서, 성적과 가족배경의 연관성을 국가별로 비교하는 작업이 활발해졌다. 이

15 말할 것도 없이 이와 다른 결론에 이른 연구도 있었다. 부모의 사회경제적 지위가 교육결과에 미치는 영향은 분화와 무관하다는 연구가 있었는가 하면(Waldinger, 2007), 학생이 성인이 된 후에 갖추는 소양(literacy)에 미치는 가족배경의 영향은 분화된 교육체제에서 도리어 더 작다는 연구도 있었다(Brunello and Checchi, 2007). 그러나 이런 결론을 내린 연구는 반대의 결론을 낸 연구보다 양적으로 더 적다.

런 환경에서 교육제도에 대한 관심이 다시 높아졌다. 이들 연구는 교육제도의 다른 차원, 즉 표준화(standardization)에도 관심을 기울였다. 여기서 표준화란 나라 전체의 교육과정, 시험, 교육자원 등을 다루거나 쓰는 특정 방식을 말한다(van de Werfhorst and Mijs, 2010). 어떤 나라에서는 중앙정부가 교육과정을 공통으로 만들고, 시험을 전국적으로 치르며, 교사훈련과 같은 인적 자원이나 학교 예산과 같은 재정 자원을 일괄 통제한다. 다른 나라에서는 지방 정부나 개별 학교가 교육과정을 독자적으로 편성하고, 지역에서 시험을 치르며, 교사나 예산을 따로 통제한다. 중앙정부가 예산과 자원, 교육과정을 통제하는 나라는 교육제도의 표준화 정도가 높다고 할 수 있고, 거꾸로 지방 정부가 자율성을 발휘하는 사회는 표준화의 정도가 낮다고 할 수 있다. 그런데 이런 표준화가 교육의 효율성에 미치는 영향은 어떠한가? 앞선 연구는 서로 다른 결과를 내보였다. 중앙집중적 시험과 같은 산출(output)의 표준화는 학생의 평균 성적을 끌어올린다는 연구가 있었는가 하면(Bishop, 1997; Hanushek and Raymond, 2004; Fuchs and Wößmann, 2007; Horn, 2009), 교육과정이나 학교 자원의 집중관리와 같은 투입(input)의 표준화는 도리어 성적을 낮춘다는 연구도 있었다(Wößmann, 2003). 이와 달리 산출이든 투입이든 표준화는 성적에 별다른 영향을 미치지 않는다는 연구도 있었다(Bol and van de Werfhorst, 2011). 이처럼 표준화가 교육의 효율성에 미치는 영향에 대한 연구는 일관된 결과를 보이지 않았지만, 표준화가 교육의 공정성에 미치는 영향을 다룬 연구는 대체로 비슷한 사실을 발견했다. 표준화의 정도가 높을수록, 즉 개별 학교나 지방 정부의 자율성이 낮을수록, 부모의 사회경제적 지위가 자녀 성적에 미치는 영향은 더 작았다. 그리고 이 영향은 학교급이 낮을수록 더 작았다(Wößmann, 2005; Muller and Schiller, 2000; Schütz et al., 2008; Horn, 2009).

교육제도의 표준화와 관련한 앞의 논의를 간추리면 다음과 같다. 표준화가 교육의 효율성에 미치는 영향이 어떤 방향의 것인지는 확실하지 않아도 교육의 공정성에는 긍정적인 영향을 끼친다.

이 글에서 우리가 알고자 하는 바는 한국의 사회경제적 성적 격차다. 한국 교육의 분화와 표준화가 이 격차에 미친 영향을 짐작하려면, 지난 시기 동안 한국 교육제도가 바뀐 방향을 알아야 한다. 다음 절에서는 한국의 교육제도가 거쳐 온 역사적 과정을 살피기로 한다.

## 한국의 중등교육제도

한국의 학제와 교육과정 등을 비롯한 교육제도는 해방 후 미국에서 들여왔다. 예컨대 6-3-3-4 학제와 교육과정 등은 미국의 것이었다. 그러나 중등학교에서 학교를 운영하거나 수업을 이끌어가는 방식은 미국과 눈에 띄게 달랐다(김신일, 1985; 이주호, 1996; OECD, 1998; 장상수, 2008b). 첫째, 한국은 미국과 달리, 중앙정부가 교과과정, 교사의 자질, 교육자원, 교육행정 등을 강하게 통제했다. 다시 말해, 중등교육의 표준화 정도가 매우 높았다. 둘째, 미국의 후기 중등교육은 종합학교 안에서 학과나 과정을 나누는 내적 분화의 모습을 띠었다. 그러나 한국의 분화는 교육과정을 학교 단위로 나누는 외적 분화였다. 한국의 후기 중등교육이 학교 단위로 분리되었던 것은 식민지 시기부터 이어져 온 관행 탓이었다(강태중, 2015).

높은 표준화는 오늘날까지도 그대로 이어오고 있다. 한국 정부는 지난 시기 동안 교과과정을 만들고 고칠 때 주도적 역할을 놓지 않았으며, 교사양성과 교사훈련에 대한 중앙집권적 통제도 포기하지 않았다. 정부는 온갖 자원을 움켜쥐고 이를 제 뜻대로 나누었으며, 자질구레한 교육행정까지 하나하나 챙겼다. 예컨대 대학입학시험을 치르는 날짜를 정할 때에도 정부가 끼어들 정도였다. 그러므로 한국의 교육제도는 예로부터 지금까지 강하게 표준화되어 있었다고 말할 수 있다.

고등학교 입학시험 광경 (1968)

〈그림 7-12〉 직업계 고등학교와 학생의 비율 변화

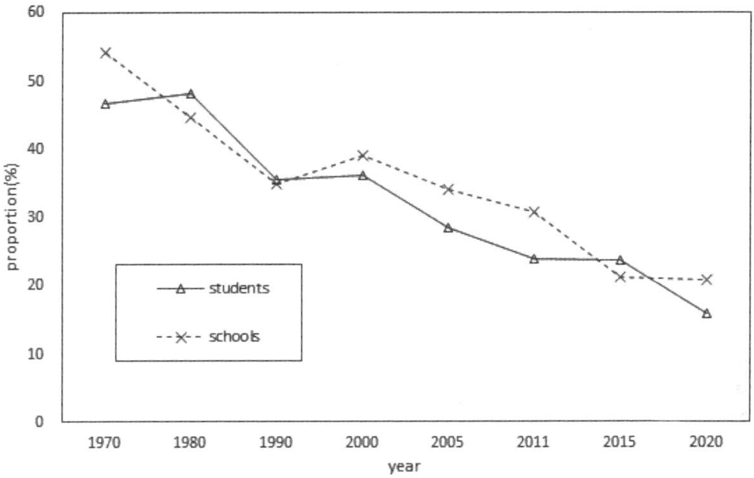


**출처**: http://www.index.go.kr/portal/main/EachDt;PageDetail.do?idx_cd=1541; Song, Min, and Sung(2009)

표준화는 그렇다 치고, 분화는 어떠했는가? 중등학교의 분화는 나름대로 큰 변화를 겪었다. 중등교육의 분화 과정에서 가장 먼저 눈에 띄는 것은 아무래도 외적 분화의 축소 경향이다. 식민지 시대의 중등학교는 대부분 직업학교였다. 미군정 시기에도 후기 중등학교에서 직업학교 학생이 차지하는 비율은 꽤나 높았다. 그러나 농지개혁을 시행했던 1950년 전후로 중등학교 재학생에서 직업학교 재학생이 차지하는 비율은 가파르게 떨어지기 시작했다. 이 무렵부터 사립 중등학교가 큰 폭으로 늘어났는데, 이때 세워진 사립학교는 대부분 투자비용이 낮은 일반계 학교였기 때문이다. 그리하여 농지개혁이 끝나가는 1955년에 직업계 학교에 다니는 학생의 비율은 마침내 50퍼센트 이하로 떨어졌다. 그 비율이 떨어졌다고 해도 직업학교 학생 비율은 1970년대까지 40퍼센트 대를 지켰다. 그러나 대학 정원 증가를 허용한 1980년대 이후에 그 비율은 또다시 낮아졌다(〈그림 7-12〉 참조). 특히 대학 설립이 자유화되어 대학이 가파르게 팽창했던 1995년 이후에는 그 비율은 10~20퍼센트대로 크게 낮아졌다. 그 원인은 단순했다. 대학 정원이 늘어나면서 사람들은 자녀를 대학에 보내기를 선호했기 때문이다. 사람들은 자녀를 직업계 중등학교에 보내기를 꺼렸는데, 그 까닭은 직업계 학교가 대학 진학에 불리했기 때문이다 (Seth, 2002; 장상수, 2008b).

그렇다면 한국에서 중등교육의 외적 분화는 지난 수십 년 동안 줄기차게 줄었다고 말해도 좋을 것인가? 그리하여 오늘날에는 외적 분화의 수준이 매우 낮은 상태라고 판단해도 좋을 것인가? 결론부터 말하자면, 그렇지 않다. 일반계 고등학교와 직업계 고등학교로 나누는 외적 분화는 줄었지만, 일반계 고등학교의 다양화라는 외적 분화는 도리어 더 늘어났다.

〈그림 7-13〉 특수목적고등학교 학교 수와 학생 수 변화

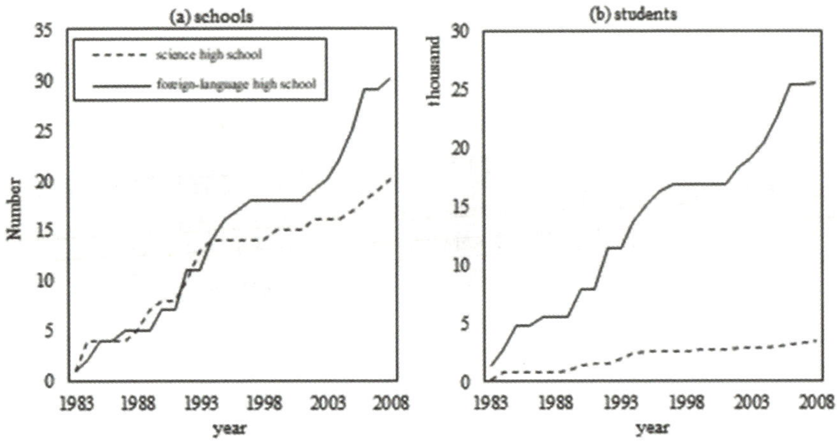


**출처 :** https://m.blog.naver.com/PostView.naver?isHttpsRedirect=true&blogId=kedi_cesi&logNo=30115151822

그러나 중등학교의 분화를 결정적으로 부추긴 정책은 아무래도 1995년에 시행한 이른바 5.31 교육개혁이었다. 이 개혁의 내용을 한 마디로 줄이면, 교육에 '시장 원리'를 들이는 것이었다. 시장 원리를 도입하는

가장 중요한 수단은 후기 중등학교를 다양화하고 이들 학교에 대한 학생의 선택권을 강화하는 것이었다. 이 개혁으로 1990년대 후반부터 재정 자립을 전제로 해 학생 선발의 자율권을 누리는 자립형 사립학교가 세워졌다. 1995년부터 의도적이고 명시적으로 추진된 이와 같은 신자유주의적 교육정책은 2000년대 중후반에 최고조에 이르렀다. 이 시기의 정부는 또 다른 유형의 학교, 즉 자율형 사립 고등학교와 자율형 공립 고등학교의 설립을 허용했고, 이 학교에도 학생 선발의 자율권을 부여했다(강태중, 2015). 이런 정책을 꾸준히 이어온 결과, 2000년대 중반에 이르러 고등학교 평준화 체제는 사실상 해체했고, 후기 중등교육의 분화는 점점 더 뚜렷해졌다.

1990년대 중반 이후 한국에서 후기 중등교육이 크게 분화했지만, 그렇다고 분화가 학교 단위의 외적 분화로만 이루어졌던 것은 아니다. 5.31 교육개혁 이후 정책 당국은 초중등학교에 이른바 수준별 (이동) 학습이라는 것을 권장했다. 이런 정책의 당연한 결과이겠지만, 일부 교과(주로 영어와 수학)의 수준별 학습은 예전보다 큰 폭으로 늘어났다. 이른바 7차 교육과정이 초중등학교에서 널리 시행되었던 2004년 무렵에 34.3퍼센트와 38.8퍼센트의 중학교가, 그리고 62.5퍼센트와 65.5퍼센트의 고등학교가 영어와 수학의 수준별 교육을 실시했다(박선화 외, 2005). 시간이 지나면서 이 비율은 점차 더 높아졌는데, 2000년대 후반에 전국 고등학교에서 어떤 교과든지 수준별 교육을 받은 학생의 비율은 90.1퍼센트에 이르렀고(김대석 · 조호제, 2013), 2012년 전국 중고등학교의 95.3퍼센트가 수준별 이동 수업을 실시했다(홍후조 외, 2012).

이상의 논의를 간추리면 다음과 같다. 첫째, 한국 교육의 표준화 정도는 지난 수십 년 동안 크게 바뀌지 않았다. 그러므로 표준화 차원은 교육의 효율성이나 공정성의 시계열 변화에 큰 영향을 미치지 않았을 것이라 예상할 수 있다. 다만 이 표준화는 한국이 다른 나라와 구별되는 특성을 띠는 데에 나름대로 이바지했을 것이다. 둘째, 1990년대 중반 이후, 한국의 중등교육에서 분화 수준은 가파르게 높아졌다. 내적 분화와 외적 분화를 가리지 않고 그러했다. 이 사실은 무엇을 의미하는가? 앞 절의 논의에 기대면 우리는 다음과 같은 변화를 짐작할 수 있다.

1) 1995년 이래 학교 평균 성적의 분산은 말할 것도 없고 학생 개개인의 성적 분산도 점차 커졌을 것이다. 이렇게 성적 분산이 더 커지면서 교육의 효율성도 떨어졌을 것이다. 다시 말해, 한국 학생의 평균 성적은 낮아졌을 것이다. 성적 우수 학생과 성적 부진 학생이 전체 학생에서 차지하는 비중은 예전보다 더 커졌을 것이지만, 성적 부진 학생의 비중이 성적 우수 학생의 비중보다 더 높아졌을 것이기 때문이다.
2) 교육의 공정성은 더 나빠졌을 것이다. 한국 교육의 외적 분화와 내적 분화가 확대하면서 부모의 사회경제적 지위가 자녀 성적에 미치는 영향은 예전보다 더 커졌을 것이다.

과연 그러했을까? 한국에서 지난 시기 동안 교육의 효율성은 떨어지고 공정성은 나빠졌을 것인가? 경험적 사실로 확인해보자.

## 자료와 방법, 변수

이 글은 OECD가 2000년부터 2022년까지 3년마다 수집한 PISA 자료를 사용했다. OECD는 2000년과 2009년, 2018년에는 주로 읽기 성적을 측정했고, 2003년과 2012년, 2022년에는 수학 성적을 계측했다. 2006년과 2015년에는 주로 과학 성적을 조사했다.[16] OECD는 조사 당시 열다섯

16 엄밀하게 말하면 PISA가 다룬 것은 학교 성적이 아니다. 다시 말해 PISA는 학생이 학교의 교육과정을 이해한 정도를 재지 않았다. PISA가 쟀던 것은 이른바 소양(素養, literacy)이었다. 소양이란 학교에서 배운 지식 그 자체를 뜻하지 않고, 일상생활을

살인 학생(대체로 9학년이나 10학년 학생)의 성적을 측정했다. 한국 표본을 다른 OECD 나라와 비교할 때에는 표본 전체를 분석 대상으로 삼았지만, 다른 나라와 비교하지 않고 한국의 시계열 변화를 분석할 때에는 중학생은 제외하고 고등학생만 분석 대상으로 했다. 그 이유는 조금 뒤에 밝힌다.

앞에서 말했듯, 이 글의 연구 문제는 두 가지다. 첫째, 부모의 사회경제적 지위가 자녀 성적에 미치는 영향을 사람들은 흔히 성적의 사회경제적 기울기라고 부르는데, 한국의 기울기는 다른 나라와 얼마나 다른가? 둘째, 한국의 사회경제적 기울기는 시간이 지나면서 어떤 방향으로 바뀌었는가? 더 가팔라졌는가, 더 편평해졌는가, 이도저도 아니어서 특정한 경향성을 보이지 않고 불규칙했는가? 이 두 연구 문제는 여러 가지 방법으로 해결할 수 있겠지만, 여기에서는 식 (1)과 같은 표준 모형으로 풀기로 한다(여기에서 $y$는 개별 학생의 읽기 성적이나 수학 성적, 과학 성적을 나타내고, ESCS는 부모의 경제사회문화지위 지수(economic, social and cultural status)를 나타낸다).[17] 식 (1)에서 사회경제적 기울기는 ESCS의 계수($b_1$)를 말한다. 한국의 사회경제적 기울기를 다른 나라와 비교할 때에는 독립변수를 최대한으로 줄인 식 (1)을 사용했다. 한국의 기울기를 시기별로 비교할 때에는 독립변수를 늘린 식 (1)'을 사용했다. 여기서 독립변수 SEX는 성을, PRIOR는

---

꾸려나갈 때 그 지식을 쓸 수 있는 능력을 말한다. "개개인이 여러 상황에서 맞부딪히는 문제를 해석하고 해결할 때 지식과 기술을 쓰는 능력이자, 이 문제를 분석하고 추론하며 소통하는 능력"을 말한다(OECD, 2004: 23). 그러나 이 글에서는 소양이라는 낯선 단어보다 문해력(文解力)이거나 성적이라는 익숙한 낱말을 사용했다.

17 식 (1)의 모습은 단순하지만, 이 식으로 모수를 추정하기는 그렇게 쉽지 않다. PISA는 학생의 성적을 단일한 점 추정치(point estimate)가 아니라 사후확률분포에서 추출한 다섯 개나 열 개의 가능값(plausible values)으로 내놓았기 때문이다. 이런 탓에 성적을 포함하는 분석은 상당히 번거로운 절차를 거쳐야 한다. 예컨대 성적을 종속변수로 한 회귀식에서 계수와 그 표준오차를 구하려면 예비 회귀분석을 405번이나 810번을 실행한 다음, 그 결과를 정해진 방식으로 다듬어야 한다(OECD, 2005).

학생 개개인의 직전 성적(중학교 시기의 성적)을 나타낸다. 다른 나라에서 식 (1)'를 사용하지 않은 까닭은 PRIOR 변수의 의미가 나라마다 모두 달랐기 때문이다. 조금 뒤에 보겠지만, 한국에서 PRIOR는 인문계/직업계 고등학교 재학으로 측정했다. PISA는 주로 한국의 고등학교 1학년을 조사했는데, 조사 시점이 4월이었다. 중학교를 마치고 고등학교에 막 진입한 이 시기에 지금 재학하는 고등학교의 종류나 수준이 학생의 성적에 큰 영향을 미쳤다고 생각할 수는 없다. 도리어 학생의 직전 성적이 현재의 고등학교의 종류나 수준에 영향을 미쳤다고 생각하는 편이 더 낫다. 그러므로 학교 계열 변수는 차라리 중학교 때의 성적을 나타내는 대리변수라고 생각할 수 있다. 한국에서는 이처럼 고등학교 계열을 중학교 시절의 성적으로 간주할 수 있었지만, 다른 나라에서는 그렇게 보기 어려웠다.

$$y = b_0 + b_1 ESCS + b_2 SEX + \epsilon \qquad (1)$$

$$y = b_0 + b_1 ESCS + b_2 SEX + b_3 PRIOR + \epsilon \qquad (1)'$$

개별 국가에서 ESCS 계수의 유의도(significance)를 알아내는 일은 간단하다. 계수 크기와 그 표준오차를 비교하면 된다. 계수의 국가 차이의 유의도를 파악하는 방법도 그렇게 어렵지 않다. 식 (1)에 나라 변수(CNT)를 들인 다음, CNT와 ESCS의 상호작용 항을 도입해 그 상호작용 항 계수의 유의도를 보면 된다.[18] 그러나 시기 변화, 즉 추세(trends)의 유의도는 조금 더 복잡한 방식으로 계산해야 한다. 추세는 서로 다른 시기에 수집한 두 표본으로 추정하기 때문이다. 추세의 유의도를 계산하려면 두 시기의 모수 차이($T=\theta_t - \theta_{t-1}$)의 표준오차($\sigma_T$)를 알아야 하는데(여기서 $\theta_{t-1}$,

18 그러나 이 글에서는 이 유이도, 즉 ESCS 계수의 나라별 차이의 유의도는 제시하지 않았다.

$\theta_t$는 t-1 시기와 t 시기의 모수 추정치다), 이 표준오차는 식 (2)와 (3)으로 구한다(OECD, 2005: ch. 12; OECD, 2010c: 112-114). 먼저 특정 집단(나라, 지역, 성, 이민자 집단, 사회경제적 특권 집단 등)의 '위치'를 나타내는 속성(예컨대 평균값 등)의 추세를 보일 수 있는데, 그 추세 추정치의 표준오차는 식 (2)로 구한다(여기서 $\sigma_{\theta_{t-1}}$, $\sigma_{\theta_t}$는 t-1 시기와 t 시기의 표준오차이고, $\sigma_{link}$는 두 시기의 표본을 비교할 때 생기는 연계 오차다).

$$\sigma_T = \sqrt{\sigma^2_{\theta_{t-1}} + \sigma^2_{\theta_t} + \sigma^2_{link}} \qquad (2)$$

그러나 '위치'와 관계없는 측정치(예컨대 분산, 회귀계수, 상관계수 등)의 추세를 나타내는 추정치의 표준오차는 식 (3)으로 구한다.

$$\sigma_T = \sqrt{\sigma^2_{\theta_{t-1}} + \sigma^2_{\theta_t}} \qquad (3)$$

이렇게 표준오차를 구하면, 추세의 유의도는 다음과 같은 $z$ 통계치로 간단하게 셈할 수 있다.[19]

$$z = \frac{T}{\sigma_T} \qquad (4)$$

식 (1)에서 종속변수($y$)는 읽기 성적이나 수학 성적, 과학 성적이고, 독립변수는 부모의 사회경제적 지위를 비롯한 관련 변수다. 부모의 사회경제적 지위는 흔히 부모의 교육수준, 부모의 직업, 가족 소득 등 여러 변수로 나타내지만, 여기서는 여러 변수를 따로 고려하는 번거로움을 피해 그저 가족의 경제사회문화지위(ESCS)라는 변수로 나타낸다.[20] 경제사

19 이 통계치를 $t$가 아니라 $z$라고 이름 붙인 까닭은 표본이 충분히 커서 T가 $t$분포를 이루는 것이 아니라 표준정상분포를 이룰 것이라고 가정했기 때문이다.

20 ESCS는 economic, social and cultural status의 약어다.

회문화지위는 PISA가 부모의 교육수준과 부모의 직업지위, 그리고 가족의 부를 복합적으로 고려해 구성한 지수로, OECD 국가의 전체 평균을 0으로 하고 표준편차를 1로 만드는 방식으로 표준화한 변수다(OECD, 2005: 316).[21] 독립변수에는 부모의 사회경제적 지위 변수 이외에 성과 고등학교 계열 변수를 더했다. 범주형 변수인 성(SEX)의 기준 범주는 여성이다. 한국을 분석할 때에는 학생이 지금 재학하는 고등학교의 계열(일반계/직업계) 변수를 더했다. 앞에서 언급했다시피, 이 변수는 응답자의 중학교 시절 성적이라고 간주할 수 있다. 범주형 변수인 이 변수의 기준 범주는 일반계 고등학교(좋은 성적)이다.

## 부모의 사회경제적 지위와 자녀의 성적

부모의 사회경제적 지위가 자녀 성적에 미치는 영향을 알아보기에 앞서, 먼저 성적 분포를 살펴볼 필요가 있다. 성적 분포는 누적 분포로 알아보는 게 여러모로 유용하다(Raudenbush and Kim, 2002; Park, 2013). 〈그림 7-14〉에는 각 연도의 읽기와 수학 성적의 누적분포를 보였다(서술의 복잡함을 피해, 과학 성적의 누적 분포는 생략한다).

읽기 영역에서 짧은 점선과 긴 점선, 실선은 각각 2000, 2009, 2018년의 누적 분포를 나타내고, 수학 영역에서는 2003, 2012, 2022년의 누적 분포를 나타낸다. 가로 점선과 누적 분포의 교차점은 중위 성적(median

---

21 PISA는 ESCS 지수를 아래와 같은 방식으로 만들었다.

$$ESCS = \frac{\beta_1 HISEI + \beta_2 PARED + \beta_3 HOMEPOS}{\epsilon_j}$$

여기서 $\beta$는 요인 비중(factor loadings)이다. HISEI, PARED, HOMEPOS 변수는 제각각 부모의 직업지위, 부모의 교육연수, 가족의 소유물을 나타내는 변수다. $\epsilon_j$는 첫 번째 주요인(principal component)의 고유값(eigenvalue)이다(OECD, 2005: 316).

score)을 보인다. PISA는 개별 학생의 능숙도(能熟度, proficiency)를 모두 7개의 수준(1b, 1a, 2, 3, 4, 5, 6)으로 나누었는데, 가장 높은 수준인 5수준과 6수준(5+6)에 이른 학생을 성적 우수자(top performers)이라고 불렀다(OECD, 2004). 그림에서 오른쪽 세로 점선은 5수준의 성적 경계선(읽기는 626점, 수학은 607점)을 나타낸다. 그러므로 이 선 오른쪽 곡선은 성적 우수자의 비율을 나타낸다. PISA는 1수준 이하(읽기와 수학 모두 420점)의 성적을 얻은 학생은 성적 부진자(low performers)라고 불렀는데, 그림의 왼쪽 세로 점선은 성적 부진 학생의 경계선이다. 그러므로 이 선 왼쪽은 성적 부진 학생의 비율을 나타낸다.

〈그림 7-14〉 학업성적 누적 분포의 시계열 변화

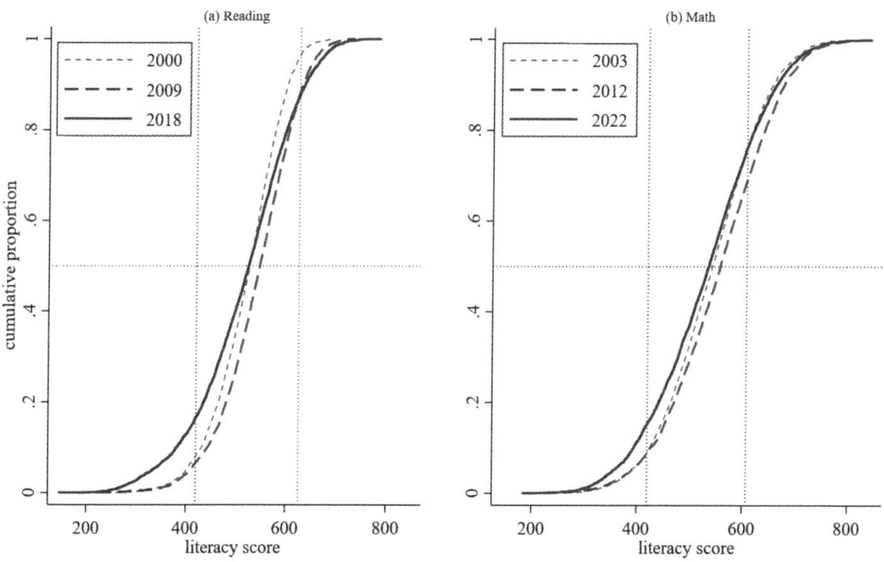


어쨌든 이 그림에서 알 수 있는 바는 다음과 같다. 첫째, 읽기 영역에서 중위 성적은 2000년보다 2009년에 더 높았지만, 2018년에 다시 2000년 수준으로 하강했다.[22] 교육의 효율성이 한때 높아졌으나 2018

년 들어 다시 낮아졌다는 의미다. 둘째, 시간이 지나면서 성적 부진자가 늘어났다. 이는 지난 몇 십 년 동안 성적 양극화가 진행했다는 사실을 보여준다.

〈그림 7-15〉 읽기 성적 학교 평균의 산포

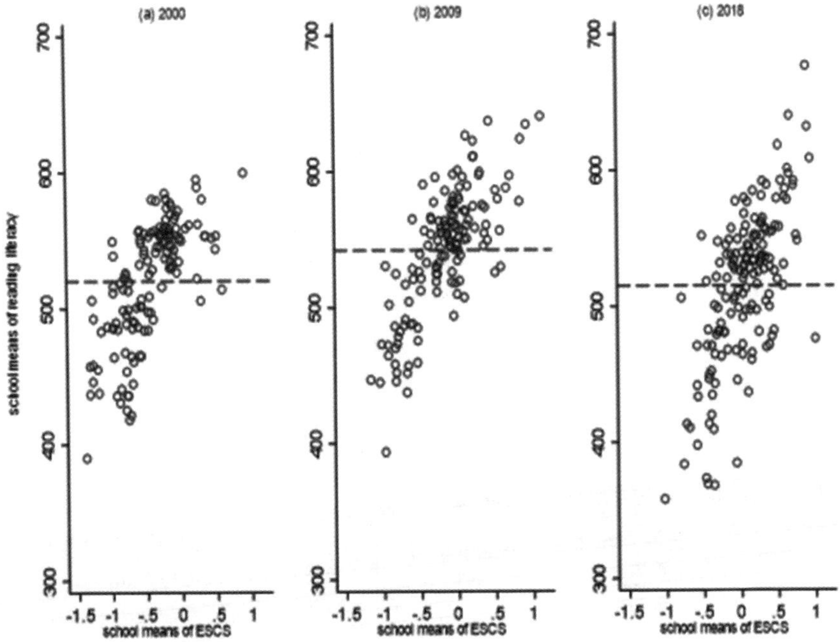


---

22 그런데 이런 변화는 과연 유의미한 것인가? 추세 변화의 유의도는 식 (3)으로 알아낼 수 있다. 읽기 성적의 중위값은 2000과 2009년, 2018년에 각각 530.6, 545.6, 523.3점이다. 각 연도의 표준오차는 2.44, 3.78, 3.46이고, 2000년과 2009년 표본을 비교할 때 생기는 연계오차는 4.94이다(OECD, 2010c: 113). 그러므로 $T_{2009\text{-}2000}$=14.4이고, $\sigma_{T_{2009-2000}} = \sqrt{2.44^2 + 3.78^2 + 4.94^2}$ =6.68이다. 식 (5)에 관련 수치를 넣으면, $z$=2.16이고, $p$=.039다. 다른 한편, 2009년과 2018년 표본을 비교할 때 발생하는 연계오차는 3.52다(OECD, 2019: 197). 그러므로 $T_{2018\text{-}2009}$=-22.3이고, $\sigma_{T_{2018-2009}} = \sqrt{3.78^2 + 3.46^2 + 3.52^2}$ =6.22이다. 식 (5)에 관련 수치를 넣으면, $z$=3.59이고, $p$=.000이다. 이처럼 2000년과 2009년, 2009년과 2018년의 중위값 차이는 유의미하다. 미리 짐작할 수 있지만 굳이 덧붙이자면 평균 점수의 차이도 유의미하다.

〈그림 7-14〉를 꼼꼼히 살피면 여러 가지를 추론할 수 있다. 그러나 이 그림으로는 성적의 양극화를 일목요연하게 보일 수는 없다. 이 양극화는 학교 평균 점수의 산포를 보인 〈그림 7-15〉에서 가장 직관적이고 가장 명료하게 확인할 수 있다. 이 그림의 가로축은 부모의 사회경제문화지위지수이고, 세로축은 읽기 성적인데, 가로축의 변이는 우리의 관심사가 아니므로 무시하고 세로축의 변이만 살펴보자. 이 그림에서 알 수 있는 바는 다음과 같다. 첫째, 시간이 흐르면서 읽기 성적의 학교 평균은 기준 점수(수평 점선, 학교 평균의 평균)의 바깥 방향으로 더욱더 흩어졌다(여기서 보이진 않았지만, 수학 성적의 산포도도 읽기 성적과 대체로 비슷했다). 다시 말해, 학교 평균의 표준편차는 지난 수십 년 동안 차츰 증가했다. 그런데 학교 평균은 무엇 때문에 점점 더 넓게 흩어졌을까? 그런 증가는 아무래도 중등교육의 분화 때문일 것이다. 중등교육이 분화하면서 학교 평균의 편차가 점차 커졌다고 추론할 수 있다. 둘째, 평균 점수가 높은 학교(이른바 좋은 학교)는 조금 증가한 반면, 평균 점수가 낮은 학교(이른바 좋지 않은 학교)는 지난 20년 동안 크게 늘어났다. 전체적으로 보아, 한국의 중등학교는 좋은 학교와 나쁜 학교로 양극화했고, 나쁜 학교가 좋은 학교보다 더 많이 늘었다.

성적의 양극화는 학교가 아니라 학생 개개인의 읽기 점수의 산포를 보인 〈그림 7-16〉에서도 확인할 수 있다. 이 그림은 개별 연도의 표본에서 무작위로 추출한 5퍼센트 학생의 읽기 성적 점수의 산포를 보인 것이다. 이 그림에서 볼 수 있는 사실은 다음과 같다. 첫째, 학생의 읽기 성적은 시간이 지나면서 기준 점수(수평의 긴 점선, 한국의 평균 점수) 바깥으로 점점 더 많이 흩어졌다.[23] 둘째, 성적 우수 학생은 소폭 증가했지만, 성적 부진

23 개별 사례가 평균에서 멀어지는 흩어짐은 눈으로 보아 점점 더 커지는 것 같다. 그런데 이런 차이는 통계적으로 유의미한가? 성적의 산포도(散布度)를 표준편차(standard

학생은 대폭 증가했다(위쪽 점선은 성적 우수자를 구분하는 경계선, 아래쪽 점선은 성적 부진자를 구분하는 경계선이다). 이는 학업성적의 양극화가 지난 20년 동안 격화했다는 것을 의미한다. 셋째, 성적 부진자의 증가세가 성적 우수자의 증가세를 넘어선 결과, 2018년의 읽기 성적 평균은 2009년보다 낮아졌고, 2022년의 수학 성적은 2012년보다 낮아졌다. 즉, 교육의 효율성이 떨어졌다.

〈그림 7-16〉 읽기 성적의 산포

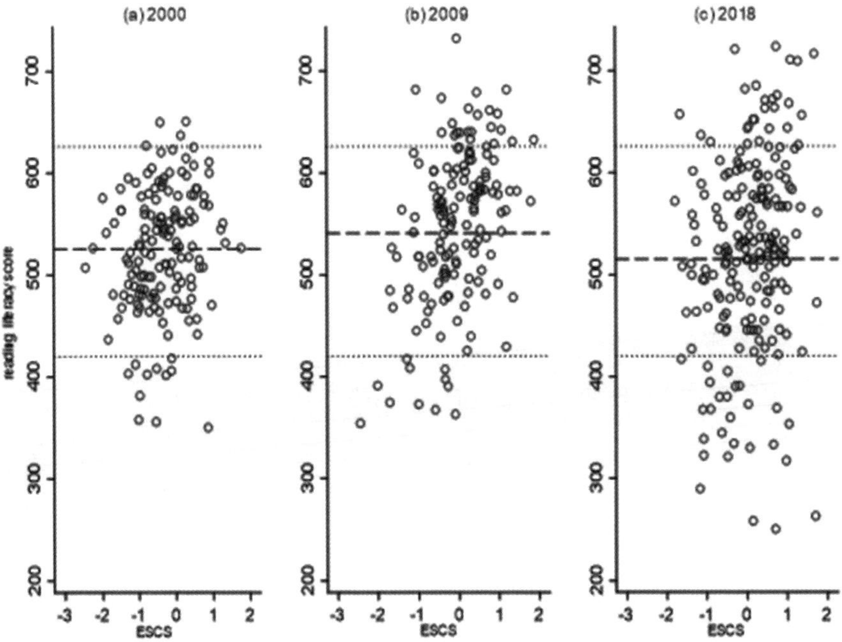


deviation)로 측정하면 2000, 2009, 2018년 순서로 각각 69.5, 79.2, 102.0이었다. 이 편차의 표준오차는 각각 1.63, 2.14, 1.55이었다. 그러므로 2009년과 2000년의 표준편차 차이($\sigma_{2009} - \sigma_{2000}$)는 9.7이고, 그 차이의 표준오차는 2.69이며, z=3.75, p=.000다. 표준편차 차이는 5퍼센트 오차수준에서 유의미하다. 2018년과 2009년의 표준편차 차이($\sigma_{2018} - \sigma_{2009}$)는 22.8이고 그 차이의 표준오차는 2.71이며, z=8.41, p=.000다. 이 차이도 5퍼센트 오차수준에서 유의미하다.

우리는 〈그림 7-15〉와 〈그림 7-16〉으로 첫째 가설과 둘째 가설, 즉 지난 수십 년 동안 학업성적의 학교 격차와 학생 격차가 증가했을 것이라는 가설을 증명했고, 이와 동시에 지난 시기 동안 교육의 효율성이 낮아졌을 것이라는 가설도 증명했다. 다음 논의에서 우리는 셋째 가설을 증명할 것이다. 같은 기간 동안에 학업성적의 공정성이나 형평성도 악화했을 것이라는 가설을 증명할 것이다.

이제 부모의 사회경제적 지위가 자녀 성적에 미치는 영향을 살펴보자. 성적의 사회경제적 기울기에서 우리가 살펴볼 만한 것은 기울기의 강도, 경사도, 높이, 길이, 선형성 등이다(OECD, 2010b: 52-57). 그러나 여기서 가장 관심을 기울일 만한 것은 아무래도 이 기울기의 경사도다. 이 경사도는 식 (1)과 (1)'의 ESCS의 계수에 해당하는 값인데, 〈그림 7-17〉에서는 부모의 사회경제적 지위가 자녀의 읽기 성적과 수학 성적에 미치는 영향(수식 (1)의 $b_1$)을 크기 순서대로 배열했다.

이 그림에서 우리는 다음과 같은 두 가지 사실을 알 수 있다. 첫째, 애초에 한국의 사회경제적 기울기는 다른 나라보다 작은 편이었다. 읽기 성적의 사회경제적 기울기는 다른 나라보다 가파르지 않았다.[24] 둘째, 그러나 시간이 흐르면서 한국의 기울기는 점차 커져서, OECD 평균에 근접했거나 평균보다 더 큰 쪽으로 움직였다. 이런 사실은 수학 성적의 사회경제적 기울기를 보인 〈그림 7-18〉에서 더 분명하게 볼 수 있다. 2003년 무렵에 한국의 사회경제적 기울기는 다른 나라보다 작았지만, 2022년에 들어 이 기울기는 다른 나라보다 월등히 큰 편으로 이동했다.

24 그런데 한국의 경사도는 다른 나라의 경사도보다 유의미하게 작은가? 이는 식 (1)과 같은 모형에 사회경제적 기울기와 나라의 상호작용 항을 더한 모형으로 확인할 수 있다. 여기서 보이지는 않았지만, 이런 모형으로 보면 한국의 경사도는 일부 국가를 빼고는 다른 나라보다 확실히 작다.

〈그림 7-17〉 부모의 사회경제적 지위가 읽기 성적에 미친 영향의 국가 비교

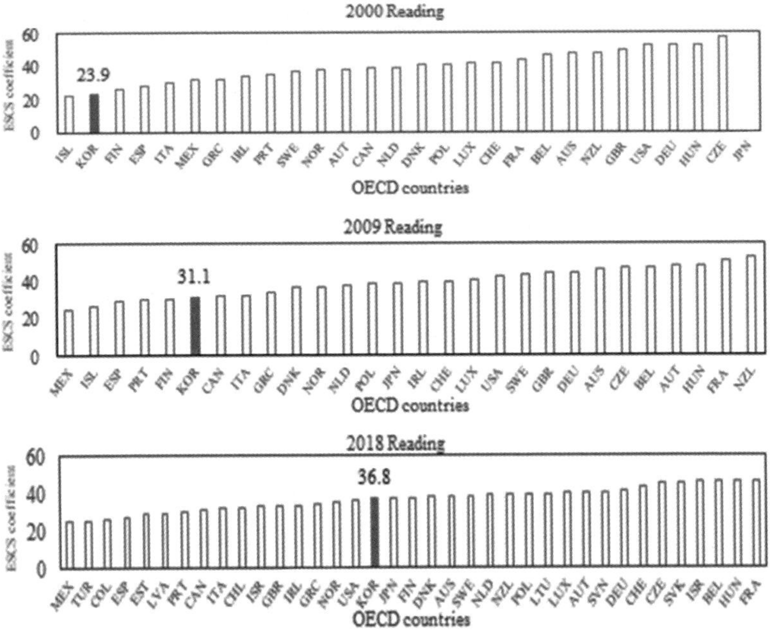


〈그림 7-18〉 부모의 사회경제적 지위가 수학 성적에 미치는 영향 국가 비교

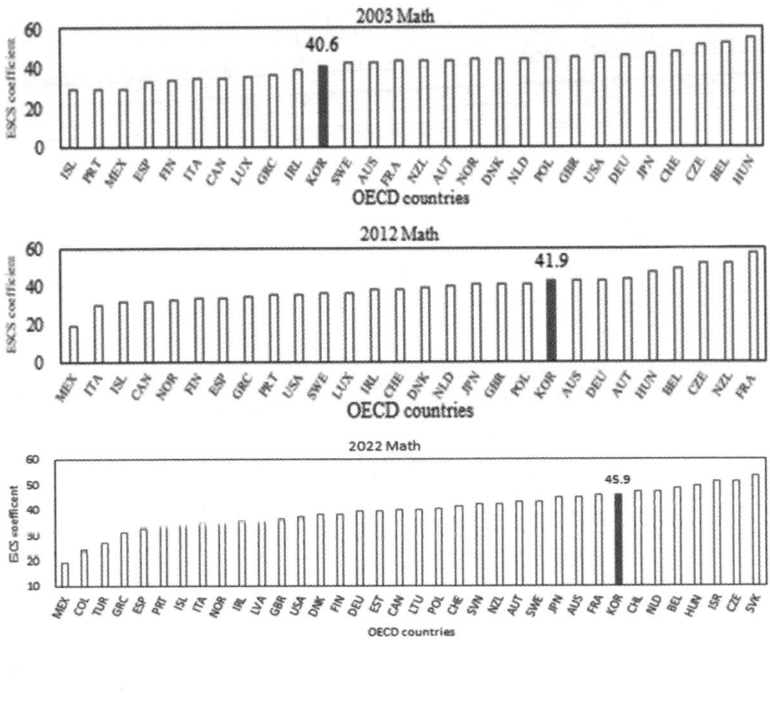

이제 기울기의 시계열 변화로 관심을 옮겨보자. 그러나 그에 앞서, 식 (1)과 (1)'로 표현하는 두 모형(M0와 M1)을 서로 견주어 볼 필요가 있다(〈표 7-4〉 참조). 첫째, 두 모형의 결정계수를 눈여겨보자. M0 모형에 과거 성적을 나타내는 변수를 더하면 결정계수는 많이 커진다. M0에서 부모의 사회경제적 지위와 성은 2018년 읽기 성적의 9.3퍼센트밖에 설명하지 못하는데, 과거 성적 변수를 포함하면 독립변수는 읽기 성적의 16.3퍼센트나 설명한다. 이는 과거 성적 또는 직전 성적이 현재 성적을 좌우하는 중요한 요인이라는 사실을 보여준다. 둘째, M0 모형에 과거 성적 변수를 더하면서 ESCS의 계수 크기가 작아지는데, 그 작아지는 정도가 인상적이다. 2000년 자료에서 M0 모형에 과거 성적을 나타내는 변수(PRIOR)를 더하면, ESCS 계수는 원래보다 53(≒100*(24.0-11.2)/24.0)퍼센트나 감소한다.[25] 2009년과 2018년에는 이 계수는 각각 42퍼센트와 30퍼센트 감소했다. 이는 부모의 사회경제적 지위가 자녀 성적에 미치는 효과는 상당 부분 과거 성적을 매개로 한다는 사실을 보여준다.[26] 셋째, 읽기 영역에서 $y$ 절편의 크기가 2009년에는 2000년보다 조금 더 컸지만, 2018년에는 큰 폭으로 낮아져 2000년보다 더 낮아졌다(수학 영역에서도 마찬가지였다.

25 M1 모형에는 새 변수를 넣었고, 그로 말미암은 결측값을 일괄 삭제(listwise deletion)한 탓에 표본 크기가 달라졌다. 그러므로 M1 모형의 ESCS 계수는 〈그림 7-18〉과 조금 다르다. 〈표 7-4〉를 보라.

26 여기에서 고등학교 계열과 소재지를 학교 특성으로 생각한다면, 본문의 결과는 다르게 해석할 수 있다. 한 연구는 이 글과 같은 방식으로 고등학교 계열 등과 같은 학교 특성을 사회경제적 기울기 모형에 더한 다음 사회경제적 지위 계수가 줄어들었다는 사실을 근거로 학교 속성이 가족배경과 자녀 성적의 연관성을 매개한다고 생각했다. 요컨대 가난한 학생은 좋지 않은 학교를 선택하고, 이 학교의 속성이 학생의 성적을 낮춘다고 풀이했다(Freeman and Viarengo, 2014). 그러나 여기서는 앞에서 밝힌 이유 때문에 고등학교 계열이나 소재지를 학교 속성이 아니라 학생 속성이라고 가정했다. 그러므로 학교가 가족배경과 자녀 성적의 연관성을 매개한다는 해석보다 과거 성적이 가족배경과 현재 성적의 연관성을 매개한다는 해석을 채택했다.

2012년에는 2003년보다 조금 더 컸지만 2022년에는 큰 폭으로 낮아졌다). 이는 2018년과 2022년에 학생들의 성적이 더 낮아졌다는 것을 의미한다. 전반적으로 교육의 효율성이 떨어졌다는 것을 뜻한다.

이제 ESCS 계수의 시계열 변화를 살펴보자. ESCS 계수를 국제 비교할 때에는 식 (1)을 사용했고, 한국의 계수를 시계열 비교할 때에는 식 (1)'을 사용했다. 〈표 7-4〉의 M1 모형의 ESCS 계수는 읽기 영역에서 2000년부터 2018년까지 차례로 11.2, 18.0, 26.2였다. 수학 영역에서 이 계수는 2003년부터 2022년까지 차례로 25.7, 28.6, 41.8이었다. 과학 영역에서 계수는 2006년과 2015년에 각각 19.2, 35.9였다. 이들 수치만 보면, 부모의 사회경제적 지위가 자녀 성적에 미치는 영향은 시간이 흐르면서 점점 더 커진 것 같다. 과연 그런가? 다시 말해, 이 변화는 유의미했는가? 식 (4)에 개별 연도의 기울기와 표준오차를 대입해보자. 예컨대 2009년과 2018년의 기울기는 각각 18.0, 26.2인데, 표준오차는 2.10, 2.95였다. 그러므로 변화(T)는 5퍼센트 오차수준에서 유의미했다(T=8.2, $\sigma_T$=3.62, $z$=2.26, $p$=.031). 2000년과 2018년의 기울기 차이도 5퍼센트 오차수준에서 유의미했다(T=15.03, $\sigma_T$=3.50, $z$=4.29, $p$=.000). 수학 영역에서 2003년과 2012년 사이의 기울기 변화는 유의미하지 않았지만, 2012년과 2022년 사이의 변화는 유의미했다. 예컨대 2012년과 2022년 사이의 기울기 변화(T)는 13.3이었는데, 이 차이의 표준오차($\sigma_T$)는 4.02였다. 그러므로 이 변화는 5퍼센트 오차수준에서 유의미했다(T=13.3, $\sigma_T$=4.02, $z$=3.31, $p$=.002). 능히 짐작할 수 있는 일이지만, 2003년과 2022년 사이의 변화도 유의미했다(T=16.1, $\sigma_T$=4.17, $z$=3.86, $p$=.000). 과학 영역에서 2006년과 2015년 사이의 기울기 변화(T)는 16.7인데, 표준오차는 3.62였다. 그러므로 이 변화도 5퍼센트 오차수준에서 유의미했다(T=16.7, $\sigma_T$=3.62, $z$=4.61, $p$=.000).[27]

〈표 7-4〉 성적의 결정요인

| | 읽기 성적 | | | | | |
|---|---|---|---|---|---|---|
| | 2000 | | 2009 | | 2018 | |
| | $M_0$ | $M_1$ | $M_0$ | $M_1$ | $M_0$ | $M_1$ |
| ESCS | 24.1(2.29)*** | 11.2(1.88)*** | 30.9(2.45)*** | 18.0(2.10)*** | 37.5(3.08)*** | 26.2(2.95)*** |
| SEX<br>남성 | -16.1(5.29)*** | -25.5(3.85)*** | -32.2(5.00)*** | -28.4(4.47)*** | -22.2(4.81)*** | -17.2(4.27)*** |
| PRIOR<br>전문계 | - | -65.0(4.69)*** | - | -66.0(3.46)*** | - | -72.1(7.67)*** |
| 상수 | 543.4 | 565.0 | 562.5 | 575.0 | 524.2 | 536.5 |
| $R^2$ | .096 | .258 | .153 | .269 | .093 | .163 |
| N | 4,917 | | 4,666 | | 5,748 | |

| | 수학 성적 | | | | | |
|---|---|---|---|---|---|---|
| | 2013 | | 2012 | | 2022 | |
| | $M_0$ | $M_1$ | $M_0$ | $M_1$ | $M_0$ | $M_1$ |
| ESCS | 40.4(3.25)*** | 25.8(3.05)*** | 41.7(3.34)*** | 28.6(2.85)*** | 43.3(3.56)*** | 41.9(2.84)*** |
| 성<br>남성 | 22.3(5.38)*** | 18.6(3.69)*** | 15.3(5.65)** | 18.4(5.11)*** | 6.9(5.17) | 17.0(4.71)*** |
| 고등학교 계열<br>전문계 | - | -80.1(6.50)*** | - | -76.1(9.81)*** | - | -71.8(9.27)*** |
| 상수 | 533.5 | 555.8 | 547.6 | 562.1 | 521.2 | 524.5 |
| $R^2$ | .155 | .285 | .108 | .198 | .109 | .204 |
| N | 5,346 | | 4,729 | | 6,053 | |

27 그러나 식 (1)의 모형, 즉 M0 모형으로 구한 추정치로 추론하건대, 한국에서 읽기 성적의 사회경제적 기울기뿐만 아니라 수학 성적의 기울기도 5퍼센트 오차수준에서 유의미하지 않았다. 그러므로 성적의 사회경제적 기울기가 커졌다는 본문의 해석을 조심스럽게 바라보아야 한다.

| | 과학 성적 | | | | | |
|---|---|---|---|---|---|---|
| | 2006 | | 2015 | | 2024 | |
| | $M_0$ | $M_1$ | $M_0$ | $M_1$ | $M_0$ | $M_1$ |
| ESCS | 31.6(3.12)*** | 19.2(2.49)*** | 44.1(2.75)*** | 35.9(2.63)*** | - | - |
| 성<br>남성 | 2.4(4.67) | .3(3.59) | 7.1(4.26) | 4.8(4.14) | - | - |
| 고등학교 계열<br>전문계 | - | -75.4(7.53)*** | - | -63.7(8.76)*** | - | - |
| 상수 | 523.7 | 541.3 | 528.6 | 474.9 | - | - |
| $R^2$ | .081 | .198 | .102 | .165 | - | - |
| N | 5,168 | | 5,548 | | - | |

**주 :** 1) 괄호 안의 숫자는 표준오차다.
2) 범주형 변수인 성, 고등학교 계열의 기준 범주는 각각 여성, 일반계 고등학교다.
3) * p〈.05 ** p〈.01 *** p〈.001

〈그림 7-19〉는 이런 변화를 시각적으로 나타냈다. 이 그림에서 우리는 다음과 같은 사실을 읽을 수 있다. 먼저 첫째 패널을 보자. 읽기 영역에서 사회경제적 기울기는 시간이 흐르면서 눈에 띄게 가팔라졌다. 이는 한국 교육의 공정성이 지속적으로 훼손되었다는 것을 의미한다. 이와 동시에, 회귀선은 현저하게 아래로 이동했다. 이는 시간이 흐르면서 한국 학생의 성적이 전반적으로 낮아졌다는 것으로, 한국 교육의 효율성이 점차 떨어졌다는 것을 의미한다. 이 둘을 합해서 말해보자. 시간이 지나면서, 상층이나 중간층 자녀의 성적은 그대로 유지되거나 조금 떨어졌는데, 하층 자녀의 성적은 이보다 더 많이 떨어졌다고 표현할 수 있다. 둘째, 수학 영역의 사정은 대체로 이와 비슷하지만 세부 변화는 이와 조금 달랐다. 이 영역에서 2003년과 2012년의 사회경제적 기울기는 대체로 비슷했다. 그러나 2022년의 기울기는 2003년과 2012년보다 훨씬 더 가팔라졌고, 이와 동시에 회귀선의 위치도 현저하게 아래로 이동했다. 셋

째, 과학 영역에서 사회경제적 기울기는 2006년보다 2015년에 훨씬 더 가팔라졌을 뿐 아니라, 회귀선의 위치도 아래로 많이 이동했다. 종합하건대, 한국의 사회경제적 성적 격차는 교과목을 가리지 않고 2000년대 첫 20여 년 동안 점차 더 나빠졌다. 한국 교육의 공정성은 점차 더 악화했다.

〈그림 7-19〉 회귀선의 시계열 변화

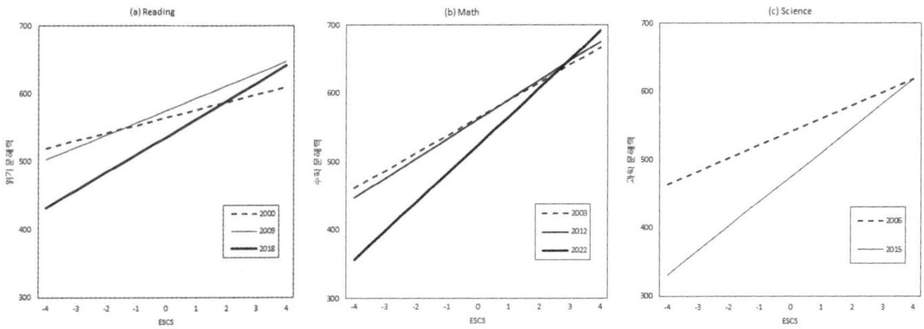


〈그림 7-19〉는 개별 과목(영역)에서 사회경제적 기울기가 시계열적으로 움직인 방향을 잘 보인다. 그러나 이 그림으로는 과목별 기울기 크기를 서로 비교하기는 힘들다. 이를 보완하기 위해 〈그림 7-20〉에서는 사회경제적 기울기의 추세를 과목별로 보였다. 이 그림에서 보는 중요한 특징은 다음과 같다. 첫째, 지난 이십여 년 동안 읽기와 수학, 과학 영역에서 사회경제적 기울기는 모두 커졌다. 부모의 사회경제적 지위가 자녀 성적에 미치는 영향은 시간이 지나면서 과목이나 영역을 가리지 않고 점점 더 커졌다. 이는 우리 사회에서 교육의 공정성이 전반적으로 나빠졌다는 이야기다. 둘째, 사회경제적 기울기는 읽기 영역보다 수학이나 과학 영역에서 훨씬 더 컸다. 수학 영역과 과학 영역의 기울기는 읽기 영역의 기울기보다 1.5-2.5배 더 컸다. 왜 그런 것일까? 우리가 사용했던 자료로는 그 이유를 알 수 없다. 그러나 짐작건대, 수학이나 과학 영역에

서 좋은 성과를 얻는 것은 읽기 영역에서 그러한 것보다 재능과 노력을 더 많이 필요하기 때문에 그러할 것이고, 이 재능과 노력은 부모의 사회경제적 지위가 높을수록 더 많아지거나 커질 것이기 때문에 그러했을 것이다.[28]

〈그림 7-20〉 사회경제적 기울기의 영역별 시계열 변화

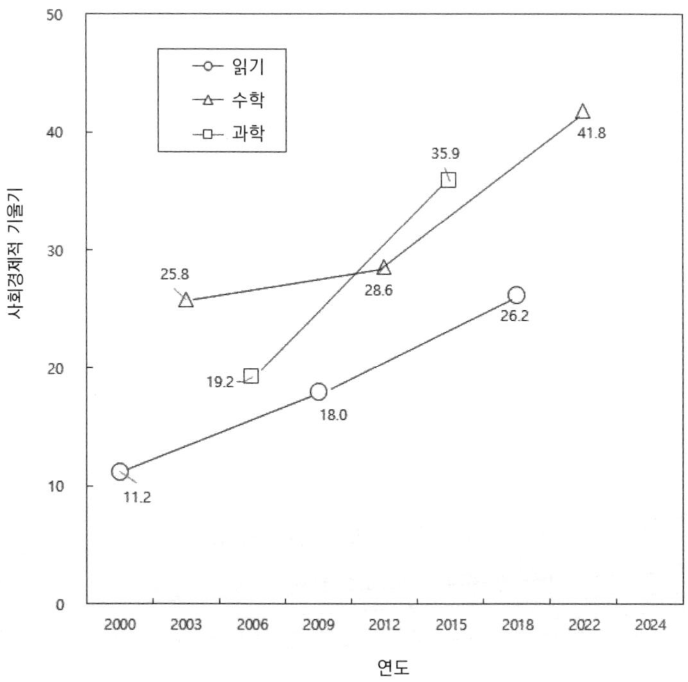


28 그러나 이런 짐작은 그야말로 사후 정당화일 뿐이다. 이 책의 제3장에서 이미 언급했듯, 과목별 사회경제적 기울기 차이를 합리적으로 설명하는 이론은 많지 않다. 일부 연구자는 자녀가 어릴 때에는 사회경제적 기울기가 수학 영역보다 언어 영역에서 더 클 것이라고 예측했지만(DiMaggio, 1982; Bourdieu, 1996), 경험 연구의 결과는 항상 그런 예측에 부합하는 것은 아니었다(cf. 김진경, 2019; 고원태 · 최성수, 2024). 예컨대 2012년의 PISA 자료를 사용했던 한 연구는, 이 글과 달리, 부모의 사회경제적 지위가 자녀의 언어 성적과 수학 성적, 과학 성적에 미치는 영향은 서로 비슷하다는 사실을 밝혔다(Pokropek et al,, 2015).

〈표 7-4〉와 〈그림 7-19〉, 〈그림 7-20〉로 판단하건대, 한국의 사회경제적 기울기는 지난 2000년대 첫 이십 년 동안 점차 커졌다. 그런데 한국만 그러했는가? 다른 나라는 어떠했는가? 〈그림 7-21〉은 같은 기간 동안 읽기 영역에서 ESCS 계수가 의미 있게 변화한 OECD 국가의 계수 경향을 보인 것이다(계수가 바뀌지 않거나 바뀌어도 그 바뀜이 유의미하지 않은 나라는 논의에서 제외했다). 이를 보면 체코와 독일, 미국, 영국, 호주, 캐나다 등에서 읽기 성적의 사회경제적 격차는 점차 줄어들었다.[29] 이와 반대로 2000년대 초반에 다른 나라보다 비교적 작았던 한국과 핀란드에서 이 기울기는 2010년대 후반에 들어 다른 나라와 비슷한 수준까지 커졌다.

〈그림 7-21〉 가족의 경제사회문화지수가 읽기 성적에 미치는 영향 추세(2000-2018)

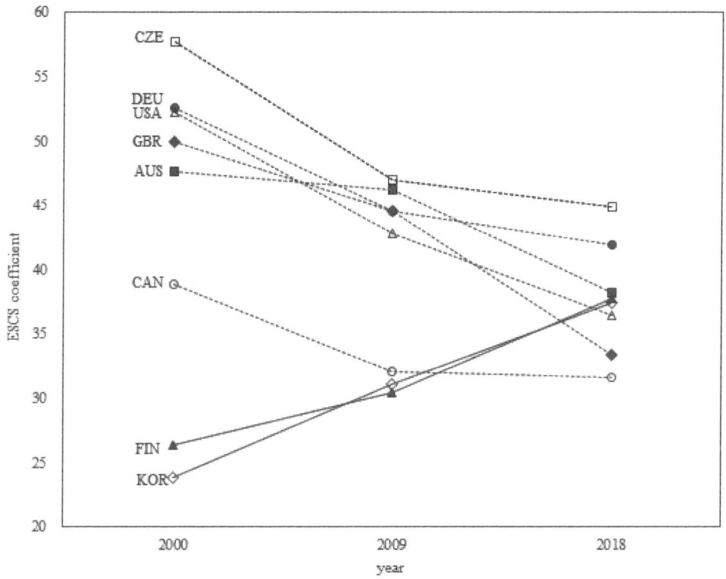


주 : AUS 호주 CAN 캐나다 CZE 체코 DEU 독일 FIN 핀란드 GBR 영국 KOR 한국 USA 미국

29 이들 나라에서 사회경제적 기울기는 왜 감소했을까? 이런 질문에 대한 대답은 이 연구의 범위를 벗어난다.

〈그림 7-22〉 가족의 경제사회문화지수가 수학 성적에 미치는 영향 추세(2003-2022)

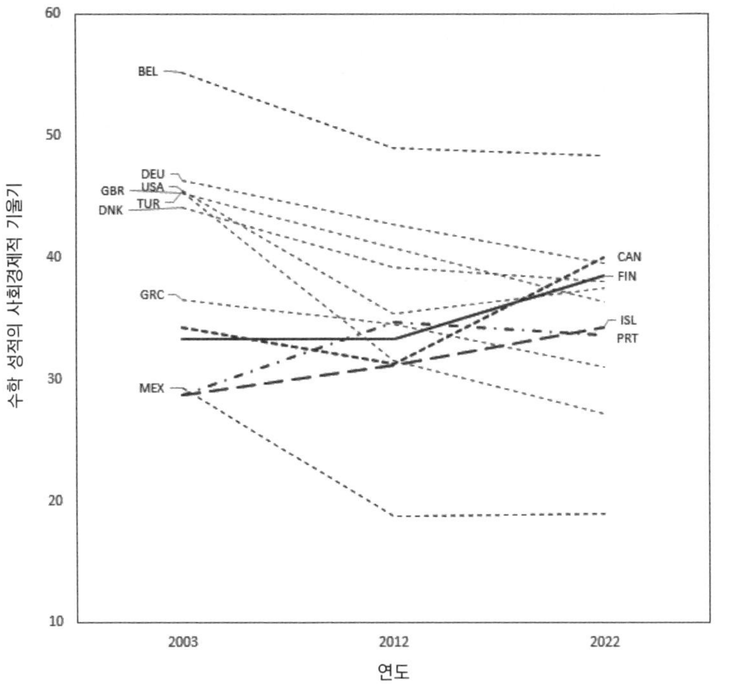


주 : BEL 벨기에 CAN 캐나다 DEU 독일 DNK 덴마크 FIN 핀란드 GBR 영국 GRC 그리스 ISL 아이슬란드 MEX 멕시코 PRT 포르투갈 TUR 튀르키예 USA 미국

〈그림 7-22〉는 2003-2022년 사이에 수학 영역에서 ESCS 계수가 유의미하게 변화한 OECD 국가의 계수 경향을 보인 것이다.[30] 이를 보면 수학 성적의 사회경제적 격차는 벨기에, 독일, 미국, 영국, 튀르키예, 덴마크, 그리스, 멕시코 등에서 줄어들었다. 이와 반대로 2000년대 초반에 수학 성적의 사회경제적 기울기가 다른 나라보다 비교적 작았던 캐나다,

30 〈그림 7-22〉에서 한국이 보이지 않는 까닭은 수식 (1)로 추정한 ESCS 계수의 추세, 즉 모형 M0의 계수 추세는 5퍼센트 오차수준에서 유의미하지 않았기 때문이다. 한국의 계수 추세는 수식 (1)', 즉 모형 M1으로 추정했을 때 유의미했다.

핀란드, 아이슬란드, 포르투갈에서 이 기울기는 2020년대에 들어 다른 나라와 유사한 수준으로 커졌다.[31] 특히 핀란드는 읽기 영역과 수학 영역에서 모두 사회경제적 기울기가 커졌다.

그렇다면 핀란드에서는 이 기울기가 왜 증가했는가? 지금까지 우리는 한국의 사회경제적 기울기의 증가가 중등교육의 분화 증가와 학생의 학교 선택의 증가 때문에 비롯했을 것이라고 짐작했다. 그렇다면 핀란드에서도 그랬을까? 한 연구는 핀란드가 한국처럼, 1990년대 초기부터 신자유주의적이고 시장지향적 교육정책을 추진했다는 것을 보였다(García et al., 2021). 핀란드의 종합학교는 과거에 학생이 사는 지역에서 가장 가까운 학교에 진학하는 규칙, 즉 근거리 학교 진학 원칙을 지켰는데, 1998년에 교육 당국은 자유와 탈중심화, 교육 선택을 신장하는 교육개혁 사업의 일환으로 학부모가 학교를 선택할 수 있도록 허용했다. 이런 학교 선택 정책은 사회경제적 격리와 사회경제적 성적 격차의 증가를 초래했고, 이와 동시에 평균 성적의 하락도 야기했다(Salmela-Aro and Chmielewski, 2019).

## 논의와 결론

이 글에서는 한국의 사회경제적 성적 격차를 국제 비교와 시계열 비교의 맥락에서 바라보았다. 한국의 중등교육이 지난 수십 년 동안 꾸준히 분화했다는 사실을 보여 이 글은 다음과 같은 가설을 도출했다. 첫째, 중등교육의 분화로 말미암아 학업성적의 학교 격차와 학생 격차는 지난 20년

31 〈그림 7-21〉과 〈그림 7-22〉를 보면, 애초에 성적의 사회경제적 기울기가 높았던 나라에서 그 기울기는 시간이 지나면서 점차 낮아졌고, 처음에 그 기울기가 낮았던 나라에서는 그 기울기가 점차 높아졌다. 그리하여 성적의 사회경제적 기울기는 일정 수준으로 수렴하는 것처럼 보인다. 그러나 일부 나라만 이런 경향성을 보였다. OECD 나라를 모두 관찰하면 특정한 경향성은 존재하지 않았다.

동안 점차 확대했을 것이다. 한국 학생의 평균 점수는 성적의 양극화 때문에 점차 낮아졌을 것이다. 둘째, 부모의 사회경제적 지위가 자녀의 학업성적에 미치는 영향은 점차 커졌을 것이다. 2000년에서 2022년까지 3년마다 20여 년 동안 수집한 PISA자료를 분석해, 이 글은 이 두 가설이 경험적 사실과 일치한다는 사실을 발견했다.

한국의 사회경제적 성적 격차를 살핀 선행연구는 중등교육 분화가 낮은 효율성과 형평성을 초래했다고 주장했다. 이 글도 이런 논리를 좇아 한국의 사회경제적 성적 격차의 증가를 중등교육의 분화로 설명하려고 노력했다. 성적의 사회경제적 기울기를 교육체계의 변화와 관련짓는 이런 방식의 설명은 제법 그럴싸하게 들린다. 그러나 이런 설명은 아직 충분치 않다. 한 연구는 지난 50여 년 동안 대다수의 조사 대상국가에서 성적의 사회경제적 기울기가 커졌다는 사실을 발견한 다음에, 이런 추세는 중등교육의 계열화 정책 변화로 설명할 수 없다고 결론지었다. 사회경제적 기울기 변화를 중등교육의 분화로 설명할 수 없다고 주장했다(Chmielewski, 2019). 왜냐하면 많은 나라가 최근 들어 계열 선택 연령을 늦추고 다양한 탈계열화 정책을 도입했는데도 이들 나라에서 사회경제적 성적 격차는 지속적으로 증가했기 때문이다. 이처럼 중등학교의 분화가 사회경제적 성적 격차의 증가를 초래한 주요 동력이 아니라면 우리는 성적의 사회경제적 기울기가 이렇게 증가한 원인을 어디에서 찾아야 하는가? 선행 연구는 관련 문헌을 검토해 세 가지 대안적 원인을 찾았다. 학생의 다양성 증가와 위치 불평등의 증가, 그리고 부모가 자녀에게 투자하는 시간과 노력의 격차 확대 등이 바로 그것들이다. 학교에 다니는 학생들이 다양하면 다양할수록, 상대적으로 불리한 집단의 낮은 성적 때문에, 사회경제적 성적 격차는 더 커질 수 있다. 예컨대 이민자 가족이 증가하면 사회경제적 성적 격차가 커질 수 있다(Baker et al., 2002). 다른 한편, 위치의 불평등이 커지면 가족 환경의 다양성과 격차가 늘고,

가족 환경의 격차 확대는 자녀의 인지발달의 차이로 귀결할 수 있다(Esping-Andersen, 2004; Reardon, 2011; Sørenson, 2006). 마지막으로 탈분화 개혁 등을 비롯한 여러 요인 탓으로 대학 진학을 희망하는 학생 수가 많아지면 입학 경쟁이 격화하고, 이런 경쟁 격화는 사회경제적 성적 격차의 증가를 초래할 수 있다(Alon, 2009).[32] 어떤 요인이 학업성적 불평등의 증가를 초래했는가? 선행연구는 대학 입학을 둘러싼 경쟁의 격화가 중등학교에서 사회경제적 성적 격차의 증가를 야기했을 것이라고 추정했지만(Chmielewski, 2019), 이런 질문에 대답하려면 더 면밀한 연구가 필요하다.

---

32 앞에서 우리는 중등학교의 분화가 심화하면 성적의 사회적 기울기가 커진다고 말했다. 그러나 중등학교의 분화가 줄어도, 즉 탈분화 개혁이 진행되어도 경쟁이 심화하여 성적의 사회적 기울기가 커질 수 있다. 상황이 이렇다면, 우리는 분화를 교육의 공정성을 좌우하는 요인으로 간주할 수 없다. 본문에서 지적한 것처럼, 분화가 아니라 경쟁이 성적의 사회적 기울기를 좌우하는 결정적 요인일 수도 있다.

# 참고문헌


강준만. 1995. 『전라도 죽이기』. 개마고원.

강준만. 2007. “노무현과 영남민주화 세력의 한.” 『인물과 사상』, 2007년 3월(통권 107호): 55-71.

강준만. 2014. “왜 우리는 차별에 찬성하는가?” 『한겨레신문』, 2014. 12. 14.

강준만. 2015. “지방의 내부식민지화를 고착시키는 일상적 기제: 대학-매체-예산의 트라이앵글.” 『사회과학연구』, 54(2): 113-147.

강준만. 2016a. 『정치를 종교로 만든 사람들』. 인물과사상사.

강준만, 2016b. “왜 부모를 잘 둔 것도 능력이 되었나? 능력주의 커뮤니케이션의 심리적 기제.” 『사회과학연구』, 55(2): 319-355.

강준만. 2019. 『바벨탑 공화국, 욕망이 들끓는 한국 사회의 민낯』. 인물과 사상사.

강태중. 2015. “한국 고등학교 체제 논의의 양상과 특질.” 『교육연구와 실천』, 81: 1-25.

강희돈. 1988. “한국의 사회이동과 학교 교육의 효과.” 고려대학교 교육학과 박사학위논문.

경향신문. 2025. “안철수 ‘탄핵 반대 국민께 사과했나’…김문수 ‘계엄 책임 민주당에’.” 2025. 4. 19.

계봉오 · 황선재. 2016. “한국의 세대 간 사회이동.” 『한국인구학』, 39(3): 1-28.

고원태 · 최성수. 2024. “가족배경이 학업성취도 우위로 이어지는 이질적 과정들 –학교급과 과목에 따른 차이에 대한 분위회귀적 접근.” 『한국사회학』, 58(2): 1-44.

고용노동부. 1987-2017. 『임금구조기본통계조사』.

고용노동부. 2021. 『2020 전국노동조합 조직현황』.

고종석. 1999. “우리는 모두 그리스인이다.” 『감염된 언어』. 개마고원.

고종석. 2002a. “신분제로서의 지역주의, 극우 멘탈리티의 한국적 작동 양상.” 『서얼단상』. 개마고원.

고종석. 2002b. “서얼단상.” 『서얼단상』. 개마고원.

고종석. 2002c. “제비뽑기의 정치학.” 『서얼단상』. 개마고원.

고종석. 2016. “홍세화 선생님께.” 『경향신문』, 2016. 2. 15.

공은배 · 백성준. 1994. 『한국 교육투자의 실태와 수익률 분석에 관한 연구』,. 한국교육개발원.

공제욱. 1985. “현대 한국 계급연구의 현황과 쟁점.” 『한국사회의 계급연구 1』. 서울: 한울

교육부 중앙교육심의회. 1994. 『교육과 직업의 연계에 관한 연구』. 서울: 교육부.

국민건강보험공단. 2019. “최근 10년간(2009-2018) 소득분위별 분만 건수.” 국민건강보험공단, 2019. 10.2.

금재호. 2002. 『여성 노동시장의 현상과 과제』. 한국노동연구원.

금재호. 2004. “노동시장 이중구조와 성차별－직종분리를 중심으로.” 『응용경제』, 6(3): 259-289.

김 욱. 2015. 『아주 낯선 상식－‘호남 없는 개혁’에 대하여』. 개마고원.

김경근. 2000. “가족 내 사회적 자본과 아동의 학업성취.” 『교육사회학연구』, 10(1): 21-40.

김경근. 2005. “한국사회 교육격차의 실태 및 결정요인.” 『교육사회학연구』, 15(3): 1-27.

김경근 · 변수용. 2007. “한국사회에서의 학업성취에 대한 문화자본의 영향.” 『교육사회학연구』, 17(1): 23-51.

김경동. 1991. “한국 중간계급 연구의 이론적 · 방법론적 문제점.” 서울대학교 사회학연구회 편. 『사회계층 : 이론과 실제』. 서울: 다산출판사.

김기헌. 2003. “학교에서 직업으로의 이행－제도적 요인을 중심으로.” 『교육사회학연구』, 13(2): 65-93.

김기헌. 2005. “고등교육 진학에 있어 가족배경의 영향과 성별 격차 : 한국과 일본의 경우.” 『한국사회학』, 39(5): 119-151.

김낙년. 2018a. “한국의 소득집중도: update, 1933-2016.” 『한국경제포럼』, 11(1): 1-32.

김낙년. 2018b. “우리나라 소득불평등의 추이와 국제비교.” 『사회과학연구』, 25(2): 175-196.

김대석 · 조호제. 2013. “수준별 수업이 학업성취도에 미치는 영향 : 수학교과 수준별 이동수업을 중심으로.” 『교육문제연구』, 26(2): 1-24.

김도균. 2018. 『한국 복지자본주의의 역사－자산기반복지의 형성과 변화』. 서울대학교 출판문화원.

김동일. 2016. 『피에르 부르디외』. 커뮤니케이션북스.

김동춘. 2022. 『시험능력주의-한국형 능력주의는 어떻게 불평등을 강화하는가』. 창비.

김만권. 2023. 『외로움의 습격-모두, 홀로 남겨질 것이다』. 혜다.

김미란. 2006. "청년층 첫 직장 이행." 임언·김안국 편. 『진로지도와 노동시장 이행』. 한국직업능력개발원.

김범준. 2015. 『세상물정의 물리학-복잡한 세상을 꿰뚫어 보는 통계물리학의 아름다움』. 동아시아.

김범준. 2019. 『관계의 과학-복잡한 세상의 연결고리를 읽는 통계물리학의 경이로움』. 동아시아.

김병관. 1999. "기회구조, 사회이동, 그리고 개인적 성취 : 구조와 행위의 동적 전개." 김일철 편, 『한국의 사회구조와 지역사회』. 서울대학교 출판부.

김봉근·석재은·현은주. 2012. "한국의 세대 간 소득탄력성과 추세." 『노동경제논집』, 35(2): 25-41.

김선함. 2018. "성 평등, 아직도 가야 할 길 2-성별 직종분리." https://www.huffingtonpost.kr/news/articleView.html?idxno=44158, 2023년 6월 1일에 접근.

김수한·신동은. 2014. "기업 내 여성관리자의 성차별 경험." 『한국사회학』, 48(4): 91-125.

김신일. 1985. 『교육사회학』. 교육과학사.

김연명. 2002. 『한국 복지국가 성격 논쟁 1』. 인간과복지.

김영모. 1973. "한국사회의 교육불평등에 대한 사회계층적 분석." 『진단학보』, 35: 121-165.

김영미. 2009. "분포적 접근으로 본 한국 성별 임금격차 변화, 1982-2004년." 『경제와사회』, 84: 206-229.

김영미·한 준. 2008. "내부노동시장의 해체인가 축소인가 : 기업규모별 임금격차 분해를 통해 본 한국 노동시장의 구조변동, 1982-2004." 『한국사회학』, 42(7): 111-145.

김영화. 1993. 『한국의 교육 불평등』. 서울 : 교육과학사.

김영화. 2000. 『한국의 교육과 사회』. 서울 : 교육과학사.

김영화. 2012. "문화자본의 개념화와 문화자본 연구의 수용 쟁점에 관한 비판적 검토." 『교육사회학연구』, 22(2): 31-63.

김영화·김병관. 1999. "한국 산업화 과정에서의 교육과 사회계층 이동." 『교육학

연구』, 37(1): 155-172.
김영훈. 2023. 『노력의 배신－열심히만 하면 누구나 다 잘할 수 있을까?』. 21세기 북스.
김 욱. 2015. 『아주 낯선 상식－'호남 없는 개혁'에 대하여』. 개마고원.
김 욱. 2016. 『아주 낯선 선택－'영남 없는 민주화'에 대하여』. 개마고원.
김위정, 2012. "계층간 학력 격차의 변화 : 학교정책의 영향을 중심으로." 『교육사회학연구』, 22(3): 49-76.
김유선. 2016. 『저출산과 청년 일자리』, KLSI Issue Paper 8.
김정희원. 2021. "마이클 샌델이 진보라는 착각－능력주의의 핵심은 불평등과 차별." 『프레시안』, 2021. 3. 9.
김종철. 2015. "제비뽑기 민주주의라는 희망." 『한겨레신문』, 2015. 4. 16.
김주영. 2009. "성별 임금격차와 여성의 경력 단절." 『월간 노동리뷰』, 2009. 7: 38-51.
김진경. 2019. "학업성취도에 대한 가정배경 영향의 교과별 차이와 학교급별 시차 분석." 중앙대학교 대학원 교육학과 박사학위논문.
김창환. 2022. "가족의 사회경제적 배경과 대학원 진학 확률의 성별 격차." 『한국사회학』, 56(1): 151-201.
김창환 · 변수용. 2021. 『교육 프리미엄 : 한국에서 대학교육의 노동시장 가치는 하락했는가?』. 박영스토리.
김채윤. 1984. "한국사회계층론 40년." 『한국사회학』, 18: 71-84.
김하영. 2017. 『오늘날 한국의 노동계급』, 책갈피.
김현주 · 이병훈. 2007. "자녀의 학업성취에 미치는 가족배경, 사회자본 및 문화자본의 영향." 『한국인구학』, 30(1): 125-148.
김현철. 2023. 『경제학이 필요한 순간－경제학은 어떻게 사람을 살리는가』. 김영사.
김홍균 · 이예리. 2003. "대학의 전공별 교육투자수익률 분석." 『공공경제』, 8: 3-27.
남영신. 1991. 『지역패권주의 연구』. 학민사.
남찬섭. 2002. "한국복지체제의 성격에 대한 경험적 연구 : 에스핑－앤더슨의 기준을 중심으로." 김연명 편. 『한국 복지국가 성격논쟁』. 인간과 복지.
남춘호. 1995. "제조업 노동시장의 이중구조에 대한 실증적 분석." 『한국사회학』, 29: 789-824.
노동부. 1995. 『노동력 실태 조사보고서』. 노동부.

동아일보. 2000. "대구 부산엔 추석이 없다." 『동아일보』, 2000. 9. 9.

류동민. 2016. "능력주의 이데올로기의 위기－탈조선의 사회심리학." 『황해문화』, 90: 45-58.

류동민 · 주상영. 2015. 『우울한 경제학의 귀환』. 한길사.

류장수. 1999. "한국 노동시장의 숙련별 분단구조." 『한국의 노동경제 : 쟁점과 전망』. 경문사.

류장수. 2005. "지방대학 졸업생의 노동시장 성과" 이병희 외 저. 『교육과 노동시장 연구』. 한국노동연구원.

마강래. 2016. 『지위경쟁사회 : 왜 우리는 최선을 다해 불행해지는가?』. 개마고원.

마강래. 2017. 『지방도시 살생부－압축도시만이 살 길이다』. 개마고원.

미디어오늘. 2021. "'부산이 광주보다 못산다?' 지역감정 자극하는 선거공보물." 『미디어오늘』, 2021. 3. 31.

박권일. 2021. 『한국의 능력주의－한국인이 기꺼이 참거나 죽어도 못 참는 것에 대하여』. 이데아.

박남기. 2018. 『실력의 배신－왜 우리는 열심히 노력해도 여전히 불행한가?』. 쌤앤파커스.

박병영 · 김미란 · 김기헌 · 류기락. 2011. 『교육과 사회계층이동 조사연구(Ⅳ) : 1976-1986 출생집단 분석』,. 서울: 한국교육개발원.

박상훈. 2009. 『만들어진 현실－한국의 지역주의, 무엇이 문제이고, 무엇이 문제가 아닌가』. 후마니타스.

박선화 · 박순경 · 이문복 · 이의갑 · 정영근. 2005. 『수준별 수업 활성화 방안 연구』. 연구보고 CRC 2005-3. 서울: 한국교육과정평가원.

박성준 · 황상인. 2005. "청년층 학력과잉이 임금에 미치는 영향에 대한 분석." 『노동경제논집』, 28(3): 141-166.

박세일. 1982. "우리나라 교육투자 수익률 분석." 『한국교육개발연구』, 4: 94-124.

박세일. 1983a. "고등교육 확대가 노동시장에 미치는 영향(1)." 『한국개발연구』, 4: 149-170.

박세일. 1983b. "고등교육 확대가 노동시장에 미치는 영향(2)." 『한국개발연구』, 5: 26-52.

박종규. 2017. "우리나라 소득 불평등의 추이와 원인 및 정책목표." 한국금융연구원 연구보고서 2017-03.

박종수 1988. "상대적 과잉인구의 생성 및 존재형태." 『노동경제논집』, 11(1): 93-113.

박현준. 2021. 『세대 간 사회이동의 변화—한국사회 얼마나 개방적으로 변화하였는가?』. 박영스토리.

박현준·김경근. 2011. "한국 사회의 교육적 동질혼: 시계열 추세 및 그 함의." 『교육사회학연구』, 21(3): 51-76.

박현준·김경근. 2012. "한국 사회의 교육적 동질혼 분석." 『교육사회학연구』, 22(4): 113-139.

박현준·정인관. 2021. "20년간의 세대 간 사회이동의 변화: 30-49세 두 남성 코호트 비교분석." 『한국사회학』, 55(3): 159-191.

방하남·김기헌. 2002. "기회와 불평등: 고등교육 기회에 있어서 사회계층간 불평등의 분석." 『한국사회학』, 36(4): 7-26.

방하남·김기헌. 2003. "한국사회의 교육계층화: 연령코호트간 변화와 학력단계별 차이." 『한국사회학』, 37(4): 31-65.

배무기. 1979. "교육투자와 소득분배." 주학중 편. 『한국의 소득분배와 결정요인(상)』. 한국교육개발원.

배철현. 2016. "오만." 『경향신문』. 2016. 3. 31.

백일우·임정준. 2008. "도구변수를 이용한 여성고등교육의 투자수익률 분석." 『교육행정학연구』, 26(3): 75-94.

백일우·임정준. 2013. 『여성 교육투자에 대한 교육경제학적 탐색』. 서울: 집문당.

변수용·김경근. 2008. "한국 고등학생의 교육결과에 대한 문화자본의 영향." 『교육사회학연구』, 18(2): 53-82.

변수용·이성균. 2021. 『부모의 사회경제적 지위와 자녀의 교육 결과』. 박영스토리.

변재욱·김일중·최봉재. 2013. "소득불평등과 범죄발생에 대한 실증분석: 지니 및 퍼센타일 지수를 중심으로." 『형사정책연구』, 24(4): 329-366.

사명철. 2015. "우리나라 노동시장내 성별 직종분리의 변화." 『노동정책연구』, 15(4): 1-24.

서관모. 1987. "한국사회 계급 구성의 연구." 서울대학교 박사학위논문.

서중석·김덕련. 2017. 『서중석의 현대사 이야기 9—유신쿠데타(1) 왜 일으켰나』. 오월의봄.

설동훈. 1994. "한국 노동자들의 세대 간 사회이동, 1978-1989: 사무직과 생산직의 남녀 노동자를 중심으로." 『계급과 한국사회』. 한울.

손호철. 1997. "3김 정치와 지역주의." 『3김을 넘어서』. 푸른숲.

손호철. 1999. "한국의 지역주의, 그 진단과 희망." 『신자유주의시대의 한국정치』.

푸른숲.
손호철. 2005. “김대중 정부의 복지개혁의 성격-신자유주의로의 전진?” 『한국정치학회보』, 39(1): 217-231.
송호근. 1994. “노동시장구조론.” 『열린 시장, 닫힌 정치』. 나남.
신광영. 1990. “90년대 한국사회의 계급연구의 심화를 위하여.” 『창작과 비평』, 18: 325-346.
신광영. 1994. “세대 간 계급이동.” 『경제와 사회』, 23: 82-116.
신광영. 2004. 『한국의 계급과 불평등』. 을유문화사.
신광영. 2011. “한국의 성별 임금격차: 차이와 차별.” 『한국사회학』, 45(4): 97-127.
신봉호. 2018. 『미시경제학, 4판』. 박영사.
신유근. 1998. “한국 기업의 인적 자원 관리의 평가와 전망.” 이원덕 편. 『21세기 한국의 노동』,. 서울: 한국노동연구원.
안주엽 · 홍서연. 2002. “청년층의 첫 일자리 진입: 경제위기 전후의 비교.” 『노동경제론집』, 25(1): 47-74.
여유진. 2019. “코호트별 사회이동 경향 분석.” 『한국사회정책』, 26(4): 61-81.
오계훈 · 김경근. 2001. “가족구조가 아동의 학업성취에 미치는 영향.” 『교육사회학연구』, 11(2): 101-123.
오찬호. 2013. 『우리는 차별에 찬성합니다-괴물이 된 20대의 자화상』. 개마고원.
우해봉 · 윤인진. 2008. “경쟁리스크 생존모형을 통한 청년층의 첫 일자리 획득 분석.” 『한국청소년연구』, 19(2): 225-250.
유경준 · 황수경. 2005. “노동시장에서의 차별과 차이.” 한국개발연구원 연구보고서 2005-01.
유시민. 1997. 『97 대선, 게임의 법칙』. 돌베개.
유팔무. 1981. “세대 간 사회이동과 교육기회 불평등.” 『한국사회학연구』, 5: 65-93.
윤자영. 2020. “여성 임금 근로자의 직장 내 성차별 인식에 관한 연구.” 『페미니즘연구』, 20(1): 37-81.
윤중대. 2016. “호남이 더민주를 버리자, 영남 일베는….” 『프레시안』, 2016. 5. 11.
윤홍식. 2019. 『한국 복지국가의 기원과 궤적』. 사회평론아카데미.
이강국. 2022. “불평등과 경제발전.” 김윤태 편. 『한국의 불평등: 현황, 이론, 대안』. 한울.

이돈희. 2015. 『한국의 교육 70년』. 한국학중앙연구원출판부.

이명진. 2000. "한국사회의 선택혼: 시기별 추이와 국제비교." 『한국사회학』, 34(2): 297-323.

이무근. 1993. 『직업교육학 원론』. 서울: 교육과학사.

이병희. 2005. "대학전공의 노동시장 성과." 이병희 외 저. 『교육과 노동시장 연구』. 한국노동연구원.

이상백·김채윤. 1966. 『한국사회계층연구』. 민조사.

이재열. 1993. "임금의 결정 기제에 관한 조직론적 연구: 제조업 부문의 대규모 사업장을 중심으로." 『한국사회학』, 27: 87-116.

이재열. 1996. "숙련 형성과 기업의 생산성: 교육, 훈련정책을 중심으로." 『기업조직과 생산성: 경제사회학적 접근』,. 소화.

이정미·한유경·최정윤·김병주. 2009. "내부수익률법에 의한 계열별 대학교육 투자수익률 분석." 『교육재정경제연구』, 18(2): 27-51.

이정우. 2010. 『불평등의 경제학』. 후마니타스.

이정우. 2014. "피케티의 분배 정의." 류이근 편. 『왜 자본은 일하는 자보다 더 많이 버는가』. 시대의창.

이정우. 2021. 『왜 우리는 불평등한가—쉽게 읽는 피케티 경제학』. EBS Books.

이정전. 2017. 『주적은 불평등이다』. 개마고원.

이정환. 2002. "가족환경, 과외, 성적." 『한국사회학』, 36(6): 195-214.

이주호. 1996. 『고용대책과 인적자원개발: 제도적 접근』. 한국개발연구원.

이주희·전병유·Lee. 2004. 『유리천장 깨뜨리기: 관리직 여성의 일과 삶』. 한울아카데미.

이준구. 2014. "21세기 자본과 경제학." 류이근 편. 『왜 자본은 일하는 자보다 더 많이 버는가』. 시대의창.

이지문. 2012. 『추첨민주주의 이론과 실제』. 이담북스.

이진경·최유미. 2024. 『지구의 철학—모면할 길 없는 기후위기 시대의 삶에 부침』. 그린비.

이진영. 2022. "한국의 세대 간 소득이동성의 연도별 추이 분석." 『제도와 경제』, 16(2): 61-85.

이태경. 2009. "경상도를 어찌 할 것인가? 영남패권주의의 퇴치 없이 진보개혁진영의 정권 탈환은 불가능." 『오마이뉴스』, 2009. 6. 19.

이태수. 2015. "복지는 왜 불평등 완화에 기여하지 못했나?" 『불평등 한국, 복지국가를 꿈꾸다』. 후마니타스.

이혜영·김미란·한준. 2006. 『학교 교육이 사회계층 이동에 미치는 영향』. 서울: 한국교육개발원.

이효수. 1984. 『노동시장구조론: 한국노동시장의 이론과 실증』. 법문사.

이희정. 2022. "청년들은 소득불평등을 어떻게 바라보고 있는가?: 사회계층 인식과 능력주의 인식을 중심으로." 『한국사회학』, 56(2): 45-82.

임영신·최성수. 2022. "불평등은 언제부터 발생하는가: 초기 아동기 인지능력 발달에서 나타나는 가족배경 격차 추세." 『한국사회학』, 56(2): 1-44.

임정준. 2010. 『여성의 고등교육에 대한 투자가 노동소득에 미치는 영향 분석』. 연세대학교 박사학위논문.

임정준·백일우. 2010. "소득분위별 여성의 고등교육투자에 대한 수익 분석." 『교육재정연구』, 19(1): 29-56.

장광남. 2020. "성별 임금격차의 장기 추세와 요인분해분석." 『노동경제논집』, 43(2): 75-107.

장대익. 2017. 『울트라 소셜』. 휴머니스트.

장미혜. 2002. "사회계급의 문화적 재생산: 대학간 위계서열에 따른 부모의 계급구성의 차이." 『한국사회학』, 36(4): 223-251.

장상수. 1998. "한국사회의 계급이동." 『한국사회학』, 32(2): 367-93.

장상수. 1999a. "한국 사회의 교육수준별 혼인유형과 그 변화." 『한국사회학』, 33(2): 417-448.

장상수. 1999b. "학력이 노동시장 진입에 미치는 영향: 학교에서 첫 계급으로의 이행." 『한국사회학』, 33(4): 751-787.

장상수. 2000. "교육기회의 불평등: 가족배경이 학력성취에 미치는 영향." 『한국사회학』, 34(3): 671-708.

장상수. 2001. 『한국의 사회이동』. 서울대학교 출판부.

장상수. 2006. "여성의 고등교육 이수기회: 누가 왜 딸을 대학에 보냈는가?" 『한국사회학』, 40(1): 127-156.

장상수. 2007. "가족배경과 고등학교 계열 선택." 『한국사회학』, 41(2): 118-146.

장상수. 2008a. "가족배경, 문화자본, 성적." 『한국사회학』, 42(3): 63-85.

장상수. 2008b. "청년층의 학교－직장 이행." 『한국사회학』, 42(6): 106-139.

장상수. 2013. "여성의 교육 기회 변화: 학업 성적과 대학 교육." 김상욱 외 저. 『한국 사회의 공정성 1990-2011』. 성균관대학교 출판부. pp. 194-237

장상수. 2015. "한국의 교육과 사회이동." 오성철 편. 『대한민국 교육 70년』. 대한민국 역사박물관.

장상수. 2024. 『사회학 입문, 개정판』. 그린.
장석준. 2021. “우리가 부르짖던 공정론의 민낯－한국의 능력주의는 자본주의의 최첨단.” 『프레시안』, 2021. 1. 21.
장석준. 2022. 『능력주의, 가장 한국적인 계급 지도』. 갈라파고스.
장수명·이번송. 2001. “인적 자본의 지역별·산업별 분포와 그 외부효과.” 『노동경제논집』, 24(1): 1-33.
정무권. 2009. 『한국 복지국가 성격 논쟁 2』. 인간과복지.
정성호. 2013. “동아사이 초저출산 추이와 전망.” 『한국인구학』, 36(2): 27-44.
정이환. 2006. 『현대노동시장의 정치사회학』. 후마니타스.
정이환. 2007. “기업내부노동시장의 변화, 1982-2007 : 직종별 차이를 중심으로.” 『한국사회학』, 47(5): 209-245.
정이환. 2013. “노동시장의 사회학적 연구의 쟁점.” 『경제와 사회』, 100: 94-113.
정이환·김영미·권현지. 2012. “동아시아 신흥 선진국의 여성 고용 : 한국과 대만 비교.” 『한국여성학』, 28(1): 147-181.
정인관·박현준. 2019. “20년간의 세대 간 사회이동의 변화 : 30-49세 두 남성 코호트 비교 분석.” 『한국사회학』, 55(3): 159-191.
정인관·최성수·황선재·최율. 2020. “한국의 세대 간 사회이동과 교육 불평등.” 『경제와사회』, 127: 12-59.
조기숙. 1997. “지역주의 논쟁－비판이론적 시각에 대한 비판.” 『한국정치학회보』, 31(2): 203-232.
조기숙. 2000. “인종 및 지역주의 선거의 원인－비교적 시각.” 『지역주의 선거와 합리적 유권자』. 나남.
조 은·강정구·신광영. 1992. “한국사회의 계급구조.” 『한국사회학』, 25: 27-51.
조영태. 2024. “맬서스와 다윈의 상상 대담－한국의 초저출산 원인과 해법은?” 조영태 등 저. 『초저출산은 왜 생겼을까?』. 김영사.
조영훈·양재진. 2007. “경제위기 이후의 복지정책에 대한 평가와 한국복지국가의 전망.” 『한국사회학회 심포지움 논문집』, pp. 87-110.
조우현. 1995. “전략적 핵심기업의 인적 자원 개발방식: 그중요성과 실상.” 『경제학 연구』, 43: 205-228.
주동범. 1998. “학생배경과 학업성취 : 어머니의 자녀교육에의 관여가 매개하는가?” 『교육사회학연구』, 8(1): 41-56.
차종천. 1991. “남성 세대 간 사회이동에 대한 상호연관모형 분석.” 『한국사회학』, 25: 155-75.

차종천. 1992. “사회계층의 구조와 과정.” 황일청 편. 『한국사회의 불평등과 형평』. 나남.
최강식. 2002. “교육투자의 경제적 수익률 분석.” 『응용경제』, 4(2): 5-30.
최강식 · 정진호. 2003. “한국의 학력간 임금격차 추세 및 요인 분해.” 『국제경제연구』, 9(3): 183-208.
최경수 · 박기성. 1995. 『청년층 노동시장과 교육제도』. 서울: 한국노동연구원.
최무영. 2019. 『물리학 강의』. 서울: 책갈피.
최성수 · 이수빈. 2018. “한국에서 교육기회는 점점 더 불평등해져 왔는가? 부모 학력에 따른 자녀 최종학력 격차의 출생 코호트 추세.” 『한국사회학』, 52(4): 77-113.
최성수 · 이승현. 2022. “불평등의 상이한 경로－진학과정에서 가족배경의 일차효과와 이차효과 분해 및 추세.” 『교육사회학연구』, 32(3): 241-279.
최장집. 1996. “지역문제와 국민통합.” 최협 편. 『호남사회의 이해』. 풀빛.
최장집. 2002. 『민주화 이후의 민주주의』. 후마니타스.
최정균. 2024. 『유전자 지배사회－정치 · 경제 · 문화를 움직이는 이기적 유전자, 그에 반항하는 인간』. 동아시아.
통계청. 2021. “2021년 다문화 인구동태 통계.” 통계청 사회통계국.
한준. 2000. “동아시아 성별 직업분리의 변화 비교.” 『한국인구학』, 23(1): 119-145.
한준 · 장지연. 2000. “정규/비정규 전환을 중심으로 본 취업력과 생애과정.” 『노동경제논집』, 23(S): 33-53.
한경혜. 1990. “산업화와 결혼연령 변화에 관한 이론적 고찰.” 『한국사회학』, 24: 103-120.
한국직업능력개발원. 1997. 『교육체제 개편에 따른 고등학교 직업교육방향 설정에 관한 연구』. 서울: 한국직업능력개발원.
한국직업능력개발원. 1998a. 『한국직업교육훈련 100년사』. 서울: 한국직업능력개발원.
한국직업능력개발원. 1998b. 『고등교육단계 직업 교육 발전방안 연구』. 서울: 한국직업능력개발원.
한길석. 2021. “능력주의, 제2의 트럼프 탄생시킬 수 있다.” 『프레시안』, 2021. 3. 4.
한만길. 1991. “대학 교육기회의 확대에 따른 대학의 분화와 교육기회의 불평등에 대한 연구.” 『교육학연구』, 29(3): 251-266.

한성신·조인숙. 2007. "한국의 교육투자수익률 및 학위효과 : 남녀비교." 『노동경제논집』, 30(1): 1-30.

허은. 2013. "노동시장 계층별 성별직업분리에 관한 연구." 『한국사회학』, 47(2): 241-266.

현은주. 2018. "한국의 세대 간 소득이동성 연구의 메타분석과 변수 설정에 따라 세대 간 소득탄력성 추정치 변화." 『사회보장연구』, 34(2): 265-299.

홍두승·구해근. 2008. 『사회계층·계급론, 2판』. 다산출판사.

홍성민. 2012. 『취향의 정치학』. 현암사.

홍세화. 2020. "'지적 인종주의' 소고." 박권일 편. 『능력주의와 불평등－능력에 따른 차별은 공정하다는 믿음에 대하여』. 교육공동체벗.

홍후조·김대석·조호제·민부자·조형정·김정일·류호섭. 2012. 『학교 맞춤형 교과교실 실제 운영 모형 개발』. 한국교육개발원

황선재. 2015. "불평등과 사회적 위험 : 건강·사회문제지수를 중심으로." 『보건사회연구』, 35(1): 5-25.

황태연. 1997. 『지역패권의 나라』. 무당미디어.

荒井一博(아라이 가즈히로). 1995. 『教育の経済学 : 大学進学行動の分析』. 有斐閣.

柄谷行人(가라타니 고진). 2002. 『日本精神分析』. 文藝春秋 (송태욱 역. 2013. 『일본정신의 기원』. 이매진).

中村高康(나카무라 다카야스). 2018. 『暴走する能力主義』. ちくま新書.

增田寛也(마스다 히로야). 2014. 『地方消滅: 東京一極集中が招く人口急減』. 中央公論社 (김정환 역. 2015. 『지방소멸－인구감소로 연쇄붕괴하는 도시와 지방의 생존전략』. 와이즈베리).

Aaronson, David and Bhashkar Mazumder. 2008. "Intergenerational Economic Mobility in the US: 1940 to 2000." *Journal of Human Resources*, 43(1): 139-72.

Akerlof, George A. 1997. "Social Distance and Social Decisions." *Econometrica*, 65(5): 1005-1027.

Alexander, Karl L., Edward L. McDill. 1976. "Selection and Allocation within Schools: Some Causes and Consequences of Curriculum Placement." *American Sociological Review*, 41(6): 963-980.

Alexander, Karl L., Martha Cook and Edward L. McDill. 1978. "Curriculum

Tracking and Educational Stratification: Some Further Evidence." *American Sociological Review*, 43(1): 47-66.

Alexander, Karl L., Doris R. Entwisle, and Linda S. Olson. 2001. "Schools, Achievement, and Inequality: A Seasonal Perspective." *Educational Evaluation and Policy Analysis*, 23(2): 171-191.

Allmandinger, Jutta. 1989. "Educational Systems and Labor Market Outcomes." *European Sociological Review*, 5(3): 231-250.

Alon, Sigal. 2009. "The Evolution of Class Inequality in Higher Education: Competition, Exclusion, and Adaptation." *American Sociological Review*, 74(5): 731-755.

Althauser, Robert P. 1989. "Internal Labor Markets." *Annual Review of Sociology*, 15: 143-161.

Alvaredo, Facundo, Lucas Chancel, Thomas Piketty, Emmanuel Saez, and Gabriel Zucman. 2018. *The World Inequality Report 2018*. Boston: Belknap Press(장경덕 역. 2018. 『세계 불평등 보고서 2018』. 글항아리).

Amable, Bruno. 2003. *The Diversity of Modern Capitalism*. Oxford: Oxford University Press.

Andon, Anabelle. Christopher G. Thompson and Besty J. Becker. 2014. "A Quantative Synthesis of the Immigrant Achievement Gap across OECD Countries." *Large-Scale Assessments in Education*, 2(7).

Arum, Richard and Yossi Shavit. 1995. "Secondary Vocational Education and the Transition from School to Work." *Sociology of Education*, 68(3): 187-204.

Arum, Richard, Adam Gamoran and Yossi Shavit. 2007. "More Inclusion Than Diversion: Expansion, Differentiation, and Market Structure in Higher Education." Pp. 1-38 in *Stratification in Higher Education: A Comparative Study*, edited by Y. Shavit, R. Arum and A. Gamoran. Stanford: Stanford University Press.

Atkinson, Anthony B. 2015. *Inequality: What Can Be Done?* Boston: Harvard University Press(장경덕 역. 2015. 『불평등을 넘어-정의를 위해 무엇을 할 것인가』. 글항아리).

Atkinson, Anthony B., Thomas Piketty and Emmanuel Saez. 2011. "Top Incomes in the Long Run of History," *Journal of Economic Literature*,

49(1): 3-71.

Averitt, Robert T. 1968. *The Dual Economy*. New York: Norton.

Ayalon, Hanna and Yossi Shavit. 2004. "Educational Reforms and Inequalities in Israel: The MMI Hypothesis Revisited." *Sociology of Education*, 77(2): 103-120.

Baker, David P., Brian Goesling and Gerald K. LeTendre. 2002. "Socioeconomic Status, School Quality, and National Economic Development: A Cross-National Analysis of the 'Heyneman-Loxley Effect' on Mathematics and Science Achievement." *Comparative Education Review*, 46(3): 291-312.

Barnett, Vincent. 2019. "Shortcomings of the SSSM." in *Encyclopedia of Evolutionary Psychological Science*, edited by T. K. Shackelford and V. A. Weekes-Shackel-ford. New York: Springer.

Baron, James N. 1994. "Reflections on Recent Generations of Mobility Research." Pp. 384-93 in *Social Stratification: Class, Race, and Gender in Sociological Perspective*, edited by D. B. Grusky. Boulder, CO: Westview Press.

Baron, James N. and William T. Bielby. 1980. "Bring the Firms Back in: Stratification, Segmentation, and the Organization of Work." *American Sociological Review*, 45(5): 737-765.

Barrett, Lisa Feldman. 2020. *Seven and a Half Lessons about the Brain*. New York: CollinsHarper Publishers(변지영 역. 2021. 『이토록 뜻밖의 뇌과학-뇌가 당신에 대해 말할 수 있는 7과 1/2가지 진실』. 더퀘스트).

Bauer, Philipp and Regina T. Riphahn. 2006. "Timing of School Tracking as a Determinant of Intergenerational Transmission of Education." *Economic Letters*, 91(1): 90-97.

Becker, Gary S. 1964. *Human Capital: A Theoretical and Empirical Analysis, with Special Reference to Education*. Chicago: University of Chicago Press.

Becker, Gary S. 1968. "Crime and Punishment: An Economic Approach." *Journal of Political Economy*, 76(2): 169-217.

Becker, Gary S. 1981. *A Treatise on the Family*. Cambridge, MA: Harvard University Press.

Becker, Gary S. 1985. "Human Capital, Effort, and the Sexual Division of Labor." *Journal of Labor Economics*, 3(1): 33-58.

Becker, Gary S., William H. J. Hubbard and Kevin M. Murphy. 2010. "Explaining the Worldwide Boom in Higher Education of Women." MFI Working Paper Series, No. 2010-09, University of Chicago.

Becker, Gary S. and Nigel Tomes. 1976. "Children Endowments and the Quantity and Quality of Children." *Journal of Political Economy*, 84(4): S143-S162.

Bedford, Olwen and Sheryl H. Chua. 2017. "Everything Also I Want: An Exploratory Study of Singaporean *Kiasuism* (Fear of Losing Out)." *Culture & Psychology*, 0(0): 1-21.

Behrman, Jere R., Robert A. Pollak, and Paul Taubman. 1982. "Parental Preferences and Provision for Progeny." *Journal of Political Economy*, 90(1): 52-73.

Bell, Daniel. 1972. "On Meritocracy and Equality." *Public Interest*, 29(Fall): 29-68.

Benham, Lee. 1974. "Benefits of Women's Education within Marriage." *Journal of Political Economy*, 82(2): S57-S71.

Berent, Jerzy. 1954. "Social Mobility and Marriage: A Study of Trends in England and Wales." Pp. 321-338 in *Social Mobility in Britain*, edited by D. V. Glass. London: Routledge and Kegan Paul.

Bernasco, Wim. 1994. *Coupled Careers: The Effects of Spouse's Resources on Success at Work*. Amsterdam: Thesis.

Bernstein, Basil. 1971. *Class, Codes, and Control*. London: Routledge.

Bidwell, Charles E. 1989. "School as Context and Construction." Pp. 15-36 in *Handbook of the Sociology of Education*, edited by M. T. Hallinan. New York: Kluwer Academic.

Bielby, William T. 1991. "The Structure and Process of Sex Segregation." Pp. 97-112 in *New Approaches to Economic and Social Analyses Distribution*, edited by R. R. Cornwall and P. V. Wunnava. New York: Praeger Publishers.

Bielby, William T. and Robert M. Hauser. 1975. "Structural Equation Models." *Annual Review of Sociology*, 3: 137-161.

Bishop, John H. 1997. "The Effect of National Standards and Curriculum-Based Exams on Achievement." *The American Economic Review*, 87(2): 260-264.

Björklund, Anders and Markus Jäntti. 2011. "Intergenerational Income Mobility and the Role of Family Background." Pp. 491-511 in *The Oxford Handbook of Economic Inequality*, edited by B. Nolan, W. Salverda and T. Smeeding. Oxford: Oxford University Press.

Blackburn, Robert M., Bradley Brooks and Jennifer Jarman. 2001. "The Vertical Dimension of Occupational Segregation." *Work, Employment and Society*, 15(3): 511-538.

Blackwell, Debra L. 1998. "Marital Homogamy in the United States: The Influence of Individual and Paternal Education." *Social Science Research*, 27(2): 159-188.

Blau, Francine. 2012. "The Sources of the Gender Pay Gap." Pp. 189-208 in *The New Gilded Age: The Critical Inequality Debates of Our Time*, edited D. B. Grusky and T. Kricheli-Katz. Stanford: Stanford University Press.

Blau, Francine and Lawrence M. Kahn. 2006. "The US Gender Pay Gap in the 1990s: Slowing Convergence." *Industrial and Labor Relations Review*, 60(1): 45-66.

Blau, Peter M. and Otis Dudley Duncan. 1967. *American Occupational Structure*. New York: The Free Press.

Blau, Peter M., Terry C. Blum and Joseph E. Schwartz. 1982. "Heterogeneity and Intermarriage." *American Sociological Review*, 47(1): 45-62.

Blossfeld, Hans-Peter and Yossi Shavit. 1993. "Persisting Barriers: Changes in Educational Opportunities in Thirteen Countries." Pp. 1-24 in *Persistent Inequality: Changing Educational Attainment in Thirteen Countries*, edited by Y. Shavit and H-P. Blossfeld. Boulder, CO: Westview Press.

Bluestone, Berry. 1970. "The Tripartite Economy: Labor Markets and the Working Poor." *Poverty and Human Resources Abstracts*, 5: 15-35.

Bol, Thijs and Herman G. van de Werfhorst. 2011. "Measuring Educational Institutional Diversity: External Differentiation, Vocational Orientation, and Standardization." Amsterdam Centre for Inequality Studies (AMCIS) Working Paper 2011/1.

Borjas, George J. 2016. *Labor Economics*, 7th edition. New York: McGraw Hill (박철성 · 송헌재 · 강창희 역. 2017. 『노동경제학』. 시그마프레스).

Boudon, Raymond. 1974. *Education, Opportunity, and Social Inequality: Changing Prospects in Western Society*. New York: John Wiley & Sons.

Bourdieu, Pierre. 1984. *Distinction: A Social Critique of the Judgement of Taste*. translated by R. Nice. Cambridge, MA: Harvard University Press (최종철 역. 1995. 『문화와 취향의 사회학』. 새물결).

Bourdieu, Pierre. 1986. "The Forms of Capital." Pp. 241-258 in *Handbook of Theory and Research for the Sociology of Education*, edited by J. Richardson. New York: Greenwood.

Bourdieu, Pierre. 1993. "The Racism of 'Intelligence.'" Pp.177-180 in *Sociology in Question*, translated by Richard Nice. London: Sage Publications.

Bourdieu, Pierre. 1996. *The State of Nobility*. Cambridge: Polity Press.

Bourdieu, Pierre. 2013. "In Praise of Sociology: Acceptance Speech for the Gold Medal of the CNRS." *Sociology*, 47(1): 7-14 (김홍중 역. 2013. "사회학을 찬미하다 : 프랑스 국립과학연구원의 금메달 수상 연설."『한국사회학』. 47(1): 1-14).

Bourdieu, Pierre and Jean · Claude Passeron. 1977/1990. *Reproduction in Education, Society, and Culture*, 2nd edition. Newbury Park, CA: Sage Publications.

Bowen, William G., Martin A. Kurzweil and Eugene M. Tobin. 2005. *Equity and Excellence in American Higher Education*. Charlottesville, VA: University of Virginia Press.

Bowles, Samuel and Herbert Gintis. 1976. *Schooling in Capitalist America*. New York: Basic Books.

Brauns, Hildegard, Susanne Steinmann, Annick Kieffer and Catherine Marry. 1999. "Does Education Matter? France and Germany in Comparative Perspective." *European Sociological Review*, 15(1): 61-89.

Braverman, Harry. 1974. *Labor and Monopoly Capital: The Degradation of Work in the Twentieth Century*. New York: Monthly Review Press (이한주 역. 1989. 『노동과 독점자본』. 까치).

Breen, Richard. 2004. "Statistical Methods of Mobility Research." Pp.17-36 in *Social Mobility in Europe*, edited by him. New York: Oxford University Press.

Breen, Richard. 2010. "Educational Expansion and Social Mobility in the 20th Century." *Social Forces*, 89(2): 365-388.

Breen, Richard and Jan O. Jonsson. 2020. "Sweden, the Middle Way? Trends and Patterns in Social Mobility and Educational Inequality." Pp.69-90 in *Education and Intergenerational Mobility in Europe and the United States*, edited by them. Stanford: Stanford University Press.Ä

Breen, Richard and John H. Goldthorpe. 1997. "Explaining Educational Differentials: Towards a Formal Rational Action Theory." *Rationality and Society*, 9(3): 275-305.

Breen, Richard, Damian F. Hannan and Richard O'Leary. 1995. "Returns to Education: Taking Account of the Employer's Perception and Use of Educational Credits." *European Sociological Review*, 11(1): 59-73.

Breen, Richard and Jan O. Jonsson. 2007. "Explaining Change in Social Fluidity: Educational Equalization and Educational Expansion in Twentieth-century Sweden." *American Journal of Sociology*, 112(6): 1775-1810.

Breen, Richard and Ruud Luijkx. 2004. "Social Mobility in Europe between 1970 and 2000." Pp.37-76 in *Social Mobility in Europe*, edited by R. Breen. New York: Oxford University Press.

Breen, Richard and Walter Müller. 2020. "Social Mobility in the Twentieth Century in Europe and the United States." Pp.251-296 in *Education and Intergenerational Mobility in Europe and the United States*, edited by them. Stanford: Stanford University Press.

Bridges, David. 1996. "Competence-based Education and Training: Progress or Villainy?" *Journal of Philosophy of Education*, 30(3): 361-376.

Brinton, Mary C. and Sun-hwa Lee. 2001. "Women's Education and the Labor Market in Japan and South Korea." Pp. 125-150 in *Women's Lives in East Asia*, edited by M. C. Brinton. Stanford: Stanford University Press.

Broer, Markus, Yifan Bai and Frank Fonseca. 2019. *Socioeconomic Inequality and Educational Outcomes: Evidence from Twenty Years of TIMSS*. New York: Springer.

Brown, Phillip. 1990. "The 'Third Wave': Education and the Ideology of Parentocracy[1]." *British Journal of Sociology of Education*, 11(1): 65-85.

Brunello, Giorgio and Daniele Checchi. 2007. "Does School Tracking Affect Equality of Opportunity? New International Evidence." *Economic Policy*, 22(52): 781-861.

Buchinsky, Moshe. 1998. "The Dynamics of Changes in the Female Wage Distribution in the USA: A Quantile Regression Approach." *Journal of Applied Econometrics*, 13(1): 1-30.

Buchinsky, Moshe. 2001. "Quantile Regression with Sample Selection: Estimating Women's Return to Education in the U.S." *Empirical Economics*, 26(1): 87-113.

Buchmann, Claudia and Emily Hannum. 2001. "Education and Stratification in Developing Countries: A Review of Theories and Research." *Annual Review of Sociology* 27: 77-102.

Buchmann, Claudia and Thomas A. DiPrete. 2006. "The Growing Female Advantage in College Completion: The Role of Family Background and Academic Achievement." *American Sociological Review*, 71(3): 515-541.

Buchmann, Claudia, Dennis J. Condron and Vincent J. Roscigno. 2010. "Shadow Education, American Style: Test Preparation, the SAT and College Enrollment." *Social Forces*, 89(2): 435-461.

Budoki, Erzsébet, John H. Goldthorpe and Yizhang Zhao. 2021. "Primary and Secondary Effects of Social Origins in Educational Attainment: New Findings for England." *British Journal of Sociology*, 72(3): 627-650.

Bumpass, Larry L. and James A. Sweet. 1972. "Differentials in Marital Stability: 1970." *American Sociological Review*, 37(6): 754-766.

Buss, David M. 2012. *Evolutionary Psychology: The New Science of the Mind, 4th edition*. London: Pearson (이충호 역. 2012. 『진화심리학 : 마음과 행동을 탐구하는 새로운 과학』. 웅진지식하우스).

Byun, Soo-yong. 2014. "Shadow Education and Academic Success in Republic of Korea." Pp. 39-58 in *Korean Education in Changing Economic and*

*Demographic Contexts*, edited by H. Park and K. Kim. Singapore: Springer.

Byun, Soo-yong and Kyung-keun Kim. 2010. "Educational Inequality in South Korea: The Widening Socioeconomic Gap in Student Achievement." *Research in Sociology of Education*, 17: 155-182.

Byun, Soo-yong, Kyung-keun Kim and Hyunjoon Park. 2012. "School Choice and Educational Inequality in South Korea." *Journal of School Choice*, 6(2): 158-183.

Byun, Soo-yong, Evan Schofer and Kyung-keun Kim. 2012. "Revisiting the Role of Cultural Capital in East Asian Educational Systems: The Case of South Korea." *Sociology of Education*, 85(3): 219-239.

Calvert, Peter. 1982. *The Concept of Class: An Historical Introduction*. New York: St. Martin's Press.

Card, David. 1999. "The Causal Effect of Education on Earnings." Pp. 1801-1863 in *Handbook of Labor Economics*, 1811-1864, edited by O. Ashenfelter and D. Card. Amsterdam: North Holland.

Card, David. 2001. "Estimating the Return to Schooling: Progress on Persistent Econometric Problems." *Econometrica*, 69(5): 1127-1160.

Chadwick, Laura and Gary Solon. 2002. "Intergenerational Income Mobility among Daughters." *American Economic Review*, 92(1): 335-54.

Chang, Ha-joon. 2010. *23 Things They Don't Tell You about Capitalism*. London: Bloomsbury Publishing(김희정·안세민 역. 2023. 『그들이 말하지 않는 23가지』. 부키.

Chang, Ha-joon. 2014. *Economics: The User's Guide*. New York: Bloomsbury Press (김희정 역. 2014. 『장하준의 경제학 강의－지금 우리를 위한 새로운 경제학 교과서』. 부키).

Chang, Ha-joon. 2022. *Edible Economics: A Hungry Economist Explains the World*. London: Allen Lane(김희정 역. 2023. 『장하준의 경제학 레시피』. 부키).

Chang, Sang-soo. 2019. "Returns to Women's Education in the Marriage Market: A Comparative Analysis of Japan, Korea, and Taiwan." *Journal of Asian Sociology*, 48(4): 559-584.

Chang, Sang-soo. 2022. "The Widening Gap of Academic Achievement between the Rich and the Poor in Korea." *Journal of Asian Sociology*, 51(1): 67-96.

Chang, Sang-soo. 2024. "Returns to Women's Education in the Marriage Market: A Comparative Analysis of Japan, Korea, and Taiwan." Unpublished manuscript.

Charles, Maria and David B. Grusky. 2011. "Egalitarianism and Gender Inequality." Pp. 389-404 in *The Inequality Reader: Contemporary and Foundational Readings in Race, Class, and Gender*, edited by D. B. Grusky and S. Szelényi. Boulder, CO: Westview Press.

Charles, Maria and Karen Bradley. 2002. "Equal but Separate? A Cross-National Study of Sex Segregation in Higher Education." *American Sociological Review*, 67(4): 573-599.

Cheadle, Jacob E. 2009. "Parental Educational Investment and Children's General Knowledge Development." *Social Science Research*, 38(2): 477-491.

Chmielewski, Anna K. 2019. "The Global Increase in the Socioeconomic Achievement Gap, 1964 to 2015." *American Sociological Review*, 84(3): 517-544.

Choi, Kang-Shik. 1996. "The Impact of Shifts in Supply of College Graduates: Repercussion of Educational Reform in Korea." *Economics of Education Review*, 15(1): 1-9.

Chomsky, Noam. *Requiem for the Americal Dream: The 10 Principles of Concentration of Wealth and Power*. New York: Seven Stories Press(유강은 역. 2018.『불평등의 이유–부와 권력이 집중되는 10가지 원리』. 이데아).

Chung, Inkwan and Hyunjoon Park. 2019. "Educational Expansion and Trends in Intergenerational Social Mobility among Korean Men." *Social Science Research*, 83: 1-15.

Cingano, Federico. 2014. "Trends in Income Inequality and Its Impact on Economic Growth." *OECD Social, Employment and Migration Working Papers No. 163*. Paris: OECD.

Coleman, James S. 1961. *The Adolescent Society: The Social Life of Teenagers and Its Impact on Education*. New York: The Free Press.

Coleman, James S. 1988. "Social Capital in the Creation of Human Capital." *American Journal of Sociology*, 94(S): S95-S120.

Coleman, James S., Ernest Q. Campbell, Carol J. Hobson, James McPartland, Frederic D. Weinfeld and Robert L. York. 1966. *Equality of Educational Opportunity*. National Center for Educational Statistics Report, No. OE-38001. Washington, DC: U.S. Government Printing Office.

Collins, Randall. 1975. *Conflict Sociology*. New York: Academic Press.

Collins, Randall. 1979. *Credential Society: An Historical Sociology of Education and Stratification*. New York: Academic Press.

Collins, Randall. 1994. *Four Sociological Traditions*. New York: Oxford University Press.

Collins, Randall. 2005. *Interaction Ritual Chains*. Princeton, NJ: Princeton University Press.

Collins, Randall and Scott Coltrane. 1995. *The Sociology of Marriage and the Family: Gender, Love and Property*. Chicago: Nelson Hall.

Corak, Miles. 2006. "Do Poor Children Become Poor Adults? Lessons from a Cross-Country Comparison of Generational Earnings Mobility." Pp. 143-188 in *Research on Economic Inequality*, 13: *Dynamics of Inequality and Poverty*, edited by J. Creedy and G. Kalb. Bingley, United Kingdom: Emerald Group Publishing.

Corak, Miles. 2013. "Income Inequality, Equality of Opportunity, and Intergenerational Mobility." *Journal of Economic Perspectives*, 27(3): 79-102.

Cosmides, Leda and John Tooby. 1994. "Better than Rational: Evolutionary Psychology and the Invisible Hand." *The American Economic Review*, 84(2): 327-332.

Dahrendorf, Ralf. 1959. *Class and Class Conflict in Industrial Society*. London: Routledge.

Darwin, Charles. 1859. *On the Origin of Species by Means of Natural Selection, or the Preservation of Favoured Races in the Struggle for Life*. London: John Murray (장대익 역. 2019. 『종의 기원』. 사이언스북스).

Davis, Kingsley and Wilbert E. Moore. 1945. "Some Principles of Stratification." *American Sociological Review*, 10(2): 242-249.

Davis, Kingsley. 1984. "Wives and Work: Consequences of the Sex Role Revolution." *Population and Development Review*, 10(3): 397-417.

De Botton, Alain. 2005. *Status Anxiety*. New York: Vintage (정영목 역. 2011. 『불안』. 은행나무).

De Graaf, Nan Dirk, Paul M. De Graaf and Gerbert Kraaykamp. 2000. "Parental Cultural Capital and Educational Attainment in the Netherlands: A Refinement of the Cultural Capital Perspective." *Sociology of Education* 73(2), 92-111.

De Graaf, Paul M. 1986. "The Impact of Financial and Cultural Resources on Educational Attainment in the Netherlands." *Sociology of Education*, 59(4): 237-246.

De Graaf, Paul M. and Harry B. G. Ganzeboom. 1993. "Family Background and Educational Attainment in the Netherlands for the 1891-1960 British Cohorts." Pp. 75-100 in *Persistent Inequality: Changing Educational Attainment in Thirteen Countries*, edited by Y. Shavit and H-P. Blossfeld. Boulder, CO: Westview Press.

DeSilva, Sanjaya and Mohammed Mebrab Bin Bakhtiar. 2011. "Women, Schooling, and Marriage in Rural Philippines." Working Paper No. 701, The Levy Economics Institute of Bard College.

DiMaggio, Paul. 1982. "Cultural Capital and School Success: The Impact of Status Culture Participation on the Grades of U.S. High School Students." *American Sociological Review*, 47(2): 189-201.

DiMaggio, Paul and John Mohr. 1985. "Cultural Capital, Educational Attainment, and Marital Selection." *American Journal of Sociology*, 90(6): 1231-1261.

DiPrete, Thomas. 2020. "The Impact of Inequality on Intergenerational Mobility." *Annual Review of Sociology*, 46: 379-98.

Doeringer, Peter B. and Michael J. Piore. 1971. *Internal Labor Markets and Manpower Analysis*. Lexington, MA: Heath.

Dohan, Daniel P. and Michael Hout. 1996. "Two Paths to Educational Opportunity: Class and Educational Selection in Sweden and the United States." Pp. 207-232 in Can *Education Be Equalized? The Swedish Case in Comparative Perspective*, edited by R. Erikson and

J. O. Jonsson. Boulder, CO: Westview Press.

Domagala, Wiktoria. 2018. "Measuring Gender Occupational Segregation: OECD Countries in Comparative Perspective." *Ekonomista*, 2018(6): 682-718.

Dougherty, Christopher. 2003. "Why Is the Rate of Return to Schooling Higher for Women than for Men?" London School of Economics and Political Science, Discussion Papers, 581.

Dreher, Axel and Noel Gaston. 2008. "Has Globalization Increased Inequality?" *Review of International Economics*, 16(3): 516-536.

Dumais, Susan A. 2002. "Cultural Capital, Gender, and School Success: The Role of Habitus." *Sociology of Education* 75(1), 44-68.

Duncan, Otis Dudley. 1961. "A Socioeconomic Index for All Occupations." Pp. 109-138 in *Occupations and Social Status*, edited by A. J. Reiss. New York: The Free Press.

Duncan, Otis Dudley and Peter M. Blau. 1967. *American Occupational Structure*. New York: The Free Press.

Duncan, Otis Dudley and David L. Featherman. 1973. "Psychological and Cultural Factors in the Process of Occupational Achievement." Pp. 229-253 in *Structural Equation Models in the Social Sciences*, edited by A. S. Goldberger and O. D. Duncan. New York: Seminar Press.

Durkheim, Emile. 1893/1984. *The Division of Labor in Society*. New York: The Free Press (민문홍 역. 2012. 『사회분업론』. 아카넷).

Durkheim, Emile. 1895/1982. *The Rules of Sociological Method*. New York: The Free Press (윤병철 역. 2019. 『사회학적 방법의 규칙들』. 새물결).

Durkheim, Emile. 1897/2006. *On Suicide*. London: Penguin Classics (황보종우 역. 2019. 『자살론』. 청아출판사).

Durkheim, Emile. 1912/1995. *The Elementary Forms of Religious Life*. New York: The Free Press(민혜숙·노치준 역. 2020. 『종교생활의 원초적 형태』. 한길사).

Duru-Bellat, Marie and Annick Kieffer. 2000. "Inequalities in Educational Opportunities in France: Educational Expansion, Democratization or Shifting Barriers?" *Journal of Education Policy*, 15(3): 333-352.

Duru-Bellat, Marie and Bruno Suchaut. 2005. "Organization and Context,

Efficiency and Equity of Educational Systems: What PISA Tells US." *European Educational Research Journal*, 4(3): 181-194.

England, Paula. 1992. *Comparable Worth: Theories and Evidence*. New York: Aldine de Gruyter.

Erikson, Robert. 1996. "Explaining Change in Educational Inequality-Economic Security and School Reforms." Pp. 229-253 in *Persistent Inequality: Changing Educational Attainment in Thirteen Countries*, edited by Y. Shavit and H-P. Blossfeld. Boulder, CO: Westview Press.

Erikson, Robert and John H. Goldthorpe. 1992. *The Constant Flux: A Study of Class Mobility in Industrial Societies*. London: Clarendon Press.

Erikson, Robert, John H. Goldthorpe and Lucien Portocarero. 1979. "Intergenerational Class Mobility in Three Western European Societies." *British Journal of Sociology*, 30(4): 415-441.

Erikson, Robert, John H. Goldthorpe, Michelle Jackson, Meir Yaish and David R. Cox. 2005. "Class Differentials in Educational Attainment." *Proceedings of the National Academy of Sciences* 201(27), 9730-9733.

Erikson, Robert and Jan O. Jonsson. 1996a. "Introduction. Explaining Class Inequality in Education: The Swedish Test Case." Pp. 1-64 in *Can Education Be Equalized? The Swedish Case in Comparative Perspective*, edited by them. Boulder, CO: Westview Press.

Erikson, Robert and Jan O. Jonsson. 1996b. "The Swedish Context: Educational Reform and Long-term Change in Educational Inequality." Pp. 65-94 in *Can Education Be Equalized? The Swedish Case in Comparative Perspective*, edited by them. Boulder, CO: Westview Press.

Esping-Andersen, Gøsta. 1990. *The Three Worlds of Welfare Capitalism*. Princeton: Princeton University Press (박형신·정헌주·이종선 역. 2006. 『복지자본주의의 세 가지 세계』. 일신사).

Esping-Andersen, Gøsta. 1999. *Social Foundations of Postindustrial Economics*. Oxford: Oxford University Press (박시종 역. 2006. 『복지체제의 위기와 대응』. 성균관대학교 출판부).

Esping-Andersen, Gøsta. 2004. "Untying the Gordian Knot of Social Inheritance." *Research in Social Stratification and Mobility*, 21(3):

115-138.

Esping-Andersen, Gøsta. 2006. "한국어판 머리말." 박형신·정헌주·이종선 역. 2006. 『복지자본주의의 세 가지 세계』. 일신사.

Esping-Andersen, Gøsta and John Myles. 2007. "The Welfare State and Redistribution." http://www.researchgate.net/publication/255583959_The_Welfare_State_and_Redistribution

Estevez-Abe, Margarita, Torben Iversen and David Soskice. 2001. "Social Protection and the Formation of Skills: A Reinterpretation of the Welfare State." Pp. 145-183 in *Varieties of Capitalism: The Institutional Foundations of Comparative Advantage*, edited by D. Soskice and P. Hall. Oxford: Oxford University Press.

Faia, Michael A. 1981. "Selection by Certification: A Neglected Variable in Stratification Research." *American Journal of Sociology*, 86(5): 1093-1111.

Featherman, David L. 1981. "Stratification and Social Mobility: Two Decades of Cumulative Social Sciences." Pp. 79-100 in *The State of Sociology*, edited by J. F. Short. Beverly Hills, LA: Sage.

Featherman, David L., F. Lancaster Jones and Robert M. Hauser. 1975. "Assumptions of Social Mobility Research in the U.S.: The Case of Occupational Status." *Social Research Science*, 4(4): 329-360.

Fischer, Claude S., Michael Hout, Martin Sanchez Jankowski, Samuel L. Lucas, Ann Swidler and Kim Voss. 1996. *Inequality by Design*. Princeton: Princeton University Press.

Fox, Alan. 1956. "Class and Equality." *Socialist Commentary*, 1956(May): 11-13.

Frank, Robert H. 2016. *Success and Luck: Good Fortune and the Myth of Meritocracy*. Princeton: Princeton University Press (정태영 역. 2018. 『실력과 노력으로 성공했다는 당신』. 글항아리).

Frank, Robert H. and Philip J. Cook. 1995. *The Winner-Take-All Society: Why the Few at the Top Get So Much More Than the Rest of Us*. New York: The Free Press.

Freeman, Richard B. 2009. "Globalization and Inequality." Pp. 575-598 in *Oxford Handbook of Economic Inequality*, edited by W. Salverda, B. Nolan and T. M. Smeeding. New York: Oxford University Press.

Freeman, Richard B. and Martina Viarengo. 2014. "School and Family Effects on Educational Outcomes across Countries." *Economic Policy*, 29(79): 395-446.

Fuchs, Thomas and Ludger Wößmann. 2007. "What Accounts for International Differences in Student Performance? A Re-examination Using PISA Data." *Empirical Economics*, 32: 433-464.

Fukuyama, Francis. 1992. *The End of History and the Last Man*. New York: Free Press.

Gambetta, Diego. 1987. *Were They Pushed Or Did They Jump? Individual Decision Mechanism in Education*. Cambridge: Cambridge University Press.

Gamoran, Adam. 1996. "Curriculum Standardization and Equality of Opportunity in Scottish Secondary Education: 1984-90." *Sociology of Education*, 69(1): 1-21.

Gamoran, Adam and Matthew Weinstein. 1998. "Differentiation and Opportunity in Restructured Schools." *American Journal of Education*, 106(3): 385-415.

Ganzeboom, Harry B., Paul M. De Graaf and Donald J. Treiman. 1992. "A Standard International Socio-Economic Index of Occupational Status." *Social Science Research*, 21(1): 1-56.

Ganzeboom, Harry. B. G., Ruud Luijkx and Donald J. Treiman. 1989. "Intergenerational Class Mobility in Comparative Perspective." Pp. 3-84 in *Research in Social Stratification and Mobility*, vol. 1, edited by A. L. Kalleberg. Greenwich, CT: JAI Press.

Ganzeboom, Harry B., Donald J. Treiman and Wout Ultee. 1991. "Comparative Intergenerational Stratification Research: Three Generations and Beyond." *Annual Journal of Sociology*, 17: 277-302.

García, José Saturnino Martínez, Eriikka Oinonen, Rafael Merino and Graziela Perosa. 2021. "Education and Inequality in Finland, Spain, and Brazil." Pp. 105-140, in *Towards a Comparative Analysis of Social Inequalities between Europe and Latin America*, edited by P. López-Roldán and S. Fachelli. New York: Springer.

Geronimus, Arline T. 2023. *Weathering: The Extraordinary Stress of Ordinary*

*Life in an Unjust Society*. Little, Brown Spark: New York(방진이 역. 2025. 『불평등은 어떻게 몸을 갉아먹는가-불공정한 사회, 스트레스, 그리고 건강』. 돌베개).

Giddens, Anthony. 1973. *The Class Structure of the Advanced Societies*. London: Hutchinson.

Giddens, Anthony. 1978. *Durkheim*. New York: Harper Collins Publishers (이종역 역. 2000. 『뒤르켐』. 시공사).

Giddens, Anthony. 1982. *Sociology: A Brief but Critical Introduction*. London: The Macmillan Press.

Gilligan, James. 2011. *Why Some Politicians Are More Dangerous Than Others?* Cambridge: Polity Press.

Goethe, Johann Wolfgang von. 2013/1774. *Die Leiden des jungen Werther*. Leipzig: Reclam Philipp(김용민 역. 2014. 『젊은 베르테르의 고뇌』. 시공사).

Goldin, Claudia. 2006. "The Quiet Revolution That Transformed Women's Employment, Education, and Family." *American Economic Review*, 96(2): 1-21.

Goldin, Claudia and Lawrence F. Katz. 2008. *The Race between Education and Technology*. Cambridge, MA: Harvard University Press.

Goldin, Claudia, Lawrence F. Katz and Ilyana Kuziemko. 2006. "The Homecoming of American College Women: The Reversal of the College Gender Gap." *Journal of Economic Perspectives* 20(4): 133-156.

Goldthorpe, John H. 1987. *Social Mobility and Class Structure in Modern Britain*, 2nd edition. Oxford: Clarendon Press.

Goldthorpe, John H. 1996a. "Class Analysis and the Reorientation of Class Theory: The Case of Persisting Differentials in Educational Attainment." *British Journal of Sociology*, 47(3): 481-507.

Goldthorpe, John H. 1996b. "Problems of 'Meritocracy'." Pp. 255-287 in *Can Education Be Equalized?*, edited by R. Erikson and J. O. Jonsson. Boulder, CO: Westview Press.

Goldthorpe, John H. 2013. "Understanding-and Misunderstanding-Social Mobility in Britain: The Entry of the Economists, the Confusion of Politicians and the Limits of Educational Policy." *Journal of Social*

*Policy*, 42(3): 431-450.

Goldthorpe, John H. and Michelle Jackson. 2008. "Education-Based Meritocracy: The Barriers to Its Realization." Pp. 93-117 in *Social Class: How Does It Work?*, edited by A. Lareau and D. Conley. New York: Russell Sage Foundation.

Goody, Jack. 1971. "Class and Marriage in Africa and Eurasia." *American Journal of Sociology*, 76(4): 585-603.

Grabb, Edward G. 1990. *Theories of Social Inequality*. Toronto: Nelson Canada(양춘 역. 2003. 『사회불평등-고전 및 현대 이론』. 고려대학교출판부).

Granovetter, Mark. 1974. *Getting a Job: A Study of Contacts and Careers*. Chicago: University of Chicago Press.

Grätz, Michael and Florencia Torche. 2016. "Compensation or Reinforcement? The Stratification of Parental Responses to Children's Early Ability." *Demography*, 53(6): 1883-1904.

Grätz, Michael and Øyvind Wiborg. 2020. "Reinforcing at the Top or Compensating at the Bottom? Family Background and Academic Performance in Germany, Norway, and the United States." *European Sociological Review*, 36(3): 381-394.

Griliches, Zvi. 1979. "Sibling Models and Data in Economics: Beginning of a Survey." *Journal of Political Economy*, 87(5): S37-S64.

Grossbard-Schechtman, Amrya and Shoshana Neumann. 1991. "Cross-Productivity Effects of Education and Origin on Earnings: Do They Really Reflect Productivity?" Pp. 125-145 in *Handbook of Behavioral Economics*, vol2, edited by J. Gerber, R. Franz, and H. Singh. Greenwich: JAI Press.

Grusky, David B. 1983. "Industrialization and the Status Attainment Process: The Thesis of Industrialism Reconsidered." *American Sociological Review*, 48(4): 494-506.

Grusky, David B. 2001. "The Past, Present, and Future of Social Inequality." Pp. 3-51 in *Social Stratification: Class, Race and Gender in Sociological Perspective*, 2nd edition, edited by him. Boulder, CO: Westview Press.

Grusky, David B. and Gabriela Galescu. 2005a. "Foundations of a Neo-

Durkheimian Class Analysis." Pp. 51-81 in *Approaches to Class Analysis*, edited by E. O. Wright. Cambridge: Cambridge University Press.

Grusky, David B. and Gabriela Galescu. 2005b. "Is Durkheim a Class Analyst?" Pp. 322-359 in *The Cambridge Companion to Durkheim*, edited by J. C. Alexander and P. Smith. New York: Cambridge University Press.

Grusky, David B. and Robert M. Hauser. 1984. "Comparative Social Mobility Revisited: Models of Convergence and Divergence in 16 Countries." *American Sociological Review*, 49(1): 19-38.

Grusky, David B. and Manwai C. Ku. 2008. "Gloom, Doom, and Inequality." Pp.2-28 in *Social Stratification: Class, Race and Gender in Sociological Perspective*, 3rd edition, edited by D. B. Grusky. Boulder, CO: Westview Press.

Grusky, David B. and Szonja Szelenyi. 2014. "The Stories We Tell about Inequality." Pp.17-25 in *Social Stratification: Class, Race and Gender in Sociological Perspective*, 4th edition, edited by D. B. Grusky. Boulder, CO: Westview Press.

Grusky, David B. and Katherine R. Weisshaar. 2014. "The Questions We Ask about Inequality." Pp.1-16 in *Social Stratification: Class, Race and Gender in Sociological Perspective*, 4th edition, edited by D. B. Grusky. Boulder, CO: Westview Press.

Hacker, Jacob S. and Paul Pierson. 2010. *Winner-Take-All Politics: How Washington Made the Rich Richer and Turned Its Back on the Middle Class*. New York: Simon & Schuster Paperbacks.

Hakim, Catherine. 2011. *Erotic Capital: The Power of Attraction in the Boardroom and the Bedroom*. New York: Basic Books.

Hall, J. R. 1954. "Comparison of the Degree of Social Endogamy in England and Wales and the U. S. A." Pp. 344-436 in *Social Mobility in Britain*, edited by D. V. Glass. London: Routledge and Kegan Paul.

Hall, Peter A. and David Soskice. 2001. "An Introduction to Varieties of Capitalism." Pp. 1-70 in *Varieties of Capitalism: The Institutional Foundations of Comparative Advantage*, edited by them. Oxford: Oxford University Press.

Haller, Max. 1981. "Marriage, Women, and Social Stratification: A Theoretical

Critique." *American Journal of Sociology*, 86(4): 766-95.

Hallinan, Maureen T. 1988. "Equality of Educational Opportunity." *Annual Review of Sociology*, 14: 249-268.

Hallinan, Maureen T. and Aage B. Sørenson. 1987. "Ability Grouping and Sex Differences in Mathematics Achievement," *Sociology of Education*, 60(2): 63-72.

Halsey, Albert Henry, Anthony Francis Heath, and John Michael Ridge. 1980. *Origins and Destinations: Family, Class, and Education in Modern Britain*. Oxford: Clarendon Press.

Hannan, Damian F. and Patrick Werquin. 2001. "Education and Labor Market Change: The Dynamics of Education to Work Transition in Europe. A Review of the TESR Programme." Pp. 91-135 in *Training in Europe: A Second Report on Vocational Training Research in Europe 2000. Background Report, vol 3*, edited by P. Descy and M. Tessaring. Luxembourg: Office for Official Publications of the European Communities.

Hanushek, Eric A. and Margaret E. Raymond. 2004. "The Effect of School Accountability Systems on the Level and Distribution of Student Achievement." *Journal of the European Economic Association*, 2(2-3): 406-415.

Hanushek, Eric A. and Ludger Wößmann. 2005. "Does Educational Tracking Affect Performance and Inequality? Differences-in-Differences Evidence across Countries" *The Economic Journal*, 116: C63-C76.

Hao, Lingxin. 1994. *Kin Support, Welfare, and Out-of-Wedlock Mothers*. New York: Garland.

Hao, Lingxin and Daniel Q. Naiman. 2007. *Quantile Regression*. Thousand Oaks: Sage.

Harari, Yuval Noah. 2017. *Homo Deus: A Brief History of Tomorrow*. London: Vintage(김명주 역. 2023. 『호모 데우스』. 김영사).

Hauser, Robert M. and David Featherman. 1976. "Equality of Schooling: Trends and Prospects." *Sociology of Education*, 49(2): 99-120.

Hauser, Robert M. and David B. Grusky. 1988. "Cross National Variation in Occupational Distribution, Relative Mobility Chances and

Intergenerational Shift in Occupational Distributions." *American Sociological Review*, 53(5): 723-41.

Hauser, Robert M. and John Robert Warren. 1997. "Socioeconomic Indexed for Occupations: A Review, Update, and Critique." *Sociological Methodology*, 27(1): 177-298.

Hayes, Christopher L. 2012. *Twilight of the Elites: America after Meritocracy*. New York: Crown Publishing (한진영 역. 2017. 『똑똑함의 숭배-엘리트주의는 어떻게 사회를 실패로 이끄는가』. 갈라파고스).

Hechter, Michael. 1975. *Internal Colonialism: The Celtic Fringe in British National Development, 1536-1966*. Berkeley: University of California Press.

Heckman, James J. 1979. "Sample Selection Bias as a Specification Error." *Econometrica*, 47(1): 153-161.

Hertel, Florian R. and Fabian T. Pfeffer. 2020. "The Land of Opportunity? Trends in Social Mobility and Education in the United States." Pp. 29-68 in *Education and Intergenerational Mobility in Europe and the United States*, edited by R. Breen and W. Müller. Stanford: Stanford University Press.Ä

Heyneman, Stephen P. and William A. Loxley. 1983. "The Effect of Primary School Quality on Academic Achievement across Twenty-nine High- and Low-Income Countries." *American Journal of Sociology*, 88(6): 1162-1194.

Hodge, Robert W. and Donald J. Treiman. 1968. "Class Identification in the United States." *American Journal of Sociology*, 73(5): 535-547.

Holliday, Ian. 2000. "Productivist Welfare Capitalism: Social Policy in East Asia." *Political Studies*, 48(4): 706-723.

Horan, Patrick M. 1978. "Is Status Attainment Research Atheoretical?" *American Sociological Review*, 43(4): 334-341.

Horn, Daniel. 2009. "Age of Selection Counts: A Cross-country Analysis of Educational Institutions." *Education Research and Evaluation*, 15(4): 343-366.

Hout, Michael. 1982. "The Association between Husbands' and Wives' Occupations in Two-Earner Families." *American Journal of Sociology*,

88(2); 397-409.

Hout, Michael. 1988. "More Universalism, Less Structural Mobility: The American Occupational Structure in the 1980s." *American Journal of Sociology*, 93(6): 1358-1400.

Hout, Michael. 1996. "The Politics of Mobility." Pp. 293-316 in *Generating Social Stratification: Toward a New Research Agenda*, edited by A. C. Kerckhoff. Boulder, CO: Westview Press.

Hout, Michael, Adrian E. Raftery and Eleanor O. Bell. 1993. "Making the Grade: Educational Stratification in the United States, 1925-1989." Pp. 25-50 in *Persistent Inequality: Changing Educational Attainment in Thirteen Countries*, edited by Y. Shavit and H-P. Blossfeld. Boulder, CO: Westview Press.

Hsin, Amy. 2012. "Is Biology Destiny? Birth Weight and Differential Parental Treatment." *Demography*, 49(4): 1385-1405.

Huang, Chong, Hongbin Li, Pai-Wai Liu and Junsen Zhang. 2009. "Why Does Spousal Education Matter for Earnings? Assortative Mating and Cross-productivity." *Journal of Labor Economics*, 27(4): 633-652.

Husen, Torsten. 1973. "The Standard of the Elite: Some Findings from the IEA International Survey in Mathematics and Science." *Acta Sociologica*, 16(4): 305-323.

ILO. 1997. *Breaking through the Glass Ceiling: Women in Management*. Geneva: ILO.

IMF. 2007. "Globalization and Inequality." *World Economic Outlook*. Washington: IMF.

Jackson, Michelle. 2013. "Introduction: How is Inequality of Educational Opportunity Generated? The Case for Primary and Secondary Effects." Pp. 1-33 in *Determined To Succeed: Performance versus Choice in Educational Attainment*, edited by her. Stanford: Stanford University Press.

Jackson, Michelle, Robert Erikson, John H. Goldthorpe and Meir Yaish. 2007. "Primary and Secondary Effects in Class Differentials in Educational Attainment: The Transition to A-Level Courses in England and Wales." *Acta Sociologica*, 50(3): 221-229.

Jackson, Michelle and Jan O. Jonsson. 2013. "Why Does Inequality of Educational Opportunity Vary across Countries? Primary and Secondary Effects in Comparative Context." Pp. 306-337 in *Determined To Succeed: Performance versus Choice in Educational Attainment*, edited by Michelle Jackson. Stanford: Stanford University Press.

Jacob, Brian A. 2002. "Where the Boys Aren't: Non-cognitive Skills, Returns to School and the Gender Gap in Higher Education." *Economics of Education Review*, 21(6): 589-598.

Jaumotte, Florence, Subir Lall and Chris Papageorgiou. 2013. "Rising Income Inequality: Technology, or Trade and Financial Globalization." *IMF Economic Review*, 61: 271-309.

Jencks, Christopher, Marshall Smith, Henry Acland, Mary Jo Bane, David Cohen, Herbert Gintis, Barbara Heyns and Stephanie Michelson. 1972. *Inequality: A Reassessment of the Effects of Family and Schooling in America*. New York: Basic Books.

Jepsen, Lisa K. 2005. "The Relationship between Wife's Education and Husband's Earnings: Evidence from 1960 to 2000." *Review of Economics of Household*, 3(2): 197-214.

Johnson, Robert A. 1980. *Religious Assortative Mating in the United States*. New York: Academic.

Jones, Catherine. 1993. "The Pacific Challenge: Confucian Welfare States." Pp. 198-217 in *New Perspectives on the Welfare State in Europe*, edited by her. London: Routledge.

Jones, F. L. and Ruud Luijkx. 1996. "Postwar Patterns of Intermarriage in Australia: The Mediterranean Experience." *European Sociological Review*, 12(1): 67-86.

Jonsson, Jan O. 1993. "Persisting Inequalities in Sweden." Pp. 101-132 in *Persistent Inequality: Changing Educational Attainment in Thirteen Countries*, edited by Y. Shavit and H-P. Blossfeld. Boulder, CO: Westview Press.

Jonsson, Jan O. 1999. "Explaining Sex Differences in Educational Choice: An Empirical Assessment of a Rational Choice Model." *European Sociological Review*, 15(4): 391-404.

Jonsson, Jan O., David B. Grusky, Matthew Di Carlo and Reinhard Pollak. 2011. "It's a Decent Bet That Our Children Will Be Professors Too." Pp. 499-516 in *The Inequality Reader: Contemporary and Foundational Readings in Race, Class, Gender*, edited by D. B. Grusky. Boulder, CO: Westview Press.

Jonsson, Jan O. and Colin Mills. 1993a. "Social Class and Educational Attainment in Historical Perspective: A Swedish-English Comparison, Part Ⅰ." *British Journal of Sociology*, 44(2): 213-247.

Jonsson, Jan O. and Colin Mills. 1993b. "Social Class and Educational Attainment in Historical Perspective: A Swedish-English Comparison, Part Ⅱ." *British Journal of Sociology*, 44(3): 403-428.

Jonsson, Jan O., Colin Mills and Walter Müller. 1996. "A Half Century of Increasing Educational Openness? Social Class, Gender, and Educational Attainment in Sweden, Germany, and Britain." Pp. 183-206 in *Can Education Be Equalized? The Swedish Case in Comparative Perspective*, edited by R. Erikson and J. O. Jonsson. Boulder, CO: Westview Press.

Kalev, Alexandra, Frank Dobbin, and Erin Kelly. 2006. "Best Practices or Best Guesses? Assessing the Efficacy of Corporate Affirmative Action and Diversity Policies." *American Sociological Review*, 71(4): 589-617.

Kalleberg, Arne L. 1988. "Comparative Perspectives on Work Structures and Inequality." *Annual Review of Sociology*, 14: 203-225.

Kalleberg, Arne L. 2012. "The Rise of Precarious Work." Pp.640-645 in *Social Stratification: Class, Race, and Gender in Sociological Perspective, 4th edition*, edited by D. B. Grusky. Boulder, CO: Westview Press.

Kalleberg, Arne L. and Aage B. Sørenson. 1979. "The Sociology of Labor Markets." *Annual Review of Sociology*, 14: 203-225.

Kalmijn, Matthijs. 1991a. "Status Homogamy in the United States." *American Journal of Sociology*, 97(2): 496-523.

Kalmijn, Matthijs. 1991b. "Shifting Boundaries: Trends in Religious and Educational Homogamy." *American Sociological Review*, 56(6): 786-800.

Kalmijn, Matthijs. 1994. "Assortative Mating by Cultural and Economic

Occupational Status." *American Journal of Sociology*, 100(2): 422-452.

Kalmijn, Matthijs. 1998. "Intermarriage and Homogamy: Causes, Patterns, and Trends." *Annual Review of Sociology*, 24: 395-421.

Kalmijn, Matthijs. 2013. "The Educational Gradient in Marriage: A Comparison of 25 European Countries." *Demography*, 50(4): 1499-1520.

Kariya, Takehiko. 1998. "Form High School to Work in Japan: Meritocracy through Institutional and Semi-institutional Linkages." Pp. 311-336 in *From School to Work: A Comparative Study of Educational Qualifications and Occupational Destinations*, edited by Y. Shavit and W. Müller. Oxford: Clarendon Press.

Karlson, Kristian Bernt. 2013. "Summarizing Primary and Secondary Effects." *Research in Social Stratification and Mobility*, 33(1), 72-82.

Karlson, Kristian Bernt and Holm Anders. 2011. "Decomposing Primary and Secondary Effects: A New Decomposition Method." *Research in Social Stratification and Mobility*, 29(2), 221-237.

Kartsonaki, Christiana, Michelle Jackson and David R. Cox. 2013. "Primary and Secondary Effects: Some Methodological Issues." Pp. 34-55 in *Determined To Succeed: Performance versus Choice in Educational Attainment*, edited by Michelle Jackson. Stanford: Stanford University Press.

Katsillis, John and Richard Rubinson. 1990. "Cultural Capital, Student Achievement, and Educational Reproduction: The Case of Greece." *American Sociological Review*, 55(2), 270-279.

Keeley, Brian. 2015. *Income Inequality: The Gap between Rich and Poor*, Paris: OECD.

Keeves, John P. 1992. *The IEA Study of Science III: Changes in Science Education and Achievement, 1970 to 1984*. Oxford: Pergamon Press.

Kerckhoff, Alan C. 1976. "The Status Attainment Process: Socializing or Allocation." *Social Forces*, 55(2): 368-381.

Kerckhoff, Alan C. 1995. "Institutional Arrangements and Stratification Processes in Industrial Societies." *Annual Review of Sociology*, 15: 323-347.

Kerckhoff, Alan C. 1996. "Building Conceptual and Empirical Bridges between

Studies of Educational and Labor Force Careers." Pp. 37-56 in *Generating Social Stratification: Toward a New Research Agenda*, edited by him. Boulder, CO: Westview Press.

Kerckhoff, Alan C. 2000. "Transition from School to Work in Comparative Perspective." Pp. 453-474 in *Handbook of the Sociology of Education*, edited M. T. Hallinan. New York: Kluwer Academic/Plenum Publishers.

Kerckhoff, Alan C. 2001. "Education and Social Stratification Processes in Comparative Perspective." *Sociology of Education*, 74(4 Extra): 3-18.

Kerckhoff, Alan C. and Keith E. Davis. 1962. "Value Consensus and Need Complementarity in Mate Selection." *American Sociological Review*, 27(3): 295-303.

Kerr, Clark. 1977. *Labor Markets and Wage Determination: The Balkanization of Labor Markets and Other Essays*. Berkeley, CA: University Of California Press.

Kerr, Clark. 1983. *The Future of Industrial Societies*. Cambridge, MA: Harvard University Press.

Kerr, Clark, John T. Dunlop, Frederick Harbison and Charles A. Myers. 1960. *Industrialism and Industrial Man*. Cambridge, MA: Harvard University Press.

Kerr, Clark, John T. Dunlop, Frederick Harbison and Charles A. Myers. 1969. "The Logic of Industrialism." *Comparative Perspectives on Industrial Society*, edited by W. A. Faunce and W. H. Form. Boston: Little, Brown.

Kerr, Sari Pekkala, Toumas Pekkarinen and Roope Uusitalo. 2013. "School Tracking and Development of Cognitive Skills." *Journal of Labour Economics*, 31(3): 577-602.

Kim, Cerissa, Sora Kim-Russell, Katherine Kim and Mary-Kim Arnold (eds). 2018. *Mixed Koreans: Our Stories-An Anthology*. Bloomfield, IN: Truepeny Publishing Company (김미경 역. 2020. 『인종주의의 덫을 넘어서-혼혈 한국인, 혼혈 입양인 이야기』. 뿌리의집).

Kim, Soobin. 2017. "Intergenerational Earnings Mobility in Korea." *IZA Journal of Development and Migration*, 7:21, Available at SSRN:https://ssrn.

com/abstract= 2320329 or http://dx.doi.org/10.2139/ssrn.2320329

Kingston, Paul W. 2001. "The Unfulfilled Promise of Cultural Capital Theory." *Sociology of Education*, 74(Extra Issue): 88-99.

Knottnerus, J. David. 1987. "Status Attainment Research and Its Image of Society." *American Sociological Review*, 52(1): 113-21.

Koenker, Roger. 2005. *Quantile Regression*. Cambridge: Cambridge University Press.

Kohn, Melvin L. 1977. *Class and Conformity*. Chicago: University of Chicago Press.

Kohn, Melvin L. and Carmi Schooler. 1978. "The Reciprocal Effects of Substantive Complexity of Work and Intellectual Flexibility: A Longitudinal Assessment." *American Journal of Sociology*, 84(1): 24-52.

Korpi, Tomas, Paul De Graaf, John Hendrickx and Richard Layte. 2003. "Vocational Training and Career Employment Precariousness in Great Britain, the Netherlands and Sweden." *Acta Sociologica*, 46(1): 17-30.

Kremer, Michael and Eric Maskin. 2006. "Globalization and Inequality." Working Paper 2008-0087, Weatherland Center for International Affairs, Harvard University.

Krueger, Alan B. 2012. "The Rise and Consequences of Inequality in the United States." A Presentation Made to the Center for American Progress, Jan. 12th. http://www.americanprogress.org/events/2012/01/12/17181/the-rise-and-consequences-of-inequality.

Krugman, Paul. 2020. "Covid-19 Brings Out All the Usual Zombies: Why Virus Denial Resembles Climate Denial." *The New York Times*, March 28, 2020.

Kuhnle, Stein. 2004. "Productive Welfare in Korea: Moving Towards a European Welfare State Type?" Pp. 47-64 in *Modernizing the Korean Welfare State: Toward the Productive Welfare Model*, edited by R. Mishra, S. Kuhnle, N. Gilbert and K. Chung. New Brunswick, NJ: Transaction Publishers.

Lamont, Michele and Annette Lareau. 1988. "Cultural Capital: Allusions, Gaps and Glissandos in Recent Theoretical Developments." *Sociological Theory*, 6(2): 153-168.

Lareau, Annette. 2002. "Invisible Inequality: Social Class and Childrearing in Black Families and White Families." *American Sociological Review*, 67(5): 747-776.

Lareau, Annette. 2003. *Unequal Childhoods*. Berkeley, CA: University of California Press.

Lareau, Annette and Erin McNamara Horvat. 1999. "Moments of Social Inclusion and Exclusion: Race, Class, and Cultural Capital in Family-School Relationships." *Sociology of Education*, 72(1): 37-53.

Lareau, Annette and Elliot B. Weininger. 2003. "Cultural Capital in Educational Research: A Critical Assessment." *Theory and Society*, 32(5-6): 567-606.

Lee, Byung-joo and Mary J. Lee. 2006. "Quantile Regression Analysis of Wage Determinants in the Korean Labor Market." *The Journal of the Korean Economy*, 7: 1-31.

Lee, Mi-jeong. 1998. *Women's Education, Work, and Marriage in Korea: Women's Lives Under Institutional Conflicts*. Seoul: Seoul National University Press.

Lee, Myong-jin. 2010. "Temporal Variation in the Strength of Educational Assortative Marriage in Korea: A Birth Cohort Analysis of the 2000 Korea Census." *Development and Society*, 39(1): 163-185.

Lee, Sun-hwa. 2001. "Women's Education, Work, and Marriage in South Korea." Pp. 204-232 in *Women's Working Lives in East Asia*, edited by M. C. Brinton. Stanford: Stanford University Press.

Lee, Yean-ju and See-hwa Cho. 1999. "Gender Differences in Children's Schooling during the Industrialization Period: Korea from 1965 to 1994." *Development and Society*, 28: 285-312.

Leesch, Julia and Jan Skopek. 2023. "Decomposing Trends in Educational Homogamy and Heterogamy-The Case of Ireland." *Social Science Research*, 110(2023).102846

Lefgren, Lars and Frank L. McIntyre. 2006. "The Relationship between Women's Education and Marriage Outcomes." *Journal of Labor Economics*, 24(4): 787-830.

Leitner, Sigrid. 2003. "Varieties of Familialism: The Caring Function of the Family in Comparative Perspective." *European Societies*, 5(4): 353-375.

Lenski, Gerhard E. 1954. "Status Crystallization: A Non-Vertical Dimension of Social Status." *American Sociological Review*, 19(4): 405-13.

Lenski, Gerhard E. 1966. *Power and Privilege: A Theory of Social Stratification*. Chapel Hill, NC: The University of North Carolina Press.

Lenski, Gerhard E. 2001. "New Light on Old Issues: The Relevance of 'Really Existing Socialist Societies' for Stratification Theory." Pp. 77-83 in *Social Stratification: Class, Race, and Gender in Sociological Perspective*, 2nd edition, edited by D. B. Grusky. Boulder, CO: Westview Press.

Lett, Denise Potrzeba. 1998. *In Pursuit of Status: The Making of South Korea's New Urban Middle Class*. Cambridge: The Harvard University Asia Center.

Lim, Hyunjin. 2018. "How to Study Capitalism in Asia?: A Theoretical and Methodological Consideration." *Asia Review*, 7(2): 3-32.

Lipset, Seymour and Hans L. Zetterberg. 1959. "Social Mobility in Industrial Societies." Pp. 11-75 in *Social Mobility in Industrial Societies*, edited by S. Lipset and R. Bendix. Berkeley, CA: University of California Press.

Littler, Jo. 2018. *Against Meritocracy: Culture, Power, and Myths of Mobility*. New York: Routledge.

Liu, Yujia and David B. Grusky. 2013. "Payoff to Skill in the Third Industrial Revolution." *American Journal of Sociology*, 118(5): 1330-1374.

Lockheed, Marlaine E. and Nicholas T. Longford. 1991. "School Effects on Mathematics Achievement Gain in Thailand." Pp. 131-148 in *Schools, Classrooms, and Pupils: International Studies of Schooling from a Multi-level Perspective*, edited by S. W. Raudenbush and J. D. Willms. San Diego: Academic Press.

Lucas, Samuel R. 2001. "Effectively Maintained Inequality: Education Transitions, Track Mobility, and Social Background Effects." *American Journal of Sociology*, 106(6): 1642-1690.

Lukes, Steven. 2014. "Introduction to This Edition." Pp. xxv~xlvi in *The Division of Labor in Society*, translated by him. New York: The Free Press.

Manin, Bernard. 1997. *The Principles of Representative Government*.

Cambridge: Cambridge University Press(곽준혁 역. 2004. 『선거는 민주적인가』. 후마니타스).

Mare, Robert D. 1980. "Social Background and School Continuation Decisions." *Journal of American Statistical Association*, 75(370): 295-305.

Mare, Robert D. 1981. "Change and Stability in Educational Stratification." *American Sociological Review*, 46(1): 72-87.

Mare, Robert D. 1991. "Five Decades of Educational Assortative Mating." *American Sociological Review*, 56(1): 15-32.

Mare, Robert D. 1996. "Demography and the Evolution of Educational Inequality." Pp. 117-151 in *Social Differentiation and Social Inequality: Essays in Honor of John Pock*, edited by J. N. Baron, D. B. Grusky and D. J. Treiman. Boulder, CO: Westview Press.

Markovits, Daniel. 2020. *The Meritocracy Trap: How America's Foundational Myth Feeds Inequality, Dismantles the Middle Class, and Devours the Elite*. New York: Penguin Books (서정아 역. 2020. 『엘리트 세습』. 세종).

Marks, Gary N. 2005. "Cross-National Differences and Accounting for Social Class Inequalities in Education." *International Sociology*, 20(4): 483-505.

Marshall, Thomas Humphrey and Tom B. Bottomore. 1992. *Citizen and Social Class*. London: The Pluto press.

Marx, Karl. 1848. *Manifesto of the Communist Party*. Marxists Internet Archive (이진우 역. 2018. 『공산당 선언』. 책세상).

Marx, Karl. 1859/1977. *A Contribution to the Critique of Political Economy*. Moscow: Progressive Publishers.

Marx, Karl. 1867/1976. *The Capital: A Critique of Political Economy*. Moscow: Progressive Publishers (김영민 역. 1987. 『자본 I』. 이론과 실천).

Maurice, Marc, François Sellier, and Jean-Jacques Silvestre. 1986. *The Social Foundations of Industrial Power: A Comparison of France and Germany*. Cambridge, MA: MIT Press.

Mayor, Susan and Leonard Lopoo. 2005. "Has the Intergenerational Transmission of Economic Status Changed?" *Journal of Human Resources*, 40(1): 169-85.

McCornell, Campbell R., Stanley L. Brue, and David A. Macpherson. 2016. *Contemporary Labor Economics*, 11th edition. New York: McGraw Hill Education(김중렬 · 김윤배. 2018. 『현대노동경제학』. 시그마프레스).

McDonald, Peter. 2006. "Low Fertility and the State: The Efficacy of Policy." *Population Development Review*, 32(3): 485-510.

McLanahan, Sara and Gary D. Sandefur. 1994. *Growing Up with a Single Parent: What Hurts, What Helps*. Cambridge, MA: Harvard University Press.

McNamee, Stephen and Robert K. Miller, Jr. 2013. *The Meritocracy Myth*, 3rd edition. Lanham, ML: Rowman & Littlefield Publishers (김현정 역. 2015. 『능력주의는 허구다』. 사이).

Mincer, Jacob A. 1974. *Schooling, Experience*, and Earnings. National Bureau of Economic Research.

Mitnik, Pablo A. and David B. Grusky. 2020. "The Intergenerational Elasticity of What? The Case for Redefining the Workhorse Measure of Economic Mobility." *Sociological Methodology*, 50(1): 47-95.

Mitnik, Pablo A., Erin Cumberworth and David B. Grusky. 2016. "Social Mobility in a High-Inequality Regime." *The Annals of the American Academy*, 663(1): 140-184.

Morgan, Stephen L. 2012. "Models of College Entry in the United States and the Challenges of Estimating Primary and Secondary Effects." *Sociological Methods and Research*, 41(1): 17-56.

Muller, Chandra and Kathryn S. Schiller. 2000. "Leveling the Playing Field?: Student's Educational Attainment and States' Performance Testing." *Sociology of Education*, 73(3): 196-218.

Müller, Walter and Wolfgang Karle. 1993. "Social Selection in Educational Systems in Europe." *European Sociological Review*, 9(1): 1-23.

Müller, Walter, Paul Lüttinger, Wolfgang König and Wolfgang Karle. 1989. "Class and Education in Industrial Nations." *International Journal of Sociology*, 19(3): 3-39.

Müller, Walter and Yossi Shavit. 1998. "The Institutional Embeddedness and Occupations in Thirteen Countries." Pp. 1-48 in *From School to Work: A Comparative Study of Educational Qualifications and Occupational*

*Destinations*, edited by Y. Shavit and W. Müller. Oxford: Clarendon Press.

Müller, Walter, Susanne Steinmann, Renate Ell. 1998. "Education and Labor Market Entry in Germany." Pp. 143-188 in *From School to Work: A Comparative Study of Educational Qualifications and Occupational Destinations*, edited by Y. Shavit and W. Müller. Oxford: Clarendon Press.

Müller, Walter and Marteen H. J. Wolbers. 2003. "Educational Attainment in the European Union: Recent Trends in Qualification Patterns." Pp. 23-62 in *Transition from Education to Work in Europe: The Integration of Youth into EU Labor Markets*, edited by W. Müller and M. Gangl. Oxford: Oxford University Press.

O'Conner, James. 1973. *The Fiscal Crisis of State*. New York: St. Martin's.

OECD. 1998. *Reviews of National Policies for Education: Korea*. Paris: OECD.

OECD. 2004. *Learning for Tomorrows World: First Result from PISA 2003*. Paris: OECD.

OECD. 2005. *PISA 2003 Data Analysis Manual: SPSS Users*. Paris: OECD.

OECD. 2007. *Jobs for Youth: Korea*. Paris: OECD.

OECD. 2010a. *PISA 2009 Results: What Students Know and Can Do*. Paris: OECD.

OECD. 2010b. *PISA 2009 Results: Overcoming Social Background, Equity in Learning Opportunities and Outcomes*. Paris: OECD.

OECD. 2011. *Divided We Stand: Why Inequality Keeps Rising*. Paris: OECD.

OECD. 2014. *PISA 2012 Results: What Students Know and Can Do*. Paris: OECD.

OECD. 2015. *In It Together: Why Less Inequality Benefits All?* Paris: OECD.

OECD. 2018. *A Broken Social Elevator? How to Promote Social Mobility*. Paris: OECD.

OECD. 2019. *Society at a Glance*. Paris: OECD.

OECD. 2020. *PISA 2018 Results: What Students Know and Can Do*. Paris: OECD.

Okun, Arthur M. 1975. *Equality and Efficiency: The Big Tradeoff*. Washington, DC: The Brookings Institution Press.

Omi, Michael and Howard Winant. 2014. *Racial Formation in the United States, 3rd edition*. New York: Routledge.

O'Rand, Angela M. 1996. "Structuration and Individualization: The Life Course as a Continuous, Multi-level Process." Pp. 3-16 in *Generating Stratification: Toward a New Research Agenda*, edited by A. C. Kerckhoff. Boulder, CO: Westview Press.

Ortiz-Ospina, Esteban and Sandra Tzvetkova. 2017. "Working Women: Key Facts and Trends in Female Labor Force Participation." http://ourworldindata.org/female-labor-force-participation-key-facts. retrieved on Jan. 6, 2023.

Ostry, Jonathan D., Andrew Berg and Charalambos G. Tsangarides. 2014. "Redistribution, Inequality, and Growth." IMF Staff Discussion Note.

Pakulski, Jan and Malcolm Waters. 1996. *The Death of Class*. Thousand Oaks, CA: Sage.

Park, Chan-ung and Dongchul Jung. 2007. "The Asian Welfare Regimes Revisited: The Preliminary Typologies Based on Welfare Legislation and Expenditure." A paper presented at the 4th International Conference on 'Restructuring care responsibility. Dynamics of welfare mix in East Asia.' 20-21 October 2007, University of Tokyo, Japan.

Park, Hyunjoon. 2003. "Intergenerational Social Mobility among Korean Men in Comparative Perspective." *Research in Social Stratification and Mobility*, 20: 227-253.

Park, Hyunjoon. 2007a. "South Korea: Educational Expansion and Inequality of Opportunity for Higher Education." Pp. 87-112 in *Stratification in Higher Education: A Comparative Study*, edited by R. Arum and A. Gamoran. Stanford: Stanford University Press.

Park, Hyunjoon. 2007b. "Inequality of Educational Opportunity in Korea: Gender, Socioeconomic Background, and Family Structure." *International Journal of Human Right*, 11(1-2): 179-197.

Park, Hyunjoon. 2013. *Re-evaluating Education in Japan and Korea: Demystifying Stereotypes*. Oxford: Routledge.

Park, Hyunjoon. 2014. "Single Parenthood and Children's Education in Republic of Korea." Pp. 153-171 in *Korean Education in Changing Economic and Demographic Contexts*, edited by H. Park and K. Kim. Singapore: Springer.

Park, Hyunjoon, Claudia Buchmann, Jaesung Choi and Joseph J. Merry 2016. "Learning beyond the School Walls: Trends and Implications." *Annual Review of Sociology*, 42: 231-52.

Park, Hyunjoon, Soo-yong Byun and Kyung-keun Kim. 2011. "Parental Involvement and Students' Cognitive Outcomes in Korea: Focusing on Private Tutoring." *Sociology of Education*, 84(1): 3-22.

Park, Hyunjoon and Jeroen Smits. 2005. "Educational Assortative Mating in South Korea: Trends 1930-1998." *Research in Social Stratification and Mobility*, 23: 103-207.

Park, Mee-hae. 1991. "Patterns and Trends of Educational Mating in Korea." *Korea Journal of Population and Development*, 20: 1-15.

Parkin, Frank. 1979. *Marxism and Class Theory: A Bourgeois Critique*. London: Tavistock

Parkin, Frank. 1992. *Durkheim*. Oxford: Oxford University Press.

Parsons, Talcott. 1954. "The Incest Taboo in Relation to Social Structure and the Socialization of the Child." *British Journal of Sociology*, 5:101-117.

Parsons, Talcott. 1970. "Equality and Inequality in Modern Society, Social Stratification Revisited." Pp. 13-72 in *Social Stratification: Research and Theory for the 1970s*, edited by E. O. Laumann. Indianapolis, IN: Bobbs-Merrill.

Paxton, Robert O. 2004. *The Anatomy of Fascism*. New York: Alfred A. Knopf (손명희·최희영 역. 2004. 『파시즘–열정과 광기의 정치혁명』. 교양인).

Petersen, Trond and Ishak Saporta. 2004. "The Opportunity Structure for Discrimination." *American Journal of Sociology*, 109(4): 852-901.

Petersen, Trond and Laurie A. Morgan. 1995. "Separate and Unequal: Occupation-Establishment Sex Segregation and the Gender Wage Gap." *American Journal of Sociology*, 101(2): 329-365.

Piketty, Thomas. 2014. *Capital in the 21st Century*. Boston: Harvard University Press (장경덕 등 역. 2014. 『21세기 자본』. 글항아리).

Piketty, Thomas. 2020. *Capital and Ideology*. Boston: Harvard University Press.

Piketty, Thomas. 2021. *Une brève histoire de l'égalité*. Paris: Seuil(전미연 역. 2024. 『평등의 짧은 역사』. 그러나).

Piketty, Thomas and Michael J. Sandel. 2025. *Equality: What It Means and

*Why It Matters*. Cambridge: Polity Press(장경덕 역. 2025. 『기울어진 평등-부와 권력은 왜 불평등을 허락하는가』. 와이즈베리).

Pinker, Steven. 1997. *How the Mind Works*. New York: W. W. Norton & Company (김한영 역. 2007. 『마음은 어떻게 작동하는가』. 소소).

Piore, Michael J. 1970. "The Dual Labor Market: Theory and Implications." Pp. 629-632 in *Social Stratification: Class, Race, and Gender in Sociological Perspective*, 4th ed., edited by D. B. Grusky. Boulder, CO: Westview Press.

Pokropek, Artur, Francesca Borgonovi, and Maciej Jakubowski. 2015. "Socio-economic Disparities in Academic Achievement: A Comparative Analysis of Mechanisms and Pathways." *Learning and Individual Differences*, 42: 10-18.

Poulantzas, Nicos. 1979. "The New Petite Bourgeoisie." *Insurgent Sociologist*, 9(1): 56-60.

Potter, Daniel and Josipa Roksa. 2013. "Accumulating Advantages over Time: Family Experiences and Social Class Inequality in Academic Achievement." *Social Science Research*, 42: 1018-1032.

Powell, Martin and Ki-tae Kim. 2014. "The 'Chameleon' Korean Welfare Regime." *Social Policy & Administration*, 48(6): 626-646.

Psacharopolous, George and Harry Anthomy Patrinos. 2004. "Returns to Investment in Education: A Further Update." *Education Economics*, 12(2): 111-134.

Raftery, Adrian E. and Michael Hout. 1993. "Maximally Maintained Inequality: Expansion, Reform, and Opportunity in Irish Education, 1921-75." *Sociology of Education*, 66(1): 41-75.

Raudenbush, Stephen W. and Ji-Soo Kim. 2002. "Statistical Issues in Analysis of International Comparisons of Educational Achievement." pp. 267-294 in *Methodological Advances in Cross National Surveys of Educational Achievement*, edited by A. C. Porter and A. Gamoran. Washington, D.C.: National Academy Press.

Reardon, Sean F. 2011. "The Widening Academic Achievement Gap between the Rich and the Poor: New Evidence and Possible Explanations." Pp. 96-116 in *Wither Opportunity? Rising Inequality, Schools, and*

*Children's Life Chances*, edited by G. J. Duncan and R. J. Murnane. New York: Russell Sage Foundation.

Reskin, Barbara F. 2014. "Rethinking Employment Discrimination and Its Remedies." Pp. 849-858 in *Social Stratification: Class, Race and Gender in Sociological Perspective*, edited D. B. Grusky. New York: Routledge.

Reskin, Barbara F. and Debra McBrier. 2000. "Why Not Ascription? Organizations' Employment of Male and Female Managers." *American Sociological Review*, 65(2): 210-233.

Restropo, Brandon J. 2016. "Parental Investment Responses to a Low Birth Weight Outcome: Who Compensates and Who Reinforces?" *Journal of Political Economy*, 29(4): 969-989.

Riddell, Abby Rubin. 1989. "An Alternative Approach to the Study of School Effectiveness in Third World Countries." *Comparative Education Review*, 33(4): 481-497.

Roemer, John E. 1982. *A General Theory of Exploitation and Class*. Boston: Harvard University Press.

Roodman, David. 2011. "Fitting Fully Observed Recursive Mixed-Process Models with cmp." *Stata Journal*, 11(2): 159-206.

Roscigno, Vincent and James Ainsworth-Darnell. 1999. "Race, Cultural Capital, and Educational Resources: Persistent Inequalities and Achievement Returns." *Sociology of Education*, 72(3): 158-178.

Rosenbaum, James E. and Takehiko Kariya. 1989. "From High School to Work: Market and Institutional Mechanisms in Japan." *American Journal of Sociology*, 94(6): 1334-1365.

Rosenbaum, James E., Rick Setterson and Tony Maier. 1990. "Market and Network Theories of the Transition from High School to Work: Their Application to Industrialized Societies." *Annual Review of Sociology*, 16: 263-299.

Rosenfeld, Jake. 2010. "Little Labor." Pp.645-652 in *Social Stratification: Class, Race, and Gender in Sociological Perspective*, 4th ed., edited by D. B. Grusky. Boulder, CO: Westview Press.

Ryoo, Jai-kyung, Young-sook Nam and Martin Carnoy. 1993. "Changing Rates of Return to Education over Time: A Korean Case Study." *Economics of Education Review*, 12(1): 71-80.

Rytina, Steven, Peter M. Blau, Terry C. Blum and Joseph E. Schwartz. 1988. "Inequality and Intermarriage: A Paradox of Motive and Constraint." *Social Forces*, 66(3): 645-675.

Sakamoto, Arthur, ChangHwan Kim, and Hyeyoung Woo. 2012. "An Empirical Test of Alternative Theories of Educational Inequality." *Education Research International*, 12(November): 1-11.

Sakamoto, Arthur and Daniel A. Powers. 1995. "Education and the Dual Labor Market for Japanese Man." *American Sociological Review*, 60(2): 222-246.

Salmela-Aro, Katariina and Anna K. Chmielewski. 2019. "Socioeconomic Inequality and Student Outcomes in Finnish Schools." Pp. 153-168 *in Socioeconomic Inequality and Student Outcomes: Cross-National Trends, Policies, and Practices*, edited by L. Volante, S. V. Schnepf, J. Jerrim and D. A. Klinger. Singapore: Springer.

Sandel, Michael J. 2020. *The Tyranny of Merit: What's Become of the Common Good*. New York: Farrar, Straus and Giroux (함규진 역. 2020. 『공정하다는 착각–능력 주의는 모두에게 같은 기회를 제공하는가』. 와이즈베리).

Sandfur, Gary D. and Hyunjoon Park. 2007. "Educational Expansion and Changes in Occupational Returns to Education in Korea." *Research in Social Stratification and Mobility*, 25(4): 306-322.

Scherer, Stefani. 2005. "Patterns of Labour Market Entry-Long Wait or Career Instability? An Empirical Comparison of Italy, Great Britain, and West Germany." *European Sociological Review*, 21(5): 427-440.

Schindler, Steffen and Markus Lörz. 2012. "Mechanisms of Social Inequality Development: Primary and Secondary Effects in the Transition to Tertiary Education between 1976 and 2005." *European Sociological Review*, 28(5): 647-660.

Schoen, Robert and John Wooldredge. 1989. "Marriage Choices in North Carolina and Virginia, 1969-71 and 1979-81." *Journal of Marriage and the Family*, 51(2): 465-481.

Schultz, T. Paul. 1993. "Returns to Women's Education." Pp. 51-99 in *Women's Education in Developing Countries*, edited by E. M. King and M. A. Hill. Baltimore: Johns Hopkins University Press.

Schütz, Gabriela, Heinrich W. Ursprung and Ludger Wößmann. 2008. "Education Policy and Equality of Opportunity." *Kyklos*, 61(2): 279-308.

Seth, Michael J. 2002. *Education Fever: Society, Politics, and the Pursuit of Schooling in South Korea*. Honolulu: University of Hawaii Press.

Sewell, William H. and Robert M. Hauser. 1975. *Education, Occupation and Earnings*. New York: Academic Press.

Shavit, Yossi and Walter Müller. 1998. *From School to Work: A Comparative Study of Educational Qualifications and Occupational Destinations*. Oxford: Clarendon Press.

Shils, Edward A. and Henry A. Finch (eds). 1949/2017. *Methodology of Social Sciences*. New York: Routledge.

Shorter, Edward. 1975. *The Making of the Modern Family*. New York: Basic Books.

Siaroff, Alan. 1994. "Work, Welfare, and Gender Equality: A New Typology." Pp. 82-100 in *Gendering Welfare States*, edited by D. Sainsbury. Thousand Oaks, CA: Sage.

Smedley, Audrey. 2025. "Racism." http://www.britannica.com/topic/racism, retrieved on 8 Apr. 2025.

Smith, Anthony D. 1973. *The Concept of Social Change: A Critique of Functionalist Theory of Social Change*. London: Routledge & Kegan Paul.

Smits, Jeroen and Hyunjoon Park. 2009. "Five Decades of Educational Assortative Mating in 10 East Asian Societies." *Social Forces*, 88(1): 227-255.

Smits, Jeroen, Wout Ultee and Jan Lammers. 1998. "Educational Homogamy in 65 Countries: An Explanation of Differences in Openness Using Country-Level Explanatory Variables." *American Sociological Review*, 63(2): 264-285.

Sørensen, Aage B. 1977. "The Structure of Inequality and the Process of

Attainment." *American Sociological Review*, 42(6): 965-978.

Sørensen, Aage. B. 1986. "Theory and Methodology in Social Stratification." Pp. 69-95 in *The Sociology of Structure and Action*, edited by U. Himmelstrand. Beverly Hills, CA: Sage.

Sørenson, Aage B. and Maureen T. Hallinan. 1986. "Effects of Ability Grouping on Growth in Academic Achievement." *American Educational Research Journal*, 23(4): 519-542.

Sørensen, Aage B. and Arne L. Kalleberg. 1981. "An Outline of a Theory of the Matching of Persons to Jobs." Pp.632-640 in *Social Stratification: Class, Race, and Gender in Sociological Perspective*, 4th ed., edited by D. B. Grusky. Boulder, CO: Westview.

Sørenson, Aage B. and Stephen L. Morgan. 2000. "School Effects: Theoretical and Methodological Issues." Pp. 137-160 in *Handbook of the Sociology of Education*, edited by M. T. Hallinan. New York: Kluwer Academic.

Sørenson, Annemette. 2006. "Welfare States, Family Inequality, and Equality of Opportunity." *Research in Social Stratification and Mobility*, 24(4): 367-375.

Sorenson, Clark W. 1994. "Success and Education in South Korea." *Comparative Education Review*, 38(1): 10-35.

Sorokin, Pitrim A. 1927/1959. *Social and Cultural Mobility*. New York: Harper.

Spence, Michael. 1974. "Competitive and Optimal Responses to Signals: An Analysis of Efficiency and Distribution." *Journal of Economic Theory*, 7(3): 296-332.

Spilerman, Seymour and Tormod Lunde. 1991. "Features of Educational Attainment and Job Promotion Prospects." *American Journal of Sociology*, 97(3): 689-720.

Spilerman, Seymour. 1977. "Careers, Labor Market Structure, and Socioeconomic Achievement." *American Journal of Sociology*, 83(3): 551-593.

Stevens, Gillian, Dawn Owens and Eric C. Schaefer. 1990. "Education and Attractiveness in Marriage Choices." *Social Psychology Quarterly*, 53(1): 62-70.

Stewart, Matthew. 2018. "The 9.9 Percent Is the New American Aristocracy".

*The Atlantic*, Jun. 2018 (이승연 역. 2019. 『부당 세습』. 이음).

Stiglitz, Joseph E. 2012. *The Price of Inequality: How Today's Divided Society Endangers Our Future*. New York: W. W. Norton & Company (이순희 역. 2013. 『불평등의 대가-분열된 사회는 왜 위험한가』. 열린책들).

Stolzenberg, Ross M. 1975. "Occupations, Labor Markets and the Process of Wage Attainment." *American Sociological Review*, 40(5): 645-665.

Sui-Chu, Esther Ho and J. Douglas Willms. 1996. "Effects of Parental Involvement on Eighth-Grade Achievement." *Sociology of Education*, 69(2): 126-141.

Tam, Tony. 1997. "Sex Segregation and Occupational Gender Inequality in the United States: Devaluation or Specialized Training?" *American Journal of Sociology*, 102(6): 1652-1692.

The Economist. 2013. "The Economist's Glass-Ceiling Index: Our Annual Measure of the Role and Influence of Women in the Workforce." http://https://www.economist.com/graphic-detail/glass-ceiling-index, retrieved on 10 Apr. 2023.

Thurow, Lester C. 1975. *Generating Inequality*. New York: Basic.

Thurow, Lester C. 1977. "Education and Economic Inequality." Pp. 325-334 in *Power and Ideology in Education*, edited by J. Karabel and A. H. Heath. New York: Oxford University Press.

Tiefenhalter, Jill. 1997. "The Productivity Gains of Marriage: Effects of Spousal Education on Own Productivity across Market Sectors in Brazil." *Economic Development and Cultural Change*, 45(3): 633-50.

Tinbergen, Jan. 1975. *Income Distribution: Analysis and Policies*. Amsterdam: North-Holland Publishing.

Tooby, John and Leda Cosmides. 1992. "The Psychological Foundations of Culture." Pp. 19-136 in *The Adapted Mind: Evolutionary Psychology and the Generation of Culture*, edited by J. H. Barkow, L. Cosmides and J. Tooby. New York: Oxford University Press.

Tooby, John and Leda Cosmides. 2016. "The Theoretical Foundations of Evolutionary Psychology." Pp. 3-87 in *Handbook of Evolutionary Psychology*, 2nd edition, edited by D. M. Buss. Hoboken, NJ: John Wiley & Sons.

Treiman, Donald J. 1970. "Industrialism and Social Stratification." Pp. 207-234 in *Social Stratification: Research and Theory for the 1970s*, edited by E. O. Laumann. Indianapolis, IN: Bobbs-Merrill.

Treiman, Donald J. 1977. *Occupational Prestige in Comparative Perspective*. New York: Academic Press.

Treiman, Donald J. and Kam-Bor Yip. 1989. "Educational and Occupational Attainment in 21 Countries." Pp. 373-94 in *Cross-National Research in Sociology*, edited by M. L. Kohn. Newbury Park, CA: Sage.

Tumin, Melvin M. 1953. "Some Principles of Stratification: A Critical Analysis." *American Sociological Review*, 18(4): 387-394.

Turner, Jonathan H. 1988. *A Theory of Social Interaction*. Stanford: Stanford University Press.

Ultee, Wout C. and Ruud Luijkx. 1990. "Educational Heterogamy and Father-to-Son Occupational Mobility in 23 Industrial Nations." *European Sociological Review*, 6(2): 125-49.

UNESCO. 2015. *Education for All 2000-2015: Achievements and Challenges*. Paris: UNESCO.

Uunk, Wilfred J. G., Harry B. G. Ganzeboom and Peter Robert. 1996. "Bivariate and Multivariate Scaled Association Models: An Application to Homogamy of Social Origin and Education in Hungary between 1930 and 1979." *Quality and Quantity*, 30: 323-343.

van de Werfhorst, Herman G. and Jonathan J. B. Mijs. 2010. "Achievement Inequality and the Institutional Structure of Educational Systems: A Comparative Perspective." *Annual Review of Sociology*, 36: 407-428.

van Gennep, Arnold. 1909/1960. *The Rites of Passage*. London: Routledge and Kegan Paul (전경수 역. 1992. 『통과의례』. 을유문화사).

Waldinger, Fabian. 2007. "Does Ability Tracking Exacerbate the Role of Family Background for Students' Test Scores?" http://www.fabianwaldinger.com/research.

Walters, Pamela B. 1986. "Sex and Institutional Differences in Labor Market Effects on the Expansion of Higher Education, 1952 to 1980." *Sociology of Education*, 59(2): 199-211.

Weber, Max. 1946. "Class, Status, Party." Pp. 180-195 in *From Max Weber:*

*Essays in Sociology*, edited by H. H. Gerth and C. Wright Mills. Oxford: Oxford University Press.

Weber, Max. 1968. "Open and Closed Relationships." Pp. 43-46, 341-344 in *Economy and Society*, vol. 1, edited by G. Roth and C. Wittich. Oxford: Taylor & Francis Books.

Weeden, Kim A. and David B. Grusky. 2012. "The Three Worlds of Inequality." *American Journal of Sociology*, 117(6): 1723-1785.

Welch, Finis. 1974. "Benefits of Women's Education within Marriage: Comment." *Journal of Political Economy*, 82(2): S72-S75.

Wilkinson, Richard G. and Kate Pickett. 2010. *The Spirit Level: Why Greater Equality Makes Societies Stronger*. New York: Bloomsbury Publishing (전재웅 역. 2012. 『평등이 답이다－왜 평등한 사회는 늘 바람직한가?』. 이후).

Wilkinson, Richard G. and Kate Pickett. 2018. *The Inner Level: How More Equal Societies Reduce Stress, Restore Sanity and Improve Everyone's Well-Being*. New York: Penguin Press(이은경 역. 2019. 『불평등 트라우마』. 생각이음).

Willis, Robert J. 1987. "Wage Determinants: A Survey and Reinterpretation of Human Capital Earnings Functions." Pp. 525-602 in *Handbook of Labor Economics*, edited by O. Ashenfelter and R. Layard. Amsterdam: North Holland.

Willms, Jon Douglas. 2003. *Ten Hypotheses about Socioeconomic Gradients and Community Differences in Children's Developmental Outcomes*. Report prepared for Canadian Research Institute for Social Policy, University of New Brunswick.

Willms, Jon Douglas. 2006. *Learning Divides: Ten Policy Questions about the Performance and Equity of Schools and Schooling Systems*. Report prepared for UNESCO Institute for Statistics.

Wolbers, Maarteen H. J. 2007. "Patterns of Labour Market Entry: A Comparative Perspective on School-to-Work Transitions in 11 European Countries." *Acta Sociologica*, 50(3): 189-210.

Wong, Raymond Sin-Kwok. 1990. "Understanding Cross-National Variation in Occupational Mobility." *American Sociological Review*, 55(4): 560-73.

Wong, Yue-Chin. 1986. "Entrepreneurship, Marriage, and Earnings." *Review of Economics and Statistics*, 68(4): 693-99.

Woo, Haebong and In-jin Yoon. 2010. "Transition from School to Work before and after the '97 Korean Economic Crisis: Macroeconomic Context and Differential Impacts of Education." *Korean Journal of Sociology*, 44(6): 87-109.

Wooldredge, Adrian. 2021. *The Aristocracy of Talent: How Meritocracy Made the Modern World*. Dublin: Allen Lane.

Wößmann, Ludger. 2003. "Central Exams as the 'Currency' of School Systems: International Evidence on the Complementarity of School Autonomy and Central Exams." *CESifo DICE Report* 1: 46-56.

Wößmann, Ludger. 2005. "The Effect Heterogeneity of Central Examinations: Evidence from TIMSS, TIMSS-repeat, and PISA." *Educational Economics*, 13(2): 143-169.

Wright, Erik Olin. 1985. *Classes*. London: Verso (이한 역. 2016. 『계급론』. 한울아카데미.)

Wright, Erik O. and Luca Perrone. 1977. "Marxist Class Categories and Income Inequality." *American Sociological Review*, 42(1): 32-55.

Wright, Robert. 1995. *Moral Animal: Why We Are, the Way We Are: The New Science of Evolutionary Psychology*. New York: Vintage (박영준 역. 2003. 『도덕적 동물－진화심리학으로 들여다본 인간의 본성』. 사이언스북스).

Wuthnow, Robert. 1987. *Meaning and Moral Order: Explorations in Cultural Analysis*. Berkeley: University of California Press.

Xie, Yu. 1992. "The Log-Multiplicative Layer Effect Model for Comparing Mobility Tables." *American Sociological Review*, 57(3): 380-95.

Young, Michael. 1958/1991. *The Rise of the Meritocracy*. London: Thames and Hudson (유강은 역. 2020. 『능력주의－2034년, 평등하고 공정하고 정의로운 엘리트 계급의 세습 이야기』. 이매진).

Zhang, Junsen and Pak-Wai Liu. 2003. "Testing Becker's Prediction on Assortative Mating on Spouse's Wages." *Journal of Human Resources*, 38(1): 99-110.

# 찾아보기

## 1. 사항

### 가



### 나

## 다



## 라



## 마



## 바

## 사

## 아

## 자

## 차



## 카



## 타



## 파



## 하

## 2. 인명

### 가



### 나



### 라



### 마



### 바

## 사



## 아



## 자

## 차



## 하



## A



## B

## C

## D



## E



## F



## G

## L



## M



## O



## P

## 총서 知의회랑 arcade of knowledge을 기획하며

대학은 지식 생산의 보고입니다. 세상에 바로 쓰이지 않더라도 언젠가는 반드시 인류에 필요할 지식을 생산하고 축적하며 발전시키는 일을 끊임없이 해나갑니다. 오랫동안 대학에서 생산한 지식은 책이란 매체에 담겨 세상의 지성을 이끌어왔습니다. 그 책들은 콘텐츠를 저장하고 유통시키며 활용하게 만드는 매체의 차원을 넘어, 인간의 비판적 사유 능력과 풍부한 감수성을 자극하는 촉매의 역할을 충실히 해왔습니다.

이와 같은 '책을 읽는다'는 것은 단순히 지식과 정보를 습득하는 데 멈추지 않고, 시대와 현실을 응시하고 성찰하면서 다시 그 너머를 사유하고 상상함을 의미합니다. 그러므로 '세상의 밑그림'을 그리는 책무를 지닌 대학에서 책을 펴내는 것은 결코 가벼이 여겨선 안 될 일입니다.

이제 우리는 다양한 방식으로 존재하는 지식과 정보, 그리고 사유와 전망을 담은 책을 엮어 현존하는 삶의 질서와 가치를 새롭게 디자인하고자 합니다. 과거를 풍요롭게 재구성하고 미래를 창의적으로 기획하는 작업이 다채롭게 펼쳐질 것입니다.

대학의 심장부에 해당하는 도서관이 예부터 우주의 축소판이라 여겨져 왔듯이, 그곳에 체계적으로 배치된 다양한 책들이야말로 이른바 학문의 우주를 구성하는 성좌와 다름없습니다. 우리는 그 빛이 의미 없이 사그라들지 않기를, 여전히 어둡고 빈 서가를 차곡차곡 채워가기를 기대합니다.

앎을 쉽게 소비하는 시대를 살고 있지만, 다양한 앎을 되새김함으로써 학문의 회랑에서 거듭나는 지식의 필요성에 우리는 공감합니다. 정보의 홍수와 유행 속에서도 퇴색하지 않을 참된 지식이야말로 인간이 가야 할 길에 불을 밝혀줄 수 있기 때문입니다. 앞으로 대학이란 무엇을 하는 곳이며, 왜 세상에 남아 있어야 하는 곳인지 끊임없이 되물으며, 새로운 지의 총화를 위한 백년 사업을 시작하겠습니다.

**총서 '知의회랑' 기획위원**

안대회 · 김성돈 · 변혁 · 윤비 · 오제연 · 원병묵

## 총서 知의회랑 arcade of knowledge 총목록

001 기업 처벌과 미래의 형법: 기업도 형법의 주체가 될 수 있는가
김성돈 지음 ○ 2018년 세종도서 학술부문

002 표상의 언어에서 추론의 언어로: 언어표현이 의미하는 것은 무엇인가
이병덕 지음 ○ 2018년 대한민국학술원 우수학술도서

003 동양 예술미학 산책: 동아시아 문인들이 꿈꾼 미의 세계
조민환 지음

004 한국 영화에 재현된 가족 그리고 사회: 〈미몽〉에서 〈고령화 가족〉까지
강성률 지음 ○ 2018년 세종도서 학술부문 · 2019년 인재저술상 수상도서

005 개인적 자유에서 사회적 자유로: 어떤 자유, 누구를 위한 자유인가
김비환 지음 ○ 2019년 대한민국학술원 우수학술도서

006 시민종교의 탄생: 식민성과 전쟁의 상흔
강인철 지음 ○ 2019년 세종도서 학술부문

007 경합하는 시민종교들: 대한민국의 종교학
강인철 지음 ○ 2019년 대한민국학술원 우수학술도서 · 제1회 용봉최재석학술상 수상도서

008 식민지 문역: 검열/이중출판시장/피식민자의 문장
한기형 지음 ○ 2019년 세종도서 학술부문 · 제11회 임화문학예술상 수상도서

009 제러미 벤담과 현대: 공리주의의 설계자가 꿈꾼 자유와 정의 그리고 행복
강준호 지음 ○ 2020년 대한민국학술원 우수학술도서

010 세계관 전쟁: 근대 중국에서 과학신앙과 전통주의 논쟁
이용주 지음 ○ 2020년 세종도서 학술부문

011 빌리 브란트와 김대중: 아웃사이더에서 휴머니스트로
최영태 지음

012 충절의 아이콘, 백이와 숙제: 서사와 이미지 변용의 계보학
김민호 지음 ○ 2021년 세종도서 학술부문

013 중국인의 오브제: 답삿길에서 옛사람들의 눈과 마음을 읽는다
전호태 지음

014 고구려 벽화고분의 과거와 현재: 한국 역사문화예술 연구의 관문, 고구려 벽화고분들과 만나다
전호태 지음

015 동양의 광기와 예술: 동아시아 문인들의 자유와 창조의 미학
조민환 지음 ○ 2021년 세종도서 학술부문

016 조선 불교사상사: 유교의 시대를 가로지른 불교적 사유의 지형
김용태 지음 ○ 2021년 대한민국학술원 우수학술도서 · 제12회 원효학술상 수상도서

017 수용소와 음악: 일본 포로수용소, 아우슈비츠, 테레지엔슈타트의 음악
이경분 지음 ○ 2021년 세종도서 학술부문 · 제62회 한국출판문화상 최종 후보작(학술 저술)

018 임진왜란: 2년 전쟁 12년 논쟁
김영진 지음 ○ 2021년 세종도서 학술부문 · 조선일보 선정 올해의 책10

■ 총서 '知의회랑'의 모색과 축조는 진행형입니다

019 한국의 여신들: 페미니즘의 신화적 근원
김화경 지음 ○ 2022년 대한민국학술원 우수학술도서

020 시인의 발견, 윤동주
정우택 지음 ○ 2022년 세종도서 학술부문

021 고대 한국의 풍경: 옛사람들의 삶의 무늬를 찾아서
전호태 지음 ○ 2022년 세종도서 교양부문

022 과거제도 형성사: 황제와 사인들의 줄다리기
하원수 지음 ○ 2022년 대한민국학술원 우수학술도서

023 동남아시아 도시들의 진화: 인간과 문화를 품은, 바닷길 열두 개의 거점들
한광야 지음 ○ 2022년 대한민국학술원 우수학술도서

024 감정의 귀환: 아리스토텔레스의 감정론 연구
한석환 지음 ○ 2022년 대한민국학술원 우수학술도서

025 학문이 서로 돕는다는 것: 현상학적 학문이론과 일반체계이론의 이중주
박승억 지음 ○ 2022년 세종도서 학술부문

026 로마 공화정 중기의 호민관: 공화 정치의 조정자
김경현 지음 ○ 2022년 세종도서 학술부문

027 문화 상징으로서의 인용음악: 현대음악의 상호텍스트성 미학
오희숙 지음 ○ 2023년 세종도서 학술부문

028 음악과 과학: 피타고라스에서 뉴턴까지
원준식 지음

029 일제 사진엽서, 시와 이미지의 문화정치학
최현식 지음 ○ 2023년 대한민국학술원 우수학술도서

030 중국사상과 죽음 이데올로기: 나는 존재하는가
정진배 지음 ○ 2023년 세종도서 학술부문

031 조선조 서예미학: 서예는 마음의 그림이다
조민환 지음

032 청대 중국의 경기변동과 시장: 전제국가의 협치와 경제성장
홍성화 지음 ○ 2023년 대한민국학술원 우수학술도서

033 반구대 이야기: 새김에서 기억으로
전호태 지음 ○ 2023년 세종도서 교양부문

034 증오를 품은 이를 위한 변명: 증오의 사회학, 그 첫 번째
엄한진 지음 ○ 2023년 대한민국학술원 우수학술도서

035 전쟁자본주의의 시간: 한국의 베트남전쟁 담론과 재현의 역사
김주현 지음 ○ 2024년 대한민국학술원 우수학술도서·교육부 학술연구지원사업 우수성과 50선

036 민중, 저항하는 주체: 민중의 개념사, 이론
강인철 지음 ○ 2024년 대한민국학술원 우수학술도서

## 총서 知의회랑 arcade of knowledge 총목록

037 민중, 시대와 역사 속에서: 민중의 개념사, 통사
강인철 지음

038 문학이 정의를 말하다: 동아시아 고전 속 법과 범죄 이야기
박소현 지음 ○ 2024년 대한민국학술원 우수학술도서

039 중세 서유럽의 흑사병: 사상 최악의 감염병과 인간의 일상
이상동 지음 ○ 2024년 대한민국학술원 우수학술도서

040 일제 사진엽서, 식민지 조선을 노래하다
최현식 지음 ○ 2024년 세종도서 학술부문

041 한국 시화사
안대회 지음 ○ 2024년 대한민국학술원 우수학술도서

042 30년의 위기: 탈단극 시대 미국과 세계
차태서 지음 ○ 2024년 대한민국학술원 우수학술도서

043 근대를 살다: 한국 근대의 인물과 사상
김경일 지음

044 민중은 이야기한다: 20세기 한국 민중 서사
김경일 지음 ○ 2025년 대한민국학술원 우수학술도서 · 제6회 용봉최재석학술상 수상도서

045 광장의 문학: 격변기 한국이 읽은 러시아, 해방에서 개방까지
김진영 지음 ○ 2025년 대한민국학술원 우수학술도서

046 포크 모더니티의 언어들: 민속의 전회를 위한 분석 코드들
이영배 지음 ○ 2025년 세종도서 학술부문

047 닫힌 텍스트, 갇힌 여성들: 계몽의 시대, 여성 담론과 여성교육
김경남 지음 ○ 2025년 대한민국학술원 우수학술도서

048 지식과 조선: 사회를 읽는다
진재교 지음 ○ 2025년 세종도서 학술부문

049 도시마을의 진화: 참여를 통해 조화를 모색하는 공동체 공간의 재구성
한광야 지음

050 제국의 저항자들: 청대 중국의 비밀결사 천지회의 세계, 탄생에서 성장까지
이평수 지음

051 블랙 아메리카: 자유와 평등을 향한 미국 흑인의 여정
이영효 지음

052 전쟁과 양심: 세계와 한국의 양심적 병역거부
강인철 지음 ○ 2025년 제64회 한국출판문화상 최종 후보작(학술 저술)

053 평화의 전환: 공론화 이후 한국의 양심적 병역거부
강인철 지음

054 이주의 풍경: 포스트글로벌화와 이주3.5 시대
박경환 지음

055 한국의 불평등, 같은 하늘 다른 길: 기회 균등을 넘어 생활의 평등으로
장상수 지음

출간 예정

사대부가의 편지들 신현 외/하영휘 외

김태준, 식민지 국학 이용범

조선 노장철학사 조민환

조상을 위한 기도 심일종

고대 로마 종교사 최혜영

성균관과 문묘 현판의 사회사 이천승

한국 아동 잡지사 장정희

서양 중세 제국 사상사 윤 비

일제 강점기 황도유학 신정근

'트랜스Trans'의 한 연구 변 혁

위계와 증오 엄한진

조선 땅의 프로필 박정애

예정된 전쟁, 병자호란 김영진

북한 직업 사회사 김화순

제국 일본의 해체와 동아시아 영화 함충범

J. S. 밀과 현대사회의 쟁점 강준호

문학적 장면들, 고소설의 사회사 김수연

제주형 지역공동체의 미래 배수호

식민지 학병의 감수성 손혜숙

제국의 시선으로 본 동아시아 소수민족 문혜진

루쉰, 수치와 유머의 역사 이보경

남북한 공통-시 읽기 최현식

피식민자의 계몽주의 한기형

국가처벌과 미래의 형법 김성돈

제국과 도시 기계형

플라톤의 『테아이테토스』 연구 정준영

출토자료를 통해 본 고구려의 한자문화 권인한

**지은이** 장상수

지은이는 지금껏 사회이동을 연구했다. 풀어 말하면, 개인의 타고난 속성(가족 배경, 성, 인종, 출신 지역 등)이 그 사람의 사회경제적 성취(학업성적, 학력, 직업, 소득 등)에 미치는 영향을 살폈다. 최근에는 컴퓨터 프로그래밍에도 관심을 기울였다. 서울대학교 사회학과를 졸업하고, 같은 대학에서 석사 학위를, 성균관대학교 사회학과에서 박사 학위를 받았다. 순천대학교 사회교육과에서 오래 근무했다. 주요 저서로 『한국의 사회이동』, 『교육과 사회이동』, 『수치분석과 시뮬레이션: R 프로그래밍』, 『Stata 프로그래밍』, 『사회학 입문』, 『수치해석과 시뮬레이션: Stata 프로그래밍』 등이 있다.

sangsoo.chang@gmail.com

知의회랑
arcade of knowledge
**055**

# 한국의 불평등, 같은 하늘 다른 길

**기회 균등을 넘어 생활의 평등으로**

1판 1쇄 인쇄 2025년 12월 20일
1판 1쇄 발행 2025년 12월 30일

지 은 이 장상수
펴 낸 이 유지범
책임편집 현상철
편 집 신철호·구남희
마 케 팅 박정수·김지현

펴 낸 곳 성균관대학교출판부
등 록 1975년 5월 21일 제1975-9호
주 소 03063 서울특별시 종로구 성균관로 25-2
전 화 02)760-1253~4 팩스 02)762-7452
홈페이지 http://press.skku.edu

ISBN 979-11-5550-686-8 93330

ⓒ 2025, 장상수

값 40,000원

⊙ 잘못된 책은 구입한 곳에서 교환해 드립니다.

⊙ 이 책은 2023년 대한민국 교육부와 한국연구재단의 지원을 받아
수행된 연구임(NRF-2023S1A6A4078489).